MINIDICIONÁRIO ESCOLAR

ESPANHOL

Compilado por
Roberto Belli

Blu editora
A Leitura é o melhor presente!

©2025 Blu Editora Ltda.
www.blueditora.com.br
Blumenau - Santa Catarina - Brasil
Todos os direitos reservados

Compilação: **Roberto Belli**
Revisão: **Vera Lucia Barbosa**

Impresso na China

Dados Internacionais de Catalogação na Publicação (CIP)
(Câmara Brasileira do Livro, SP, Brasil)

Minidicionário escolar : espanhol / compilado por
Roberto Belli. -- 2. ed. --

Blumenau, SC : Blu Editora, 2025.

1. Espanhol - Dicionários - Português
2. Português - Dicionários - Espanhol I. Belli,
Roberto.

	CDD-463.69
13-04075	-469.36

Índices para catálogo sistemático:

1. Espanhol : Dicionários : Português   463.69
2. Português : Dicionários : Espanhol   469.36

INTRODUÇÃO

Este Minidicionário da Língua Espanhola com seus mais de 20 mil verbetes, (mais de 10 mil para Português – Espanhol e mais de 10 mil para Espanhol – Português), procura atender às necessidades do público em idade escolar, bem como as de todo cidadão interessado. Para cumprir essa tarefa, considerou-se a seleção dos vocábulos pertinentes na medida e na frequência com que aparecem, tanto na linguagem escrita quanto na oral, nas duas línguas.

Este dicionário também está atualizado de acordo com a nova ortografia definida durante o Congresso da Asociación de Academias de la Lengua Española (1994) e com a Publicación de la Ortografía de 2010, que determinou e efetivou a mudança do alfabeto espanhol.

Os verbetes estão organizados segundo as normas clássicas, sendo que cada vocábulo apresenta sua divisão silábica, classe gramatical e significado, dentro das normas do português (PORTUGUÊS-ESPANHOL), tanto quanto dentro das normas do espanhol (ESPANHOL-PORTUGUÊS).

O Autor

ABREVIATURAS

A

abrev. - abreviatura
a.C. ou A.C. - antes de Cristo
adj. - adjetivo
adv. - advérbio
Aer. - Aeronáutica
Anat. - Anatomia
ant. - antigo
Antr. - Antropologia
aprox. - aproximadamente
Arg. - Argentina
Arquit. - Arquitetura
art. def. - artigo definido
art. indef. - artigo indefinido
Art. Plást. - Artes Plásticas
Astr. - Astronomia
aum. - aumentativo
Autom. - Automobilismo

B

Biol. - Biologia
Bioq. - Bioquímica
Bot. - Botânica
bras. - brasileirismo

C

chin. - chinês
Cin. - Cinema
Cir. - Cirurgia
comp. - comparativo
conj. - conjunção
cont. - contabilidade
contr. - contração
Cul. - Culinária

D

d.C. ou D.C. - depois de Cristo
deprec. - depreciativo
desus. - desusado
dim. - diminutivo
Dir. - Direito

E

Econ. - Economia
ex. ou Ex. - exemplo
Educ. - Educação
Eletr. - Eletricidade
Eletrôn. - Eletrônica
emp. - empregado
esp. - especialmente
Esport. - Esportes
exp. - expressão

F

Fam. - familiar, família
Farm. - Farmácia
fem. - feminino
fig. - figurado
Filos. - Filosofia
Fís. - Física
Fisiol. - Fisiologia

Folc. - Folclore
Fot. - Fotografia
fr. - francês

G

gal. - galicismo
Geol. - Geologia
Geof. - Geofísica
Geog. - Geografia
Geom. - Geometria
ger. - geralmente
gír. - gíria
Gram. - Gramática

H

h. - hora
Hist. - História

I

imper. - imperativo
imperf. - imperfeito
ind. - indicativo
inf. - infantil
Inform. - Informática
indef. - indefinido
ingl. - inglês
interj. - interjeição
interrog. - interrogativo
it. - italiano

J

Jap. - japonês
Jur. - Jurídico

L

Lat. - latim
Ling. - Linguística
Lit. - Literatura
loc. adv. - adverbial
Lóg. - Lógica
Lus. - luso; lusitanismo

M

masc. - masculino
Mar. - Marinha
Mat. - Matemática
Mec. - Mecânica
Med. - Medicina
Met. - Meteorologia
Mil. - Militar
Min. - Mineralogia
Mit. - Mitologia
Mil. - Militar
m.-q.-perf. - mais-que-perfeito
Mús. - Música

N

n. - numeral
Náut. - Náutica
neg. - negação
neol. - neologismo
num. - numeral

O

Odont. - Odontologia
Oftal. - Oftalmologia
Ópt. - Óptica

P

Paleont. - Paleontologia
part. - particípio
pej. - pejorativo
perf. - perfeito
pess. - pessoal
pl. - plural
Pol. - Política
Pop. - popular
por ex. - por exemplo
por ext. - por extensão
Port. - Portugal
poss. - possessivo
prep. - preposição
pres. - presente
pret. - pretérito
pron. dem. - pronome demonstrativo
pron. ind. - pronome indefinido
pron. pess. - pronome pessoal
pron. rel. - pronome relativo
Psicol. - Psicologia
Psiq. - Psiquiatria

Q

Quím. - Química
q.v. - queira ver

R

Rel. - Religião
refl. - reflexivo
Ret. - Retórica

S

s.2g. - substantivo de 2 gêneros (fem. e masc.)
s.2g.2n. - substantivo de 2 gêneros (fem. e masc.) e 2 núm.
séc. - século
símb. - símbolo
sing. - singular
s.f. - substantivo feminino
s.m. - substantivo masculino
s.m.2n. - substantivo masculino de dois números
Soc. - Sociologia
subj. - subjuntivo
suf. - sufixo
superlativo - superlativo

T

t. - tonelada
Teat. - Teatro
Telev. - Televisão
Teol. - Teologia

V

V. - ver
var. - variante
Vet. - Veterinária
Víd. - Vídeo
v.int. ou int. - verbo intransitivo
v.p. ou p. - verbo pronominal
v.pred. - verbo predicativo ou nominal
v.t. ou t. - verbo transitivo
vulg. - vulgar

Z

Zool. - Zoologia

APÊNDICES

PRONOMES DE TRATAMENTO

De acordo com a Asociación de Academinas de la Lengua Española (1994) e com a publicação da Ortografía de 2010, os dígrafos CH e LL deixaram de ser considerados letras pertencentes ao alfabeto.

Assim, o Alfabeto Espanhol possui, atualmente, 27 letras, como mostramos a seguir:

GRAFEMA	NOME MODERNO
A	a
B	be
C	ce
D	de
E	e
F	efe
G	ge
H	hache
I	i
J	jota
K	ka
L	ele
M	eme
N	ene
Ñ	eñe
O	o
P	pe
Q	cu
R	erre
S	ese
T	te
U	u
V	uve, ve
W	uve doble, ve doble
X	equis
Y	i griega
Z	zeta

PORTUGUÊS

ESPANHOL

A

A *s.m.* Primera letra del alfabeto portugués.
A *art.* La. *prep.* a (*ex.: feito a mão*: hecho *a mano*).
A.BA *s.f.* Ala; alero.
A.BA.CA.TE *s.m.* Aguacate; palta.
A.BA.CA.XI *s.m.* Ananás; piña.
A.BA.FA.DO *adj.* Asfixiante; sofocado.
A.BA.FAR *v.t.* Sofocar; asfixiar; *fig.* ocultar.
A.BAI.XAR *v.t.* Agachar; bajar; rebajar.
A.BAI.XO *adv.* Abajo; bajo; debajo.
A.BA.JUR *s.m.* Lámpara; velador.
A.BA.LAR *v.t.* Estremecer; impresionar; sacudir; debilitar.
A.BA.LO *s.m.* Temblor; sacudida.
A.BAL.RO.AR *v.t.* Chocarse (automóvil).
A.BA.NAR *v.t.* Abanicar; ventilar; menear.
A.BAN.DO.NA.DO *adj.* Abandonado; dejado; descuidado.
A.BAN.DO.NAR *v.t.* Abandonar; dejar; desamparar; desistir; desocupar.
A.BAN.DO.NO *s.m.* Abandono; negligencia; desidia; alejamiento.
A.BAR.CAR *v.t.* Abarcar; contener; ceñir.
A.BAR.RO.TA.DO *adj.* Lleno.
A.BAR.RO.TAR *v.t.* Abarrotar; llenar. *v.p.* Hartarse.
A.BAS.TA.DO *adj.* Acaudalado; abastado; adinerado; heredado.
A.BAS.TE.CER *v.t.* Abastecer; proveer; avituallar. *v.p.* Abastecerse.
A.BAS.TE.CI.MEN.TO *s.m.* Abastecimiento; bastimento; provisión.
A.BA.TE *s.m.* Muerte de los animales destinados a la alimentación; matadero.
A.BA.TER Abatir; batir; matar; deducir; disminuir.
A.BA.TI.DO *adj.* Abatido; derribado; lánguido.
A.BA.TI.MEN.TO *s.m.* Abatimiento; desánimo; languidez; descuento.
AB.DI.CAR *v.t.* Abandonar; abdicar.
AB.DÔ.MEN *s.m.* Barriga.
A.BE.LHA *s.f.* Abeja.
A.BE.LHU.DO *adj.* Curioso; metido.
A.BEN.ÇO.AR *v.t.* Bendecir; santificar; proteger.
A.BER.RA.ÇÃO *s.f.* Aberración; desvío.
A.BER.TO *adj.* Abierto; despejado; libre; *fig.* franco; sincero.
A.BER.TU.RA *s.f.* Abertura; apertura; entrada; acceso; brecha; orificio.
A.BE.TO *s.m.* Abeto.
A.BIS.MO *s.m.* Abismo; despeñadero.
A.BLA.ÇÃO *s.f.* Ablación; remoción; extirpación.
A.BLA.TI.VO *adj.* e *s.m.* Propio de o relativo a ablación.
A.BO.BA.LHA.DO *adj.* Atolondrado.
A.BÓ.BO.RA *s.f.* Zapallo; calabaza.
A.BO.BRI.NHA *s.f.* Calabacín; zapallito.
A.BO.CA.NHAR *v.t.* Abocar; abocadear; morder.
A.BO.LI.ÇÃO *s.f.* Abolición.
A.BO.LIR *v.t.* Abolir; abrogar; anular; prohibir.
A.BO.MI.NA.ÇÃO *s.f.* Abominación.
A.BO.MI.NAR *v.t.* Aborrinar; detestar; renegar; odiar.
A.BO.MI.NÁ.VEL *adj.* Abominable; detestable.
A.BO.NA.DO *adj.* Adinerado; idóneo; acaudalado.
A.BO.NAR *v.t.* Abonar; perdonar.
A.BOR.DA.GEM *s.f.* Abordaje.

A.BOR.DAR v.t. Abordar; acostar; acometer; atacar. v.int. Acercarse.
A.BOR.RE.CER v.t. Cansar; enfadar; aburrir. v.p. Aborrecerse.
A.BOR.RE.CI.DO adj. Aburrido; molesto; enojado.
A.BOR.RE.CI.MEN.TO s.m. Aburrimiento; aborrecimiento.
A.BOR.TAR v.t. Provocar un aborto: abortar; fig. fracasar.
A.BOR.TO s.m. Aborto; fig. fracaso.
A.BO.TO.A.DEI.RA s.f. Abotonador.
A.BO.TO.A.DU.RAS s.f. pl. Gemelos.
A.BO.TO.AR v.t. Abotonar.
A.BRA.ÇAR v.t. Abrazar; ceñir; abarcar; fig. aceptar.
A.BRA.ÇO s.m. Abrazo.
A.BRAN.DAR v.t. e v.int. Ablandar; suavizar; moderar. v.p. Conmoverse; humanizarse.
A.BRAN.GÊN.CIA s.f. Alcance; amplitud.
A.BRAN.GER v.t. Abarcar; contener; ceñir; incluir.
A.BRE.VI.A.ÇÃO s.f. Abreviación.
A.BRE.VI.AR v.t. Abreviar; acortar; sintetizar; apurar.
A.BRI.DOR s.m. — de latas: Abrelatas.
A.BRI.GAR v.t. Abrigar; amparar; cubrir. v.p. Resguardarse.
A.BRI.GO s.m. Abrigo; abrigada; protección; apoyo; sobretodo.
A.BRIL s.m. Abril.
A.BRI.LHAN.TAR v.t. Abrillantar; realzar; iluminar.
A.BRIR v.t. Abrir; destapar; hender; florecer.
A.BRUP.TO adj. Abrupto; escarpado.
AB.SO.LU.TIS.MO s.m. Absolutismo; despotismo.
AB.SO.LU.TO adj. Absoluto; incondicional; fig. perfecto; acabado.
AB.SOL.VER v.t. Absolver; perdonar.
AB.SOL.VI.DO adj. Absuelto.
AB.SOL.VI.ÇÃO s.f. Absolución; perdón; indulto.
AB.SOR.ÇÃO s.f. — de líquido: Hidratación.

AB.SOR.TO adj. Absorto; introvertido; pensativo.
AB.SOR.VER v.t. Absorber; sorber; inhalar; succionar.
ABS.TEN.ÇÃO s.f. Abstención; privación.
ABS.TER-SE v.p. Abstenerse; guardarse.
ABS.TI.NÊN.CIA s.f. Abstinencia; privación.
ABS.TRA.ÇÃO s.f. Abstracción; distracción.
ABS.TRA.IR v.t. Abstraer; separar.
AB.SUR.DO adj. Absurdo.
A.BUN.DÂN.CIA s.f. Abundancia; hartura; fecundidad; riqueza; opulencia.
A.BUN.DAN.TE adj. Abundante; harto; copioso; fértil.
A.BUN.DAR v.int. Abundar.
A.BU.SAR v.t. e int. Abusar (de); forzar; violar; corromper.
A.BU.SO s.m. Abuso; desmán.
A.BU.TRE s.m. Buitre; fig. usurero.
A.CA.BA.DO adj. Acabado; finalizado; envejecido.
A.CA.BA.MEN.TO s.m. Acabamiento; terminación.
A.CA.BAR v.t. e int. Acabar; cesar; concluir; terminar; consumir; fallecer.
A.CA.BRU.NHAR v.t. Afligir.
A.CA.DE.MI.A s.f. Academia.
A.CA.DÊ.MI.CO adj. Miembro de academia; académico.
A.ÇA.FRÃO s.m. Azafrán.
A.CA.LEN.TAR v.t. Acunar; nutrir; alimentar.
A.CAL.MAR v.t. e v.int. Calmar; sosegar; serenar; pacificar. v.p. Calmarse; sosegarse.
A.CA.LO.RAR v.t. Acalorar; animar; excitar.
A.CAM.PA.MEN.TO s.m. Campamento.
A.CA.NHA.DO adj. Bisoño; tímido; encogido; vergonzoso; inexpresivo.
A.ÇÃO s.f. Acción; acto; movimiento; gesto; hecho.
A.CA.RI.CI.A.DOR s.m. Acariciador.
A.CA.RI.CI.AR v.t. Acariciar; halagar.
A.CAR.RE.TAR v.t. Acarrear; causar; transportar; conducir.
A.CA.SO s.m. Acaso; eventualidad; azar; suerte. adv. por —: por ventura; quizá.

A.CA.TAR v.t. Acatar; respetar; aceptar; cumplir.
A.CEI.TAR v.t. Aceptar; recibir.
A.CE.LE.RA.ÇÃO s.f. Aceleración.
A.CE.LE.RA.DO adj. Acelerado.
A.CE.LE.RAR s.f. Acelerar; apresurar.
A.CE.NAR v.t. e vint. Gesticular; saludar com ademanes.
A.CEN.DER v.t. Encender; inflamar; incendiar; (fig.) instigar; incitar.
A.CE.NO s.m. Gesto; ademán; seña.
A.CEN.TO s.m. Acento; entonación; — *gráfico:* tilde.
A.CEN.TU.A.ÇÃO s.f. Acentuación.
A.CEN.TU.AR v.t. Acentuar; destacar; atildar.
A.CEP.ÇÃO s.f. Acepción; noción.
A.CER.CAR v.t. Aproximar; acercar. v.p. Acercarse; aproximarse.
A.CER.TAR v.t. Acertar; hallar.
A.CER.TO s.m. Acierto; ajuste; suerte.
A.CE.SO adj. Encendido; vivo; ardiente.
A.CES.SO s.m. Acceso; llegada.
A.CES.SÓ.RIO s.m. Accesorio.
A.CE.TO.NA s.f. Acetona.
A.CHA.DO adj. Encontrado; hallado.
A.CHAR v.t. Hallar; encontrar; descubrir; pensar; creer.
A.CHA.TA.DO adj. Allanado; llano.
A.CHA.TAR v.t. Aplastar; allanar.
A.CHE.GA.DO adj. Allegado; amigo.
A.CI.DEN.TA.DO adj. Accidentado.
A.CI.DEN.TAR v.t. Accidentar.
A.CI.DEN.TE s.m. Accidente.
Á.CI.DO adj. Ácido; agrio.
A.CI.MA adv. Arriba; encima.
A.CIO.NAR v.t. Accionar.
A.CIO.NIS.TA s.2g. Accionista.
A.CLA.MA.ÇÃO s.f. aclamación; ovación.
A.CLA.MAR v.t. Aclamar.
A.CLA.RAR v.t. e int. Aclarar; aclararse; clarear; iluminar; explicar.
A.CLI.MA.TAR v.t. Aclimatar; habituar. v.p. Aclimatarse; habituarse.
AC.NE s.f. ou s.m. Acné; espinilla.
A.ÇO s.m. Acero.

A.CO.BER.TAR v.t. Esconder; encubrir.
A.ÇOI.TAR v.t. Fustigar; hostigar; azotar.
A.ÇOI.TE s.m. Fusta; látigo.
A.CO.LÁ adv. Acullá; allí; allá.
A.CO.LHE.DOR adj. e s.m. Acogedor; protector.
A.CO.LHER v.t. Acoger; proteger; hospedar.
A.CO.LHI.DA s.f. Acogida; recepción; agasajo.
A.CO.ME.TER v.t. Acometer; atacar.
A.CO.MO.DA.ÇÃO s.f. Acomodación; alojamiento; aposento.
A.CO.MO.DA.DO adj. Acondicionado; resignado.
A.CO.MO.DAR v.t. Acondicionar; aposentar.
A.COM.PA.NHA.MEN.TO s.m. Acompañamiento; cortejo.
A.COM.PA.NHAR v.t. Acompañar; seguir.
A.CON.CHE.GAR v.t. Allegar; acercar.
A.CON.CHE.GO s.m. Allego; abrigo; confort; acogida.
A.CON.DI.CIO.NAR v.t. Acondicionar.
A.CON.SE.LHAR v.t. Aconsejar; asesorar; recomendar.
A.CON.TE.CER v.int. Acontecer; suceder; avenir; pasar; ocurrir; realizarse.
A.CON.TE.CI.MEN.TO s.m. Acontecimiento; evento; suceso; acaso.
A.CO.PLAR v.t. Acoplar; juntar; embragar.
A.COR.DA.DO adj. Despierto.
A.COR.DAR v.t. e int. Despertar; concordar; hacer un acuerdo.
A.COR.DO s.m. Acuerdo; compromiso; resolución; pacto.
A.COR.REN.TAR v.t. Encadenar; (fig.) someter.
A.COS.SAR v.t. Perseguir.
A.COS.TU.MAR v.t. Acostumbrar. v.p. Acostumbrarse; habituarse.
A.ÇOU.GUE s.m. Carnicería.
A.ÇOU.GUEI.RO s.m. Carnicero.
A.CRE adj. Acre; agrio; picante.
A.CRE.DI.TAR v.t. e int. Acreditar; creer; abonar.
A.CRE.DI.TÁ.VEL adj. Fiable.

A.CRES.CEN.TAR *v.t.* Agregar; añadir; aumentar

A.CRES.CER *v.t.* Incrementar; aumentar.

A.CRÉS.CI.MO *s.m.* Aumento; adición; incremento.

A.CRO.BA.CI.A *s.f.* Voltereta; acrobacia.

A.ÇÚ.CAR *s.m.* Azúcar; sacarosa.

A.ÇU.CA.REI.RO *s.m.* Azucarero.

A.ÇU.DE *s.m.* Azud; embalse.

A.CU.DIR *v.t.* e *int.* Acudir; socorrer.

A.CU.MU.LAR *v.t.* Acumular; juntar; reunir. *v.p.* Aglomerarse; amontonarse

A.CU.SA.ÇÃO *s.f.* Acusación; imputación; delación.

A.CU.SA.DO *adj.* e *s.m.* Acusado.

A.CU.SAR *v.t.* Acusar; achacar; denunciar.

A.DA.GA *s.f.* Daga.

A.DAP.TA.ÇÃO *s.f.* Adaptación.

A.DAP.TAR *v.t.* Adaptar.

A.DE.GA *s.f.* Bodega.

A.DE.MAIS *adv.* Además; demás; también.

A.DEN.TRAR *v.int.* Adentrar; entrar.

A.DEP.TO *adj.* Adepto; partidario.

A.DE.QUA.DO *adj.* Adecuado; conveniente.

A.DE.RÊN.CI.A *s.f.* Adherencia.

A.DE.REN.TE *adj.* Adherente; unido; partidario.

A.DE.RIR *v.t.* e *int.* Adherir; unir; pegar; ligar.

A.DE.SI.VO *adj.* Adhesivo.

A.DES.TRA.MEN.TO *s.m.* Adiestramiento.

A.DEUS *s.m.* Adiós. *interj.* ¡adiós!

A.DI.A.MEN.TO *s.m.* Aplazamiento.

A.DI.AN.TA.DO *adj.* Adelantado; anticipado.

A.DI.AN.TA.MEN.TO *s.m.* Adelanto; anticipo.

A.DI.AN.TAR *v.t.* Adelantar; anticipar.

A.DI.AN.TE *adj.* Adelante.

A.DI.AR *v.t.* Aplazar; postergar.

A.DI.ÇÃO *s.f.* Adición.

A.DI.CIO.NAR *v.t.* e *int.* Adicionar; sumar.

A.DI.TI.VO *adj.* Añadido; agregado.

A.DI.VI.NHA.ÇÃO *s.f.* Adivinanza.

A.DI.VI.NHAR *v.t.* Adivinar.

A.DI.VI.NHO *s.m.* Adivino.

AD.JA.CEN.TE *adj.* Aledaño; adyacente; contiguo.

AD.JE.TI.VO *s.m.* Adjetivo.

AD.MI.NIS.TRA.ÇÃO *s.f.* Administración.

AD.MI.NIS.TRA.DOR *s.m.* Administrador; gerente; gestor.

AD.MI.NIS.TRAR *v.t.* Administrar.

AD.MI.RAR *v.t.* Admirar; mirar; contemplar.

AD.MI.RÁ.VEL *adj.* Admirable.

AD.MIS.SÃO *s.f.* Admisión.

AD.MI.TIR *v.t.* Admitir; aceptar; permitir.

AD.MO.ES.TAR *v.t.* Amonestar; advertir; reprender.

A.DO.ÇÃO *s.f.* Adopción; afiliación.

A.DO.ÇAR *v.t.* Endulzar; dulcificar; enmelar.

A.DO.E.CER *v.int.* Adolecer; enfermar.

A.DO.EN.TA.DO *adj.* Enfermizo; debilitado.

A.DO.LES.CÊN.CIA *s.f.* Adolescencia; juventud; mocedad.

A.DO.LES.CEN.TE *adj.* Adolescente; púber.

A.DO.RAR *v.t.* Adorar; venerar; honrar.

A.DOR.ME.CER *v.t.* e *int.* Adormecer.

A.DO.TAR *v.t.* Adoptar; aceptar.

A.DO.TI.VO *adj.* Adoptivo.

AD.QUI.RIR *v.t.* Adquirir; obtener; conseguir; comprar.

A.DU.A.NA *s.f.* Aduana.

A.DU.BAR *v.t.* Fertilizar; abonar.

A.DU.BO *s.m.* Fertilizante.

A.DU.LAR *v.t.* Adular; halagar; lisonjear.

A.DUL.TE.RAR *v.t.* Adulterar; falsear.

A.DUL.TÉ.RIO *s.m.* Adulterio; infidelidad.

A.DUL.TO *s.m.* Adulto.

A.DU.ZIR *v.t.* Aducir; alegar; traer.

AD.VEN.TO *s.m.* Advenimiento; llegada.

AD.VÉR.BIO *s.m.* Adverbio.

AD.VER.SÁ.RIO *s.m.* Adversario.

AD.VER.SI.DA.DE *s.f.* Adversidad.

AD.VER.SO *adj.* Adverso; contrario.

AD.VER.TÊN.CIA *s.f.* Advertencia; consejo.

AD.VER.TIR *v.t.* Advertir; aconsejar; prevenir.

AD.VIR *v.t.* Avenir; emerger; resultar.

AD.VO.CA.CI.A *s.f.* Abogacía.

AD.VO.GA.DO *s.m.* Abogado.

AD.VO.GAR *v.int.* Abogar.

A.É.REO *adj.* Aéreo; *fig.* fútil.

A.E.RO.MO.ÇA *s.f.* Azafata.

A.E.RO.POR.TO s.m. Aeropuerto.
A.E.ROS.SOL s.m. Aerosol.
A.FÃ s.m. Afán; empeño.
A.FA.BI.LI.DA.DE s.f. Afabilidad.
A.FA.GAR v.t. Acariciar; halagar; mimar.
A.FA.GO s.m. Caricia; mimo.
A.FA.NAR v.t. Hurtar; robar.
A.FAS.TA.DO adj. Alejado; distante; apartado.
A.FAS.TA.MEN.TO s.m. Alejamiento; separación; segregación.
A.FAS.TAR v.t. Alejar; apartar; distanciar.
A.FÁ.VEL adj. Afable; amable; gracioso.
A.FEI.ÇÃO s.f. Apego; amistad; afecto; ternura; amor.
A.FEI.ÇO.A.DO adj. Devoto; aficionado.
A.FEI.ÇO.AR v.t. Inspirar afecto. v.p. Apegarse.
A.FE.RIR v.t. Aferir; cotejar.
A.FE.TAR v.t. Afectar; perturbar.
A.FE.TO s.m. Afecto; cariño; afección; amor.
A.FE.TU.O.SO adj. Afectuoso; cariñoso; amoroso.
A.FI.AN.ÇAR v.t. Afianzar; fiar; abonar.
A.FI.AR v.t. Afilar; aguzar; amolar.
A.FI.LHA.DO s.m. Ahijado.
A.FI.LI.AR v.t. Afiliar. v.p. Filiarse; inscribirse.
A.FIM adj. e s.m. Afín; próximo.
A.FI.NAL adv. Por fin; al fin.
A.FIN.CO s.m. Ahínco; tenacidad.
A.FI.NI.DA.DE s.f. Afinidad; consanguinidad.
A.FIR.MA.ÇÃO s.f. Afirmación.
A.FIR.MAR v.t. Afirmar; afianzar; certificar.
A.FIR.MA.TI.VO adj. Afirmativo; positivo.
A.FI.XAR v.t. Fijar; pegar; asignar.
A.FLI.ÇÃO s.f. Aflicción; herida; ansiedad.
A.FLI.GIR v.t. Afligir; abrumar; angustiar; atormentar.
A.FLI.TO adj. Aflictivo; triste.
A.FLU.ÊN.CIA s.f. Afluencia; abundancia.
A.FLU.EN.TE adj. e s.m. Afluente; abundante; profuso.
A.FLU.IR v.int. Afluir; convergir; concurrir.
A.FO.BA.DO adj. Agitado; apurado; atolondrado.
A.FO.GA.DO adj. Ahogado.

A.FO.GAR v.t. Ahogar; sofocar. v.p. Ahogarse; asfixiarse.
A.FOI.TO adj. Precipitado; audaz.
A.FOR.TU.NA.DO adj. Afortunado.
A.FRI.CA.NO adj. e s.m. Africano.
A.FRON.TA s.f. Afronta; ultraje.
A.FRON.TAR v.t. Afrontar.
A.FROU.XAR v.t. Aflojar; ceder; relajar; flaquear.
A.FU.GEN.TAR v.t. Ahuyentar.
A.FUN.DAR v.t. Ahondar; hundir; naufragar.
A.GÁ s.m. Hache.
A.GA.CHAR v.t. Agachar; bajar; inclinar. v.p. Agacharse.
A.GAR.RAR v.t. Agarrar. v.p. Agarrarse; asirse.
A.GA.SA.LHAR v.i. Abrigar; cubrir; arropar.
A.GA.SA.LHO s.m. Abrigo.
A.GÊN.CIA s.f. Agencia.
A.GEN.CIAR v.t. Agenciar; negociar; trabajar.
A.GEN.DA s.f. Agenda.
A.GEN.TE s.m. Agente; actuante. s.2g. Agente; representante; procurador.
A.GI.GAN.TAR v.t. Agigantar.
Á.GIL adj. Ágil; diestro; experto; hábil; ligero.
A.GI.LI.DA.DE s.f. Agilidad.
A.GI.LI.ZAR v.t. Agilizar; aligerar.
A.GI.O.TA s.m. Usurero.
A.GIR v.int. Actuar; hacer; proceder; obrar.
A.GI.TA.ÇÃO s.f. Agitación; perturbación; inquietud.
A.GI.TA.DO adj. Agitado; turbulento.
A.GI.TAR v.t. Agitar; conmover; sacudir; bullir; alborotar.
A.GLO.ME.RAR v.t. Aglomerar; juntar.
A.GLU.TI.NA.ÇÃO s.f. Aglutinación.
A.GLU.TI.NAR v.t. Aglutinar.
A.GO.NI.A s.f. Agonía.
A.GO.NI.ZAR v.int. Agonizar.
A.GO.RA adv. Ahora; en neste momento. conj. Todavia.
A.GOS.TO s.m. Agosto.
A.GOU.RAR v.t. Ominar.
A.GOU.RO s.m. Agüero; presagio.
A.GRA.CI.AR v.t. Agraciar.

A.GRA.DAR v.t. Agradar; adular; gustar; contentar.
A.GRA.DÁ.VEL adj. Agradable; agraciado.
A.GRA.DE.CER v.t. e int. Agradecer.
A.GRA.DE.CI.MEN.TO s.m. Agradecimiento; gratitud.
A.GRA.DO s.m. Agrado; cariño; cortesia.
A.GRA.VAR v.t. Agravar; ofender; recrudecer; arreciar.
A.GRA.VO s.m. Agravio; ofensa; entuerto.
A.GRE.DIR v.t. Agredir; atacar; asaltar.
A.GRE.GA.ÇÃO s.f. Agregación.
A.GRE.GAR v.t. Agregar; añadir; unir.
A.GRES.SÃO s.m. Agresión, asalto.
A.GRES.SI.VO adj. Agresivo; ofensivo.
A.GRES.TE adj. Agreste.
A.GRI.ÃO s.m. Berro.
A.GRÍ.CO.LA adj. Agrícola.
A.GRI.CUL.TOR s.m. Agricultor; labrador.
A.GRI.CUL.TU.RA s.f. Agricultura; labranza.
A.GRI.DO.CE adj. Agridulce.
A.GRO.NO.MI.A s.f. Agronomía.
A.GRU.PA.MEN.TO s.m. Agrupamiento; reunión.
A.GRU.PAR v.t. Agrupar; reunir.
Á.GUA s.f. Agua.
A.GUA.CEI.RO s.m. Aguacero.
A.GUAR.DAR v.t. Aguardar; esperar.
A.GUAR.DEN.TE s.f. Aguardiente.
A.GU.ÇA.DO adj. Aguzado.
A.GU.ÇAR v.t. Aguzar; acuciar; incitar.
A.GU.DEZ s.f. Agudeza; agudez.
A.GU.DO adj. Agudo; afilado; penetrante.
A.GUEN.TAR v.t. e int. Aguantar; soportar; tolerar; sufrir. v.p. Aguantarse.
A.GUER.RI.DO adj. Aguerrido; valiente.
Á.GUIA s.f. Águila.
A.GUI.LHÃO s.m. Aguijada; aguijón.
A.GU.LHA s.f. Aguja.
AH! interj. ¡ah!
AI! interj. ¡ai!
A.Í adv. Ahi.
AI.A s.f. Ama; camarera.

A.IN.DA adv. Aún; aun; todavía; además; también.
AI.RO.SO adj. Airoso; elegante.
A.JEI.TAR v.t. Arreglar; acomodar. v.p. Arreglarse.
A.JO.E.LHAR v.t. Arrodillar.
A.JU.DA s.f. Ayuda; favor.
A.JU.DAN.TE adj. e s.2g. Ayudante; auxiliar; asistente.
A.JU.DAR v.t. Ayudar; asistir; auxiliar; socorrer.
A.JUI.ZAR v.t. Estimar; juzgar.
A.JUN.TA.MEN.TO s.m. Hacinamiento.
A.JUN.TAR v.t. Juntar; coordinar.
A.JUS.TA.DO adj. Ajustado; justo.
A.JUS.TAR v.t. Ajustar; adaptar; pactar; negociar; completar. v.p. Ajustarse; prepararse.
A.JUS.TE s.m. Ajuste; pacto; contrato; convenio; negociación.
A.LA s.f. Ala; fila.
A.LA.DO adj. Que tiene alas; alado; aéreo.
A.LA.GAR v.t. Alagar; inundar.
A.LAM.BI.QUE s.m. Alambique; serpentín.
A.LA.ME.DA s.f. Alameda; camino; arboleda.
A.LA.RAN.JA.DO adj. Anaranjado; naranjado.
A.LAR.DE.AR v.t. Alardear; ostentar. v.p. Ostetarse; jactarse
A.LAR.GA.DO adj. Ampliado; ensanchado.
A.LAR.GAR v.t. Alargar; ensanchar.
A.LA.RI.DO s.m. Alarido.
A.LAR.MAR v.t. Alarmar; asustar; sobresaltar.
A.LAR.ME s.m. Alarma; confusión; tumulto.
A.LA.Ú.DE s.m. Laúd.
A.LA.VAN.CA s.f. Palanca; barra.
AL.BER.GAR v.t. Abrigar; albergar; hospedar.
AL.BER.GUE s.m. Albergue; refugio; alojamiento.
AL.BI.NO adj. Albino.
AL.BOR.NOZ s.m. Albornoz.
ÁL.BUM s.m. Álbum.
AL.ÇA s.f. Alza; tirador.
AL.ÇA.DA s.f. Alcance; alzada.

AL.CAN.ÇAR *v.t.* Alcanzar; llegar; conseguir.
AL.CAN.CE *s.m.* Alcance; extensión; *fig.* capacidad.
AL.ÇAR *v.t.* Alzar; levantar; subir.
AL.CA.TRÃO *s.m.* Alquitrán.
ÁL.CO.OL *s.m.* Alcohol.
AL.CO.Ó.LA.TRA *s.2g.* Alcohólico.
AL.CO.Ó.LI.CO *adj.* e *s.m.* Alcohólico.
AL.CO.RÃO *s.m.* Alcorán.
ALCOVA *s.m.* Alcoba; dormitorio.
AL.CU.NHA *s.f.* Alias; apodo; mote.
AL.DE.ÃO *adj.* e *s.m.* Aldeano; campesino; lugareño.
AL.DEI.A *s.f.* Aldea; pueblo; villa.
A.LE.A.TÓ.RIO *adj.* Aleatorio.
A.LE.CRIM *s.m.* Romero.
A.LE.GA.ÇÃO *s.f.* Alegación; defensa.
A.LE.GAR *v.t.* Alegar; deducir.
A.LE.GO.RI.A *s.f.* Alegoría.
A.LE.GRAR *v.t.* Alegrar; regocijar. *v.p.* Alegrarse.
A.LE.GRE *adj.* Alegre; festivo; contento.
A.LE.GRI.A *s.f.* Alegría; felicidad; contento; fiesta.
A.LEI.JA.DO *adj.* Lisiado; mutilado.
A.LEI.JAR *v.t.* Lisiar; mutilar; estropear.
A.LEI.TAR *v.t.* Lactar; amamantar.
A.LÉM *adv.* e *adj.* Allá; mas adelante; allende; además.
A.LE.MÃO *adj.* e *s.m.* Alemán.
ALÉM-MAR *s.m.* Ultramar.
A.LEN.TAR *v.t.* Alentar.
A.LEN.TO *s.m.* Aliento; esfuerzo; huelgo.
A.LER.GI.A *s.f.* Alergia.
A.LER.TA *adv.* Alerta; atento.
A.LER.TAR *v.t.* Alertar; *fig.* asustar.
AL.FA.BE.TI.ZAR *v.t.* Alfabetizar.
AL.FA.BE.TO *s.m.* Alfabeto.
AL.FA.CE *s.f.* Lechuga.
AL.FA.FA *s.f.* Alfafa.
AL.FAI.A.TA.RI.A *s.f.* Sastrería.
AL.FAI.A.TE *s.m.* Sastre.
AL.FÂN.DE.GA *s.f.* Aduana.
AL.FI.NE.TAR *v.t.* Pinchar.
AL.FI.NE.TE *s.m.* Alfiler.
AL.FOR.RI.A *s.f.* Liberación; franqueo.
AL.GA *s.f.* Alga.
AL.GA.RIS.MO *s.m.* Guarismo; número; cifra.
AL.GA.ZAR.RA *s.f.* Jaleo; gritería; jarana.
ÁL.GE.BRA *s.f.* Álgebra.
AL.GE.MAR *v.t.* Esposar; prender; subyugar; engrillar.
ALGO *pron. indef.* Algo; alguna cosa. *adv.* Algo; poco.
AL.GO.DÃO *s.m.* Algodón; tejido.
AL.GO.DO.EI.RO *s.m.* Algodonero.
AL.GUÉM *pron. indef.* Alguien; alguna persona.
AL.GUM *pron. indef.* Alguno; algún.
A.LHE.AR *v.t.* Abandonar; extraviar; ceder.
A.LHEI.O *adj.* Ajeno; absorto.
A.LHO *s.m.* Ajo.
A.LI *adv.* Allí; allá; ahí; acullá.
A.LI.AN.ÇA *s.f.* Alianza; anillo.
A.LI.AR *v.t.* Aliar; unir; conciliar; confederar. *v.p.* Aliarse; casarse; unirse.
A.LI.ÁS *adv.* Por el contrario; de otro modo.
Á.LI.BI *s.m.* Alibi; justificación.
A.LI.CA.TE *s.m.* Alicate; tenacilla; pinzas.
A.LI.CER.CE *s.m.* Cimiento; base; apoyo; infraestructura.
A.LI.CI.AR *v.t.* Seducir, sobornar.
A.LI.E.NA.ÇÃO *s.f.* Alienación.
A.LI.E.NAR *v.t.* Alienar; desviar; enajenar. *v.p.* Alienarse.
A.LI.JAR *v.t.* Alijar.
A.LI.MEN.TA.ÇÃO *s.f.* Alimentación.
A.LI.MEN.TAR *v.t.* Alimentar; nutrir; mantener. *v.p.* Alimentarse; nutrirse.
A.LI.M.EN.TO *s.m.* Alimento.
A.LI.NHAR *v.t.* Alinear; aliñar; arreglar; jalonar.
A.LI.NHA.VAR *v.t.* Hilvanar
A.LI.SAR *v.t.* Alisar; ablandar.
A.LIS.TA.MEN.TO *s.m.* Alistamiento.
A.LIS.TAR *v.f.* Alistar; arrollar; inscribir. *v.p.* Alistarse; inscribirse.
A.LI.VI.AR *v.t.* e *v.int.* Aliviar; aplacar; suavizar; consolar; desahogar.

A.LÍ.VIO — A.MÁ.SI.A

A.LÍ.VIO s.m. Alivio; descanso; consuelo; desahogo.
AL.MA s.f. Alma; vida; ánimo.
AL.MA.NA.QUE s.m. Almanaque.
AL.MEI.RÃO s.m. Chicoria
AL.ME.JAR v.t. Anhelar; desear; aspirar.
AL.MI.RAN.TE s.m. Almirante.
AL.MO.ÇAR v.t. Almorzar; comer.
AL.MO.ÇO s.m. Almuerzo; comida.
AL.MO.FA.DA s.f. Almohada; almohadón; alcatifa.
AL.MÔN.DE.GA s.f. Albóndiga.
ALÔ interj. ¡Hola!
A.LO.JA.MEN.TO s.m. Alojamiento; hospedaje.
A.LO.JAR v.t. Alojar; hospedar; abrigar. v.p. Alojarse; hospedarse.
A.LON.GAR v.t. Alargar; prolongar; alargar.
AL.PAR.GA.TA s.f. Alpargata, sandalia.
AL.PEN.DRE s.m. Alero; barracón; tinglado.
AL.PI.NIS.MO s.m. Alpinismo.
AL.PI.NO adj. Alpino.
AL.QUE.BRA.DO adj. Debilitado; enfermo.
AL.TA s.f. Alta; alza.
AL.TAR s.m. Altar.
AL.TE.RA.ÇÃO s.f. Alteración; perturbación; modificación.
AL.TE.RAR v.t. Alterar; modificar; desquiciar.
AL.TER.CAR v.t. e int. Altercar; disputar; porfiar; polemizar.
AL.TER.NAR v.t. Alternar; variar. v.p. Alternarse.
AL.TER.NA.TI.VA s.f. Alternativa.
AL.TER.NA.TI.VO adj. Alternativo.
AL.TE.ZA s.f. Alteza; excelencia.
AL.TÍS.SI.MO adj. Sumo.
AL.TI.TU.DE s.f. Altitud; altura.
AL.TI.VEZ s.f. Altivez.
AL.TO adj. Alto; elevado; levantado; altura; importante; célebre; excelente.
AL.TO-FA.LAN.TE s.m. Altavoz.
AL.TU.RA s.f. Altura; estatura; nivel.
A.LU.CI.NA.ÇÃO s.f. Alucinación.
A.LU.CI.NAN.TE adj. Alucinante.
A.LU.CI.NAR v.t. Alucinar.

A.LU.DIR v.int. Aludir; citar.
A.LU.GAR v.t. Alquilar; arrendar.
A.LU.GUEL s.m. Alquiler; arrendamiento; locación.
A.LU.MÍ.NIO s.m. Aluminio.
A.LU.NO s.m. Alumno; discípulo; aprendiz.
A.LU.SÃO s.f. Alusión.
A.LU.SI.VO adj. Alusivo.
AL.VA.RÁ s.m. Licencia.
AL.VE.JAR v.t. Blanquear; albear; nevar.
AL.VE.NA.RI.A s.f. Albañilería; mampostería.
AL.VI.TRE s.m. Arbitrio; albedrío.
AL.VO adj. Albo; blanco; puro; limpio. s.m. Mira; objetivo.
AL.VO.RA.DA s.f. Alborada; amanecer.
AL.VO.RE.CER v.int. Amanecer; blanquear.
AL.VO.RO.ÇAR v.t. Alborotar.
AL.VO.RO.ÇO s.m. Alboroto
A.MA s.f. Ama; niñera; — de leite: nodriza.
A.MA.BI.LI.DA.DE s.f. Amabilidad; gentileza.
A.MA.DO adj. Amado; querido; novio.
A.MA.DOR adj. e s.m. Amador; apreciador; enamorado.
A.MA.DU.RE.CER v.t. e int. Madurar; sazonar; cuajar.
Â.MA.GO s.m. Meollo; cerne.
A.MAI.NAR v.int. Amainar; calmar.
A.MAL.DI.ÇO.AR v.t. Maldecir.
A.MA.MEN.TAR v.t. Amamantar; lactar.
A.MA.NHÃ adv. Mañana.
A.MA.NHE.CER s.m. e v.int. Amanecer.
A.MAN.TE adj. Amante; aficionado.
A.MAN.TEI.GA.DO adj. Mantecoso.
A.MAR v.t. Amar; querer.
A.MA.RE.LA.DO adj. Amarillento.
A.MA.RE.LO adj. Amarillo.
A.MAR.GAR v.t. Amargar. v.p. Amargarse.
A.MAR.GO adj. Amargo.
A.MAR.GU.RAR v.t. Amargar. v.p. Amargarse; afligirse.
A.MAR.RA.DO adj. Amarrado; atado; casado.
A.MAR.RAR v.t. Amarrar; atar; ligar.
A.M.AR.RO.TAR v.t. Arrugar; estrujar.
A.MÁ.SI.A s.f. Concubina.

A.MÁ.VEL *adj.* Amable.
AM.BI.ÇÃO *s.f.* Ambición; pretención.
AM.BI.CI.O.SO *adj.* Ambicioso.
AM.BI.EN.TE *s.m.* Ambiente; sociedad.
AM.BI.GUI.DA.DE *s.f.* Ambigüedad; vaguedad.
AM.BÍ.GUO *adj.* Ambiguo; obliquo; evasivo.
ÂM.BI.TO *s.m.* Ámbito; recinto.
AMBOS *num. pl.* Ambos; ambas; un e otro; los dos.
AM.BU.LÂN.CIA *s.f.* Ambulancia.
AM.BU.LAN.TE *adj.* e *s.2g.* Ambulante.
AM.BU.LA.TÓ.RIO *s.m.* Ambulatorio.
A.ME.A.ÇA *s.f.* Amenaza.
A.ME.A.ÇA.DO *adj.* Amenazado.
A.ME.A.ÇAR *v.t.* Amenazar; conminar.
A.ME.DRON.TAR *v.t.* Amedrentar; atemorizar; intimidar.
A.MEI.XA *s.f.* Ciruela.
A.MEI.XEI.RA *s.f.* Ciruelo.
A.MÉM *s.m.* Amén.
A.MÊN.DOA *s.f.* Almendra.
A.MEN.DO.IM *s.m.* Cacahuete; maní.
A.ME.NI.DA.DE *s.f.* Amenidad; suavidad.
A.ME.NI.ZAR *v.t.* Amenizar.
A.ME.NO *adj.* Ameno; afable.
A.ME.RI.CA.NI.ZAR *v.t.* Americanizar. *v.p.* Americanizarse.
A.ME.RI.CA.NO *adj.* e *s.m.* Americano.
A.MES.TRAR *v.t.* Amaestrar; adiestrar; instruir; enseñar.
A.MI.DO *s.m.* Almidón.
A.MI.GÁ.VEL *adj.* Amigable; acogedor.
A.MI.GO *adj.* e *s.m.* Amigo; compañero; amante.
A.MIS.TO.SO *adj.* Amistoso; amigable; afable.
A.MI.Ú.DE *adv.* A menudo.
AM.NÉ.SIA *s.f.* Amnesia.
A.MI.ZA.DE *s.f.* Amistad; afinidad.
A.MO *s.m.* Amo; señor; dueño.
A.MO.LAR *v.t.* Amolar; afilar; irritar; molestar.
A.MOL.DAR *v.t.* Amoldar. *v.p.* Modelarse.
A.MO.LE.CER *v.t.* Ablandar; suavizar.
A.MON.TO.AR *v.t.* Amontonar. *v.p.* Amontonarse.
A.MOR *s.m.* Amor; pasión; afecto.
A.MO.RA *s.f.* Mora
A.MOR.DA.ÇAR *v.t.* Amordazar.
A.MO.REI.RA *s.f.* Morera.
A.MO.RO.SO *adj.* Amoroso.
A.MOR.TA.LHAR *v.t.* Amortajar.
A.MOR.TE.CE.DOR *s.m.* Amortiguador.
A.MOR.TE.CER *v.t.* Amortiguar.
A.MOR.TE.CI.DO *adj.* Amortiguado.
A.MOR.TI.ZAR *v.t.* Amortizar
A.MOS.TRA *s.f.* Muestra; muestrario.
A.MO.TI.NAR *v.t.* Motinar. *v.p.* Amotinarse.
AM.PA.RAR *v.t.* Amparar; auxiliar; favorecer; ayudar.
AM.PA.RO *s.m.* Amparo; abrigo; protección; defensa.
AM.PLI.A.ÇÃO *s.f.* Ampliación.
AM.PLI.AR *v.t.* Ampliar; aumentar; dilatar; desarrollar; ensanchar.
AM.PLI.DÃO *s.f.* Amplitud.
AM.PLI.FI.CAR *v.t.* Amplificar; ampliar.
AM.PLI.TU.DE *s.f.* Amplitud.
AM.PLO *adj.* Amplio; ancho; vasto.
AM.PO.LA *s.f.* Ampolla.
AM.PU.TAR *v.t.* Amputar; mutilar; cercenar.
A.MU.LE.TO *s.m.* Amuleto; talismán.
A.NA.CRÔ.NI.CO *adj.* Anacrónico.
A.NA.GRA.MA *s.m.* Anagrama.
A.NAL.FA.BE.TIS.MO *s.m.* Analfabetismo.
A.NAL.FA.BE.TO *adj.* Analfabeto; inculto.
A.NAL.GÉ.SI.CO *adj.* e *s.m.* Analgésico.
A.NA.LI.SAR *v.t.* Analizar; examinar; criticar.
A.NÁ.LI.SE *s.f.* Análisis; comentario; conclusión.
A.NA.LIS.TA *s.2g.* Analista.
A.NA.LO.GI.A *s.f.* Analogía; semejanza.
A.NÁ.LO.GO *adj.* Análogo; similar; semejante; idéntico.
A.NÃO *s.m.* Enano. *fem.*: Enana.
A.NAR.QUI.A *s.f.* Anarquía.
A.NAR.QUIS.TA *s.2g.* Anarquista.
A.NA.TO.MI.A *s.f.* Anatomia.
A.NA.TÔ.MI.CO *adj.* Anatômico.
AN.CA *s.f.* Anca; nalga; cuadril.
AN.CI.ÃO *adj.* e *s.m.* Anciano; viejo.

AN.CI.NHO s.m. Rastrilho.
ÂN.CO.RA s.f. Ancla.
AN.CO.RAR v.int. Anclar; fondear.
AN.DA.DOR adj. Andador; andante.
AN.DAI.ME s.m. Andamio.
AN.DA.MEN.TO s.m. Marcha; paso; rumbo; movimiento.
AN.DAR v.int. Andar; caminar; marchar; moverse. s.m. Andar; piso.
AN.DA.RI.LHO s.m. Andarín; andariego; trotamundos.
AN.DO.RI.NHA s.f. Golondrina.
AN.DRA.JO s.m. Andrajo; harapo; trapo.
A.NE.DO.TA s.f. Anécdota; chiste.
A.NEL s.m. Anillo.
A.NE.MI.A s.f. Anemia; debilitación.
A.NES.TE.SI.A s.f. Anestesia.
A.NES.TE.SIS.TA s.2g. Anestesista.
A.NE.XAR v.t. Anexar; agregar; adjuntar.
A.NE.XO adj. Anexo; agregado; adjunto; unido. s.m. Anexo; sucursal; dependencia.
AN.FÍ.BIO s.m. Anfibio.
AN.FI.TRI.ÃO s.m. Anfitrión. fem.: Anfitriona.
AN.GA.RI.AR v.t. Recaudar; adquirir.
AN.GÉ.LI.CO adj. Angélico.
ANGRA s.f. Bahía; ensenada.
ÂN.GU.LO s.m. Ángulo.
AN.GÚS.TIA s.f. Angustia; tristeza; ansiedad; tensión.
AN.GUS.TI.A.DO adj. Angustiado; afligido.
AN.GUS.TI.AR v.t. Angustiar; afligir. v.p. Angustiarse.
A.NI.MA.ÇÃO s.f. Animación.
A.NI.MA.DO adj. Animado; entusiasmado.
A.NI.MAL s.m. Animal; bestia; fera.
A.NI.MAR v.t. Animar; entusiasmar; alegrar. v.p. Animarse.
Â.NI.MO s.m. Ánimo; aliento; virtud; valor; corage; resolución.
A.NI.MO.SI.DA.DE s.f. Animosidad; aversión.
A.NI.QUI.LAR v.t. Aniquilar; destruir; abatir; fulminar; fig. humilhar. v.p. Aniquilarse; rebajarse.
A.NIS.TI.A s.f. Amnistía; perdón; indulto.

A.NIS.TI.AR v.t. Amnistiar; perdonar; indultar.
A.NI.VER.SÁ.RIO s.m. Aniversario; cumpleaños.
AN.JO s.m. Ángel.
A.NO s.m. Año.
A.NOI.TE.CER v.int. e s.m. Anochecer.
A.NO.MA.LI.A s.f. Anomalia.
A.NÔ.NI.MO adj. Anónimo.
A.NOR.MAL adj. Anormal.
A.NOR.MA.LI.DA.DE s.f. Anormalidad.
A.NO.TA.ÇÃO s.f. Anotación; membrete; apunte; nota.
A.NO.TAR v.t. Anotar; regristrar.
AN.SEI.O s.m. Deseo; anhelo.
ÂN.SIA s.f. Ansia; deseo; anhelo; basca; náusea.
AN.SI.AR v.t. Ansiar; desear. v.int. Sentir ansias.
AN.SI.E.DA.DE s.f. Ansiedad.
AN.SI.O.SO adj. Ansioso; deseoso; agitado; sediento.
AN.TA s.f. Anta; tapir.
AN.TA.GO.NIS.TA adj. e s.2g. Antagonista.
AN.TÁR.TI.CO adj. Antártico.
AN.TE prep. Ante; delante de. adv. Antes
AN.TE.BRA.ÇO s.m. Antebrazo.
AN.TE.CE.DEN.TE adj. Antecedente; precedente.
AN.TE.CE.DER v.t. Anteceder; preceder.
AN.TE.CES.SOR adj. e s.m. Antecesor.
AN.TE.CI.PA.ÇÃO s.f. Antecipación.
AN.TE.CI.PAR v.t. Anticipar; adelantar. v.p. Anticiparse.
AN.TE.DA.TAR v.t. Antedatar.
AN.TE.MÃO adv. Antemano; de —: de antemano.
AN.TE.NA s.f. Antena.
AN.TE.ON.TEM adv. Anteayer.
AN.TE.PA.RO s.m. Biombo.
AN.TE.PAS.SA.DO adj. Antepasado; antecesor; ascendiente.
AN.TE.POR v.t. Anteponer; preferir.
AN.TE.RI.OR adj. Anterior; precedente.
AN.TE.RI.OR.MEN.TE adv. Anteriormente; antes; antemano; antiguamente.

AN.TES adv. Antes; anteriormente.
AN.TE.VER v.t. Antever.
AN.TÍ.DO.TO s.m. Antídoto.
AN.TI-HE.RÓI s.m. Antihéroe.
AN.TI.CON.CEP.CI.O.NAL adj. Anticonceptivo.
AN.TI.COR.PO s.m. Anticuerpo.
AN.TI.GA.MEN.TE adv. Antiguamente; antes.
AN.TI.GO adj. Antiguo.
AN.TI.GUI.DA.DE s.f. Antigüedad.
AN.TI.PA.TI.A adj. Antipatía.
AN.TI.PÁ.TI.CO adj. Antipático; desagradable.
AN.TI.PA.TI.ZAR v.int. Antipatizar. v.p. Antipatizarse.
AN.TIS.SO.CIAL adj. Huraño.
AN.TÍ.TE.SE s.f. Antítesis.
AN.TO.LO.GI.A s.f. Antología.
AN.TÔ.NI.MO s.m. Antónimo.
AN.TRO s.m. Antro; caverna; cova.
AN.TRO.PO.FA.GI.A s.f. Antropofagía.
AN.TRO.PÓ.FA.GO adj. e s.m. Antropófago.
AN.TRO.PO.LO.GI.A s.f. Antropología.
A.NU.AL adj. Anual.
A.NU.AL.MEN.TE adv. Anualmente.
A.NU.Á.RIO s.m. Anuario.
A.NU.ÊN.CIA s.f. Anuencia; consentimiento.
A.NU.I.DA.DE s.f. Anualidad.
A.NU.LAR v.t. Anular; cancelar; invalidar.
A.NUN.CI.A.ÇÃO s.f. Anunciación.
A.NUN.CI.AN.TE adj. e s.2g. Anunciante.
A.NUN.CI.AR v.t. Anunciar; notificar; publicar.
A.NÚN.CIO s.m. Anuncio; notificación.
Â.NUS s.m. Ano.
AN.ZOL s.m. Anzuelo.
AO contr. da prep. a com o art. o: al.
A.ON.DE adv. Adonde; adónde.
A.OR.TA s.f. Aorta.
A.PA.DRI.NHAR v.t. Apadrinar; proteger; apoyar.
A.PA.GA.DOR s.m. Borrador.
A.PA.GAR v.t. Apagar; borrar; extinguir; cancelar.
A.PAI.XO.NA.DO adv. Apasionado; enamorado.
A.PAI.XO.NAR v.t. Apasionar; enamorar. v.p. Apasionarse; enamorarse.
A.PAL.PAR v.t. Palpar; tocar; manosear.
A.PA.NHA.DO adj. Apañado; cogido; junto.
A.PA.NHAR v.t. Apañar; coger; cosechar; agarrar; capturar; asir; sujetar.
A.PA.RAR v.t. Aparar; cortar; recortar; aguzar.
A.PA.RA.TO s.m. Aparato; ostentación; pompa.
A.PA.RE.CER v.int. Aparecer; surgir; despuntar; acudir; brotar; nacer.
A.PA.RE.CI.MEN.TO s.m. Aparecimiento.
A.PA.RE.LHAR v.t. Aparejar; disponer; preparar; equipar.
A.PA.RE.LHO s.m. Aparato; aparejo; máquina.
A.PA.RÊN.CIA s.f. Apariencia; aspecto; figura; fisionomía.
A.PA.REN.TAR v.t. Aparentar; figurar; representar; fingir. v.p. Aparentarse; asemejarse.
A.PA.REN.TE adj. Aparente.
A.PA.RI.ÇÃO s.f. Aparición; aparecido; fantasma.
A.PAR.TA.MEN.TO s.m. Apartamiento; habitación; piso.
A.PAR.TAR v.t. Apartar; separar; remover; desviar.
A.PA.TI.A s.f. Apatía; indiferencia.
A.PÁ.TI.CO adj. Apático; indiferente.
A.PA.VO.RAR v.t. Amedrentar; asustar.
A.PA.ZI.GUAR v.t. Apaciguar; sosegar; serenar.
A.PE.AR v.t. Apear; desmontar.
A.PE.DRE.JAR v.t. Apedrear.
A.PE.GAR v.t. Encariñar; aficionar. v.p. Apegarse; agarrarse; valerse.
A.PE.GO s.m. Apego; cariño; afecto.
A.PE.LA.ÇÃO s.f. Apelación.
A.PE.LAR v.t. Apelar; recurrir.
A.PE.LI.DAR v.t. Apellidar; apodar; llamar.
A.PE.LI.DO s.m. Apodo; epíteto; sobrenombre.
A.PE.LO s.m. Apelación; llamado.
A.PE.NAS adv. Apenas; sólo; solamente; únicamente.

A.PÊN.DI.CE s.m. Suplemento; *Med.* apéndice.
A.PEN.DI.CI.TE s.f. *Med.* Apendicitis.
A.PER.CE.BER v.t. Apercibir; notar; prevenir.
A.PER.FEI.ÇO.A.MEN.TO s.m. Perfeccionamiento; mejoramiento.
A.PER.FEI.ÇO.AR v.t. Perfeccionar; mejorar.
A.PE.RI.TI.VO adj. e s.m. Aperitivo; tapa; boquita.
A.PER.TA.DO adj. Apretado; angosto.
A.PER.TAR v.t. Apretar; comprimir; oprimir.
A.PER.TO s.m. Aprieto; dificultad; peligro; apuro.
A.PE.SAR adv. — de: A pesar de; no obstante. conj. — de que: a pesar de que; aunque.
A.PE.TE.CER v.t. Apetecer; desear.
A.PE.TI.TE s.m. Apetito; deseo; *fig.* hambre.
A.PE.TI.TO.SO adj. Apetitoso; provocante.
A.PE.TRE.CHO s.m. Pertrecho; utensilio; herramienta. pl.: Pertrechos.
Á.PI.CE s.m. Ápice; auge; cúspide; punta.
A.PI.CUL.TOR s.m. Apicultor.
A.PI.CUL.TU.RA s.f. Apicultura.
A.PI.E.DAR-SE v.p. Apiedarse.
A.PI.MEN.TAR v.t. Sazonar com pimienta.
A.PI.TAR v.int. Silbar; pitar.
A.PI.TO s.m. Silbato; pito.
A.PLA.CAR v.t. Aplacar; calmar.
A.PLAI.NAR v.t. Cepillar; desbastar; nivelar; allanar.
A.PLA.NAR v.t. Aplanar; allanar.
A.PLAU.DIR v.t. e int. Aplaudir; elogiar; jalear.
A.PLAU.SO s.m. Aplauso; elogio.
A.PLI.CA.ÇÃO s.f. Aplicación.
A.PLI.CAR v.t. Aplicar. v.p. Aplicarse; dedicarse.
A.PLI.QUE s.m. Pelo.
A.PO.CA.LIP.SE s.m. Apocalipsis.
A.PO.DE.RAR v.t. Apoderar; usurpar. v.p. Apoderarse; señorearse.
A.PO.DRE.CER v.t. Apodrecer. v.p. Pudrirse.
A.PO.GEU s.m. Apogeo; auge.

A.POI.AR v.t. Apoyar; amparar; arrimar; sostener.
A.POI.O s.m. Apoyo; amparo; base; sostén; columna.
A.PO.LO.GI.A s.f. Apología; elogio; defensa.
A.PON.TA.DOR s.m. Sacapuntas.
A.PON.TA.MEN.TO s.m. Apuntamiento; notación.
A.PON.TAR v.t. Apuntar; notar; designar. v.int. Indicar; romper (el sol).
A.PÓS prep. Atrás; desde; después. adv. Después; más tarde; tras.
A.PO.SEN.TA.DO adj. Jubilado.
A.PO.SEN.TA.DO.RI.A s.f. Jubilación.
A.PO.SEN.TAR v.t. Jubilar. v.p. Jubilarse; retirarse.
A.PO.SEN.TO s.m. Aposento; compartimiento; cuarto.
A.POS.TA s.f. Apuesta.
A.POS.TAR v.t. Apostar; jugar.
A.POS.TA.SIA s.f. Apostasía.
A.POS.TI.LA s.f. Apostilla; anotación.
A.POS.TO.LA.DO s.m. Apostolado.
A.PÓS.TO.LO s.m. Apóstol.
A.PÓS.TRO.FO adj. Apóstrofo.
A.PO.TE.O.SE s.f. Apoteosis.
A.PRA.ZAR v.t. Aplazar; citar; llamar.
A.PRA.ZÍ.VEL adj. Apacible; agradable.
A.PRE.CI.AR v.t. Apreciar; estimar.
A.PRE.CI.Á.VEL adj. Apreciable; notable.
A.PRE.ÇO s.m. Aprecio; consideración; valor.
A.PRE.EN.DER v.t. Aprehender; prender; asir; coger; secuestrar.
A.PRE.EN.SI.VO adj. Aprehensivo.
A.PREN.DER v.t. e int. Aprender; estudiar; instruirse.
A.PREN.DIZ s.2g. Aprendiz.
A.PREN.DI.ZA.DO s.m. Aprendizaje.
A.PREN.DI.ZA.GEM s.f. Aprendizaje.
A.PRE.SEN.TA.ÇÃO s.f. Presentación.
A.PRE.SEN.TAR v.t. Presentar; exhibir; exponer. v.p. Presentarse; apersonarse.
A.PRE.SEN.TÁ.VEL adj. Presentable.

A.PRES.SA.DO adj. Apresurado.
A.PRES.SAR v.t. Apresurar; apurar; acelerar. v.p. Apresurarse; apurarse.
A.PRES.TAR v.t. Aprestar; preparar.
A.PRI.MO.RAR v.t. Primorear; perfeccionar; esmerar. v.p. Perfeccionarse.
A.PRIS.CO s.m. Ovil.
A.PRI.SIO.NAR v.t. Aprisionar; apresar.
A.PRO.FUN.DAR v.t. Ahondar.
A.PRON.TAR v.t. Preparar. v.p. Aprontarse.
A.PRO.PRI.A.DO adj. Apropiado; conveniente.
A.PRO.PRI.AR v.t. Apropiar; adaptar; aplicar. v.p. Apropiarse.
A.PRO.VA.ÇÃO s.f. Aprobación; consentimiento.
A.PRO.VA.DO adj. Aprobado.
A.PRO.VAR v.t. Aprobar; consentir; abonar.
A.PRO.VEI.TAR v.t. Aprovechar; lograr.
A.PRO.XI.MA.ÇÃO s.f. Aproximación.
A.PRO.XI.MA.DO adj. Aproximado; cercano.
A.PRO.XI.MAR v.t. Aproximar; acercar.
A.PRU.MAR v.t. Nivelar.
AP.TI.DÃO s.f. Aptitud; habilidad; facultad; capacidad.
AP.TO adj. Apto; capaz; idóneo.
A.PU.NHA.LAR v.t. Apuñalar.
A.PU.RA.ÇÃO s.f. Examen; escrutinio.
A.PU.RA.DO adj. Apurado; esmerado; elegante.
A.PU.RAR v.t. Apurar; escoger; verificar. v.p. Apurarse; esperarse.
A.PU.RO s.m. Apuro; esmero; elegancia.
A.QUA.RE.LA s.f. Acuarela.
A.QUÁ.RIO s.m. Acuario.
A.QUÁ.TI.CO adj. Acuático.
A.QUE.CE.DOR s.m. Calefactor; calentador.
A.QUE.CER v.t. Calentar. v.p. Calentarse.
A.QUE.LA pron. dem. Aquella.
A.QUE.LE pron. dem. Aquel.
A.QUI.ES.CER v.int. Asentir; permitir.
A.QUI.E.TAR v.t. Aquietar; sosegar; serenar.
A.QUI.LO pron.dem. Aquello.
A.QUI.SI.ÇÃO s.f. Aquisición; compra; logro.

AR s.m. Aire; ademanes; aspecto; viento; soplo; clima.
Á.RA.BE adj. e s.2g. Árabe.
A.RA.DO s.m. Arado.
A.RA.GEM s.f. Fresca; brisa; viento.
A.RA.MAR v.t. Alambrar.
A.RA.ME s.m. Alambre.
A.RAN.DE.LA s.f. Arandela.
A.RA.NHA s.f. Araña.
A.RA.PU.CA s.f. Trampa
A.RAR v.t. Arar; labrar.
A.RAU.TO s.m. Heraldo.
AR.BI.TRA.GEM s.f. Arbitraje.
AR.BI.TRAR v.t. Arbitrar; juzgar.
AR.BI.TRÁ.RIO adj. Arbitrario.
AR.BÍ.TRIO s.m. Arbitrio; albedrío; opinión.
AR.BUS.TO s.m. Arbusto.
AR.CA s.f. Arca.
AR.CAI.CO adj. Arcaico.
AR.CAR v.t. Arcar; agobiar; curvar.
AR.CHO.TE s.m. Hacha; antorcha.
AR.CO s.m. Arco; curva.
AR.DEN.TE adj. Ardiente.
AR.DER v.t. e int. Arder; quemar; abrasar; encenderse; llamear.
AR.DIL s.m. Ardid; maña; astucia.
AR.DOR s.m. Ardor; calor; hervor; pasión.
ÁR.DUO adj. Arduo; penoso; áspero.
Á.REA s.f. Área; patio.
A.REI.A s.f. Arena.
A.RE.NA s.f. Arena; sitio (de lucha).
AR.FAR v.int. Jadear.
AR.GI.LA s.f. Arcilla.
AR.GO.LA s.f. Argolla; anillo.
AR.GO.NAU.TA s.2g. Nautilo.
AR.GU.MEN.TA.ÇÃO s.f. Argumentación.
AR.GU.MEN.TAR v.t. Argumentar.
AR.GU.MEN.TO s.m. Argumento; asunto; tema.
A.RI.DEZ s.f. Aridez; sequedad.
Á.RI.DO adj. Árido; seco.
A.RIS.CO adj. Arisco; áspero; esquivo.
A.RIS.TO.CRA.CIA s.f. Aristocracia.
A.RIS.TO.CRA.TA s.2g. Aristocrata.
A.RIT.MÉ.TI.CA s.f. Aritmética.

AR.MA s.f. Arma.
AR.MA.DA s.f. Armada; escuadra.
AR.MA.DI.LHA s.f. Trampa; emboscada; orzuelo.
AR.MAR v.t. Armar; equipar.
AR.MA.RI.NHO s.m. Mercearía.
AR.MÁ.RIO s.m. Armario.
AR.MA.ZÉM s.m. Almacén; bodega.
AR.MA.ZE.NA.GEM s.f. Almacenamiento.
AR.MA.ZE.NAR v.t. Almacenar.
AR.MIS.TÍ.CIO s.m. Armisticio.
A.RO s.m. Aro; anillo.
A.RO.MA s.m. Aroma; perfume; fragancia.
A.RO.MÁ.TI.CO adj. Aromático; perfumado.
A.RO.MA.TI.ZAR v.t. Aromatizar; perfumar.
AR.QUE.AR v.t. e v.int. Arquear; curvar.
AR.QUE.JAR v.int. Jadear; curvar; hipar.
AR.QUE.O.LO.GI.A s.f. Arqueología.
AR.QUE.Ó.LO.GO s.m. Arqueólogo.
ARQUIBANCADA s.f. Graderío; tribuna.
AR.QUI.PÉ.LA.GO s.m. Archipiélago.
AR.QUI.TE.TO s.m. Arquitecto.
AR.QUI.TE.TU.RA s.f. Arquitectura.
AR.QUI.VAR v.t. Archivar.
AR.QUI.VO s.m. Archivo.
AR.RAI.AL s.m. Campamento; quermes.
AR.RAI.GAR v.t. Arraigar; radicar; fijar. v.p. Radicarse; vincularse.
AR.RAN.CAR v.int. Arrancar; apartar.
AR.RA.NHA.CÉU s.m. Rascacielos.
AR.RA.NHAR v.t. Arañar; rasguñar.
AR.RAN.JAR v.t. Arreglar; acomodar; adaptar; componer; obtener.
AR.RA.SAR v.t. Arrasar; nivelar; arruinar; fig. humillar.
AR.RAS.TAR v.t. Arrastrar; atraer; tirar.
AR.RE.BA.TAR v.t. Arrebatar.
AR.RE.BEN.TAR v.t. Reventar; estallar.
AR.RE.BOL s.m. Arrebol.
AR.RE.CA.DAR v.t. Recaudar; cobrar.
AR.RE.DON.DAR v.t. Redondear.
AR.RE.DO.RES s.m. pl. Cercanía. adv. Afuera.
AR.RE.GA.ÇAR v.t. Arremangar.
AR.REI.O s.m. Arreo.
AR.RE.MA.TAR v.t. Rematar; orillar; coronar.
AR.R.E.MES.SAR v.t. Lanzar; echar; proyectar.
AR.RE.MES.SO s.m. Lanzamiento.
AR.RE.ME.TER v.t. Arremeter; impeler; asaltar.
AR.REN.DA.MEN.TO s.m. Arrendamiento.
AR.REN.DAR v.t. Arrendar.
AR.RE.PEN.DER-SE v.p. Arrepentirse (de); desdecirse.
AR.RE.PEN.DI.DO adj. Arrepentido; pesaroso.
AR.RE.PEN.DI.MEN.TO s.m. Arrepentimiento.
AR.RE.PI.AR v.t. Erizar.
AR.RE.PI.O s.m. Escalofrío; calofrío.
AR.RES.TO s.m. Embargo; aprehensión.
AR.RI.AR v.int. Arriar; apear; bajar; descolgar.
AR.RI.MO s.m. Arrimo; apoyo.
AR.RIS.CAR v.t. Arriesgar.
AR.RO.GÂN.CIA s.f. Arrogancia.
AR.RO.GAN.TE adj. Arrogante; orgulloso.
AR.ROI.O s.m. Arroyo; regato.
AR.RO.JA.DO adj. Osado.
AR.RO.JAR v.t. Arrojar; remesar. v.p. Arrojarse; precipitarse.
AR.RO.JO s.m. Arrojo; osadía.
AR.ROM.BAR v.t. Romper; hundir.
AR.RO.TAR v.t. e v.int. Eructar.
AR.RO.TO s.m. Eructo.
AR.ROU.BO s.m. Arrebato.
AR.ROZ s.m. Arroz.
AR.RO.ZAL s.m. Arrozal.
AR.RU.I.NA.DO adj. Arruinado.
AR.RU.I.NAR v.t. Arruinar; destruir.
AR.RU.MA.ÇÃO s.f. Arreglo; orden.
AR.RU.MAR v.t. Arreglar.
AR.SE.NAL s.m. Arsenal.
AR.SÊ.NI.CO s.m. Arsénico.
AR.TE s.f. Arte; virtud; oficio; maña.
AR.TE.FA.TO s.m. Artefacto.
AR.TÉ.RIA s.f. Arteria; camino.
AR.TE.RI.AL adj. Arterial.
AR.TE.SA.NA.TO s.m. Artesanía.

AR.TE.SÃO

AR.TE.SÃO *s.m.* Artesano.
ÁR.TI.CO *adj.* Ártico.
AR.TI.CU.LA.ÇÃO *s.f.* Articulación; junta.
AR.TI.CU.LAR *v.t.* Articular; enlazar; pronunciar.
ARTÍFICE *s.2g.* Artífice; autor; artista.
AR.TI.FI.CI.AL *adj.* Artificial; dissimulado.
AR.TI.FÍ.CIO *s.m.* Artimaña; artilugio.
AR.TI.GO *s.m.* Artículo; cláusula.
AR.TI.MA.NHA *s.f.* Artimaña; artificio.
AR.TIS.TA *s.2g.* Artista.
AR.TRI.TE *s.f. Med.* Gota; artritis.
ÁR.VO.RE *s.f.* Árbol.
AR.VO.RE.DO *s.m.* Arboleda.
AS *art. fem. pl.*: las.
ÀS *contr. da prep. a com o art. def. fem. a:* a las.
A.SA *s.f.* Ala; asa.
AS.CEN.DÊN.CIA *s.f.* Ascendencia.
AS.CEN.DEN.TE *adj.* Ascendente.
AS.CEN.DER *v.t. e int.* Ascender; alcanzar.
AS.CEN.SO.RIS.TA *s.2g.* Ascensorista
AS.CO *s.m.* Asco; náusea; aversión.
AS.FAL.TAR *v.t.* Asfaltar.
AS.FI.XI.A *s.f.* Asfixia.
AS.FI.XI.AR *v.t.* Asfixiar.
A.SI.LO *s.m.* Asilo; refugio; hospicio.
AS.MA *s.f.* Asma.
AS.NEI.RA *s.f.* Idiotez; bobada.
AS.NO *s.m.* Asno; burro.
AS.PA *s.f.* Comilla; —s: comillas.
ÁS.PE.RO *adj.* Áspero; hosco; seco.
AS.PEC.TO *s.m.* Aspecto; apariencia; cara; rosto.
AS.PI.RA.ÇÃO *s.f.* Aspiración; deseo; anhelo.
AS.PI.RAR *v.t.* Aspirar; desar; inhalar.
AS.QUE.RO.SO *adj.* asqueroso; inmundo; sórdido.
AS.SA.DO *s.m.* Asado.
AS.SA.LA.RI.A.DO *adj. e s.m.* Asalariado.
AS.SAL.TAN.TE *s.2g.* Asaltante.
AS.SAL.TAR *v.t.* Asaltar; saltear.
AS.SAL.TO *s.m.* Asalto; ataque.
AS.SAR *v.t.* Asar; cocer.
AS.SAS.SI.NAR *v.t.* Asesinar.

AS.TÚ.CIA

AS.SAS.SI.NA.TO *s.m.* Asesinato; homicidio.
AS.SAS.SI.NO *adj. e s.m.* Asesino.
AS.SAZ *adv.* Asaz; bastante.
AS.SE.A.DO *adj.* Aseado; limpio.
AS.SE.AR *v.t.* Asear; lavar; limpiar.
AS.SE.DI.AR *v.t.* Asediar; sitiar; cercar.
AS.SÉ.DIO *s.m.* Asedio.
AS.SE.GU.RAR *v.t.* Asegurar; decir. *v.p.* Asegurarse.
AS.SEM.BLEI.A *s.f.* Asamblea.
AS.SEN.TAR *v.t.* Asentar; sentar.
AS.SEN.TO *s.m.* Asiento; banco; silla.
AS.SES.SOR *s.m.* Asesor.
AS.SIM *adv.* Así.
AS.SI.MI.LA.ÇÃO *s.f.* Asimilación.
AS.SI.MI.LAR *v.t.* Asimilar.
AS.SI.NA.DO *adj.* Subscrito; firmado.
AS.SI.NA.LAR *v.t.* Asignar; señalar; fijar; registrar.
AS.SI.NAR *v.t.* Firmar; subscribir; signar.
AS.SI.NA.TU.RA *s.f.* Firma; signatura.
AS.SIS.TÊN.CIA *s.f.* Asistencia.
AS.SIS.TEN.TE *adj. e s.2g.* Asistente; ayudante.
AS.SIS.TIR *v.t.* Asistir; ayudar; acompañar; ver.
AS.SO.A.LHO *s.m.* Entarimado; suelo.
AS.SO.BI.AR *v.t.* Silbar; chiflar.
AS.SO.BI.O *s.m.* Silbo.
AS.SO.CI.A.ÇÃO *s.f.* Asociación.
AS.SO.CI.AR *v.t.* Asociar.
AS.SOM.BRAR *v.t.* Asombrar; asustar; espantar.
AS.SO.PRAR *v.t.* Soplar.
AS.SO.PRO *s.m.* Soplo.
AS.SUN.TO *s.m.* Asunto; tema.
AS.SUS.TA.DO *adj.* Asustado.
AS.SUS.TA.DOR *adj.* Asustador.
AS.SUS.TAR *v.t.* Asustar.
AS.TE.ROI.DE *s.m.* Asteroide.
AS.TRAL *adj.* Astral.
AS.TRO *s.m.* Astro.
AS.TRO.LO.GI.A *s.f.* Astrología.
AS.TRO.NO.MI.A *s.f.* Astronomía.
AS.TRÔ.NO.MO *s.m.* Astrónomo.
AS.TÚ.CIA *s.f.* Astucia; malicia; sagacidad.

AS.TU.CI.O.SO adj. Malicioso; mañoso.
AS.TU.TO adj. Astuto.
A.TA s.f. Acta.
A.TA.CA.DO adj. Atacado; asaltado; *por —:* al por mayor.
A.TA.CAN.TE adj. Delantero. s.2g. Atacante.
A.TA.CAR v.t. Atacar; agredir; herir; asaltar.
A.TA.DO adj. Atado.
A.TA.DU.RA s.f. Atadura.
A.TA.LHO s.m. Atajo.
A.TA.QUE s.m. Ataque; agressión; acometida.
A.TAR v.t. Atar; amarrar; ligar.
A.TA.RAN.TAR v.int. Atarantar.
A.TA.RE.FAR v.t. Atarear.
A.TAR.RA.XAR v.t. Atornillar.
A.TA.Ú.DE s.m. Ataúd; caja.
A.TA.VI.AR v.t. Ataviar; adornar.
A.TA.ZA.NAR v.t. Importunar; molestar.
A.TÉ prep. Hasta. adv. También; aun.
A.TE.AR v.t. Encender; atizar.
A.TE.MO.RI.ZAR v.t. Atemorizar; asustar.
A.TEN.ÇÃO s.f. Atención.
A.TEN.CI.O.SO adj. Atencioso.
A.TEN.DER v.t. e int. Atender; cumplir.
A.TEN.TAR v.t. Atentar; considerar.
A.TEN.TO adj. Atento.
A.TE.NU.A.ÇÃO s.f. Atenuación.
A.TE.NU.AN.TE adj. Atenuante.
A.TE.NU.AR v.t. Atenuar.
A.TER.RA.DOR adj. Aterrador.
A.TER.RAR v.t. Aterrar; asustar; terraplenar.
A.TER.RI.SSAR v.t. Aterrizar.
A.TER.RO s.m. Terraplén.
A.TER.RO.RI.ZAR v.t. Aterrorizar; aterrar.
A.TER-SE v.p. Atenerse.
A.TES.TA.DO s.m. Atestado.
A.TES.TAR v.t. Atestar.
A.TEU adj. e s.m. Ateo.
A.TI.ÇAR v.t. Atizar; *fig.* instigar.
A.TI.NAR v.int. Atinar; acertar.
A.TIN.GIR v.t. Alcanzar; afectar; tocar.
A.TI.RAR v.t. Arrojar; disparar; lanzar; botar.
A.TI.TU.DE s.f. Actitud.
A.TI.VAR v.t. Activar; impulsionar.
A.TI.VAR v.t. Activar.
A.TI.VI.DA.DE s.f. Actividad.
A.TI.VO adj. Activo.
A.TLÂN.TI.CO adj. Atlántico.
A.TLAS s.m. Atlas.
A.TLE.TA s.2g. Atleta.
A.TLE.TIS.MO s.m. Atletismo.
AT.MOS.FE.RA s.f. Atmósfera; aire.
A.TO s.m. Acto; acción.
A.TOL s.m. Atolón.
A.TO.LEI.RO s.m. Atolladero.
A.TÔ.MI.CO adj. Atómico.
Á.TO.MO s.m. Átomo.
A.TÔ.NI.TO adj. Atónito; admirado; espantado.
Á.TO.NO adj. Átono.
A.TOR s.m. Actor.
A.TOR.DO.AR v.t. Atolondrar; aturdir. v.p. Aturdirse; pasmarse.
A.TOR.MEN.TAR v.t. Atormentar.
A.TRA.ÇÃO s.f. Atracción; aliciente.
A.TRA.CAR v.t. Atracar; abordar; *fig.* luchar.
A.TRA.EN.TE adj. Atrayente; agradable; hechicero.
A.TRAI.ÇO.AR v.t. Traicionar.
A.TRA.IR v.t. Atraer; captar; fascinar.
A.TRA.PA.LHAR v.t. Estorbar; desordenar; confundir.
A.TRÁS adv. Atrás; detrás; después.
A.TRA.SA.DO adj. Atrasado.
A.TRA.SAR v.t. Atrasar.
A.TRA.SO s.m. Atraso; demora; retraso.
A.TRA.TI.VO adj. e s.m. Atractivo; atrayente.
A.TRA.VÉS adv. Através; por entre.
A.TRA.VES.SA.DO adj. Atravesado, cruzado.
A.TRA.VES.SAR v.t. Atravesar; acaparar; traspasar.
A.TRE.VI.DO adj. Atrevido; petulante; osado.
A.TRE.VI.MEN.TO s.m. Atrevimiento; audacia; osadía.
A.TRI.BU.I.ÇÃO s.f. Atribución.
A.TRI.BU.IR v.t. Atribuir; achacar.
A.TRI.BU.LAR v.t. Atribular; afligir; avasallar. v.p. Atribularse; afligirse.
A.TRI.BU.TO s.m. Atributo.
Á.TRIO s.m. Atrio; vestíbulo.

A.TRI.TO s.m. Fricción.
A.TRIZ s.f. Actriz.
A.TRO.CI.DA.DE s.f. Atrocidad.
A.TRO.FI.A s.f. Atrofia.
A.TRO.PE.LAR v.t. Atropellar.
A.TROZ adj. Atroz; horrible; cruel.
A.TU.A.ÇÃO s.f. Actuación; funcionamento.
A.TU.AL adj. Actual.
A.TU.A.LI.DA.DE s.f. Actualidad.
A.TU.A.LI.ZA.ÇÃO s.f. Actualización.
A.TU.A.LI.ZAR v.t. Actualizar.
A.TU.AR v.t. e int. Actuar.
A.TUM s.m. Atún.
A.TU.RAR v.t. Aguantar; tolerar; soportar.
A.TUR.DI.DO adj. Aturdido.
A.TUR.DIR v.t. Aturdir; atolondrar. v.p. Aturdirse.
AU.DÁ.CIA s.f. Audacia; osadía.
AU.DA.CIO.SO adj. Audaz; atrevido.
AU.DAZ adj. Audaz; arrojado; osado.
AU.DI.ÇÃO s.f. Audición.
AU.DI.ÊN.CIA s.f. Audiencia.
AU.DI.O.VI.SU.AL adj. e s.m. Audiovisual
AU.DI.TI.VO adj. Auditivo.
AU.DI.TO.RI.A s.f. Auditoría.
AU.DI.TÓ.RIO s.m. Auditorio.
AU.DÍ.VEL adj. Oíble.
AU.GE s.m. Auge; apogeo.
AUGÚRIO s.m. Agüero.
AULA s.f. Classe; lección.
AU.MEN.TAR v.t. Aumentar; ampliar; agrandar; inflar.
AU.MEN.TO s.m. Aumento; crecimiento; mejora.
AU.RA s.f. Aura, viento.
ÁU.REO adj. Áureo; dorado.
AURÉOLA s.f. Aureola.
AU.RO.RA s.f. Aurora.
AUS.CUL.TAR v.t. Auscultar.
AU.SÊN.CIA s.f. Ausencia; falta.
AU.SEN.TAR-SE v.p. Ausentarse; irse; separase.
AU.SEN.TE adj. e s.2g. Ausente.
AUS.TE.RI.DA.DE s.f. Austeridad.
AUS.TE.RO adj. Austero; áspero; severo.
AUS.TRAL adj. Austral.
AU.TEN.TI.CA.ÇÃO s.f. Autenticación.
AU.TEN.TI.CAR v.t. Autenticar.
AU.TEN.TI.CI.DA.DE s.f. Autenticidad.
AU.TÊN.TI.CO adj. Legítimo.
AU.TO s.m. Auto.
AU.TO.BI.O.GRA.FI.A s.f. Autobiografía
AU.TO.GRA.FAR v.t. Autografiar.
AU.TÓ.GRA.FO s.m. Autógrafo.
AU.TO.MA.ÇÃO s.f. Automación.
AU.TO.MÁ.TI.CO adj. Automático.
AU.TÔ.MA.TO s.m. Autómata; androide.
AU.TO.MO.BI.LIS.MO s.m. Automovilismo.
AU.TO.MÓ.VEL s.m. Automóvil; carro.
AU.TO.NO.MI.A s.f. Autonomía.
AU.TO.PE.ÇA s.f. Autopieza; repuesto.
AU.TOR s.m. Autor. fem: Autora.
AU.TO.RIA s.f. Autoría; labra.
AU.TO.RI.DA.DE s.f. Autoridad.
AU.TO.RI.TÁ.RIO adj. Autoritario.
AU.TO.RI.ZA.ÇÃO s.f. Autorización.
AU.TO.RI.ZA.DO adj. Autorizado; habilitado.
AU.TO.RI.ZAR v.t. Autorizar; aprobar; concentir; permitir.
AU.TU.AR v.t. Labrar acta contra.
AU.XI.LI.AR v.t. Auxiliar; adjunto; ayudante.
AU.XI.LI.AR adj. Auxiliar; ayudante. v.t. Auxiliar; socorrer; colaborar.
AU.XÍ.LIO s.m. Auxilio; socorro; ayuda.
A.VAL s.m. Aval; garantía.
A.VA.LAN.CHE s.f. Avalancha; alud.
A.VA.LI.A.ÇÃO s.f. Evaluación; valoración.
A.VA.LI.AR v.t. Evaluar; estimar; tallar; valuar.
A.VA.LIS.TA s.2g. Avalista.
A.VA.LI.ZAR v.t. Avalar; asegurar.
A.VAN.ÇA.DO adj. Avanzado; adelantado.
A.VAN.ÇAR v.t. e int. Avanzar; adelantar; caminar.
A.VAN.ÇO s.m. Avance.
A.VAN.TA.JAR v.t. Aventajar; adelantar; sobrepasar.
A.VA.REN.TO adj. e s.m. Avaro; mezquinho.
A.VA.RE.ZA s.f. Avaricia.
A.VA.RI.A s.f. Avería; daño.

A.VA.RO adj. e s.m. Avaro.
A.VAS.SA.LAR v.t. Avasallar; sujetar.
A.VE! Interj. ¡Ave!
AVE s.f. Ave; pájaro.
A.VEI.A s.f. Avena.
A.VE.LÃ s.f. Avellana.
A.VE.NI.DA s.f. Avenida; arteria.
A.VEN.TAL s.m. Delantal; mandil.
A.VEN.TAR v.t. Aventar; exponer.
A.VEN.TU.RA s.f. Aventura.
A.VEN.TU.RAR v.t. Aventurar; exponer. v.p. Aventurarse; exponerse.
A.VEN.TU.REI.RO s.m. Aventurero.
A.VE.RI.GUAR v.t. Averiguar; descubrir; verificar; buscar.
A.VER.SÃO s.f. Aversión; aborrecimiento; ojeriza.
A.VES.SO adj. Contrario; inverso. s.m. Reverso
A.VES.TRUZ s.2g. Avestruz.
A.VI.A.ÇÃO s.f. Aviación.
A.VI.A.DOR adj. e s.m. Aviador; aeronauta.
A.VI.ÃO s.m. Avión.
A.VÍ.CO.LA adj. Avícola.
A.VI.CUL.TU.RA s.f. Avicultura.
A.VI.DEZ s.f. Avídez; hambre.
Á.VI.DO adj. Ávido; codicioso.
A.VIL.TAR v.t. Vilipendiar; deshonrar; degradar.

A.VI.SAR v.t. Avisar; informar; advertir.
A.VI.SO s.m. Aviso; comunicado; anuncio; consejo.
A.VIS.TAR v.t. Avistar; ver.
A.VI.VAR v.t. Avivar; animar; estimular. v.p. Avivarse; entusiarmarse.
A.VI.ZI.NHAR v.t. Avecinar; aproximar; acercar.
A.VÓ s.f. Abuela.
A.VÔ s.m. Abuelo.
A.VO.LU.MAR v.int. Abultar; hinchar.
A.VUL.SO adj. Suelto; separado.
A.VUL.TAR v.t. e int. Abultar; aumentar; sobresalir.
A.XI.LA s.f. Axila; sobaco.
A.XI.O.MA s.m. Axioma.
A.ZAR s.m. Azar.
A.ZE.DAR v.t. Fermentar; agriar.
A.ZE.DO adj. Ácido; agrio.
A.ZEI.TAR v.t. Aceitar; engrasar; lubrificar.
A.ZEI.TE s.m. Aceite.
A.ZEI.TO.NA s.f. Aceituna; oliva.
A.ZI.A s.f. Acidez estomacal.
A.ZI.A.GO adj. Aciago.
A.ZUL adj. Azul.
A.ZU.LA.DO adj. Azulado.
A.ZU.LE.JO s.m. Azulejo.

B

B *s.m.* Segunda letra del alfabeto portugués.
BA.BA *s.f.* Baba; saliva.
BA.BÁ *s.f.* Canguro; niñera.
BA.BA.DOR *s.m.* Babero; babador.
BA.BAR *v.t.* Babear.
BA.BO.SEI.RA *s.f.* Majadería; ñoñería.
BA.BU.Í.NO *s.m.* Mandril.
BA.CA.LHAU *s.m.* Bacalao.
BA.CA.LHO.A.DA *s.f.* Bacalada.
BA.CHA.REL *s.m.* Licenciado.
BA.CI.A *s.f.* Vasija; bacía. *Geog.* Cuenca.
BA.CI.LO *s.m.* Bacilo.
BA.ÇO *s.m. Anat.* Bazo.
BAC.TÉ.RIA *s.f.* Bacteria.
BAC.TE.RI.O.LO.GIA *s.f.* Bacteriología
BA.FE.JAR *v.t.* Soplar.
BA.FO *s.m.* Aliento; hálito.
BA.GA *s.f.* Baya (fruto).
BA.GA.ÇO *s.m.* Bagazo.
BA.GA.GEI.RO *s.m.* Maletero.
BA.GA.GEM *s.f.* Bagaje; equipaje.
BA.GA.TE.LA *s.f.* Bagatela.
BA.GO *s.m.* Grano (fruto); uva; cuenta.
BA.Í.A *s.f.* Bahía.
BAI.LAR *v.t.* e *int.* Bailar; danzar.
BAI.LA.RI.NO *s.m.* Bailarín; danzarín.
BAI.LE *s.m.* Baile; danza.
BAI.NHA *s.f.* Vaina; dobladillo.
BAI.O *adj.* Bayo.
BAIR.RO *s.m.* Barrio; suburbio.
BAI.XA.DA *s.f.* Bajada; depresión; declive.
BAI.XAR *v.t.* e *int.* Bajar; rebajar; disminuir.
BAI.XE.LA *s.f.* Vajilla.
BAI.XE.ZA *s.f.* Bajeza.
BAI.XI.O *s.m.* Bajío.
BAI.XO *adj.* Bajo; pequeño.
BA.JU.LA.ÇÃO *s.f.* Zalamería; lisonja; adulación.
BA.JU.LA.DOR *adj.* e *s.m.* Zalamero; adulador.
BA.JU.LAR *v.t.* Adular; lisonjear.
BA.LA *s.f.* Bala; caramelo; dulce; proyéctil.
BA.LAN.ÇA *v.f.* Balanza.
BA.LAN.ÇAR *v.t.* Balancear; menear; vacilar. *v.p.* Balancearse.
BA.LAN.CE.AR *v.t.* Balancear; equilibrar.
BA.LAN.ÇO *s.m.* Balance (de una empresa); columpio para niños.
BA.LÃO *s.m.* Balón; globo.
BA.LAUS.TRA.DA *s.f.* Balaustrada.
BA.LA.ÚS.TRE *s.m.* Balaustre.
BAL.BU.CI.AR *v.t.* e *int.* Balbucear; farfullar.
BAL.BÚR.DIA *s.f.* Alboroto; confusión.
BAL.CÃO *s.m.* Balcón; mostrador; barra.
BAL.DE *s.m.* Cubo; balde.
BAL.DE.A.ÇÃO *s.m.* Baldeo; transbordo; tansvase.
BAL.DE.AR *v.t.* Baldear; trasvasar.
BAL.DI.O *adj.* Baldío; inculto.
BA.LÉ *s.m.* Ballet.
BA.LE.EI.RO *adj.* Ballenero
BA.LEI.A *s.f.* Ballena.
BA.LE.LA *s.f.* Noticia falsa.
BA.LI.ZA *s.f.* Baliza.
BA.LI.ZAR *v.t.* Balizar.
BAL.NE.Á.RIO *adj.* e *s.m.* Balneario.
BAL.SA *s.f.* Balsa.
BAL.SÂ.MI.CO *adj.* Balsámico.
BA.LU.AR.TE *s.m.* Baluarte.
BÁL.SA.MO *s.m.* Bálsamo; alivio.
BAM.BU *s.m.* Bambú.
BA.NAL *adj.* Banal; trivial; irrelevante.
BA.NA.LI.DA.DE *s.f.* Banalidad.
BA.NA.NA *s.f.* Banana.

BA.NA.NAL *s.m.* Bananal; platanar.
BA.NA.NEI.RA *s.f.* Bananera; plátano.
BAN.CA *s.f.* Banca; mesa; puesto (de venda); abogacía; bufete.
BAN.CA.DA *s.f.* Banco; banca; grupo (de trabajo).
BAN.CÁ.RIO *adj.* Bancario.
BAN.CAR.RO.TA *s.f.* Bancarrota; quiebra.
BAN.CO *s.m.* Banco; asiento; banqueta.
BAN.DA *s.f.* Banda; cinta.
BAN.DA.GEM *s.f.* Vendaje; venda.
BAN.DEI.RA *s.f.* Bandera.
BAN.DE.JA *s.f.* Bandeja.
BAN.DEI.RO.LA *adj.* Banderín.
BAN.DI.DO *s.m.* Bandido; bandolero.
BAN.DO *s.m.* Bando; cuadrilla; horda; facción.
BAN.DO.LEI.RO *s.m.* Bandolero; bandido.
BA.NHA *s.f.* Grasa; unto; saín; manteca.
BA.NHAR *v.t.* Bañar; lavar; regar; mojar. *v.p.* Bañarse.
BA.NHEI.RA *s.f.* Bañera; bañadera; tina.
BA.NHEI.RO *s.m.* Baño; cuarto de baño.
BA.NHIS.TA *s.2g.* Bañista.
BA.NHO *s.m.* Baño.
BA.NIR *v.t.* Desterrar; deportar; expulsar; proscribir.
BAN.QUEI.RO *s.m.* Banquero.
BAN.QUE.TE *s.m.* Banquete.
BAN.QUE.TE.AR *v.t.* Banquetear. *v.p.* Banquetearse.
BA.QUE.TA *s.m.* Baqueta.
BAR *s.m.* Bar; cantina; taberna.
BA.RA.LHAR *v.int.* Barajar.
BA.RA.LHO *s.m.* Baraja; naipe.
BA.RÃO *s.m.* Barón.
BA.RA.TA *s.f.* Cucaracha.
BA.RA.TE.AR *v.t.* Baratear; abaratar; menospreciar.
BA.RA.TO *adj.* Barato.
BAR.BA *s.f.* Barba.
BAR.BA.DO *adj.* Barbado; barbudo.
BAR.BAN.TE *s.m.* Bramante; cordel.
BAR.BA.RI.DA.DE *s.f.* Barbaridad.
BAR.BÁ.RIE *s.f.* Barbarie.
BAR.BA.RIS.MO *s.m.* Barbarismo.
BÁR.BA.RO *adj.* Bárbaro.
BAR.BA.TA.NA *s.f.* Aleta (de pez).
BAR.BE.AR *v.t.* Barbear; rasurar; afeitar.
BAR.BE.A.RI.A *s.f.* Barbería; peluquería.
BAR.BEI.RO *s.m.* Barbero.
BAR.BI.TÚ.RI.CO *s.m.* Barbitúrico.
BAR.CA *s.f.* Barca.
BAR.CO *s.m.* Barco; embarcación; buque.
BAR.GA.NHA *s.f.* Cambalache; trueque.
BA.RÍ.TO.NO *s.m.* Barítono.
BA.RÔ.ME.TRO *adj.* Barómetro.
BA.RO.NE.SA *s.f.* Baronesa.
BAR.QUEI.RO *s.m.* Barquero.
BAR.RA *s.f.* Barra; friso; — *de chocolate:* tableta; — *de metal:* lingote.
BAR.RA.CA *s.f.* Barraca.
BAR.RA.CÃO *s.m.* Barracón; galpón.
BAR.RA.CO *s.m.* Barraca; rancho; casucha.
BAR.RA.GEM *s.f.* Dique; represa; barrera; *fig.* obstáculo.
BAR.RAN.CO *s.m.* Barranco, obstáculo
BARRAR *v.t.* Barrear; embarrar; impedir.
BAR.REI.RA *adj.* Barrera; parapeto; obstrución; valla.
BARRETE *s.m.* Birrete; gorro.
BAR.RI.CA *s.f.* Barrica.
BAR.RI.CA.DA *s.f.* Barricada; trinchera.
BAR.RI.GA *s.f.* Barriga; vientre; panza.
BAR.RI.GU.DO *adj.* Barrigón.
BAR.RIL *s.m.* Barril; pipa.
BAR.RO *s.m.* Barro; lama; arcilla.
BA.RU.LHO *s.m.* Barullo; ruido; confusión; desorden.
BA.SAL.TO *s.m.* Basalto.
BA.SE *s.f.* Base; apoyo; fundación; cimiento.
BA.SE.AR *v.t.* Basar; fundar.
BA.SI.CA.MEN.TE *adv.* Básicamente.
BÁ.SI.CO *adj.* Básico; esencial; fundamental. *s.m.* Cardinal.
BA.SÍ.LI.CA *s.f.* Basílica.
BAS.QUE.TE *s.m.* Básquetbol; básquet; baloncesto.
BAS.TAN.TE *adv.* e *adj.* Bastante; mucho; asaz.
BAS.TÃO *s.m.* Bastón; báculo.

BAS.TAR v.t. e int. Bastar; llegar; satisfacer.
BAS.TAR.DO adj. Bastardo.
BAS.TI.ÃO s.m. Bastión.
BAS.TO adj. Basto.
BA.TA.LHA s.f. Batalla; combate; lucha.
BA.TA.LHÃO s.m. Batallón.
BA.TA.LHAR v.t. e int. Batallar; combatir; luchar.
BA.TA.TA s.f. Patata; tubérculo.
BA.TA.TA-DO.CE s.f. Batata; boniato; camote.
BA.TE.DEI.RA s.f. Batidera.
BATEDOR s.f. Bateador.
BA.TEL s.m. Barco pequeño; batel; bote.
BA.TER v.t. e int. Batir; golpear; chocar; dar; tocar; contundir; palpitar. v.p. Batirse; pegarse.
BA.TE.RI.A s.f. Batería; unidad de artillería.
BA.TI.DA s.f. Batida; golpe; choque; latido.
BA.TI.MEN.TO s.m. Batimiento; pulsación.
BA.TI.DO adj. Batido; gastado.
BA.TIS.MO s.m. Bautismo.
BA.TI.ZAR v.t. Bautizar.
BA.TOM s.m. Pintalabios; carmín.
BA.TRÁ.QUIO s.m. Batracio.
BA.TU.CAR v.int. Martillear.
BA.TU.TA s.f. Batuta.
BA.Ú s.m. Baúl; arca; cofre.
BAU.NI.LHA s.f. Vainilla.
BA.ZAR s.m. Bazar.
BA.ZÓ.FIA s.f. Bazofia; fanfarronería.
BÊ-Á-BÁ s.m. Deletreo.
BE.A.TI.FI.CAR v.t. Beatificar; santificar.
BE.A.TI.TU.DE s.f. Beatitud.
BE.A.TO adj. Beato.
BÊ.BA.DO adj. e s.m. Borracho; ebrio.
BE.BÊ s.m. Nene; bebé.
BE.BE.DEI.RA s.f. Borrachera.
BÊ.BE.DO adj. e s.m. Borracho; ebrio.
BE.BER v.t. Beber; absorber. v.p. Beberse; emborracharse.
BE.BER.RÃO s.m. Bebedor.
BE.BI.DA s.f. Bebida.

BE.CA s.f. Vestido.
BE.CO s.m. Callejón.
BE.DEL s.m. Bedel.
BEI.ÇO s.m. Labio.
BEI.JA-FLOR s.m. Colibrí.
BEI.JAR v.t. Besar.
BEI.JO s.m. Beso.
BEI.JI.NHO s.m. Besito.
BEI.RA s.f. Orilla; vera; borde ala.
BEI.RA-MAR s.f. Orilla del mar.
BEI.RAR v.t. Bordear.
BE.LA.DO.NA s.f. Belladona.
BEL.DA.DE s.f. Beldad.
BE.LE.ZA s.f. Belleza, hermosura.
BE.LI.CHE s.m. Litera.
BÉ.LI.CO adj. Bélico.
BE.LI.CO.SO adj. Belicoso.
BE.LI.GE.RAN.TE s.f. Beligerante.
BE.LIS.CAR v.t. Pellizcar.
BE.LO s.m. Bello; bonito; hermoso.
BE.LO.NA.VE s.f. Acorazado.
BEM s.m. Bien; felicidad; virtud; bens pl.: haberes. adv. bien, com salud.
BEM-A.MA.DO adj. Bienamado.
BEM-A.VEN.TU.RA.DO adj. Bienaventurado.
BEM-ES.TAR s.m. Bienestar.
BEM-VIN.DO adj. Bienvenido.
BEN.ÇÃO s.f. Bendición.
BEN.DITO adj. Bendito.
BEN.DIZER v.t. Bendecir.
BE.NE.FI.CI.Á.RIO adj. e s.m. Beneficiario.
BE.NE.FI.CEN.TE adj. Beneficente.
BE.NE.FI.CI.AR v.t. Beneficiar.
BE.NE.FÍ.CIO s.m. Beneficio; gracia; ventaja.
BE.NÉ.FI.CO adj. Benéfico.
BE.NE.MÉ.RI.TO s.m. Benemérito.
BE.NE.VO.LÊN.CIA s.f. Benevolencia; bondad.
BEN.FEI.TOR s.m. Bienhechor; filántropo.
BEN.GA.LA s.f. Bastón; bengala.
BE.NIG.NI.DA.DE s.f. Benignidad; bondad.

BE.NIG.NO *adj.* Benigno.
BEN.JA.MIM *adj.* Triple; ladrón.
BEN.ZER *v.t.* Bendecir. *v.p.* Persignarse; asustarse.
BEN.ZI.NA *s.f.* Bencina.
BER.ÇO *s.m.* Cuna.
BE.RIN.JE.LA *s.f.* Berenjena.
BER.LIN.DA *s.f.* Berlina
BER.RAR *v.t.* Gritar; chillar; berrear.
BER.RO *s.m.* Grito; berrido.
BE.SOU.RO *s.m.* Abejorro; escarabajo.
BES.TA *s.f.* Animal de carga; bestia; *fig.* burro; idiota; estúpido.
BES.TIAL *adj.* Bestial.
BE.SUN.TAR *v.t.* Untar; engrasar.
BE.TER.RA.BA *s.f.* Remolacha
BE.XI.GA *s.f.* Vejiga; ampolla.
BE.ZER.RO *s.m.* Becerro; novillo; ternero.
BÍ.BLIA *s.f.* Biblia
BÍ.BLI.CO *adj.* Bíblico.
BI.BLI.O.TE.CA *s.f.* Biblioteca.
BI.BLI.O.TE.CÁ.RIO *s.m.* Bibliotecario.
BI.CA *s.f.* Fuente.
BI.CA.DA *s.f.* Picotazo; picadura.
BI.CA.MA *s.f.* Litera.
BI.CA.ME.RAL *adj.* Bicameral; bicamarista.
BI.CAR *v.t.* Picotear.
BÍ.CEPS *s.m.* Bíceps.
BI.CHA *s.f.* Lombriz; sanguijuela; *deprec.* marica.
BI.CHA.RA.DA *s.f.* Muchos animales juntos.
BI.CHO *s.m.* Bicho; animal; insecto.
BI.CHO-DA-SE.DA *s.m* Gusano de la seda.
BI.CI.CLE.TA *adj.* Bicicleta.
BI.CO *s.m.* Pico; punta.
BI.CO.LOR *adj.* Bicolor.
BI.DÊ *s.m.* Bidé.
BI.E.NAL *adj.* Bienal.
BI.Ê.NIO *s.m.* Bienio.
BI.FE *s.m.* Bistec; bife.
BI.FO.CAL *adj.* Bifocal.
BI.FUR.CA.ÇÃO *s.f.* Bifurcación.
BI.FUR.CA.DO *s.f.* Bifurcado.
BI.FUR.CAR *v.t.* Bifurcar. *v.p.* Bifurcarse.

BÍ.GA.MO *s.m.* Bígamo.
BI.GO.DE *s.m.* Bigote; mostacho.
BI.GOR.NA *s.f.* Bigornia; *Anat.* yunque.
BI.JU.TE.RI.A *s.f.* Bisutería.
BI.LE *s.f.* Bilis.
BI.LHA *s.f.* Botijo; jarra; cántaro.
BI.LHAR *s.m.* Billar
BI.LHE.TE *s.m.* Billete; cupón; entrada; nota.
BI.LHE.TEI.RO *s.m.* Billetero.
BI.LHE.TE.RI.A *s.f.* Taquilla; ventanilla.
BI.LÍN.GUE *adj.* Bilingüe.
BÍ.LIS *s.f.* Bilis.
BIL.TRE *s.m.* Bellaco; bribón.
BI.MES.TRAL *adj.* Bimensual; bimestre.
BI.NÁ.RIO *adj.* Binario.
BI.NÓ.CU.LO *s.m.* Binóculo; *binóculos pl.*: gemelos; anteojos.
BI.O.GRA.FI.A *s.f.* Biografía.
BI.O.GRÁ.FI.CO *adj.* Biográfico.
BI.Ó.GRA.FO *s.m.* Biógrafo.
BI.O.LO.GI.A *s.f.* Biología.
BI.OM.BO *s.m.* Biombo; divisoria.
BI.Ó.PSI.A *s.f.* Biopsia.
BÍ.PE.DE *s.m.* Bípede.
BI.PO.LAR *adj.* Bipolar.
BI.PO.LA.RI.DA.DE *s.f.* Bipolaridade.
BI.QUÍ.NI *s.m.* Bikini; biquini.
BIR.RA *s.f.* Terquedad; obstinación.
BI.RU.TA *adj. Meteor.* Manga; *gír.* tarambana.
BIS *s.m.* e *adv.* Bis. *interj.* ¡Bis!
BI.SA.VÓ *s.f.* Bisabuela.
BI.SA.VÔ *s.m.* Bisabuelo.
BIS.BI.LHO.TAR *v.int.* Fisgar; fisgonear; cotillear.
BIS.COI.TO *s.m.* Bizcocho.
BIS.MU.TO *s.m.* Bismuto.
BIS.NA.GA *s.f.* Tubo.
BIS.NE.TO *s.m.* Bisnieto.
BIS.PO *s.m.* Obispo.
BIS.SE.ÇÃO *s.f.* Bisección.
BIS.SEX.TO *adj.* Bisiesto.
BIS.TU.RI *s.m.* Bisturí.
BI.TO.LA *adj.* Trocha; vitola.

BI.VA.QUE s.m. Vivaque; vivac.
BLAS.FE.MAR v.t. Blasfemar.
BLAS.FÊ.MIA s.f. Blasfemia.
BLE.CAU.TE s.m. Apagón.
BLIN.DA.DO adj. Blindado; acorazado.
BLIN.DA.GEM s.f. Blindaje.
BLIN.DAR v.t. Blindar; acorazar.
BLO.CO s.m. Bloque.
BLO.QUE.AR v.t. Bloquear; obstruir.
BLU.SA s.f. Blusa.
BO.A s.f. Buena; — sorte: buena suerte.
BO.A.TO s.m. Bulo; rumor.
BO.BA.GEM s.f. Tontería.
BO.BI.NA s.f. Bobina; carretel.
BO.BO adj. Bobo; chocho; tonto.
BO.CA s.f. Boca; labios; abertura; entrada.
BO.CA.DO s.m. Bocado; pedazo.
BO.CAL s.m. Bocal; boquilla.
BO.ÇAL s.m. Estúpido; idiota.
BO.CE.JAR v.int. Boquear; bostezar.
BO.CE.JO s.m. Bostezo.
BO.CHE.CHA s.f. Carrillo; mejilla.
BO.CHE.CHAR v.t. Gargarizar; enjaguar.
BO.DA s.f. Boda; casamiento; —s: jubileo.
BO.DE s.m. Cabrío; cabrón.
BO.DE.GA s.f. Taberna; bodega.
BO.DO.QUE s.m. Bodoque.
BO.Ê.MIO s.m. Bohemio.
BO.FE s.m. pop. Pulmón.
BO.FE.TA.DA s.f. Bofetada; sopapo.
BOI s.m. Buey.
BOI.A s.f. Boya.
BOI.A.DA s.f. Boyada.
BOI.A.DEI.RO s.m. Boyero.
BO.IAR v.t. e int. Boyar; flotar.
BOI.CO.TAR v.t. Boicotear.
BOI.CO.TE s.m. Boicot; boicoteo.
BOI.NA s.f. Boina.
BO.LA s.f. Balón; pelota; bola; esfera.
BO.LA.CHA s.f. Galleta; — recheada: alfajor.
BO.LA.DA s.f. Pelotazo; bolazo.
BO.LE.RO s.m. Bolero.
BO.LE.TIM s.m. Boletín; reporte.
BO.LHA s.f. Ampolla; burbuja.
BO.LO s.m. Bollo; bizcocho; tarta.

BO.LOR s.m. Moho.
BOL.SA s.f. Bolsa; saco; cartera; beca; fig. dinero; bienes.
BOL.SIS.TA adj. e s.2g. Bolsista; becario.
BOL.SO s.m. Bolsillo; bolso; cartera.
BOM adj. Bueno; benigno; agradable; bondadoso; bom dia: buenos días.
BOM.BA s.f. Bomba.
BOM.BAR.DE.AR v.t. Bombardear; fulminar.
BOM.BAR.DEI.O s.m. Bombardeo.
BOM.BE.AR v.t. Bombear; bombardear.
BOM.BEI.RO s.m. Bombero.
BOM.BOM s.m. Bombón.
BO.NA.CHÃO s.m. Bonachón.
BO.NAN.ÇA s.f. Bonanza.
BON.DE s.f. Tranvía.
BON.DO.SO adj. Bondadoso; bueno; cortés.
BO.NÉ s.m. Bonete; birrete; gorra.
BO.NE.CA s.f. Muñeca.
BO.NE.CO s.m. Muñeco.
BO.NI.FI.CA.ÇÃO s.f. Bonificación.
BO.NI.FI.CAR v.t. Bonificar.
BO.NI.TO adj. Bonito (cosa); guapo (persona); hermoso; lindo.
BÔ.NUS s.m. Bono.
BO.QUEI.RÃO s.m. Boquerón; abismo.
BO.QUI.A.BER.TO adj. Boquiabierto.
BO.QUI.NHA s.f. Boca pequeña.
BOR.BO.LE.TA s.f. Mariposa.
BOR.BO.TÃO s.m. Borbotón; borbollón; chorro.
BOR.BO.TAR v.t. Chorrear
BOR.BU.LHAR v.t. e int. Borbollar; burbujear.
BOR.DA s.f. Borde; orla; margen; orilla.
BOR.DA.DO s.m. Bordado; labor.
BOR.DAR v.int. Bordar.
BOR.DEAR v.t. Bordear; orillar.
BOR.DEL s.m. Burdel.
BOR.DO s.m. Bordo; borda; orilla.
BO.RE.AL adj. Boreal.
BOR.RA s.f. Borra; ganga.
BOR.RA.CHA s.f. Goma; caucho; borrador.

BOR.RA.LHO s.m. Borrajo; rescoldo.
BOR.RÃO s.m. Borrón.
BOR.RAR v.t. Borrar; manchar.
BOR.RAS.CA s.f. Borrasca; tempestad.
BOR.RI.FAR v.t. e int. Salpicar; rociar; lloviznar
BOS.QUE s.m. Bosque; selva; mata.
BOS.QUE.JO s.m. Bosquejo; esbozo.
BOS.TA s.f. Excremento del ganado; bosta.
BO.TA s.f. Bota; calzado.
BO.TÂ.NI.CA s.f. Botánica.
BO.TÂ.NI.CO s.f. e s.m. Botánico.
BO.TÃO s.m. Botón; yema.
BO.TAR v.t. Botar; poner,
BO.TE s.m. Bote; batel; barco; lancha; ataque de serpiente.
BO.TE.QUIM s.m. Botiquín; bar; taberna.
BO.TI.CA s.f. Botica; farmacia.
BO.TI.CÁ.RIO s.m. Boticario.
BO.TI.JA s.f. Vasija de barro; botija.
BO.TI.JÃO s.m. Bombona de gas; garrafa.
BO.TIM s.m. Bota; botín; calzado.
BO.TI.NA s.f. Botín.
BO.VI.NO adj. Bovino. vacuno.
BO.XE s.m. Boxeo.
BO.XE.AR v.int. Boxear.
BRA.ÇA s.f. Braza.
BRA.ÇA.DA s.f. Brazada.
BRA.CE.LE.TE s.m. Brazalete; pulsera.
BRA.ÇO s.m. Brazo.
BRA.DAR v.t. e int. Gritar; clamar; exclamar.
BRA.DO s.m. Grito; clamor.
BRA.GUI.LHA s.f. Bragueta.
BRAN.CO adj. Blanco.
BRAN.CU.RA s.f. Blancura.
BRAN.DIR v.t. Blandir; agitar; oscilar.
BRAN.DO adj. Blando, dulce.
BRAN.DU.RA s.f. Blandura; delicadeza; suavidad.
BRAN.QUE.AR v.t. Blanquear.
BRA.SA s.f. Brasa; carbón incandescente; fig. ardor; cólera.
BRA.SÃO s.m. Blasón; arma; escudo.
BRA.SEI.RO s.m. Brasero.

BRA.SI.LEI.RO adj. e s.m. Brasileño; brasilero.
BRA.VA.TA s.f. Bravata.
BRA.VIO adj. Bravio; salvaje; silvestre.
BRA.VO adj. Bravo; valiente; colérico. interj. ¡Bravo!
BRA.VU.RA s.f. Bravura; valentía; coraje.
BRE.CAR v.t. Frenar
BRE.CHA s.f. Brecha.
BRE.JO s.m. Bañado; pantanoso; charco.
BRE.QUE s.m. Freno.
BREU s.m. Brea.
BRE.VE adj. Breve; corto; pasajero. adv. Brevemente; luego.
BRE.VI.DA.DE s.f. Brevedad.
BRI.GA s.f. Brega; lucha; pelea.
BRI.GA.DA s.f. Brigada.
BRI.GA.DEI.RO s.m. Brigadier
BRI.GAR v.t. e int. Bregar; luchar; pelear.
BRI.LHAN.TE adj. Brillante; reluciente.
BRI.LHAN.TIS.MO s.m. brillo; fig. esplendor.
BRI.LHAR v.int. Brillar; lucir; relucir; refulgir; flamear.
BRI.LHO s.m. Brillo.
BRIN.CA.DEI.RA s.f. Juego; broma; chanza; chiste.
BRIN.CAR v.t. e int. Jugar; divertirse; holgar; brincar; bromear.
BRIN.CO s.m. Pendiente; arete.
BRIN.DAR v.t. Brindar; regalar.
BRIN.DE s.m. Brindis; regalo.
BRIN.QUE.DO s.m. Juguete.
BRI.O s.m. Brío; orgullo; pundonor.
BRI.O.SO adj. Brioso; orgulloso.
BRI.SA s.f. Brisa.
BRI.TA.DEI.RA s.f. Triturador.
BRI.TÂ.NI.CO adj. e s.m. Británico.
BRO.CA s.f. Broca; barrena.
BRO.CHE s.m. Broche; alfiler; prendedor.
BRÓ.CO.LIS s.m. pl. Brécol; brócoli.
BRON.CA s.f. Bronca; pelea; disputa.
BRON.CO adj. Bronco; rudo; grosero.
BRÔN.QUIO s.m. Bronquio.
BRON.QUI.TE s.f. Bronquitis.

BRON.ZE s.m. Bronce.
BRON.ZE.A.DO adj. Bronceado; moreno.
BRON.ZE.AR v.t. Broncear; tostar.
BRO.TAR v.t. Brotar; germinar; aflorar.
BRO.TO s.m. Brote; capullo.
BRO.TO.E.JA s.f. Sarpullido; erupción.
BRO.XA s.f. Brocha; pincel.
BRU.ÇOS adv. loc. de —: bruces.
BRU.MA s.f. Bruma; niebla.
BRU.MO.SO adj. Brumoso.
BRU.NIR v.t. Bruñir; pulir.
BRUS.CO adj. Brusco; rudo.
BRU.TAL adj. Brutal.
BRU.TA.LI.DA.DE s.f. Brutalidad.
BRU.TO s.f. Bruto; brutal.
BRU.XA adj. Bruja.
BRU.XA.RI.A s.f. Brujería; soritlegio.
BRU.XO s.m. Brujo; mago.
BU.CAL adj. Bucal.
BU.CHO s.m. Buche.
BU.ÇO s.m. Bozo; bigotillo.
BU.CÓ.LI.CO adj. Bucólico.
BU.DIS.MO s.m. Budismo.
BU.DIS.TA adj. e s.2g. Budista.
BU.EI.RO s.m. Alcantarilla.
BÚ.FA.LO s.m. Búfalo.
BU.FAR v.int. Bufar, soplar.
BU.FÊ s.m. Aparador.
BU.GI.GAN.GA s.f. Bojiganga; bagatela; friolera.
BU.JÃO s.m. Bombona; tapón.
BU.LA s.f. Bula.
BUL.BO s.m. Bulbo.
BU.LE s.m. Tetera; cafetera.
BU.LE.VAR s.m. Bulevar; alameda.
BU.LIR adj. Bullir.
BUM.BUM s.m. Nalga
BUN.DA s.f. pop. Nalgas.
BU.QUÊ s.m. Bouquet; ramillete.
BU.RA.CO s.m. Agujero; bache; orificio; hoyo.
BUR.GUÊS adj. Burgués.
BUR.GUE.SI.A s.f. Burguesía.
BU.RI.LAR v.t. Burilar.
BUR.LA s.f. Burla; engaño.
BUR.LAR v.t. Burlar; engañar.
BU.RO.CRA.CI.A s.f. Burocracia.
BU.RO.CRA.TA s.f. Burócrata.
BU.RO.CRÁ.TI.CO adj. Burocrático.
BUR.RA.DA s.f. Asnería.
BUR.RO s.m. Burro; asno; ignorante; estúpido.
BUS.CA s.f. Busca.
BUS.CAR v.t. Buscar; averiguar.
BÚS.SO.LA s.f. Brújula.
BUS.TO s.m. Busto; estatua.
BU.TI.QUE s.f. Boutique.
BU.ZI.NA s.f. Bocina.
BU.ZI.NAR v.t. Tocar la bocina. v.int. Bocinar.

C

C *s.m.* Tercera letra del alfabeto português.
CÁ *adv.* aquí, acá.
CA.BA.ÇA *s.f.* Cabaza.
CA.BAL *adj.* Cabal.
CA.BA.NA *s.f.* Cabaña; choza.
CA.BE.ÇA *s.f.* Cabeza; inteligencia.
CA.BE.ÇA.DA *s.f.* Cabezazo.
CA.BE.ÇA.LHO *s.m.* Cabezal; cabecera.
CA.BE.CE.AR *v.t.* e *int* Cabecear; desviarse.
CA.BE.CEI.RA *s.f.* Cabecera.
CA.BE.ÇU.DO *adj.* Cabezudo; cabezón.
CA.BE.LEI.RA *s.f.* Cabellera; cabello.
CA.BE.LEI.REI.RO *s.m.* Peluquero; barbero.
CA.BE.LO *s.m.* Cabello; pelo.
CA.BE.LU.DO *adj.* Cabelludo; peludo.
CA.BER *v.t.* e *int.* Caber; contener; encajar; convenir.
CA.BI.DE *s.m.* Percha.
CA.BI.MEN.TO *s.m.* Cabimiento; cabida.
CA.BI.NE *s.f.* Cabina.
CA.BIS.BAI.XO *adj.* Cabizbajo.
CA.BO *s.m.* Cabo; cable.
CA.BO.TA.GEM *s.f.* Cabotaje.
CA.BRA *s.f. Zool.* Cabra.
CA.BRES.TO *s.m.* Cabestro.
CA.BRI.TO *s.m. Zool.* Cabrito; corzo.
CA.ÇA *s.f.* Caza; cacería.
CA.ÇA.DA *s.f.* Cacería.
CA.ÇA.DOR *adj.* e *s.m.* Cazador.
CA.ÇÃO *s.m. Zool.* Cazón.
CA.ÇAR *v.t.* Cazar.
CA.CA.RE.JAR *v.int.* Cacarear; *fig.* parlotear.
CA.ÇA.RO.LA *s.m.* Cazuela; cacerola.
CA.CAU *s.m.* Cacao; *plantío de cacau:* cacahual.
CA.CAU.EI.RO *s.m.* Cacao.
CA.CE.TE *s.m.* Bastón; palo.
CA.CHA.ÇA *s.f.* Aguardiente.
CA.CHE.COL *s.m.* Bufanda.
CA.CHIM.BO *s.m.* Pipa.
CA.CHO *s.m.* Racimo; rizo.
CA.CHO.EI.RA *s.f.* Cascada; salto; catarata.
CA.CHOR.RO *s.m.* Perro; cachorro.
CA.CI.QUE *s.m.* Cacique.
CA.ÇO.A.DA *s.f.* Chanza; mofa; burla.
CA.ÇO.AR *v.t.* e *int.* Bromear; chancear; mofar.
CA.CO.FO.NI.A *s.f.* Cacofonía.
CAC.TO *s.f.* Cactus; tuna.
CA.ÇU.LA *s.2g.* Benjamín.
CA.DA *pron. ind.* e *adj.* Cada.
CA.DAR.ÇO *s.m.* Cordón.
CA.DAS.TRAR *v.t.* Catastrar; empadronar.
CA.DAS.TRO *s.m.* Catastro; censo; archivo.
CA.DÁ.VER *s.m.* Cadáver.
CA.DA.VÉ.RI.CO *adj.* Cadavérico.
CA.DE.A.DO *s.m.* Candado.
CA.DEI.A *s.f.* Cadena; prisión.
CA.DEI.RA *s.f.* Cadera; asiento; silla.
CA.DE.LA *s.f.* Perra; cachorra.
CA.DÊN.CI.A *s.f.* Cadencia; ritmo.
CA.DEN.TE *adj.* Cadente.
CA.DER.NE.TA *s.f.* Libreta.
CA.DER.NO *s.m.* Cuaderno.
CA.DU.CAR *v.t.* Caducar.
CA.DU.CO *adj.* Caduco.
CA.FÉ *s.m.* Café.
CA.FE.Í.NA *s.f.* Cafeína
CA.FE.TEI.RA *s.f.* Cafetera.
CA.FE.TE.RIA *s.f.* Cafetería.
CA.FE.ZAL *s.m.* Cafetal.
CÁ.GA.DO *s.m.* Galápago; tortuga.
CAI.A.QUE *s.m.* Kayac.
CA.LAR *v.t.* e *int.* Callar; callarse. *v.p.* Callarse.
CÃI.BRA *s.f.* Calambre.

CAI.BRO s.m. Cabrio.
CA.I.PIRA adj. e s.m. Pueblerino; lugareño; campesino.
CA.IR v.int. Caer; caerse; flaquear; decaer; derrumbarse.
CAIS s.m. Muelle; andén.
CAI.XA s.f. Caja; cajero; estuche.
CAI.XÃO s.m. Cajón, féretro.
CAI.XEI.RO s.m. Cajero; dependiente; vendedor.
CAI.XO.TE s.m. Caja pequeña.
CA.JA.DO s.m. Cayado; bastón.
CAL s.f. Cal.
CA.LA.BOU.ÇO s.m. Calabozo.
CA.LA.DO adj. Mudo; callado; silencioso.
CA.LA.FE.TAR v.t. Calafatear.
CA.LA.MI.DA.DE s.f. Calamidad.
CA.LA.MI.TO.SO adj. Calamitoso.
CA.LAR v.int. Callar; enmudecer; silenciar. v.p. Callarse.
CAL.ÇA s.f. Pantalón; calças; pl.: pantalones.
CAL.ÇA.DA s.f. Calzada; acera.
CAL.ÇA.DO s.f. Calzado; zapato.
CAL.CA.NHAR s.m. Calcañar; talón.
CAL.ÇÃO s.m. Calzón.
CAL.ÇAR v.t. Calzar.
CAL.CI.FI.CA.ÇÃO s.f. Calcificación.
CAL.CI.NHA s.f. Braga.
CAL.CI.NAR v.t. e int. Calcinar; calcinarse.
CÁL.CIO s.m. Calcio.
CAL.ÇO s.m. Calce; cuña.
CAL.CU.LA.DO.RA s.f. Calculadora.
CAL.CU.LAR v.t. Calcular; evaluar; computar.
CAL.CU.LÁ.VEL adj. Calculable.
CAL.CU.LIS.TA s.2g. Calculista; proyectista; calculador; interesado.
CÁL.CU.LO s.m. Cálculo; cuenta; valoración.
CAL.DEI.RA s.f. Caldera.
CAL.DO s.m. Caldo; sopa.
CA.LEI.DOS.CÓ.PIO s.m. Calidoscópio.
CA.LE.JA.DO adj. Calloso; insensible.
CA.LEN.DÁ.RIO s.m. Calendario; almanaque.
CA.LHA s.f. Canal; canaleta; canalón.

CA.LHA.MA.ÇO s.m. Fardo; mamotreto; libro grande.
CA.LHAR v.int. Encajar; ocurrir; aceitar.
CA.LI.BRA.DOR s.m. Calibrador.
CA.LI.BRAR v.t. Calibrar.
CA.LI.BRE s.m. Calibre.
CÁ.LI.CE s.m. Cáliz.
CA.LI.GRA.FI.A s.f. Caligrafía.
CAL.MA s.f. Calma; tranquilidad; serenidad.
CAL.MAN.TE adj. e s.2g. Calmante; sedante.
CAL.MAR v.t. e int. Calmar; acalmar. p.v. Calmarse.
CAL.MA.RIA s.f. Calma.
CAL.MO adj. Calmo; tranquilo.
CA.LOR s.m. Calor; fig. ardor; pasión.
CA.LO.RI.A s.f. Caloría.
CA.LÓ.RI.CO adj. Calórico.
CA.LO.RO.SO adj. Caluroso.
CA.LO.TA s.f. Tapacubos. Geog. Casquete.
CA.LO.TE s.m. Estafa.
CA.LO.TEI.RO s.m. Estafador.
CA.LOU.RO s.m. Novato; neófito.
CA.LÚ.NIA s.f. Calumnia; difamación.
CA.LU.NI.A.DOR s.m. Calumniador.
CA.LU.NI.AR v.t. Calumniar.
CAL.VA s.f. Calva; calvicie.
CAL.VÍ.CIE s.f. Calvicie.
CAL.VO adj. Calvo.
CA.MA s.f. Cama; lecho.
CA.MA.DA s.f. Capa; camada.
CÂ.MA.RA s.f. Cámara; cuarto; compartimiento.
CA.MA.RA.DA s.2g. Camarada; compañero; amigo.
CA.MA.RA.DA.GEM s.f. Camaradería.
CA.MA.RÃO s.m. Camarón; langostin; gamba.
CA.MA.REI.RO s.m. Camarero.
CA.MA.RO.TE s.m. Camarote; palco.
CAM.BA.LE.AR v.int. Tambalear; v.p. tambalearse.
CAM.BA.LHO.TA s.f. Voltereta; pirueta.
CAM.BI.AR v.t. Cambiar.
CÂM.BIO s.m. Cambio; agio; permuta.
CAM.BIS.TA s.2g. Cambista.

CA.MÉ.LIA *s.f.* Camelia.
CA.ME.LO *s.m.* Camello.
CA.MI.NHA.DA *s.f.* Caminata; marcha.
CA.MI.NHÃO *s.m.* Camión.
CA.MI.NHAR *v.int.* Caminar; marchar; andar.
CA.MI.NHO *s.m.* Camino; trayecto; vía; paso.
CA.MI.NHO.NEI.RO *s.m.* Camionero.
CA.MI.NHO.NE.TE *s.f.* Camioneta.
CA.MI.SA *s.f.* Camisa.
CA.MI.SE.TA *s.f.* Camiseta; polera.
CA.MI.SO.LA *s.f.* Camisón.
CAM.PA.I.NHA *s.f.* Campanilla; timbre.
CAM.PAL *adj.* Campal.
CAM.PA.NÁ.RIO *s.m.* Campanario.
CAM.PA.NHA *s.f.* Campaña.
CAM.PE.ÃO *s.m.* Campeón.
CAM.PE.AR *v.t.* Campear.
CAM.PE.O.NA.TO *s.m.* Campeonato.
CAM.PES.TRE *adj.* Campestre; campesino.
CAM.PI.NA *s.f.* Campiña; descampado.
CAM.PO *s.m.* Campo; área; campiña.
CAM.PO.NÊS *adj.* e *s.m.* Campesino; chacarero.
CA.MU.FLA.GEM *s.f.* Camuflaje.
CA.MUN.DON.GO *s.m.* Ratón.
CA.NA *s.f.* Caña.
CA.NAL *s.m.* Canal.
CA.NA.LE.TA *s.f.* Canal; canalón.
CA.NA.LHA *s.2g.* Canalla.
CA.NA.LI.ZA.ÇÃO *s.f.* Canalización.
CA.NA.LI.ZAR *v.t.* Canalizar.
CA.NÁ.RIO *s.m.* Canario.
CA.NAS.TRA *s.f.* Canastra.
CA.NA.VI.AL *s.m.* Cañaveral.
CAN.ÇÃO *s.f.* Canción.
CAN.CE.LA *s.f.* Cancela; barrera.
CAN.CE.LAR *v.t.* Cancelar.
CÂN.CER *s.m.* Cáncer.
CAN.CE.RO.SO *adj.* Canceroso; cancerado.
CAN.DE.LA.BRO *s.m.* Candelabro; candelero.
CAN.DEN.TE *adj.* Candente; fig. resplandeciente.
CAN.DI.DA.TO *s.m.* Candidato.
CAN.DI.DA.TU.RA *s.f.* Candidatura.
CÂN.DI.DO *adj.* Cándido; sincero; puro.
CAN.DU.RA *s.f.* Candura; candor; inocencia.
CA.NE.LA *s.f.* Canela; canilla.
CA.NE.TA *s.f.* Esferográfica; *caneta-tinteiro*: estilográfica.
CÂN.FO.RA *s.f.* Alcanfor.
CAN.GA *s.f.* Yugo.
CAN.GO.TE *s.m.* Cogote.
CAN.GU.RU *s.m.* Canguro.
CAN.HÃO *s.m.* Cañón.
CA.NHO.TO *adj.* Zurdo.
CA.NI.BAL *s.2g.* Caníbal; antropófago.
CA.NI.BA.LIS.MO *s.m.* Canibalismo.
CA.NI.ÇO *s.m.* Cañizo; junco.
CA.NIL *s.m.* Perrera.
CA.NI.NO *adj.* Canino; *Anat.* colmillo.
CA.NI.VE.TE *s.m.* Cortaplumas.
CAN.JA *s.f.* Caldo de arroz y gallina.
CA.NO *s.m.* Caño; tubo.
CA.NO.A *s.m.* Canoa.
CA.NO.A.GEM *s.f. Esp.* Regata.
CA.NO.EI.RO *s.m.* Canoero.
CA.NO.NI.ZAR *v.t.* Canonizar.
CAN.SA.ÇO *s.m.* Cansancio; fatiga; agotamiento.
CAN.SAR *v.t.* e *int.* Cansar; aburrir; fatigar. *v.p.* Cansarse; fatigarse.
CAN.SEI.RA *s.f.* Cansera.
CAN.TÃO *s.m.* Cantón.
CAN.TAR *v.t.* e *int.* Cantar; entonar; revelar.
CÂN.TA.RO *s.m.* Cántaro.
CAN.TE.RO *s.m.* Cantero.
CÂN.TI.CO *s.m.* Cántico.
CAN.TI.GA *s.f.* Cantiga.
CAN.TI.NA *s.f.* Cantina.
CAN.TO *s.m.* Canto; canción; esquina; ángulo; rincón.
CAN.TO.NEI.RA *s.f.* Cantonera; rinconera.
CAN.TOR *s.m.* Cantante.
CAN.TO.RA *s.f.* Cantante.
CA.NU.DO *s.m.* Canuto; tubo.
CÃO *s.m.* Perro.
CA.O.LHO *adj.* Tuerto.
CA.OS *s.m.* Caos; confusión; desorden.
CA.Ó.TI.CO *adj.* Caótico.

CA.PA adj. Capa; manta; — *de livro:* fachada; portada.
CA.PA.CHO s.m. Felpudo.
CA.PA.CI.DA.DE s.f. Capacidad.
CA.PA.CI.TA.DO adj. Capacitado; apto.
CA.PA.CI.TAR v.t. Capacitar; persuadir.
CA.PAR v.t. Capar; castrar.
CA.PA.TAZ s.m. Capataz.
CA.PAZ adj. Capaz; apto; capacitado.
CAP.CIO.SO adj. Capcioso; engañoso.
CA.PE.LA s.f. Capilla; pequeña iglesia.
CA.PE.LÃO s.m. Capellán; clérigo.
CA.PEN.GA adj. e s.m. Cojo; rengo.
CA.PE.TA s.m. pop. Diablo; travieso.
CA.PIM s.m. Hierba; pasto.
CA.PI.TAL adj. Capital; principal; fundamental. s.f. Capital (sede de una nación, estado, territorio etcétera). s.m. Capital (dinero).
CA.PI.TA.LIS.MO s.m. Capitalismo.
CA.PI.TA.LIS.TA s.2g. Capitalista.
CA.PI.TA.LI.ZAR v.t. Capitalizar.
CA.PI.TÃO s.m. Capitán.
CA.PI.TU.LA.ÇÃO s.f. Capitulación.
CA.PI.TU.LAR v.i. Capitular; rendirse.
CA.PÍ.TU.LO s.m. Capítulo.
CA.PO.EI.RA s.f. Mata; danza afrobrasileña.
CA.PO.TA s.f. Capota,
CA.PO.TE s.m. Capote.
CA.PRI.CHAR v.t. e int. Obstinarse; esmerarse.
CA.PRI.CHO s.m. Capricho; esmero; extravagancia.
CA.PRI.CHO.SO adj. Caprichoso.
CÁ.PSU.LA s.f. Cápsula.
CAP.TAR v.t. Captar; obtener; atraer; interpretar.
CAP.TU.RA s.f. Captura; aprehensión.
CAP.TU.RAR v.t. Capturar; aprehender; aprisionar.
CA.PUZ s.m. Capuz; capucho.
CA.QUI s.m. *Bot.* Caqui; kaki (fruta, arbol).
CÁ.QUI adj. Caqui; kaki (color).
CA.RA s.f. Cara; semblante; persona; individuo; figura.
CA.RA.BI.NA s.f. Carabina.
CA.RA.BI.NEI.RO s.m. Carabinero.
CA.RAC.TE.RÍS.TI.CA s.f. Característica.
CA.RAC.TE.RÍS.TI.CO adj. Característico.
CA.RAC.TE.RI.ZA.ÇÃO s.f. Caracterización.
CA.RAC.TE.RI.ZAR v.t. Caracterizar.
CA.RA.ME.LO s.m. Caramelo.
CA.RA.MU.JO s.m. *Zool.* Caramujo; caracol.
CA.RAN.GUE.JO s.m. *Zool.* Cangrejo.
CA.RA.PA.ÇA s.f. Carapazón.
CA.RA.PU.ÇA s.f. Caperuza; indirecta.
CA.RÁ.TER s.m. Carácter; cualidad; índole; condición.
CA.RA.VA.NA s.f. Caravana.
CA.RA.VE.LA s.f. Caravela.
CAR.BO.NA.TO adj. Carbonato.
CAR.BO.NI.ZAR v.t. Carbonizar.
CAR.BO.NO s.m. Carbono; carbón; carboncillo.
CAR.BU.RA.DOR s.m. Carburador.
CÁR.CE.RE s.m. Cárcel; prisión.
CAR.CE.REI.RO s.m. Carcelero.
CAR.DÁ.PIO s.m. Menú; minuta, carta.
CAR.DE.AL s.m. Cardenal.
CAR.DÍ.A.CO adj. Cardíaco.
CAR.DI.NAL adj. Cardenal; cardinal.
CAR.DI.O.LO.GI.A s.f. Cardiología.
CAR.DU.ME s.m. Cardumen.
CA.RE.CA s.f. Calva(o); calvicie.
CA.RE.CER v.t. e int. Carecer.
CA.RÊN.CIA s.f. Carencia; necesidad; privación.
CA.RES.TI.A s.f. Carestía.
CA.RE.TA s.f. Careta; mueca.
CAR.GA s.f. Carga; cargamento.
CAR.GO s.m. Cargo; función; oficio.
CA.RI.AR v.t. e int. Cariar; cariarse.
CA.RI.CA.TU.RA s.f. Caricatura.
CA.RI.CA.TU.RIS.TA s.2g. Caricaturista.
CA.RÍ.CIA s.f. Caricia.
CA.RI.DA.DE s.f. Caridad; benevolencia; compasión; humanidad.
CA.RI.DO.SO adj. Caritativo.
CÁ.RIE s.f. Carie.
CA.RIM.BAR v.t. Timbrar; sellar.
CA.RIM.BO s.m. Timbre; sello.

CA.RI.NHO *s.m.* Cariño; querer; halago; afecto.
CA.RI.NHO.SO *adj.* Cariñoso; amoroso; tierno; afectuoso.
CA.RIS.MÁ.TI.CO *adj.* Carismático.
CAR.ME.SIM *adj.* Carmíneo; carmesí.
CAR.MIM *adj.* Carmín.
CAR.NAL *adj.* Carnal.
CAR.NA.VAL *s.m.* Carnaval.
CAR.NE *s.f.* Carne.
CAR.NEI.RO *s.m.* Carnero; oveja.
CAR.NI.ÇA *s.f.* Carnaza; carroña.
CAR.NI.CEI.RO *s.m.* Carnicero; carnívoro.
CAR.NI.FI.CI.NA *s.f.* Carnicería.
CAR.NÍ.VO.RO *adj.* Carnívoro.
CA.RO *adj.* Caro; querido; estimado; costoso; oneroso.
CA.RO.ÇO *s.m.* Carozo; cuesco; erupción.
CA.RO.NA *s.f.* Autostop; chance; aventón.
CAR.PA *s.f.* Zool. Carpa.
CAR.PIN.TA.RI.A *s.f.* Carpintería.
CAR.PIN.TEI.RO *s.m.* Carpintero.
CAR.RA.PA.TO *s.m.* Garrapata.
CAR.RAS.CO *s.m.* Verdugo.
CAR.RE.GA.DOR *s.m.* Cargador.
CAR.RE.GA.MEN.TO *s.m.* Cargamento; carga.
CAR.RE.GAR *v.t.* Cargar; llenar; transportar.
CAR.REI.RA *s.f.* Carrera.
CAR.RE.TA *s.f.* Carreta.
CAR.RE.TEL *s.m.* Bobina.
CAR.RI.NHÓ *s.m.* Carretilla; carreta; — *de bebê*: cochecito de niño.
CAR.RO *s.m.* Carro; auto; automóvil; coche.
CAR.RO.ÇA *s.f.* Carroza; carro.
CAR.RO.CEI.RO *s.m.* Carrocero.
CAR.RO.CE.RIA *s.f.* Carrocería.
CAR.RU.A.GEM *s.f.* Carruaje; carro; coche; vagón (de tren).
CAR.TA *s.f.* Carta; mapa; naipe.
CAR.TÃO *s.m.* Cartón; tarjeta; — *postal*: tarjeta postal.
CAR.TAZ *s.m.* Cartel; afiche; pancarta.
CAR.TEI.RA *s.f.* Billetera; cartera; portamonedas.
CAR.TEI.RI.NHA *s.f.* Carnet.
CAR.TEI.RO *s.m.* Cartero.
CAR.TEL *s.m.* Cartel.
CAR.TI.LHA *s.f.* Cartilla, abecedario.
CAR.TI.LA.GEM *s.f.* Cartílago.
CAR.TO.GRA.FIA *s.f.* Cartografía.
CAR.TO.LI.NA *s.f.* Cartulina.
CAR.TO.MAN.TE *s.f.* Adivino.
CAR.TÓ.RIO *s.m.* Notaría; registro; archivo.
CAR.TU.CHO *s.m.* Cartucho; cartela.
CA.RUN.CHO *s.m.* Carcoma.
CAR.VA.LHO *s.m.* Bot. Roble; carvallo.
CAR.VÃO *s.m.* Carbón; hulla.
CA.SA *s.f.* Casa; vivienda; familia; habitación.
CA.SA.CA *s.f.* Chaqueta.
CA.SA.CO *s.m.* Chaqueta.
CA.SA.DO *adj.* Casado; cónyuges.
CA.SAL *s.m.* Pareja.
CA.SA.MEN.TO *s.m.* Casamiento; boda; matrimonio.
CA.SAR *v.t.* e *int.* Casar; emparejar. *v.p.* Casarse.
CA.SA.RI.O *s.m.* Caserío; aldea.
CAS.CA *s.f.* Cáscara; corteza; costra.
CAS.CA.LHO *s.m.* Cascajo; rocalla.
CAS.CA.TA *s.f.* Cascada; *gír.* cuento.
CAS.CA.VEL *s.f.* Cascabel; crótalo.
CAS.CO *s.m.* Casco; mollera.
CA.SE.BRE *s.m.* Choza; cabaña.
CA.SEI.RO *s.m.* Casero.
CA.SO *s.m.* Caso; acontecimiento.
CAS.PA *s.f.* Caspa.
CAS.QUI.NHA *s.f.* Cono (*de sorvete* : de helado).
CAS.SI.NO *s.m.* Casino.
CAS.TA *s.f.* Casta.
CAS.TA.NHA *s.f.* Castaña; *Bot.* Anacardo.
CAS.TA.NHO *adj.* Castaño.
CAS.TE.LHA.NO *adj.* Castellano.
CAS.TE.LO *s.m.* Castillo.
CAS.TI.ÇAL *s.m.* Candelero.
CAS.TI.ÇO *adj.* Castizo.
CAS.TI.DA.DE *s.f.* Castidad.
CAS.TI.GAR *v.t.* Castigar; penalizar.

CAS.TI.GO s.m. Castigo; amonestación; reprensión.
CAS.TO adj. Casto; puro.
CAS.TRA.ÇÃO s.f. Castración.
CAS.TRAR v.t. Castrar.
CA.SU.AL adj. Casual; fortuito.
CA.SU.A.LI.DA.DE s.f. Casualidad; acaso.
CA.SU.LO s.m. Capullo; larva.
CA.TA s.f. Busca; búsqueda; caza.
CA.TA.CLIS.MO s.m. Cataclismo.
CA.TA.LI.SA.DOR s.m. Catalizador.
CA.TA.CUM.BAS s.f. pl. Catacumbas.
CA.TA.LO.GAR v.t. Catalogar; tachar.
CA.TÁ.LO.GO s.m. Catálogo; lista; tabla.
CA.TAR v.t. Buscar; coger; procurar.
CA.TA.RA.TA s.f. Catarata; cascada.
CA.TAR.RO s.m. Catarro; constipado.
CA.TAR.SE s.f. Catarsis.
CA.TÁS.TRO.FE s.f. Catástrofe; hecatombe.
CA.TAS.TRÓ.FI.CO adj. Catastrófico.
CA.TA-VEN.TO s.m. Cataviento; molino de viento; molinete.
CA.TE.CIS.MO s.m. Catecismo; catequismo.
CÁ.TE.DRA s.f. Cátedra.
CA.TE.DRAL s.f. Catedral.
CA.TE.GO.RI.A s.f. Categoría; estado; nivel; posición; clase.
CA.TE.GÓ.RI.CO adj. Categórico; tajante.
CA.TE.QUE.SE s.f. Catequesis.
CA.TE.QUIS.MO s.m. Catequismo; catecismo.
CA.TE.QUI.ZAR v.t. Catequizar.
CA.TI.VAN.TE adj. Cautivante; fascinante.
CA.TI.VAR v.t. Cativar; cautivar; encantar; conquistar.
CA.TI.VEI.RO s.m. Cautiverio.
CA.TI.VO adj. Cautivo; prisionero.
CA.TO.LI.CIS.MO s.m. Catolicismo.
CA.TÓ.LI.CO adj. Católico.
CA.TOR.ZE num. Catorce.
CA.TRA.CA s.f. Torniquete.
CA.TRE s.m. Cama.
CAU.ÇÃO s.f. Caución; garantía; precaución; cautela.
CAU.DA s.f. Cola; rabo.
CAU.DAL adj. e s.m. Caudal; caudaloso.
CAU.DA.LO.SO adj. Caudaloso.
CAU.LE s.m. Bot. Tallo.
CAU.SA s.f. Causa; asunto; razón; lugar. adj. Motivo.
CAU.SA.DOR adj. e s.m. Causante.
CAU.SA.LI.DA.DE s.f. Causalidad.
CAU.SAR v.t. Causar, ocasionar.
CAU.TE.LA s.f. Cautela; precaución.
CAU.TE.LO.SO adj. Cauteloso.
CAU.TE.RI.ZAR v.t. Cauterizar.
CAU.TO adj. Precavido; prudente.
CA.VA.LA.RI.A s.f. Caballería.
CA.VA.LEI.RO s.m. Caballero; jinete.
CA.VA.LE.TE s.m. Caballete.
CA.VAL.GA.DA s.f. Cabalgada.
CA.VAL.GAR v.t. Cabalgar; montar.
CA.VA.LHEI.RO s.m. Caballero; señor; hidalgo.
CA.VA.LO s.m. Zool. Caballo.
CA.VA.NHA.QUE s.m. Perilla.
CA.VAR v.t. Cavar; excavar; ahondar.
CA.VEI.RA s.f. Calavera.
CA.VER.NA s.f. Caverna; gruta; cueva.
CA.VI.DA.DE s.f. Cavidad; depresión; fosa.
CE.AR v.t. e int. Cenar.
CE.BO.LA s.f. Bot. Cebolla.
CE.DER v.t. e int. Ceder; dejar; renunciar; largar. v.p. Aflojarse.
CE.DI.LHA s.f. Cedilla.
CE.DO adj. Temprano. adv. Luego; pronto; temprano.
CE.DRO s.m. Cedro.
CÉ.DU.LA s.f. Cédula; billete.
CE.GAN.TE adj. Deslumbrante.
CE.GAR v.t. Cegar; tapar.
CE.GAS s.f. pl. loc. Às —: a ciegas; ciegamente.
CE.GO adj. e s.m. Ciego, deslumbrado.
CE.GO.NHA s.f. Cigüeña.
CE.GUEI.RA s.f. Ceguera; ceguedad.
CEI.A s.f. Cena.
CEI.FA s.f. Siega.
CEI.FAR v.t. Segar.
CE.LA s.f. Celda; calabozo.
CE.LE.BRA.ÇÃO s.f. Celebración; fiesta.

CE.LE.BRAR v.t. Celebrar; conmemorar; festejar.
CÉ.LE.BRE adj. Célebre; notable; ilustre; renombrado.
CE.LE.BRI.DA.DE s.f. Celebridad; notoriedad.
CE.LEI.RO s.m. Granero; almacén.
CE.LE.RE adj. Célere; rápido.
CE.LES.TE adj. Celeste.
CE.LES.TI.AL adj. Celestial.
CE.LI.BA.TÁ.RIO adj. e s.m. Celibato; soltero.
CE.LI.BA.TO s.m. Celibato.
CÉ.LU.LA s.f. Célula.
CE.LU.LAR adj. Celular (tejido celular). s.m. Celular; móvil (teléfono).
CE.LU.LI.TE s.f. Celulitis.
CEM num. Cien; ciento.
CE.MI.TÉ.RIO s.m. Cementerio; necrópolis.
CE.NA s.f. Escena; drama.
CE.NÁ.RIO s.m. Escenario; tablado.
CE.NHO s.m. Ceño.
CE.NOU.RA s.f. Zanahoria.
CEN.SO s.m. Censo; catastro.
CEN.SOR s.m. Censor; censurador.
CEN.SU.RA s.f. Censura.
CEN.SU.RAR v.t. Censurar; condenar; criticar; reprobar; acusar.
CEN.SU.RÁ.VEL adj. Censurable.
CEN.TA.VO s.m. Centavo.
CEN.TEI.O s.m. Centeno.
CEN.TE.LHA s.f. Centella; chispa.
CEN.TE.NA s.f. Centena.
CEN.TE.NÁ.RIO s.m. Centenario.
CEN.TÉ.SI.MO adj. e s.m. Centésimo; céntimo.
CEN.TÍ.GRA.DO adj. Centígrado.
CEN.TÍ.ME.TRO s.m. Centímetro.
CEN.TO num. Cien; ciento.
CEN.TRAL adj. Central.
CEN.TRA.LIS.MO s.m. Centralismo.
CEN.TRA.LI.ZAR v.t. Centralizar; acaparar; centrar.
CEN.TRAR v.t. Centrar; centralizar.
CEN.TRI.FU.GAR v.t. Centrifugar.
CEN.TRO s.m. Centro; foco; nucleo; medio.
CEN.TU.RI.ÃO s.m. Centurión.
CE.PA s.f. Cepa.
CE.RA s.f. Cera.
CE.RÂ.MI.CA s.f. Cerámica.
CE.RA.MIS.TA s.2g. Alfarero.
CER.CA s.f. Cerca; cercado; valla.
CER.CA.DO s.m. Cercado; vallado.
CER.CAR v.t. Cercar; ceñir; rodear; circunvalar.
CER.CO s.m. Cerco; asedio; bloqueo; sitio.
CER.DA s.f. Cerda; seda.
CE.RE.AL s.m. Cereal.
CE.RE.BRAL adj. Cerebral; mental.
CÉ.RE.BRO s.m. Cérebro; fig. cabeça; inteligencia; pensamiento.
CE.RE.JA s.f. Cereza.
CE.RE.JEI.RA s.f. Cerezo.
CE.RI.MÔ.NIA s.f. Ceremonia; solemnidad.
CE.RI.MO.NI.AL s.m. Ceremonial; etiqueta.
CE.RI.MO.NI.O.SO adj. Ceremonioso.
CE.ROU.LAS s.f. pl. Calzoncillos.
CER.RA.ÇÃO s.f. Cerrazón.
CER.RAR v.t. Cerrar; tapar; vedar; apretar; terminar. v.p. Cerrarse; nublarse.
CER.TA.MEN.TE adv. Ciertamente; cierto.
CER.TEI.RO adj. Certero.
CER.TE.ZA s.f. Certeza.
CER.TI.DÃO s.f. Certificación.
CER.TI.FI.CAR v.t. Certificar; autenticar; legitimar; validar.
CER.TO adj. Cierto; correcto; exacto.
CER.VE.JA s.f. Cerveza.
CER.VE.JA.RI.A s.f. Cervecería.
CER.VI.CAL adj. Cervical.
CER.VIZ s.f. Cerviz.
CER.VO s.m. Ciervo.
CER.ZIR v.t. Zurcir.
CES.SÃO s.f. Cesión; alienación.
CES.SAR v.t. e int. Cesar; interrumpir; dejar.
CES.TA s.f. Cesta; cesto.
CES.TO s.m. Cesto; canasta; nasa.
CE.TÁ.CEO s.m. Cetáceo; ballena. adj. Cetáceo.
CE.TIM s.m. Satén.
CE.TRO s.m. Cetro; bastón.

CÉU *s.m.* Cielo.
CE.VA.DA *s.f.* Cebada.
CHÁ *s.m.* Té.
CHÁ.CA.RA *s.f.* Chacra; sitio; quinta.
CHA.CI.NA *s.f.* Matanza; masacre.
CHA.CO.A.LHAR *v.int.* Mecer; sacudir; menear.
CHA.FA.RIZ *s.m.* Chafariz; fuente.
CHA.GA *s.f.* Llaga; herida; *fig.* dolor.
CHA.LÉ *s.m.* Chalet; chalé.
CHA.LEI.RA *s.f.* Tetera.
CHA.MA *s.f.* Llama; fuego; lumbre; sentimiento intenso; pasión.
CHA.MAR *v.t.* Llamar; nombrar; evocar; invocar. *v.p.* Llamarse.
CHA.MA.RIZ *adj.* Señuelo; carnada; reclamo.
CHA.ME.JAN.TE *adj.* Llameante.
CHA.MI.NÉ *s.f.* Chimenea.
CHAM.PA.NHE *s.m.* Champaña.
CHA.MUS.CAR *v.t.* Chamuscar; tostar.
CHAN.CE *s.f.* Chance; oportunidad.
CHAN.CE.LA *s.f.* Sello; timbre.
CHAN.CE.LA.RIA *s.f.* Chancelaría.
CHAN.CE.LER *s.m.* Canciller.
CHAN.FRAR *v.t.* Biselar.
CHAN.TA.GEM *s.f.* Chantaje.
CHAN.TA.GIS.TA *s.2g.* Chantajista.
CHÃO *s.m.* Suelo; terreno; piso; pavimento. *adj.* Llano; plano.
CHA.PA *s.f.* Chapa; lámina; hoja.
CHA.PE.LA.RI.A *s.f.* Sombrerería.
CHA.PÉU *s.m.* Sombrero.
CHA.RA.DA *s.f.* Charada; adivinanza.
CHAR.CO *s.m.* Charco; lodazal; atolladero.
CHAR.LA.TÃO *s.m.* Charlatán.
CHAR.ME *s.m.* Encanto; atracción; simpatía.
CHA.RU.TA.RI.A *s.f.* Cigarrería; expendeduría.
CHA.RU.TO *s.m.* Cigarro; tabaco; habano.
CHA.TE.A.ÇÃO *s.f.* Enfado.
CHA.TE.AR *v.t.* Aburrir; fastidiar. *v.p.* Aburrirse.
CHA.TO *s.m.* Chato; plano; rastrero. *adj.* Aburrido; importuno; fastidioso.

CHAU.VI.NIS.MO *s.m.* Chauvinismo; chovinismo.
CHA.VE *s.f.* Llave; clave.
CHA.VEI.RO *s.m.* Llavero; carcelero.
CHÁ.VE.NA *s.f.* Taza; jícara.
CHE.FA.TU.RA *s.f.* Jefatura.
CHE.FE *s.m.* Jefe; comandante; líder.
CHE.FIA *s.f.* Jefatura.
CHE.FIAR *v.t.* Mandar; comandar; dirigir.
CHE.GA.DA *s.f.* Llegada.
CHEGAR *v.t.* e *int.* Llegar; venir; bastar.
CHEI.A *s.f.* Inundación.
CHEI.O *adj.* Lleno; harto.
CHEI.RAR *v.t.* e *int.* Oler; inhalar; husmear.
CHEI.RO *s.m.* Olor; olfato; aroma.
CHEI.RO.SO *adj.* Oloroso; fragante; oliente.
CHE.QUE *s.m.* Cheque.
CHI.AR *v.int.* Chillar; chirriar; berrear.
CHI.BA.TA *s.f.* Látigo; azote; flagelo.
CHI.BA.TA.DA *s.f.* Latigazo.
CHI.CLE.TE *s.m.* Chicle.
CHI.CO.TA.DA *s.f.* Latigazo.
CHI.CO.TE *s.m.* Látigo; azote; flagelo.
CHI.FRA.DA *s.f.* Cachada; cornada.
CHI.FRE *s.m.* Cacho; cuerno.
CHI.NE.LO *s.m.* Chinela.
CHI.NÊS *adj.* e *s.m.* Chino.
CHI.QUE *adj.* Chic; elegante.
CHI.QUEI.RO *s.m.* Chiquero; pocilga.
CHIS.PAR *v.int.* Chispear.
CHIS.TE *s.m.* Chiste; broma; burla; changa.
CHI.TA *s.f.* Chita.
CHO.ÇA *s.f.* Choza.
CHO.CAN.TE *adj.* Chocante; ofensivo; brusco.
CHO.CAR *v.t.* e *int.* Chocar; sorprender; empollar (ovos).
CHO.CO.LA.TE *s.m.* Chocolate.
CHO.FER *s.m.* Chofer; conductor.
CHO.FRE *s.m. loc. de* —: de repente.
CHO.QUE *s.m.* Choque; colisión; impacto; confronto; oposición.
CHO.RA.DEI.RA *s.f.* Lamentación; llorera.
CHO.RÃO *adj.* Llorón.
CHO.RAR *v.t.* e *int.* Llorar; lamentar.

CHO.RO *s.m.* Lloro; llanto.
CHO.RO.SO *adj.* Lloroso.
CHOU.PA.NA *s.f.* Choza; barraca.
CHO.VER *v.int.* Llover.
CHU.CRU.TE *s.m.* Chucrut; chucruta.
CHU.LÉ *s.m. vulg.* Olor de los pies.
CHUM.BO *s.m.* Plomo.
CHU.PAR *v.t.* Chupar; sorver.
CHU.PE.TA *s.m.* Chupete.
CHUR.RAS.CO *s.m.* Churrasco; asado.
CHUR.RAS.QUEI.RA *s.f.* Parrilla; asadero.
CHU.VA *s.f.* Lluvia; aguacero; *fig.* abundancia.
CHU.VIS.CAR *v.int.* Lloviznar.
CHU.VIS.CO *s.m.* Llovizna.
CHU.VO.SO *adj.* Lluvioso.
CI.Á.TI.CO *adj.* e *s.m.* Ciático.
CI.BER.NÉ.TI.CA *s.f.* Cibernética.
CI.CA.TRIZ *s.f.* Cicatriz; señal; lacra.
CI.CA.TRI.ZA.ÇÃO *s.f.* Cicatrización.
CI.CA.TRI.ZAR *v.t.* Cicatrizar.
CI.CI.AR *v.t.* Sisear.
CÍ.CLI.CO *adj.* Cíclico.
CI.CLIS.MO *s.m.* Ciclismo.
CI.CLIS.TA *s.2g.* Ciclista.
CI.CLO *s.m.* Ciclo; período; fase.
CI.CLO.NE *s.m.* Ciclón.
CI.CU.TA *s.f.* Cicuta.
CI.DA.DA.NI.A *s.f.* Ciudadanía.
CI.DA.DÃO *adj.* e *s.m.* Ciudadano; civil; natural.
CI.DA.DE *s.f.* Ciudad; urbe.
CI.DA.DE.LA *s.f.* Ciudadela.
CI.DRA *s.f.* Cidra.
CI.ÊN.CIA *s.f.* Ciencia; erudición; conocimiento; instrucción.
CI.EN.TE *adj.* Informado; conocedor; ciente.
CI.EN.TÍ.FI.CO *adj.* Científico.
CI.EN.TIS.TA *s.2g.* Cientista; científico; sabio.
CI.FRA *s.f.* Cifra; número.
CI.GA.NO *adj.* e *s.m.* Gitano.
CI.GAR.RA *s.f. Zool.* Cigarra; chicharra (campanilla).
CI.GAR.RO *s.f.* Cigarrillo; tabaco; cigarro de papel.
CI.LA.DA *s.f.* Celada; trampa; emboscada.
CI.LIN.DRO *s.m.* Cilindro.
CÍ.LIO *s.m.* Pestaña.
CI.MA *adv.* Arriba; encima; alto.
CI.MEN.TAR *v.t.* Cementar.
CI.MEN.TO *s.m.* Cemento.
CI.MI.TAR.RA *s.f.* Cimitarra.
CI.MO *s.m.* Cima; alto; cumbre.
CIN.CO *num.* Cinco.
CIN.DIR *v.t.* Escindir.
CI.NE.MA *s.m.* Cinema; cine.
CIN.GIR *v.t.* Abrazar; cercar; apretar; ceñir.
CÍ.NI.CO *adj.* e *s.m.* Cínico.
CI.NIS.MO *s.m.* Cinismo.
CIN.QUEN.TA *num.* Cincuenta.
CIN.QUEN.TÃO *s.m.* Cincuentón.
CIN.TA *s.f.* Cinta; cintero; cinturón; cinto.
CIN.TI.LAR *v.t.* e *int.* Cintilar; brillar; relucir.
CIN.TO *s.m.* Cinto; cinturón.
CIN.TU.RA *s.f.* Cintura; talle.
CIN.TU.RÃO *s.m.* Cinturón.
CIN.ZA *s.f.* Ceniza.
CIN.ZEI.RO *s.m.* Cenicero.
CIN.ZEL *s.m.* Cincel; buril.
CIN.ZEN.TO *adj.* Ceniciento; gris; pardo.
CI.O *s.m.* Celo; brama.
CIR.CO *s.m.* Circo; anfiteatro.
CIR.CUI.TO *s.m.* Circuito; vuelta; itinerario.
CI.R.CU.LA.ÇÃO *s.f.* Circulación; tránsito; tráfico.
CIR.CU.LAR *adj.* Circular; transitar. *v.t.* Circular; transitar; girar.
CÍR.CU.LO *s.m. Geom.* Círculo; esfera; *fig.* asamblea; gremio.
CIR.CU.NA.VE.GAR *v.t.* e *int.* Circunnavegar.
CIR.CUN.FE.RÊN.CIA *s.f.* Circunferencia.
CIR.CUN.CI.DAR *v.t.* Cincuncidar.
CIR.CUN.CI.SÃO *s.f.* Circuncisión.
CIR.CUN.FLE.XO *adj.* Circunflejo.
CIR.CUNS.CRE.VER *v.t.* Circunscribir.
CIR.CUNS.CRI.ÇÃO *s.f.* Circunscripción.
CIR.CUNS.PEC.TO *adj.* Circunspecto; prudente.
CIR.CUNS.TÂN.CIA *s.f.* Circunstancia; condición; requisito.

CIR.CUNS.TAN.CI.AL adj. Circunstancial.
CIR.CUNS.TAN.TE adj. e s.2g. Circunstante.
CÍ.RIO s.m. Cirio.
CI.RUR.GI.A s.f. Cirugía; operación.
CI.RUR.GI.ÃO s.m. Cirujano.
CI.RÚR.GI.CO adj. Quirúrgico.
CI.SÃO s.f. Cisión; incisión.
CIS.CO s.m. Basura; cisco.
CIS.MA s.m. Cisma; separación. s.f. Sospecha; presentimiento; preocupación.
CIS.MAR v.t. e int. Reflexionar; cavilar; meditar.
CIS.NE s.m. Cisne.
CIS.TER.NA s.f. Cisterna; tanque.
CIS.TI.TE s.f. Cistitis.
CI.TA.ÇÃO s.f. Citación; cita; alusión.
CI.TAR v.t. Citar; aludir; referise; mencionar.
CÍ.TA.RA s.f. Cítara.
CÍ.TRI.CO adj. Cítrico.
CI.Ú.ME s.m. Celo.
CI.U.MEN.TO adj. Celoso.
CÍ.VEL adj. Civil.
CÍ.VI.CO adj. Cívico.
CI.VIL adj. Civil; ciudadano.
CI.VI.LI.DA.DE s.f. Civilidad; urbanidad.
CI.VI.LI.ZA.ÇÃO s.f. Civilización; aculturación.
CI.VI.LI.ZAR v.t. Civilizar; instruir; urbanizar.
CI.VIS.MO s.m. Civismo.
CLÃ s.m. Clan; tribu.
CLA.MAR v.t. e int. Clamar; Llamar; alarmar; gritar; implorar.
CLA.MOR s.m. Clamor; grito; reclamación.
CLA.MO.RO.SO adj. Clamoroso.
CLAN.DES.TI.NO adj. Clandestino.
CLA.RA.BOIA s.f. Claraboya; tragaluz; ojo de buey.
CLA.RÃO s.m. Lumbre; resplandor.
CLA.RE.AR v.t. Clarear; aclarar; alumbrar.
CLA.REI.RA s.f. Claro.
CLA.RE.ZA s.f. Claridad; lucidez.
CLA.RI.DA.DE s.f. Claridad; brillo; luz.
CLA.RIM s.m. Clarín.
CLA.RO adj. Claro; iluminado; luminoso; límpido; cristalino; cierto; evidente; explícito; sincero.
CLAS.SE s.f. Clase; especie; género; categoría; variedad; aula.
CLAS.SI.CIS.MO s.m. Clasicismo.
CLÁS.SI.CO adj. Clásico.
CLAS.SI.FI.CA.ÇÃO adj. Clasificación; clase.
CLAS.SI.FI.CAR v.t. Clasificar; coordinar; archivar.
CLAU.DI.CA.ÇÃO s.f. Claudicación
CLAUS.TRO s.m. Claustro.
CLAUS.TRO.FO.BIA s.f. Claustrofobia
CLÁU.SU.LA adj. Cláusula.
CLAU.SU.RA s.f. Clausura; reclusión.
CLA.VÍ.CU.LA s.f. Clavícula.
CLE.MÊN.CIA s.f. Clemencia; indulgencia; piedad; blandura.
CLE.MEN.TE adj. Clemente.
CLE.RI.CAL adj. Clerical.
CLÉ.RI.GO s.m. Clérigo; abate.
CLE.RO s.m. Clero.
CLI.CHÊ s.m. Cliché.
CLI.EN.TE s.2g. Cliente; parroquiano.
CLI.EN.TE.LA s.f. Clientela.
CLI.MA s.m. Clima; aire; fig. ambiente.
CLI.MÁ.TI.CO adj. Climático.
CLÍ.NI.CA s.f. Clínica.
CLÍ.NI.CO adj. Clínico.
CLI.PE s.m. Clip.
CLO.A.CA s.f. Cloaca; alcantarilla.
CLO.NE s.m. Clon.
CLO.RAR v.t. Clorar.
CLO.RO s.m. Cloro.
CLO.RO.FI.LA s.f. Clorofila.
CLO.RO.FÓR.MIO s.m. Cloroformo.
CLU.BE s.m. Club; gremio; círculo; asociación.
CO.A.ÇÃO s.f. Coacción.
CO.AD.JU.VAN.TE adj. Coadyuvante.
CO.A.DOR s.m. Colador; coladero; filtro.
CO.A.GIR v.t. Coaccionar; forzar; obligar.
CO.A.GU.LAR v.t. Coagular; cuajar.
CO.Á.GU.LO s.m. Coágulo; coagulción; cuajo.
CO.A.LHA.DO adj. Cuajado.
CO.A.LHO s.m. Cuajo.

CO.A.LI.ZÃO s.m. Coalición.
CO.AR v.t. Colar; filtrar.
CO.AU.TOR s.m. Coautor.
CO.A.XAR v.int. Croar.
CO.BAI.A s.f. Cobaya.
CO.BAL.TO s.m. Cobalto.
CO.BER.TA s.f. Cubierta; manta; cobertura.
CO.BER.TO adj. Lleno; cubierto.
CO.BER.TOR s.m. Cubierta; manta; manto.
CO.BER.TU.RA s.f. Cobertura; tejado; capa; tapa; revestimiento.
CO.BI.ÇA s.f. Ambición; avidez; codicia.
CO.BI.ÇAR v.t. Codiciar; envidiar.
COBRA s.f. Cobra; serpiente; víbora.
CO.BRAR v.t. Cobrar; recolectar; recibir.
CO.BRA.DOR s.m. Cobrador.
CO.BRAN.ÇA s.f. Cobranza.
CO.BRE s.m. Cobre.
CO.BRIR v.t Cubrir; tapar; cobijar; forrar.
CO.ÇAR v.t. e int. Rascar.
CÓ.CE.GAS s.f. pl. Cosquillas; fig. tentación.
CO.CEI.RA s.f. Picazón; escocedura.
CO.CHE s.m. Coche; carro.
CO.CHEI.RO s.m. Chófer; cochero.
CO.CHI.CHAR v.t. e int. Cuchichear; susurrar; murmurar.
CO.CHI.CHO s.m. Cuchicheo
CO.CHI.LAR v.int. Dormitar; sestear.
CO.CO s.m. Bot. Coco.
CO.DI.FI.CAR v.t. Codificar.
CÓ.DI.GO s.m. Código; norma.
CO.E.FI.CI.EN.TE s.m. Coeficiente.
CO.E.LHO s.m. Conejo.
CO.ER.ÇÃO s.f. Coerción.
CO.E.SÃO s.f. Cohesión; ligazón.
CO.E.RÊN.CIA s.f. Coherencia; ligazón.
CO.E.XIS.TIR v.int. Coexistir.
CO.FRE s.m. Cofre; baúl; arca; tesoro.
CO.GI.TA.ÇÃO s.f. Cogitación.
CO.GI.TAR v.t. e int. Cogitar; pensar; meditar.
COG.NA.TO adj. e s.m Cognado.
COG.NI.ÇÃO s.f. Cognición.
COG.NO.MI.NAR v.t. Nombrar; apellidar.
CO.GU.ME.LO s.m. Hongo; champiñón.
CO.I.BIR v.t. e int. Cohibir; impedir; reprimir.

COI.CE s.m. Coz; patada.
CO.IN.CI.DÊN.CIA s.f. Coincidencia.
CO.IN.CI.DIR v.t. Coincidir; concordar.
COI.O.TE s.m. Coyote.
COI.SA s.f. Cosa; objeto; situación; negocio.
COI.TO s.m. Coito; cópula.
CO.LA s.f. Goma; engrudo.
CO.LAR s.m. Collar. v.t. e int. Fijar; pegar.
CO.LA.TE.RAL adj. Colateral.
COL.CHA s.f. Colcha; manta.
COL.CHÃO s.m. Colchón.
CO.LE.ÇÃO s.f. Colección.
CO.LE.GA s.2g. Colega.
CO.LE.GI.AL s.2g. Bachillerato; estudiante. adj. Estudantil.
CO.LE.TA s.f. Colecta.
CO.LE.TAR v.t. Colectar.
CO.LE.TE s.m. Chaleco.
CO.LE.TI.VI.DA.DE s.f. Colectividad; sociedad.
CO.LE.TI.VO adj. Colectivo. s.m. Autobús; colectivo.
CO.LE.TOR adj. e s.m. Colector.
CO.LHER v.t. Coger; recolectar.
CO.LHER s.f. Cuchara
CO.LHE.RA.DA s.f. Cucharada.
CÓ.LI.CA s.f. Med. Cólico.
CO.LI.DIR v.int. Colidir; chocar.
CO.LI.NA s.f. Colina.
CO.LI.SÃO s.f. Colisión; choque.
COL.ME.IA s.f. Colmena.
CO.LO.CA.ÇÃO s.f. Colocación.
CO.LO.CAR v.t. Colocar; situar. v.p. Colocarse.
CO.LÔ.NIA s.f. Colonia.
CO.LO.NI.AL adj. Colonial.
CO.LO.NI.ZA.ÇÃO s.f. Colonización.
CO.LO.NI.ZAR v.t. Colonizar.
CO.LO.NO adj. e s.m. Colono; chacarero.
CO.LO.RI.DO adj. Coloreado.
CO.LO.RIR v.t. Colorear; pigmentar.
CO.LU.NA s.f. Columna; pilar.
CO.LU.NIS.TA s.2g. Columnista.
COM prep. Con.
CO.MA s.f. Med. Coma
CO.MAN.DAR v.t. Comandar.

CO.MAN.DO *s.m.* Comando.
COM.BA.TE *s.m.* Combate; batalha; lucha.
COM.BA.TER *v.t.* e *int.* Combatir; guerrear; luchar; pelear
COM.BO.IO *s.m.* Tren; convoy; vagón.
COM.BUS.TÍ.VEL *adj.* e *s.m.* Combustible.
CO.ME.ÇAR *v.t.* e *int.* Comenzar; empezar; iniciar.
CO.ME.ÇO *s.m.* Comienzo; principio; inicio.
CO.MEN.TAR *v.t.* Comentar; analizar; criticar.
CO.MEN.TÁ.RIO *s.m.* Comentario; anotación.
CO.MER *v.t.* e *int.* Comer; almozar; alimentarse; nutrirse.
CO.MER.CI.AN.TE *s.2g.* Comerciante; negociante.
CO.MÉR.CIO *s.m.* Comercio; almacén; mercado; negocio.
CO.ME.TER *v.t.* Cometer; confiar.
CO.MÍ.CIO *s.m.* Comicio; asamblea.
CO.MI.DA *s.f.* Alimento; comida.
CO.MIS.SÃO *s.f.* Comisión.
CO.MI.TÊ *s.m.* Comitato; comité.
CO.MO *adv.* e *conj.* Como; lo mismo que; así como.
CÔ.MO.DA *s.f.* Cómoda.
CO.MO.DI.DA.DE *s.f.* Comodidad.
CÔ.MO.DO *adj.* Cómodo.
COM.PAC.TO *adj.* Compacto.
COM.PA.DRE *s.m.* Compadre.
COM.PAI.XÃO *s.f.* Compasión; humanidad.
COM.PA.NHEI.RO *s.m.* Compañero.
COM.PA.NHI.A *s.f.* Compañía.
COM.PA.RAR *v.t.* Comparar; confrontar. *v.p.* Compararse.
COM.PA.RE.CER *v.int.* Comparecer; presentarse.
COM.PAR.TI.LHAR *v.t.* Compartir.
COM.PAR.TI.MEN.TO *s.m.* Compartimiento.
COM.PAS.SO *s.m.* Compás.
COM.PA.TRI.O.TA *s.2g.* Compatriota.
COM.PEN.SA.ÇÃO *s.f.* Compensación.
COM.PEN.SAR *v.t.* e *int.* Compensar; indemnizar; equilibrar.

COM.PE.TIR *v.int.* Competir; apostar.
COM.PLE.MEN.TO *s.m.* Complemento; suplemento.
COM.PLE.TAR *v.t.* Completar.
COM.PLE.TO *adj.* e *s.m.* Completo; íntegro.
COM.PLE.XI.DA.DE *s.f.* Complejidad.
COM.PLI.CAR *v.t.* Complicar.
COM.PÔR *v.t.* Componer; crear.
COM.POR.TA.MEN.TO *s.m.* Comportamiento.
COM.POR.TAR *v.t.* Comportar. *v.p.* Comportarse.
COM.PO.SI.ÇÃO *s.f.* Composición; obra.
COM.PO.SI.TOR *s.m.* Compositor.
COM.PRA *s.f.* Compra; adquisición.
COM.PRAR *v.t.* Comprar; adquirir.
COM.PRA.DOR *s.m.* Comprador; cliente.
COM.PRE.EN.DER *v.t.* Comprender; entender.
COM.PRI.DO *adj.* Largo; extenso.
COM.PRI.MEN.TO *s.m.* Largura; longitud.
COM.PRO.ME.TER *v.t.* Comprometer; inplicar.
COM.PRI.MIR *v.t.* Comprimir; prensar.
COM.PRO.VAR *v.t.* Comprobar; probar.
COM.PU.TA.DOR *s.m.* *Inform.* Ordenador; computadora; computador.
COM.PU.TAR *v.t.* Computar; calcular; contar; ordenar.
CO.MUM *adj.* Común; oridinario; frecuente.
CO.MU.NI.CA.ÇÃO *s.f.* Comunicación.
CO.MU.NI.CAR *v.t.* Comunicar; transmitir
CO.MU.NI.TÁ.RIO *adj.* Comunitario.
CO.MU.NI.DA.DE *s.f.* Comunidad.
CO.MU.TAR *v.t.* Conmutar; cambiar; permutar.
CON.CEI.TO *s.m.* Concepto; opinión; juicio.
CON.CEP.ÇÃO *s.f.* Concepción.
CON.CES.SÃO *s.f.* Concesión.
CON.CES.SIO.NÁ.RIO *s.m.* Concesionario.
CON.CHA *s.f.* Concha.
CON.CI.LI.AR *v.t.* Conciliar; unir.
CON.CI.SO *adj.* Conciso; lacónico.
CON.CLU.IR *v.t.* Concluir; terminar; completar; finalizar.

CON.COR.DAR *v.t.* e *int.* Concordar; coincidir; transigir.
CON.CRE.TI.ZAR *v.t.* Concretar; formalizar; efectuar.
CON.CRE.TO *s.m.* Concreto.
CON.CU.BI.NA *s.f.* Concubina.
CON.CUR.SO *s.m.* Concurso; encuentro.
CON.DA.DO *s.m.* Condado.
CON.DE *s.m.* Conde.
CON.DE.NAR *v.t.* Condenar; reprobar.
CON.DEN.SAR *v.t.* Condensar; resumir.
CON.DI.ÇÃO *s.f.* Condición; requisito; cláusula.
CON.DI.CI.O.NAL *adj.* Condicional.
CON.DI.ZER *v.int.* Condecir; concordar.
CON.DO.MÍ.NIO *s.m.* Condominio; comunidad.
CON.DOR *s.m.* Cóndor.
CON.DU.ÇÃO *s.f.* Transporte; vehículo; dirección.
CON.DU.ZIR *v.t.* Conducir; llevar; pasar; traer.
CON.FA.BU.LAR *v.int.* Confabular.
CON.FES.SAR *v.t.* Confesar; declarar; revelar; admitir.
CON.FEC.ÇÃO *s.f.* Confección.
CON.FEI.TAR *v.t.* Confitar.
CON.FEI.TA.RIA *s.f.* Confitería; bollería; bombonería.
CON.FEI.TO *s.m.* Confite; bombón.
CON.FE.RIR *v.t.* Verificar; comparar; cotejar.
CON.FI.AN.ÇA *s.f.* Confianza; crédito; esperanza; fe.
CON.FI.AR *v.t.* e *int.* Confiar; fiar
CON.FI.DÊN.CIA *s.f.* Confidencia; confianza.
CON.FI.GU.RA.ÇÃO *s.f.* Configuración.
CON.FIM *s.m.* Confín.
CON.FI.NA.MEN.TO *s.m.* Confinamiento.
CON.FI.NAR *v.t.* Confinar.
CON.FIR.MAR *v.t.* Confirmar; comprobar; reconocer.
CON.FIS.SÃO *s.f.* Confesión; proclamación.
CON.FLI.TO *s.m.* Conflicto; combate; pugna; disputa.
CON.FOR.ME *s.m.* Conforme

CON.FOR.TAR *v.t.* Confortar.
CON.FRA.TER.NI.ZAR *v.int.* Confraternizar; fraternizar.
CON.FRA.RIA *s.f.* Fraternidad.
CON.FRON.TA.ÇÃO *s.f.* Confrontación.
CON.FUN.DIR *v.t.* Confundir.
CON.FU.SÃO *s.f.* Confusión; desorden; lío.
CON.GE.LAR *v.t.* e *int.* Congelar; helar. *v.p.* Congelarse; helarse.
CON.GES.TÃO *s.f.* Congestión.
CON.GES.TI.O.NAR *v.t.* Congestionar.
CON.GRA.TU.LA.ÇÃO *s.f.* Congratulación.
CON.GRES.SO *s.m.* Congreso; junta; asamblea.
CO.NHA.QUE *s.m.* Coñac.
CO.NHE.CE.DOR *adj.* Sabedor. *s.m.* Conocedor.
CO.NHE.CER *v.t.* e *int.* Conocer; saber; evaluar.
CO.NHE.CI.MEN.TO *s.m.* Conocimiento; noción.
CON.JE.TU.RA *s.f.* Conjetura.
CON.JU.GAL *adj.* Conjugal.
CON.JU.GAR *v.t.* Conjugar.
CÔN.JU.GE *s.2g.* Cónyuge; consorte; esposo; esposa.
CON.JUN.TO *s.m.* Conjunto; reunión.
CON.QUIS.TA *s.f.* Conquista; obtención.
CON.QUIS.TAR *v.t.* Conquistar; dominar.
CON.SA.GRAR *v.t.* Consagrar; inmortalizar. *v.p.* Consagrarse; sacrificarse.
CONS.CI.ÊN.CIA *s.f.* Consciencia.
CONS.CI.EN.TE *adj.* Consciente.
CON.SE.LHEI.RO *s.m.* Consejero.
CON.SE.LHO *s.m.* Consejo.
CON.SEN.TI.MEN.TO *s.m.* Consentimiento; premiso.
CON.SEN.TIR *v.t.* Consentir; admitir; acceder.
CON.SE.QUÊN.CIA *s.f.* Consecuencia.
CON.SER.TAR *v.t.* Arreglar; reformar; restaurar.
CON.SI.DE.RA.ÇÃO *s.f.* Consideración; atención.
CON.SI.DE.RAR *v.t.* e *int.* Considerar; atender; contemplar; juzgar.

CON.SO.AN.TE *s.f.* Consonante.
CON.SO.LAR *v.t.* Consolar.
CON.SÓR.CIO *s.f.* Consorcio.
CON.SOR.TE *s.2g.* Consorte; cónyuge.
CONS.PI.RA.ÇÃO *s.f.* Conspiración.
CONS.PI.RAR *v.t.* e *int.* Conspirar.
CONS.TA.TAR *v.t.* Constatar; comprobar.
CONS.TE.LA.ÇÃO *s.f.* Constelación.
CONS.TI.PA.ÇÃO *s.f.* Estreñimiento; resfriado.
CONS.TI.TU.I.ÇÃO *s.f.* Constitución.
CONS.TI.TU.IR *v.t.* Constituir; organizar; fundar.
CONS.TRAN.GER *v.t.* Constreñir; violentar.
CONS.TRAN.GI.MEN.TO *s.m.* Contreñimiento.
CONS.TRU.ÇÃO *s.f.* Construcción.
CONS.TRU.IR *v.t* Construir; fabricar; edificar.
CONS.TRU.TOR *s.m.* Constructor.
CÔN.SUL *s.m.* Cónsul.
CON.SUL.TA *s.f.* Consulta; consejo.
CON.SUL.TAR *v.t.* Consultar.
CON.SUL.TÓ.RIO *s.m.* Consultorio.
CON.SU.MAR *v.t.* Consumar.
CON.SU.MI.DOR *s.m.* Consumidor.
CON.SU.MO *s.m.* Consumo; gasto.
CON.TA *s.f.* Cuenta.
CON.TA.MI.NAR *v.t.* Contaminar; infectar.
CON.TAR *v.t.* e *int.* Contar; calcular, enumerar; relatar; narrar.
CON.TA.TO *s.m.* Contacto; comunicación; toque.
CON.TEM.PLAR *v.t.* e *int.* Contemplar; admirar.
CON.TER *v.t.* Contener; comportar.
CON.TES.TAR *v.t* Constestar; objetar; refutar.
CON.TE.Ú.DO *s.m.* Contenido.
CON.TI.DO *adj.* Contenido.
CON.TI.GO *pron. poss.* Contigo.
CON.TÍ.GUO *adj.* Aledaño.
CON.TI.NEN.TAL *adj.* Continental.
CON.TI.NEN.TE *adj.* e *s.m.* Continente.
CON.TI.NU.A.ÇÃO *s.f.* Continuación; continuidad.
CON.TI.NU.AR *v.t.* e *int.* Continuar; proseguir; seguir.
CON.TO *s.m.* Cuento; narración.
CON.TOR.NO *s.m.* Contorno; perímetro; perfil.
CON.TRA *prep.* Contra.
CON.TRA.BAI.XO *s.m.* Violón.
CON.TRA.BAN.DO *s.m.* Contrabando.
CON.TRA.ÇÃO *s.f.* Contracción.
CON.TRA.CEP.ÇÃO *s.f.* Contracepción.
CON.TRA.DI.ÇÃO *s.f.* Contradicción; contrasentido.
CON.TRA.DI.ZER *v.t.* Contradecir; desmentir.
CON.TRA.IR *v.t.* Contraer; asumir; disminuir.
CON.TRA.MÃO *s.f.* Contramano; contravía.
CON.TRA.RI.AR *v.t.* Contrariar; combatir; oponer.
CON.TRAS.TE *s.m.* Contraste; contraposición.
CON.TRA.TAR *v.t.* e *int.* Contratar; ajustar; negociar.
CON.TRA.TO *s.m.* Contrato; acuerdo; pacto.
CON.TRI.BU.IR *v.t.* Contribuir; aportar; auxiliar.
CON.TRO.LAR *v.t.* Controlar; investigar; examinar; inspeccionar.
CON.TRO.LE *s.m.* Control; examen; fiscalización.
CON.VEN.ÇÃO *s.f.* Convención; acuerdo; compromiso; pacto.
CON.VEN.CER *v.t.* Convencer; envolver. *v.p.* Convencerse; persuadirse.
CON.VER.SA *s.f.* Conversa; conversación; diálogo.
CON.VER.SAR *v.int.* Conversar; comunicar; dialogar.
CON.VER.TER *v.t.* e *p.* Convertir; inmutar.
CON.VI.DA.DO *s.m.* Convidado; invitado.
CON.VITE *s.m.* Convite; invitación.
CON.VI.VÊN.CIA *s.f.* Convivencia.
CO.O.PE.RA.TI.VA *s.f.* Cooperativa.
CO.OR.DE.NA.ÇÃO *s.f.* Coordinación.
CO.OR.DE.NA.DA *s.f.* Coordenada.
CO.OR.DE.NAR *v.t.* Coordinar; componer; organizar.

CO.PA s.f. Copa (del árbol); trofeo; copa (naipe).
CO.PI.AR v.t. Copiar; duplicar; calcar; reproducir.
CO.PO s.m. Vaso; copa.
CO.PU.LAR v.int. Copular; unir; ligar. v.p. Copularse.
CO.QUEI.RO s.m. Cocotero; coco.
COR s.f. Color.
CO.RA.ÇÃO s.m. Corazón.
CO.RA.GEM s.f. Coraje; bravura; brío; resolución.
CO.RAL s.m. Coral.
COR.ÇA s.f. Zool. Corza.
COR.CUN.DA s.f. Corcovia; joroba.
COR.DA s.f. Cuerda; cordón.
COR.DÃO s.m. Cordel; cordón.
COR.DEI.RO s.m. Cordero.
COR.DI.AL adj. Cordial.
COR.DI.LHEI.RA s.f. Cordillera; cadena; sierra.
COR.NE.TA s.f. Mús. Corneta; trompeta.
COR.NO s.m. Zool. Cuerno.
CO.RO s.m. Coro; coral.
CO.RO.NÁ.RIA adj. e s.f. Coronario.
CO.RO.NEL s.m. Coronel
COR.PO s.m. Cuerpo; masa; organismo; sustancia.
COR.PO.RA.ÇÃO s.f. Corporación.
COR.RE.ÇÃO s.f. Corrección.
COR.RE.DOR s.m. Pasillo; corredor. adj. Corredor.
COR.REI.O s.m. Correo.
COR.REN.TE adj. e s.f. Corriente; cadena; flujo.
COR.RER v.t. e int. Correr; transcurrir; afluir.
COR.RES.PON.DER v.int. Corresponder; decir; pertenecer; adecuar. v.p. Corresponderse; comunicarse.
COR.RE.TO adj. Correcto; justo.
COR.RI.GIR v.t. Corregir; amonestar; enmendar; remendar; reparar.
COR.RI.QUEI.RO adj. Vulgar; común; ordinario.
COR.ROER v.t. e int. Corroer; desgastar.

COR.RUP.ÇÃO s.f. Corrupción; perversión.
COR.RUP.TO s.m. Corrupto; corrompido.
COR.TA.DO adj. Cortado.
COR.TAR v.t. Cortar; seccionar; separar; dividir; podar.
COR.TE s.m. Corte; incisión; sección; supresión.
COR.TE.JAR v.t. Cortejar; galantear; enamorar.
COR.TÊS adj. Cortés; amable; atencioso.
COR.TE.SI.A s.f. Cortesía; atención; delicadeza.
CO.RU.JA s.f. Zool. Lechuza; búho.
COS.MÉ.TI.CO adj. Cosmético.
CO.SER v.t. e int. Coser; zurcir.
COS.MO s.m. Cosmos.
COS.MO.LO.GI.A s.f. Cosmología.
COS.MO.NAU.TA s.2g. Cosmonauta.
COS.MO.PO.LI.TA adj. Cosmopolita.
COS.MOS s.m. Cosmos.
COS.TA s.f. Cuesta; litoral; *costas s.f. pl.*: Dorso; espaldas.
COS.TE.LE.TA s.f. Patilla.
COS.TU.ME s.m. Costumbre; hábito.
COS.TU.RA s.f. Costura; neceser.
COS.TU.RAR v.t. e int. Coser; zurcir.
COS.TU.REI.RO s.m. Costurero; sastre; modisto.
CO.TA adj. e s.f. Cuota.
CO.TI.DI.A.NO adj. Cotidiano.
CO.TO.NE.TE s.m. Hisopo
CO.TO.VE.LO s.m. Codo; recodo.
COU.RO s.m. Cuero.
COU.VE s.f. Col; berza.
CO.VA s.f. Cueva; fosa; socavón.
CO.VAR.DE adj. Cobarde, miedoso.
CO.VAR.DI.A s.f. Cobardía.
CO.VEI.RO s.m. Cuevero; sepulturo.
CO.VIL s.m. Cubil.
CO.XA s.f. Anat. Muslo; fêmur.
CO.XE.AR, v.t. e int. Cojear.
CO.XO adj. e s.m. Cojo.
CO.ZER v.t. Cocer. v.int. Cocinar.
CO.ZI.DO adj. e s.m. Cocido; hervido.
CO.ZI.MEN.TO s.m. Cocimiento.
CO.ZI.NHA s.f. Cocina.

CO.ZI.NHAR v.t. e int. Cocer; cocinar.
CO.ZI.NHEI.RO s.m. Cocinero.
CRÂ.NIO s.m. Anat. Cráneo.
CRA.TE.RA s.f. Cratera.
CRA.VAR v.t. Clavar; espetar; hincar.
CRA.VO s.m. Clavo; clavel.
CRE.DEN.CI.AL s.f. Credencial.
CRE.DI.TAR v.t. Creditar.
CRÉ.DI.TO s.m. Crédito; confianza; nombre.
CRE.DOR adj. e s.m. Merecedor; acreedor.
CRE.DU.LI.DA.DE s.f. Credulidad.
CRÉ.DU.LO adj. Crédulo; consentido; supersticioso.
CRE.MAR v.t. Quemar.
CRE.ME s.m. Crema; nata.
CREN.ÇA s.f. Creencia; religión; fe.
CREN.TE adj. e s.2g. Creyente; religioso.
CRE.PI.TAR v.int. Crepitar.
CRE.PÚS.CU.LO s.m. Crepúsculo; anochecer; fig. decadencia.
CRER v.t. e int. Creer; confiar.
CRES.CER v.int. Crecer; aumentar; subir.
CRES.PO adj. Crespo; rizado; ensortijado.
CRE.TI.NO adj. Cretino; estúpido; idiota.
CRI.A s.f. Cría; lechigada.
CRI.A.ÇÃO s.f. Creación; cría.
CRI.A.DO adj e s.m. Criado; doméstico.
CRI.AN.ÇA s.f. Niño; chiquillo.
CRI.AN.ÇA.DA s.f. Chiquillería.
CRI.AR v.t. e int. Crear; inventar; producir; nutrirse; sustentarse; crescer.
CRI.A.TU.RA s.f. Criatura, persona.
CRI.ME s.m. Crimen; transgresión; delito.
CRI.MI.NAL adj. Criminal.
CRI.MI.NA.LI.DA.DE s.f. Criminalidad.
CRI.MI.NA.LIS.TA s.2g. Criminalista.
CRI.MI.NO.SO adj. e s.m. Criminoso; reo; delincuente.
CRI.NA s.f. Crin.
CRI.SE s.f. Crisis.
CRIS.MA s.f. Crisma.
CRIS.MAR v.t. Crismar.
CRIS.TA s.f. Cresta.
CRIS.TAL s.m. Cristal.
CRIS.TA.LI.NO adj. Cristalino; límpido; claro.
CRIS.TA.LI.ZAR v.t. Cristalizar.
CRIS.TAN.DA.DE s.f. Cristiandad.
CRI.TÉ.RIO s.m. Critério.
CRÍ.TI.CA s.f. Crítica; comentario; censura; acusación; reparo.
CRI.TI.CAR v.t. Criticar; censurar; reprobar.
CRÍ.TI.CO adj. e s.m. Crítico.
CRO.CHÊ s.m. Ganchillo.
CRO.CAN.TE adj. Crujiente.
CRO.CO.DI.LO s.m. Cocodrilo.
CRÔ.NI.CA s.f. Crónica; narración.
CRÔ.NI.CO adj. Crónico; permanente.
CROS.TA s.f. Costra.
CRU adj. Crudo; cruel; bárbaro.
CRU.CI.AL adj. Crucial.
CRU.CI.FI.CA.DO adj. Crucificado.
CRU.CI.FI.CAR v.t. Crucificar; fig. torturar.
CRU.CI.FI.XO s.m. Crucifijo.
CRU.EL adj. Cruel; atroz.
CRU.EL.DA.DE s.f. Crueldad.
CRUZ s.f. Cruz.
CRU.ZA.MEN.TO s.m. Cruzamiento.
CRU.ZEI.RO s.m. Crucero.
CU.BA s.f. Cuba; tina; tonel.
CU.BÍ.CU.LO s.m. Cubículo.
CU.BO s.m. Cubo.
CU.E.CA s.f. Calzoncillos.
CUI.DA.DO s.m. Cuidado; precaución.
CUI.DA.DO.SO adj. Cuidadoso.
CUI.DAR v.t. e int. Cuidar; preservar; tratar; pensar. v.p. Cuidarse.
CU.JO pron. relat. Cuyo; de cual.
CU.LI.NÁ.RIO adj. Culinario.
CUL.MI.NAN.TE adj. Culminante.
CUL.PA s.f. Culpa.
CUL.PA.BI.LI.DA.DE s.f. Culpabilidad.
CUL.PAR v.t. Culpar; imputar; acusar.
CUL.TI.VA.ÇÃO s.f. Cultivo.
CUL.TI.VAR v.t. Cultivar; plantar; labrar.
CUL.TI.VO s.m. Cultivo.
CUL.TO adj. Culto; instruído; sabio. s.m. Culto; veneración.
CUL.TU.RA s.f. Cultura; cultivo; esmero; instrucción.
CU.ME s.m. Cumbre; pico; auge; apogeo.

CÚM.PLI.CE *s.m.* Cómplice; connivente.
CUM.PLI.CI.DA.DE *s.f.* Complicidad; connivencia.
CUM.PRI.MEN.TAR *v.t.* Cumplimentar; saludar.
CUM.PRIR *v.t.* e *int.* Cumplir; efectuar; mantener.
CU.MU.LAR *v.t.* Acumular.
CÚ.MU.LO *s.m.* Cúmulo.
CU.NHA.DO *s.m.* Cuñado; acuñado.
CU.NHAR *v.t.* Cuñar; acuñar.
CU.PI.DEZ *s.f.* Ambición.
CÚ.PU.LA *s.f.* Cúpula.
CU.RA *s.f.* Curación; cura. *s.m.* Abad; cura; párroco
CU.RAR *v.t.* Curar; sanar. *v.p.* Curarse; recuperarse.
CU.RAN.DEI.RO *s.m.* Curandero
CU.RA.TI.VO *s.m.* Curativo; medicación. *adj.* Curativo.
CU.RIN.GA *s.f.* Comodín.
CU.RI.O.SI.DA.DE *s.f.* Curiosidad.
CU.RI.O.SO *adj.* Curioso; indiscreto.
CUR.RAL *s.m.* Corral.

CUR.SAR *v.t.* Cursar.
CUR.SI.VO *adj.* Cursivo.
CUR.SO *s.m.* Curso.
CUR.TI.MEN.TO *s.m.* Curtimiento.
CUR.TIR *v.t.* Curtir.
CUR.TO *adj.* Corto; sucinto; breve.
CUR.TU.ME *s.m.* Curtiduría.
CUR.VA *s.f.* Curva; vuelta; comba.
CUR.VAR *v.t.* Curvar; encorvar; doblar.
CUR.VO *adj.* Curvo; corvo; sinuoso.
CUS.PIR *v.t.* e *int.* Escupir; salivar.
CUS.PO *s.m.* Saliva.
CUS.TA *s.f.* Costa.
CUS.TAR *v.t.* Costar; valer; importar.
CUS.TO *s.m.* Costo; importe.
CUS.TÓ.DIA *s.f.* Custodia.
CUS.TO.SO *adj.* Costoso; caro; trabajoso.
CU.TE.LO *s.m.* Cuchilla; machete.
CU.TÍ.CU.LA *s.f.* Cutícula.
CÚ.TIS *s.f.* Cutis; epidermis; piel.
CU.TU.CAR *v.t.* Pinchar; tocar; codear.
CZAR *s.m.* Zar.
CZA.RI.NA *s.f.* Zarina.

D

D *s.m.* Cuarta letra del alfabeto portugués.
DA *contr. prep.* de + *art.* a: del a.
DAÍ *contr. prep.* de + *adv.* aí: de ahí; desde ahí.
DA.DO *adj.* Dado; regalado; gratuito. *s.m.* Dado; cubo; información.
DA.LI *cont. prep.* de + *adv.* ali: de allí; desde allí.
DAL.TÔ.NI.CO *adj.* Daltónico.
DA.MA *s.f.* Dama; señora.
DA.MAS.CO *s.m.* Damasco; albaricoque.
DA.NA.ÇÃO *s.f.* Daño; perjuicio; condenación.
DA.NAR *v.t.* e *int.* Dañar; damnificar. *v.p.* Danárse.
DAN.ÇA *s.f.* Danza; baile.
DAN.ÇAR *v.t.* e *int.* Danzar; bailar.
DAN.ÇA.RI.NO *s.m.* Bailarín; danzarín.
DA.NI.FI.CAR *v.t.* Damnificar; dañar.
DA.NI.NHO *adj.* Dañino; dañoso.
DA.NO *s.m.* Daño; estrago.
DA.NO.SO *adj.* Dañoso.
DA.QUE.LA *contr. prep.* de + *pron. dem.* aquela: de aquella.
DA.QUE.LE *contr. prep.* de + *pron. dem.* aquele: de aquel.
DA.QUI *contr. prep.* de + *adv.* aqui: de aquí.
DA.QUI.LO *contr. prep.* de + *pron. dem.* aquilo: de aquello.
DAR *v.t.* e *int.* Dar; entregar; donar; legar; ofrecer; regalar. *v.p.* Darse; acomodarse.
DA.TA *s.f.* Fecha.
DA.TAR *v.t.* Datar; fechar.
DA.TI.LO.GRA.FI.A *s.f.* Dactilografía.
DA.TI.VO *adj.* e *s.m.* Dativo.
DE *prep.* De.
DE.BAI.XO *adv.* Debajo, bajo.
DE.BAL.DE *adv.* En balde; em vano; inútilmente.
DE.BAN.DAR *v.t.* e *int.* Desbandar. *v.p.* Desbandarse.
DE.BA.TE *s.m.* Debate; discusión.
DE.BA.TER *v.t.* debatir; disputar; discurrir.
DÉ.BIL *adj.* Débil; flaco; frágil.
DE.BI.LI.DA.DE *s.f.* Debilidad; fatiga.
DE.BI.LI.TAR *v.t.* Debilitar; enfermarse.
DE.BI.TAR *v.t.* Debitar.
DÉ.BI.TO *s.m.* Débito; debe.
DE.BRU.ÇAR-SE *v.p.* Inclinarse.
DE.BU.LHAR *v.t.* Desgranar; trillar. *v.p.* Desgranarse.
DÉ.CA.DA *s.f.* Década.
DE.CA.DÊN.CIA *s.f.* Decadencia; declinio.
DE.CA.DEN.TE *adj.* Decadente.
DE.CA.IR *v.int.* Decaer; declinar; degenerar.
DE.CAL.QUE *s.m.* Calco.
DE.CAL.CAR *v.t.* Calcar.
DE.CA.NO *s.m.* Decano.
DE.CAN.TA.ÇÃO *s.f.* Decantación.
DE.CAN.TAR *v.t.* Decantar.
DE.CA.PI.TA.ÇÃO *s.f.* Decapitación.
DE.CA.PI.TAR *v.t.* Decapitar.
DE.CÊN.CIA *s.f.* Decencia; decoro.
DE.CEN.TE *adj.* Decente; honesto; correto.
DE.CE.PAR *v.t.* Amputar; cortar; mutilar; *fig.* abatir.
DE.CEP.ÇÃO *s.f.* Decepción; desengaño; chasco.
DE.CEP.CI.O.NAR *v.t.* Decepcionar; desencantar.
DE.CI.DI.DO *adj.* Decidido; arrojado.
DE.CI.DIR *v.t.* Decidir; desamparar; resolver.
DE.CI.GRA.MA *s.m.* Decigramo.
DE.CI.MAL *adj.* Decimal.

DE.CÍ.ME.TRO s.m. Decímetro.
DÉ.CI.MO num. Décimo.
DE.CI.SÃO s.f. Decisión; definición; resolución.
DE.CI.SI.VO adj. Decisivo; definitivo.
DE.CLA.MA.ÇÃO s.f. declamación.
DE.CLA.MAR v.t. e int. Declamar.
DE.CLA.RA.ÇÃO s.f. Declaración.
DE.CLA.RAR v.t. Declarar; hablar; afirmar; exponer.
DE.CLI.NAR v.t. Declinar; decaer.
DE.CLI.VE s.m. Declive.
DE.CO.DI.FI.CAR v.t. Descodificar.
DE.COM.POR v.t. Descomponer; corromper. v.p. Alterarse; disolverse.
DE.COM.PO.SI.ÇÃO s.f. Descomposición; desintegración.
DE.CO.RAR v.t. Decorar.
DE.CO.RO s.m. Decoro; dignidad; honestidad.
DE.CO.RO.SO adj. Decoroso; conveniente.
DE.COR.RER v.t. e int. Resultar; transcurrir.
DE.CO.TAR v.t. Escotar; podar.
DE.CO.TE s.m. Escote; poda.
DE.CRÉ.PI.TO adj. Decrépito; decadente.
DE.CRES.CER v.int. Decrecer.
DE.CRE.TAR v.t. Decretar; establecer; determinar.
DE.CRE.TO s.m. Decreto; edicto; auto; ley.
DE.DAL s.m. Dedal.
DE.DI.CA.ÇÃO s.f. Dedicación.
DE.DI.CA.DO adj. Dedicado; afectuoso; adicto; aplicado.
DE.DI.CAR v.t. Dedicar; consagrar.
DE.DI.CA.TÓ.RIA s.f. Dedicatoria.
DE.DI.LHAR v.t. Puntear.
DE.DO s.m. Dedo.
DE.DU.ÇÃO s.f. Deducción.
DE.DU.ZIR v.int. Deducir; inferir; substraer; disminuir.
DE.FE.CAR v.int. Defecar; evacuar.
DE.FEC.TI.VO adj. Defectivo.
DE.FEI.TO s.m. Defecto; imperfección; falla.
DE.FEI.TU.O.SO adj. Defectuoso.
DE.FEN.DER v.t. Defender; proteger; guardar. v.p. Defenderse; justificarse.

DE.FEN.SI.VO adj. e s.m. Defensivo.
DE.FEN.SOR adj. e s.m. Defensor; protector.
DE.FE.RÊN.CIA s.f. Deferencia; aprobación.
DE.FE.REN.TE adj. Deferente; cortés.
DE.FE.RIR v.t. e int. Deferir; consentir; acceder; otorgar.
DE.FE.SA s.f. Defensa; protección; alegación.
DE.FE.SO adj. Prohibido.
DE.FI.CI.ÊN.CIA s.f. Deficiencia; insuficiencia.
DE.FI.CI.EN.TE adj. Deficiente; insuficiente.
DE.FI.NHAR v.int. Enflaquecer.
DE.FI.NI.ÇÃO s.f. Definición; enunciado.
DE.FI.NI.DO adj. Definido.
DE.FI.NIR v.t. Definir; decidir; determinar. v.p. Definirse; revelarse.
DE.FI.NI.TI.VO adj. Definitivo; decisivo.
DE.FLO.RAR v.t. Desflorar.
DE.FOR.MA.ÇÃO s.f. Deformación.
DE.FOR.MAR v.t. Deformar.
DE.FOR.MI.DA.DE s.f. Deformidad.
DE.FRON.TE adv. Enfrente; delante.
DE.FU.MAR v.t. Ahumar; fumigar.
DE.FUN.TO adj. e s.m. Difunto; finado; fallecido; muerto.
DE.GE.LAR v.t. Deshelar; derretir. v.p. Deshelarse; derretirse.
DE.GE.LO s.m. Deshielo.
DE.GE.NE.RA.ÇÃO s.f. Degeneración.
DE.GE.NE.RAR v.t. e int. Degenerar.
DE.GLU.TIR v.t. e int. Deglutir.
DE.GO.LAR v.t. Degollar; decapitar.
DE.GRA.DA.ÇÃO s.f. Degradación; ruína.
DE.GRA.DAR v.t. Degradar; humillar; disminuir; envilecer; prostituir.
DE.GRAU s.m. Peldaño; grada; escalón.
DE.GRE.DAR v.t. Desterrar; exiliar.
DE.GUS.TAR v.t. Degustar; saborear; probar.
DEI.TAR v.t. Echar; recostar; tender; inclinar. v.p. Escharse; recostarse.
DEI.XAR v.t. Dejar; abandonar.
DE.LA contr. prep. de + pron. pess. ela: de ella.
DE.LA.ÇÃO s.f. Delación.
DE.LA.TAR v.t. Delatar; denunciar; acusar.

DE.LE contr. prep. de + pron. pess. ele: de él; suyo.
DE.LE.GA.ÇÃO s.f. Delegación.
DE.LE.GA.DO adj. e s.m. Delegado; comisario.
DE.LE.GAR v.t. Delegar; otorgar; incumbir.
DE.LEI.TAR v.t. Deleitar; agradar. v.p. Deleitarse.
DE.LEI.TE s.m. Deleite; delicia; placer.
DE.LE.TÉ.RIO adj. Deletéreo; mortífero; nocivo.
DEL.GA.DO adj. Delgado; fino; delicado.
DE.LI.BE.RA.ÇÃO s.f. Deliberación; resolución.
DE.LI.BE.RAR v.t. e int. Deliberar; decidir.
DE.LI.CA.DE.ZA s.f. Delicadeza.
DE.LI.CA.DO adj. Delicado; afable; tierno.
DE.LÍ.CIA s.f. Delicia; encanto; placer.
DE.LI.CI.AR v.t. Deleitar. v.p. Deleitarse.
DE.LI.CI.O.SO adj. Delicioso.
DE.LI.NE.AR v.t. Delinear; trazar.
DE.LIN.QUEN.TE adj. Delincuente.
DE.LI.RAN.TE adj. Delirante.
DE.LI.RAR v.int. Delirar; alucinar.
DE.LI.TO s.m. Delito; crimen; yerro.
DEL.TA s.m. Delta.
DE.MA.GO.GI.A s.f. Demagogia; demagogía.
DE.MAIS adv. Demás; demasiado; en exceso.
DE.MAN.DA s.f. Demanda; petición; disputa.
DE.MAR.CAR v.t. Demarcar; delimitar.
DE.MA.SI.A s.f. Demasía; exceso; atrevimiento.
DE.MA.SI.A.DO adj. Demasiado, excesivo.
DE.MÊN.CIA s.f. Demencia; locura.
DE.MEN.TE adj. Demente; loco; insano.
DE.MIS.SÃO s.f. Demisión; exoneración.
DE.MI.TIR v.t. Demitir; excluir; exonerar.
DE.MO.CRA.CI.A s.f. Democracia.
DEMO.CRA.TI.ZAR v.t. Democratizar.
DE.MO.LI.ÇÃO s.m. Demolición; desmoronamiento.
DE.MO.LIR v.t. Demoler; desmoronar.
DE.MÔ.NIO s.m. Demonio; diablo; satanás.
DE.MONS.TRAR v.t. Demostrar; declarar; probar; revelar. v.p. Demostrarse.
DE.MONS.TRA.TI.VO adj. Demostrativo.

DE.MO.RA s.f. Demora; retraso; tardanza.
DE.MO.RAR v.t. Demorar, retardar.
DE.MO.VER v.t. Desplazar; disuadir; mover.
DE.NE.GAR v.t. Denegar; negar.
DE.NO.MI.NA.ÇÃO s.f. Denominación.
DE.NO.MI.NAR v.t. Denominar. v.p. Denominarse; llamarse.
DE.NO.TA.ÇÃO s.f. Denotación; indicación.
DE.NO.TAR v.t. Denotar.
DEN.SI.DA.DE s.f. Densidad.
DEN.SO adj. Denso.
DEN.TA.DA s.f. Dentellada.
DEN.TA.DU.RA s.f. Dentadura.
DEN.TE s.m. Diente.
DEN.TI.ÇÃO s.f. Dentición.
DEN.TIS.TA s.2g. Dentista.
DEN.TRO adv. Dentro.
DE.NÚN.CIA s.f. Denuncia; delación.
DE.NUN.CI.AR v.t. Denunciar; delatar. v.p. Delatarse; revelarse.
DE.PA.RAR v.t. Deparar; encontrar. v.p. Depararse; encontrarse.
DE.PAR.TA.MEN.TO s.m. Departamento.
DE.PE.NAR v.t. Desplumar.
DE.PEN.DÊN.CIA s.f. Dependencia.
DE.PEN.DEN.TE adj. e s.2g. Dependiente.
DE.PEN.DER v.t. e int. Depender.
DE.PI.LA.ÇÃO s.f. Depilación.
DE.PLO.RAR v.t. Deplorar; lamentar.
DE.PO.I.MEN.TO s.m. Deposición; declaración.
DE.POIS adv. Después, desde.
DE.POR v.t. Deponer; renunciar; destituir.
DE.POR.TA.ÇÃO s.f. Deportación.
DE.POR.TA.R v.t. Deportar.
DE.PO.SI.ÇÃO s.f. Deposición.
DE.PO.SI.TAR v.t. Depositar.
DE.PÓ.SI.TO s.m. Depósito.
DE.POS.TO adj. Depuesto.
DE.PRA.VA.ÇÃO s.f. Depravación.
DE.PRA.VAR v.t. Depravar; corromper.
DE.PRE.CI.A.ÇÃO s.f. Depreciación; menosprecio.
DE.PRE.CI.AR v.t. Depreciar; devaluar; menospreciar.

DE.PRE.DA.ÇÃO s.f. Depredación; pillaje.
DE.PRES.SA adv. Deprisa; aprisa; rápidamente.
DE.PRES.SÃO s.f. Depresión; valle; fig. abatimiento.
DE.PRI.MEN.TE adj. Deprimente; depresivo.
DE.PRI.MIR v.t. Deprimir; abatir; humillar.
DE.PU.TA.DO s.m. Diputado.
DE.RI.VA.DO adj. Derivado.
DE.RI.VAR v.t. e int. Derivar; provenir.
DER.RA.DEI.RO adj. Último recurso; por último.
DER.RA.MA.MEN.TO s.m. Derramamiento.
DER.RA.MAR v.t. Derramar; esparcir; verter.
DER.RA.PAR v.int. Derrapar; patinar.
DER.RE.TER v.t. Derretir; fundir; fig. disipar.
DER.RE.TI.DO adj. Derretido; fundido.
DER.RO.TA s.f. Derrota; fracaso.
DER.RO.TAR v.t. Derrotar; vencer; destruir.
DER.RU.BAR v.t. Derribar; derrumbar; deponer; despeñar; arruinar.
DE.SA.BA.FAR v.t. e int. Desahogar; sincerar; aliviar.
DE.SA.BA.FO s.m. Desahogo; sinceridad.
DE.SA.BA.MEN.TO s.m. Desmoronamiento.
DE.SA.BAR v.t. e int. Desmoronar. v.p. Desmoronarse.
DE.SA.BI.TA.DO adj. Deshabitado.
DE.SA.BI.TAR v.t. Deshabitar.
DE.SA.BRI.GA.DO adj. Desabrigado.
DE.SA.BRO.CHAR v.t. e int. Desabrochar; desabotonar; brotar.
DE.SA.CA.TAR v.t. Desacatar.
DE.SA.CA.TO s.m. Desacato.
DE.SA.CER.TO s.m. Desacierto.
DE.SA.COR.DO s.m. Desacuerdo.
DE.SA.COS.TU.MAR v.t. Desacostumbrar.
DE.SA.CRE.DI.TAR v.t. Desacreditar.
DE.SA.FE.TO adj. e s.m. Desafecto.
DE.SA.FI.AR v.t. Desafiar; afrontar; retar.
DE.SA.FI.NA.ÇÃO s.f. Desafinación.
DE.SA.FI.NAR v.t. Desafinar; desentonar.
DE.SA.FI.O s.m. Desafío; reto.
DE.SA.FO.RO s.m. Desafuero; atrevimiento.

DE.SA.GRA.DAR v.int. Desagradar; desagraciar. v.p. Desagradarse.
DE.SA.GRA.DÁ.VEL adj. Desagradable; ingrato.
DE.SA.GRA.DO s.m. Desagrado; disgusto.
DE.SA.GRA.VAR v.t. Desagraviar.
DE.SA.JEI.TA.DO adj. Desarreglado; descuidado; inhábil.
DE.SA.JUS.TE s.m. Desajuste.
DE.SA.LEN.TO s.m. Desaliento; desánimo.
DE.SA.LI.NHO s.m. Desaliño; perturbación.
DE.SA.MAR.RAR v.t. Desamarrar; soltar; desatar.
DE.SAM.PA.RAR v.t. Desamparar; abandonar.
DE.SAM.PA.RO s.m. Desamparo; abandono.
DE.SA.NI.MAR v.t. Desanimar; desalentar.
DE.SÂ.NI.MO s.m. Desánimo.
DE.SA.PA.RE.CER v.int. Desaparecer; extinguir; retirarse.
DE.SA.PA.RE.CI.MEN.TO s.m. Desaparición.
DE.SA.PRO.VA.ÇÃO s.f. Desaprobación.
DE.SAR.MAR v.t. Desarmar.
DE.SAS.TRA.DO adj. Desastrado; descuidado.
DE.SAS.TRE s.m. Desastre; desgracia.
DE.SAS.TRO.SO adj. Desastroso.
DE.SA.CA.TAR v.t. Desacatar; desobedecer; insubordinar.
DE.SA.TAR v.t. Desatar; soltar; desunir.
DE.SA.TI.NAR v.t. e int. Desatinar; disparatar.
DE.SA.TI.NO s.m. Desatino.
DE.SA.VEN.ÇA s.f. Desavenencia; discordia.
DES.BAS.TAR v.t. Desbastar; pulir.
DES.BO.TA.DO adj. Desvaído; descolorido; desmayado.
DES.CA.LA.BRO s.m. Descalabro; desastre.
DES.CAL.ÇAR v.t. Descalzar.
DES.CAL.ÇO adj. Descalzo.
DES.CAN.SAR v.t. e int. Descansar; sosegar; aliviar.
DES.CAN.SO s.m. Descanso; reposo; sosiego; quietud; vacación.
DES.CAR.GA s.f. Descarga; disparo; fig. descargo; defensa.

DES.CAR.RE.GA.MEN.TO s.m. Descarga.
DES.CAR.RE.GAR v.t. e int. Descargar; excluir. v.p. Descargarse.
DES.CAS.CAR v.t. Descascarar. v.int. e p. Descascararse.
DES.CEN.DÊN.CIA s.f. Descendencia.
DES.CEN.DER v.t. e int. Descender.
DES.CER v.t. e int. Bajar; descender.
DES.CI.DA s.f. Descenso; bajada.
DES.CO.BRI.DOR s.m. Descobridor; inventor.
DES.CO.BRI.MEN.TO s.m. Descubrimiento; descubierta.
DES.CO.BRIR v.t. e int. Descubrir; explorar; detectar; hallar; encontrar; reconocer.
DES.CO.MU.NAL adj. Descomunal; exagerado; extraordinário.
DES.CON.FI.A.DO adj. Desconfiado; malicioso.
DES.CON.FI.AN.ÇA s.f. Desconfianza; sospecha.
DES.CON.FI.AR v.t. Desconfiar; sospechar; recelar.
DES.CON.FOR.TO s.m. Incomodidad; desánimo.
DES.CO.NHE.CER v.t. Desconocer, ignorar.
DES.CO.NHE.CI.DO adj. Desconocido; ignorado.
DES.CO.NHE.CI.MEN.TO s.m. Desconocimiento.
DES.CON.TAR v.t. Descontar; deducir.
DES.CON.TEN.TA.MEN.TO s.m. Descontento.
DES.CON.TO s.m. Descuento.
DES.CRÉ.DI.TO s.m. Descrédito; desabono.
DES.CREN.ÇA s.f. Incredulidad.
DES.CREN.TE adj. Descreído; incrédulo.
DES.CRER v.t. Descreer.
DES.CRE.VER v.t. Describir.
DES.CRI.ÇÃO s.f. Descripción.
DES.CUI.DA.DO adj. Descuidado; irreflexivo; precipitado.
DES.CUI.DAR v.t. e int. Descuidar; relajar; dejar. v.p. Descuidarse; relajarse; distraerse.
DES.CUI.DO s.m. Descuido; negligencia; desliz.

DES.CUL.PA s.f. Disculpa; excusa; justificación.
DES.CUL.PAR v.t. Disculpar; perdonar; excusar. v.p. Disculparse; justificarse.
DES.DE prep. Desde.
DES.DÉM s.m. Desdén; menosprecio.
DES.DEN.TA.DO adj. Desdentado.
DES.DI.TA s.f. Desdicha; infelicidad; desgracia.
DE.SE.JAR v.t. Desear; querer; apetecer; anhelar; pretender; ambicionar.
DE.SE.JO s.m. Deseo; apetito; ansia; gana.
DE.SE.JO.SO adj. Deseoso; ansioso; anhelante.
DE.SEM.BA.RA.ÇO s.m. Desembarazo; despejo; vivacidad.
DE.SEM.BAR.CAR v.t. e int. Desembarcar; apearse.
DE.SEM.BOL.SAR v.t. Desembolsar.
DE.SEM.BOL.SO s.m. Desembolso.
DE.SEM.PA.TAR v.t. Desempatar; resolver.
DE.SEM.PE.NHAR v.t. Desempeñar; ejecutar.
DE.SEM.PE.NHO s.m. Desempeño; cumplimiento.
DE.SEN.CA.MI.NHAR v.t. Desencaminar; extraviar; fig. perder. v.p. Desencaminarse; pervertirse.
DE.SEN.CON.TRAR v.t. e int. Provar desencuentro; fig. discordar. v.p. Perderse.
DE.SEN.GA.NAR v.t. Desengañar; desahuciar.
DE.SE.NHAR v.t. e int. Dibujar; diseñar.
DE.SE.NHO s.m. Dibujo; diseño.
DE.SEN.LA.CE s.m. Desenlace.
DE.SEN.RO.LAR v.t. Desenrollar; desempaquetar; desarrollar; explicar.
DE.SEN.ROS.CAR v.t. Desenroscar; desatornillar.
DE.SEN.TER.RAR v.t. Desenterrar; exhumar.
DE.SEN.TOR.TAR v.t. Enderezar.
DE.SEN.TU.PIR v.t. Desobstruir; destapar.
DE.SEN.VOL.TU.RA s.f. Desenvoltura; desembarazo.

DE.SEN.VOL.VER *v.t.* Desarrollar; desenvolver.

DE.SEN.VOL.VI.DO *adj.* Desarrollado; desenvuelto; instruído.

DE.SEN.VOL.VI.MEN.TO *s.m.* Desarrollo; desenvolvimiento.

DE.SER.DAR *v.t.* Desheredar.

DE.SER.TAR *v.int.* Desertar; dejar; abandonar.

DE.SER.TO *adj.* e *s.m.* Desierto.

DE.SER.TOR *s.m.* Desertor.

DE.SES.PE.RA.DO *adj.* Desesperado.

DE.SES.PE.RAR *v.t.* e *int.* Desesperar. *v.p.* Desesperarse.

DE.SES.PE.RO *s.m.* Desesperación.

DES.FA.LE.CER *v.t.* Desfallecer.

DES.FA.ZER *v.t.* Deshacer.

DES.FEI.TA *s.f.* Ofensa; injuria; derrota.

DES.FI.LE *s.m.* Desfile.

DES.FO.LHAR *v.t.* Deshojar.

DES.FOR.RA *s.f.* Venganza.

DES.GAS.TAR *v.t.* Desgastar; consumir; alisar; roer. *v.p.* Desgastarse; arruinarse.

DES.GAS.TE *s.m.* Desgaste.

DES.GOS.TO *s.m.* Disgusto.

DES.GRA.ÇA *s.f.* Desgracia; calamidad; miseria.

DES.GRA.ÇA.DO *adj.* Desgraciado; miserable; nefasto.

DES.GRA.ÇAR *v.t.* Desgraciar.

DE.SIG.NA.ÇÃO *s.f.* Designación; nombre; denominación.

DE.SIG.NAR *v.t.* Designar; nombrar; indicar; asignar; determinar.

DE.SI.GUAL.DA.DE *s.f.* Desigualdad; disparidad.

DE.SIN.FE.TAN.TE *adj.* e *s.m.* Desinfectante.

DE.SIN.TE.GRAR *v.t.* Desintegrar. *v.p.* Desagregarse.

DE.SIN.TE.RES.SE *s.m.* Desinterés; desatención.

DE.SIS.TÊN.CIA *s.f.* Desistencia; disistimiento; renuncia.

DE.SIS.TIR *v.t.* e *int.* Desistir; dejar; renunciar; abandonar.

DES.JE.JUM *s.m.* Desayuno.

DES.LE.AL *adj.* Desleal; infiel; traidor.

DES.LI.GAR *v.t.* Desligar, desenchufar; desatar. *v.p.* Desligarse; desobligarse.

DES.LI.ZA.MEN.TO *s.m.* Deslizamiento.

DES.LI.ZAR *v.t.* e *int.* Deslizar; pasar; resbalar. *v.p.* Deslizarse; escaparse.

DES.LI.ZE *s.m.* Desliz; lapso.

DES.LO.CAR *v.t.* Dislocar; transferir; descoyuntar. *v.p.* Dislocarse; trasladarse.

DES.LUM.BRAR *v.t.* e *int.* Deslumbrar; fascinar; *fig.* ofuscar.

DES.MAI.A.DO *adj.* Desmayado.

DES.MAI.AR *v.t.* e *int.* Desmayar; desfallecer; *fig.* enflaquecer.

DES.MAIO *s.m.* Desmayo; desfallecimiento.

DES.MEN.TIR *v.int.* Desmentir; refutar.

DES.MON.TAR *v.t.* e *int.* Desmontar; desarmar; apear; *fig.* abatir.

DES.MO.RA.LI.ZA.ÇÃO *s.f.* Desmoralización; perversión.

DES.MO.RA.LI.ZAR *v.t.* Desmoralizar; depravar; viciar. *v.p.* Desmoralizarse.

DES.MO.RO.NAR *v.int.* Desmoronar; deshacer; derribar; destruir.

DES.NE.CES.SÁ.RIO *adj.* Desnecesario; inútil.

DES.NÍ.VEL *s.m.* Desnivel.

DES.NU.TRI.ÇÃO *s.f.* Desnutrición.

DE.SO.BE.DE.CER *v.t.* e *int.* Desobedecer.

DE.SO.BE.DI.ÊN.CIA *s.f.* Desobediencia.

DE.SO.BE.DI.EN.TE *adj.* Desobediente.

DE.SO.CU.PA.ÇÃO *s.f.* Desocupación.

DE.SO.CU.PAR *v.t.* Desocupar; despedir (empleo).

DE.SO.LAR *v.t.* Desolar; asolar.

DE.SO.NES.TI.DA.DE *s.f.* Deshonestidad.

DE.SO.NES.TO *adj.* Deshonesto.

DE.SON.RA *s.f.* Deshonra.

DE.SOR.DEM *s.f.* Desorden.

DE.SOR.DE.NAR *v.t.* Desordenar. *v.p.* desordenarse; excederse.

DE.SO.RI.EN.TAR *v.t.* Desorientar.

DES.PA.CHAR *v.t.* Despachar.

DES.PA.CHO *s.m.* Despacho.

DES.PE.DIR *v.t.* Despedir.

DES.PEI.TO *s.m.* Despecho.
DES.PE.JAR *v.t.* Despejar, desocupar.
DES.PE.JO *s.m.* Despejo; desahucio.
DES.PER.DI.ÇAR *v.t.* Desperdiciar; malgastar.
DES.PER.TA.DOR *s.m.* Despertador.
DES.PER.TAR *v.t.* Despertar.
DES.PER.TO *adj.* Despierto.
DES.PIR *v.t.* Desnudar; desvestir.
DES.PO.JAR *v.t.* Despojar; privar. *v.p.* Despojarse.
DES.PO.SAR *v.t. e int.* Desposar; casar.
DÉS.PO.TA *s.2g.* Déspota; dictador; tirano.
DES.PO.VO.A.MEN.TO *s.m.* Despoblación.
DES.PO.VO.AR *v.t.* Despoblar.
DES.PRE.ZAR *v.t.* Despreciar; menospreciar; desdeñar.
DES.PRE.ZÍ.VEL *adj.* Depreciable; menospreciable.
DES.PRE.ZO *s.m.* Desprecio; menosprecio; desaire.
DES.PRO.PÓ.SI.TO *s.m.* Despropósito; disparate.
DES.QUA.LI.FI.CAR *v.t.* Descalificar; inhabilitar.
DES.RES.PEI.TAR *v.t.* Desobedecer; desacatar.
DES.SE *contr. prep. de + pron. dem.* esse: de ese.
DES.TA *contr. prep. de + pron. dem.* esta: de esta.
DES.TE *contr. prep. de + pron. dem.* este: de este.
DES.TE.MI.DO *adj.* Sin miedo.
DES.TER.RA.DO *adj. e s.m.* Desterrado; exilado.
DES.TER.RAR *v.t.* Desterrar; exilar.
DES.TER.RO *s.m.* Destierro; ostracismo.
DES.TI.LAR *v.t.* Destilar; enxudar. *v.int.* Escurrir.
DES.TI.NA.TÁ.RIO *s.m.* Destinatario.
DES.TI.NO *s.m.* Destino; fortuna; andanza; empleo.
DES.TRE.ZA *s.f.* Destreza; práctica; habilidad.
DES.TRO *adj.* Diestro.

DES.TRU.IR *v.t.* Destruir; derruir; demoler; aniquilar.
DE.SU.MA.NI.DA.DE *s.f.* Inhumanidad.
DE.SU.NI.ÃO *s.f.* Desunión.
DE.SU.NIR *v.t.* Desunir; separar.
DES.VA.LO.RI.ZA.ÇÃO *s.f.* Desvalorización.
DES.VA.LO.RI.ZAR *v.t.* Desvalorizar.
DES.VAN.TA.GEM *s.f.* Desventaja.
DES.VA.RI.O *s.m.* Desvarío; locura; delirio.
DES.VE.LO *s.m.* Desvelo; atención.
DES.VEN.DAR *v.t.* Desvendar; descubrir. *v.p.* Desvendarse.
DES.VEN.TU.RA *s.f.* Desventura; infelicidad; desgracia.
DES.VI.AR *v.t.* Desviar; disuadir; ladear. *v.p.* Desviarse; desencaminarse; hurtarse.
DES.VI.O *s.m.* Desvio, rodeo.
DE.TA.LHAR *v.t.* Detallar.
DE.TA.LHE *s.m.* Detalle.
DE.TEN.ÇÃO *s.f.* Detención; retención.
DE.TER *v.t.* Detener; apresar; parar. *v.p.* Detenerse.
DE.TE.RI.O.RAR *v.t. e int.* Deteriorar.
DE.TE.RI.O.RÁ.VEL *adj.* Deteriorable.
DE.TER.MI.NA.ÇÃO *adj.* Determinación.
DE.TER.MI.NA.DO *adj.* Determinado.
DE.TER.MI.NAR *v.t.* Determinar.
DE.TI.DO *adj.* Detenido.
DE.TE.TI.VE *s.m.* Detective.
DE.TO.NAR *v.t.* Detonar.
DE.TRÁS *adv.* Detrás; atrás; después.
DE.TRI.MEN.TO *s.m.* Detrimento; daño.
DE.TRI.TO *s.m.* Detrito.
DE.TUR.PAR *v.t.* Deturpar.
DEUS *s.m.* Dios.
DE.VA.GAR *adv.* Despacio.
DE.VAS.SAR *v.t.* Invadir; descubrir.
DE.VAS.TA.ÇÃO *s.f.* Devastación.
DE.VAS.TAR *v.t.* Devastar; asolar.
DE.VE.DOR *s.m.* Deudor.
DE.VER *v.t.* Deber.
DE.VO.ÇÃO *s.f.* Devoción.
DE.VOL.VER *v.t.* Devolver.
DE.VO.RAR *v.t.* Devorar.

DE.VO.TA.DO adj. Devotado; dedicado.
DE.VO.TAR v.t. Devotar; dedicar; consagrar.
DEZ num. Diez.
DE.ZEM.BRO s.m. Diciembre.
DE.ZE.NA s.f. Decena.
DE.ZE.NO.VE num. Diecinueve.
DE.ZES.SEIS num. Dieciséis.
DE.ZES.SE.TE num. Diecisiete.
DE.ZOI.TO num. Dieciocho.
DI.A s.m. Día.
DI.A.BO s.m. Diablo.
DI.A.BÓ.LI.CO adj. Diabólico.
DI.Á.CO.NO s.m. Diácono.
DI.A.FRAG.MA s.m. Diafragma.
DI.AG.NOS.TI.CAR v.t. e int. Diagnosticar.
DI.AG.NÓS.TI.CO s.m. Diagnóstico.
DI.A.LE.TO s.m. Dialecto.
DI.A.LO.GAR v.t. Dialogar.
DI.Á.LO.GO s.m. Diálogo.
DI.A.MAN.TE s.m. Diamante.
DI.AN.TE adv. Delante, ante; antes; enfrente; de ante.
DI.AN.TEI.RA s.f. Vanguardia; proa.
DI.AN.TEI.RO adj. e s.m. Delantero.
DI.Á.RIA adj. Diario. s.f. Diario (dispendio diario); precio; pensión; salario; diario (anotación personal); periódico; jornal
DIC.ÇÃO s.f. Dicción.
DI.CI.O.NÁ.RIO s.m. Diccionario.
DI.DÁ.TI.CO adj. Didáctico.
DI.E.TA s.f. Dieta.
DI.FA.MA.ÇÃO s.f. Difamación.
DI.FA.MAR v.t. Difamar.
DI.FE.REN.ÇA s.f. Diferencia.
DI.FE.REN.TE adj. Diferente.
DI.FE.RIR v.t. Diferir.
DI.FÍ.CIL adj. Difícil.
DI.FI.CUL.DA.DE s.f. Dificultad.
DI.FI.CUL.TAR v.t. Dificultar.
DI.FUN.DIR v.t. Difundir; divulgar. v.p. Difundirse.
DI.FU.SÃO s.f. Difusión; divulgación.
DI.GE.RIR v.t. Digerir.
DI.GES.TÃO s.f. Digestión.
DI.GES.TI.VO adj. Digestivo.

DI.GI.TAL adj. Digital; dactilar.
DIG.NAR-SE v.p. Dignarse.
DIG.NI.DA.DE s.f. Dignidad; decoro; honor.
DIG.NI.FI.CAR v.t. Dignificar; honrar; ennoblecer.
DIG.NO adj. Digno; honesto; honrado; respetable.
DI.LA.TA.ÇÃO s.f. Dilatación.
DI.LA.TAR v.t. Dilatar.
DI.LE.MA s.m. Dilema.
DI.LI.GEN.CI.AR v.t. Diligenciar; agenciar.
DI.LÚ.VIO s.m. Diluvio.
DI.MI.NU.I.ÇÃO s.f. Disminución.
DI.MI.NU.IR v.t. Disminuir.
DI.MI.NU.TI.VO adj. e s.m. Diminutivo.
DI.NÂ.MI.CO adj. Dinámico.
DI.NA.MI.TE s.f. Dinamita.
DI.NHEI.RO s.m. Dinero; moneda.
DI.O.CE.SE s.f. Diócesis.
DI.PLO.MA s.m. Diploma.
DI.PLO.MA.CI.A s.f. Diplomacia.
DI.QUE s.m. Dique.
DI.RE.ÇÃO s.f. Dirección; administración.
DI.RE.CIO.NAL adj. Direccional.
DI.REI.TA s.f. Derecha.
DI.REI.TO adj. e s.m. Derecho; recto; íntegro; directo; diestro.
DI.RE.TO adj. Directo; recto. adv. Directamente; derecho.
DI.RE.TOR s.m. Director.
DI.RI.GEN.TE adj. e s.2g. Dirigente; director.
DI.RI.GIR v.t. Dirigir; conducir; guiar.
DIS.CER.NIR v.t. Discernir; concernir.
DIS.CI.PLI.NA s.f. Disciplina; ciencia; materia; lectura.
DIS.CI.PLI.NAR v.t. Disciplinar; castigar; corregir.
DIS.CÍ.PU.LO s.m. Discípulo; alumno; pupilo.
DIS.CO s.m. Disco.
DIS.COR.DAR v.t. e int. Discordar; discrepar; desavenir; disentir.
DIS.COR.RER v.t. e int. Discurrir; disertar.
DIS.CRE.TO adj. Discreto; comedido.
DIS.CRI.ÇÃO s.f. Discreción; prudencia.
DIS.CRI.MI.NAR v.t. Discriminar; distinguir.

DIS.CUR.SO *s.m.* Discurso; declamación.
DIS.CUS.SÃO *s.f.* Discusión; debate; polémica.
DIS.CU.TIR *v.t. e int.* Discutir; debatir; argumentar.
DIS.FAR.ÇAR *v.t.* Disfrazar.
DÍS.PAR *adj.* Dispar; diferente; desigual.
DIS.PA.RAR *v.t.* Disparar; arrojar; correr; soltar; tirar.
DIS.PA.RI.DA.DE *s.f.* Disparidad.
DIS.PER.SAR *v.t.* Dispersar; separar.
DIS.PO.NÍ.VEL *adj.* Disponible.
DIS.POR *v.t.* Disponer; acomodar; ofrecer.
DIS.PU.TA *s.f.* Disputa; debate; contienda.
DIS.PU.TAR *v.t.* Disputar.
DIS.SE.MI.NAR *v.t.* Diseminar; sembrar.
DIS.SER.TA.ÇÃO *s.f.* Disertación; discurso.
DIS.SER.TAR *v.t. e int.* Disertar.
DIS.SI.DÊN.CIA *s.f.* Disidencia; discordia; divergencia.
DIS.SI.MU.LAR *v.t. e int.* Disimular; ocultar; disfrazar; afectar.
DIS.SO *contr. prep. de + pron. dem.* isso: de eso.
DIS.SO.LU.ÇÃO *s.f.* Disolución.
DIS.SOL.VER *v.t.* Disolver; desagregar; derretir.
DIS.SU.A.DIR *v.t.* Disuadir.
DIS.TÂN.CIA *s.f.* Distancia; lejanía; trecho.
DIS.TAN.CI.AR *v.t.* Distanciar; separar.
DIS.TAN.TE *adj.* Distante; apartado; lejano.
DIS.TAR *v.t. e int.* Distar.
DIS.TO *contr. prep. de + pron. dem.* isto: de esto.
DIS.TRA.ÇÃO *s.f.* Distracción; diversión.
DIS.TRA.IR *v.t.* Distraer; entretener; divertir.
DIS.TRI.BU.IR *v.t.* Distribuir; dividir.
DIS.TRI.TO *s.m.* Distrito.
DIS.TÚR.BIO *s.m.* Disturbio; desorden.
DI.TA.DO *s.m.* Dictado; adagio; proverbio.
DI.TAR *v.t.* Dictar; ordenar; *fig.* prescribir.
DI.TON.GO *s.m.* Gram. Diptongo.
DI.UR.NO *adj.* Diurno.
DI.VA *s.f.* Diva.
DI.VÃ *s.m.* Diván.
DI.VA.GAR *v.t. e int.* Divagar; pasear; vagar.

DI.VER.GÊN.CIA *s.f.* Divergencia.
DI.VER.GIR *v.int.* Divergir; discordar.
DI.VER.SÃO *s.f.* Diversión.
DI.VER.SI.FI.CAR *v.int.* Diversificar; variar.
DI.VER.SO *adj.* Diverso; distinto.
DI.VER.TI.MEN.TO *s.m.* Divertimiento.
DI.VER.TIR *v.t.* Divertir; distraer; alegrar.
DÍ.VI.DA *s.f.* Deuda.
DI.VI.DEN.DO *s.m.* Dividendo.
DI.VI.DIR *v.t.* Dividir; fraccionar; repartir; cortar; seccionar.
DI.VI.NI.ZAR *v.t.* Divinizar; endiosar.
DI.VI.NO *adj.* Divino.
DI.VI.SAR *v.t.* Divisar; delimitar.
DI.VOR.CI.AR *v.t.* Divorciar.
DI.VUL.GAR *v.t.* Divulgar; difundir.
DI.ZER *v.t.* Decir; proferir; contar.
DI.ZI.MAR *v.t.* Diezmar; exterminar.
DO *contr. prep. de + art. masc.* o: del; de lo.
DÓ *adv.* Compasión. *s.m. Mús.* do.
DO.A.ÇÃO *s.f.* Donación.
DO.BRA *s.f.* Dobladura; doblez; pliegue; arruga.
DO.CE *adj. e s.m.* Dulce.
DO.CEI.RO *s.m.* Dulcero; confitero.
DO.CÊN.CIA *s.f.* Docencia.
DO.CEN.TE *adj. e s.m.* Docente.
DÓ.CIL *adj.* Dócil; obediente; tierno.
DO.CI.LI.DA.DE *s.f.* Docilidad.
DO.CU.MEN.TAR *v.t.* Documentar.
DO.CU.MEN.TO *s.m.* Documento.
DO.ÇU.RA *s.f.* Dulzura.
DO.EN.ÇA *s.f.* Enfermedad; molestia; dolencia.
DO.EN.TE *adj. e s.m.* Enfermo; paciente.
DO.ER *v.int.* Doler. *v.p.* Dolerse; condolerse.
DOG.MA *s.m.* Dogma; misterio.
DOG.MA.TI.ZAR *v.t.* Dogmatizar.
DOI.DO *adj.* Loco, demente; alienado.
DOIS *num.* Dos.
DÓ.LAR *s.m.* Dólar.
DOM *s.m.* Don.
DO.MAR *v.t.* Domar; amansar; refrenar.
DO.MES.TI.CAR *v.t.* Domesticar; amansar; domar.
DO.MÉS.TI.CO *adj. e s.m.* Doméstico.

DO.MI.CI.LI.AR *adj.* Domiciliario. *v.t.* Domiciliar. *v.p.* Domiciliarse; establecerse.
DO.MI.CÍ.LIO *s.m.* Domicilio; residencia; posada.
DO.MI.NA.ÇÃO *s.f.* Dominación.
DO.MI.NAR *v.t.* Dominar; domeñar; someter; conquistar.
DO.MIN.GO *s.m.* Domingo.
DO.MÍ.NIO *s.m.* Dominio; poderío; soberanía.
DO.NA *s.f.* Doña; señora; dueña.
DON.DE *contr. prep.* de + *adv.* onde: de ónde; dónde.
DO.NO *s.m.* Dueño; señor.
DOR *s.f.* Dolor; pesar.
DOR.MIR *v.int.* Dormir.
DOR.MI.TAR *v.t.* e *int.* Dormitar; dormir.
DOR.MI.TÓ.RIO *s.m.* Dormitorio.
DOR.SO *s.m.* Dorso; lomo.
DO.SAR *v.t.* Dosificar.
DO.TA.ÇÃO *s.f.* Dotación.
DO.TAR *v.t.* Dotar.
DOU.RA.DO *adj.* Dorado.
DOU.RAR *v.t.* Dorar.
DOU.TOR *s.m.* Doctor.
DOU.TRI.NA *s.f.* Doctrina, enseñanza; religión.
DO.ZE *num.* Doce.
DRA.MA *s.m.* Drama.
DRA.MÁ.TI.CO *adj.* Dramático.
DRA.MA.TI.ZAR *v.t.* Dramatizar.

DRE.NAR *v.t.* Drenar.
DRO.GA *s.f.* Droga.
DU.A.LI.DA.DE *s.f.* Dualidad.
DÚ.BIO *adj.* Incierto; indeciso; dudoso.
DU.CHA *s.f.* Ducha.
DU.E.LAR *v.t.* e *int.* Batirse em duelo (con).
DU.EN.DE *s.m.* Duende.
DU.E.TO *s.m. Mús.* Dueto.
DU.O.DÉ.CI.MO *num.* Duodécimo.
DUL.CI.FI.CAR *v.t.* Dulcificar.
DU.NA *s.f.* Duna.
DU.PLI.CA.DO *adj.* Duplicado.
DU.PLI.CAR *v.t.* Duplicar. *v.p.* Duplicarse.
DU.PLI.CA.TA *s.f.* Copia; duplicado; factura.
DU.PLO *num.* Duplo.
DU.QUE *s.m.* Duque.
DU.QUE.SA *s.f.* Duquesa.
DU.RA.ÇÃO *s.f.* Duración.
DU.RAN.TE *prep.* Durante.
DU.RAR *v.int.* Durar; conservarse; permanecer; persistir; resistir; continuar.
DU.RE.ZA *s.f.* Dureza; aspereza; rigor.
DU.RO *adj.* Duro; áspero; rudo; rígido; sólido.
DÚ.VI.DA *s.f.* Duda; sospecha.
DU.VI.DAR *v.int.* Dudar; sospechar.
DU.VI.DO.SO *adj.* Dudoso; equívoco; incierto.
DU.ZEN.TOS *num.* Doscientos.
DÚ.ZIA *s.f.* Docena.

E

E *s.m.* Quinta letra del alfabeto portugués.
É.BRIO *adj.* e *s.m.* Ebrio; borracho.
E.BU.LI.ÇÃO *s.f.* Ebulición; fervor.
E.CLE.SI.ÁS.TI.CO *adj.* e *s.m.* Eclesiástico.
E.CLIP.SAR *v.t.* Eclipsar; ofuscar.
E.CLIP.SE *s.m.* Eclipse.
E.CO *s.m.* Eco.
E.CO.AR *v.int.* Resonar; repetir.
E.CO.NO.MI.A *s.f.* Economía.
E.CO.NO.MIS.TA *s.2g.* Economista.
E.CO.NO.MI.ZAR *v.t.* Economizar.
EC.ZE.MA *s.m.* Eczema.
E.DI.ÇÃO *s.f.* Edición.
E.DI.FI.CAR *v.t.* Edificar.
E.DI.FÍ.CIO *s.m.* Edificio; estructura.
E.DI.TAL *s.m.* Edicto; proclama.
E.DI.TO.RA *s.f.* Editora; editorial.
E.DU.CA.ÇÃO *s.f.* Educación; instrucción.
E.DU.CAR *v.t.* Educar; instruir.
E.FEI.TO *s.m.* Efecto; resultado.
E.FÊ.ME.RO *adj.* Efímero.
E.FE.TI.VO *adj.* e *s.m.* Efectivo.
E.FE.TU.AR *v.t.* Efectuar.
E.FI.CÁ.CIA *s.f.* Eficacia.
E.FI.CAZ *adj.* Eficaz; eficiente.
E.FI.CI.EN.TE *adj.* eficiente.
E.FU.SI.VO *adj.* Efusivo.
E.GÍP.CIO *adj.* e *s.m.* Egípcio.
E.GO.ÍS.MO *s.m.* Egoísmo.
E.GO.ÍS.TA *adj.* Egoísta; egocêntrico.
É.GUA *s.f.* *Zool* Yegua.
EIS *adv.* He; *eis aqui:* he aquí.
EI.XO *s.m.* Eje.
E.JA.CU.LAR *v.t.* Eyacular.
E.LA *pron. pess.* Ella.
E.LA.BO.RA.ÇÃO *s.f.* Elaboración.
E.LA.BO.RAR *v.t.* Elaborar.
E.LE *pron. pess.* Él.
E.LE.FAN.TE *s.m.* Elefante.
E.LE.GÂN.CIA *s.f.* Elegancia; cultura; gallardía.
E.LE.GAN.TE *adj.* Elegante; garboso.
E.LE.GER *v.t.* Elegir; escoger.
E.LEI.ÇÃO *s.f.* Elección.
E.LEI.TO *adj.* Electo; escogido.
E.LE.MEN.TO *s.m.* Elemento.
E.LEN.CO *s.m.* Elenco.
E.LE.TI.VO *adj.* Electivo.
E.LE.TRI.CI.DA.DE *s.f.* Electricidad.
E.LE.TRI.CIS.TA *s.2g.* Electricista.
E.LÉ.TRI.CO *adj.* Eléctrico.
E.LE.TRI.ZAR *v.t.* Electrizar.
E.LE.VA.ÇÃO *s.f.* Elevación.
E.LE.VA.DO *adj.* Elevado.
E.LE.VA.DOR *s.m.* Ascensor, elevador.
E.LE.VAR *v.t.* Elevar; levantar; alzar.
E.LI.MI.NAR *v.t.* Eliminar; expulsar.
E.LI.SÃO *s.f.* Elisión.
E.LO *s.m.* Eslabón.
E.LO.GI.AR *v.t.* Elogiar; alabar.
E.LO.GI.O *s.m.* Elogio.
E.LU.CI.DA.ÇÃO *s.f.* Elucidación.
E.LU.CI.DAR *v.t.* Elucidar.
EM *prep.* En.
E.MA.GRE.CER *v.t.* e *int.* Adelgazar; enmagrecer.
E.MA.NAR *v.int.* Emanar; exhalar.
E.MAN.CI.PA.ÇÃO *s.f.* Emancipación.
E.MAN.CI.PAR *v.t.* Emancipar.
EM.BAI.XA.DA *s.f.* Embajada.
EM.BAI.XA.DOR *s.m.* Embajador.
EM.BAI.XA.TRIZ *s.f.* Embajadora.
EM.BA.LA.GEM *s.f.* Embalaje.

EM.BA.RA.ÇO *s.m.* Embarazo; impedimento; estorbo.
EM.BAR.CA.ÇÃO *s.f.* Embarcación.
EM.BAR.CAR *v.t.* Embarcar.
EM.BAR.GO *s.m.* Embargo; estorbo.
EM.BA.TE *s.m.* Embate; *fig.* oposición.
EM.BE.BER *v.t.* Embeber; empapar; sopar.
EM.BE.LE.ZAR *v.t.* Embellecer; adornar.
EM.BLE.MA *s.m.* Emblema; insignia.
EM.BOL.SAR *v.t.* Embolsar; cobrar.
EM.BO.RA *conj.* Aunque; sin embargo; no obstante.
EM.BOS.CA.DA *s.f.* Emboscada.
EM.BOS.CAR *v.t.* Emboscar.
EM.BRAN.QUE.CER *v.t.* Emblanquecer; blanquear; empalidecer.
EM.BRI.A.GA.DO *adj.* Embriagado; ebrio; borracho.
EM.BRI.A.GAR *v.t.* Embriagar; emborrachar. *v.p.* Emborracharse.
EM.BRI.A.GUEZ *s.f.* Borrachera; embriaguez.
EM.BRU.LHAR *v.t.* Embrollar; envolver; empaquetar.
EM.BRU.LHO *s.m.* Paquete; fardo; lío.
EM.BUS.TE *s.m.* Embuste; mentira; trapacería.
E.MEN.DA *s.f.* Enmienda; corrección; regeneración.
E.MER.GEN.CIA *s.f.* Emergencia; ocurrencia.
E.MER.GEN.TE *adj.* Emergente.
E.MER.GIR *v.int.* Emerger; aflorar.
E.MÉ.RI.TO *adj.* Emérito.
E.MI.GRA.ÇÃO *s.f.* Emigración.
E.MI.GRAN.TE *adj.* e *s.2g.* Emigrante.
E.MI.GRAR *v.int.* Emigrar.
E.MI.NÊN.CIA *s.f.* Eminencia.
E.MI.TIR *v.t.* Emitir.
E.MO.ÇÃO *s.f.* Emoción.
E.MO.CIO.NAN.TE *adj.* Emocionante.
E.MO.CIO.NAR *v.t.* Emocionar.
E.MO.TI.VO *adj.* Emotivo.
EM.PA.CO.TAR *v.t.* Empaquetar.
EM.PA.LI.DE.CER *v.int.* Palidecer; empalidecer.
EM.PA.PAR *v.t.* Empapar.

EM.PA.TAR *v.t.* Empatar; igualar.
EM.PA.TE *s.m.* Empate.
EM.PE.CI.LHO *s.m.* Estorbo; impedimento; obstáculo.
EM.PE.DRAR *v.t.* Empedrar.
EM.PE.NHAR *v.t.* Empeñar; exponer.
EM.PE.NHO *s.m.* Empeño.
EM.PI.LHAR *v.t.* Apilar; amontonar; hacinar.
EM.PI.RIS.MO *s.m.* Empirismo.
EM.PO.BRE.CER *v.t.* e *int.* Empobrecer; decaer.
EM.PRE.EN.DER *v.t.* Emprender; ejecutar.
EM.PRE.EN.DI.MEN.TO *s.m.* Emprendimiento; empresa.
EM.PRE.GA.DO *s.m.* Empleado; criado.
EM.PRE.GA.DOR *adj.* e *s.m.* Empleador.
EM.PRE.GAR *v.t.* Emplear; utilizar. *v.p.* Emplearse.
EM.PRE.SA *s.f.* Empresa; compañía; firma; sociedad.
EM.PRÉS.TI.MO *s.m.* Préstamo; empréstito; avío.
EM.PU.NHAR *v.t.* Empuñar.
EM.PUR.RAR *v.t.* Empujar; impulsar.
E.MU.DE.CER *v.t* e *int.* Enmudecer; callar; silenciar.
E.NAL.TE.CER *v.t.* Enaltecer.
E.NA.MO.RAR-SE *v.t.* Enamorar. *v.p.* Enamorarse.
EN.CA.DE.AR *v.t.* Encadenar; eslabonar; relacionar. *v.p.* Encadenarse.
EN.CA.DER.NA.ÇÃO *s.f.* Encuadernación.
EN.CA.DER.NAR *v.t.* Encuadernar.
EN.CAI.XAR *v.t.* Encajar; introducir.
EN.CAI.XE *s.m.* Encaje.
EN.CAL.ÇO *s.m.* Rastro; pista.
EN.CA.NAR *v.t.* e *int.* Canalizar; encañar.
EN.CAN.TA.DO *adj.* Encantado.
EN.CAN.TAR *v.t.* Encantar.
EN.CAN.TO *s.m.* Encanto; seducción; encantamiento.
EN.CA.PO.TAR *v.t.* Encapotar; velar.
EN.CA.RA.DO *adj.* Encarado.
EN.CA.RAR *v.t.* Encarar; mirar; afrontar.
EN.CAR.CE.RAR *v.t.* Encarcelar.

EN.CAR.DI.DO *adj.* Sucio.
EN.CAR.DIR *v.int.* Ensuciar.
EN.CAR.GO *s.m.* Encargo.
EN.CAR.RE.GA.DO *adj.* e *s.m.* Encargado.
EN.CAR.RE.GAR *v.t.* Encargar.
EN.CE.FÁ.LI.CO *adj.* Encefálico.
EN.CÉ.FA.LO *s.m.* Encéfalo.
EN.CE.RAR *v.t.* Encerar.
EN.CER.RAR *v.t.* Encerrar; contener; aprisionar.
EN.CE.TAR *v.t.* Comenzar; estrenar.
EN.CHEN.TE *s.f.* Inundación; llenura; exceso.
EN.CHER *v.t.* e *int.* Llenar; henchir; nutrir.
EN.CHI.MEN.TO *s.m.* Relleno; llenado.
EN.CI.CLO.PÉ.DIA *s.f.* Enciclopedia.
EN.CO.BER.TO *adj.* Encubierto; cubierto.
EN.CO.BRIR *v.t.* Encubrir; esconder; acoger. *v.p.* Cubrirse.
EN.CO.LE.RI.ZAR *v.t.* Encolerizar.
EN.CO.LHER *v.t.* e *int.* Encoger; contraer; acortar. *v.p.* Retraerse.
EN.CON.TRAR *v.t.* Encontrar. *v.p.* Encontrarse.
EN.CON.TRO *s.m.* Encuentro; lucha.
EN.CO.RA.JAR *v.t.* Encorajar; animar; avalentonar.
EN.COS.TA *s.f.* Costanera; ladera; vertiente.
EN.COS.TAR *v.int.* Acostar; arrimar; *p.v.* acostarse.
EN.COS.TO *s.m.* Apoyo; sostén; respaldo.
EN.CRU.ZI.LHA.DA *s.f.* Encrucijada.
EN.CUR.TAR *v.t.* Acortar; abreviar; disminuir.
EN.DE.MI.A *s.f.* Med. Endemia.
EN.DE.RE.ÇAR *v.t.* e *int.* Enderezar; encaminar. *v.p.* Encaminarse.
EN.DE.RE.ÇO *s.m.* Dirección.
EN.DI.REI.TAR *v.t.* e *int.* Corregir; erguir; enderezar.
EN.DI.VI.DAR *v.t.* Endeudar. *v.p.* Endeudarse.
EN.DOI.DE.CER *v.t.* e *int.* Enloquecer.
EN.DOS.SAR *v.t.* Endosar.
EN.DOS.SO *s.m.* Endoso; contenta.
EN.DU.RE.CER *v.t.* e *int.* Endurecer; solidificar; robustecer. *v.p.* Endurecerse.

E.NER.GI.A *s.f.* Energía; fuerza; vitalidad; vigor.
E.NÉR.GI.CO *adj.* Enérgico; firme; fuerte; vigoroso.
E.NER.VAR *v.t.* Enervar; debilitar. *p.v.* Enervarse.
E.NE.VO.AR *v.t.* Nublar. *v.p.* Nublarse.
EN.FA.DAR *v.t.* e *int.* Enfadar; aburrir; cansar. *v.p.* Enfadarse.
EN.FA.DO *s.m.* Enfado; aburrimiento.
EN.FAI.XAR *v.t.* Enfajar, fajar; vendar.
EN.FAR.DAR *v.t.* Enfardar; guardar; empaquetar.
EN.FAR.TE *s.m.* Infarto; obstrucción.
ÊN.FA.SE *s.f.* Énfasis.
EN.FÁ.TI.CO *adj.* Enfático.
EN.FEI.TA.DO *adj.* Adornado; ornamentado; arreglado.
EN.FEI.TAR *v.t.* Adornar; decorar; aderezar; componer. *v.p.* Adornarse.
EN.FEI.TE *s.m.* Adorno; atavío.
EN.FER.MA.RI.A *s.f.* Enfermería.
EN.FER.MEI.RO *s.m.* Enfermero.
EN.FER.MI.DA.DE *s.f.* Enfermedad.
EN.FER.MO *adj.* e *s.m.* Enfermo.
EN.FE.ZAR *v.t.* Irritar; enfadar. *v.int.* *v.p.* Irritarse; enfadarse.
EN.FI.AR *v.t.* e *int.* Enfilar; ensartar; meter. *v.p.* Meterse.
EN.FIM *adv.* Al fin; en fin; ¡por fin!.
EN.FOR.CA.DO *adj.* e *s.m.* Ahorcado.
EN.FOR.CAR *v.t.* Ahorcar.
EN.FRA.QUE.CER *v.t.* Enflaquecer; debilitar. *v.p.* Enflaquecerse.
EN.FU.RE.CER *v.t.* e *int.* Enfurecer; irritar.
EN.FU.RE.CI.DO *adj.* Enfurecido.
EN.GA.JA.MEN.TO *s.m.* Compromiso; contrato.
EN.GA.JAR *v.t.* Contratar. *v.p.* Comprometerse; alistarse.
EN.GA.NAR *v.t.* Engañar; mentir; adular; jaranear. *v.p.* Engañarse; equivocarse.
EN.GA.NA.DOR *s.m.* Engañador.
EN.GA.NO *s.m.* Engaño.

EN.GAR.RA.FA.MEN.TO *s.m.* Embotellamiento.
EN.GAR.RA.FAR *v.t.* Embotellar; congestionar (tránsito).
EN.GAS.GAR *v.t.* Atragantar; sofocar. *v.p.* Atragantarse.
EN.GA.TAR *v.t.* Enganchar.
EN.GEN.DRAR *v.t.* Engendrar; producir; inventar.
EN.GE.NHA.RI.A *s.f.* Ingeniería.
EN.GE.NHEI.RO *s.m.* Ingeniero.
EN.GE.NHO *s.m.* Ingenio.
EN.GE.NHO.SO *adj.* Ingenioso.
EN.GLO.BAR *v.t.* Englobar; incluir.
EN.GO.LIR *v.t.* Engullir; tragar; beber; deglutir.
EN.GO.MA.DO *adj.* Engomado; planchado.
EN.GO.MAR *v.t.* Engomar; planchar; almidonar.
EN.GOR.DAR *v.t.* e *int.* Engordar; cebar; nutrir.
EN.GRA.ÇA.DO *adj.* Gracioso; jocoso; divertido.
EN.GRAN.DE.CER *v.t.* Engrandecer; exaltar.
EN.GRA.XAR *v.t.* Lustrar; abrillantar; engrasar.
EN.GRA.XA.TE *s.m.* Limpiabotas.
EN.GRE.NAR *v.t.* e *int.* Engranar; endentar; acoplar.
EN.GROS.SAR *v.t.* Engrosar; espesar.
E.NIG.MA *s.m.* Enigma; misterio.
E.NIG.MÁ.TI.CO *adj.* Enigmático.
EN.JAU.LAR *v.t.* Enjaular; prender.
EN.JO.AR *v.t.* e int. Nausear; repugnar; aburrir.
EN.JO.O *s.m.* Náusea; mareo; asco.
EN.LA.ÇAR *v.t.* Enlazar; atar.
EN.LA.CE *s.m.* Enlace; conexión; matrimonio.
EN.LE.AR *v.t.* Atar; prender; ligar.
EN.LE.VAR *v.t.* e *int.* Extasiar; arrobar; encantar.
EN.LOU.QUE.CER *v.t.* e *int.* Enloquecer.
EN.LU.TAR *v.t.* Enlutar.
E.NOR.ME *adj.* Enorme; gigante; colosal.
E.NOR.MI.DA.DE *s.f.* Enormidad.
EN.QUAN.TO *conj.* Mientras; entre que.

EN.RAI.VE.CER *v.t.* Enrabiar; rabiar; enfurecer.
EN.RA.I.ZAR *v.int.* Enraizar; arraigar.
EN.RE.DO *s.m.* Enredo; trama; intriga.
EN.RI.GE.CER *v.int.* Enrigidecer; robustecer.
EN.RI.JAR *v.t.* Enrigidecer; robustecer.
EN.RI.QUE.CER *v.int.* Enriquecer.
EN.RI.QUE.CI.MEN.TO *s.m.* Enriquecimiento.
EN.RO.LAR *v.t.* Enrollar.
EN.RU.GA.DO *adj.* Arrugado.
EN.RU.GAR *v.t.* Arrugar.
EN.SA.BO.AR *v.t.* Enjabonar; jabonar.
EN.SAI.AR *v.t.* Ensayar; entrenar.
EN.SAI.O *s.m.* Ensayo.
EN.SAN.GUEN.TA.DO *adj.* Ensangrentado.
EN.SE.JO *s.m.* Ocasión; oportunidad.
EN.SI.NA.MEN.TO *s.m.* Enseñanza.
EN.SI.NAR *v.t.* Enseñar; amaestrar; instruir.
EN.SI.NO *s.m.* Enseñanza; instrucción.
EN.SO.PAR *v.t.* Empapar, mojar.
EN.SUR.DE.CER *v.t.* Ensordecer.
EN.TAN.TO *adv.* Aunque; entretanto; *no entanto:* sin embargo.
EN.TÃO *adv.* Entonces; em vista de eso.
EN.TE *s.m.* Ente; ser; persona; cosa.
EN.TE.A.DO *s.m.* Hijastro.
EN.TEN.DER *v.t.* e *int.* Entender; conocer; comprender.
EN.TEN.DI.MEN.TO *s.m.* Entendimiento; acuerdo.
EN.TER.NE.CER *v.t.* Enternecer; conmover.
EN.TER.RAR *v.t.* Enterrar; sepultar; inhumar; soterrar.
EN.TER.RO *s.m.* Entierro; funeral; inhumación.
EN.TO.AR *v.t.* Entonar; encaminar; dirigir; modular.
EN.TOR.TAR *v.t.* Torcer; entortar.
EN.TRA.DA *s.f.* Entrada; apertura; ingreso; admisión.
EN.TRA.NHA *s.f.* Entraña; víscera.
EN.TRAR *v.t.* e *int.* Entrar; penetrar.
EN.TRA.VE *s.m.* Traba; estorbo.
EN.TRE *prep.* Entre.
EN.TRE.A.BRIR *v.t.* e *int.* Entreabrir.

EN.TRE.GA s.f. Entrega.
EN.TRE.GAR v.t. Entregar; dar; distribuir; traer; pasar.
EN.TRE.LA.ÇAR v.t. Entrelazar; entrecruzar.
EN.TRE.ME.AR v.t. e int. Intercalar; insertar; interponerse.
EN.TRE.TAN.TO adv. Entretanto; entremedias.
EN.TRE.TER v.t. Entretener; divertir; alegrar.
EN.TRE.VAR v.t. Tullir; paralizar.
EN.TRE.VER v.t. Entrever, apercibir.
EN.TRE.VIS.TA s.f. Entrevista.
EN.TRE.VIS.TAR v.t. Entrevistar.
EN.TRIS.TE.CER v.t. Entristecer.
EN.TU.LHAR v.t. Abarrotar; hartar.
EN.TU.LHO s.m. Escombro; basura.
EN.TU.PI.MEN.TO s.m. Obstrucción.
EN.TU.PIR v.t. Entupir; obstruir.
EN.TU.SI.AS.MA.DO adj. Entusiasmado.
EN.TU.SI.AS.MAR v.t. Entusiasmar.
EN.TU.SI.AS.TA adj. e s.2g. Entusiasta.
E.NU.ME.RA.ÇÃO s.f. Enumeración.
E.NUN.CI.A.ÇÃO s.f. Enunciación.
E.NUN.CI.AR v.t. Enunciar; definir.
EN.VAI.DE.CER v.t. Envanecer.
EN.VE.LHE.CER v.t. Envejecer.
EN.VE.LHE.CI.DO adj. Envejecido.
EN.VE.NE.NA.DO adj. Envenenado.
EN.VE.NE.NAR v.t. e int. Envenenar.
EN.VER.GO.NHA.DO adj. Avergonzado.
EN.VER.GO.NHAR v.t. Avergonzar.
EN.VI.A.DO adj. e s.m. Enviado.
EN.VI.AR v.t. Enviar; expedir.
EN.VI.O s.m. Envío; remesa.
EN.VI.U.VAR v.int. Enviudar.
EN.VOL.TO adj. Envuelto.
EN.VOL.VER v.t. Envolver; implicar. v.p. Envolverse.
EN.VOL.VI.MEN.TO s.m. Envolvimiento.
EN.XA.DA s.f. Azada.
EN.XA.ME s.m. Enjambre.
EN.XA.QUE.CA s.f. Jaqueca.
EN.XER.GAR v.t. Ver; percibir; distinguir.
EN.XER.TAR v.t. Injertar; introduzir.
EN.XO.FRE s.m. Azufre.

EN.XO.TAR v.t. Espantar; expulsar.
EN.XO.VAL s.m. Ajuar.
EN.XU.GAR v.t. Enjugar; secar. v.p. Enjugarse; secarse.
EN.XUR.RA.DA s.f. Torrente; riada.
EN.XU.TO adj. Enjuto; seco; magro.
É.PI.CO adj. Épico.
E.PI.DE.MI.A s.f. Epidemia.
E.PI.DÊ.MI.CO adj. Epidémico; contagioso.
E.PI.GRA.MA s.m. Epigrama.
E.PI.LEP.SI.A s.f. Epilepsia.
E.PI.SÓ.DIO s.m. Episodio; evento; lance.
É.PO.CA s.f. Época; período; era.
E.QUA.ÇÃO s.f. Ecuación.
E.QUA.DOR s.m. Ecuador.
E.QUA.TO.RI.AL adj. Ecuatorial.
E.QUI.DA.DE s.f. Equidad.
E.QUI.LI.BRAR v.t. Equilibrar; sompesar.
E.QUI.LÍ.BRIO s.m. Equilibrio; igualdad.
E.QUI.NO adj. Equino. s.m. Zool. Équido.
E.QUI.PA.MEN.TO s.m. Equipamiento; equipo.
E.QUI.PAR v.t. Equipar; armar.
E.QUI.PA.RA.ÇÃO s.f. Equiparación.
E.QUI.TA.ÇÃO s.f. Equitación.
E.QUI.VA.LÊN.CIA s.f. Equivalencia.
E.QUI.VA.LER v.t. Equivaler.
E.QUÍ.VO.CO s.m. Equívoco; yerro.
E.RA s.f. Era; época; tiempo; período.
E.RÁ.RIO s.m. Erario; tesoro.
E.RE.ÇÃO s.f. Erección.
E.RE.TO adj. Erecto; rígido.
ER.GUER v.t. Erguir; erigir; levantar; alzar. v.p. Erguirse; levantarse.
ER.GUI.DO adj. Erguido; alzado.
E.RI.GIR v.t. Erigir; levantar; fundar.
ER.MO adj. Yermo; inhabitado; desierto.
E.RO.SÃO s.f. Erosión; corrosión.
E.RÓ.TI.CO adj. Erótico; lascivo.
E.RO.TIS.MO s.m. Erotismo; sensualidad.
ER.RAR v.t. e int. Errar; equivocar; deambular. v.p. Equivocarse; engañarse.
ER.RA.TA s.f. Errata; enmienda.
ER.RO s.m. Error; yerro; engaño; defecto.
ER.RÔ.NEO adj. Erróneo.

E.RUP.ÇÃO · 68 · ES.CUL.TU.RA

E.RUP.ÇÃO *s.f.* Erupción.
ER.VA *s.f.* Yerba.
ER.VA-MA.TE *s.f.* Yerba mate.
ER.VI.LHA *s.f.* Guisante; arveja.
ES.BAN.JAR *v.t.* Gastar; malgastar; desperdiciar; despilfarrar.
ES.BEL.TO *adj.* Esbelto; elegante.
ES.BO.ÇO *s.m.* Esbozo; rasguño.
ES.BU.RA.CAR *v.t.* Ahuecar; agujerear.
ES.CA.BRO.SO *adj.* Escabroso.
ES.CA.DA *s.f.* Escalera; peldaño.
ES.CA.DA.RI.A *s.f.* Escalinata.
ES.CA.LA *s.f.* Escala.
ES.CA.LA.DA *s.f.* Escalada, escalamiento.
ES.CA.LAR *v.t.* Escalar.
ES.CAL.DAR *v.t.* Escaldar; quemar; recalentar. *v.p.* Escaldarse.
ES.CA.MA *s.f.* Escama.
ES.CA.MAR *v.t.* Escamar (pez); descamar.
ES.CAN.CA.RAR *v.t.* Esparrancarse; abrir de par en par.
ES.CAN.DA.LI.ZAR *v.t.* e *int.* Escandalizar; ofender.
ES.CÂN.DA.LO *s.m.* Escándalo; desacato.
ES.CAN.DA.LO.SO *adj.* Escandaloso; vergonzoso.
ES.CA.PAR *v.int.* Escapar; huir; zafarse. *v.p.* Escaparse.
ES.CAR.CÉU *s.m.* Escarceo; griterío.
ES.CAR.LA.TE *adj.* e *s.m.* Escarlata; rojo vivo.
ES.CAR.NE.CER *v.t.* Escarnecer; depreciar.
ES.CÁR.NIO *s.m.* Escarnio; mofa.
ES.CAR.PA.DO *adj.* Escarpado.
ES.CAR.RAR *v.int.* Escupir; gargajear.
ES.CAR.RO *s.m.* Esputo; gargajo.
ES.CAS.SE.AR *v.t.* e *.int.* Escasear; faltar.
ES.CAS.SEZ *s.f.* Escasez.
ES.CAS.SO *adj.* Escaso; raro; insuficiente.
ES.CA.VAR *v.t.* Excavar.
ES.CLA.RE.CER *v.t.* Esclarecer; aclarar; informar.
ES.CLA.RE.CI.MEN.TO *s.m.* Esclarecimiento; explicación.

ES.CO.AR *v.t.* Escurrir.
ES.CO.CÊS *adj.* e *s.m.* Escocés.
ES.CO.LA *s.f.* Escuela; colegio; aprendizaje.
ES.CO.LAR *adj.* Escolar; estudiante.
ES.CO.LHA *s.f.* Elección; selección.
ES.CO.LHER *v.t.* Escoger; seleccionar; optar.
ES.COL.TA *s.f.* Escolta; convoy.
ES.COM.BROS *s.m.* pl. Escombros; destrozos.
ES.CON.DER *v.t.* Esconder; ocultar; enclaustrar.
ES.CON.DI.DO *adj.* Escondido; oculto; repuesto.
ES.CO.RA *s.f.* Puntal.
ES.CÓ.RIA *s.f.* Escoria.
ES.CO.RI.AR *v.t.* Excoriar; escoriar.
ES.COR.PI.ÃO *s.m.* Escorpión.
ES.COR.RE.GAR *v.t.* e *int.* Deslizar; resbalar.
ES.COR.RER *v.t.* Escurrir; secar; deslizar.
ES.CO.TEI.RO *s.m.* Explorador; boy scout.
ES.CO.VA *s.f.* Cepillo; escoba.
ES.CO.VAR *v.t.* Cepillar. *v.p.* Cepillarse.
ES.CRA.VI.DÃO *s.f.* Esclavitud.
ES.CRA.VO *adj.* e *s.m.* Esclavo; siervo; cautivo.
ES.CRE.VER *v.t.* e *int.* Escribir; redactar.
ES.CRI.TA *s.f.* Escritura; grafia; caligrafia; letra.
ES.CRI.TO *adj.* e *s.m.* Escrito; documento; determinado.
ES.CRI.TOR *s.m.* Escritor.
ES.CRI.TÓ.RIO *s.m.* Escritorio; gabinete.
ES.CRI.TU.RA *s.f.* Escritura; registro.
ES.CRI.TU.RAR *v.t.* Registrar en el libro.
ES.CRI.VÃO *s.m.* Escribano.
ES.CRÚ.PU.LO *s.m.* Escrúpulo.
ES.CRU.PU.LO.SO *adj.* Escrupuloso.
ES.CRU.TI.NAR *v.t.* Escrutar.
ES.CRU.TÍ.NIO *s.m.* Escrutinio; votación.
ES.CU.DO *s.m.* Escudo.
ES.CUL.PIR *v.t.* Esculpir.
ES.CUL.TU.RA *s.f.* Escultura.

ES.CU.RE.CER v.t. e int. Oscurecer.
ES.CU.RE.CI.MEN.TO s.m. Oscurecimiento.
ES.CU.RI.DÃO s.f. Oscuridad.
ES.CU.SA s.f. Excusa; dispensa.
ES.CU.SAR v.t. Excusar; disculpa.
ES.CU.TAR v.t. Escuchar.
ES.FAL.FAR v.t. Agotar; fatigar. v.p. Cansarse.
ES.FE.RA s.f. Esfera; globo; bola.
ES.FÉ.RI.CO adj. Esférico.
ES.FE.RO.GRÁ.FI.CA s.f. Bolígrafo
ES.FO.LAR v.t. Desollar; despellejar.
ES.FO.ME.A.DO adj. Hambriento; famélico.
ES.FOR.ÇA.DO adj. Esforzado.
ES.FOR.ÇAR v.t. Esforzar; luchar. v.p. Esforzarse.
ES.FOR.ÇO s.m. Esfuerzo; aliento; vigor.
ES.FRE.GAR v.t. Refregar; restregar.
ES.FRI.A.MEN.TO s.m. Enfriamiento.
ES.FRI.AR v.t. e int. Enfriar; resfriar.
ES.GO.TA.MEN.TO s.m. Agotamiento.
ES.GO.TAR v.t. Agotar; extenuar; secar.
ES.GO.TO s.m. Sumidero; alcantarilla.
ES.GRI.MA s.f. Esgrima.
ES.GUI.CHAR v.t. Chorrear; lanzar.
ES.GUI.CHO s.m. Chorro.
ES.MA.GAR v.t. Aplastar.
ES.ME.RA.DO adj. Esmerado.
ES.ME.RAR v.t. Esmerar. v.p. Esmerarse; pulirse.
ES.ME.RO s.m. Esmero; primor.
ES.MI.GA.LHAR v.t. Desmigajar.
ES.MO.LA s.f. Limosna.
ES.MO.LAR v.t. Limosnear; mendigar; dar.
ES.MO.RE.CER v.t. e int. Desanimar; desalentar; desvanecerse.
E.SÔ.FA.GO s.m. Esófago.
ES.PA.ÇO s.m. Espacio.
ES.PA.ÇO.SO adj. Espacioso.
ES.PA.DA s.f. Espada.
ES.PÁ.DUA s.f. Espalda.
ES.PAI.RE.CER v.t. e int. Distraer; divertir; entretener.
ES.PA.LHAR v.t. Esparcir; difundir; despajar.
ES.PA.NHOL adj. e s.m. Español.

ES.PAN.TA.LHO s.m. Espantajo.
ES.PAN.TAR v.t. Espantar; ahuyentar.
ES.PAN.TO s.m. Espanto; admiración; extrañeza.
ES.PAN.TO.SO adj. Espantoso; formidable.
ES.PA.RA.DRA.PO s.m. Esparadrapo; espadrapo.
ES.PAS.MO s.m. Espasmo.
ES.PA.TI.FAR v.t. Despedazar.
ES.PÁ.TU.LA s.f. Espátula; abrecartas.
ES.PA.VO.RI.DO adj. Despavorido; aterrorizado.
ES.PE.CI.AL adj. Especial; particular.
ES.PE.CI.A.LI.DA.DE s.f. Especialidad.
ES.PE.CI.A.LIS.TA s.2g. Especialista.
ES.PE.CI.A.LI.ZAR v.t. Especializar.
ES.PÉ.CIE s.f. Especie; suerte.
ES.PE.CI.FI.CA.ÇÃO s.f. Especificación.
ES.PE.CI.FI.CAR v.t. Especificar.
ES.PE.CÍ.FI.CO adj. e s.m. Específico.
ES.PEC.TA.DOR s.m. Espectador.
ES.PEC.TRO s.m. Espectro.
ES.PE.CU.LA.ÇÃO s.f. Especulación.
ES.PE.CU.LAR v.t. Especular.
ES.PE.LHAR v.t. Espejear; reflejar; pulir.
ES.PE.LHO s.m. Espejo.
ES.PE.LUN.CA s.f. Antro.
ES.PE.RA s.f. Espera.
ES.PE.RAN.ÇA s.f. Esperanza.
ES.PE.RAR v.t. Esperar.
ES.PER.MA s.f. Esperma; semen.
ES.PER.TE.ZA s.f. Astucia; destreza; vivacidad.
ES.PER.TO adj. Despierto; diestro; inteligente; ladino.
ES.PES.SO adj. Espeso; denso.
ES.PES.SU.RA s.f. Espesura; densidad.
ES.PE.TÁ.CU.LO s.m. Espetáculo.
ES.PE.TO s.m. Asador; espetón; espiedo.
ES.PI.ÃO s.m. Espía; espión.
ES.PI.AR v.t. Espiar; espionar.
ES.PI.GA s.f. Espiga.
ES.PI.GÃO s.m. Espigón.
ES.PI.GAR v.t. e int. Espigar; sobresalir.
ES.PI.NA.FRE s.m. Espinaca.

ES.PI.NHA *s.f.* Espina; *Anat.* Espina dorsal.
ES.PI.NHA.ÇO *s.m.* Espinazo.
ES.PI.NHO *s.m.* Espina (de rosa).
ES.PI.NHO.SO *adj.* Espinoso.
ES.PI.O.NA.GEM *s.f.* Espionaje.
ES.PI.O.NAR *v.t.* Espiar.
ES.PI.RAL *adj.* e *s.f.* Espiral.
ES.PI.RI.TIS.MO *s.m.* Espiritismo.
ES.PI.RI.TO *s.m.* Espíritu; alma.
ES.PI.RI.TU.AL *adj.* Espiritual.
ES.PI.RI.TU.A.LI.DA.DE *s.f.* Espiritualidad.
ES.PIR.RAR *v.t.* e *int.* Estornudar; lanzar.
ES.PIR.RO *s.m.* Estornudo.
ES.PLÊN.DI.DO *adj.* Espléndido; brillante.
ES.PLEN.DOR *s.m.* Esplendor; fulgor; resplandor.
ES.PÓ.LIO *s.m.* Expolio; despojo.
ES.PON.JA *s.f.* Esponja.
ES.PON.JO.SO *adj.* Esponjoso; poroso.
ES.PON.TA.NE.I.DA.DE *s.f.* Espontaneidad.
ES.PON.TÂ.NEO *adj.* Espontâneo.
ES.PO.RE.AR *v.t.* e *int.* Espolear.
ES.POR.TIS.TA *s.2g.* Deportista.
ES.PO.SA *s.f.* Esposa; mujer.
ES.PO.SAR *v.t.* Desposar.
ES.PO.SO *s.m.* Esposo; marido; cónyuge.
ES.PREI.TA *s.f.* Acecho.
ES.PREI.TAR *v.t.* Acechar; observar.
ES.PRE.MER *v.t.* Exprimir; contener. *v.p.* Apretarse.
ES.PU.MA *s.f.* Espuma.
ES.PU.MAN.TE *adj.* Espumante.
ES.QUA.DRA *s.f.* Escuadra.
ES.QUA.DRI.LHA *s.f.* Escuadrilla.
ES.QUA.DRI.NHAR *v.t.* Escudriñar.
ES.QUA.DRO *s.m.* Escuadra.
ES.QUE.CER *v.t.* e *int.* Olvidar. *v.p.* Olvidarse.
ES.QUE.CI.MEN.TO *s.m.* Olvido.
ES.QUE.LE.TO *s.m.* Esqueleto; armazón.
ES.QUE.MA *s.m.* Esquema.
ES.QUEN.TAR *v.t.* Calentar; acalorar.
ES.QUER.DA *s.f.* Izquierda; oposición.

ES.QUER.DO *adj.* Izquierdo; zurdo.
ES.QUI.FE *s.m.* Esquife; féretro.
ES.QUI.NA *s.f.* Esquina; ángulo.
ES.QUI.SI.TO *adj.* Extraño; raro; excéntrico.
ES.QUI.VO *adj.* Esquivo; arisco.
ES.SA *pron. dem.* Esa.
ES.SE *pron. dem.* Ese.
ES.SÊN.CI.A *s.f.* Esencia.
ES.SEN.CI.AL *adj.* Esencial.
ES.TA *pron. dem.* Esta.
ES.TA.BE.LE.CER *v.t.* Establecer; instalar; instituir; plantear. *v.p.* Establecerse.
ES.TA.BE.LE.CI.MEN.TO *s.m.* Establecimiento.
ES.TA.BI.LI.DA.DE *s.f.* Estabilidad.
ES.TÁ.BU.LO *s.m.* Establo.
ES.TA.ÇÃO *s.f.* Estación.
ES.TA.CI.O.NAR *v.int.* Estacionar.
ES.TA.DA *s.f.* Estadía; permanencia; estancia.
ES.TÁ.DIO *s.m.* Estadio.
ES.TA.DIS.TA *s.2g.* Estadista.
ES.TA.DO *s.m.* Estado; situación; condición.
ES.TA.FA *s.f.* Fatiga; cansacio.
ES.TA.FAR *v.int.* Fatigar; cansar.
ES.TA.GIÁ.RIO *s.m.* Practicante; aprendiz.
ES.TAG.NA.ÇÃO *s.f.* Estancamiento.
ES.TAG.NAR *v.t.* Estancar. *v.p.* Estancarse.
ES.TA.LA.GEM *s.f.* Posada; hostería.
ES.TA.LAR *v.t.* e *int.* Estallar; restallar.
ES.TA.LO *s.m.* Crujido; estallido.
ES.TAM.PA *s.f.* Estampa.
ES.TAM.PAR *v.t.* Estampar; imprimir; grabar.
ES.TAM.PA.RI.A *s.f.* Estampería.
ES.TÂN.CIA *s.f.* Estancia; habitación.
ES.TAN.DAR.TE *s.m.* Estandarte.
ES.TA.NHO *s.m.* Estaño.
ES.TAN.TE *s.f.* Estante.
ES.TAR *v.int.* Estar.
ES.TÉ.TI.CA *s.f.* Estética.
ES.TA.TÍS.TI.CA *s.f.* Estadística.
ES.TÁ.TUA *s.f.* Estatua; escultura.
ES.TA.TU.E.TA *s.f.* Estatuilla.
ES.TA.TU.IR *v.t.* Estatuir; establecer.
ES.TA.TU.RA *s.f.* Estatura.
ES.TA.TU.TO *s.m.* Estatuto.

ES.TÁ.VEL *adj.* Estable.
ES.TE *pron. dem.* Este.
ES.TE *s.m. Geog.* Este; oriente.
ES.TEN.DER *v.t.* Extender.
ES.TE.PE *s.f. Geog.* Estepa. *s.m.* Rueda de repuesto; neumático.
ES.TÉ.RIL *adj.* Estéril.
ES.TE.RI.LI.DA.DE *s.f.* Esterilidad.
ES.TE.RI.LI.ZAR *v.t.* Esterilizar.
ES.TER.TOR *s.m.* Estertor.
ES.TÉ.TI.CA *s.f.* Estética.
ES.TÉ.TI.CO *adj.* Estético.
ES.TI.A.GEM *s.m.* Estiaje; aridez; tiempo seco.
ES.TI.CAR *v.t.* Estirar; alargar.
ES.TIG.MA *s.f.* Estigma.
ES.TI.LHA.ÇO *s.m.* Fragmento; pedazo; astilla.
ES.TI.LIS.TA *s.2g.* Estilista.
ES.TI.LO *s.m.* Estilo.
ES.TI.MA *s.f.* Estima; aprecio.
ES.TI.MA.ÇÃO *s.f.* Estimación; preferido.
ES.TI.MAR *v.t.* Estimar; apreciar; calcular.
ES.TI.MA.TI.VA *s.f.* Estimación; presupuesto.
ES.TI.MU.LA.ÇÃO *s.f.* Estimulación.
ES.TI.MU.LAR *v.t.* Estimular; avispar; animar.
ES.TÍ.MU.LO *s.m.* Estímulo.
ES.TI.O *s.m.* Estío; estiaje; verano.
ES.TI.PU.LAR *v.t.* Estipular; ajustar; contratar.
ES.TI.RAR *v.t.* Estirar; extender; dilatar.
ES.TIR.PE *s.f.* Estirpe; linaje; raíz.
ES.TI.VA *s.f.* Estiba.
ES.TO.FAR *v.t.* Estofar; acolchar.
ES.TOI.CIS.MO *s.m.* Estoicismo.
ES.TOI.CO *adj.* Estoico.
ES.TO.JO *s.m.* Estuche.
ES.TO.MA.CAL *adj.* Estomacal.
ES.TÔ.MA.GO *s.m.* Estómago.
ES.TON.TE.AR *v.t.* Aturdir; atontar. *v.p.* Aturdirse.
ES.TO.PA *s.f.* Estopa.
ES.TO.PIM *s.m.* Estopín.
ES.TO.QUE *s.m.* Estoque; existencia.
ES.TOR.VAR *v.t.* Estorbar, embarazar.
ES.TOR.VO *s.m.* Estorbo; obstáculo.
ES.TOU.RAR *v.t.* e *int.* Estallar; detonar; reventar.
ES.TRA.BIS.MO *s.m.* Estrabismo.
ES.TRA.DA *s.f.* Camino; vía; autopista; rodovía.
ES.TRA.GAR *v.t.* Estragar; deteriorar; dañar; corromper.
ES.TRA.GO *s.m.* Estrago; daño; ruina.
ES.TRAN.GEI.RO *adj.* e *s.m.* Extranjero; gringo.
ES.TRAN.GU.LA.MEN.TO *s.m.* Estrangulamiento; estrangulación.
ES.TRAN.GU.LAR *v.t.* Estrangular.
ES.TRA.NHAR *v.t.* Extrañar.
ES.TRA.NHE.ZA *s.f.* Extrañeza.
ES.TRA.NHO *adj.* Extraño.
ES.TRA.TÉ.GI.CO *adj.* Estratégico.
ES.TRA.TI.FI.CAR *v.t.* Estratificar.
ES.TRA.TO *s.m.* Estrato.
ES.TRE.AR *v.t.* Estrenar; inaugurar; iniciar.
ES.TREI.A *s.f.* Estreno.
ES.TREI.TAR *v.t.* Estrechar; reducir (espacio).
ES.TREI.TO *adj.* Estrecho.
ES.TRE.LA *s.f.* Estrella; destino.
ES.TRE.LA.DO *adj.* Estrellado.
ES.TRE.LAR *v.t.* Estrellar.
ES.TRE.ME.CER *v.t.* Estremecer; trepidar; retemblar. *v.p.* Estremecerse.
ES.TRE.ME.CI.MEN.TO *s.m.* Estremecimiento; temblor.
ES.TRÉ.PI.TO *s.m.* Estrépito; fragor.
ES.TRE.PI.TO.SO *adj.* Estrepitoso; estruendoso.
ES.TRI.BAR *v.t.* Estribar; apoyar; firmar.
ES.TRI.BO *s.m.* Estribo.
ES.TRI.TO *adj.* Estricto.
ES.TRO.FE *s.f.* Estrofa.
ES.TRON.DO *s.m.* Estruendo; estrépito.
ES.TRON.DO.SO *adj.* Estruendoso; estrepitoso.
ES.TRU.TU.RA *s.f.* Estructura.
ES.TRU.TU.RAR *v.t.* Estructurar. *v.p.* Estructurarse.
ES.TU.Á.RIO *s.m.* Estuario.
ES.TU.DAN.TE *adj.* e *s.2g.* Estudiante.

ES.TU.DAR *v.t.* Estudiar; aprender.
ES.TU.DI.O.SO *adj.* Estudioso; aplicado.
ES.TU.DO *s.m.* Estudios; análisis; estudio; aplicación.
ES.TU.FA *s.f.* Estufa; secador.
ES.TU.PE.FA.ÇÃO *s.f.* Estupefacción; asombro.
ES.TU.PEN.DO *adj.* Estupendo; extraordinario.
ES.TU.PI.DEZ *s.f.* Estupidez; idiotez.
ES.TÚ.PI.DO *adj.* Estúpido; idiota.
ES.TU.PRAR *v.t.* Estuprar; violar.
ES.TU.PRO *s.m.* Estupro; violación.
ES.VA.IR *v.t.* Disipar; evaporar. *v.p.* Disiparse; evaporarse.
ES.VA.ZI.A.MEN.TO *s.m.* Vaciamiento.
ES.VA.ZI.AR *v.t.* Vaciar; descargar; despejar.
ES.VO.A.ÇAR *v.int.* Aletear.
E.TA.PA *s.f.* Etapa.
É.TER *s.m.* Éter.
E.TÉ.REO *adj.* Etéreo.
E.TER.NI.DA.DE *s.f.* Eternidad.
E.TER.NI.ZAR *v.t.* Eternizar.
E.TER.NO *adj.* Eterno; inmortar.
É.TI.CA *s.f.* Ética; moral.
É.TI.CO *adj.* Ético
E.TI.MO.LO.GI.A *s.f.* Etimologia.
E.TI.QUE.TA *s.f.* Etiqueta, ceremonia.
ET.NI.A *s.f.* Etnia.
ET.NO.LO.GI.A *s.f.* Etnología.
EU *pron. pess.* Yo.
EU.CA.LIP.TO *s.m.* Eucalipto.
EU.CA.RIS.TI.A *s.f.* Eucaristía.
EU.FE.MIS.MO *s.m.* Eufemismo.
EU.FO.NI.A *s.f.* Eufonia.
EU.RO.PEU *adj.* e *s.m.* Europeo.
E.VA.CU.A.ÇÃO *s.f.* Evacuación; descarga.
E.VA.CU.AR *v.t.* e *int.* Evacuar; vaciar; excretar; defecar.
E.VAN.GE.LHO *s.f.* Evangelio.
E.VAN.GE.LI.ZAR *v.t.* Evangelizar.
E.VA.PO.RAR *v.t.* e *int.* Evaporar. *v.p.* Evaporarse.
E.VA.SÃO *s.f.* Evasión; subterfugio.
E.VA.SI.VA *s.f.* Evasiva; disculpa.

E.VA.SI.VO *adj.* Evasivo; esquivo.
E.VEN.TU.AL *adj.* Eventual; ocasional; incierto.
E.VI.DÊN.CIA *s.f.* Evidencia, prueba.
E.VI.DEN.TE *adj.* Evidente; explícito; notorio.
E.VI.TAR *v.t.* Evitar; esquivar.
E.VO.CA.TI.VO *adj.* Evocativo.
E.VO.LU.ÇÃO *s.f.* Evolución.
E.VO.LU.IR *v.int.* Avolucionar; progresar.
E.XA.GE.RAR *v.t.* Exagerar.
E.XA.GE.RO *s.m.* Exageración.
E.XA.LAR *v.t.* Exhalar; respirar.
E.XAL.TAR *v.t.* Exaltar; apasionar. *v.p.* Exaltarse.
E.XA.ME *s.m.* Examen; ensayo; observación.
E.XA.MI.NA.DOR *adj.* e *s.m.* Examinador.
E.XA.MI.NAR *v.t.* Examinar; estudiar; investigar.
E.XA.TI.DÃO *s.f.* Exactitud; rectitud; verdad.
E.XA.TO *adj.* Exacto; recto; verdadero.
E.XAU.RIR *v.t.* Agotar; acabar. *v.p.* Agotarse; acabarse.
E.XAUS.TO *adj.* Exhausto; agotado.
EX.CE.ÇÃO *s.f.* Excepción.
EX.CE.DEN.TE *adj.* Excedente.
EX.CE.DER *v.t.* e *int.* Exceder.
EX.CE.LÊN.CIA *s.f.* Excelencia.
EX.CE.LEN.TE *adj.* Excelente.
EX.CÊN.TRI.CO *adj.* excéntrico.
EX.CEP.CIO.NAL *adj.* Excepcional; único.
EX.CES.SO *s.m.* Exceso.
EX.CES.SI.VO *adj.* Excesivo; demasiado.
EX.CE.TO *adv.* Excepto; salvo.
EX.CI.TAR *v.t.* Excitar; animar; estimular.
EX.CLA.MA.ÇÃO *s.f.* Exclamación; interjección.
EX.CLA.MAR *v.t.* e *int.* Exclamar; proferir.
EX.CLU.IR *v.t.* Excluir.
EX.CLU.SI.VO *adj.* Exclusivo; propio; personal.
EX.CO.MUN.GAR *v.t.* Excomulgar; expulsar.
EX.CUR.SÃO *s.f.* Excursión; viaje.
E.XE.CU.ÇÃO *s.f.* Ejecución; realización.
E.XE.CU.TAR *v.t.* Ejecutar.
E.XEM.PLAR *adj.* Ejemplar.

E.XEM.PLI.FI.CAR v.t. Ejemplificar.
E.XEM.PLO s.m. Ejemplo; ilustrativo.
E.XER.CER v.t. Ejercer.
E.XER.CÍ.CIO s.m. Ejercicio; maniobra.
E.XER.CI.TAR v.t. Ejercitar; adiestrar. v.p. Ejercitarse.
E.XÉR.CI.TO s.m. Ejército.
E.XI.BI.ÇÃO s.f. Exhibición; presentación.
E.XI.BIR v.t. Exhibir; mostrar.
E.XI.GÊN.CIA s.f. Exigencia.
E.XI.GIR v.t. Exigir; obligar; pedir; requerir; necesitar.
E.XI.GÍ.VEL adj. Exigible.
E.XI.LA.DO adj. e s.m. Exilado; exiliado.
E.XI.LAR v.t. Exilar; exiliar; deportar; expatriar.
E.XÍ.LIO s.m. Exilio; destierro.
E.XÍ.MIO adj. Eximio; relevante.
E.XI.MIR v.t. Eximir; librar.
E.XIS.TÊN.CIA s.f. Existencia.
E.XIS.TEN.TE adj. Existente.
E.XIS.TIR v.t. e int. Existir; haber; ser.
Ê.XI.TO s.m. Éxito; solución.
Ê.XO.DO s.m. Éxodo; tránsito; salida.
E.XO.NE.RA.ÇÃO s.f. Exoneración; demisión.
E.XO.NE.RAR v.t. e int. Exonerar; relevar.
E.XOR.BI.TÂN.CIA s.f. Exorbitancia; exceso.
E.XOR.CIS.MO s.m. Exorcismo.
E.XOR.TAR v.t. Exhortar; rogar; animar.
E.XÓ.TI.CO adj. Exótico; raro.
EX.PAN.SÃO s.f. Expansión.
EX.PAN.SI.VO adj. Expansivo.
EX.PA.TRI.AR v.t. Expatriar; exilar; exiliar.
EX.PEC.TA.TI.VA s.f. Expectativa.
EX.PE.DI.ÇÃO s.f. Expedición.
EX.PE.DI.EN.TE s.m. Expediente.
EX.PE.DIR v.t. Expedir; despachar.
EX.PE.LIR v.t. Expeler; excretar; lanzar.
EX.PE.RI.ÊN.CIA s.f. Experiencia; práctica; ensayo.
EX.PE.RI.EN.TE adj. Experiente; práctico.
EX.PE.RI.MEN.TAR v.t. Experimentar; ensayar; notar; intentar.

EX.PER.TO adj. Experto; doctor.
EX.PI.A.ÇÃO s.f. Expiación.
EX.PI.AR v.t. Expiar.
EX.PI.RAR v.t. Expirar (plazo); exhalar.
EX.PLA.NA.ÇÃO s.f. Explanación.
EX.PLA.NAR v.t. Explanar; explicar.
EX.PLI.CA.ÇÃO s.f. Explicación; explanación.
EX.PLI.CAR v.t. Explicar; explanar.
EX.PLO.DIR v.int. Explotar; estallar.
EX.PLO.SÃO s.f. Explosión.
EX.POR v.t. Exponer; mostrar; revelar. v.p. Exponerse.
EX.POR.TA.ÇÃO s.f. Exportación.
EX.POR.TAR v.t. Exportar.
EX.PO.SI.ÇÃO s.f. Exposición.
EX.POS.TO adj. Expuesto.
EX.PRES.SAR v.t. Expresar; manifestar.
EX.PRES.SI.VO adj. Expresivo.
EX.PRES.SO adj. e s.m. Expreso.
EX.PRI.MIR v.t. Exprimir; expresar; manifestar. v.p. Exprimirse; expresarse.
EX.PRO.PRI.AR v.t. Expropiar; despojar.
EX.PUL.SÃO s.f. Expulsión; desalojamiento.
EX.PUL.SAR v.t. Expulsar; lanzar; expeler.
EX.PUL.SO adj. Expulso; expelido; proscrito; exilado.
EX.PUR.GAR v.t. Expurgar.
ÊX.TA.SE s.m. Éxtasis.
EX.TEN.SÃO s.f. Extensión; ampliación.
EX.TEN.SI.VO adj. Extensivo.
EX.TEN.SO adj. Extenso; grande; vasto; amplio.
EX.TE.NU.AR v.t. Extenuar; debilitar; agotar.
EX.TE.RI.OR adj. e s.m. Exterior.
EX.TE.RI.O.RI.DA.DE s.f. Exterioridad.
EX.TER.MI.NAR v.t. Exterminar; aniquilar; destruir; devastar.
EX.TIN.ÇÃO s.f. Extinción; destrucción.
EX.TIN.GUIR v.t. Extinguir; apagar.
EX.TIN.TO adj. Extinto.
EX.TIR.PAR v.t. Extirpar; extraer; amputar.
EX.TOR.QUIR v.t. Arrebatar, extorsionar.
EX.TOR.SÃO s.f. Extorsión.
EX.TRA.ÇÃO s.f. Extracción.

EX.TRA.IR *v.t.* Extraer; arrancar; extractar.
EX.TRA.OR.DI.NÁ.RIO *adj.* Extraordinario.
EX.TRA.TO *s.m.* Extracto; resumo; extracto (de banco).
EX.TRA.VA.GÂN.CIA *s.f.* Extravagancia.
EX.TRA.VI.AR *v.t.* Extraviar.
EX.TRA.VI.O *s.m.* Extravío.
EX.TRE.MAR *v.t.* Extremar; exceder. *v.p.* Excederse.
EX.TRE.MA-UN.ÇÃO *s.f. Rel.* Extremaunción.

EX.TRE.MI.DA.DE *s.f.* Extremidad; borde; orilla; margen.
EX.TRE.MO *adj.* e *s.m.* Extremo; extremidad; fin.
E.XU.BE.RÂN.CIA *s.f.* Exuberancia.
E.XU.BE.RAN.TE *adj.* Exuberante.
E.XUL.TAN.TE *adj.* Exultante.
E.XUL.TAR *v.t.* e *int.* Exultar.
E.XU.MA.ÇÃO *s.f.* Exhumación.
E.XU.MAR *v.t.* Exhumar.

F

F *s.m.* Sexta letra del alfabeto portugués.
FA *s.m. Mús.* Fá (nota musical).
FÃ *s.m.* Fan; admirador.
FÁ.BRI.CA *s.f.* Fábrica; fabricación.
FA.BRI.CAR *v.t.* Fabricar; producir; elaborar.
FA.BRIL *adj.* Fabril.
FÁ.BU.LA *s.f.* Fábula; cuento; leyenda.
FA.BU.LO.SO *adj.* Fabuloso; mítico; estupendo.
FA.CA *s.f.* Cuchillo.
FA.CA.DA *s.f.* Cuchillada.
FA.ÇA.NHA *s.f.* Hazaña; proeza.
FA.CÃO *s.m.* Cuchillo; machete.
FAC.ÇÃO *s.f.* Facción; partido.
FAC.CIO.SO *adj.* Faccioso; sectario.
FA.CE *s.f.* Cara; rostro; anverso.
FA.CE.TA *s.f.* Faceta.
FA.CHA.DA *s.f.* Fachada; presencia.
FA.CI.AL *adj.* Facial.
FÁ.CIL *adj.* Fácil.
FA.CI.LI.DA.DE *s.f.* Facilidad.
FA.CI.LI.TAR *v.t.* Facilitar.
FA.CÍ.NO.RA *adj.* e *s.m.* Facineroso; malhechor.
FAC-SÍ.MI.LE *s.m.* Facsímil; facsímile.
FA.CUL.DA.DE *s.f.* Facultad.
FA.CUL.TAR *v.t.* Facultar; conceder.
FA.CUL.TA.TI.VO *adj.* Facultativo; optativo.
FA.DA *s.f.* Hada; fada.
FA.DI.GA *s.f.* Fatiga; cansancio.
FA.DO *s.m.* Hado; suerte; destino.
FA.GU.LHA *s.f.* Centella; chispa.
FAI.NA *s.f.* Sobrecargar de trabajo; labor.
FAI.SÃO *s.m. Zool.* Faisán.
FA.ÍS.CA *s.f.* Centella; chispa; rayo.
FA.IS.CAR *v.int.* Chispear; relampaguear.
FAI.XA *s.f.* Faja; porción; banda.
FA.LA *s.f.* Habla; conversación; palabra; idioma.
FA.LÁ.CIA *s.f.* Falacia; engaño; infundio.
FA.LA.DOR *adj.* e *s.m.* Hablador; platicador; locuaz.
FA.LAN.GE *s.f.* Falange; artejo.
FA.LAR *v.t.* Hablar; decir; proferir; narrar; charlar.
FAL.CÃO *s.m. Zool.* Halcón.
FAL.CA.TRU.A *s.f.* Estratagema; ardid.
FA.LE.CER *v.int.* Fallecer; morir.
FA.LE.CI.DO *adj.* Falecido; muerto.
FA.LE.CI.MEN.TO *s.m.* Fallecimiento.
FA.LÊN.CIA *s.f.* Falta; carencia; quiebra; omisión.
FA.LHA *s.f.* Falla; fallo; fractura; quiebra; grieta.
FA.LHAR *v.int.* Fallar; rajar; hender.
FA.LI.DO *adj.* Fallido; quebrado.
FA.LIR *v.int.* Fallir; quebrar.
FAL.SI.DA.DE *s.f.* Falsedad.
FAL.SI.FI.CA.ÇÃO *s.f.* Falsificación.
FAL.SI.FI.CAR *v.t.* Falsificar; adulterar.
FAL.SO *adj.* Falso.
FAL.TA *s.f.* Falta; deficiencia.
FAL.TAR *v.t.* e *int.* Faltar; errar; pecar.
FA.MA *s.f.* Fama; celebridad.
FA.MÍ.LIA *s.f.* Família.
FA.MI.LI.AR *adj.* Familiar.
FA.MI.LI.A.RI.ZAR *v.t.* Familiarizar.
FA.MIN.TO *adj.* Hambriento.
FA.MO.SO *adj.* Famoso; conocido; nombrado.
FA.NÁ.TI.CO *adj.* Fanático.
FA.NA.TIS.MO *s.m.* Fanatismo.
FAN.TA.SI.A *s.f.* Fantasia.
FAN.TA.SI.AR *v.int.* Fantasear; disfrazar; imaginar.
FAN.TA.SI.O.SO *adj.* Fantasioso.

FAN.TAS.MA *s.m.* Fantasma.
FAN.TÁS.TI.CO *adj.* Fantástico; increíble; extraordinario.
FA.QUEI.RO *s.m.* Juego de cubiertos.
FAR.DA *s.f.* Uniforme militar.
FAR.DO *s.m.* Fardo.
FA.RE.JAR *v.t.* Husmear.
FA.RE.LO *s.m.* Salvado; serrín.
FA.RIN.GE *s.f.* Faringe.
FA.RIN.GI.TE *s.f.* Faringitis.
FA.RI.NHA *s.f.* Harina.
FAR.MA.CÊU.TI.CO *adj.* e *s.m.* Farmacéutico.
FAR.MÁ.CIA *s.f.* Farmacia.
FA.RO *s.m.* Olfato; olor.
FA.ROL *s.m.* Farol; faro.
FAR.PA *s.f.* Farpa; púa.
FAR.RA.PO *s.m.* Harapo; jiron.
FAR.SA *s.f.* Farsa.
FAR.SAN.TE *adj.* e *s.m.* Firsante; embustero.
FAR.TAR *v.t.* Hartar; saciar. *v.p.* Hartarse.
FAR.TU.RA *s.f.* Hartura; saciedad.
FAR.TO *adj.* Harto; saciado; satisfecho.
FAS.CÍ.CU.LO *s.m.* Fascículo.
FAS.CI.NA.ÇÃO *s.f.* Fascinación; seducción.
FAS.CI.NAN.TE *adj.* Fascinante, encantador.
FAS.CI.NAR *v.t.* Fascinar; atraer.
FA.SE *s.f.* Fase.
FAS.TI.O *s.m.* Hastío; aburrimiento.
FA.TAL *adj.* Fatal; inevitable.
FA.TA.LI.DA.DE *s.f.* Fatalidad.
FA.TA.LIS.MO *s.m.* Fatalismo.
FA.TI.A *s.f.* Tajada; rebanada; filete.
FA.TÍ.DI.CO *adj.* Fatídico; funesto.
FA.TI.GAR *v.t.* e *int.* Fatigar; agotar; cansar. *v.p.* Fatigarse; aburrirse.
FA.TO *s.m.* Facto; acontecimiento; suceso.
FA.TOR *s.m.* Factor.
FA.TUI.DA.DE *s.f.* Fatuidad, presunción.
FÁ.TUO *adj.* Fatuo; fuego.
FA.TU.RA *s.f.* Factura.
FA.TU.RAR *v.t.* Facturar.
FAU.NA *s.f.* Fauna.
FA.VO *s.m.* Alveolo.
FA.VOR *s.m.* Favor; apoyo; gracia.
FA.VO.RÁ.VEL *adj.* Favorable; oportuno.

FA.VO.RE.CER *v.t.* Favorecer; ayuda; proteger. *v.p.* Favorecerse; ayudarse.
FA.VO.RI.TIS.MO *s.m.* Favoritismo.
FA.VO.RI.TO *adj.* Favorito.
FA.ZEN.DA *s.f.* Hacienda; haberes.
FA.ZEN.DEI.RO *s.m.* Hacendado; estanciero.
FA.ZER *v.t.* Hacer; producir; realizar; causar.
FÉ *s.f.* Fe.
FE.AL.DA.DE *s.f.* Fealdad.
FE.BRE *s.f.* Fiebre.
FE.BRIL *adj.* Febril.
FE.CHA.DU.RA *s.f.* Cerradura.
FE.CHAR *v.t.* e *int.* Cerrar; encerrar; concluir. *v.p.* Encerrarse.
FE.CHO *s.m.* Cerrojo; cierre; pestillo.
FE.CUN.DA.ÇÃO *s.f.* Fecundación; fertilización.
FE.CUN.DAR *v.t.* Fecundar; fertilizar.
FE.CUN.DI.DA.DE *s.f.* Fecundidad; abundancia.
FE.DER *v.int.* Heder; apestar.
FE.DE.RA.ÇÃO *s.f.* Federación; asociación.
FE.DE.RAL *adj.* Federal.
FE.DE.RA.LIS.MO *s.m.* Federalismo.
FE.DOR *s.m.* Hedor.
FE.DO.REN.TO *adj.* Fétido; apestoso.
FEI.ÇÃO *s.f.* Aspecto; apariencia; facción.
FEI.JÃO *s.m.* Judía; frijol.
FEI.JO.A.DA *s.f.* Fabada.
FE.O *adj.* Feo.
FEI.O.SO *adj.* Feucho.
FEI.RA *s.f.* Feria.
FEI.RAN.TE *adj.* e *s.2g.* Feriante.
FEI.TI.ÇA.RI.A *s.f.* Hechicería; brujería; encanto.
FEI.TI.CEI.RO *adj.* e *s.m.* Hechicero.
FEI.TI.ÇO *s.m.* Hechizo; brujería; fascinación.
FEI.TI.O *s.m.* Hechura; formato; forma.
FEI.TO *s.m.* Hecho.
FEI.TOR *s.m.* Factor; administrador; arrendatario.
FEI.XE *s.m.* Fajo; haz; manojo.
FEL *s.m.* Hiel; bilis.

FE.LI.CI.DA.DE *s.f.* Felicidad; dicha.
FE.LI.CI.TAR *v.t.* Felicitar; congratular. *v.p.* Felicitarse.
FE.LI.NO *adj.* Felino.
FE.LIZ *adj.* Feliz; afortunado.
FEL.PA *s.f.* Felpa.
FEL.PU.DO *adj.* Felpudo; felposo.
FEL.TRO *s.m.* Fieltro.
FÊ.ME.A *s.f.* Zool. Hembra.
FE.MI.NI.NO *adj.* e *s.m.* Femenino.
FE.MI.NIS.MO *s.m.* Feminismo.
FÊ.MUR *s.m.* Fémur.
FEN.DA *s.f.* Fenda, grieta.
FEN.DER *v.t.* Hender; quebrantar. *v.p.* Henderse.
FE.NE.CER *v.t.* Fenecer.
FE.NO *s.m.* Heno; hierba.
FE.NÔ.ME.NO *s.m.* Fenómeno.
FE.RA *s.f.* Fiera; animal.
FÉ.RE.TRO *adj.* Féretro.
FÉ.RIA *s.f.* Feria; descanso; *férias pl.*: vacaciones.
FE.RI.A.DO *adj.* e *s.m.* Feriado; festivo.
FÉ.RIAS *s.f. pl.* Vacaciones; feria.
FE.RI.DA *s.f.* Herida; pinchazo; llaga.
FE.RI.DO *adj.* Herido.
FE.RI.MEN.TO *s.m.* Herimiento; herida.
FE.RI.NO *adj.* Ferino, cruel.
FE.RIR *v.t.* Herir; dañar.
FER.MEN.TAR *v.t.* Fermentar.
FER.MEN.TO *s.m.* Fermento; levadura.
FE.RO.CI.DA.DE *s.f.* Ferocidad.
FE.ROZ *adj.* Feroz; fiero; perverso.
FER.RA.DU.RA *s.f.* Herradura.
FER.RA.MEN.TA *s.f.* Herramienta.
FER.RAR *v.t.* Herrar.
FER.RA.RI.A *s.f.* Herrería; ferrería.
FER.REI.RO *s.m.* Herrero.
FER.RO *s.m.* Hierro; *ferro de passar*: plancha.
FER.RO.A.DA *s.f.* Aguijonazo.
FER.RO.VI.A *s.f.* Ferrovía; ferrocarril.
FER.RU.GEM *s.f.* Herrumbre; orín.
FÉR.TIL *adj.* Fértil; rico.
FER.TI.LI.ZAN.TE *adj.* e *s.m.* Fertilizante.
FER.TI.LI.ZAR *v.t.* Fertilizar; fecundar.
FER.VEN.TE *adj.* Hirviente.
FER.VER *v.t.* e *int.* Hervir; cocer.
FER.VOR *s.m.* Hervor.
FER.VO.RO.SO *adj.* Ferviente; fervoroso.
FER.VU.RA *s.f.* Hervor; ebullición.
FES.TA *s.f.* Fiesta; festividad.
FES.TE.JAR *v.t.* Festejar; conmemorar.
FES.TI.VAL *s.m.* Festival, fiesta.
FES.TI.VO *adj.* Festivo.
FE.TO *s.m.* Feto.
FEU.DAL *adj.* Feudal.
FE.VE.REI.RO *s.m.* Febrero.
FE.ZES *s.m. pl.* Heces; excrementos.
FI.A.ÇÃO *s.f.* Hilatura; hilandería; cableado.
FI.A.DO *s.m.* Fiado.
FI.A.DOR *adj.* e *s.m.* Fiador.
FI.AN.ÇA *s.f.* Fianza; garantía.
FI.AR *v.t.* e *int.* Fiar; afianzar; hilar. *v.p.* Fiarse.
FI.AS.CO *s.m.* Fiasco.
FI.BRA *s.f.* Fibra.
FI.BRO.SO *adj.* Fibroso.
FI.CAR *v.int.* Detenerse; quedar; subsistir. *v.p.* Quedarse; detenerse.
FIC.ÇÃO *s.f.* Ficción.
FI.CHA *s.f.* Ficha.
FI.CHAR *v.t.* Fichar; catalogar.
FI.CHÁ.RIO *s.m.* Fichero.
FI.DAL.GO *adj.* e *s.m.* Hidalgo.
FI.DE.DIG.NO *adj.* Fidedigno.
FI.DE.LI.DA.DE *s.f.* Fidelidad.
FI.EL *adj.* Fiel; leal; honrado.
FÍ.GA.DO *s.m. Anat.* Hígado.
FI.GO *s.m.* Higo.
FI.GUEI.RA *s.f. Bot.* Higuera.
FI.GU.RA *s.f.* Figura.
FI.GU.RA.ÇÃO *s.f.* Figuración.
FI.GU.RAR *v.t.* Figurar; participar; entrar.
FI.GU.RA.TI.VO *adj.* Figurativo.
FI.GU.RI.NO *s.m.* Figurín; modelo.
FI.LA *s.f.* Fila; hilera; *fila indiana*: fila india.
FI.LAN.TRO.PI.A *s.f.* Filantropía.
FI.LÁN.TRO.PO *adj.* Filántropo.
FI.LÉ *s.m.* Filete
FI.LE.TE *s.m.* Filete; friso.

FI.LHO *s.m.* Hijo; *filha, fem.*: hija.
FI.LHO.TE *s.m.* Cría (de animal); hijo.
FI.LI.A.ÇÃO *s.f.* Filiación.
FI.LI.AL *adj.* Filial. *s.f.* Filial; sucursal.
FIL.MA.GEM *s.f.* Filmación.
FIL.MAR *v.t.* Filmar.
FIL.ME *s.m.* Película; filme.
FI.LO.SO.FI.A *s.f.* Filosofía.
FI.LÓ.SO.FO *s.m.* Filósofo.
FIL.TRA.ÇÃO *s.f.* Filtración.
FIL.TRAR *v.t.* Filtrar. *v.p.* Filtrarse.
FIL.TRO *s.m.* Filtro.
FIM *s.m.* Fin; conclusión; término; limite.
FI.NA.DO *adj.* e *s.m.* Finado; difunto; muerto.
FI.NAL *adj.* Final; último. *s.m.* Final.
FI.NA.LI.DA.DE *s.f.* Finalidad.
FI.NA.LI.ZAR *v.t.* Finalizar.
FI.NAN.ÇAS *s.f. pl.* Finanzas.
FI.NAN.CEI.RO *adj.* e *s.m.* Financiero.
FI.NAN.CI.A.MEN.TO *s.m.* Financiamiento; financiación.
FI.NAN.CI.AR *v.t.* Financiar.
FI.NE.ZA *s.f.* Fineza.
FIN.GI.DO *adj.* e *s.m.* Fingido; afectado.
FIN.GI.MEN.TO *s.m.* Fingimiento; hipocresía; afectación.
FIN.GIR *v.t.* Fingir; simular; afectar.
FI.NO *adj.* Fino; delgado; correcto.
FI.NU.RA *s.f.* Finura.
FI.O *s.m.* Hilo; filo; hebra.
FIR.MA *s.f.* Firma; empresa; signatura.
FIR.MAR *v.t.* Afirmar; firmar; sostener; sancionar.
FIR.ME *adj.* Firme; sólido; estable; tenaz; sostenido.
FIR.ME.ZA *s.f.* Firmeza; solidez; persistencia.
FIS.CAL *adj.* e *s.2g.* Fiscal; inspector.
FIS.CA.LI.ZA.ÇÃO *s.f.* Fiscalización.
FIS.CA.LI.ZAR *v.t.* Fiscalizar; intervenir.
FIS.CO *s.m.* Fisco; hacienda pública.
FÍ.SI.CA *s.f.* Física (ciencia).
FÍ.SI.CO *adj.* e *s.m.* Físico.
FI.SI.O.LO.GI.A *s.f.* Fisiología.

FI.SI.O.NO.MI.A *s.f.* Fisionomía.
FI.TA *s.f.* Cinta; banda; película; *fita métrica*: cinta métrica.
FI.TAR *v.t.* Fijar; mirar.
FI.TO *s.m.* Fijo; fin; objetivo.
FI.VE.LA *s.f.* Hebilla.
FI.XA.ÇÃO *s.f.* Fijación.
FI.XA.DOR *s.m.* Fijador.
FI.XAR *v.t.* Fijar. *v.p.* Fijarse.
FI.XO *adj.* Fijo; hito; firme.
FLA.CI.DEZ *s.f.* Flacidez; languidez.
FLÁ.CI.DO *adj.* Flácido; lánguido.
FLA.GE.LAR *v.t.* Flagelar; azotar.
FLA.GRAN.TE *adj.* Flagrante, evidente. *v.p.* Flagelarse.
FLA.GRAR *v.t.* Flagrar.
FLA.ME.JAN.TE *adj.* Flameante; llameante.
FLA.ME.JAR *v.int.* Flamear; llamear.
FLÂ.MU.LA *s.f.* Flámula; banderola.
FLAN.CO *s.m.* Flanco; lado.
FLAU.TA *s.f.* Flauta.
FLAU.TIS.TA *s.2g.* Flautista.
FLE.CHA *s.f.* Frecha.
FLEU.MA *s.f.* Flema.
FLE.XÃO *s.f.* Flexión.
FLE.XI.BI.LI.DA.DE *s.f.* Flexibilidad.
FLE.XI.O.NAR *v.t.* Flexionar. *v.p.* Flexianarse.
FLE.XÍ.VEL *adj.* Flexible; maleable.
FLOR *s.f.* Flor.
FLO.RA *s.f.* Flora.
FLO.RA.ÇÃO *s.f.* Floración.
FLO.REI.RA *s.f.* Florero.
FLO.RES.CEN.TE *adj.* Floreciente.
FLO.RES.CER *v.int.* Florecer.
FLO.RES.TA *s.f.* Floresta; bosque; mata.
FLO.RI.CUL.TU.RA *s.f.* Floricultura.
FLO.RI.DO *adj.* Florido.
FLO.RIR *v.t.* e *int.* Florecer; desabrocharse; desarrollarse.
FLO.RIS.TA *s.2g.* Florista; florero.
FLU.ÊN.CIA *s.f.* Fluencia.
FLU.EN.TE *adj.* e *s.m.* Fluyente.
FLU.I.DEZ *s.f.* Fluidez.

FLUI.DO *adj.* Fluido; fluente. *s.m.* Fluido; líquido.
FLU.IR *v.t.* e *int.* Fluir; correr (líquido).
FLU.TU.A.ÇÃO *s.f.* Fluctuación.
FLU.TU.AN.TE *adj.* Fluctuante.
FLU.TU.AR *v.t.* e *int.* Fluctuar; ondear.
FLU.VI.AL *adj.* Fluvial.
FLU.XO *s.m.* Flujo.
FO.CA *s.f.* Zool. Foca.
FO.CO *s.m.* Foco.
FO.FO *adj.* Fofo; blando.
FO.FO.CA *s.f.* Chisme; intriga.
FO.GÃO *s.m.* Fogón; estufa.
FO.GA.REI.RO *s.m.* Hornillo; brasero.
FO.GO *s.m.* Fuego; incendio; *fig.* pasión; ardor.
FO.GO.SO *adj.* Fogoso; ardoroso.
FO.GUEI.RA *s.f.* Hoguera; fogata; pira.
FO.GUE.TE *s.m.* Cohete.
FOI.CE *s.f.* Hoz.
FOL.CLO.RE *s.m.* Folklore.
FÔ.LE.GO *s.m.* Hálito; huelgo.
FOL.GA *s.f.* Descanso; huelga.
FOL.GA.DO *adj.* Holgado; desahogado.
FOL.GAR *v.int.* Holgar; descansar.
FO.LHA *s.f.* Hoja; *folha de papel*: hoja de papel.
FO.LHA.GEM *s.m.* Follaje; ramaje.
FO.LHE.AR *v.t.* e *int.* Hojear.
FO.LHE.TO *s.m.* Folleto.
FO.ME *s.f.* Hambre.
FO.MEN.TAR *v.t.* Fomentar; *fig.* desarrollar.
FO.MEN.TO *s.m.* Fomento.
FO.NE *s.m.* Teléfono.
FO.NE.MA *s.m.* Fonema.
FO.NO.LO.GI.A *s.f.* Fonología.
FON.TE *s.f.* Fuente; origen.
FO.RA *adv.* Fuera; afuera.
FO.RA.GI.DO *adj.* Forajido; escapado.
FO.RAS.TEI.RO *adj.* e *s.m.* Forastero.
FOR.CA *s.f.* Horca; cadafalso.
FOR.ÇA *s.f.* Fuerza; potencia.
FOR.ÇA.DO *adj.* Forzado; obligado.
FOR.ÇAR *v.t.* Forzar; obligar.
FOR.ÇO.SO *adj.* Forzoso; necesario.
FO.REN.SE *adj.* Forense.

FOR.JA *s.f.* Forja.
FOR.JAR *v.t.* Forjar; *fig.* inventar; fabricar; fingir; tramar.
FOR.MA (ó) *s.f.* Forma; manera; apariencia.
FOR.MA (ô) *s.f.* Molde; horma; *forma de bolo*: molde de pastel.
FOR.MA.ÇÃO *s.f.* Formación.
FOR.MAL *adj.* Formal.
FOR.MA.LI.DA.DE *s.f.* Formalidad.
FOR.MAR *v.t.* e *int.* Formar; criar; trabajar.
FOR.MA.TO *s.m.* Formato; forma.
FOR.MA.TU.RA *s.f.* Formación; final de carrera.
FOR.MI.DÁ.VEL *adj.* Formidable.
FOR.MI.GA *s.f.* Zool. Hormiga.
FOR.MI.GA.MEN.TO *s.m.* Hormigueo.
FOR.MI.GUEI.RO *s.m.* Hormiguero.
FOR.MO.SO *adj.* Hermoso; bello.
FÓR.MU.LA *s.f.* Fórmula.
FOR.MU.LAR *v.t.* Formular.
FOR.MU.LÁ.RIO *s.m.* Formulario.
FOR.NA.LHA *s.f.* Horno; fogón.
FOR.NE.CE.DOR *s.m.* Abastecedor.
FOR.NE.CER *v.t.* Abastecer; proveer; surtir.
FOR.NE.CI.MEN.TO *s.m.* Abastecimiento; suministro.
FOR.NO *s.m.* Horno.
FO.RO *s.m.* Fuero.
FOR.RA.GEM *s.f.* Forraje.
FOR.RAR *v.t.* Forrar.
FOR.TA.LE.CER *v.t.* Fortalecer.
FOR.TA.LE.CI.MEN.TO *s.m.* Fortalecimiento.
FOR.TA.LE.ZA *s.f.* Fortaleza.
FOR.TE *adj.* e *s.m.* Fuerte.
FOR.TI.FI.CA.ÇÃO *s.f.* Fortificación.
FOR.TI.FI.CAR *v.t.* Fortificar; robustecer; fortalecer.
FOR.TUI.TO *adj.* Fortuito; aleatorio.
FOR.TU.NA *s.f.* Fortuna; prosperidad; ventura.
FOS.FO.RES.CÊN.CIA *s.f.* Fosforescencia.
FÓS.FO.RO *s.m.* Fósforo.
FOS.SA *s.f.* Fosa.
FÓS.SIL *adj.* e *s.m.* Fósil.
FOS.SO *s.m.* Foso; cavidad.

FO.TO *s.f.* Foto; fotografía.
FO.TO.GRA.FAR *v.t.* Fotografiar; retratar.
FO.TO.GRA.FI.A *s.f.* Fotografía.
FO.TÓ.GRA.FO *s.m.* Fotógrafo.
FOZ *s.f.* Desembocadura.
FRA.ÇÃO *s.f.* Fracción.
FRA.CAS.SO *s.m.* Fracaso.
FRA.CIO.NAR *v.t.* Fraccionar.
FRA.CO *adj.* Flaco; débil.
FRA.GA.TA *s.f.* Fragata.
FRÁ.GIL *adj.* Frágil; precario; endeble.
FRA.GI.LI.DA.DE *s.f.* Fragilidad; delicadeza.
FRAG.MEN.TAR *v.t.* Fragmentar.
FRAG.MEN.TO *s.m.* Fragmento; lasca; partícula.
FRA.GOR *s.m.* Fragor; ruido.
FRAM.BO.E.SA *s.f.* Frambuesa.
FRAN.CÊS *adj.* e *s.m.* Francés.
FRAN.CO *adj.* e *s.m.* Franco.
FRAN.GO *s.m.* Pollo.
FRAN.QUE.AR *v.t.* Franquear.
FRAN.QUE.ZA *s.f.* Franqueza; sinceridad.
FRAN.QUI.A *s.f.* Franquicia.
FRAN.ZI.NO *adj.* Delgado; fino.
FRAS.CO *s.m.* Frasco.
FRA.SE *s.f.* Frase.
FRA.TER.NAL *adj.* Fraternal.
FRA.TER.NI.DA.DE *s.f.* Fraternidad.
FRA.TRI.CI.DA *s.2g.* Fratricida.
FRA.TU.RA *s.f.* Fractura.
FRAU.DAR *v.t.* Defraudar; engañar; falsificar.
FRAU.DE *s.f.* Fraude; engaño; trampa; falsificación; dolo.
FRAU.DU.LEN.TO *adj.* Fraudulento; doloso.
FRE.GUÊS *s.m.* Cliente.
FREI *s.m.* Fray; monje.
FRE.IO *s.m.* Freno.
FREI.RA *s.f.* Monja.
FRE.MIR *v.t.* e *int.* Tremblar; rugir; estremecerse.
FRÊ.MI.TO *s.m.* Temblor; estremecimiento; rumor; bramido.
FRE.NE.SI *s.m.* Frenesí.
FRE.NÉ.TI.CO *adj.* Frenético.

FREN.TE *s.f.* Frente; fachada. *adv.* Frente; enfrente
FRE.QUÊN.CIA *s.f.* Frecuencia.
FRE.QUEN.TAR *v.t.* Frecuentar.
FRE.QUEN.TE *adj.* Frecuente.
FRES.CO *adj.* Fresco; lozano; tierno. *s.m.* Frescor.
FRES.CU.RA *s.f.* Frescura; frescor.
FRE.TAR *v.t.* Fletar.
FRE.TE *s.m.* Flete.
FRI.A.GEM *s.f.* Frialdad.
FRIC.CIO.NAR *v.t.* Friccionar.
FRI.E.ZA *s.f.* Frialdad; indiferencia.
FRI.GI.DEI.RA *s.f.* Sartén.
FRI.GIR *v.t.* Freir.
FRI.O *adj.* e *s.m.* Frío; frígido; *frios pl.*: fiambre.
FRI.SO *s.m.* Friso.
FRI.TAR *v.t.* Freír.
FRI.TO *adj.* Frito.
FRI.TU.RA *s.f.* Fritura.
FRI.VO.LI.DA.DE *s.f.* Frivolidad.
FRÍ.VO.LO *adj.* Frívolo; fútil.
FRON.DO.SO *adj.* Frondoso.
FRO.NHA *s.f.* Fundade; almohada; envoltorio.
FRON.TE *s.f.* Frente; fachada.
FRON.TEI.RA *s.f.* Frontera; aledaño; confín.
FRO.TA *s.f.* Flota.
FROU.XI.DÃO *s.f.* Flojedad.
FROU.XO *adj.* Flojo.
FRU.GAL *adj.* Frugal.
FRU.GA.LI.DA.DE *s.f.* Frugalidad; sobriedad.
FRU.I.ÇÃO *s.f.* Fruición.
FRU.IR *v.t.* Fruir; disfrutar.
FRUS.TRAR *v.t.* Frustrar.
FRU.TA *s.f.* Fruta.
FRU.TEI.RA *s.f.* Frutero.
FRU.TÍ.FE.RO *adj.* Fructífero.
FRU.TI.FI.CAR *v.int.* Fructificar; producir.
FRU.TO *s.m.* Fruto.
FU.GA *s.f.* Fuga; evasión; retirada.
FU.GAZ *adj.* Fugaz.
FU.GIR *v.int.* Escapar; huir; evadirse; librarse.
FU.GI.TI.VO *adj.* e *s.m.* Fugitivo; evasor.
FU.LA.NO *s.m.* Fulano.

FUL.GEN.TE *adj.* Fulgente.
FUL.GIR *v.int.* Fulgir; resplandecer; brillar.
FUL.GOR *s.m.* Fulgor.
FUL.GU.RAR *v.int.* Fulgurar; resplandecer; brillar.
FU.LI.GEM *s.f.* Hollín; tizne.
FUL.MI.NAR *v.t.* Fulminar.
FU.MA.ÇA *s.f.* Humo.
FU.MAN.TE *adj.* e *s.2g.* Fumante; fumador.
FU.MAR *v.t.* e *int.* Fumar; humear; ahumar (carne).
FU.MO *s.m.* Humo.
FUN.ÇÃO *s.f.* Función.
FUN.CHO *s.m.* Hinojo.
FUN.CIO.NAL *adj.* Funcional.
FUN.CIO.NAR *v.t.* Funcionar; trabajar.
FUN.CIO.NÁ.RIO *s.m.* Funcionario.
FUN.DA.ÇÃO *s.f.* Fundación.
FUN.DA.DOR *adj.* e *s.m.* Fundador.
FUN.DA.MEN.TAL *adj.* Fundamental.
FUN.DA.MEN.TO *s.m.* Fundamento; razón.
FUN.DAR *v.t.* e *int.* Fundar; instituir; apoyar.
FUN.DE.AR *v.int.* Fondear.
FUN.DI.ÇÃO *s.f.* Fundición.
FUN.DIR *v.t.* Fundir; hundir. *v.p.* Fundirse; derretirse.
FUN.DO *adj.* e *s.m.* Fondo; hondo.
FUN.DU.RA *s.f.* Hondura; profundidad.
FÚ.NE.BRE *adj.* Fúnebre.
FU.NE.RAL *s.m.* Funeral.
FU.NE.RÁ.RIA *s.f.* Funeraria.
FU.NES.TO *adj.* Funesto; siniestro.
FUN.GO *s.m.* Hongo.
FU.NIL *s.m.* Embudo.
FU.RA.CÃO *s.m.* Huracán.
FU.RA.DEI.RA *s.f.* Taladro.
FU.RAR *v.t.* Agujerear; perforar.
FÚ.RIA *s.f.* Furia.
FU.RI.O.SO *adj.* Furioso; colérico.
FUR.NA *s.f.* Gruta; caverna.
FU.RO *s.m.* Agujero.
FU.ROR *s.m.* Furor; ira.
FUR.TA-COR *adj.* e *s.m.* Tornasolado; tornasol.
FUR.TAR *v.t.* Hurtar; robar.
FUR.TI.VO *adj.* Furtivo.
FUR.TO *s.m.* Hurto.
FU.SÃO *s.f.* Fusión.
FU.SÍ.VEL *adj.* e *s.m.* Fusible.
FU.SO *s.m.* Huso.
FUS.TI.GAR *v.t.* Fustigar; hostigar; maltratar.
FU.TE.BOL *s.m.* Fútbol; balompié.
FÚ.TIL *adj.* Fútil; frívolo.
FU.TI.LI.DA.DE *s.f.* Futilidad.
FU.TU.RO *s.m.* Futuro; porvenir.
FU.ZIL *s.m.* Fusil.
FU.ZI.LA.MEN.TO *s.m.* Fusilamiento.
FU.ZI.LAR *v.t.* Fusilar.
FU.ZI.LEI.RO *s.m. Mil.* Fusilero.

G

G *s.m.* Sétima letra del alfabeto portugués.
GA.BAR *v.t.* Alabar; elogiar.
GA.BA.RI.TO *s.m.* Clave; gálibo; modelo.
GA.BI.NE.TE *s.m.* Gabinete.
GA.DO *s.m.* Ganado.
GA.FA.NHO.TO *s.m. Zool.* Langosta.
GA.FE *s.f.* Metedura; dicho inconveniente.
GA.GO *adj.* e *s.m.* Tartamudo.
GA.GUEI.RA *s.f.* Tartamudez.
GA.GUE.JAR *v.int.* Tartamudear.
GAI.O.LA *s.f.* Jaula.
GAI.TA *s.f.* Gaita; armónica.
GAI.VO.TA *s.f.* Gaviota.
GA.LA *s.f.* Gala; adorno; ostentación; fiesta nacional.
GA.LÃ *s.m.* Galán.
GA.LAN.TE *adj.* Galante.
GA.LAN.TEI.O *s.m.* Galanteo.
GA.LÃO *s.m.* Galón.
GA.LE.RI.A *s.f.* Galería.
GAL.GAR *v.t.* e *int.* Saltar; subir; trepar; alinear; transponer.
GA.LHAR.DI.A *s.f.* Gallardía; generosidad; gentileza.
GA.LHO *s.m.* Rama; gajo; cuerno (de animal).
GA.LHO.FA *s.f.* Broma; burla.
GA.LI.CIS.MO *s.m.* Galicismo.
GA.LI.NHA *s.f. Zool.* Gallina.
GA.LI.NHEI.RO *s.m.* Gallinero.
GA.LO *s.m.* Gallo.
GA.LO.PAR *v.int.* Galopar.
GA.LO.PE *s.m.* Galope; carrera.
GA.MA *s.f.* Gama; escala.
GA.ME.LA *s.f.* Gamella; cuenco.
GAL.PÃO *s.m.* Galpón; cobertizo.
GAL.VA.NI.ZAR *v.t.* Galvanizar.
GAM.BÁ *s.m. Zool.* Mofeta.
GA.MO *s.m. Zool.* Gamo.
GA.NÂN.CIA *s.f.* Ganancia.
GAN.CHO *s.m.* Gancho; garfio; *Capitão Gancho:* Capitán Garfio.
GÂN.GLIO *s.m.* Ganglio.
GAN.GOR.RA *s.f.* Columpio.
GAN.GRE.NA *s.f. Med.* Gangrena.
GA.NHA-PÃO *s.m.* Ganapán; trabajo.
GA.NHAR *v.t.* Ganar; recibir un regalo; cobrar; adquirir.
GA.NHO *s.m.* Ganado; ganancia; logro.
GA.NI.DO *s.m.* Gañido.
GA.NIR *v.int.* Gañir.
GAN.SO *s.m. Zool.* Ánsar.
GA.RA.GEM *s.f.* Garaje; cochera.
GA.RAN.TI.A *s.f.* Garantía.
GA.RAN.TIR *v.t.* Garantir; garantizar.
GAR.BO *s.m.* Garbo.
GAR.BO.SO *adj.* Garboso.
GAR.ÇA *s.f. Zool.* Garza.
GAR.ÇOM *s.m.* Camarero.
GAR.ÇO.NE.TE *s.f.* Camarera.
GAR.FO *s.m.* Tenedor (cubierto); horca (labranza).
GAR.GA.LHA.DA *s.f.* Carcajada.
GAR.GA.LHAR *v.int.* Carcajear.
GAR.GA.LO *s.m.* Gollete (de botella); cuello.
GAR.GAN.TA *s.f. Anat.* Garganta.
GAR.GA.RE.JAR *v.int.* Hacer gárgaras.
GA.RI *s.m.* Barrendero.
GA.RO.A *s.f.* Llovizna.
GA.RO.AR *v.int.* Lloviznar.
GA.RO.TA *s.f.* Chica; enamorada.
GA.RO.TO *s.m.* Muchacho; chico; galopín.
GAR.RA *s.f.* Garra.
GAR.RA.FA *s.f.* Botella.
GAR.RA.FA.DA *s.f.* Botellazo.

GAR.RA.FÃO s.m. Garrafón; bombona.
GAR.RO.TE s.m. Garrote.
GA.RU.PA s.f. Grupa.
GÁS s.m. Gas.
GA.SO.LI.NA s.f. Gasolina.
GA.SO.SO s.f. Gaseoso.
GAS.TA.DOR s.m. Gastador.
GAS.TAR v.t. Gastar; disipar; dilapidar; desbastar; agotar (paciencia). v.p. Gastarse.
GAS.TO adj. Gastado; envejecido; deteriorado; apagado. s.m. Gasto; dispendio; desembolso.
GÁS.TRI.CO adj. Gástrico.
GAS.TRI.TE s.f. Gastritis.
GAS.TRO.NO.MI.A s.f. Gastronomía.
GAS.TRÔ.NO.MO s.m. Gastrónomo.
GA.TI.LHO s.m. Gatillo.
GA.TO s.m. Zool. Gato.
GA.TU.NO s.m. Ratero; ladrón.
GA.Ú.CHO adj. e s.m. Gaucho.
GA.VE.TA s.f. Cajón.
GA.VI.ÃO s.m. Zool. Gavilán.
GA.ZE.LA s.f. Zool. Gacela.
GA.ZE.TA s.f. Gaceta.
GA.ZE s.f. Gasa.
GE.A.DA s.f. Helada; escarcha.
GE.AR v.int. Helar; escarchar.
GE.LA.DEI.RA s.f. Frigorífico; nevera; heladera.
GE.LA.DO adj. Helado; refresco.
GE.LAR v.int. Helar; enfriar; congelar. v.p. Helarse.
GE.LEI.A s.f. Jalea; mermelada.
GÉ.LI.DO adj. Gélido; helado.
GE.LO s.m. Hielo.
GE.MA s.f. Yema (botánica); yema de huevo; gema (piedra preciosa).
GÊ.MEO adj. e s.m. Gemelo.
GE.MER v.int. Gemir.
GE.MI.DO s.m. Gemido.
GE.NE.A.LO.GIA s.f. Genealogía.
GE.NE.RAL s.m. General.
GE.NE.RA.LI.DA.DE s.f. Generalidad.
GE.NE.RA.LI.ZAR v.t. Generalizar.
GÊ.NE.RO s.m. Género.

GE.NE.RO.SI.DA.DE s.f. Generosidad.
GE.NE.RO.SO adj. Generoso.
GÊ.NE.SE s.f. Génesis.
GEN.GI.BRE s.m. Bot. Jengibre.
GEN.GI.VA s.f. Encía.
GE.NI.AL adj. Genial.
GÊ.NIO s.m. Genio.
GEN.RO s.m. Yerno.
GEN.TA.LHA s.f. Gentuza.
GEN.TE s.f. Gente; pueblo.
GEN.TIL adj. Gentil.
GEN.TI.LE.ZA s.f. Gentileza; amabilidad.
GEN.TI.O adj. e s.m. Gentil; pagano.
GE.NU.FLE.XÃO s.f. Genuflexión.
GE.NU.Í.NO adj. Genuino; natural; puro.
GE.O.GRA.FI.A s.f. Geografía.
GE.Ó.GRA.FO s.m. Geógrafo.
GE.O.LO.GI.A s.f. Geología.
GE.Ó.LO.GO s.m. Geólogo.
GE.O.ME.TRI.A s.f. Geometría.
GE.RA.ÇÃO s.f. Generación.
GE.RAL adj. General; común; mayoría.
GE.RÂ.NIO s.m. Geranio.
GE.RAR v.t. Generar. v.p. Generarse.
GE.RÊN.CIA s.f. Gerencia; gestión; administración.
GE.REN.TE s.2g. Gerente.
GE.RIR v.t. Dirigir; administrar.
GER.MÂ.NI.CO adj. e s.m. Germánico.
GER.ME s.m. Germen.
GER.MI.NA.ÇÃO s.f. Germinación.
GER.MI.NAR v.int. Germinar; generar; originar; desarrollarse.
GE.RÚN.DIO s.m. Gerundio.
GES.SO s.m. Yeso.
GES.TA.ÇÃO s.f. Gestación; embarazo.
GES.TAN.TE s.f. Gestante; embarazada.
GES.TI.CU.LAR v.int. Gesticular.
GES.TO s.m. Gesto; ademán.
GI.BI s.m. Tebeo; cómic.
GI.GAN.TE adj. e s.2g. Gigante.
GI.NÁ.SIO s.m. Gimnasio.
GI.NÁS.TI.CA s.f. Gimnasia.
GI.NÁS.TI.CO adj. Gimnástico.
GI.NE.TE s.m. Jinete.

GIN.GAR v.int. Jinglar.
GI.RA.FA s.f. Jirafa.
GI.RAR v.int. Girar; pasear; circular. v.t. Hacer girar.
GI.RAS.SOL s.m. Girasol.
GI.RA.TÓ.RIO adj. Giratorio.
GÍ.RIA s.f. Argot; jerga.
GI.RO s.m. Giro; vuelta.
GIZ s.m. Tiza.
GLA.CI.AL adj. Glacial.
GLA.DI.A.DOR s.m. Gladiador.
GLÂN.DU.LA s.f. Glándula.
GLE.BA s.f. Gleba.
GLI.CE.RI.NA s.f. Glicerina.
GLI.CO.SE s.f. Glucosa.
GLO.BO s.m. Globo; esfera.
GLÓ.BU.LO s.m. Glóbulo.
GLÓ.RIA s.f. Glória.
GLO.RI.FI.CA.ÇÃO s.f. Glorificación.
GLO.RI.FI.CAR v.t. Glorificar.
GLO.RI.O.SO adj. Glorioso.
GLOS.SÁ.RIO s.m. Glosario.
GLU.TÃO adj. e s.m. Glotón; comilón.
GO.E.LA s.f. Garganta; gaznate.
GOI.A.BA s.f. Bot. Guayaba.
GOL s.m. Gol.
GO.LA s.f. Cuello; gola.
GO.LE s.m. Trago; sorbo.
GO.LEI.RO s.m. Guardameta; arquero; portero.
GOL.FI.NHO s.m. Delfín.
GOL.FE s.m. Golf.
GOL.FO s.m. Golfo.
GOL.PE s.m. Golpe; choque.
GOL.PE.AR v.t. Golpear.
GO.MA s.f. Goma; goma de mascar: chicle.
GO.MO s.m. Gajo; brote.
GÔN.DO.LA s.f. Góndola.
GO.RAR v.int. Malograr; frustrar.
GOR.DO adj. e s.m. Gordo.
GOR.DU.RA s.f. Grasa; gordura.
GOR.DU.RO.SO adj. Graso; grasoso.
GO.RI.LA s.m. Zool. Gorila.
GOR.JEI.O s.m. Gorjeo; trinado.
GOR.JE.TA s.f. Propina; gratificación.
GOR.RO s.m. Gorro.

GOS.TAR v.t. e int. Gustar; probar.
GOS.TO s.m. Gusto; sabor; grado; regalo.
GOS.TO.SO adj. Gustoso; sabroso.
GOS.TO.SU.RA s.f. Delicia; placer.
GO.TA s.f. Gota.
GO.TEI.RA s.f. Gotera; canalón.
GO.TE.JAR v.int. Gotear.
GÓ.TI.CO adj. Gótico.
GO.VER.NA.DOR s.m. Gobernador.
GO.VER.NAN.TE s.2g. Gobernante.
GO.VER.NAR v.t. Gobernar.
GO.VER.NO s.m. Gobierno.
GO.ZAR v.t. Gozar; disfrutar.
GO.ZO s.m. Gozo; posesión; placer.
GRA.ÇA s.f. Gracia.
GRA.CE.JAR v.t. e int. Bromear; motejar.
GRA.CI.O.SO adj. Gracioso.
GRA.DA.ÇÃO s.f. Gradación.
GRA.DA.TI.VO adj. Gradativo; gradual.
GRA.DE s.f. Enrejado; reja; rastra; grada.
GRA.DU.A.ÇÃO s.f. Graduación.
GRA.DU.AR v.t. Graduar.
GRÁ.FI.CA s.f. Gráfica.
GRÁ.FI.CO adj. e s.m. Gráfico.
GRA.MA s.f. Bot. Césped; grama; pasto. s.m. Grama (unidad de peso).
GRA.MA.DO s.m. Césped; prado.
GRA.MÁ.TI.CA s.f. Gramática.
GRAM.PE.AR v.t. Grapar.
GRAM.PO s.m. Grapa; horquilla; gancho.
GRA.NA.DA s.f. Granada.
GRAN.DE adj. Grande.
GRAN.DE.ZA s.f. Grandeza.
GRAN.DI.O.SI.DA.DE s.f. Grandiosidad.
GRAN.DI.O.SO adj. Grandioso.
GRA.NI.TO s.m. Granito.
GRA.NI.ZO s.m. Granizo.
GRAN.JA s.f. Granja; chácara; cortijo; finca.
GRAN.JE.AR v.t. Granjear; obtener.
GRÃO s.m. Grano; semilla.
GRAS.NAR v.int. Graznar.
GRA.TI.DÃO s.f. Gratitud; reconocimiento.
GRA.TI.FI.CA.ÇÃO s.f. Gratificación.
GRA.TI.FI.CAR v.t. Gratificar.
GRÁ.TIS adv. Gratis.

GRA.TO *adj.* Grato.
GRA.TUI.TO *adj.* Gratuito.
GRAU *s.m.* Grado.
GRA.Ú.DO *adj.* Grande; crecido; importante.
GRA.VA.ÇÃO *s.f.* Grabación.
GRA.VAR *v.t.* Grabar.
GRA.VA.TA *s.f.* Corbata.
GRA.VE *adj.* Grave.
GRA.VI.DA.DE *s.f.* Gravedad; seriedad; severidad.
GRA.VI.DEZ *s.f.* Gravidez; embarazo; preñez.
GRÁ.VI.DO *adj.* Grávido; preñado.
GRA.VI.TAR *v.t.* Gravitar.
GRA.VU.RA *s.f.* Grabado.
GRA.XA *s.f.* Grasa; unto; betún.
GRA.XO *adj.* Graso.
GRE.LHA *s.f.* Parrilla.
GRÊ.MIO *s.m.* Gremio; asociación.
GRE.TA *s.f.* Grieta.
GRE.VE *s.f.* Huelga; paro.
GRE.VIS.TA *s.2g.* Huelguista.
GRI.FAR *v.t.* Subrayar.
GRI.FO *s.m.* Raya; subliñado.
GRI.LO *s.m.* Grillo.
GRI.NAL.DA *s.f.* Guirnalda.
GRI.PA.DO *adj.* Griposo.
GRI.PE *s.f.* Gripe.
GRI.SA.LHO *adj.* Entrecano.
GRI.TAR *v.t.* Gritar.
GRI.TA.RI.A *s.f.* Griterío.
GRI.TO *s.m.* Grito.
GRO.SE.LHA *s.f.* Grosella.
GROS.SE.RI.A *s.f.* Grosería.
GROS.SO *adj.* Grueso; espeso; áspero; ordinario; bruto.
GRO.TES.CO *adj.* Grotesco; ridículo.
GRU.DAR *v.t.* Encolar; pegar. *v.p.* Pegarse.
GRU.DE *s.m.* Engrudo; cola.
GRU.NHIR *v.int.* Gruñir.
GRU.PA.MEN.TO *s.m.* Grupamiento.

GRU.PO *s.m.* Grupo.
GRU.TA *s.f.* Gruta; lapa; cripta.
GUA.RA.NÁ *s.m.* Guaraná.
GUAR.DA *s.m.* Guardia; vigía; centinela. *s.f.* Guarda.
GUAR.DA-CHU.VA *s.m.* Paraguas.
GUAR.DA-COS.TAS *s.m.* Guardacostas.
GUAR.DA.NA.PO *s.m.* Servilleta.
GUAR.DA-PÓ *s.m.* Guardapolvo.
GUAR.DA-ROU.PA *s.m.* Guardarropa.
GUAR.DA-SOL *s.m.* Parasol; sombrilla.
GUAR.DI.ÃO *s.m.* Guardián.
GUA.RI.DA *s.f.* Guarida.
GUA.RI.TA *s.f.* Garita.
GUAR.NE.CER *v.t.* Guarnecer.
GUAR.NI.ÇÃO *s.f.* Guarnición.
GUEL.RAS *s.f. pl.* Agallas.
GUER.RA *s.f.* Guerra.
GUER.RE.AR *v.t.* Guerrear.
GUER.REI.RO *adj.* e *s.m.* Guerrero.
GUER.RI.LHA *s.f.* Guerrilla.
GUER.RI.LHEI.RO *s.m.* Guerrillero.
GUI.A *s.2g.* Guía.
GUI.AR *v.t.* Guiar; dirigir; conducir; aconsejar.
GUI.CHÊ *s.m.* Ventanilla.
GUI.DÃO *s.m.* Manillar.
GUI.LHO.TI.NA *s.f.* Guillotina.
GUIN.CHAR *v.int.* Chillar; *v.t.* remolcar.
GUIN.CHO *s.m.* Chillido; gañido.
GUIN.DAS.TE *s.m.* Grúa.
GUI.SA *s.f.* Guisa.
GUI.SA.DO *s.m.* Guisado.
GUI.TAR.RA *s.f.* Guitarra.
GU.LA *s.f.* Gula.
GU.LO.SO *adj.* Goloso.
GU.ME *s.m.* Filo; corte.
GU.RI *s.m.* Niño.
GUS.TA.ÇÃO *s.f.* Gustación.
GUS.TA.TI.VO *adj.* Gustativo.
GU.TU.RAL *adj.* Gutural.

H

H *s.m.* Oitava letra del alfabeto portugués.
HÁ.BIL *adj.* Hábil; diestro; apto; astuto.
HA.BI.LI.DA.DE *s.f.* Habilidad.
HA.BI.LI.DO.SO *adj.* Habilidoso.
HA.BI.LI.TA.ÇÃO *s.f.* Habilitación; aptitud; capacidad.
HA.BI.LI.TAR *v.t.* Habilitar. *v.p.* Habilitarse.
HA.BI.TA.ÇÃO *s.f.* Habitación; vivienda.
HA.BI.TAN.TE *s.2g.* Habitante.
HA.BI.TAR *v.t. e int.* Habitar; morar; residir.
HA.BI.TÁ.VEL *adj.* Habitable.
HÁ.BI.TO *s.m.* Hábito; costumbre; traje; ropa; paños.
HA.BI.TU.AL *adj.* Habitual; corriente; común; costumbre.
HA.BI.TU.AR *v.t.* Habituar; acostumbrar.
HÁ.LI.TO *s.m.* Hálito; aliento.
HAN.GAR *s.m.* Hangar.
HA.RÉM *s.m.* Harem; harén.
HAR.MO.NI.A *s.f.* Armonía; concordia; conformidad.
HAR.MÔ.NI.CA *s.f.* Armónica; acordeón.
HAR.MO.NI.ZAR *v.t.* Armonizar. *v.p.* Armonizarse.
HAR.PA *s.f.* Arpa.
HAS.TE *s.f.* Asta; fuste.
HAS.TE.AR *v.t.* Izar; enarbolar.
HA.VER *v.t.* Haber; tener; poseer; existir; obtener. *v.p.* Portarse.
HA.VE.RES *s.m. pl.* Haberes; bienes.
HE.BREU *adj. e s.m.* Hebreo.
HE.DI.ON.DO *adj.* Hediondo; repugnante; asqueroso.
HE.GE.MO.NI.A *s.f.* Hegemonía.
HÉ.LI.CE *s.f.* Hélice.
HE.LI.CÓP.TE.RO *s.m.* Helicóptero.
HE.LI.POR.TO *s.m.* Helipuerto.
HE.MA.TO.MA *s.m.* Hematoma.
HE.MIS.FÉ.RIO *s.m.* Hemisferio.
HE.MOR.RA.GI.A *s.f. Med.* Hemorragia.
HE.MOR.ROI.DAS *s.f. pl.* Hemorroides.
HE.PÁ.TI.CO *adj. Med.* Hepático.
HE.PA.TI.TE *s.f. Med.* Hepatitis.
HE.RA *s.f.* Yedra; hiedra.
HE.RAN.ÇA *s.f.* Herencia; legado.
HER.BÁ.CEO *adj.* Herbáceo.
HER.BÍ.VO.RO *adj. e s.m.* Herbívoro.
HER.CÚ.LEO *adj.* Hercúleo.
HER.DA.DE *s.f.* Heredad.
HER.DAR *v.t.* Heredar.
HER.DEI.RO *s.m.* Heredero.
HE.RE.DI.TA.RI.E.DA.DE *s.f.* Hereditariedad.
HE.RE.GE *s.2g.* Hereje.
HE.RE.SI.A *s.f.* Herejía.
HÉR.NIA *s.f. Med.* Hernia.
HE.RÓI *s.m.* Héroe.
HE.ROI.CO *adj.* Heroico.
HE.RO.Í.NA *s.f.* Heroína.
HE.RO.ÍS.MO *s.m.* Heroísmo.
HER.PES *s.f. Med.* Herpes; herpe.
HE.SI.TA.ÇÃO *s.f.* Vacilación; hesitación; duda.
HE.SI.TAN.TE *adj.* Vacilante.
HE.SI.TAR *v.t. e int.* Vacilar; hesitar; dudar.
HE.TE.RO.GÊ.NEO *adj.* Heterogéneo.
HE.TE.ROS.SE.XU.AL *adj.* Heterosexual
HIA.TO *s.m.* Hiato.
HI.BER.NA.ÇÃO *s.f.* Hibernación.
HI.BER.NAR *v.int.* Hibernar.
HÍ.BRI.DO *adj.* Híbrido.
HI.DRA.TA.ÇÃO *s.f.* Hidratación.
HI.DRO.GÊ.NIO *s.m.* Hidrógeno.
HI.DRÔ.ME.TRO *s.m.* Hidrómetro.

HI.E.NA *s.f.* Hiena.
HIE.RAR.QUIA *s.f.* Jerarquía.
HIE.RÁR.QUI.CO *adj.* Jerárquico.
HIE.RAR.QUI.ZAR *v.t.* Jerarquizar.
HI.FEN *s.m.* Guión.
HI.GI.E.NE *s.f.* Higiene.
HI.GI.Ê.NI.CO *adj.* Higiénico.
HI.GRÔ.ME.TRO *s.m.* Higrómetro.
HI.LA.RI.AN.TE *adj.* Alegre, risueño.
HÍ.MEN *s.m.* Anat. Hímen.
HI.NO *s.m.* Himno.
HI.PÉR.BO.LE *s.f.* Hipérbole.
HI.PER.TEN.SÃO *s.f.* Hipertensión.
HI.PIS.MO *s.m.* Hipismo.
HIP.NO.SE *s.f.* Hipnosis.
HIP.NO.TIS.MO *s.m.* Hipnotismo.
HIP.NO.TI.ZAR *v.t.* Hipnotizar.
HI.PO.CON.DRI.A *s.f.* Hipocondría.
HI.PO.CRI.SI.A *s.f.* Hipocresía.
HI.PÓ.CRI.TA *adj.* e *s.2g.* Hipócrita.
HI.PÓ.DRO.MO *s.m.* Hipódromo.
HI.PO.PÓ.TA.MO *s.m.* Hipopótamo.
HI.PO.TE.CA *s.f.* Hipoteca.
HI.PO.TE.CAR *v.t.* Hipotecar.
HI.PÓ.TE.SE *s.f.* Hipótesis.
HIR.TO *adj.* Rígido; inmóvel; yerto.
HIS.TE.RI.A *s.f.* Histeria.
HIS.TÉ.RI.CO *adj.* Histérico.
HIS.TÓ.RIA *s.f.* Historia (ciencia); cuento; narración; fábula; patraña; mentira.
HIS.TO.RI.A.DOR *s.m.* Historiador.
HIS.TÓ.RI.CO *adj.* Histórico.
HO.JE *adv.* Hoy.
HO.LO.CAUS.TO *s.m.* Holocausto.
HO.LO.FO.TE *s.m.* Linterna; farol.
HO.MEM *s.m.* Hombre.
HO.ME.NA.GE.AR *v.t.* Homenajear.
HO.ME.NA.GEM *s.f.* Homenaje.
HO.ME.O.PA.TI.A *s.f.* Med. Homeopatía.
HO.MI.CI.DA *s.2g.* Homicida.
HO.MI.CÍ.DIO *s.m.* Homicidio; asesinato.
HO.MO.GE.NEI.DA.DE *s.f.* Homogeneidad.
HO.MO.GÊ.NEO *adj.* Homogéneo.
HO.MO.LO.GA.ÇÃO *s.f.* Homologación.
HO.MO.LO.GAR *v.t.* Homologar.

HO.MÔ.NI.MO *s.m.* Homónimo.
HO.MOS.SE.XU.AL *adj.* e *s.m.* Homosexual.
HO.NES.TI.DA.DE *s.f.* Honestidad; decoro; honradez.
HO.NES.TO *adj.* Honesto; honrado.
HO.NO.RÁ.RIO *adj.* Honorario.
HO.NO.RÁ.RIOS *s.m. pl.* Honorarios.
HON.RA *s.f.* Honor; distinción; honra.
HON.RA.DEZ *s.f.* Probidad; honradez.
HON.RA.DO *adj.* Honrado.
HON.RAR *v.t.* Honrar; dignificar. *v.p.* Honrarse.
HO.RA *s.f.* Hora.
HO.RÁ.RIO *s.m.* Horario.
HOR.DA *s.f.* Horda.
HO.RI.ZON.TAL *adj.* Horizontal.
HO.RI.ZON.TE *s.m.* Horizonte.
HOR.MÔ.NIO *s.m.* Hormona.
HO.RÓS.CO.PO *s.m.* Horóscopo.
HOR.REN.DO *adj.* Horrendo; pavoroso.
HOR.RÍ.VEL *adj.* Horrible; terrible.
HOR.ROR *s.m.* Horror.
HOR.RO.RI.ZAR *v.t.* Horrorizar. *v.p.* Horrorizarse.
HOR.TA *s.f.* Huerta.
HOR.TA.LI.ÇA *s.f.* Hortaliza; verdura.
HOR.TE.LÃ *s.f.* Hierbabuena; menta.
HOR.TÊN.SIA *adj.* Bot. Hortensia.
HOR.TI.CUL.TOR *s.m.* Horticultor.
HOR.TI.CUL.TU.RA *s.f.* Horticultura.
HOR.TO *s.m.* Huerto.
HOS.PE.DA.GEM *s.f.* Hospedaje; hospitalidad.
HOS.PE.DAR *v.t.* Hospedar; alojar. *v.p.* Hospedarse.
HOS.PE.DA.RI.A *s.f.* Hospedería; albergue.
HÓS.PE.DE *s.m.* Huésped; alojado.
HOS.PÍ.CIO *s.m.* Hospicio; asilo.
HOS.PI.TAL *s.m.* Hospital.
HOS.PI.TA.LEI.RO *adj.* Hospitalario; acogedor.
HOS.PI.TA.LI.DA.DE *s.f.* Hospitalidad; acogimiento.
HOS.PI.TA.LI.ZA.ÇÃO *s.f.* Hospitalización.
HOS.PI.TA.LI.ZAR *v.t.* Hospitalizar.

HÓS.TIA *s.f.* Hostia.
HOS.TIL *adj.* Hostil; desagradable.
HOS.TI.LI.DA.DE *s.f.* Hostilidad; agresividad.
HOS.TI.LI.ZAR *v.t.* Hostilizar; agredir.
HO.TEL *s.m.* Hotel.
HO.TE.LEI.RO *s.m.* Hotelero.
HU.MA.NI.DA.DE *s.f.* Humanidad.
HU.MA.NIS.MO *s.m.* Humanismo.
HU.MA.NIS.TA *s.2g.* Humanista.
HU.MA.NO *adj.* Humano.
HU.MIL.DA.DE *s.f.* Humildad.
HU.MIL.DE *adj.* Humilde.
HU.MI.LHA.ÇÃO *s.f.* Humillación.
HU.MI.LHAN.TE *adj.* Humillante.
HU.MI.LHAR *v.t.* e int. Humillar. *v.p.* Humillarse.
HU.MOR *s.m.* Humor.
HU.MO.RIS.MO *s.m.* Humorismo.
HU.MO.RIS.TA *s.2g.* Humorista; cómico.
HÚ.MUS *s.m.* Humus.
HÚN.GA.RO *adj.* e *s.m.* Húngaro.
HUR.RA! *Interj.* ¡Hurra!

I

I *s.m.* Novena letra del alfabeto portugués.
I.AN.QUE *adj.* e *s.2g.* Yanqui.
I.A.TE *s.m.* Yate.
I.BE.RO-A.ME.RI.CA.NO *adj.* e *s.m.* Iberoamericano.
I.ÇAR *v.t.* Izar.
Í.CO.NE *s.m.* Ícono.
I.DA.DE *s.f.* Edad.
I.DE.AL *adj.* e *s.m.* Ideal.
I.DE.A.LIS.MO *s.m.* Idealismo.
I.DE.A.LI.ZAR *v.t.* Idealizar.
I.DEI.A *s.f.* Idea.
I.DÊN.TI.CO *adj.* Idéntico; igual.
I.DEN.TI.DA.DE *s.f.* Identidad.
I.DEN.TI.FI.CA.ÇÃO *s.f.* Identificación.
I.DEN.TI.FI.CAR *v.t.* Identificar. *v.p.* Identificarse.
I.DE.O.LO.GI.A *s.f.* Ideología.
I.DÍ.LIO *s.m.* Idilio.
I.DI.O.MA *s.m.* Idioma.
I.DI.O.TA *adj.* e *s.2g.* Idiota; cretino.
I.DÓ.LA.TRA *adj.* e *s.2g.* Idólatra.
I.DO.LA.TRAR *v.t.* e *int.* Idolatrar.
I.DO.LA.TRI.A *s.f.* Idolatría.
Í.DO.LO *s.m.* Ídolo.
I.DO.NEI.DA.DE *s.f.* Idoneidad.
I.DÔ.NEO *adj.* Idóneo.
I.DO.SO *adj.* e *s.m.* Viejo; mayor; señor; anciano.
IG.NI.ÇÃO *s.f.* Ignición.
IG.NO.MÍ.NIA *s.f.* Ignominia.
IG.NO.RÂN.CIA *s.f.* Ignorância.
IG.NO.RAN.TE *adj.* Ignorante.
IG.NO.RAR *v.t.* Ignorar, desconocer. *v.p.* Ignorarse.
I.GRE.JA *s.f.* Iglesia.
I.GUAL *adj.* Igual; idéntico.
I.GUA.LAR *v.t.* Igualar; equiparar; alisar. *v.p.* Igualarse.
I.GUAL.DA.DE *s.f.* Igualdad; paridad.
I.LA.ÇÃO *s.f.* Ilación; inferencia.
I.LE.GAL *adj.* Ilegal.
I.LE.GA.LI.DA.DE *s.f.* Ilegalidad.
I.LE.GI.TI.MI.DA.DE *s.f.* Ilegitimidad.
I.LE.GÍ.TI.MO *adj.* Ilegítimo.
I.LE.GÍ.VEL *adj.* Ilegible.
I.LE.SO *adj.* Ileso.
I.LHA *s.f.* Isla.
I.LHAR *v.t.* Aislar. *v.p.* Aislarse.
I.LHÉU *adj.* e *s.m.* Isleño.
I.LÍ.CI.TO *adj.* Ilícito.
I.LI.MI.TA.DO *adj.* Ilimitado.
I.LÓ.GI.CO *adj.* Ilógico.
I.LU.DIR *v.t.* Iludir; engañar; ilusionar. *v.p.* Engañarse.
I.LU.MI.NA.ÇÃO *s.f.* Iluminación.
I.LU.MI.NAR *v.t.* Iluminar; ilustrar.
I.LU.SÃO *adj.* Ilusión; engaño.
I.LU.SÓ.RIO *adj.* Ilusorio; falso.
I.LUS.TRA.ÇÃO *s.f.* Ilustración.
I.LUS.TRAR *v.t.* Ilustrar.
I.LUS.TRE *adj.* Ilustre; conocido; famoso.
Í.MÃ *s.m. Fis.* Imán.
I.MA.CU.LA.DO *adj.* Imnaculado; inocente.
I.MA.GEM *s.f.* Imagen.
I.MA.GI.NA.ÇÃO *s.f.* Imaginación.
I.MA.GI.NAR *v.t.* e *int.* Imaginar; inventar; creer. *v.p.* Suponerse.
I.MA.GI.NÁ.RIO *adj.* Imaginario.
I.MA.GI.NÁ.VEL *adj.* Imaginable.
I.MA.TE.RI.AL *adj.* Inmaterial.
I.MA.TU.RI.DA.DE *s.f.* Inmadurez.
I.MA.TU.RO *adj.* Inmaduro.
IM.BE.CIL *adj.* Imbécil; idiota.

IM.BE.CI.LI.DA.DE *s.f.* Imbecilidad.
IM.BU.IR *v.t.* Imbuir. *v.p.* Imbuirse.
I.ME.DI.A.ÇÃO *s.f.* Inmediación; *imediações pl.:* inmediaciones; alrededores.
I.ME.DI.A.TO *adj.* Inmediato.
I.MEN.SI.DA.DE *s.f.* Inmensidad.
I.MEN.SI.DÃO *s.f.* Inmensidad.
I.MEN.SO *adj.* Inmenso.
I.MEN.SU.RÁ.VEL *adj.* Inmensurable.
I.MER.GIR *v.t.* Sumergir. *v.p.* Sumergirse.
I.MER.SO *adj.* Inmerso.
I.MI.GRA.ÇÃO *s.f.* Inmigración.
I.MI.GRAN.TE *adj.* e *s.2g.* Inmigrante.
I.MI.GRAR *v.int.* Inmigrar.
I.MI.NÊN.CIA *s.f.* Inminencia.
I.MI.NEN.TE *adj.* Inminente.
I.MI.TA.ÇÃO *adj.* Imitación; copia; plagio.
I.MI.TA.DOR *s.m.* Imitador.
I.MI.TAR *v.t.* Imitar; copiar.
I.MI.TÁ.VEL *adj.* Imitable.
I.MO.BI.LI.DA.DE *s.f.* Inmovilidad.
I.MO.BI.LI.ZAR *v.t.* Inmovilizar. *v.p.* Inmovilizarse.
I.MO.LA.ÇÃO adj. Inmolación.
I.MO.LAR *v.t.* Inmolar. *v.p.* Inmolarse.
I.MO.RAL *adj.* Inmoral.
I.MO.RA.LI.DA.DE *s.f.* Inmoralidad.
I.MOR.TAL *adj.* Inmortal.
I.MOR.TA.LI.DA.DE *s.f.* Inmortalidad.
I.MOR.TA.LI.ZAR *v.t.* Inmortalizar. *v.p.* Inmortalizarse.
I.MÓ.VEL *adj.* Inmóvil (parado); fijo; estático. *s.m.* Inmueble; *bens imóveis*: inmuebles.
IM.PA.CI.ÊN.CIA *s.f.* Impaciencia.
IM.PA.CI.EN.TAR *v.t.* Impacientar. *v.p.* Impacientarse.
IM.PA.CI.EN.TE *adj.* Impaciente.
ÍM.PAR *adj.* Ímpar.
IM.PAR.CI.AL *adj.* Imparcial.
IM.PAR.CI.A.LI.DA.DE *s.f.* Imparcialidad.
IM.PAS.SÍ.VEL *adj.* Impasible.
IM.PE.CÁ.VEL *adj.* Impecable.
IM.PE.DIR *v.t.* Impedir; obstruir.
IM.PE.LIR *v.t.* Impeler; empujar.
IM.PE.NE.TRÁ.VEL *adj.* Impenetrable.
IM.PEN.SA.DO *adj.* Impensado.
IM.PE.RA.DOR *s.m.* Emperador; *imperatriz s.f.:* emperatriz.
IM.PE.RAR *v.t.* e *int.* Imperar; mandar; regir; gobernar.
IM.PE.RA.TI.VO *adj.* e *s.m.* Imperativo.
IM.PER.CEP.TÍ.VEL *adj.* Imperceptible.
IM.PER.DO.Á.VEL *adj.* Imperdonable.
IM.PER.FEI.ÇÃO *adj.* Imperfección.
IM.PER.FEI.TO *adj.* Imperfecto.
IM.PE.RI.A.LIS.MO *s.m.* Imperialismo.
IM.PE.RÍ.CIA *adj.* Impericia.
IM.PÉ.RIO *s.m.* Imperio.
IM.PER.ME.A.BI.LI.DA.DE *s.f.* Impermeabilidad.
IM.PER.ME.Á.VEL *adj.* Impermeable.
IM.PER.TI.NÊN.CIA *s.f.* Impertinencia.
IM.PER.TI.NEN.TE *adj.* Impertinente.
IM.PES.SO.AL *adj.* Impersonal.
ÍM.PE.TO *s.m.* Ímpetu; arrojo.
IM.PE.TU.O.SI.DA.DE *s.f.* Impetuosidad.
IM.PE.TU.O.SO *adj.* Impetuoso.
IM.PI.E.DO.SO *adj.* Implacable; cruel; inhumano.
IM.PIN.GIR *v.t.* Endosar.
ÍM.PIO *adj.* Impío; blasfemo.
IM.PLA.CÁ.VEL *adj.* Implacable.
IM.PLAN.TA.ÇÃO *adj.* Implantación.
IM.PLAN.TAR *v.t.* Implantar.
IM.PLAN.TE *s.m.* Implante.
IM.PLI.CAR *v.t.* Implicar.
IM.PLO.RAR *v.t.* Implorar.
IM.PLU.ME *adj.* Sin plumas.
IM.PO.NÊN.CIA *s.f.* Imponencia.
IM.PO.NEN.TE *adj.* Imponente.
IM.PO.PU.LAR *adj.* Impopular.
IM.POR *v.t.* Imponer. *v.p.* Imponerse.
IM.POR.TA.ÇÃO *s.f.* Importación.
IM.POR.TA.DOR *adj.* e *s.m.* Importador.
IM.POR.TÂN.CIA *adj.* Importancia.
IM.POR.TAN.TE *adj.* Importante.
IM.POR.TAR *v.t.* Importar.
IM.POR.TU.NAR *v.t.* Importunar; molestar; aburrir.
IM.PO.SI.ÇÃO *s.f.* Imposición.

IM.POS.SI.BI.LI.DA.DE *s.f.* Imposibilidad.
IM.POS.SI.BI.LI.TAR *v.t.* Imposibilitar.
IM.POS.SÍ.VEL *adj.* Imposible.
IM.POS.TO *adj.* e *s.m.* Impuesto.
IM.POS.TOR *s.m.* e *s.m.* Impostor.
IM.PO.TÊN.CIA *s.f.* Impotencia.
IM.PO.TEN.TE *adj.* e *s.m.* Impotente.
IM.PRA.TI.CÁ.VEL *adj.* Impracticable.
IM.PRE.CAR *v.t.* Imprecar; pedir; suplicar; maldecir
IM.PRE.CI.SÃO *s.f.* Imprecisión.
IM.PRE.CI.SO *adj.* Impreciso; oscuro.
IM.PREG.NAR *v.t.* Impregnar.
IM.PREN.SA *s.f.* Prensa (periódicos); imprenta.
IM.PRES.SÃO *s.f.* Impresión.
IM.PRES.SIO.NAN.TE *adj.* Impresionante.
IM.PRES.SIO.NAR *v.t.* Impresionar.
IM.PRES.SO *adj.* e *s.m.* Impreso.
IM.PRE.TE.RÍ.VEL *adj.* Indispensable.
IM.PRE.VI.SÃO *s.f.* Imprevisión.
IM.PRE.VIS.TO *adj.* Imprevisto.
IM.PRI.MIR *v.t.* Imprimir.
IM.PRO.BA.BI.LI.DA.DE *s.f.* Improbabilidad.
IM.PRO.CE.DEN.TE *adj.* Improcedente.
IM.PRO.DU.TI.VO *adj.* Improductivo.
IM.PRÓ.PRIO *adj.* Impropio.
IM.PRO.VÁ.VEL *adj.* Improbable.
IM.PRO.VI.SA.ÇÃO *s.f.* Improvisación.
IM.PRO.VI.SAR *v.t.* Improvisar; inventar.
IM.PRO.VI.SO *s.m.* Improviso; imprevisto.
IM.PRU.DÊN.CIA *s.f.* Imprudencia.
IM.PRU.DEN.TE *adj.* e s.m. Imprudente.
IM.PUG.NA.ÇÃO *s.f.* Impugnación.
IM.PUG.NAR *v.t.* Impugnar.
IM.PUL.SI.VO *adj.* Impulsivo.
IM.PUL.SO *s.m.* Impulso.
IM.PU.NE *adj.* impune.
IM.PU.NI.DA.DE *s.f.* Impunidad.
IM.PU.RE.ZA *s.f.* Impureza.
IM.PU.RO *adj.* Impuro.
IM.PU.TA.ÇÃO *s.f.* Imputación.
IM.PU.TAR *v.t.* Imputar; atribuir.
I.MUN.DO *adj.* Inmundo; sucio; impuro.
I.MU.NE *adj.* Inmune.
I.MU.NI.DA.DE *s.f.* Inmunidad.
I.MU.TÁ.VEL *s.f.* Inmutáble; inalterable.
I.NÁ.BIL *adj.* Inhábil.
I.NA.BI.LI.TAR *v.t.* Inhabilitar.
I.NA.CA.BA.DO *adj.* Inacabado.
I.NA.CEI.TÁ.VEL *adj.* Inaceptable.
I.NA.CES.SÍ.VEL *adj.* Inaccesible.
I.NA.CRE.DI.TÁ.VEL *adj.* Increíble.
I.NA.LA.ÇÃO *s.f.* Inhalación.
I.NAL.TE.RÁ.VEL *adj.* Inalterable.
I.NA.NI.ÇÃO *s.f.* Inanición.
I.NA.NI.MA.DO *adj.* Inanimado.
I.NA.TIN.GÍ.VEL *adj.* Inalcanzable.
I.NA.TI.VI.DA.DE *s.f.* Inactividad.
I.NA.TI.VO *adj.* Inactivo.
I.NA.TO *adj.* Innato.
I.NAU.DI.TO *adj.* Inaudito.
I.NAU.GU.RA.ÇÃO *s.f.* Inauguración.
I.NAU.GU.RAR *v.t.* Inaugurar.
IN.CAL.CU.LÁ.VEL *adj.* Incalculable.
IN.CAN.SÁ.VEL *adj.* Incansable; infatigable.
IN.CA.PA.CI.DA.DE *s.f.* Incapacidad.
IN.CA.PA.CI.TAR *v.t.* Incapacitar.
IN.CA.PAZ *adj.* Incapaz.
IN.CEN.DI.AR *v.t.* Incendiar; encender. *v.p.* Incendiarse; encenderse.
IN.CÊN.DIO *s.m.* Incendio.
IN.CEN.SO *s.m.* Incienso.
IN.CEN.TI.VO *s.m.* Incentivo.
IN.CER.TE.ZA *s.f.* Incertidumbre.
IN.CER.TO *adj.* Incierto.
IN.CES.TO *s.m.* Incesto.
IN.CHA.ÇÃO *s.f.* Hinchazón.
IN.CHAR *v.t.* e *int.* Hinchar; entumecer. *v.p.* Hincharse
IN.CI.DÊN.CIA *s.f.* Incidencia.
IN.CI.DEN.TE *adj.* Incidente.
IN.CI.DIR *v.t.* Incidir.
IN.CI.NE.RAR *v.t.* Incinerar.
IN.CI.SÃO *s.f.* Incisión.
IN.CI.SI.VO *adj.* Incisivo.
IN.CI.TA.ÇÃO *s.f.* Incitación.
IN.CI.TAR *v.t.* Incitar.
IN.CI.VI.LI.DA.DE *s.f.* Incivilidad.
IN.CLE.MEN.TE *adj.* Inclemente.

IN.CLI.NA.ÇÃO s.f. Inclinación.
IN.CLI.NAR v.t. Inclinar.
IN.CLU.IR v.t. Incluir.
IN.CLU.SÃO s.f. Inclusión.
IN.CLU.SI.VE adv. Inclusive.
IN.CLU.SO adj. Incluso; incluido.
IN.CO.E.REN.TE adj. Incoherente.
IN.CÓG.NI.TA s.f. Incógnita.
IN.CÓG.NI.TO adj. Incógnito.
IN.CO.LOR adj. Incoloro.
IN.CÓ.LU.ME adj. Incólume.
IN.CO.MEN.SU.RÁ.VEL adj. Inconmensurable.
IN.CO.MO.DAR v.t. Incomodar; molestar. v.p. Incomodarse.
IN.COM.PA.RÁ.VEL adj. Incomparable.
IN.COM.PA.TI.BI.LI.DA.DE s.f. Incompatibilidad.
IN.COM.PA.TÍ.VEL adj. Incompatible.
IN.COM.PE.TÊN.CIA s.f. Incompetencia.
IN.COM.PE.TEN.TE adj. e s.m. Incompetente.
IN.COM.PLE.TO adj. Incompleto.
IN.CO.MU.NI.CÁ.VEL adj. Incomunicable.
IN.CONS.CI.ÊN.CIA s.f. Inconsciencia.
IN.CONS.CI.EN.TE adj. e s.m. Inconsciente.
IN.CON.SIS.TEN.TE adj. Inconsistente.
IN.CON.SO.LÁ.VEL adj. Inconsolable.
IN.CONS.TAN.TE adj. Inconstante.
IN.CONS.TI.TU.CIO.NAL adj. Inconstitucional.
IN.CON.VE.NI.ÊN.CIA s.f. Incoveniencia.
IN.COR.PO.RA.ÇÃO s.f. Incorporación.
IN.COR.PO.RAR v.t. Incorporar; agrupar; englobar. v.p. Incorporarse; agregarse.
IN.COR.RI.GÍ.VEL adj. Incorregible.
IN.COR.RUP.TO adj. Incorupto.
IN.CRE.DU.LI.DA.DE s.f. Incredulidad.
IN.CRÉ.DU.LO adj. e s.m. Incrédulo.
IN.CRÍ.VEL adj. Increíble.
IN.CUL.TO adj. Inculto.
IN.CUM.BIR v.t. e int. Incumbir; encargar. v.p. Incumbirse; encargarse.
IN.CU.RÁ.VEL adj. Incurable.
IN.CU.RIA s.f. Incuria.
IN.CUR.SÃO s.f. Incursión.
IN.CU.TIR v.t. Infundir; inspirar.
IN.DA.GA.ÇÃO adj. Indagación.
IN.DA.GAR v.t. Indagar.
IN.DE.CÊN.CIA s.f. Indecencia.
IN.DE.CEN.TE adj. Indecente.
IN.DE.CI.SÃO s.f. Indecisión.
IN.DE.CI.SO adj. Indeciso.
IN.DE.CO.RO.SO adj. Indecoroso.
IN.DE.FE.RIR v.t. Denegar.
IN.DE.FE.SO adj. Indefenso.
IN.DE.FI.NI.DO adj. Indefinido.
IN.DE.LÉ.VEL adj. Indeleble.
IN.DE.LI.CA.DE.ZA s.f. Indelicadeza.
IN.DE.LI.CA.DO adj. Indelicado.
IN.DE.NI.ZA.ÇÃO s.f. Indemnización.
IN.DE.NI.ZAR v.t. Indemnizar.
IN.DE.PEN.DÊN.CIA s.f. Independencia.
IN.DE.PEN.DEN.TE adj. Independiente.
IN.DE.SE.JÁ.VEL adj. Indeseable.
IN.DE.TER.MI.NA.ÇÃO s.f. Indeterminación.
IN.DE.VI.DO adj. Indebido.
IN.DI.CA.ÇÃO s.f. Indicación.
IN.DI.CAR v.t. Indicar.
IN.DI.CA.TI.VO adj. e s.m. Indicativo.
ÍN.DI.CE s.m. Índice.
IN.DI.CI.AR v.t. Idiciar; acusar; denunciar.
IN.DI.FE.REN.ÇA s.f. Indiferencia.
IN.DI.FE.REN.TE adj. Indiferente.
IN.DÍ.GE.NA adj. e s.2g. Indígena.
IN.DI.GÊN.CIA s.f. Indigencia.
IN.DI.GEN.TE adj. e s.2g. Indigente.
IN.DIG.NA.ÇÃO s.f. Indignación.
IN.DIG.NA.DO adj. Indignado.
IN.DIG.NI.DA.DE s.f. Indignidad.
IN.DIG.NO adj. Indigno.
ÍN.DIO s.m. Indio.
IN.DI.RE.TO adj. Indirecto.
IN.DIS.CI.PLI.NA s.f. Indisciplina.
IN.DIS.CRE.TO adj. Indiscreto.
IN.DIS.CRI.ÇÃO s.f. Indiscreción.
IN.DIS.CU.TÍ.VEL adj. Indiscutible.
IN.DIS.POR v.t. Indisponer. v.p. Indisponerse.
IN.DIS.PO.SI.ÇÃO s.f. Indisposición.
IN.DIS.POS.TO adj. Indispuesto.

IN.DI.VI.DU.AL *adj.* Individual.
IN.DI.VI.DU.A.LI.DA.DE *s.f.* Individualidade.
IN.DI.VI.DU.A.LIS.TA *s.2g.* Individualista.
IN.DI.VÍ.DUO *s.m.* Indivíduo.
IN.DI.VI.SÍ.VEL *adj.* Indivisível.
IN.DÓ.CIL *adj.* Indócil.
ÍN.DO.LE *adj.* Índole; caráter.
IN.DO.LÊN.CIA *s.f.* Indolência.
IN.DO.LEN.TE *adj.* Indolente.
IN.DÓ.MI.TO *adj.* Indómito.
IN.DUL.GEN.TE *adj.* Indulgente.
IN.DUL.TAR *v.t.* Indultar; eximir.
IN.DUL.TO *s.m.* Indulto; perdão.
IN.DÚS.TRI.A *s.f.* Indústria.
IN.DUS.TRI.AL *adj.* e *s.2g.* Industrial.
IN.DUS.TRIA.LI.ZAR *v.t.* Industrializar.
IN.DU.ZIR *v.t.* Induzir; infundir; inspirar.
I.NÉ.DI.TO *adj.* Inédito.
I.NE.FÁ.VEL *adj.* Inefable.
I.NE.FI.CAZ *adj.* Ineficaz.
I.NEP.TO *adj.* Inepto.
I.NÉR.CIA *s.f.* Inércia.
I.NER.ME *adj.* Inerme.
I.NER.TE *adj.* Inerte.
I.NES.PE.RA.DO *adj.* Inesperado.
I.NES.QUE.CÍ.VEL *adj.* Inolvidable.
I.NE.XA.TO *adj.* Inexacto.
I.NE.XIS.TEN.TE *adj.* Inexistente.
I.NE.XO.RÁ.VEL *adj.* Inexorable.
I.NEX.PE.RI.ÊN.CIA *s.f.* Inexperiencia.
I.NEX.PE.RI.EN.TE *adj.* Inexperiente.
IN.FA.LÍ.VEL *adj.* Infalible.
IN.FÂ.MIA *s.f.* Infamia.
IN.FÂN.CIA *s.f.* Infancia.
IN.FAN.TIL *adj.* Infantil.
IN.FAN.TI.LI.DA.DE *s.f.* Infantilidade.
IN.FA.TI.GÁ.VEL *adj.* Infatigable; incansable.
IN.FEC.ÇÃO *s.f.* Infección; contagio; contaminación.
IN.FEC.CIO.NAR *v.t.* Infectar; contaminar. *v.p.* Infectarse.
IN.FE.LI.CI.DA.DE *s.f.* Infelicidad.
IN.FE.LIZ *adj.* Infeliz.
IN.FE.RI.OR *adj.* e *s.m.* Inferior.

IN.FE.RI.O.RI.DA.DE *s.f.* Inferioridad.
IN.FE.RI.O.RI.ZAR *v.t.* Inferiorizar.
IN.FER.NAL *adj.* Infernal.
IN.FER.NO *s.f.* Infierno.
IN.FES.TAR *v.t.* Infestar.
IN.FI.DE.LI.DA.DE *s.f.* Infidelidad.
IN.FI.EL *adj.* Infiel.
IN.FIL.TRA.ÇÃO *s.f.* Infiltración.
IN.FIL.TRAR *v.t.* Infiltrar.
IN.FI.NI.DA.DE *s.f.* Infinidad.
IN.FI.NI.TO *adj.* e *s.m.* Infinito.
IN.FLA.ÇÃO *s.f.* Inflación.
IN.FLA.MA.ÇÃO *s.f.* Inflamación.
IN.FLA.MAR *v.t.* Inflamar.
IN.FLA.MÁ.VEL *adj.* Inflamable.
IN.FLE.XI.BI.LI.DA.DE *s.f.* Inflexibilidad.
IN.FLI.GIR *v.t.* Infligir.
IN.FLU.ÊN.CIA *s.f.* Influencia.
IN.FLU.EN.CI.AR *v.t.* Influenciar; influir.
IN.FLU.EN.TE *adj.* Influyente; predominante.
IN.FLU.IR *v.t.* e *int.* Influir; infundir; entusiasmar.
IN.FOR.MA.ÇÃO *s.f.* Información; comunicación.
IN.FOR.MAN.TE *adj.* e *s.2g.* Informante.
IN.FOR.MAR *v.t.* Informar. *v.p.* Informarse.
IN.FOR.ME *adj.* Informe. *s.m.* Informe; información.
IN.FOR.TÚ.NIO *s.m.* Infortunio; fracaso.
IN.FRA.ÇÃO *s.f.* Infracción.
IN.FRIN.GIR *v.t.* Infringir; transgredir.
IN.FUN.DIR *v.t.* Infundir; introducir; inspirar. *v.p.* Introducirse.
IN.FU.SÃO *s.f.* Infusión.
IN.GE.NU.I.DA.DE *s.f.* Ingenuidad.
IN.GÊ.NUO *adj.* Ingênuo.
IN.GE.RIR *v.t.* Ingerir; engullir; beber. *v.p.* Introducirse; inmiscuirse.
IN.GRA.TI.DÃO *s.f.* Ingratitud.
IN.GRA.TO *adj.* Ingrato; desagradecido.
IN.GRE.DI.EN.TE *s.m.* Ingrediente.
ÍN.GRE.ME *adj.* Abrupto; escarpado.
IN.GRES.SO *s.m.* Ingreso, billete.
ÍN.GUA *s.f. Med.* Bubón.

I.NI.CI.AR v.t. Iniciar; comenzar.
I.NI.CI.A.TI.VA s.f. Iniciativa.
I.NÍ.CIO s.m. Inicio; comienzo.
I.NI.MI.GO s.m. Enemigo.
I.NI.MI.ZA.DE s.f. Enemistad; hostilidad.
I.NIN.TER.RUP.TO adj. Ininterrumpido; incesante.
I.NI.QUI.DA.DE s.f. Iniquidad.
IN.JE.ÇÃO s.f. Inyección.
IN.JE.TAR v.t. Inyectar.
IN.JÚ.RIA s.f. Injúria.
IN.JU.RI.AR v.t. Injuriar; ofender.
IN.JUS.TI.ÇA s.f. Injusticia.
IN.JUS.TO adj. Injusto.
I.NO.CÊN.CIA s.f. Inocencia.
I.NO.CEN.TE adj. Inocente.
I.NO.CU.LAR v.t. Inocular.
I.NÓ.CUO adj. Inocuo; inofensivo.
I.NO.DO.RO adj. Inodoro.
I.NO.FEN.SI.VO adj. Inofensivo.
I.NOL.VI.DÁ.VEL adj. Inolvidable.
I.NO.POR.TU.NO adj. Inoportuno.
I.NÓS.PI.TO adj. Inhóspito.
I.NO.VA.ÇÃO s.f. Innovación.
I.NO.VAR v.t. Innovar.
I.NO.XI.DÁ.VEL adj. Inoxidable.
IN.QUÉ.RI.TO s.m. Averiguación; interrogatorio.
IN.QUI.E.TA.ÇÃO s.f. Inquietud.
IN.QUI.E.TAR v.t. Inquietar.
IN.QUI.E.TU.DE s.f. Inquietud.
IN.QUI.LI.NO s.m. Inquilino.
IN.QUI.RIR v.t. e int. Inquirir.
IN.QUI.SI.DOR s.m. Hist. Inquisidor.
IN.SA.LU.BRE adj. Insalubre; malsano.
IN.SA.CI.Á.VEL adj. Insaciable.
IN.SA.LU.BRI.DA.DE s.f. Insalubridad.
IN.SA.NO adj. Insano; loco.
IN.SA.TIS.FEI.TO adj. Insatisfecho.
INS.CRE.VER v.t. Inscribir. v.p. Inscribirse; matricularse.
INS.CRI.ÇÃO s.f. Inscripción; matrícula.
INS.CRI.TO adj. Inscrito.
IN.SEN.SA.TO adj. Insensato.
IN.SE.PA.RÁ.VEL adj. Inseparable.

IN.SER.ÇÃO s.f. Inserción.
IN.SE.RIR v.t. Insertar.
IN.SE.TI.CI.DA adj. e s.m. Insecticida.
IN.SE.TO s.m. Insecto.
IN.SI.DI.O.SO adj. Insidioso.
IN.SIG.NI.FI.CAN.TE adj. Insignificante.
IN.SI.NU.A.ÇÃO s.f. Insinuación.
IN.SI.NU.AN.TE adj. Insinuante.
IN.SI.NU.AR v.t. Insinuar. v.p. Insinuarse.
IN.SÍ.PI.DO adj. Insípido.
IN.SIS.TIR v.t. e int. Insistir.
IN.SO.LÊN.CIA s.f. Insolencia.
IN.SO.LEN.TE adj. Insolente.
IN.SÓ.LI.TO adj. Insólito.
IN.SO.LÚ.VEL adj. Insoluble.
IN.SOL.VEN.TE adj. Insolvente.
IN.SÔ.NIA s.f. Insomnio.
INS.PE.ÇÃO s.f. Inspección.
INS.PE.CIO.NAR v.t. Inspeccionar.
INS.PE.TOR s.m. Inspector.
INS.PI.RA.ÇÃO s.f. Inspiración.
INS.PI.RAR v.t. Inspirar. v.p. Inspirarse.
INS.TA.BI.LI.DA.DE s.f. Inestabilidad.
INS.TA.LAR v.t. Instalar. v.p. Instalarse.
INS.TAN.TÂ.NEO adj. Instantáneo.
INS.TAN.TE s.m. Instante. adj. Inminente.
INS.TAR v.t. Instar; solicitar.
INS.TAU.RAR v.t. Instaurar; establecer.
INS.TÁ.VEL adj. Inestable.
INS.TI.GAR v.t. Instigar; incitar.
INS.TIN.TO s.m. Instinto.
INS.TI.TU.I.ÇÃO s.f. Institución.
INS.TI.TU.IR v.t. Instituir.
INS.TI.TU.TO s.m. Instituto.
INS.TRU.ÇÃO s.f. Instrucción.
INS.TRU.IR v.t. Instruir. v.p. Instruirse.
INS.TRU.MEN.TAL adj. Instrumental.
INS.TRU.MEN.TO s.m. Instrumento.
INS.TRU.TOR adj. e s.m. Instructor.
IN.SU.BOR.DI.NA.ÇÃO s.f. Insubordinación.
IN.SU.FI.CI.ÊN.CIA s.f. Insuficiencia.
IN.SU.FI.CI.EN.TE adj. Insuficiente.
IN.SU.FLAR v.t. Insuflar.
IN.SUL.TAR v.t. Insultar.
IN.SUL.TO s.m. Insulto; injuria; ofensa.

IN.SU.POR.TÁ.VEL *adj.* Insuportable.
IN.SUS.TEN.TÁ.VEL *adj.* Insostenible.
IN.TA.TO *adj.* Intacto.
IN.TE.GRA.ÇÃO *s.f.* Integración.
IN.TE.GRAL *adj.* Integral.
IN.TE.GRAR *v.t.* Integrar.
IN.TE.GRI.DA.DE *s.f.* Integridad.
IN.TEI.RAR *v.t.* Enterar; completar. *v.p.* Enterarse; integrarse.
IN.TEI.RO *adj.* Entero; completo.
IN.TE.LEC.TU.AL *adj.* e *s.2g.* Intelectual.
IN.TE.LI.GÊN.CIA *s.f.* Inteligencia.
IN.TE.LI.GEN.TE *adj.* Inteligente.
IN.TEM.PÉ.RIE *s.f.* Intemperie.
IN.TEN.ÇÃO *s.f.* Intención.
IN.TEN.CIO.NAL *adj.* Intencional.
IN.TEN.SI.DA.DE *s.f.* Intensidad.
IN.TEN.SI.VO *adj.* Intensivo.
IN.TEN.SO *adj.* Intenso.
IN.TEN.TO *s.m.* Intento; tentativa.
IN.TER.CA.LAR *v.t.* Intercalar. *v.p.* Intercalarse.
IN.TER.CE.DER *v.t.* Interceder; intermediar.
IN.TER.CEP.TAR *v.t.* Interceptar.
IN.TER.DI.ÇÃO *s.f.* Interdicción; prohibición.
IN.TE.RES.SA.DO *adj.* Interesado.
IN.TE.RES.SAN.TE *adj.* Interesante.
IN.TE.RES.SAR *v.t.* Interesar.
IN.TE.RES.SE *s.m.* Interés; atención.
IN.TE.RI.NO *adj.* Interino.
IN.TE.RI.OR *adj.* e *s.m.* Interior.
IN.TE.RI.O.RI.DA.DE *s.f.* Interioridad.
IN.TER.JEI.ÇÃO *s.f.* Interjección.
IN.TER.LO.CU.TOR *s.m.* Interlocutor.
IN.TER.MÉ.DIO *adj* e *s.m.* Intermedio.
IN.TER.NAR *v.t.* Internar. *v.p.* Internarse.
IN.TER.NO *adj.* e *s.m.* Interno.
IN.TER.PE.LAR *v.t.* Interpelar.
IN.TER.POR *v.t.* Interponer. *v.p.* Interponerse.
IN.TER.PRE.TAR *v.t.* Interpretar.
IN.TÉR.PRE.TE *s.2g.* Intérprete; traductor.
IN.TER.RO.GA.ÇÃO *s.f.* Interrogación.
IN.TER.RO.GAR *v.t.* Interrogar; preguntar.
IN.TER.RO.GA.TÓ.RIO *s.m.* Interrogatorio.
IN.TER.ROM.PER *v.t.* interrumpir. *v.p.* Interrumpirse.
IN.TER.VA.LO *s.m.* Intervalo.
IN.TER.VEN.ÇÃO *s.f.* Intervención.
IN.TER.VIR *v.t.* e *int.* Intervenir; interceder.
IN.TES.TI.NO *adj.* e *s.m.* Intestino.
IN.TI.MA.ÇÃO *s.f.* Intimación; citación.
IN.TI.MAR *v.t.* Intimar; notificar; citar.
ÍN.TI.MO *adj.* e *s.m.* Íntimo.
IN.TI.TU.LAR *v.t.* Intitular.
IN.TO.LE.RÂN.CIA *s.f.* Intolerancia.
IN.TO.LE.RAN.TE *adj.* Intolerante.
IN.TO.XI.CA.ÇÃO *s.f.* Intoxicación.
IN.TO.XI.CAR *v.t.* Intoxicar; envenenar. *v.p.* Intoxicarse.
IN.TRAN.QUI.LI.DA.DE *s.f.* Intranquilidad; inquietud.
IN.TRAN.SI.GEN.TE *adj.* Intransigente.
IN.TRAN.SI.TÁ.VEL *adj.* Intransitable.
IN.TRAN.SI.TI.VO *adj.* e *s.m.* Intransitivo.
IN.TRÉ.PI.DO *adj.* Intrépido; arrojado.
IN.TRI.GA *s.f.* Intriga; enredo.
IN.TRI.GAR *v.int.* Intrigar.
IN.TRO.DU.ÇÃO *s.f.* Introducción.
IN.TRO.DU.ZIR *v.t.* Introducir.
IN.TRO.ME.TER *v.t.* Entremeter; entrometer. *v.p.* Entremeterse; entrometerse.
IN.TRU.SO *adj.* e *s.m.* Intruso.
IN.TU.I.ÇÃO *s.f.* Intuición.
IN.TUI.TO *s.m.* Objetivo; meta; intención.
I.NU.ME.RÁ.VEL *adj.* Innumerable; incontable.
I.NUN.DA.ÇÃO *s.f.* Inundación.
I.NUN.DAR *v.t.* e *int.* Inundar. *v.p.* Inundarse.
I.NÚ.TIL *adj.* Inútil.
I.NU.TI.LI.DA.DE *s.f.* Inutilidad.
I.NU.TI.LI.ZAR *v.t.* Inutilizar. *v.p.* Inutilizarse.
IN.VA.DIR *v.t.* Invadir.
IN.VA.LI.DAR *v.t.* Invalidar.
IN.VA.LI.DEZ *s.f.* Invalidez.
IN.VÁ.LI.DO *adj.* e *s.m.* Inválido.
IN.VA.SÃO *s.f.* Invasión.
IN.VE.JA *s.f.* Envidia.
IN.VE.JAR *v.t.* e *int.* Envidiar.

IN.VE.JO.SO *adj.* Envidioso.
IN.VEN.ÇÃO *s.f.* Invención.
IN.VEN.CÍ.VEL *adj.* Invencible.
IN.VEN.TAR *v.t.* Inventar; concebir; forjar; crear; fantasear.
IN.VEN.TÁ.RIO *s.m.* Inventario.
IN.VEN.TOR *s.m.* Inventor.
IN.VER.NAL *adj.* Invernal.
IN.VER.NO *s.m.* Invierno.
IN.VE.ROS.SÍ.MIL *adj.* Inverosímil.
IN.VER.SO *adj.* Inverso.
IN.VER.TE.BRA.DO *adj.* e *s.m.* Invertebrado.
IN.VER.TER *v.t.* Invertir.
IN.VES.TI.GA.ÇÃO *s.f.* Investigación; pesquisa.
IN.VES.TI.GAR *v.t.* Investigar.
IN.VES.TIR *v.t.* e *int.* Investir; embestir; atacar; asaltar.
IN.VI.O.LA.BI.LI.DA.DE *s.f.* Inviolabilidad.
IN.VI.O.LÁ.VEL *adj.* Inviolable.
IN.VI.SÍ.VEL *adj.* Invisible.
IN.VO.CA.ÇÃO *s.f.* Invocación.
IN.VO.CAR *v.t.* Invocar; llamar; suplicar.
IN.VO.LUN.TÁ.RIO *adj.* e *s.m.* Involuntario.
IO.DO *s.m. Quím.* Yodo; iodo.
IO.GA *s.f.* Yoga.
IO.GUR.TE *s.m.* Yogur.
IR *v.int.* Ir; andar; caminar; continuar; seguir; existir.
I.RA *s.f.* Ira; cólera.
I.RAR *v.t.* Airar; irritar. *v.p.* Encolerizarse.
Í.RIS *s.f. Anat.* Iris.
IR.MA.NAR *v.t.* Hermanar. *v.p.* Hermanarse.
IR.MÃO *s.m.* Hermano; *irmã s.f.*: hermana.

I.RO.NIA *s.f.* Ironía.
IR.RA.CIO.NAL *adj.* Irracional.
IR.RE.AL *adj.* Irreal.
IR.RE.FU.TÁ.VEL *adj.* Irrefutable.
IR.RE.GU.LAR *adj.* Irregular.
IR.RE.GU.LA.RI.DA.DE *s.f.* Irregularidad.
IR.RE.SIS.TÍ.VEL *adj.* Irresistible.
IR.RES.PON.SÁ.VEL *adj.* Irresponsable.
IR.RE.VE.RÊN.CIA *s.f.* Irreverencia.
IR.RE.VE.REN.TE *adj.* Irreverente.
IR.RE.VO.GÁ.VEL *adj.* Irrevocable.
IR.RI.GA.ÇÃO *s.f.* Irrigación.
IR.RI.GAR *v.t.* Irrigar.
IR.RI.SÓ.RIO *adj.* Irrisorio; irrelevante.
IR.RI.TA.ÇÃO *s.f.* Irritación.
IR.RI.TAR *v.t.* Irritarse; embravecer; agraviar. *v.p.* Irritarse; encolerizarse.
IS.CA *s.f.* Anzuelo; cebo.
I.SEN.ÇÃO *s.f.* Exención.
I.SEN.TAR *v.t.* Exentar; eximir. *v.p.* Eximirse.
I.SO.LA.DO *adj.* Aislado.
I.SO.LAR *v.t.* Aislar; separar. *v.p.* Aislarse.
IS.SO *pron. dem.* Eso.
IS.QUEI.RO *s.m.* Mechero; encendedor.
IST.MO *s.m.* Istmo.
IS.TO *pron. dem.* Esto.
I.TA.LI.A.NO *adj.* e *s.m.* Italiano.
I.TÁ.LI.CO *adj.* e *s.m.* Itálico.
I.TE.RAR *v.t.* Iterar.
I.TEM *s.m.* Ítem.
I.TI.NE.RÁ.RIO *s.m.* Itinerario.
I.TI.NE.RAN.TE *adj.* Itinerante.
IU.GOS.LA.VO *adj.* e *s.m.* Yugoslavo.

J

J *s.m.* Décima letra del alfabeto portugués.
JÁ *adv.* ya, ahora.
JA.CA.RÉ *s.m. Zool.* Yacaré; caimán.
JA.CIN.TO *s.m. Bot.* Jacinto.
JAC.TÂN.CIA *s.f.* Jactancia.
JAC.TAN.CIO.SO *adj.* Jactancioso.
JAC.TAR-SE *v.p.* Jactarse; ufanarse.
JAC.TO *s.m.* Chorro; ímpetu.
JA.DE *s.m. Min.* Jade.
JA.EZ *s.m.* Jaez.
JA.GUAR *s.m.* Jaguar.
JA.GUN.ÇO *s.m.* Matón; guardaespaldas.
JA.LE.CO *s.m.* Jaleco.
JA.MAIS *adv.* Jamás; nunca.
JA.NEI.RO *s.f.* Enero.
JA.NE.LA *s.f.* Ventana.
JAN.GA.DA *s.f.* Balsa; armadía.
JAN.TA *s.f.* Cena.
JAN.TAR *s.m.* Cena. *v.int.* Cenar.
JA.PO.NÊS *adj.* e *s.m.* Japonés.
JA.QUE.TA *s.f.* Chaqueta.
JA.QUE.TÃO *s.m.* Chaquetón.
JAR.DIM *s.m.* Jardín.
JAR.DI.NA.GEM *s.f.* Jardinería.
JAR.DI.NEI.RO *s.m.* Jardinero.
JAR.GÃO *s.m.* Jerga; argot.
JAR.RA *s.f.* Jarra.
JAR.RO *s.m.* Jarro; jarrón.
JAS.MIM *s.m.* Jazmín.
JA.TO *s.m.* Chorro; ímpetu; *a jato*: a toda prisa; *avião a jato*: avión a chorro.
JAU.LA *s.f.* Jaula.
JA.VA.LI *s.m.* Jabalí.
JA.ZER *v.int.* Yacer.
JA.ZI.GO *s.m.* Sepultura; yacimiento.
JEI.TO *s.m.* Modo; aptitud; manera; aspecto; temperamento.
JEI.TO.SO *adj.* Hábil; apto; diestro.
JE.JU.AR *v.int.* Ayunar; privarse.
JE.SU.Í.TA *s.m.* Jezuíta.
JI.BOI.A *s.f.* Boa.
JO.A.LHEI.RO *s.m.* Joyero; lapidario.
JO.A.LHE.RIA *s.f.* Joyería.
JO.A.NE.TE *s.m.* Med. Juanete.
JO.E.LHO *s.m.* Rodilla.
JO.GA.DA *s.f.* Jugada.
JO.GA.DOR *s.m.* Jugador.
JO.GAR *v.t.* Jugar.
JO.GO *s.m.* Juego.
JOI.A *s.f.* Joya; allaja; pieza.
JOI.O *s.m.* Cizaña; joyo.
JO.QUEI *s.m.* Jockey; yóquey.
JOR.NA.DA *s.f.* Jornada.
JOR.NAL *s.m.* Periódico; diario; gaceta.
JOR.NA.LEI.RO *s.m.* Jornalero.
JOR.NA.LIS.MO *s.m.* Periodismo.
JOR.NA.LIS.TA *s.2g.* Periodista.
JOR.RAR *v.int.* Chorrear; borbotear; borbotar.
JOR.RO *s.m.* Chorro; borbotón.
JO.VEM *adj.* e *s.m.* Joven.
JO.VI.AL *adj.* Jovial; alegre.
JO.VI.A.LI.DA.DE *s.f.* Jovialidad.
JU.BI.LEU *s.m.* Jubileo; aniversario.
JÚ.BI.LO *s.m.* Júbilo; alegría.
JU.DA.ÍS.MO *s.m.* Judaísmo.
JU.DEU *adj.* e *s.m.* Judío; hebreo.
JU.DI.CI.AL *adj.* Judicial.
JU.GO *s.m.* Yugo.
JU.GU.LAR *adj.* e *s.f.* Yugular.
JU.IZ *s.m.* Juez; magistrado; árbitro.
JU.Í.ZO *s.m.* Juicio; opinión.
JE.JUM *s.m.* Ayuno.
JUL.GA.MEN.TO *s.m.* Juzgamiento; juicio; opinión.

JUL.GAR v.t. Juzgar; creer; opinar sentenciar.
JUL.HO s.m. Julio.
JU.MEN.TO s.m. Jumento; asno; borrico.
JUN.ÇÃO s.f. Junción; junta.
JU.NHO s.m. Junio.
JU.NI.OR adj. e s.m. Júnior.
JUN.TA s.f. Junta; encaje; asamblea; comité.
JUN.TAR v.t. e int. Juntar; juntarse; ayuntar; aglomerar. v.p. Juntarse; unirse.
JUN.TO adj. Junto; anexo.
JU.RA.DO adj. e s.m. Jurado.
JU.RA.MEN.TO s.m. Juramento; promesa.
JU.RAR v.t. e int. Jurar; prometer.
JÚ.RI s.m. Jurado; tribunal,
JU.RÍ.DI.CO adj. Jurídico.
JU.RIS.DI.ÇÃO s.f. Jurisdicción; competencia.

JU.RIS.TA s.2g. Jurista.
JU.RO s.m. Interés; intereses.
JUS s.m. Derecho.
JUS.TA.POR v.t. Yuxtaponer. v.p. Yuxtaponerse.
JUS.TA.PO.SI.ÇÃO s.f. Yuxtaposición.
JUS.TI.ÇA s.f. Justicia; derecho; razón.
JUS.TI.ÇAR v.t. Ajusticiar; condenar.
JUS.TI.FI.CAR v.t. Justificar. v.p. Justificarse.
JUS.TI.FI.CÁ.VEL adj. Justificable.
JUS.TO adj. e s.m. Justo; apretado; derecho; razonable.
JU.TA s.f. Yute.
JU.VE.NIL adj. Juvenil.
JU.VEN.TU.DE s.f. Juventud, mocedad.

K

K *s.m.* Undécima letra del alfabeto portugués.
KAN.TIS.MO *s.m.* Fil. Kantismo.
KA.RA.O.KÊ *s.m* Karaoke.
KART *s.m.* Kart.

Kg *abrev.* Kilogramo.
KI.WI *s.m* Kiwi.
Km *abrev.* Kilómetro.
Kw *abrev.* Fís. Kilovatio.

L

L *s.m.* Duodécima letra del alfabeto portugués.
LÁ *adv.* Allí; allá. *s.m. Mús.* La.
LÃ *s.f.* Lana.
LA.BA.RE.DA *s.f.* Llamarada.
LÁ.BIA *s.f.* Labia; astucia.
LA.BI.AL *adj.* Labial.
LÁ.BIO *s.m.* Labio.
LA.BI.RIN.TO *s.m.* Laberinto.
LA.BOR *s.m.* Labor; trabajo.
LA.BO.RA.TÓ.RIO *s.m.* Laboratorio.
LA.BO.RI.O.SO *adj.* Laborioso, trabajoso.
LA.BU.TA *s.f.* Faena; trabajo.
LA.BU.TAR *v.int.* e *t.* Trabajar; esforzarse; soportar; faenar.
LA.CAI.O *s.m.* Lacayo.
LA.ÇAR *v.t.* Lazar.
LA.CE.RAR *v.t.* Lacerar. *v.p.* Lacerarse.
LA.ÇO *s.m.* Lazo; nudo; vínculo.
LA.CÔ.NI.CO *adj.* Lacónico.
LA.CRAR *v.t.* Lacrar.
LA.CRE *s.m.* Lacre.
LA.CRI.ME.JAR *v.int.* Lagrimear.
LA.CRI.MO.SO *adj.* Lagrimoso.
LAC.TA.ÇÃO *s.f.* Lactación.

LA.CU.NA *s.f.* Laguna.
LA.CUS.TRE *adj.* Lacustre.
LA.DA.I.NHA *s.f.* Letanía; chachara.
LA.DE.AR *v.t.* Flanquear.
LA.DEI.RA *s.f.* Cuesta; pendiente; ladera.
LA.DI.NO *adj.* Ladino.
LA.DO *s.m.* Lado.
LA.DRÃO *s.m.* Ladrón.
LA.DRAR *v.t. e int.* Ladrar.
LA.DRI.LHO *s.m.* Ladrillo; losa.
LA.GAR.TA *s.f. Zool.* Lagarto.
LA.GAR.TI.XA *s.f. Zool.* Lagartija.
LA.GAR.TO *s.m.* Lagarto.
LA.GO *s.m.* Lago.
LA.GO.A *s.f.* Laguna, pantano.
LA.GOS.TA *s.f. Zool.* Langosta.
LÁ.GRI.MA *s.f.* Lágrima.
LAI.CO *adj.* Laico; secular; lego.
LA.JE *s.f.* Laja; losa.
LA.JO.TA *s.f.* Loseta.
LA.MA *s.f.* Lama; barro; lodo.
LA.MA.ÇAL *s.m.* Lodazal; barrizal.
LAM.BER *v.t.* Lamer. *v.p.* Lamerse.
LAM.BIS.CAR *v.t.* Picar; picotear.
LAM.BU.ZAR *v.t.* Embadurnar; pringar; ensuciarse. *v.p.* Pringarse; ensuciarse.
LA.MEN.TA.ÇÃO *s.f.* Lamentación.
LA.MEN.TAR *v.t.* Lamentar. *v.p.* Lamentarse.
LA.MEN.TÁ.VEL *adj.* Lamentable.
LA.MEN.TO *s.m.* Lamento; lamentación.
LÂ.MI.NA *adj.* Lámina; placa; plancha.
LÂM.PA.DA *s.f.* Lámpara.
LAM.PA.RI.NA *s.f.* Lamparilla.
LAM.PE.JAR *v.int.* Destellar; chispear.
LAM.PE.JO *s.m.* Destello; centella.
LAM.PI.ÃO *s.m.* Lampión.
LA.MU.RIA *s.f.* Lamentación; lloriqueo.
LA.MU.RI.AR *v.t.* Lamentarse; quejarse.
LAN.ÇA *s.f.* Lanza.
LAN.ÇA.MEN.TO *s.m.* Lanzamiento.
LAN.ÇAR *v.t.* Lanzar; arrojar; proyetar. *v.p.* Lanzarse; arrojarse.
LAN.CE *s.m.* Lance; episodio; jugada.
LAN.CHA *s.f.* Lancha; barco a motor.
LAN.CHAR *v.t.* Merendar.
LAN.CHE *s.m.* Merienda; piscolabis.
LAN.CHO.NE.TE *s.f.* Cafetería; bar.
LÂN.GUI.DO *adj.* Lánguido; débil.
LA.NHAR *v.t.* Herir.
LAN.TER.NA *s.f.* Linterna.
LA.NU.GEM *s.f.* Vello, pelusa; *Bot.* Lanosidad.
LA.PA *s.f.* Lapa; gruta; cueva.
LA.PE.LA *s.f.* Solapa.
LA.PI.DAR *v.t.* Lapidar; abrillantar; apedrear.
LÁ.PI.DE *s.f.* Lápida.
LÁ.PIS *s.m.* Lápiz.
LA.PI.SEI.RA *s.f.* Lapicero.
LAP.SO *s.m.* Lapso.
LAR *s.m.* Hogar; lar; casa.
LA.RAN.JA *s.f. Bot.* Naranja.
LA.RAN.JA.DA *s.f.* Naranjada.
LA.RAN.JEI.RA *s.f. Bot.* Naranjo.
LA.RÁ.PIO *s.m.* Ladrón; ratero.
LA.REI.RA *s.f.* Chimenea; hogar.
LAR.GAR *v.t.* Largar; dejar; soltar. *v.int.* Partir.
LAR.GO *adj.* Ancho; extenso; vasto; amplio.
LAR.GO *s.m.* Plaza; plazoleta. *adv.* Largo, anchamente.
LAR.GU.RA *s.f.* Anchura.
LA.RIN.GE *s.f. Anat.* Laringe.
LA.RIN.GI.TE *s.f. Med.* Laringitis.
LAR.VA *s.f.* Larva.
LAS.CA *s.f.* Astilla; lasca.
LAS.CAR *v.t.* Astillar.
LÁS.TI.MA *s.f.* Lástima.
LAS.TI.MAR *v.t.* Lastimar. *v.p.* Lastimarse.
LAS.TI.MO.SO *adj.* Lastimoso.
LA.TA *s.f.* Lata; hojalata.
LA.TÃO *s.m.* Latón.
LA.TEN.TE *adj.* Latente.
LA.TE.RAL *adj.* Lateral.
LÁ.TEX *s.m. Bot.* Látex.
LA.TI.DO *s.m.* Ladrido.
LA.TI.FÚN.DIO *s.m.* Latifundio.
LA.TIM *s.m.* Latín.
LA.TI.NO-A.ME.RI.CA.NO *adj.* e *s.m.* Latinoamericano.
LA.TI.NO *adj.* Latino.
LA.TIR *v.int.* Ladrar.

LA.TI.TU.DE *s.f.* Latitud.
LA.TRI.NA *s.f.* Letrina.
LA.TRO.CÍ.NIO *s.m.* Latrocinio.
LAU.DA *s.f.* Página.
LAU.RE.AR *v.t.* Laurear; enaltecer; premiar.
LAU.TO *adj.* Lauto; pomposo.
LA.VA *s.f.* Lava; llama.
LA.VA.BO *s.m.* Lavabo; lavatorio.
LA.VAN.DE.RI.A *s.f.* Lavandería.
LA.VAR *v.t.* Lavar; bañar. *v.p.* Lavarse.
LA.VA.TÓ.RIO *s.m.* Lavatorio; lavabo.
LA.VOU.RA *s.f.* Labranza; agricultura; cultura.
LA.VRA.DOR *s.m.* Labrador; agricultor.
LA.VRAR *v.t.* e *int.* Labrar; cultivar; laborar.
LA.XAN.TE *adj.* e *s.m.* Laxante.
LA.ZER *s.m.* Descanso; pasatiempo; ocio.
LE.AL *adj.* Leal.
LE.AL.DA.DE *s.f.* Lealtad.
LE.ÃO *s.m.* Zool. León; *leoa s.f.*: leona.
LE.BRE *s.f.* Zool. Liebre.
LE.CI.O.NAR *v.t.* e *int.* Enseñar; aleccionar; instruir; estudiar.
LE.GA.ÇÃO *s.f.* Legación.
LE.GA.DO *adj.* e *s.m.* Legado.
LE.GAL *adj.* Legal.
LE.GA.LI.DA.DE *s.f.* Legalidad.
LE.GA.LI.ZAR *v.t.* Legalizar.
LE.GAR *v.t.* Legar.
LE.GEN.DA *s.f.* Leyenda; inscripción; subtítulo.
LE.GEN.DÁ.RIO *adj.* Legendario.
LE.GIÃO *s.f.* Legión.
LE.GIS.LA.ÇÃO *s.f.* Legislación.
LE.GIS.LA.DOR *adj.* e *s.m.* Legislador.
LE.GIS.LA.TI.VO *adj.* e *s.m.* Legislativo.
LE.GIS.LA.TU.RA *s.f.* Legislatura.
LE.GIS.TA *s.2g.* Legista.
LE.GI.TI.MAR *v.t.* Legitimar.
LE.GI.TI.MI.DA.DE *s.f.* Legitimidad; legalidad.
LE.GÍ.TI.MO *adj.* Legítimo.
LE.GÍ.VEL *adj.* Legible.
LÉ.GUA *s.f.* Legua.
LE.GU.ME *s.m.* Legumbre; hortaliza.
LE.GU.MI.NO.SO *adj.* Leguminoso.

LEI *s.f.* Ley.
LEI.GO *adj.* e *s.m.* Lego; laico; secular.
LEI.LÃO *s.m.* Subasta; almoneda; remate.
LEI.TÃO *s.m.* Lechón.
LEI.TE *s.m.* Leche.
LEI.TOR *s.m.* Lector.
LEI.TO.SO *adj.* Lechoso.
LEI.TU.RA *s.f.* Lectura.
LE.MA *s.m.* Lema.
LEM.BRAN.ÇA *s.f.* Recuerdo; evocación.
LEM.BRAR *v.t.* e *int.* Recordar; conmemorar; sugerir. *v.p.* Acordarse.
LEM.BRE.TE *s.m.* Recordatorio; anotación.
LE.ME *s.m.* Timón; alerón.
LEN.ÇO *s.m.* Pañuelo; lienzo.
LEN.ÇOL *s.m.* Sábana.
LEN.DA *s.f.* Leyenda; fábula.
LEN.DÁ.RIO *adj.* Legendario.
LE.NHA *s.f.* Leña.
LE.NHO *s.m.* Leño; madero.
LE.NI.TI.VO *adj.* e *s.m.* Lenitivo.
LEN.TE *s.f.* Lente.
LEN.TI.DÃO *s.f.* Lentitud.
LEN.TO *adj.* Lento; tardo.
LE.O.NI.NO *adj.* Leonino.
LE.PRA *s.f.* Med. Lepra.
LE.PRO.SO *adj.* e *s.m.* Leproso.
LE.QUE *s.m.* Abanico.
LER *v.t.* e *int.* Leer.
LER.DO *adj.* Lerdo; lento.
LE.SÃO *s.f.* Lesión; herida; daño.
LE.SAR *v.t.* Lesionar; herir; dañar. *v.p.* Lesionarse.
LES.MA *s.f.* Zool. Babosa.
LES.TE *s.m.* Este; oriente; naciente.
LE.TAL *adj.* Letal.
LE.TAR.GI.A *s.f.* Letargo; apatía.
LE.TÁR.GI.CO *adj.* Letárgico; apático.
LE.TI.VO *adj.* Lectivo.
LE.TRA *s.f.* Letra (caracter de escritura); *Com.* letra de cambio.
LE.TREI.RO *s.m.* Letrero.
LE.VAN.TA.MEN.TO *s.m.* Levantamiento.
LE.VAN.TAR *v.t.* e *int.* Levantar; alzar; erguir.
LE.VAN.TE *s.m.* Levante; motín.

LE.VAR *v.t.* Llevar; conducir; transportar. *v.p.* Dejarse llevar.
LE.VE *adj.* Leve; sutil; ligero.
LE.VE.DO *s.m. Bot.* Levedura.
LE.VE.DU.RA *s.f.* Levedura (de cerveza).
LE.VE.ZA *s.f.* Levedad.
LE.VI.A.NO *adj.* Liviano; ligero.
LÉ.XI.CO *s.m.* Léxico.
LHA.MA *s.f. Zool.* Llama.
LHA.NE.ZA *s.f.* Llaneza.
LHE *pron. pess.* Le; a él; a ella; a usted.
LI.A.ME *s.m.* Lazo; vínculo.
LI.BA.ÇÃO *s.f.* Libación.
LI.BA.NÊS *adj.* e *s.m.* Libanés.
LI.BAR *v.t.* e *int.* Libar.
LI.BÉ.LU.LA *s.f.* Libélula.
LI.BE.RA.ÇÃO *s.f.* Liberación.
LI.BE.RAL *adj.* Liberal.
LI.BE.RA.LIS.MO *s.m.* Liberalismo.
LI.BER.DA.DE *s.f.* Libertad.
LI.BER.TA.ÇÃO *s.f.* Liberación; emancipación.
LI.BER.TA.DOR *adj.* e *s.m.* Libertador.
LI.BER.TAR *v.t.* Libertar; liberar; aliviar; salvar. *v.p.* Libertarse; salir.
LI.BER.TI.NA.GEM *s.f.* Libertinaje.
LI.BI.DI.NO.SO *adj.* Libidinoso.
LI.BI.DO *s.f.* Libido.
LI.BRA *s.f.* Libra.
LI.ÇÃO *s.f.* Lección.
LI.CEN.ÇA *s.f.* Licencia, permiso.
LI.CEN.CI.AR *v.t.* Licenciar; dar licencia.
LI.CEN.CI.O.SO *adj.* Licencioso; libertino; atrevido.
LÍ.CI.TO *adj.* Lícito.
LI.COR *s.m.* Licor.
LI.DA *s.f.* Faena; leída; trabajo.
LI.DAR *v.t.* Lidiar; trabajar.
LÍ.DER *s.m.* Líder; jefe; cabeza.
LI.GA.ÇÃO *s.f.* Ligación; ligamento; relación; junta; vínculo; llamada telefónica.
LI.GA.MEN.TO *s.m.* Ligación; ligamento.
LI.GAR *v.t.* Ligar; vincular; unir; atar; conectar; comunicar. *v.p.* Ligarse; unirse.
LI.GEI.RE.ZA *s.f.* Ligereza.
LI.GEI.RO *adj.* Ligero.
LI.MA *s.f. Bot.* Lima; lima (herramienta).
LI.MÃO *s.m. Bot.* Limón.
LI.MAR *v.t.* Limar.
LI.MI.AR *s.m.* Umbral.
LI.MI.TA.ÇÃO *s.f.* Limitación.
LI.MI.TA.DO *adj.* Limitado; finito.
LI.MI.TAR *v.t.* e *int.* Limitar; balizar; confinar; encuadrar. *v.p.* Limitarse.
LI.MI.TE *s.m.* Límite; frontera; término; confín.
LI.MÍ.TRO.FE *adj.* Limítrofe.
LI.MO *s. m.* Limo; musgo; lama.
LI.MO.EI.RO *s.m. Bot.* Limonero.
LI.MO.NA.DA *s.f.* Limonada.
LIM.PAR *v.t.* Limpiar; depurar; lavar; higienizar. *v.p.* Limpiarse.
LIM.PE.ZA *s.f.* Limpieza; higiene; pureza.
LIM.PI.DEZ *s.f.* Limpidez; nitidez.
LÍM.PI.DO *adj.* Límpido; nítido; claro.
LIM.PO *adj.* Limpio; aseado; puro; mondo; correcto.
LIN.CE *s.m. Zool.* Lince.
LIN.CHAR *v.t.* Linchar.
LIN.DO *adj.* Lindo; bonito; bello; agradable.
LI.NE.AR *adj.* Linear.
LÍN.GUA *s.f.* Lengua; lenguaje; idioma.
LIN.GUA.GEM *s.f.* Lenguaje.
LIN.GUA.RU.DO *adj.* e *s.m.* Lenguaraz; hablador.
LIN.GUI.ÇA *s.f.* Longaniza.
LIN.GUÍS.TI.CA *s.f.* Lingüística.
LI.NHA *s.f.* Línea; hilo; trazo; dirección; *linha de montagem*: cadena de montaje.
LI.NHA.GEM *s.f.* Linaje; genealogía; descendencia.
LI.NHO *s.m.* Lino.
LI.QUE.FA.ÇÃO *s.f.* Licuefaccion.
LÍ.QUEN *s.m.* Liquen.
LI.QUI.DA.ÇÃO *s.f.* Liquidación.
LI.QUI.DAR *v.t.* Liquidar; extinguir; saldar.
LI.QUI.DEZ *s.f.* Liquidez.
LÍ.QUI.DO *adj.* e *s.m.* Líquido.
LI.RA *s.f.* Lira.
LÍ.RI.CO *adj.* Lírico; *fig.* poético.
LÍ.RIO *s.m.* Lirio.

LI.SO *adj.* Liso; llano.
LI.SON.JA *s.f.* Lisonja; adulación.
LI.SON.JE.AR *v.t.* Lisonjear; adular.
LIS.TA *s.f.* Lista, catálogo, minuta.
LIS.TRA *s.f.* Lista; raya.
LI.SU.RA *s.f.* Lisura.
LI.TE.RAL *adj.* Literal.
LI.TE.RÁ.RIO *adj.* Literario.
LI.TE.RA.TU.RA *s.f.* Literatura.
LI.TI.GAR *v.t.* Litigar.
LI.TÍ.GIO *s.m.* Litigio.
LI.TO.RAL *adj.* e *s.m.* Litoral; costa.
LI.TRO *s.m.* Litro.
LI.TUR.GI.A *s.f.* Liturgia.
LI.VI.DEZ *s.f.* Lividez.
LÍ.VI.DO *adj.* Lívido; pálido.
LI.VRAR *v.t.* Liberar; librar. *v.p.* Librarse.
LI.VRA.RI.A *s.f.* Librería.
LI.VRE *adj.* Libre; suelto; franco; espontáneo.
LI.VREI.RO *s.m.* Librero.
LI.VRO *s.m.* Libro.
LI.XA *s.f.* Lija.
LI.XEI.RO *s.m.* Basurero.
LI.XO *s.m.* Basura.
LO.A *s.f.* Loa; apología.
LO.BI.SO.MEM *s.m.* Hombre lobo.
LO.BO *s.m.* Lobo.
LO.CA.ÇÃO *s.f.* Alquiler; locación.
LO.CAL *adj.* e *s.m.* Local. *s.m.* Lugar; paraje.
LO.CA.LI.DA.DE *s.f.* Localidad; lugar.
LO.CA.LI.ZAR *v.t.* Localizar. *v.p.* Localizarse.
LO.ÇÃO *s.f.* Loción.
LO.CO.MO.ÇÃO *s.f.* Locomoción.
LO.CO.MO.TI.VA *s.f.* Locomotora.
LO.CO.MO.VER-SE *v.p.* Desplazarse.
LO.CU.ÇÃO *s.f.* Locución.
LO.CU.TOR *s.m.* Locutor.
LO.DA.ÇAL *s.m.* Lodazal; barrizal.
LO.DO *s.m.* Lodo; fango.
LO.GA.RIT.MO *s.m.* Mat. Logaritmo.
LÓ.GI.CA *s.f.* Lógica.
LÓ.GI.CO *adj.* Lógico; coherente.
LO.GO *adv.* Luego; ya; inmediatamente.
LO.GRAR *v.t.* Lograr; merecer; obtener; engañar; estafar. *v.p.* Aprovecharse.
LO.GRO *s.m.* Logro; engaño.
LO.JA *s.f.* Tienda; comercio.
LO.JIS.TA *s.f.* Tendero.
LOM.BO *s.m.* Lomo.
LO.NA *s.f.* Lona; toldo.
LON.DRI.NO *adj.* e *s.m.* Londrinense.
LON.GE *adv.* Lejos; ao longe: a los lejos. *adj.* Lejano.
LON.GE.VI.DA.DE *s.f.* Longevidad.
LON.GÍN.QUO *adj.* Longincuo; lejano; distante.
LON.GI.TU.DE *s.f.* Longitud.
LON.GO *adj.* Largo; extenso.
LON.TRA *s.f.* Zool. Nutria.
LO.QUAZ *adj.* Locuaz.
LO.TA.ÇÃO *s.f.* Capacidad; loteo.
LO.TAR *v.t.* Lotear; llenar.
LO.TE *s.m.* Lote.
LO.TE.RI.A *s.f.* Lotería.
LOU.ÇA *s.f.* Loza.
LOU.CO *adj.* e *s.m.* Loco; insensato.
LOU.CU.RA *s.f.* Locura; desatino; paranoia.
LOU.RO *adj.* Rubio. *s.m.* Loro (ave).
LOU.VA-A-DEUS *s.m.* Zool. Santateresa.
LOU.VAR *v.t.* Alabar; loar.
LOU.VÁ.VEL *adj.* Loable; laudable.
LOU.VOR *s.m.* Loar; alabanza.
LU.A *s.f.* Luna; lua-de-mel: luna de miel.
LU.AR *s.m.* Luz de luna.
LU.BRI.FI.CAR *v.t.* Lubricar; engrasar; untar.
LU.CI.DEZ *s.f.* Lucidez; clareza.
LÚ.CI.DO *adj.* Lúcido; transparente.
LU.CRAR *v.int.* Lucrar; aprovechar; disfrutar; gañar.
LU.CRA.TI.VO *adj.* Lucrativo.
LU.CRO *s.m.* Lucro; provecho; logro; ganancia.
LU.GAR *s.m.* Lugar; puesto; posición.
LÚ.GU.BRE *adj.* Lúgubre.
LU.ME *s.m.* Lumbre; fuego; luz.
LU.MI.NÁ.RIA *s.f.* Luminaria.
LU.MI.NO.SO *adj.* Luminoso.
LU.NAR *adj.* Lunar.
LU.NÁ.TI.CO *adj.* e *s.m.* Lunático.
LU.NE.TA *s.f.* Luneta.
LU.PA *s.f.* Lupa.

LU.PA.NAR *s.m.* Lupanar; prostíbulo.
lus.trar *adj.* ustrar; pulir.
LUS.TRE *s.m.* Araña; lámpara.
LUS.TRO *s.m.* Lustre.
LU.TA *s.f.* Lucha; combate; pelea; conflicto.
LU.TAR *v.int.* Luchar; combatir; pelear; guerrear.
LU.TO *s.m.* Luto; pesar.
LU.VA *s.f.* Guante.

LU.XA.ÇÃO *s.f.* Luxación.
LU.XO *s.m.* Lujo; pompa; ostentación.
LU.XU.O.SO *adj.* Lujoso; suntuoso.
LU.XÚ.RIA *s.f.* Lujuria; sensualidad.
LUZ *s.f.* Luz; lámpara; lumbre.
LU.ZEN.TE *adj.* Reluciente; brillante.
LU.ZIR *v.int.* Lucir; brillar; resplanceder.
v.p. Lucirse.

M

M *s.m.* Decimotercera letra del alfabeto portugués.
MA.CA *s.f.* Camilla; parihuela.
MA.ÇÃ *s.f.* Manzana.
MA.ÇA *s.f.* Maza; clava.
MA.CA.BRO *adj.* Macabro; lúgubre.
MA.CA.CÃO *s.m.* Mono; overol.
MA.CA.CO *s.m.* Zool. Macaco; mono; *macaco mecânico*: gato; cric.
MA.ÇA.NE.TA *s.f.* Manija; pomo; manilla.
MA.ÇAN.TE *adj.* Latoso; fastidioso; aburrido.
MA.CA.QUI.CE *s.f.* Monada.
MA.ÇA.RI.CO *s.m.* Soplete.
MA.CAR.RÃO *s.m.* Macarrón.
MA.CAR.RO.NA.DA *s.f.* Macarrones.
MA.CE.RAR *v.t.* Macerar.
MA.CHA.DA.DA *s.f.* Hachazo.
MA.CHA.DO *s.m.* Hacha.
MA.CHO *adj.* e *s.m.* Macho.
MA.CHU.CAR *v.t.* Machucar; herir; lastimar.
MA.CI.ÇO *adj.* e *s.m.* Macizo; sólido; compacto.
MA.CI.EI.RA *s.f.* Manzano.
MA.CI.O *adj.* Blando; suave.
MA.ÇO *s.m.* Mazo.
MA.ÇOM *s.m.* Masón.
MA.ÇO.NA.RI.A *s.f.* Masonería.
MA.CO.NHA *s.f.* Marihuana.
MÁ-CRI.A.ÇÃO *s.f.* Falta de educación.
MÁ.CU.LA *s.f.* Mácula; mancha.
MA.CU.LAR *v.t.* Manchar.
MA.DEI.RA *s.f.* Madera.
MA.DEI.XA *s.f.* Madeja.
MA.DRAS.TA *s.f.* Madrastra.
MA.DRE *s.f.* Madre (mãe); monja (religiosa).
MA.DRI.NHA *s.f.* Madrina.
MA.DRU.GA.DA *s.f.* Madrugada.
MA.DRU.GAR *v.int.* Madrugar.
MA.DU.RO *adj.* Maduro; sensato.
MÃE *s.f.* Madre.
MA.ES.TRO *s.m.* Maestro.
MA.GI.A *s.f.* Magia; mágica; prestidigitación.
MÁ.GI.CO *adj.* e *s.m.* Mágico; mago; encantador; maravilloso.
MA.GIS.TE.RIO *s.m.* Magisterio.
MA.GIS.TRA.DO *s.m.* Magistrado; juez.
MA.GIS.TRAL *adj.* Magistral.
MAG.NA.TA *s.m.* Magnate.
MAG.NÉ.TI.CO *adj.* Magnético.
MAG.NE.TIS.MO *s.m.* Magnetismo.
MAG.NE.TI.ZAR *v.t.* Magnetizar.
MAG.NÍ.FI.CO *adj.* Magnífico.
MA.GO *s.m.* Mago; hechicero; brujo.
MÁ.GOA *s.f.* Pesar; disgusto; tristeza; aflición; resentimiento.
MA.GO.AR *v.t.* Herir; magullar; afligir; apenar; disgustar. *v.p.* Lastimarse; magullarse; ofenderse.
MA.GRE.ZA *s.f.* Delgadez; flaqueza.
MA.GRO *adj.* Delgado; flaco;
MAI.O *s.m.* Mayo.
MAI.OR *adj.* Mayor.
MAI.O.RIA *s.f.* Mayoría.
MAIS *adv.* Más; también. *s.m.* Mat. (*indicativo de adición*) más.
MAI.ÚS.CU.LO *adj.* Mayúsculo; *letra maiúscula*: letra mayúscula.
MA.JES.TA.DE *s.f.* Majestad.
MA.JES.TO.SO *adj.* Majestuoso.
MA.JOR *s.m.* Mayor.
MA.JO.RI.TÁ.RIO *adj.* Mayoritario.
MAL *s.m.* Mal; malo; enfermedad; molestia; calamidad. *adv.* Mal.
MA.LA *s.f.* Maleta; valija.

MA.LAN.DRO *adj.* e *s.m.* Malandrín; pícaro; pillo.
MA.LÁ.RIA *s.f.* Malaria.
MAL.CHEI.RO.SO *adj.* Maloliente.
MAL.CRI.A.DO *adj.* Malcriado; maleducado; rudo.
MAL.DA.DE *s.f.* Maldad; malicia.
MAL.DI.ÇÃO *s.f.* Maldición.
MAL.DI.TO *adj.* Maldito.
MAL.DI.ZER *v.t.* e *int.* Maldecir.
MAL.DO.SO *adj.* Malicioso.
MA.LE.Á.VEL *adj.* Maleable.
MA.LE.DI.CÊN.CIA *s.f.* Maledicencia.
MA.LÉ.FI.CO *adj.* Maléfico.
MAL-E.DU.CA.DO *adj.* Maleducado.
MAL-ES.TAR *s.m.* Malestar.
MA.LE.TA *s.f.* Maletín; maleta.
MAL.FA.DA.DO *adj.* Desafortunado.
MAL.FEI.TO *adj.* Mal hecho; imperfecto.
MAL.FEI.TOR *s.m.* Malhechor; malviviente.
MA.LHA *s.f.* Malla; suéter; punto.
MA.LHA.DO *adj.* Atigrado.
MA.LHAR *v.t.* Machacar; martillar; golpear.
MA.LHO *s.m.* Mallo; martillo; matraca; mazo.
MA.LÍ.CIA *s.f.* Malicia; maldad; astucia.
MA.LI.CI.O.SO *adj.* Malicioso.
MA.LIG.NO *adj.* Maligno.
MA.LO.GRAR *v.t.* Malograr; frustrar. *v.p.* Malograrse.
MA.LO.GRO *s.m.* Malogro.
MAL.QUIS.TO *adj.* Malquisto.
MAL.TRA.PI.LHO *adj.* e *s.m.* Andrajoso; harapiento.
MAL.TRA.TAR *v.t.* Maltratar; hostilizar.
MA.LU.CO *adj.* e *s.m.* Loco; chiflado.
MAL.VA.DO *adj.* Malvado; perverso.
MA.MA *s.f. Anat.* Mama; seno; teta.
MA.MÃE *s.f.* Mamá; mama.
MA.MÃO *s.m.* Papaya; mamón.
MA.MAR *v.int.* Mamar.
MA.MÍ.FE.RO *s.m.* Mamífero.
MA.NA.DA *s.f.* Manada.
MA.NAN.CI.AL *s.m.* Manantial.
MA.NAR *v.t.* Manar; fluir; brotar.
MAN.CA.DA *s.f.* Falla; error.
MAN.CAR *v.int.* Mancar. *v.p.* Mancarse.
MAN.CHA *s.f.* Mancha; mácula; defecto.
MAN.CHAR *v.t.* Manchar; ensuciar; deshonrar.
MAN.CHE.TE *s.f.* Titulares
MAN.CO *adj.* Manco; cojo.
MAN.DA.DO *adj.* e *s.m.* Mandado; orden.
MAN.DA.MEN.TO *s.m.* Mandamiento; precepto; orden.
MAN.DAR *v.t.* e *int.* Mandar; dictar; ordenar; regir.
MAN.DA.TA.RIO *s.m.* Mandatario.
MAN.DA.TO *s.m.* Mandato.
MAN.DÍ.BU.LA *s.f. Anat.* Mandíbula; quijada.
MAN.DI.O.CA *s.f.* Mandioca.
MAN.DO *s.m.* Mando; autoridad.
MA.NEI.RA *s.f.* Manera; modo; forma; estilo.
MA.NE.JO *s.m.* Manejo.
MA.NE.QUIM *s.m.* Maniquí; modelo.
MA.NE.TA *adj.* De una sola mano.
MAN.GA *s.f.* Manga (de camisa); mango (fruto e árbol).
MAN.GUEI.RA *s.f.* Manguera; mango (árbol e fruto).
MA.NHA *s.f.* Maña; costumbre; defecto.
MA.NHÃ *s.f.* Mañana.
MA.NHO.SO *adj.* Mañoso; habilidoso; astuto.
MA.NI.A *s.f.* Manía.
MA.NÍ.A.CO *adj.* e *s.m.* Maníaco.
MA.NI.CÔ.MIO *s.m.* Manicomio.
MA.NI.FES.TA.ÇÃO *s.f.* Manifestación.
MA.NI.FES.TAN.TE *adj.* e *s.2g.* Manifestante.
MA.NI.FES.TAR *v.t.* Manifestar; declarar.
MA.NI.FES.TO *adj.* Visible; ostensible. *s.m.* Manifiesto; declaración.
MA.NI.PU.LAR *v.t.* Manipular; preparar; manejar.
MA.NI.VE.LA *s.f.* Manivela.
MAN.JAR *s.m.* Manjar; comestible. *v.t.* Conocer; vigiar; espiar.
MAN.JE.DOU.RA *s.f.* Pesebre.
MAN.JE.RI.CÃO *s.m.* Albahaca.
MA.NO *s.m.* Hermano.
MA.NO.BRA *s.f.* Maniobra.
MA.NO.BRAR *v.t.* e *int.* Maniobrar.
MAN.SÃO *s.f.* Mansión

MAN.SO *adj.* Manso; suave.
MAN.TA *s.f.* Manta.
MAN.TEI.GA *s.f.* Manteca.
MAN.TEI.GUEI.RA *s.f.* Mantequillera.
MAN.TER *v.t.* Mantener. *v.p.* Mantenerse.
MAN.TI.MEN.TO *s.m.* Mantenimiento.
MAN.TO *s.m.* Manto.
MA.NU.AL *adj.* e *s.m.* Manual.
MA.NU.FA.TU.RAR *v.t.* Manufacturar; fabricar.
MA.NUS.CRI.TO *adj.* e *s.m.* Manuscrito.
MA.NU.SE.AR *v.t.* Manosear; manejar.
MA.NU.TEN.ÇÃO *s.f.* Manutención.
MÃO *s.f.* Mano; puñado; *mão de obra*: mano de obra; *dar uma mão*: echar una mano, ayuda.
MA.O.ME.TA.NO *adj.* e *s.m.* Mahometano.
MA.PA *s.m.* Mapa.
MA.QUI.A.VÉ.LI.CO *adj.* Maquiavélico.
MÁ.QUI.NA *s.f.* Máquina.
MA.QUI.NAR *v.t.* Maquinar; conspirar.
MA.QUI.NIS.TA *s.2g.* Maquinista.
MAR *s.m.* Mar; océano; *alto-mar*: alta mar.
MA.RAS.MO *s.m.* Marasmo.
MA.RA.VI.LHA *s.f.* Maravilla.
MA.RA.VI.LHAR *v.t.* Maravillar. *v.p.* Maravillarse.
MA.RA.VI.LHO.SO *adj.* Maravilloso.
MAR.CA *s.f.* Marca; cuño; etiqueta.
MAR.CA.ÇÃO *s.f.* Marcación.
MAR.CAR *v.t.* Marcar; fijar; citar; estigmatizar.
MAR.CE.NA.RI.A *s.f.* Ebanistería; carpintería.
MAR.CE.NEI.RO *s.m.* Ebanista; carpintero.
MAR.CHA *s.f.* Marcha.
MAR.CHAR *v.int.* Marchar; caminar.
MAR.CO *s.m.* Marco; mojón; hito.
MAR.ÇO *s.m.* Marzo.
MA.RÉ *s.f.* Marea.
MA.RE.CHAL *s.m.* Mariscal.
MA.RE.MO.TO *s.m.* Maremoto.
MA.RE.SI.A *s.f.* Marea; olor de mar.
MAR.FIM *s.m.* Marfil.
MAR.GA.RI.DA *s.f.* Margarita.
MAR.GA.RI.NA *s.f.* Margarina.
MAR.GE.AR *v.t.* Bordear; margenar.
MAR.GEM *s.f.* Margen; orilla; borde.
MAR.GI.NAL *adj.* e *s.2g.* Marginal.
MA.RI.DO *s.m.* Marido.
MA.RIM.BON.DO *s.m.* Avispa; avispón.
MA.RI.NHA *s.f.* Marina.
MA.RI.NHEI.RO *s.m.* Marinero.
MA.RI.PO.SA *s.f.* Mariposa.
MA.RIS.CO *s.m.* Marisco.
MA.RI.TAL *adj.* Marital.
MA.RÍ.TI.MO *adj.* e *s.m.* Marítimo; marino.
MAR.ME.LA.DA *s.f.* Dulce de membrillo.
MAR.ME.LO *s.m.* Bot. Membrillo.
MÁR.MO.RE *s.m.* Mármol.
MAR.QUÊS *s.m.* Marqués.
MAR.TE.LA.DA *s.f.* Martillazo.
MAR.TE.LAR *v.t.* Martillar.
MAR.TE.LO *s.m.* Martillo.
MÁR.TIR *adj.* e *s.2g.* Mártir.
MAR.TÍ.RIO *s.m.* Martirio.
MAR.TI.RI.ZAR *v.t.* Martirizar.
MA.RU.JO *s.m.* Marinero.
MAS *conj.* Mas; pero; todavía; sin embargo.
MÁS.CA.RA *s.f.* Máscara.
MAS.CA.RAR *v.t.* Enmascarar. *v.p.* Enmascararse.
MAS.CU.LI.NO *adj.* Masculino; macho; *gênero masculino*: *Gram.* género masculino.
MAS.MOR.RA *s.f.* Mazmorra.
MAS.SA *s.f.* Masa; pasta.
MAS.SA.CRAR *v.t.* Masacrar.
MAS.SA.CRE *s.m.* Masacre; matanza.
MAS.SA.GEM *s.f.* Masaje.
MAS.TI.GA.ÇÃO *s.f.* Masticación.
MAS.TI.GAR *v.t.* Masticar.
MAS.TRO *s.m.* Mástil; fuste.
MA.TA *s.f.* Mata; selva; bosque; floresta.
MA.TA.DOR *s.m.* Matador; asesino.
MA.TA.GAL *s.m.* Mata; breña; matorral.
MA.TAN.ÇA *s.f.* Matanza.
MA.TAR *v.t.* Matar; masacrar; asesinar.
MA.TE *s.m.* Mate; jaque mate (ajedrez); hierba mate.
MA.TE.MÁ.TI.CA *s.f.* Matemática.
MA.TÉ.RIA *s.f.* Materia; substancia; tema.
MA.TÉ.RIA-PRI.MA *s.f.* Materia prima.
MA.TE.RI.AL *adj.* e *s.m.* Material; corpóreo.

MA.TE.RI.A.LIS.MO *s.m.* Materialismo.
MA.TE.RI.A.LI.ZAR *v.t.* Materializar.
MA.TER.NAL *adj.* Maternal.
MA.TER.NI.DA.DE *s.f.* Maternidad.
MA.TER.NO *adj.* Materno.
MA.TI.LHA *s.f.* Jauría.
MA.TI.NAL *adj.* Matinal.
MA.TIZ *s.m.* Matiz.
MA.TO *s.m.* Mato; bosque; breña; matorral.
MA.TRÍ.CU.LA *s.f.* Matrícula.
MA.TRI.CU.LAR *v.t.* Matricular.
MA.TRI.MO.NI.AL *adj.* Matrimonial.
MA.TRI.MÔ.NIO *s.m.* Matrimonio, casamiento.
MA.TRIZ *s.f.* Matriz; principal.
MA.TRO.NA *s.f.* Matrona.
MA.TU.TI.NO *adj.* Matutino.
MA.TU.TO *adj.* e *s.m.* Aldeano; astuto.
MAU *adj.* Malo; malvado. *s.m.* Malo (diablo).
MAU.SO.LÉU *s.m.* Mausoleo.
MA.XI.LAR *adj.* e *s.m.* Maxilar.
MÁ.XI.MA *s.f.* Máxima; aforismo.
MÁ.XI.MO *adj.* e *s.m.* Máximo.
ME *pron. pess.* Me; a mí, para mí.
ME.A.DA *s.f.* Madeja.
ME.AN.DRO *s.m.* Meandro.
ME.CÂ.NI.CA *s.f.* Mecánica.
ME.CÂ.NI.CO *adj.* e *s.m.* Mecánico.
ME.CA.NIS.MO *s.m.* Mecanismo.
ME.CA.NI.ZAR *v.t.* Mecanizar.
ME.DA.LHA *s.f.* Medalla.
MÉ.DIA *s.f. fam.* Taza de café con leche; *Mat.* media; promedio.
ME.DI.A.ÇÃO *s.f.* Mediación.
ME.DI.A.NO *adj.* Mediano.
ME.DI.AN.TE *adj.* Mediante. *prep.* Por medio de.
ME.DI.CA.MEN.TO *s.m.* Medicamento.
ME.DI.ÇÃO *s.f.* Medición.
ME.DI.CAR *v.t.* Medicar.
ME.DI.CI.NA *s.f.* Medicina.
MÉ.DI.CO *adj* e *s.m.* Médico.
ME.DI.DA *s.f.* Medida.
MÉ.DIO *adj.* Medio.
ME.DÍ.O.CRE *adj.* Mediocre.
ME.DIR *v.t.* Medir. *v.p.* Medirse.
ME.DI.TAR *v.t.* e *int.* Meditar; refletir; pensar.
ME.DI.TER.RÂ.NEO *adj.* e *s.m.* Mediterráneo.
ME.DO *s.m.* Miedo; termor.
ME.DO.NHO *adj.* Horrible; asustador.
ME.DRO.SO *adj.* Miedoso.
ME.DU.LA *s.f.* Médula; esencia.
ME.GE.RA *s.f.* Mujer cruel.
MEI.A *s.f.* Media; calcetín.
MEI.A-LUA *s.f.* Media luna.
MEI.A-LUZ *s.f.* Media luz.
MEI.A-NOI.TE *s.f.* Medianoche.
MEI.GO *adj.* Cariñoso; tierno.
MEI.GUI.CE *s.f.* Cariño; ternura.
MEI.O *adj.* e *s.m.* Medio; *meio a meio*: la mitad.
MEL *s.m.* Miel.
ME.LA.DO *adj.* Melado.
ME.LAN.CI.A *s.f.* Sandía.
ME.LAN.CO.LI.A *s.f.* Melancolía, tristeza.
ME.LÃO *s.m.* Melón.
ME.LHOR *adj.* Mejor. *adv.* Mejor; perfectamente; más. *s.m.* e *f.* (Lo o la) mejor.
ME.LHO.RA *s.f.* Mejora; mejoría.
ME.LHO.RA.MEN.TO *s.m.* Mejoramiento; mejoría.
ME.LHO.RI.A *s.f.* Mejoría.
ME.LIN.DRAR *v.t.* Ofender. *v.p.* Ofenderse.
ME.LIN.DRE *s.m.* Melindre; resentimiento.
ME.LIN.DRO.SO *adj.* Melindroso.
ME.LO.DI.A *s.f.* Melodía; música.
MEM.BRA.NA *s.f.* Membrana.
MEM.BRO *s.m.* Miembro.
ME.MO.RÁ.VEL *adj.* Memorable.
ME.MÓ.RIA *s.f.* Memoria.
ME.MO.RI.ZAR *v.t.* Memorizar.
MEN.ÇÃO *s.f.* Mención.
MEN.CIO.NAR *v.t.* Mencionar; aludir; citar; referir.
MEN.DI.GAR *v.int.* Mendigar; limosnear.
MEN.DI.GO *s.m.* Mendigo.
ME.NIN.GI.TE *s.f.* Meningitis.
ME.NI.NO *s.m.* Niño; chico; *menina* s.f.: niña; chica.

ME.NOR adj. Menor; más pequeño. s.2g. Menor (de edad).
ME.NOS adv. e adv. Menos; excepto. s.m. Mat. Signo para indicar resta.
ME.NOS.PRE.ZAR v.t. Menospreciar; depreciar.
ME.NOS.PRE.ZO s.m. Menosprecio; desprecio.
MEN.SA.GEI.RO s.m. Mensajero.
MEN.SA.GEM s.f. Mensaje.
MEN.SAL adj. Mensual.
MEN.SA.LI.DA.DE s.f. Mensualidad.
MENS.TRU.A.ÇÃO s.f. Menstruación.
MEN.TAL adj. Mental.
MEN.TA.LI.DA.DE s.f. Mentalidad.
MEN.TE s.f. Mente; miente; intelecto.
MEN.TIR v.int. Mentir; engañar.
MEN.TI.RA s.f. Mentira; invención; embuste.
MEN.TI.RO.SO adj. Mentiroso.
MER.CA.DO s.m. Mercado.
MER.CA.DOR s.m. Comerciante; mercader.
MER.CA.DO.RI.A s.f. Mercadería; mercancía.
MER.CE.A.RI.A s.f. Abarrotería; tienda de ultramarinos.
ME.RE.CER v.t. Merecer.
ME.RE.CI.MEN.TO s.m. Merecimiento; mérito.
ME.REN.DA s.f. Merienda.
MER.GU.LHAR v.t. Sumergir; zambullir. v.int. e p. Sumergirse; zambullirse.
MER.GU.LHO s.m. Zambullida.
ME.RI.DI.A.NO adj. e s.m. Meridiano.
ME.RI.DI.O.NAL adj. Meridional.
MÉ.RI.TO s.m. Mérito.
ME.RI.TÓ.RIO adj. Meritorio.
ME.RO adj. Mero; puro; simple.
MÊS s.m. Mes.
ME.SA s.f. Mesa.
ME.SA.DA s.f. Mensualidad.
MES.MO adj. e pron. Mismo; idéntico; propio; igual.
MES.QUI.NHEZ s.f. Mezquindad.
MES.SI.AS s.m. Mesías.
MES.TI.ÇO adj. e s.m. Mestizo.

MES.TRE s.m. Maestro; *mestra* s.f.: maestra.
ME.SU.RA s.f. Mesura.
ME.TA s.f. Meta.
ME.TA.BO.LIS.MO s.m. Metabolismo.
ME.TA.DE s.f. Mitad.
ME.TÁ.FO.RA s.f. Metáfora.
ME.TAL s.m. Metal.
ME.TÁ.LI.CO adj. Metálico.
ME.TA.LUR.GI.A s.f. Metalurgia.
ME.TA.LÚR.GI.CO adj. e s.m. Metalúrgico.
ME.TA.MOR.FO.SE s.f. Metamorfosis.
ME.TE.O.RO s.m. Meteoro.
ME.TE.O.RO.LO.GI.A s.f. Meteorología.
ME.TE.O.RO.LO.GIS.TA s.2g. Meteorologista; meteorólogo.
ME.TER v.t. Meter; introducir; poner.
ME.TI.CU.LO.SO adj. Meticuloso.
ME.TÓ.DI.CO adj. Metódico; comedido.
MÉ.TO.DO s.m. Método.
ME.TRA.LHA.DO.RA s.f. Ametralladora.
ME.TRA.LHAR v.t. Ametrallar.
ME.TRI.FI.CA.ÇÃO s.f. Metrificación.
ME.TRI.FI.CAR v.t. Metrificar.
ME.TRO s.m. Metro.
ME.TRÔ s.m. Metro.
ME.TRÓ.PO.LE s.f. Metrópoli.
MEU pron. poss. Mi; mío.
ME.XER v.t. Mecer; mover; agitar; tocar; dislocar.
ME.XE.RI.CO s.m. Chisme; cotilleo.
MI s.m. Mi (nota musical).
MI.A.DO s.m. Maullido.
MI.AR v.int. Maullar.
MI.CA s.f. Miner. Mica.
MI.CO s.m. Zool. Mico; mono pequeño.
MI.CRÓ.BIO s.m. Microbio.
MI.CRO.COM.PU.TA.DOR s.m. Microordenador.
MI.CRO.FO.NE s.m. Micrófono.
MI.CROS.CÓ.PIO s.m. Microscopio.
MI.GA.LHA s.f. Migaja.
MI.GRA.ÇÃO s.f. Migración.
MI.JAR v.t. Mear; orinar.
MIL num. Mil.
MI.LA.GRE s.m. Milagro.

MI.LA.GRO.SO adj. Milagroso.
MI.LÊ.NIO s.m. Milenio.
MI.LÉ.SI.MO s.m. Milésimo.
MI.LHA s.f. Milla.
MI.LHÃO s.m. Millón.
MI.LHAR s.m. Millar.
MI.LHA.RAL s.m. Maizal.
MI.LHO s.m. Bot. Maíz; mijo.
MI.LÍ.ME.TRO s.m. Milímetro.
MI.LIO.NÁ.RIO adj. e s.m. Millonario.
MI.LI.TAN.TE adj. e s.2g. Militante.
MI.LI.TAR adj. e s.m. Militar. v.t. e int. Militar (en).
MIM pron. poss. Mí.
MI.MAR v.t. Mimar.
MÍ.MI.CA s.f. Mímica.
MI.MO s.m. Mimo; cariño.
MI.MO.SO adj. Mimoso.
MI.NA s.f. Mina.
MI.NAR v.t. Minar.
MI.NEI.RO s.m. Minero.
MI.NE.RAL adj. Mineral.
MI.NÉ.RIO s.m. Mineral; mena.
MÍN.GUA s.f. Mengua; carencia; penuria.
MIN.GUAR v.t e int. Menguar.
MI.NHA pron. poss. Mi; mía.
MI.NHO.CA s.f. Lombriz.
MI.NI.A.TU.RA s.f. Miniatura.
MÍ.NI.MO adj. e s.m. Mínimo; muy pequeño.
MI.NIS.TÉ.RIO s.m. Ministerio.
MI.NIS.TRAR v.t. Ministrar; administrar.
MI.NIS.TRO s.m. Ministro.
MI.NO.RI.A s.f. Minoría.
MI.NU.CIO.SO adj. Minucioso; meticuloso.
MI.NÚS.CU.LO adj. Minúsculo.
MI.NU.TA s.f. Minuta; anotación; borrador.
MI.NU.TO s.m. Minuto.
MÍ.O.PE s.2g. Miope.
MI.O.PI.A s.f. Miopía.
MI.RA s.f. Mira; puntería; fig. propósito.
MI.RA.CU.LO.SO adj. Milagroso.
MI.RA.GEM s.f. Espejismo.
MI.RAR v.t. Mirar; apuntar.
MI.SE.RÁ.VEL adj. e s.2g. Miserable.
MI.SÉ.RIA s.f. Miseria; pobreza; privación.

MI.SE.RI.CÓR.DIA s.f. Misericordia; conmiseración.
MIS.SA s.f. Misa.
MIS.SÃO s.f. Misión.
MIS.SI.VA s.f. Misiva; carta.
MIS.TÉ.RIO s.m. Misterio.
MIS.TI.CIS.MO s.m. Misticismo.
MÍS.TI.CO adj. Místico.
MIS.TI.FI.CAR v.t. Mistificar.
MIS.TO adj. e s.m. Mixto.
MIS.TU.RA s.f. Mixtura; mezcla.
MIS.TU.RAR v.t. Mezclar; entreverar. v.p. Mezclarse.
MI.TI.GAR v.t. Mitigar; ablandar.
MI.TO s.m. Mito.
MI.TO.LO.GI.A s.f. Mitología.
MI.U.DE.ZA s.f. Minudencia.
MI.Ú.DO adj. Menudo; minúsculo. s.m. Menudo.
MO.A.GEM s.f. Molienda; moledura.
MO.BÍ.LIA s.f. Mobiliario.
MO.BI.LI.Á.RIO adj. Mobiliario.
MO.BI.LI.DA.DE s.f. Mobilidad.
MO.BI.LI.ZA.ÇÃO s.f. Mobilización.
MO.BI.LI.ZAR v.t. Mobilizar.
MO.ÇÃO s.f. Moción.
MO.CHI.LA s.f. Mochila.
MO.CI.DA.DE s.f. Juventud; mocedad.
MO.ÇO adj. e s.m. Mozo; joven; muchacho; moça s.f.: moza.
MO.DA s.f. Moda.
MO.DE.LAR v.t. Modelar; amoldar. v.p. Modelarse. adj. Ejemplar.
MO.DE.LO s.m. Modelo.
MO.DE.RA.ÇÃO s.f. Moderación.
MO.DE.RA.DO adj. Moderado; limitado.
MO.DE.RA.ÇÃO s.f. Moderación; prudencia; limitación.
MO.DE.RAR v.t. Moderar.
MO.DER.NIS.MO s.m. Modernismo.
MO.DER.NI.ZAR v.t. Modernizar.
MO.DER.NO adj. Moderno.
MO.DÉS.TIA s.f. Modestia.
MO.DES.TO adj. Modesto.
MÓ.DI.CO adj. Módico; arreglado.

MO.DI.FI.CA.ÇÃO *s.f.* Modificación.
MO.DI.FI.CAR *v.t.* Modificar; cambiar.
MO.DO *s.m.* Modo; manera.
MO.DU.LAR *adj.* Referente al módulo. *v.t.* e *int.* Modular.
MO.E.DA *s.f.* Moneda.
MO.ER *v.t.* Moler; quebrantar.
MO.FAR *v.t.* e *int.* Mofar; enmohecer.
MO.FO *s.m.* Moho.
MO.Í.DO *adj.* Molido.
MO.I.NHO *s.m.* Molino.
MOI.TA *s.f.* Maleza; arbusto.
MO.LA *s.f.* Muelle; resorte.
MO.LAR *adj.* e *s.m.* Molar.
MOL.DA.GEM *s.f.* Moldeado.
MOL.DAR *v.t.* Moldear. *v.p.* Amoldarse.
MOL.DE *s.m.* Molde; modelo; matriz.
MOL.DU.RA *s.f.* Moldura.
MO.LE *adj.* Blando; muelle; tierno.
MO.LÉ.CU.LA *s.f.* Molécula.
MO.LEI.RO *s.m.* Molinero.
MO.LE.QUE *s.m.* Niño; chiquillo; canalla.
MO.LES.TAR *v.t.* Molestar. *v.p.* Molestarse.
MO.LÉS.TIA *s.f.* Molestia.
MO.LE.ZA *s.f.* Blandura; suavidad.
MO.LHAR *v.t.* Mojar; regar. *v.p.* Mojarse.
MO.LHO *s.m.* Salsa (culinaria); manojo (llaves).
MO.LUS.CO *s.m. Zool.* Molusco.
MO.MEN.TÂ.NEO *adj.* Momentáneo.
MO.MEN.TO *s.m.* Momento.
MO.NAR.CA *s.m.* Monarca.
MO.NAR.QUI.A *s.f.* Monarquía.
MO.NE.TÁ.RIO *adj.* Monetario.
MON.GE *s.m.* Monje; *monja s.f.*: monja.
MO.NI.TOR *s.m.* Monitor; instructor.
MO.NO.CRO.MÁ.TI.CO *adj.* Monocromático; monocrômico.
MO.NO.GRA.FI.A *s.f.* Monografía.
MO.NÓ.LO.GO *s.m.* Monólogo.
MO.NO.PÓ.LIO *s.m.* Monopolio.
MO.NO.PO.LI.ZAR *v.t.* Monopolizar.
MO.NOS.SÍ.LA.BO *adj.* e *s.m.* Monosílabo.
MO.NO.TO.NI.A *s.f.* Monotonía.
MO.NÓ.TO.NO *adj.* Monótono.

MONS.TRO *s.m.* Monstruo.
MONS.TRU.O.SO *adj.* Monstruoso.
MON.TA *s.f.* Monta.
MON.TA.GEM *s.f.* Montaje.
MON.TA.NHA *s.f.* Montaña.
MON.TA.NHO.SO *adj.* Montañoso.
MON.TAN.TE *s.m.* Monta; importe.
MON.TAR *v.t.* e *int.* Montar; cabalgar.
MON.TA.RI.A *s.f.* Montería.
MON.TE *s.m.* Monte; colina; pila.
MON.TU.RO *s.m.* Basurero.
MO.NU.MEN.TAL *adj.* Monumental.
MO.NU.MEN.TO *s.m.* Monumento.
MO.RA *s.f.* Mora; retraso.
MO.RA.DA *s.f.* Morada; habitación; residencia.
MO.RA.DOR *s.m.* Morador; habitante.
MO.RAL *adj.* e *s.f.* Moral.
MO.RA.LI.DA.DE *s.f.* Moralidad.
MO.RA.LI.ZA.ÇÃO *s.f.* Moralización.
MO.RA.LI.ZAR *v.t.* Moralizar.
MO.RAN.GO *s.m. Bot.* Fresa (fruto); *morangueiro*: fresa (planta).
MO.RAR *v.t.* Morar; vivir; residir.
MO.RA.TÓ.RIA *s.f.* Moratoria.
MÓR.BI.DO *adj.* Mórbido.
MOR.CE.GO *s.m.* Murciélago.
MOR.DA.ÇA *s.f.* Mordaza.
MOR.DAZ *adj.* Mordaz.
MOR.DER *v.t.* e *int.* Morder. *v.p.* Morderse.
MOR.DI.DA *s.f.* Mordedura.
MOR.DIS.CAR *v.t.* Mordiscar; mordisquear.
MOR.DO.MO *s.m.* Mayordomo.
MO.REI.A *s.f. Zool.* Morena.
MO.RE.NO *adj.* Moreno.
MOR.FI.NA *s.f.* Morfina.
MOR.FO.LO.GI.A *s.f.* Morfología.
MO.RI.BUN.DO *adj.* e *s.m.* Moribundo.
MO.RIN.GA *s.f.* Botijo; jarra.
MOR.MA.ÇO *s.m.* Bochorno.
MOR.NO *adj.* Tibio; templado.
MO.RO.SI.DA.DE *s.f.* Morosidad; lentitud.
MO.RO.SO *adj.* Moroso; lento.
MOR.RER *v.int.* Morir; perecer; fallecer. *v.p.* Morirse.

MOR.RO *s.m.* Monte; colina; cerro.
MOR.TA.DE.LA *s.f.* Mortadela.
MOR.TAL *adj.* e *s.2g.* Mortal.
MOR.TA.LHA *s.f.* Mortaja.
MOR.TA.LI.DA.DE *s.f.* Mortalidad.
MOR.TE *s.f.* Muerte; óbito; fallecimiento; fenecimiento.
MOR.TÍ.FE.RO *adj.* Mortífero.
MOR.TI.FI.CAR *v.t.* Mortificar. *v.p.* Mortificarse.
MOR.TO *adj.* e *s.m.* Muerto; cadáver; difunto.
MO.SAI.CO *s.m.* Mosaico.
MOS.CA *s.f.* Mosca.
MOS.QUE.TE *s.m.* Mosquete.
MOS.QUI.TEI.RO *s.m.* Mosquitero.
MOS.QUI.TO *s.m.* Mosquito.
MOS.TAR.DA *s.f.* Mostaza.
MOS.TEI.RO *s.m.* Monasterio; convento.
MOS.TRAR *v.t.* Mostrar; exhibir; ostentar. *v.p.* Mostrarse.
MO.TEL *s.m.* Motel.
MO.TIM *s.m.* Motín; sublevación.
MO.TI.VA.ÇÃO *s.f.* Motivación.
MO.TI.VAR *v.t.* Motivar; estimular.
MO.TI.VO *s.m.* Motivo; consideración; razón; presupuesto.
MO.TO.CI.CLE.TA *s.f.* Motocicleta.
MO.TOR *s.m.* Motor.
MO.TOS.SER.RA *s.f.* Motosierra.
MO.TRIZ *adj.* Motriz.
MOU.CO *adj.* e *s.m.* Sordo.
MÓ.VEL *adj.* Móvil; movible. *s.m.* Mueble.
MO.VER *v.t.* Mover; remover; agitar. *v.p.* Moverse.
MO.VI.MEN.TAR *v.t.* Mover; agitar. *v.p.* Moverse.
MO.VI.MEN.TO *s.m.* Movimiento; acción.
MU.CO *s.m.* Moco; pituita.
MU.CO.SA *s.f.* *Anat.* Mucosa.
MU.ÇUL.MA.NO *adj.* e *s.m.* Musulmán.
MU.DA *s.f.* Ropa para cambiarse; *Bot.* muda; *fem. de* mudo.
MU.DAN.ÇA *s.f.* Mudanza.
MU.DAR *v.t.* Mudar; cambiar.
MU.DEZ *s.f.* Mudez.
MU.DO *adj.* e *s.m.* Mudo.
MUI.TO *pron. indef.* e *adv.* Mucho; numeroso; muy.

MU.LA *s.f.* Mulo(a).
MU.LA.TO *adj.* e *s.m.* Mulato.
MU.LE.TA *s.f.* Muleta.
MU.LHER *s.f.* Mujer.
MUL.TA *s.f.* Multa.
MUL.TAR *v.t.* Multar.
MUL.TI.CO.LOR *adj.* Multicolor.
MUL.TI.DÃO *s.f.* Multitud; legión; tropa.
MUL.TI.PLI.CA.ÇÃO *s.f.* Multiplicación.
MUL.TI.PLI.CAR *v.t.* Multiplicar.
MUL.TI.PLI.CI.DA.DE *s.f.* Multiplicidad.
MÚL.TI.PLO *adj.* e *s.m.* Múltiplo.
MU.MIA *s.f.* Momia.
MU.MI.FI.CAR *v.t.* e *int.* Momificar.
MUN.DI.AL *adj.* Mundial.
MUN.DO *s.m.* Mundo; Tierra; orbe.
MUN.GIR *v.t.* Ordeñar.
MU.NI.CI.PAL *adj.* Municipal.
MU.NI.CI.PA.LI.DA.DE *s.f.* Municipalidad.
MU.NI.CÍ.PIO *s.m.* Municipio.
MU.NIR *v.t.* Municionar; abastecer; armar.
MU.RAL *adj.* e *s.m.* Mural.
MU.RA.LHA *s.f.* Muralla.
MU.RAR *v.t.* Murar; amurallar.
MUR.CHAR *v.t.* e *int.* Marchitar. *v.p.* Marchitarse.
MUR.MU.RAR *v.t.* e *int.* Murmurar.
MUR.MÚ.RIO *s.m.* Murmurio.
MU.RO *s.m.* Muro.
MUR.RO *s.m.* Puñetazo; cachete.
MU.SA *s.f.* Musa.
MUS.CU.LAR *adj.* Muscular.
MÚS.CU.LO *s.m.* Músculo.
MUS.CU.LO.SO *adj.* Musculoso.
MU.SEU *s.m.* Museo.
MÚ.SI.CA *s.f.* Música; canción.
MU.SI.CAL *adj.* Musical.
MÚ.SI.CO *s.m.* Músico.
MUS.GO *s.m.* Musgo.
MU.TA.ÇÃO *s.f.* Mutación.
MU.TAN.TE *adj.* e *s.2g.* Mutante.
MU.TÁ.VEL *adj.* Mutable.
MU.TI.LA.DO *adj.* e *s.m.* Mutilado.
MU.TI.LAR *v.t.* Mutilar; amputar. *v.p.* Mutilarse.
MU.TIS.MO *s.m.* Mutismo; mudez.
MÚ.TUO *adj.* Mutuo; recíproco. *s.m.* Préstamo.

N

N *s.m.* Decimocuarta letra del alfabeto portugués.
NA.BA.BES.CO *adj.* Suntuoso.
NA.BO *s.m.* Nabo.
NA.ÇÃO *s.f.* Nación.
NA.CI.O.NAL *adj.* Nacional.
NA.CI.O.NA.LI.DA.DE *s.f.* Nacionalidad.
NA.CI.O.NA.LIS.MO *s.m.* Nacionalismo.
NA.CI.O.NA.LI.ZAR *v.t.* Nacionalizar. *v.p.* Nacionalizarse.
NA.DA *pron. indef.* e *adv.* Nada.
NA.DA.DOR *s.m.* Nadador.
NA.DAR *v.int.* Nadar.
NÁ.DE.GA *s.f.* Nalga.
NÁI.LON *s.m.* Nailon.
NAI.PE *s.m.* Naipe.
NA.MO.RA.DO *adj.* Enamorado. *s.m.* Novio.
NA.MO.RAR *v.t.* Enamorar; cautivar.
NA.MO.RO *s.m.* Noviazgo; galanteo.
NA.NI.CO *s.m.* Enano.
NAN.QUIM *s.m.* Tinta china.
NÃO *adv.* No.
NA.QUE.LA *Contr. prep.* em *com pron. dem.* aquela: en aquella.
NA.QUE.LE *Contr. prep.* em *com pron. dem* aquele: en aquel.
NA.QUI.LO *Contr. prep.* em *com pron. dem.* aquilo: en aquello.
NAR.CÓ.TI.CO *adj.* e *s.m.* Narcótico.
NAR.CO.TI.ZAR *v.t.* Narcotizar.
NA.RI.GÃO *s.m.* Narizotas.
NA.RI.GU.DO *adj.* e *s.m.* Narigudo.
NA.RI.NA *s.f.* Anat. Ventana de la nariz.
NA.RIZ *s.m.* Nariz.
NAR.RA.ÇÃO *s.f.* Narración.
NAR.RAR *v.t.* Narrar.
NAR.RA.TI.VA *s.f.* Narrativa.

NA.SAL *adj.* Nasal.
NA.SA.LI.ZAR *v.t.* Nasalar.
NAS.CEN.ÇA *s.f.* Nacimiento; origen; comienzo.
NAS.CEN.TE *adj.* e *s.f.* Naciente.
NAS.CER *v.int.* Nacer; surgir; originarse.
NAS.CI.MEN.TO *s.m.* Nacimiento.
NA.TA *s.f.* Nata; crema.
NA.TA.ÇÃO *s.f.* Natación.
NA.TAL *adj.* e *s.m.* Natal; natividad; navidad.
NA.TA.LÍ.CIO *adj.* Natalicio.
NA.TI.VI.DA.DE *s.f.* Natividad.
NA.TI.VO *adj.* Nativo.
NA.TO *adj.* Nato.
NA.TU.RAL *adj.* Natural.
NA.TU.RA.LI.ZA.ÇÃO *s.f.* Naturalización.
NA.TU.RA.LI.ZAR *v.t.* Naturalizar. *v.p.* Naturalizarse.
NA.TU.RE.ZA *s.f.* Naturaleza.
NAU *s.f.* Nave; nao.
NAU.FRA.GAR *v.int.* Naufragar.
NAU.FRÁ.GIO *s.m.* Naufragio.
NÁU.FRA.GO *adj.* e *s.m.* Náufrago.
NÁU.SEA *s.f.* Náusea.
NA.VAL *adj.* Naval.
NA.VA.LHA *s.f.* Navaja.
NA.VA.LHA.DA *s.f.* Navajada.
NA.VE *s.f.* Nave.
NA.VE.GA.ÇÃO *s.f.* Navegación.
NA.VE.GAN.TE *adj.* e *s.2g.* Navegante.
NA.VE.GAR *v.t.* e *int.* Navegar.
NA.VE.GÁ.VEL *adj.* Navegable.
NA.VI.O *s.m.* Navío; nave; barco.
NE.BLI.NA *s.f.* Neblina.
NE.CES.SÁ.RIO *adj.* Necesario.
NE.CES.SI.DA.DE *s.f.* Necesidad.

NE.CES.SI.TAR *v.t.* e *int.* Necesitar.
NE.CRO.FA.GI.A *s.f.* Necrofagía.
NE.CRÓ.PO.LE *s.f.* Necrópolis.
NE.CRO.TÉ.RIO *s.m.* Morgue.
NÉC.TAR *s.m.* Néctar.
NE.FAS.TO *adj.* Nefasto.
NE.GA.ÇÃO *s.f.* Negación.
NE.GAR *v.t.* Negar.
NE.GA.TI.VA *s.f.* Negativa.
NE.GA.TI.VO *adj.* e *s.m.* Negativo.
NE.GLI.GÊN.CIA *s.f.* Negligencia.
NE.GLI.GEN.CI.AR *v.t.* Negligenciar, descuidar.
NE.GLI.GEN.TE *adj.* Negligente.
NE.GO.CI.AN.TE *s.2g.* Negociante; vendedor.
NE.GO.CI.AR *v.t.* e *int.* Negociar.
NE.GO.CI.Á.VEL *adj.* Negociable.
NE.GÓ.CIO *s.m.* Negocio; comercio.
NE.GRO *adj.* Negro.
NE.GRU.ME *s.m.* Oscuridad; negrura.
NE.LE *Contr. prep.* em *com pron.* ele: en él; en ello.
NEM *conj.* Ni. *adv.* No.
NE.NHUM *adj.* e *pron.* Ninguno; ningún.
NE.Ó.FI.TO *s.m.* Neófito.
NE.PO.TIS.MO *s.m.* Nepotismo.
NER.VO *s.m.* Nervio.
NER.VO.SIS.MO *s.m.* Nerviosismo.
NER.VO.SO *adj.* Nervioso.
NÉS.CIO *adj.* Necio.
NES.SE *Contr. prep.* em *com pron. dem.* esse: en esse.
NES.TE *Contr. prep.* em *com pron. dem.* este: en este.
NE.TO *s.m.* Nieto.
NE.TU.NO *s.m.* Neptuno.
NEU.RAS.TE.NI.A *s.f.* Neurastenia; nerviosismo.
NEU.RO.SE *s.f.* Med. Neurosis.
NEU.RÓ.TI.CO *adj.* e *s.m.* Neurótico.
NEU.TRA.LI.DA.DE *s.f.* Neutralidad.
NEU.TRA.LI.ZAR *v.t.* Neutralizar.
NEU.TRO *adj.* e *s.m.* Neutro.
NE.VAR *v.int.* Nevar.
NE.VAS.CA *s.f.* Nevasca; nevada; ventisca.
NE.VE *s.f.* Nieve.
NÉ.VOA *s.f.* Niebla.
NE.VO.EI.RO *s.m.* Niebla densa; bruma.
NE.XO *s.m.* Nexo; conexión.
NI.CHO *s.m.* Nicho.
NI.CO.TI.NA *s.f.* Nicotina.
NI.DI.FI.CAR *v.int.* Nidificar.
NI.I.LIS.MO *s.m.* Nihilismo.
NI.NAR *v.t.* Arrullar; acunar.
NIN.FA *s.f.* Ninfa.
NIN.GUÉM *pron. indef.* Nadie; ninguna persona.
NI.NHA.DA *s.f.* Nidada; cría; camada.
NI.NHA.RI.A *s.f.* Niñería.
NÍ.QUEL *s.m.* Níquel.
NI.QUE.LAR *v.t.* Niquelar.
NIS.SO *Contr. prep.* em *com pron. dem.* isso: en eso.
NIS.TO *Contr. prep.* em *com pron. dem.* isto: en esto.
NI.TI.DEZ *s.f.* Nitidez; claridad.
NÍ.TI.DO *adj.* Nítido; claro.
NÍ.VEL *s.m.* Nível; *ao nível de:* à la altura de.
NI.VE.LA.MEN.TO *s.m.* Nivelación.
NI.VE.LAR *v.t.* Nivelar; aplanar. *v.p.* Nivelarse.
NÓ *s.m.* Nudo.
NO *Contr. prep.* em *com art. def.* o: en el; *pron. pess.* lo.
NO.BI.LI.TAR *v.t.* Enoblecer. *v.p.* Enoblecerse.
NO.BRE *adj.* e *s.m.* Noble; generoso; hidalgo.
NO.BRE.ZA *s.f.* Nobleza; hidalguía.
NO.ÇÃO *s.f.* Noción.
NO.CI.VO *adj.* Nocivo; dañoso.
NÓ.DOA *s.f.* Mancha; mácula.
NO.DO.SO *adj.* Nudoso.
NOI.TE *s.f.* Noche.
NOI.VA.DO *s.m.* Noviazgo.
NOI.VO *s.m.* Novio.
NO.JEN.TO *adj.* Asqueroso; enojadizo; repugnante.
NO.JO *s.m.* Náusea; repugnancia; asco.
NÔ.MA.DE *adj.* e *s.2g.* Nómada.

NO.ME *s.m.* Nombre.
NO.ME.A.ÇÃO *s.f.* Nombramiento; elección; nominación.
NO.ME.A.DO *adj.* Nombrado; elegido; designado.
NO.ME.AR *v.t.* Nombrar; designar; apellidar; llamar.
NO.MEN.CLA.TU.RA *s.f.* Nomenclatura.
NO.MI.NAL *adj.* Nominal.
NO.NA.GE.NA.RIO *adj.* e *s.m.* Nonagenario.
NO.NA.GÉ.SI.MO *num.* Nonagésimo.
NO.NO *num.* Noveno; nono.
NO.RA *s.f.* Nuera.
NOR.DES.TE *s.m.* Nordeste; noreste.
NOR.MA *s.f.* Nomia; regla; orden; ejemplo; modelo.
NOR.MAL *adj.* Normal.
NOR.MA.LI.DA.DE *s.f.* Normalidad.
NO.RO.ES.TE *s.m.* Noroeste.
NOR.TE *s.m.* Norte.
NÓS *pron. pess.* Nosotros.
NOS.SO *pron. poss.* Nuestro; *nossa:* nuestra.
NOS.TAL.GI.A *s.f.* Nostalgia.
NOS.TÁL.GI.CO *adj.* Nostálgico.
NO.TA *s.f.* Nota; *nota fiscal:* nota de gastos.
NO.TA.BI.LI.DA.DE *s.f.* Notabilidad.
NO.TAR *v.t.* Notar; percibir; reparar.
NO.TÁ.VEL *adj.* Notable.
NO.TÍ.CI.A s.f. Noticia.
NO.TI.CI.AR *v.t.* Comunicar. *v.p.* Informarse.
NO.TI.CI.Á.RIO *s.m.* Noticiario.
NO.TI.CI.O.SO *adj.* Noticioso; noticiario.
NO.TI.FI.CA.ÇÃO *s.f.* Notificación.
NO.TI.FI.CAR *v.t.* Notificar.
NO.TO.RI.E.DA.DE *s.f.* Notoriedad.
NO.TÓ.RIO *adj.* Notorio.

NO.TUR.NO *adj.* e *s.m.* Nocturno.
NO.VA *s.f.* Nueva; noticia. *Astron.* Nofa.
NO.VA.TO *s.m.* Novato.
NO.VE *num.* Nueve.
NO.VE.CEN.TOS *num.* Novecientos.
NO.VE.LA *s.f.* Novela; narración; *telenovela:* culebrón.
NO.VE.LO *s.m.* Ovillo.
NO.VEM.BRO *s.m.* Noviembre.
NO.VE.NA *s.f.* Novena.
NO.VEN.TA *num.* Noventa.
NO.VI.DA.DE *s.f.* Novedad.
NO.VI.LHO *s.m.* Novillo.
NO.VO *adj.* Nuevo.
NOZ *s.f.* Nuez.
NU *adj.* Desnudo.
NU.BLA.DO *adj.* Nublado.
NU.CA *s.f.* Nuca.
NÚ.CLEO *s.m.* Núcleo; centro.
NU.DEZ *s.f.* Desnudez.
NU.LI.DA.DE *s.f.* Nulidad.
NU.LO *adj.* Nulo.
NUM *Contr. prep.* em *com art. indef.* um: en un.
NU.ME.RA.ÇÃO *s.f.* Numeración.
NU.ME.RAL *adj.* e *s.m.* Numeral.
NU.ME.RAR *v.t.* Numerar.
NÚ.ME.RO *s.m.* Número.
NU.ME.RO.SO *adj.* Numeroso.
NUN.CA *adv.* Nunca; jamás.
NÚN.CIO *s.m.* Nuncio.
NUP.CI.AL *adj.* Nupcial.
NÚP.CIAS *s.f. pl.* Nupcias.
NU.TRI.ÇÃO *s.f.* Nutrición.
NU.TRIR *v.t.* Nutrir. *v.p.* Nutrirse.
NU.TRI.TI.VO *adj.* Nutritivo.
NU.VEM *s.f.* Nube.

O

O *s.m.* Decimoquinta letra del alfabeto portugués.
O *art. m. sing.* el; *pron. pess.* lo.
Ó! *interj.* ¡Oh!
O.Á.SIS *s.m.* Oasis.
OB.CE.CA.ÇÃO *s.f.* Obcecación.
OB.CE.CAR *v.t.* Obcecar; obstinar; cegar. *v.p.* Obcecarse.
O.BE.DE.CER *v.t.* Obedecer.
O.BE.DI.ÊN.CIA *s.f.* Obediencia.
O.BE.DI.EN.TE *adj.* Obediente.
O.BE.SI.DA.DE *s.f.* Obesidad.
O.BE.SO *adj.* e *s.m.* Obeso.
Ó.BI.CE *s.m.* Óbice; impedimento; obstáculo.
Ó.BI.TO *s.m* Óbito.
OB.JE.ÇÃO *s.f.* Objeción; reparo.
OB.JE.TAR *v.t.* Objetar; oponerse.
OB.JE.TI.VO *adj.* e *s.m.* Objetivo.
OB.JE.TO *s.m.* Objeto.
O.BLÍ.QUO *adj.* Oblicuo; inclinado.
O.BLI.TE.RAR *v.t.* Obliterar. *v.p.* Obliterarse.
O.BRA *s.f.* Obra.
O.BRA-PRI.MA *s.f.* Obra maestra.
O.BREI.RO *s.m.* Obrero; obrador; operario.
O.BRI.GA.ÇÃO *s.f.* Obligación; deber; favor.
O.BRI.GA.DO *adj.* Obligado; agradecido. *interj.* ¡Gracias!
O.BRI.GAR *v.t.* Obligar; imponer. *v.p.* Obligarse.
O.BRI.GA.TÓ.RIO *adj.* Obligatorio.
OBS.CE.NI.DA.DE *s.f.* Obscenidad.
OBS.CE.NO *adj.* Obsceno.
OBS.CU.RE.CER *v.t.* e *int.* Oscurecer. *v.p.* Oscurecerse.
OBS.CU.RO *adj.* Oscuro.
OB.SE.QUI.AR *v.t.* Obsequiar; regalar; agasajar.
OB.SÉ.QUIO *s.m.* Obsequio; favor; regalo.
OB.SER.VA.ÇÃO *s.f.* Observación.
OB.SER.VA.DOR *adj.* e *s.m.* Observador.
OB.SER.VAR *v.t.* Observar; explorar.
OB.SES.SÃO *s.f.* Obsesión; obcecación.
OB.SO.LE.TO *adj.* Obsoleto; anticuado.
OBS.TÁ.CU.LO *s.m.* Obstáculo; óbice; impedimento.
OBS.TAN.TE *adj.* Obstante.
OBS.TAR *v.t.* Obstar; estorbar; impedir; oponer.
OBS.TI.NA.ÇÃO *s.f.* Obstinación; porfía; renitencia.
OBS.TI.NA.DO *adj.* Obstinado.
OBS.TI.NAR *v.t.* Obstinar. *v.p.* Obstinarse; aferrarse.
OBS.TRU.IR *v.t.* Obstruir; impedir.
OB.TER *v.t.* Obtener; conseguir.
OB.TU.RA.ÇÃO *s.f.* Obturación.
OB.TU.RAR *v.t.* Obturar.
ÓB.VIO *adj.* Obvio.
O.CA.SI.ÃO *s.f.* Ocasión; instante.
O.CA.SI.O.NAL *adj.* Ocasional.
O.CA.SI.O.NAR *v.t.* Ocasionar.
O.CA.SO *s.m.* Ocaso; occidente; oeste.
O.CE.A.NO *s.m.* Océano.
O.CI.DEN.TAL *adj.* Occidental.
O.CI.DEN.TE *s.m.* Occidente.
Ó.CIO *s.m.* Ocio.
O.CI.O.SI.DA.DE *s.f.* Ociosidad.
O.CI.O.SO *adj.* Ocioso.
O.CO *adj.* Hueco; cavidad; vacío.
O.COR.RÊN.CIA *s.f.* Ocurrencia; incidente.
O.COR.RER *v.t.* Ocurrir.
O.CU.LAR *adj.* Ocular.
O.CU.LIS.TA *adj.* e *s.2g. Med.* Oculista.
Ó.CU.LOS *s.m. pl.* Gafas; lentes; anteojos.

O.CUL.TAR *v.t.* Ocultar; esconder.
O.CUL.TO *adj.* Oculto; encubierto; secreto; escondido.
O.CU.PA.ÇÃO *s.f.* Ocupación.
O.CU.PAR *v.t.* Ocupar.
O.DA.LIS.CA *s.f.* Odalisca.
O.DI.AR *v.t.* Odiar; detestar. *v.p.* Odiarse.
Ó.DIO *s.m.* Odio; rencor; aborrecimiento.
O.DI.O.SO *adj.* Odioso.
O.DON.TO.LO.GI.A *s.f.* Odontología.
O.DOR *s.m.* Olor; aroma; perfume.
O.ES.TE *s.m.* Oeste; occidente; ocaso.
O.FE.GAN.TE *adj.* Jadeante.
O.FE.GAR *v.t.* e *int.* Jadear.
O.FEN.DER *v.t.* Ofender; insultar. *v.p.* Ofenderse.
O.FEN.DI.DO *adj.* Ofendido; magoado.
O.FEN.SA *s.f.* Ofensa; injuria.
O.FEN.SI.VO *adj.* Ofensivo; ultrajante.
O.FE.RE.CER *v.t.* Ofrecer; ofertar; proponer.
O.FE.RE.CI.MEN.TO *s.m.* Ofrecimiento; oferta.
O.FE.REN.DA *s.f.* Ofrenda.
O.FER.TA *s.f.* Oferta.
O.FER.TAR *v.t.* Ofertar; ofrecer; ofrendar. *v.p.* Ofrenderse.
O.FI.CI.AL *adj.* Oficial.
O.FI.CI.A.LI.DA.DE *s.f.* Oficialidad.
O.FI.CI.AR *v.t.* Oficiar.
O.FI.CI.NA *s.f.* Taller.
O.FÍ.CIO *s.m.* Oficio.
OF.TAL.MO.LO.GI.A *s.f.* Oftalmología.
O.FUS.CAR *v.t.* Ofuscar.
OH! *interj.* ¡Oh!
OI.TA.VO *num.* Octavo.
OI.TEN.TA *num.* Ochenta.
OI.TO *num.* Ocho.
O.LÁ! *interj.* ¡Hola!.
O.LA.RI.A *s.f.* Alfarería.
O.LE.A.GI.NO.SO *adj.* Oleaginoso; untuoso.
Ó.LEO *s.m.* Aceite; óleo.
O.LE.O.SO *adj.* Oleoso; aceitoso; grasiento; oleaginoso.
OL.FA.TO *s.m.* Olfato.
O.LHA.DA *s.f.* Mirada; ojeada.
O.LHAR *v.t.* Mirar. *v.p.* Mirarse.
O.LHEI.RAS *s.f. pl.* Ojeras.
O.LHO *s.m. Anat.* Ojo; vista.
O.LI.GAR.QUI.A *s.f.* Oligarquía.
O.LI.VA *s.f. Bot.* Oliva; aceituna.
O.LI.VEI.RA *s.f. Bot.* Olivo; olivera.
O.LOR *s.m.* Olor; aroma.
OL.VI.DAR *v.t.* Olvidar. *v.p.* Olvidarse.
OM.BRO *s.m. Anat.* Hombro.
O.ME.LE.TE *s.f.* Tortilla.
O.MIS.SÃO *s.f.* Omisión; descuido.
O.MIS.SO *adj.* Omiso.
O.MI.TIR *v.t.* Omitir.
ON.ÇA *s.f.* Onza (medida, moneda); *Zool.* onza.
ON.DA *s.f.* Onda.
ON.DE *adv.* Donde; dónde.
ON.DE.AR *v.t.* e *int.* Ondear; ondular; fluctuar.
ON.DU.LA.DO *adj.* Ondulado; ondeado.
ON.DU.LAR *v.t.* e *int.* Ondular; ondear.
O.NE.RAR *v.t.* Onerar; gravar; oprimir.
O.NE.RO.SO *adj.* Oneroso; gravoso.
Ô.NI.BUS *s.m.* Autobús; bus; ómnibus.
O.NI.PO.TEN.TE *adj.* Omnipotente.
O.NÍ.VO.RO *adj.* Omnívoro.
O.NO.MA.TO.PEI.A *s.f.* Onomatopeya.
ON.TO.LO.GI.A *s.f.* Ontología.
Ô.NUS *s.m.* Carga; encargo.
ON.ZE *num.* Once.
O.PA.CO *adj.* Opaco; denso.
OP.ÇÃO *s.f.* Opción.
Ó.PE.RA *s.f.* Ópera.
O.PE.RA.ÇÃO *s.f.* Operación.
O.PE.RAR *v.t.* Operar. *v.p.* Operarse.
O.PE.RÁ.RIO *s.m.* Operario.
O.PI.NAR *v.t.* e *int.* Opinar.
O.PI.NI.ÃO *s.f.* Opinión.
Ó.PIO *s.m.* Opio.
O.PO.NEN.TE *adj.* e *s.2g.* Oponente.
O.POR *v.t.* Oponer.
O.POR.TU.NI.DA.DE *s.f.* Oportunidad; ocasión.
O.POR.TU.NO *adj.* Oportuno.
O.PO.SI.ÇÃO *s.f.* Oposición.
O.PO.SI.TOR *s.m.* Opositor.
O.POS.TO *adj.* Opuesto.

O.PRE.SÃO *s.f.* Opresión.
O.PRI.MIR *v.t.* e *int.* Oprimir.
OP.TAR *v.t.* e *int.* Optar.
OP.TA.TI.VO *adj.* Optativo.
ÓP.TI.CA *s.f.* Óptica.
O.PU.LÊN.CIA *s.f.* Opulencia.
O.PU.LEN.TO *adj.* Opulento.
O.PÚS.CU.LO *s.m.* Opúsculo.
O.RA *interj.* Indica espanto, duda, desinterés.
O.RA.ÇÃO *s.f.* Oración.
O.RÁ.CU.LO *s.m.* Oráculo.
O.RA.DOR *s.m.* Orador.
O.RAL *adj.* Oral.
O.RAN.GO.TAN.GO *s.m. Zool.* Orangután.
O.RAR *v.t.* e *int.* Orar; rezar.
O.RA.TÓ.RIA *s.f.* Oratoria.
O.RA.TÓ.RIO *s.m.* Oratorio.
OR.BE *s.m.* Orbe.
OR.BI.CU.LAR *adj.* Orbicular.
ÓR.BI.TA *s.f.* Orbita.
OR.ÇA.MEN.TO *s.m.* Presupuesto.
OR.ÇAR *v.t.* Presuponer.
OR.DEM *s.f.* Orden.
OR.DE.NA.DO *s.m.* Ordenado; salario; sueldo. *adj.* Ordenado (que tiene orden).
OR.DE.NAR *v.t.* Ordenar.
OR.DE.NHAR *v.t.* Ordeñar.
OR.DI.NAL *adj.* Ordinal.
OR.DI.NA.RIO *adj.* Ordinario.
O.RE.LHA *s.f.* Oreja.
O.RE.LHU.DO *adj.* Orejudo.
OR.FA.NA.TO *s.m.* Orfanato.
ÓR.FÃO *s.m.* Huérfano.
OR.GÂ.NI.CO *adj.* Orgánico.
OR.GA.NIS.MO *s.m.* Organismo.
OR.GA.NIS.TA *s.2g.* Organista.
OR.GA.NI.ZA.ÇÃO *s.f.* Organización.
OR.GA.NI.ZAR *v.t.* Organizar.
ÓR.GÃO *s.m.* Órgano.
OR.GI.A *s.f.* Orgía.
OR.GU.LHO *s.m.* Orgullo.
OR.GU.LHO.SO *adj.* Orgulloso.
O.RI.EN.TA.ÇÃO *s.f.* Orientación.
O.RI.EN.TAR *v.t.* Orientar.
O.RI.EN.TE *s.m.* Oriente; naciente; levante; este.
O.RI.FÍ.CIO *s.m.* Orificio.
O.RI.GEM *s.f.* Origen.
O.RI.GI.NAL *adj.* Original.
O.RI.GI.NA.LI.DA.DE *s.f.* Originalidad.
O.RI.GI.NAR *v.t.* Originar.
O.RI.UN.DO *adj.* Oriundo.
OR.LA *s.f.* Orla; orilla.
OR.LAR *v.t.* Orlar; bordar.
OR.NA.MEN.TA.ÇÃO *s.f.* Ornamentación.
OR.NA.MEN.TAR *v.t.* Ornamentar; adornar.
OR.NA.MEN.TO *s.m.* Ornamento.
OR.NAR *v.t.* Ornar.
OR.QUES.TRA *s.f.* Orquesta.
OR.QUES.TRAR *v.t.* Orquestar.
OR.QUÍ.DEA *s.f.* Orquidea.
OR.TO.DO.XO *adj.* e *s.m.* Ortodoxo.
OR.TO.GRA.FI.A *s.f.* Ortografía.
OR.TO.GRÁ.FI.CO *adj.* Ortográfico.
OR.VA.LHO *s.m.* Rocío.
OS.CI.LA.ÇÃO *s.f.* Oscilación.
OS.CI.LAR *v.int.* Oscilar; vacilar; titubear.
OS.SA.DA *s.f.* Osamenta; esqueleto.
ÓS.SEO *adj.* Óseo.
OS.SO *s.m.* Hueso.
OS.SU.DO *adj.* Huesudo.
OS.TEN.SI.VO *adj.* Ostensivo.
OS.TEN.TA.ÇÃO *s.f.* Ostentación.
OS.TEN.TAR *v.t.* Ostentar.
OS.TRA *s.f.* Ostra.
OS.TRA.CIS.MO *s.m.* Ostracismo.
O.TI.MIS.MO *s.m.* Optimismo.
O.TI.MIS.TA *adj* e *s.2g.* Optimista.
Ó.TI.MO *adj.* Óptimo.
OU *conj.* O.
OU.RI.VES *s.m.* Orfebre; orífice.
OU.RO *s.m.* Oro.
OU.SA.DI.A *s.f.* Osadía; atrevimiento.
OU.SA.DO *adj.* Osado; atrevido.
OU.SAR *v.t.* e *int.* Osar.
OU.TEI.RO *s.m.* Otero; colina.
OU.TO.NO *s.m.* Otoño.
OU.TOR.GAR *v.t.* Otorgar.
OU.TREM *pron. indef.* Otro; otra persona.

OU.TRO *pron. indef.* Otro(a).
OU.TRO.RA *adv.* Otrora.
OU.TROS.SIM *adv.* Otrosí; asimismo; también; igualmente.
OU.TU.BRO *s.m.* Octubre.
OU.VI.DO *s.m. Anat.* Oído.
OU.VIN.TE *adj.* e *s.2g.* Oyente.
OU.VIR *v.t.* Oír.
O.VA.ÇÃO *s.f.* Ovación.
O.VAL *adj.* Oval.
O.VÁ.RIO *s.m. Anat.* e *Bot.* Ovario.
O.VE.LHA *s.f. Zool.* Oveja.
O.VI.NO *adj.* Ovino.
O.VO *s.m.* Huevo.
Ó.VU.LO *s.m. Anat.* e *Bot.* Óvulo.
O.XA.LÁ! *interj.* ¡ojalá!
O.XI.DAR *v.t. Quím.* Oxidar.
Ó.XI.DO *s.m. Quím.* Óxido.
O.XI.GÊ.NIO *s.m. Quím.* Oxígeno.
O.XI.GE.NA.ÇÃO *s.f.* Oxigenación.
O.XI.GE.NAR *v.t.* Oxigenar.
O.ZÔ.NIO *s.m. Quím.* Ozono.

P

P *s.m.* Decimosexta letra del alfabeto portugués.
PÁ *s.f.* Pala.
PA.CA.TO *adj.* Pacato; pacífico.
PA.CI.ÊN.CIA *s.f.* Paciencia; tolerancia.
PA.CI.EN.TE *adj.* e *s.m.* Paciente, sufrido.
PA.CI.FI.CA.ÇÃO *s.f.* Pacificación.
PA.CI.FI.CAR *v.t.* Pacificar; calmar; apaciguar.
PA.CÍ.FI.CO *adj.* Pacífico.
PA.ÇO *s.m.* Palácio.
PA.CO.TE *s.m.* Paquete; fardo; lío.
PAC.TO *s.m.* Pacto; acuerdo; tratado.
PAC.TU.AR *v.t.* Pactar; acordar.
PA.DA.RI.A *s.f.* Panadería.
PA.DE.CER *v.t.* e *int.* Padecer; aguantar; sufrir; soportar.
PA.DE.CI.MEN.TO *s.m.* Padecimiento.
PA.DEI.RO *s.m.* Panadero.
PA.DI.O.LA *s.f.* Camilla.
PA.DRÃO *s.m.* Patrón.
PA.DRAS.TO *s.m.* Padrastro.
PA.DRE *s.m.* Padre; sacerdote.
PA.DRI.NHO *s.m.* Padrino.
PA.DRO.EI.RO *adj.* e *s.m.* Protector; patrón; patrono.
PA.DRO.NI.ZAR *v.t.* Estandarizar.
PA.GA.DOR *s.m.* Pagador.
PA.GÃO *adj.* e *s.m.* Pagano.
PA.GAR *v.t.* Pagar; remunerar; indemnizar; saldar.
PA.GÁ.VEL *adj.* Pagable; pagadero.
PÁ.GI.NA *s.f.* Página
PA.GI.NA.ÇÃO *s.f.* Paginación.
PA.GI.NAR *v.t.* Paginar.
PAI *s.m.* Padre; progenitor; *pais pl.:* padres.
PAI-NOS.SO *s.m.* Padrenuestro.
PAI.NEL *s.m.* Panel; mural; cuadro.
PAI.OL *s.m.* Granero; polvorín.
PAI.RAR *v.int.* Planear.
PA.ÍS *s.m.* País.
PAI.SA.GEM *s.f.* Paisaje; panorama.
PAI.XÃO *s.f.* Pasión.
PA.LÁ.CIO *s.m.* Palacio.
PA.LA.DAR *s.m.* Paladar; sabor; gusto.
PA.LAN.QUE *s.m.* Palanque, tribuna.
PA.LA.TO *s.m.* Paladar.
PA.LA.VRA *s.f.* Palabra; vocablo; verbo.
PA.LA.VRÃO *s.m.* Palabrota.
PAL.CO *s.m.* Escenario; tablado.
PA.LES.TRA *s.f.* Conferencia; conversación.
PA.LE.TÓ *s.m.* Chaqueta; blaser; traje.
PA.LHA *s.f.* Paja.
PA.LHA.ÇO *s.m.* Payaso.
PA.LI.A.TI.VO *adj.* e *s.m.* Paliativo.
PA.LI.DEZ *s.f.* Palidez.
PÁ.LI.DO *adj.* Pálido; exangüe.
PA.LI.TO *s.m.* Palillo; fósforo.
PAL.MA *s.f.* Palma.
PAL.MA.TÓ.RIA *s.f.* Palmatoria; palmeta.
PAL.MEI.RA *s.f. Bot.* Palmera.
PAL.MI.TO *s.m. Bot.* Palmito.
PAL.MO *s.m.* Palmo.
PAL.PÁ.VEL *adj.* Palpable.
PÁL.PE.BRA *s.f.* Párpado.
PAL.PI.TA.ÇÃO *s.f.* Palpitación; pulsación.
PAL.PI.TAN.TE *adj.* Palpitante.
PAL.PI.TAR *v.t.* e *int.* Palpitar; agitar; presentir; opinar.
PAL.RAR *v.int.* Parlotear.
PAN.ÇA *s.f.* Panza.
PAN.CA.DA *s.f.* Golpe; *pancada de chuva:* chaparrón.
PÂN.CREAS *s.m. Anat.* Páncreas.
PAN.DEI.RO *s.m.* Pandero.
PA.NE.LA *s.f.* Olla; cacerola.

PÂ.NI.CO *s.m.* Pánico.
PA.NI.FI.CA.ÇÃO *s.f.* Panificación.
PA.NO *s.m.* Paño.
PA.NO.RA.MA *s.m.* Panorama.
PÂN.TA.NO *s.m.* Pantano.
PAN.TE.RA *s.f.* Zool. Pantera.
PÃO *s.m.* Pan.
PA.PA *s.f.* Papa.
PA.PA.GAI.O *s.m.* Zool. Papagayo; loro.
PA.PAI *s.m. fam.* Papá; papito.
PA.PEL *s.m.* Papel.
PA.PE.LA.RI.A *s.f.* Papelería.
PA.PI.RO *s.m.* Papiro.
PA.PO *s.m.* Papo.
PA.POU.LA *s.f. Bot.* Amapola.
PA.QUI.DER.ME *s.m. Zool.* Paquidermo.
PAR *adj.* Semejante; igual. *s.m.* par; pareja.
PA.RA *prep.* Para.
PA.RA.QUE.DAS *s.m. sing.* e *pl.* Paracaídas.
PA.RA-RAI.OS *s.m. sing.* e *pl.* Pararrayos.
PA.RA.BÉNS *s.m. pl.* Felicitaciones; congratulaciones.
PA.RÁ.BO.LA *s.f.* Parábola.
PA.RA.DA *s.f.* Parada.
PA.RA.DEI.RO *s.m.* Paradero.
PA.RA.DO.XO *s.m.* Paradoja.
PA.RA.FER.NÁ.LIA *s.f.* Parafernalia.
PA.RA.FU.SAR *v.t.* Atornillar.
PA.RA.FU.SO *s.m.* Tornillo.
PA.RA.GEM *s.f.* Paraje.
PA.RÁ.GRA.FO *s.m.* Párrafo.
PA.RA.Í.SO *s.m.* Paraíso; edén.
PA.RA.LE.LO *adj.* e *s.m.* Paralelo.
PA.RA.LI.SAR *v.t.* e *int.* Paralizar; inmovilizar. *v.p.* Paralizarse.
PA.RA.LI.SI.A *s.f.* Parálisis.
PA.RA.LÍ.TI.CO *adj.* e *s.m.* Paralítico.
PA.RA.MI.LI.TAR *adj.* Paramilitar.
PA.RA.NIN.FO *s.m.* Paraninfo; padrinho.
PA.RA.PEI.TO *s.m.* Parapeto.
PA.RAR *v.t.* e *int.* Parar; suspeder; detener; estancar; permanecer.
PA.RA.SI.TA *s.m.* Parásito.
PAR.CEI.RO *adj.* e *s.m.* Parcero; compañero; socio.

PAR.CE.LA *s.f.* Parcela.
PAR.CO *adj.* Parco; moderado.
PAR.DAL *s.m. Zool.* Gorrión; pardillo.
PAR.DO *adj.* Pardo.
PA.RE.CER *s.m.* Parecer; opinión; consulta. *v.int.* Parecer; semejar; tirar.
PA.RE.CI.DO *adj.* Parecido.
PA.RE.DE *s.f.* Pared.
PA.RE.LHA *s.f.* Pareja; yunta.
PA.REN.TE *adj.* e *s.m.* Pariente; allegado.
PA.REN.TES.CO *s.m.* Parentesco; afinidad.
PA.RÊN.TE.SE *s.m.* Paréntesis.
PA.RI.DA.DE *s.f.* Paridad; semejanza; igualdad.
PA.RIR *v.t.* e *int.* Parir; dar à luz.
PAR.LA.MEN.TAR *v.int.* Parlamentar. *adj.* e *s.m.* Parlamentario.
PAR.LA.MEN.TO *s.m.* Parlamento.
PÁ.RO.CO *s.m.* Párroco; sacerdote; cura.
PA.RÓ.DIA *s.f.* Parodia.
PA.RÓ.QUIA *s.f.* Parroquia; iglésia.
PA.RO.QUI.A.NO *adj.* e *s.m.* Paroquiano; feligrés.
PA.RO.XÍ.TO.NO *adj.* e *s.f.* Gram. Paroxítono.
PAR.QUE *s.m.* Parque.
PAR.REI.RA *s.f. Bot.* Parral; parra.
PAR.RI.CI.DA *adj.* e *s.2g.* Parricida.
PAR.TE *s.f.* Parte.
PAR.TEI.RA *s.f.* Partera(o).
PAR.TI.CI.PA.ÇÃO *s.f.* Participación.
PAR.TI.CI.PAR *v.t.* Participar.
PAR.TI.CÍ.PIO *s.m. Gram.* Participio.
PAR.TÍ.CU.LA *s.f.* Partícula.
PAR.TI.CU.LAR *adj.* Particular.
PAR.TI.CU.LA.RI.ZAR *v.t.* Particularizar.
PAR.TI.DA *s.f.* Partida.
PAR.TI.DO *adj.* e *s.m.* Partido.
PAR.TIR *v.t.* e *int.* Partir; quebrar; dividir; romper; trincar. *v.p.* Partirse; romperse.
PAR.TO *s.m.* Parto; alumbramiento.
PAR.TU.RI.EN.TE *adj.* e *s.f.* Parturienta.
PAR.VO *adj.* Imbecil; necio.
PAS.CAL *adj.* Pascual.
PAS.COA *s.f. Rel.* Páscua.
PASMO *s.m.* Pasmo; admiración; asombro.
PAS.SA *s.f.* Pasa (fruto seco).

PAS.SA.DO *adj.* Pasado (tiempo); viejo. *s.m.* Gram. Pretérito.
PAS.SA.GEI.RO *s.m.* Pasajero.
PAS.SA.GEM *s.f.* Pasaje.
PAS.SA.POR.TE *s.m.* Pasaporte.
PAS.SAR *v.t. e int.* Pasar; andar; transponer.
PÁS.SA.RO *s.m.* Pájaro.
PAS.SA.TEM.PO *s.m.* Pasatiempo; distracción; diversión.
PAS.SE *s.m.* Pase; licencia.
PAS.SE.AR *v.t. e int.* Pasear; caminar.
PAS.SEI.O *s.m.* Paseo; excursión.
PAS.SI.O.NAL *adj.* Pasional; ardiente; violento.
PAS.SI.VI.DA.DE *s.f.* Passividade.
PAS.SI.VO *adj. e s.m.* Pasivo.
PAS.SO *s.m.* Paso; pasada.
PAS.TA *s.f.* Pasta (de dientes); cartera (de cuero, plástico etc.).
PAS.TAR *v.t e int.* Pastar.
PAS.TEL *s.m.* Pastel; empanada.
PAS.TE.LA.RI.A *s.f.* Pastelería.
PAS.TE.LEI.RO *s.m.* Pastelero.
PAS.TI.LHA *s.f.* Pastilla.
PAS.TO *s.m.* Pasto.
PAS.TOR *adj. e s.m.* Pastor.
PAS.TO.RIL *adj.* Pastoril.
PA.TA *s.f.* Pie; pierna.
PA.TA.DA *s.f.* Patada; pisada.
PA.TEN.TE *adj.* Patente; obvio; evidente. *s.f.* Patente (invención); retrete.
PA.TEN.TE.AR *v.t.* Patentear.
PA.TER.NAL *adj.* Paternal.
PA.TER.NA.LIS.MO *s.m.* Paternalismo.
PA.TER.NO *adj.* Paterno.
PA.TE.TA *adj.* Bobo; tonto.
PA.TÍ.BU.LO *s.m.* Patíbulo.
PA.TI.FE *adj. e s.m.* Bribón; pícaro; canalla.
PA.TIM *s.m.* Patín.
PA.TI.NA.ÇÃO *s.f.* Patinage.
PA.TI.NAR *v.int.* Patinar; deslizarse.
PÁ.TIO *s.m.* Patio.
PA.TO *s.m.* Zool. Pato; *fam.* Tonto; burro.
PA.TRÃO *s.m.* Patrón.
PÁ.TRIA *adj.* Patria.
PA.TRI.AR.CA *s.m.* Patriarca.
PA.TRI.MÔ.NIO *s.m.* Patrimonio.
PÁ.TRIO *adj.* Patrio.
PA.TRI.O.TIS.MO *s.m.* Patriotismo.
PA.TRO.CI.NAR *v.t.* Patrocinar.
PA.TRO.NA.TO *s.m.* Patronato.
PA.TRO.NO *s.m.* Patrono.
PA.TRU.LHA *s.f.* Patrulla.
PAU *s.m.* Palo; vara; cayado; bastón.
PAU.LA.DA *s.f.* Bastonazo.
PAU.SA *s.f.* Pausa.
PAU.SAR *v.t. e int.* Pausar.
PAU.TA *s.f.* Pauta; lista; orden.
PA.VÃO *s.m.* Zool. Pavón; pavo.
PA.VI.LHÃO *s.m.* Pabellón.
PA.VI.MEN.TO *s.m.* Pavimento; suelo; piso.
PA.VI.O *s.m.* Mecha; cerilla.
PA.VOR *s.m.* Pavor; miedo; pánico.
PA.VO.RO.SO *adj.* Pavoroso; espantoso.
PAZ *s.f.* Paz; sosiego; tranquilidad.
PÉ *s.m.* Pie.
PE.ÃO *s.m.* Peón; trabajador; pieza del ajedrez.
PE.ÇA *s.f.* Pieza.
PE.CA.DO *s.m.* Pecado.
PE.CA.DOR *adj. e s.m.* Pecador.
PE.CAR *v.int.* Pecar; faltar; transgredir.
PE.CHIN.CHA *s.f.* Ganga; pichincha.
PE.CHIN.CHAR *v.t. e int.* Regatear.
PE.ÇO.NHA *s.f.* Ponzoña.
PE.CU.Á.RIA *s.f.* Ganadería.
PE.CU.LI.AR *adj.* Peculiar.
PE.DA.ÇO *s.m.* Pedazo; bocado; parte; trozo.
PE.DÁ.GIO *s.m.* Peaje.
PE.DA.GO.GI.A *s.f.* Pedagogía.
PE.DA.GÓ.GI.CO *adj.* Pedagógico.
PE.DAL *s.m.* Pedal.
PE.DA.LAR *v.t. e int.* Pedalear.
PE.DAN.TE *adj. e s.2g.* Pedante.
PÉ-D'Á.GUA *s.m.* Aguacero.
PÉ DE CA.BRA *s.m.* Pie de cabra; pata de cabra; alzaprima.
PÉ DE PA.TO *s.m.* Aletas de rana.
PE.DES.TAL *s.m.* Pedestal.
PE.DES.TRE *adj. e s.m.* Pedestre; peatón.
PE.DI.A.TRI.A *s.f.* Med. Pediatría.
PE.DI.DO *s.m.* Pedido; súplica; recomendación.

PE.DIN.TE *adj.* e s.*2g.* Mendigo; mendicante.
PE.DIR *v.t.* Pedir; solicitar; demandar.
PE.DRA *s.f.* Piedra; peña; callao.
PE.DRA.DA *s.f.* Pedrada.
PE.DREI.RO *s.m.* Albañil; pedrero.
PE.GA.JO.SO *adj.* Pegajoso.
PE.GAR *v.t.* Agarrar; alcanzar; tomar; coger.
PEI.TO *s.m.* Pecho; tórax.
PEI.TO.RIL *s.m.* Parapecho; antepecho.
PEI.XA.RIA *s.f.* Pescadería.
PEI.XE *s.m.* Pez; pescado.
PEI.XEI.RO *s.m.* Pescadero.
PE.JO.RA.TI.VO *adj.* Peyorativo.
PE.LA *Contr. prep.* por *com art. a:* por la.
PE.LA.DO *adj.* e s.*m.* Desnudo; pelado.
PE.LAR *v.t.* Pelar; despellejar. *v.p.* Pelarse.
PE.LE *s.f.* Piel; pellejo; epidermis.
PE.LE.JA *s.f.* Pelea; lucha; batalla; lid.
PE.LE.JAR *v.t.* e int. Pelear; luchar; lidiar.
PE.LÍ.CU.LA *s.f.* Película; filme.
PE.LO *Contr. prep.* por *com art. o:* por el; por lo.
PE.LO.TÃO *s.m.* Pelotón.
PE.LÚ.CIA *s.f.* Peluche; felpa.
PE.LU.DO *adj.* Peludo.
PE.NA *s.f.* Pena; punición; castigo; piedad; aflicción; pluma.
PE.NAL *adj.* Penal.
PE.NA.LI.DA.DE *s.f.* Penalidad; castigo.
PE.NA.LI.ZAR *v.t.* Penalizar; apenar; afligir. *v.p.* Apenarse; lastimarse.
PE.NAR *v.int.* Penar; sufrir. *v.t.* Afligir; apenar.
PEN.CA *s.f.* Racimo (flores, frutos); penca; *penca de bananas:* rama de plátanos.
PEN.DÊN.CIA *s.f.* Pendencia.
PEN.DEN.TE *adj.* Pendiente. *s.m.* Péndulo.
PEN.DER *v.t.* e *int.* Pender; tender; colgar.
PEN.DOR *s.m.* Pendiente.
PÊN.DU.LO *s.m.* Péndulo.
PEN.DU.RAR *v.t.* Colgar; suspender. *v.p.* Colgarse.
PE.NEI.RA *s.f.* Cedazo; colador (de cocina); criba.
PE.NE.TRA.ÇÃO *s.f.* Penetración.
PE.NE.TRAN.TE *adj.* Penetrante.
PE.NE.TRAR *v.t.* Penetrar; ahondar.

PE.NHAS.CO *s.m.* Peñasco.
PE.NHOR *s.m.* Garantía; fianza; prueba.
PE.NHO.RAR *v.t.* Empeñar; embargar; hipotecar.
PE.NI.CO *s.m.* Orinal; bacín.
PE.NÍN.SU.LA *s.f.* Península.
PÊ.NIS *s.m.* Anat. Pene.
PE.NI.TÊN.CIA *s.f.* Penitencia.
PE.NI.TEN.CI.Á.RIA *s.f.* Penitenciaría; presidio.
PE.NO.SO *adj.* Penoso.
PEN.SA.DOR *adj.* e s.*m.* Pensador.
PEN.SA.MEN.TO *s.m.* Pensamiento; raciocinio.
PEN.SÃO *s.f.* Pensión; renta; albergue.
PEN.SAR *v.t.* e int. Pensar; raciocinar; meditar.
PEN.SA.TI.VO *adj.* Pensativo.
PEN.SI.O.NIS.TA *s.2g.* Pensionista.
PEN.TE *s.m.* Peine.
PEN.TE.A.DO *adj.* e s.*m.* Peinado; tocado.
PEN.TE.AR *v.t.* Peinar. *v.p.* Peinarse; tocarse.
PE.NÚL.TI.MO *adj.* Penúltimo.
PE.NUM.BRA *s.f.* Penumbra.
PE.NÚ.RIA *s.f.* Penuria.
PE.PI.NO *s.m. Bot.* Pepino.
PE.QUE.NO *adj.* e s.*m.* Pequeño; menudo; chico.
PE.RA *s.f. Bot.* Pera.
PE.RAL.TA *adj.* e s.*2g.* Travieso; inquieto.
PE.RAN.TE *prep.* Ante; delante de.
PER.CE.BER *v.t.* Percibir; apercibir; entender; conocer.
PER.CEN.TA.GEM *s.f. Mat.* Porcentaje; proporción.
PER.CEP.ÇÃO *s.f.* Percepción; aprehensión.
PER.CE.VE.JO *s.m. Bot.* Chinche; (elemento de fijación) chincheta; chinche; tachuela.
PER.COR.RER *v.int.* Recorrer; recurrir.
PER.DA *s.f.* Pérdida; perdición; ruina.
PER.DÃO *s.m.* Perdón; indulto.
PER.DER *v.t.* Perder. *v.int.* e *v.p.* Perderse.
PER.DI.ÇÃO *s.f.* Perdición; ruina.
PER.DIZ *s.f. Zool.* Perdiz.
PER.DO.AR *v.t.* e *int.* Perdonar; disculpar; indultar.

PER.DU.RAR v.t. e int. Perdurar.
PE.RE.CER v.int. Perecer; fenecer; morir.
PE.RE.GRI.NAR v.int. Peregrinar.
PE.RE.GRI.NO adj. e s.m. Peregrino.
PE.REI.RA s.f. Bot. Peral.
PE.REMP.TÓ.RIO adj. Perentorio.
PE.RE.NE adj. Perenne.
PER.FEI.TO adj. Perfecto; acabado; ideal.
PER.FÍ.DIA s.f. Pefidia; deslealtad.
PER.FIL s.m. Perfil; silueta.
PER.FU.MAR v.t. Perfumar; aromatizar.
PER.FU.MA.RI.A s.f. Perfumería.
PER.FU.ME s.m. Perfume.
PER.FU.RA.ÇÃO s.f. Perforación.
PER.FU.RAR v.t. Perforar.
PER.GUN.TA s.f. Pregunta; interrogación; cuestión.
PER.GUN.TAR v.t. e int. Preguntar; interrogar; cuestionar.
PE.RÍ.CIA s.f. Pericia; habilidad.
PE.RI.FE.RI.A s.f. Periferia; suburbio.
PE.RI.GO s.m. Peligro; temeridad.
PE.RI.GO.SO adj. Peligroso.
PE.RÍ.ME.TRO s.m. Perímetro.
PE.RI.Ó.DI.CO adj. e s.m. Periódico.
PE.RÍ.O.DO s.m. Período; edad; etapa.
PE.RI.QUI.TO s.m. Zool. Periquito; perico.
PE.RI.TO adj. e s.m. Perito.
PER.JU.RAR v.t. e int. Perjurar.
PER.JU.RO s.m. Perjuro.
PER.MA.NE.CER v.t. Permanecer; persistir.
PER.MA.NÊN.CIA s.f. Permanencia; subsistencia; residencia.
PER.MA.NEN.TE adj. Permanente.
PER.ME.A.BI.LI.DA.DE s.f. Permeabilidade.
PER.ME.Á.VEL adj. Permeable.
PER.MIS.SÃO s.f. Permiso; autorización.
PER.MI.TIR v.t. Permitir; autorizar.
PER.MU.TA s.f. Permuta; trueque.
PER.MU.TAR v.t. Permutar.
PER.MU.TÁ.VEL adj. Permutable.
PER.NA s.f. Pierna, rama.
PER.NIL adj. Pernil.
PER.NI.LON.GO s.m. Zool. Mosquito; zancudo.

PER.NOI.TAR v.int. Pernoctar.
PE.RO.LA s.f. Perla.
PER.PE.TRAR v.t. Perpetrar.
PER.PE.TU.AR v.t. Perpetuar.
PER.PÉ.TUO adj. Perpetuo.
PER.PLE.XO adj. Perplejo.
PER.SE.GUI.ÇÃO s.f. Persecución.
PER.SE.GUIR v.t. Perseguir.
PER.SE.VE.RAR v.t. e int. Perseverar.
PER.SI.A.NA s.f. Persiana.
PER.SIS.TIR v.t. e int. Persistir.
PER.SO.NA.GEM s.f. Personaje.
PER.SO.NA.LI.DA.DE s.f. Personalidad.
PER.SO.NA.LI.ZAR v.t. e int. Personalizar.
PER.SO.NI.FI.CAR v.t. Personificar.
PERS.PEC.TI.VA s.f. Perspectiva.
PERS.PI.CÁ.CIA s.f. Perspicacia.
PERS.PI.CAZ adj. Perspicaz.
PER.SU.A.DIR v.t. Persuadir, inducir.
PER.SU.A.SÃO s.f. Persuasión.
PER.TEN.CER v.t. e int. Pertenecer.
PER.TO adv. Cerca; cercano; próximo.
PER.TUR.BA.ÇÃO s.f. Perturbación.
PER.TUR.BAR v.t. e int. Perturbar.
PE.RU s.m. Zool. Pavo.
PE.RU.CA s.f. Peluca.
PER.VER.SÃO s.f. Perversión.
PER.VER.SI.DA.DE s.f. Perversidad.
PER.VER.TER v.t. Pervertir. v.p. Pervertirse; depravarse; corromperse.
PE.SA.DE.LO s.m. Pesadilla.
PE.SA.MES s.m. pl. Pésame; condolencia.
PE.SAR s.m. Pesar; dolor; condolencia. v.t. Pesar; considerar. v.p. Pesarse.
PE.SA.RO.SO adj. Pesaroso.
PES.CA s.f. Pesca.
PES.CA.DO adj. e s.m. Pescado.
PES.CA.DOR s.m. Pescador.
PES.CAR v.t. e int. Pescar.
PES.CO.ÇO s.m. Pescuezo; cuello.
PE.SO s.m. Peso.
PES.QUI.SA s.f. Pesquisa; investigación.
PÊS.SE.GO s.m. Bot. Melocotón; durazno.
PES.SO.A s.f. Persona.
PES.SO.AL adj. e s.m. Personal.

PES.TA.NE.JAR *v.t.* Pestañear.
PES.TE *s.f.* Peste.
PÉ.TA.LA *s.f. Bot.* Pétalo.
PE.TAR.DO *s.m.* Petardo; bomba.
PE.TI.ÇÃO *s.f.* Petición.
PE.TRÓ.LEO *s.m.* Petróleo.
PE.TU.LÂN.CIA *s.f.* Petulancia; audacia.
PI.A *s.f.* Lavabo; lavamanos; pila.
PI.A.DA *s.f.* Chiste.
PI.A.NIS.TA *s.2g.* Pianista.
PI.A.NO *s.m.* Piano.
PI.ÃO *s.m.* Trompo.
PI.AR *v.int.* Piar.
PI.CA.DA *s.f.* Picadura; mordedura de insecto.
PI.CAN.TE *adj.* Picante.
PI.CA-PAU *s.m. Zool.* Pájaro carpintero; picamadero.
PI.CAR *v.t.* e *int.* Picar; picotear.
PÍ.CA.RO *adj.* e *s.m.* Pícaro.
PI.CHE *s.m.* Alquitrán.
PI.CO *s.m.* Pico; espino.
PI.CO.LÉ *s.m.* Polo (helado); paleta de agua
PI.E.DA.DE *s.f.* Piedad; indulgência; compasión.
PI.E.DO.SO *adj.* Piadoso; mesericordioso.
PI.GAR.RO *s.m.* Carraspera.
PIG.MEN.TO *s.m.* Pigmento; color.
PI.LAR *s.m.* Pilar; columna.
PI.LHA *s.f.* Pila (eléctrica); batería; pila (montón).
PI.LO.TAR *v.t.* Pilotar.
PI.LO.TO *s.m.* Piloto.
PÍ.LU.LA *s.f.* Píldora.
PI.MEN.TA *s.f. Bot.* Pimienta.
PI.MEN.TÃO *s.m.* Pimiento.
PI.NA.CO.TE.CA *s.f.* Pinacoteca.
PIN.ÇA *s.f.* Pinza.
PIN.ÇAR *v.t.* Pinzar.
PIN.CEL *s.m.* Pincel; brocha.
PIN.GA *s.f.* Aguardiente de caña.
PIN.GUE-PON.GUE *s.m.* Ping-pong.
PIN.GUIM *s.m.* Pingüino.
PI.NHÃO *s.m.* Piñón.
PI.NHEI.RO *s.m.* Pino.
PI.NO *s.m.* Pasador (fijador); cenit (sol); auge.

PIN.TA *s.f.* Pinta; mancha.
PIN.TAR *v.t.* Pintar.
PIN.TI.NHO *s.m.* Pollito.
PIN.TO *s.m.* Pollito.
PIN.TOR *s.m.* Pintor.
PIN.TU.RA *s.f.* Pintura.
PI.O *adj.* e *s.m.* Pío; piadoso; devoto.
PI.O.LHO *s.m.* Piojo.
PI.OR *adj.* e *adv.* Peor.
PI.O.RAR *v.t.* e *int.* Empeorar; agravar.
PI.PA *s.f.* Pipa; tonel.
PI.PO.CA *s.f.* Palomitas de maíz; pochoclos.
PI.QUE *s.m.* Marcha; *ir a pique:* irse a pique.
PI.QUE.TE *s.m.* Piquete.
PI.QUE.NI.QUE *s.m.* Picnic.
PI.RA *s.f.* Pira, hoguera.
PI.RÂ.MI.DE *s.f.* Pirámide.
PI.RA.TA *s.m.* Pirata; corsario.
PI.RA.TA.RIA *s.f.* Piratería.
PI.RES *s.m.* Platillo.
PI.RI.LAM.PO *s.m.* Luciérnaga.
PIR.RA.LHO *s.m.* Chiquillo.
PI.RU.E.TA *s.f.* Pirueta.
PI.SAR *v.t.* e *int.* Pisar; calcar com los pies; machucar.
PIS.CAR *v.t.* e *int.* Pestañear; guiñar.
PIS.CI.NA *s.f.* Piscina.
PI.SO *s.m.* Piso; pavimento; salario mínimo.
PIS.TA *s.f.* Pista; carril.
PIS.TÃO *s.m.* Pistón.
PIS.TO.LA *s.f.* Pistola.
PI.TO.RES.CO *adj.* Pintoresco.
PLA.CA *s.f.* Placa; chapa.
PLA.CI.DEZ *s.f.* Placidez; tranquilidad.
PLÁ.CI.DO *adj.* Plácido; tranquilo.
PLÁ.GIO *s.m.* Plagio; copia; robo.
PLA.NAL.TO *s.m.* Altiplano; altiplanicie.
PLA.NE.JAR *v.t.* Planear; planificar; proyectar.
PLA.NE.TA *s.m.* Planeta.
PLA.NE.TÁ.RIO *s.m.* Planetario.
PLA.NÍ.CIE *s.f.* Planicie; rellano.
PLA.NO *adj.* Plano; llano; raso. *s.m.* Plan; esquema; proyecto.
PLAN.TA *s.f. Bot.* Planta; vegetal.
PLAN.TA.ÇÃO *s.f.* Plantación; plantío.

PLAN.TAR *v.t.* e *int.* Plantar; cultivar.
PLÁS.TI.CA *s.f. Med.* Cirugía plástica.
PLÁS.TI.CO *adj.* e *s.m.* Plástico.
PLA.TA.FOR.MA *s.f.* Plataforma.
PLA.TE.IA *s.f.* Platea; público.
PLAU.SÍ.VEL *adj.* Plausible.
PLE.BE *s.f.* Plebe.
PLE.BEU *adj.* e *s.m.* Plebeyo.
PLE.BIS.CI.TO *s.m.* Plebiscito.
PLEI.TE.AR *v.t.* Pleitear; litigar.
PLEI.TO *s.m.* Pleito; disputa.
PLE.O.NAS.MO *s.m. Germ.* Pleonasmo.
PLU.MA *s.f.* Pluma; penacho.
PLU.RAL *adj.* e *s.m.* Plural.
PLU.RA.LI.DA.DE *s.f.* Pluralidad.
PLU.VI.AL *adj.* e *s.m.* Pluvial.
PNEU *s.m.* Neumático.
PNEU.MO.NI.A *s.f. Med.* Neumonía; pulmonía.
PÓ *s.m.* Polvo.
PO.BRE *adj.* e *s.m.* Pobre; necesitado; proletario.
PO.BRE.ZA *s.f.* Pobreza; miseria.
PO.ÇO *s.m.* Pozo.
PO.DA *s.f.* Poda; monda; desbaste.
PO.DAR *v.t.* Podar; mondar.
PO.DER *s.m.* Poder; fuerza. *v.t.* e *int.* Poder.
PO.DE.RO.SO *adj.* Poderoso.
PO.DRE *adj.* Podrido; pútrido.
PO.E.MA *s.m.* Poema.
PO.EN.TE *adj.* e *s.m.* Poniente; oeste; occidente.
PO.E.SIA *s.f.* Poesía.
PO.E.TA *s.m.* Poeta; *poetisa s.f.:* poetisa.
POIS *conj.* Pues.
PO.LA.RI.DA.DE *s.f.* Polaridad.
PO.LE.GA.DA *s.f.* Pulgada.
PO.LE.GAR *s.m.* Pulgar.
PO.LÊ.MI.CA *s.f.* Polémica.
PO.LE.MI.ZAR *v.int.* Polemizar.
PO.LÍ.CIA *s.f.* Policia.
PO.LI.DEZ *s.f.* Polidez.
PO.LI.DO *adj.* Pulido; cortés.
PO.LI.GA.MI.A *s.f.* Poligamia.
PO.LI.GLO.TA *s.2g.* Políglota.

PO.LIR *v.t.* Pulir; lustrar; lucir. *v.p.* Pulirse.
PO.LÍ.TI.CA *s.f.* Política.
PO.LÍ.TI.CO *adj.* e *s.m.* Político.
PO.LO *s.m.* Polo.
POL.PA *s.f.* Pulpa.
POL.TRO.NA *s.f.* Poltrona; butaca.
PO.LU.IR *v.t.* Contaminar; manchar.
PÓL.VO.RA *s.f.* Pólvora.
PO.MA.DA *s.f.* Pomada; crema.
PO.MAR *s.m.* Pomar.
POM.BAL *s.m.* Palomar.
POM.BO *s.m.* Paloma(o).
PO.MO *s.m.* Pomo; manzana.
PON.DE.RA.ÇÃO *s.f.* Ponderación.
PON.DE.RAR *v.t.* Ponderar; meditar; exponer.
PON.TA *s.f.* Punta.
PON.TA.PÉ *s.m.* Puntapié.
PON.TA.RI.A *s.f.* Puntería.
PON.TE *s.f.* Puente.
PON.TEI.RA *s.f.* Contera; puntera.
PON.TEI.RO *s.m.* Puntero; aguja.
PON.TÍ.FI.CE *s.m.* Pontífice.
PON.TO *s.m.* Punto.
PON.TU.A.ÇÃO *s.f.* Pontuación.
PON.TU.A.LI.DA.DE *s.f.* Puntualidad.
PON.TU.DO *adj.* Puntiagudo.
PO.PU.LA.ÇÃO *s.f.* Población.
PO.PU.LAR *adj.* e *s.m.* Popular; plebeyo; conocido.
PO.PU.LA.RI.DA.DE *s.f.* Popularidad.
PO.PU.LA.RI.ZAR *v.t.* Popularizar. *v.p.* Popularizarse.
PO.PU.LO.SO *adj.* Populoso.
POR *prep.* Por; por causa de.
PÔR *v.t.* Poner; establecer; introducir; colocar; situar.
PO.RÃO *s.m.* Sótano.
POR.CA *s.f.* Tuerca de tornillo; hembra del cerdo.
POR.ÇÃO *s.f.* Porción.
POR.CA.RI.A *s.f.* Porquería; cochinería.
POR.CE.LA.NA *s.f.* Porcelana.
POR.CO *s.m. Zool.* Cerdo; puerco. *adj.* Cerdo; puerco.
PO.RÉM *conj.* Pero; sin embargo.

POR.ME.NOR *s.m.* Pormenor.
POR.QUE *conj.* Porque; em razón de; visto que.
POR.QUÊ *s.m.* Porqué.
POR que *pron.* Por qué.
POR.TA *s.f.* Puerta.
POR.TA-VOZ *s.m.* Portavoz.
POR.TAN.TO *conj.* Por lo tanto; así que.
POR.TÃO *s.m.* Portón.
POR.TAR *v.t.* Portar; llevar.
POR.TA.RI.A *s.f.* Portería; conserjería.
POR.TÁ.TIL *adj.* Portátil.
POR.TE *s.m.* Porte.
POR.TEI.RO *s.m.* Portero.
POR.TO *s.m.* Puerto.
POR.VEN.TU.RA *adv.* Por ventura; quizá.
POR.VIR *s.m.* Porvenir.
PO.SI.ÇÃO *s.f.* Posición.
PO.SI.TI.VO *adj.* e *s.m.* Positivo.
POS.SE *s.f.* Posesión; dominio.
POS.SES.SI.VO *adj.* Posesivo.
POS.SI.BI.LI.DA.DE *s.f.* Posibilidad.
POS.SÍ.VEL *adj.* Posible.
POS.SU.IR *v.t.* Poseer; haber; tener.
POS.TA *s.f.* Posta; tajada.
POS.TAL *adj.* Postal; *cartão postal:* tarjeta postal.
POS.TE *s.m.* Poste; farola.
POS.TE.RI.DA.DE *s.f.* Posteridad.
POS.TE.RI.OR *adj.* Posterior.
POS.TO *adj.* Puesto. *s.m.* Puesto; posición; lugar.
PÓS.TU.MO *adj.* Póstumo.
PO.TÁ.VEL *adj.* Potable.
PO.TE *s.m.* Pote.
PO.TEN.CI.AL *adj.* e *s.m.* Potencial.
PO.TRO *s.m.* Potro.
POU.CO *adv.* e *adj.* Poco.
POU.PAN.ÇA *s.f.* Ahorro; economía.
POU.PAR *v.t.* Ahorrar; economizar.
POU.SA.DA *s.f.* Posada; albergue; hostería.
POU.SAR *v.t.* e *int.* Posar; aterrizar; *v.p.* hospedarse.
PO.VO *s.m.* Pueblo; gente; público.
PO.VO.A.ÇÃO *s.f.* Población; poblado; localidad.
PO.VO.AR *v.t.* e *int.* Poblar; colonizar.
PRA.ÇA *s.f.* Plaza.
PRA.GA *s.f.* Plaga; peste; calamidad.
PRA.GUE.JAR *v.t.* e *int.* Maldecir; jurar.
PRAI.A *s.f.* Playa.
PRAN.CHA *s.f.* Plancha; tabla.
PRAN.TO *s.m.* Llanto; lloro; queja.
PRA.TA *s.f.* Plata; dinero.
PRÁ.TI.CA *s.f.* Práctica; experiencia.
PRA.TI.CAR *adj.* Practicar; ejercer; usar.
PRÁ.TI.CO *adj.* Prático; empírico. *s.m.* Práctico de puerto.
PRA.TO *s.m.* Plato.
PRA.XE *s.f.* Práctica; uso; costumbre.
PRA.ZER *s.m.* Placer; gusto; agrado; goce.
PRA.ZE.RO.SO *adj.* Agradable; plancentero.
PRA.ZO *s.m.* Plazo.
PRE.ÂM.BU.LO *s.m.* Preámbulo; prólogo.
PRE.CAU.ÇÃO *s.f.* Precaución.
PRE.CA.VER *v.t.* Precaver. *v.p.* Precaverse.
PRE.CE *s.f.* Plegaria; oración; súplica.
PRE.CE.DÊN.CIA *s.f.* Precedencia; prioridad.
PRE.CE.DER *v.t.* Preceder.
PRE.CEI.TO *s.m.* Precepto; enseñanza; doctrina.
PRE.CI.O.SI.DA.DE *s.f.* Preciosidad.
PRE.CI.O.SO *adj.* Precioso.
PRE.CI.PÍ.CIO *s.m.* Precipicio.
PRE.CI.PI.TAR *v.t.* Precipitar.
PRE.CI.SÃO *s.f.* Precisión.
PRE.CI.SAR *v.t.* e *int.* Precisar; carecer; necesitar.
PRE.ÇO *s.m.* Precio; valor; costo.
PRE.CO.CE *adj.* Precoz; temprano.
PRE.CO.NI.ZAR *v.t.* Preconizar; elogiar.
PRE.CUR.SOR *adj.* e *s.m.* Precursor.
PRE.DI.AL *adj.* Predial.
PRÉ.DI.CA *s.f.* Prédica.
PRE.DI.CA.ÇÃO *s.f.* Predicación.
PRE.DI.CA.DO *s.m.* Virtud. *Gram.* Predicado.
PRE.DI.ÇÃO *s.f.* Predicción; pronóstico.
PRE.DI.LE.ÇÃO *s.f.* Predilección; gusto.
PRE.DI.LE.TO *adj.* Predilecto.
PRÉ.DIO *s.m.* Predio; edificio.

PRE.DI.ZER *v.t.* Predecir.
PRE.DO.MI.NAR *v.t.* Predominar; preponderar.
PRE.DO.MÍ.NIO *s.m.* Predominio; preponderancia.
PRE.EN.CHER *v.t.* Satisfacer; henchir.
PRE.FÁ.CIO *s.m.* Prefacio; introducción.
PRE.FEI.TO *s.m.* Alcalde; prefecto.
PRE.FEI.TU.RA *s.f.* Ayuntamiento; alcaldía; munipalidad.
PRE.FE.RIR *v.t.* Preferir.
PRE.FE.RÍ.VEL *adj.* Preferible.
PRE.FI.XO *s.m.* Prefijo.
PRE.GA.ÇÃO *s.f.* Predicación; sermón.
PRE.GA.DOR *adj.* e *s.m.* Predicador; orador.
PRE.GAR *v.t.* e *int.* Clavar; fijar; predicar.
PRE.GO *s.m.* Clavo; puntilla.
PRE.GUI.ÇA *s.f.* Pereza; flojera.
PRE.GUI.ÇO.SO *adj.* e *s.m.* Perezoso; indolente; ocioso; flojo.
PRE.JU.DI.CAR *v.t.* Perjudicar. *v.p.* Perjudicarse.
PRE.JU.Í.ZO *s.m.* Perjuicio.
PRE.LI.MI.NAR *adj.* e *s.m.* Preliminar; previo. *s.f.* Esport. Introducción.
PRE.LO *s.m.* Imprenta.
PRE.MA.TU.RO *adj.* e *s.m.* Prematuro; temprano.
PRE.ME.DI.TAR *v.int.* Premeditar; pensar.
PRE.MI.AR *v.t.* Premiar.
PRÊ.MIO *s.m.* Premio; recompensa.
PREN.DER *v.t.* e *int.* Prender; detener; aprisionar; encarcerar. *v.p.* Prenderse
PRE.NHE *adj.* Encinta; embarazada.
PRE.NO.ME *s.m.* Nombre.
PREN.SA *s.f.* Mec. Prensa.
PRE.NÚN.CIO *s.m.* Prenuncio; presagio.
PRE.O.CU.PA.ÇÃO *s.f.* Preocupación; inquietud.
PRE.O.CU.PAR *v.t.* Preocupar; inquietar.
PRE.PA.RA.ÇÃO *s.f.* Preparación.
PRE.PA.RAR *v.t.* Preparar; amañar.
PRE.PA.RA.TÓ.RIO *adj.* Preparatorio.
PRE.PO.SI.ÇÃO *s.f.* Preposición.
PRE.PO.TÊN.CIA *s.f.* Prepotencia

PRER.RO.GA.TI.VA *s.f.* Prerrogativa; privilegio.
PRE.SA *s.f.* Presa; garra; botín.
PRES.CIN.DIR *v.t.* Prescindir.
PRES.CRE.VER *v.t.* Prescribir.
PRES.CRI.ÇÃO *s.f.* Prescripción.
PRE.SEN.ÇA *s.f.* Presencia.
PRE.SEN.CI.AR *v.t.* Presenciar; observar.
PRE.SEN.TE *adj.* Presente; actual. *s.m.* Presente; regalo.
PRE.SEN.TE.AR *v.t.* Regalar; presentar.
PRE.SÉ.PIO *s.m.* Presepio.
PRE.SER.VA.ÇÃO *s.f.* Preservación.
PRE.SER.VAR *v.t.* Preservar; conservar. *v.p.* Preservarse.
PRE.SI.DÊN.CIA *s.f.* Presidencia.
PRE.SI.DEN.TE *adj.* e *s.m.* Presidente.
PRE.SÍ.DIO *s.m.* Presidio; penitenciaría.
PRE.SI.DIR *v.t.* e *int.* Presidir.
PRE.SO *adj.* e *s.m.* Preso.
PRES.SA *s.f.* Prisa.
PRES.SÁ.GIO *s.m.* Presagio.
PRES.SÃO *s.f.* Presión.
PRES.SEN.TI.MEN.TO *s.m.* Presentimiento.
PRES.TA.ÇÃO *s.f.* Prestación.
PRES.TAR *v.t.* e *int.* Prestar; beneficiar.
PRES.TES *adj.* e *adv.* Presto; a punto de.
PRES.TE.ZA *s.f.* Presteza.
PRES.TÍ.GIO *s.m.* Prestigio.
PRE.SU.MIR *v.t.* Presumir.
PRE.SUN.ÇÃO *s.f.* Presunción.
PRE.SUN.TO *s.m.* Jamón.
PRE.TEN.DEN.TE *adj.* e.*s.2g.* Pretendiente.
PRE.TEN.DER *v.t.* Pretender; exigir.
PRE.TEN.SÃO *s.f.* Pretensión.
PRE.TE.RIR *v.t.* Preterir.
PRE.TÉ.RI.TO *adj.* Pretérito.
PRE.TEX.TO *s.m.* Pretexto.
PRE.TO *adj.* e *s.m.* Negro.
PRE.VA.LE.CER *v.t.* Prevalecer.
PRE.VE.NIR *v.t.* Prevenir.
PRE.VEN.TI.VO *adj.* Preventivo.
PRE.VER *v.t.* Prever; pronosticar.
PRÉ.VIO *adj.* Previo; preliminar.
PRE.VI.SÃO *s.f.* Previsión.

PRE.ZAR v.t. Preciar; apreciar; desear.
PRI.MÁ.RIO adj. e s.m. Primario.
PRI.MA.VE.RA s.f. Primavera.
PRI.MA.VE.RIL adj. Primaveral.
PRI.MEI.RO adj. Primero; primer.
PRI.MI.TI.VO adj. Primitivo.
PRI.MO adj. Mat. Primo. s.m. Primo (hijo del tío).
PRI.MOR s.m. Primor; esmero.
PRI.MOR.DI.AL adj. Primordial.
PRI.MO.RO.SO adj. Primoroso.
PRIN.CE.SA s.f. Princesa.
PRIN.CI.PAL adj. e s. m. Principal; elemental.
PRÍN.CI.PE s.f. Príncipe.
PRIN.CI.PI.AR v.t. e int. Principiar; iniciar.
PRIN.CI.PIO s.m. Princípio; comienzo.
PRI.O.RI.DA.DE s.f. Prioridad; preferencia.
PRI.SÃO s.f. Prisón; retención; presidio.
PRI.SI.O.NEI.RO adj. e s.m. Prisionero; preso.
PRI.VA.ÇÃO s.f. Privación.
PRI.VA.DA s.f. Retrete.
PRI.VA.DO adj. Privado; particular; personal.
PRI.VAR v.t. Privar, despojar.
PRI.VA.TI.VO adj. Privativo; particular; propio.
PRI.VI.LE.GIO s.m. Privilegio; regalia.
PRÓ adv. e s.m. Pro; a favor.
PRO.A s.f. Proa.
PRO.BA.BI.LI.DA.DE s.f. Probabilidad.
PRO.BLE.MA s.m. Problema.
PRO.CE.DÊN.CIA s.f. Procedencia.
PRO.CE.DER v.t. e int. Proceder, conducirse. s.m. Proceder; comportamiento.
PRO.CE.DI.MEN.TO s.m. Procedimiento.
PRO.CES.SAR v.t. Procesar.
PRO.CES.SO s.m. Proceso; método; procedimiento.
PRO.CIS.SÃO s.f. Procesión.
PRO.CLA.MAR v.t. Proclamar.
PRO.CU.RA s.f. Busca; búsqueda; demanda.
PRO.CU.RA.ÇÃO s.f. Procuración.
PRO.CU.RAR v.t. Procurar; buscar.
PRO.DÍ.GIO s.m. Prodígio.
PRÓ.DI.GO adj. e s.m. Pródigo.
PRO.DU.TO s.m. Producto.

PRO.DU.ZIR v.t. e int. Producir; realizar; fabricar; elaborar.
PRO.FA.NA.ÇÃO s.f. Profanación.
PRO.FA.NAR v.t. Profanar.
PRO.FE.RIR v.t. Proferir; pronunciar.
PRO.FES.SAR v.t. Profesar; practicar.
PRO.FES.SOR s.m. Profesor; maestro; educador.
PRO.FE.TA s.f. Profeta; vidente.
PRO.FE.TI.ZAR v.t. Profetizar; predecir.
PRO.FIS.SÃO s.f. Profesión.
PRO.FIS.SI.O.NAL adj. Profesional.
PRO.FUN.DI.DA.DE s.f. Profundidad.
PRO.FUN.DO adj. Profundo.
PRO.GE.NI.TOR s.m. Progenitor.
PRO.GRA.MA s.m. Programa.
PRO.GRE.DIR v.t. Progredir; avanzar.
PRO.GRES.SI.VO adj. Progresivo.
PRO.GRES.SO s.m. Progreso.
PRO.I.BI.ÇÃO s.f. Prohibición.
PRO.I.BIR v.t. Prohibir; negar; vedar.
PRO.JE.ÇÃO s.f. Proyección.
PRO.JE.TAR v.t. Proyectar; planear.
PRO.LE s.f. Prole; descendencia.
PRO.LE.TÁ.RIO adj. e s.m. Proletario.
PRÓ.LO.GO s.m. Prólogo; prefacio.
PRO.LON.GAR v.t. Prolongar; continuar. v.p. Prolongarse.
PRO.MES.SA s.f. Promesa.
PRO.ME.TER v.t. e int. Prometer; asegurar.
PRO.MO.ÇÃO s.f. Promoción.
PRO.MO.TOR adj. e s.m. Promotor.
PRO.MUL.GAR v.t. Promulgar; anunciar.
PRO.NO.ME s.m. Gram. Pronombre.
PRO.NO.MI.NAL adj. Pronominal.
PRON.TI.DÃO s.m. Prontitud; ligereza; prisa.
PRON.TO adj. Pronto; presto; terminado; acabado.
PRON.TO-SO.COR.RO s.m. Hospital de urgencias.
PRO.NUN.CI.AR v.t. Pronunciar.
PRO.PA.GA.ÇÃO s.f. Propagación.
PRO.PA.GAN.DA s.f. Propaganda.
PRO.PA.GAR v.t. Propagar. v.int e p. Propagarse.

PRO.PÍ.CIO *adj.* Propício.
PRO.PI.NA *s.f.* Propina.
PRO.POR *v.t.* Proponer.
PRO.POR.ÇÃO *s.f.* Proporción.
PRO.POR.CIO.NAR *v.t.* Proporcionar. *v.p.* Proporcionarse.
PRO.PO.SI.ÇÃO *s.f.* Proposición.
PRO.PÓ.SI.TO *s.m.* Propósito.
PRO.POS.TA *s.f.* Propuesta.
PRO.PRI.E.DA.DE *s.f.* Propiedad.
PRÓ.PRIO *adj.* Propio.
PRO.PUG.NAR *v.t.* Propugnar; defender.
PRO.PUL.SÃO *s.f.* Propulsión.
PROR.RO.GAR *v.t.* Prorrogar.
PRO.SA *s.f.* Prosa.
PROS.CRI.TO *adj.* e *s.m.* Proscrito.
PROS.PEC.ÇÃO *s.f.* Prospección.
PROS.PE.RAR *v.int.* Prosperar.
PROS.PE.RI.DA.DE *s.f.* Prosperidad.
PROS.SE.GUIR *v.t.* e *int.* Proseguir; seguir.
PRÓS.TA.TA *s.f. Anat.* Próstata.
PROS.TÍ.BU.LO *s.m.* Prostíbulo; burdel.
PROS.TI.TUI.ÇÃO *s.f.* Prostitución; meretricio; corrupción.
PROS.TI.TU.IR *v.t.* Prostituir. *v.p.* Prostituirse.
PROS.TI.TU.TA *s.f.* Prostituta; meretriz.
PROS.TRAR *v.t.* Prostrar; abatir. *v.p.* Prostrarse.
PRO.TE.ÇÃO *s.f.* Protección.
PRO.TE.GER *v.t.* Proteger.
PRO.TE.GI.DO *adj.* e *s.m.* Protegido.
PRO.TES.TAR *v.t.* e *int.* Protestar.
PRO.TES.TO *s.m.* Protesta; protesto; reclamación.
PRO.TE.TOR *s.m.* Protector; defensor.
PRO.VA *s.f.* Prueba.
PRO.VAR *v.t.* Probar; examinar.
PRO.VÁ.VEL *adj.* Probable.
PRO.VEI.TO *s.m.* Provecho.
PRO.VER *v.t.* Proveer; abastecer. *v.p.* Proveerse.
PRO.VER.BI.AL *adj.* Proverbial.
PRO.VÉR.BIO *s.m.* Proverbio.
PRO.VI.DÊN.CIA *s.f.* Providencia.
PRO.VI.DEN.CI.AR *v.t.* Providenciar.
PRO.VÍN.CIA *s.f.* Provincia.

PRO.VIN.CI.A.NO *adj.* e *s.f.* Provinciano; lugareño.
PRO.VIR *v.t.* Provenir.
PRO.VI.SÃO *s.f.* Provisión.
PRO.VI.SÓ.RIO *adj.* Provisional; temporero.
PRO.VO.CA.ÇÃO *s.f.* Provocación.
PRO.VO.CAR *v.t.* Provocar.
PRO.XI.MI.DA.DE *s.f.* Proximidad.
PRÓ.XI.MO *adj.* e *s.m.* Próximo; cercano.
PRU.DÊN.CIA *s.f.* Prudencia.
PRU.DEN.TE *adj.* Prudente; atento.
PRU.MO *s.m.* Plomo; nivel.
PRU.RI.DO *s.m.* Prurito.
PSEU.DÔ.NI.MO *s.m.* Pseudónimo; seudónimo.
PSI.CA.NÁ.LI.SE *s.f.* Psicoanálisis; sicoanálisis.
PSI.CO.LO.GI.A *s.f.* Psicología; sicología.
PSI.CÓ.LO.GO *s.m.* Psicólogo; sicólogo.
PSI.QUI.A.TRA *s.2g.* Psiquiatra; siquiatra.
PU.BER.DA.DE *s.f.* Pubertad; adolescencia.
PU.A *s.f.* Púa; puya.
PÚ.BIS *s.m. Anat.* Pubis.
PU.BLI.CA.ÇÃO *s.f.* Publicación.
PU.BLI.CAR *v.t.* Publicar; editar.
PU.BLI.CI.DA.DE *s.f.* Publicidad; propaganda.
PÚ.BLI.CO *adj.* e *s.m.* Público.
PU.DI.CO *adj.* Púdico; casto.
PU.DIM *s.m.* Budín.
PU.DOR *s.m.* Pudor.
PU.E.RIL *adj.* Pueril.
PU.GI.LIS.MO *s.m.* Pugilismo; boxeo.
PUG.NA *s.f.* Pugna.
PUG.NAR *v.int.* Pugnar; luchar.
PU.IR *v.t.* Desgastar; corroer.
PU.JAN.TE *adj.* Pujante.
PU.LAR *v.int.* Saltar; brincar.
PUL.GA *s.f. Zool.* Pulga.
PUL.GÃO *s.m.* Pulgón.
PUL.MÃO *s.m. Anat.* Pulmón.
PUL.MO.NAR *adj.* Pulmonar.
PU.LO *s.m.* Pulo.
PUL.SA.ÇÃO *s.f.* Pulsación; palpitación.
PUL.SAR *v.t.* Pulsar, golpear.
PUL.SEI.RA *s.f.* Pulsera.

PUL.SO *s.m.* Pulso; muñeca.
PUL.VE.RI.ZA.ÇÃO *s.f.* Pulverización.
PUL.VE.RI.ZAR *v.t.* e *int.* Pulverizar.
PUM *s.m. fam.* Pedo.
PUN.GIR *v.t.* Pungir.
PU.NHA.LA.DA *s.f.* Puñalada.
PU.NHAL *s.m.* Puñal.
PU.NHO *s.m.* Puño.
PU.NI.ÇÃO *s.f.* Punición; castigo.
PU.NIR *v.t.* Punir; castigar.
PU.PI.LO *adj.* e *s.m.* Pupilo.
PU.RÊ *s.m.* Puré.
PU.RE.ZA *s.f.* Pureza.

PUR.GAN.TE *adj.* e *s.m.* Purgante.
PUR.GA.TÓ.RIO *adj.* e *s.m.* Purgatorio.
PU.RI.FI.CA.ÇÃO *s.f.* Purificación.
PU.RI.FI.CAR *v.t.* Purificar.
PU.RO *adj.* Puro; genuino; autentico.
PÚR.PU.RA *s.f.* Púrpura.
PUR.PU.RI.NA *s.f.* Purpurina.
PUS *s.m. Med.* Pus.
PÚS.TU.LA *s.f.* Pústula.
PU.XA! *interj.* ¡Mecachis!; ¡caramba!.
PU.XÃO *s.m.* Tirón; repelón.
PU.XAR *v.t.* Tirar; estirar.

Q

Q *s.m.* Decimoséptima letra del alfabeto portugués.
QUA.DRA *s.f.* Cuadra; copla.
QUA.DRA.DO *adj.* e *s.m.* Cuadrado.
QUA.DRA.GÉ.SI.MO *num.*, *adj.* e *s.m.* Cuadragésimo.
QUA.DRAN.GU.LAR *adj.* Cuadrangular.
QUA.DRAN.TE *s.m.* Cuadrante.
QUA.DRIL *s.m. Anat.* Cuadril; anca.
QUA.DRI.LÁ.TE.RO *adj.* e *s.m.* Cuadrilátero.
QUA.DRI.LHA *s.f.* Cuadrilla; banda; mafia.
QUA.DRO *s.m.* Cuadro.
QUA.DRO-NE.GRO *s.m.* Pizarra.
QUA.DRÚ.PE.DE *adj.* e *s.m.* Cuadrúpedo.
QUA.DRU.PLI.CAR *v.t.* e *int.* Cuadruplicar; cuadruplicarse.
QUÁ.DRU.PLO *num.* e *adj.* Cuádruple; cuádruplo.
QUAL *pron. inter.* Cuál. *pron. relat.* Cual; que; quien. *conj.* Tal cual; como; así como. *adj.* Cual; semejante a; quien.
QUA.LI.DA.DE *s.f.* Cualidad; calidad.
QUA.LI.FI.CA.ÇÃO *s.f.* Calificación.
QUA.LI.FI.CAR *v.t.* Calificar.
QUAL.QUER *pron.* Cualquier; cualquiera.
QUAN.DO *adv.* e *conj.* Cuando; cuándo.
QUAN.TI.A *s.f.* Cuantía; cantidad.
QUAN.TI.DA.DE *s.f.* Cantidad.
QUAN.TI.TA.TI.VO *adj.* Cuantitativo.
QUAN.TO *pron. relat.* Cuanto. *pron. inter.* Cuánto. *adv.* Cuánto; cómo.
QUÃO *adv.* Cuan; cuán.
QUA.REN.TA *num.* Cuarenta.
QUA.REN.TE.NA *s.f.* Cuarentena.
QUA.RES.MA *s.f.* Cuaresma.
QUAR.TA-FEI.RA *s.f.* Miércoles.
QUAR.TEI.RÃO *s.m.* Manzana de casas; cuadra.
QUAR.TEL *s.m.* Cuartel.
QUAR.TE.TO *s.m. Mús.* Cuarteto.
QUAR.TO *s.m.* Cuarto; aposento; habitación. *num.* Cuarto.
QUA.SE *adv.* Casi; cuasi.
QUA.TOR.ZE *num.* Catorce.
QUA.TRO *num.* Cuatro.
QUE *pron.* e *conj.* Que.
QUÊ *s.m.* Qué. *interj.* ¡Qué!
QUE.BRA *s.f.* Quiebra; fractura; rotura.
QUE.BRA.DO *s.m.* Quebrado; roto; abatido.
QUE.BRAN.TAR *v.t.* Quebrantar.
QUE.BRAN.TO *s.m.* Quebranto.
QUE.BRAR *v.t.* Quebrar; romper; fracturar.
QUE.DA *s.f.* Caída; declive; decadencia.
QUEI.JA.RI.A *s.f.* Quesería.
QUEI.JO *s.m.* Queso.
QUEI.MA *s.f.* Quema.
QUEI.MA.DU.RA *s.f.* Quemadura.
QUEI.MAR *v.t.* Quemar.
QUEI.XA *s.f.* Queja.
QUEI.XA.DA *s.f.* Quijada; mandíbula.
QUEI.XAR-SE *v.p.* Quejarse; lamentarse.
QUEI.XO *s.m.* Mentón; barbilla.
QUEI.XO.SO *adj.* Quejoso.
QUEI.XU.ME *s.m.* Quejido; quejumbre.
QUEM *pron. relat.* Quien; aquél; al que; el que. *pron. inter.* Quién; cuál.
QUEN.TE *adj.* Caliente.
QUE.PE *s.m.* Quepis.
QUE.RE.LA *s.f.* Querella.
QUE.RER *v.t.* e *int.* Querer; estimar; desear.
QUE.RI.DO *adj.* Querido; estimado.
QUE.RO.SE.NE *s.m.* Querosén; kerosén; querosene.

QUE.RU.BIM *s.m.* Querubín.
QUES.TÃO *s.f.* Cuestión.
QUES.TIO.NAR *v.t.* Cuestionar; preguntar.
QUES.TIO.NÁ.RIO *s.m.* Cuestionario.
QUI.ÇÁ *adv.* Quizá.
QUI.E.TO *adj.* Quieto; tranquilo.
QUI.LA.TE *s.m.* Quilate.
QUI.LO *s.m.* Kilo; kilogramo; quilo.
QUI.LO.ME.TRA.GEM *s.f.* Kilometraje.
QUI.LÔ.ME.TRO *s.m.* Kilómetro.
QUI.ME.RA *s.f.* Quimera.
QUÍ.MI.CA *s.f.* Química.
QUÍ.MI.CO *adj.* e *s.m.* Químico.
QUI.MO.NO *s.m.* Quimono; kimono.
QUI.NA *s.f.* Quina; esquina.
QUI.NHÃO *s.m.* Quiñón.
QUIN.QUA.GÉ.SI.MO num. Quincuagésimo.
QUIN.QUI.LHA.RI.A *s.f.* Quincallería; quincalla.

QUIN.TA *s.f.* Estancia.
QUIN.TA-FEI.RA *s.f.* Jueves.
QUIN.TAL *s.m.* Quintal; patio; huerto
QUIN.ZE num. Quince.
QUIN.ZE.NA *s.f.* Quincena.
QUI.OS.QUE *s.m.* Quiosco.
QUIS.TO *s.m. Med.* Quiste.
QUI.TA.ÇÃO *s.f.* Quita; quitación.
QUI.TAN.DA *s.f.* Verdulería; tienda.
QUI.TAR *v.t.* Quitar; finiquitar; saldar.
QUI.TE *adj.* Libre de deudas.
QUI.TI.NE.TE *s.f.* Kitchenette.
QUI.TU.TE *s.m.* Manjar; exquisitez.
QUO.CI.EN.TE *s.m. Mat.* Cociente; cuociente.
QUO.RUM *s.m.* Quórum.
QUO.TA *s.f.* Cuota.
QUO.TI.DI.A.NO *adj.* Cotidiano.
QUO.TI.ZAR *v.t.* Cotizar.

R

R *s.m.* Decimoctava letra del alfabeto portugués.
RÃ *s.f.* Rana.
RA.BA.DA *s.f.* Rabada; rabadilla.
RA.BA.NA.DA *s.f.* Rebanada; torrija.
RA.BA.NE.TE *s.m. Bot.* Rábano; rabanito.
RA.BI.NO *s.m.* Rabino.
RA.BIS.CAR *v.t.* Garabatear.
RA.BIS.CO *s.m.* Garabato.
RA.BO *s.m.* Rabo; cola.
RA.BU.GEN.TO *adj.* Quisquilloso; regañón.
RA.ÇA *s.f.* Raza; etnia; casta.
RA.ÇÃO *s.f.* Ración.
RA.CHA.DU.RA *s.f.* Rajadura.
RA.CHAR *adj.* Rajar; hendir; hender.
RA.CI.O.CÍ.NIO *s.m.* Raciocinio; razón; ponderación.
RA.CI.O.NAL *adj.* Racional; lógico.
RA.CI.O.NA.LI.DA.DE *s.f.* Racionalidad.
RA.CI.O.NA.LI.ZAR *v.t.* Racionalizar.
RA.CI.O.NAR *v.t.* Racionar.
RA.CIS.MO *s.m.* Racismo.
RA.DI.AN.TE *adj.* Radiante.
RA.DI.AR *v.t.* e *int.* Irradiar; resplandecer.
RA.DI.CAL *adj.* Radical.
RÁ.DIO *s.m.* Radio.
RA.DI.O.A.TI.VI.DA.DE *s.f.* Radiactividad; radiación.
RA.DI.O.A.TI.VO *adj.* Radiactivo.
RA.DI.O.DI.FU.SÃO *s.f.* Radiodifusión.
RA.DI.O.FÔ.NI.CO *adj.* Radiofónico.
RA.DI.O.SO *adj.* Radiante.
RAI.A *s.f.* Raya; límite.
RAI.NHA *s.f.* Reina.
RAI.O *s.m.* Rayo.
RAI.VA *s.f.* Rabia; ira; *Med.* hidrofobia.
RAI.VO.SO *adj.* Rabioso; hidrófobo.
RA.IZ *s.f. Bot.* Raíz.
RA.LA.DOR *s.m.* Rallador.
RA.LAR *v.t.* Rallar; triturar.
RA.LÉ *s.f.* Plebe; chusma; ralea.
RA.LHAR *v.t.* Regañar; reprender; reñir.
RA.LO *adj.* Ralo; escaso; rejilla (pila).
RA.MA *s.f.* Ramaje.
RA.MA.DA *s.f.* Ramoso.
RA.MA.GEM *s.f.* Ramaje.
RA.MAL *s.m.* Ramal.
RA.MA.LHE.TE *s.m.* Ramillete.
RA.MI.FI.CA.ÇÃO *s.f.* Ramificación.
RA.MI.FI.CAR *v.t.* Ramificar.
RA.MO *s.m.* Ramo; rama; subdivisión.
RAM.PA *s.f.* Rampa; ladera.
RAN.CHO *s.m.* Rancho; choza.
RAN.ÇO *adj.* e *s.m.* Rancio.
RAN.COR *s.m.* Rencor.
RAN.CO.RO.SO *adj.* Rencoroso.
RAN.ÇO.SO *adj.* Rancio.
RAN.GER *v.t.* e *int.* Crujir; rechinar.
RA.NHO *s.m.* Moco.
RA.NHU.RA *s.f.* Ranura.
RA.PAR *v.t.* Rapar; raspar; desgastar.
RA.PAZ *s.m.* Muchacho; chico; joven.
RA.PÉ *s.m.* Rapé.
RA.PI.DEZ *s.f.* Rapidez; ligereza; vivacidad.
RÁ.PI.DO *adj.* e *adv.* Rápido; veloz; ligero; presto.
RA.PI.NA *s.f.* Rapiña.
RA.PI.NAR *v.t.* Rapiñar.
RA.PO.SA *s.f.* Raposa(o); zorra(o).
RAP.TAR *v.t.* Raptar; arrebatar; robar; secuestrar.
RAP.TO *s.m.* Rapto; robo; secuestro.
RA.QUÍ.TI.CO *adj.* Raquítico.
RA.QUI.TIS.MO *s.m.* Raquitismo.

RA.RE.FEI.TO adj. Rarefacto.
RA.RI.DA.DE s.f. Rareza.
RA.RO adj. Raro; escaso; singular.
RAS.CU.NHAR v.t. Bosquejar; esbozar.
RAS.CU.NHO s.m. Borrador; esbozo; proyecto.
RAS.GÃO s.m. Rasgón.
RAS.GAR v.t. Rasgar; cortar; romper. v.p. Rasgarse; henderse.
RAS.GO s.m. Rasgo; rasgón; ímpetu.
RA.SO adj. Raso.
RAS.PA.GEM s.f. Raspado; raspadura.
RAS.PÃO s.m. Arañazo; raspón.
RAS.PAR v.t. e int. Raspar; rasar; arañar.
RAS.TEI.RO adj. Rastrero.
RAS.TE.JAR v.t. Rastrear.
RAS.TI.LHO s.m. Mecha.
RAS.TO s.m. Rastro.
RAS.TRE.A.MEN.TO s.m. Rastreo.
RAS.TRE.AR v.t. Rastrear.
RA.SU.RA s.f. Borrar; raspar; tachadura.
RA.TA.ZA.NA s.f. Zool. Rata.
RA.TE.AR v.t. e int. Ratear.
RA.TEI.O s.m. Rateo.
RA.TI.FI.CA.ÇÃO s.f. Ratificación; confirmación.
RA.TI.FI.CAR v.t. Ratificar; aprobar.
RA.TO s.m. Zool. Rata; ratón.
RA.TO.EI.RA s.f. Ratonera.
RA.ZÃO s.f. Razón; argumento; derecho.
RA.ZO.Á.VEL adj. Razonable.
RÉ s.f. Rea; popa. Mus. Re (segunda nota musical em la pauta de clave de sol).
RE.A.BI.LI.TA.ÇÃO s.f. Rehabilitación.
RE.A.BI.LI.TAR v.t. Rehabilitar; sincerar.
RE.A.BRIR v.t. Reabrir.
RE.A.ÇÃO s.f. Reacción.
RE.A.FIR.MAR v.t. Refirmar.
RE.A.GIR v.int. Reaccionar.
RE.AL adj. Real.
RE.AL.ÇAR v.t. Realzar.
RE.AL.CE s.m. Realce; relieve.
RE.A.LI.DA.DE s.f. Realidad; verdad; exactitud.
RE.A.LIS.MO s.m. Realismo.
RE.A.LI.ZA.ÇÃO s.f. Realización.

RE.A.LI.ZAR v.t. Realizar. v.p. Realizarse.
RE.A.NI.MAR v.t. Reanimar. v.p. Reanimarse.
RE.A.PA.RE.CER v.int. Reaparecer.
RE.AS.SU.MIR v.t. Reasumir.
RE.A.VI.VAR v.t. Reavivar.
RE.BAI.XAR v.t. e int. Rebajar; v.p. Rebajarse.
RE.BA.NHO s.m. Rebaño.
RE.BA.TE s.m. Rebate; rebatimiento.
RE.BA.TER v.t. Rebatir; rebotar.
RE.BE.LAR v.p. Rebelarse.
RE.BEL.DE adj. Rebelde.
RE.BEL.DI.A s.f. Rebeldía.
RE.BE.LI.ÃO s.f. Rebelión; motín; sublevación.
RE.BO.AR v.t. e int. Repercutir.
RE.BO.CAR v.t. Revocar; remolcar.
RE.BO.CO s.m. Revoque.
RE.BO.LAR v.t. e int. Bambolear; bambolearse.
RE.BO.QUE s.m. Remolque; revoque.
RE.CA.DO s.m. Recado; mensaje.
RE.CA.Í.DA s.f. Recaída; reincidencia.
RE.CA.IR v.int. Recaer.
RE.CAL.CAR v.t. Recalcar.
RE.CAM.BI.AR v.t. Recambiar.
RE.CA.PI.TU.LAR v.t. Recapitular; repetir.
RE.CA.TA.DO adj. Recatado; guardado; púdico.
RE.CA.TO s.m. Recato; decencia; pudor.
RE.CE.AR v.t. Recelar; temer.
RE.CE.BER v.t. Recibir; aceptar; admitir.
RE.CE.BI.MEN.TO s.m. Recibimiento.
RE.CEI.O s.m. Recelo; timidez; temor.
RE.CEI.TA s.f. Receta.
RE.CEI.TAR v.t. e int. Recetar; formular; prescribir.
RE.CEN.SE.A.MEN.TO s.m. Empadronamiento; censo.
RE.CEN.SE.AR v.t. Censar.
RE.CEN.TE adj. Reciente.
RE.CE.O.SO adj. Receloso.
RE.CEP.ÇÃO s.f. Recepción.
RE.CEP.CIO.NIS.TA s.2g. Recepcionista.
RE.CEP.TÁ.CU.LO s.m. Receptáculo.
RE.CEP.TOR adj. e s.m. Receptor.
RE.CES.SO s.m. Receso.

RE.CHA.ÇAR *v.t.* Rechazar.
RE.CHE.AR *v.t.* Rellenar.
RE.CHEI.O *s.m.* Relleno.
RE.CI.BO *s.m.* Recibo; liquidación.
RE.CIN.TO *s.m.* Recinto.
RE.CI.PI.EN.TE *s.m.* Recipiente.
RE.CI.PRO.CI.DA.DE *s.f.* Reciprocidad.
RE.CÍ.PRO.CO *adj.* Recíproco.
RE.CI.TA.ÇÃO *s.f.* Recitación.
RE.CI.TAR *v.t.* Recitar.
RE.CLA.MA.ÇÃO *s.f.* Reclamación.
RE.CLA.MAN.TE *adj.* e *s.2g.* Reclamante.
RE.CLA.MAR *v.t.* e *int.* Reclamar; requerir; quejarse.
RE.CLI.NAR *v.t.* Reclinar; recostar.
RE.CLU.SÃO *s.f.* Reclusión; clausura.
RE.CO.LHER *v.t.* e *int.* Recoger; abrigar; coger; guardar. *v.p.* Recogerse; retirarse.
RE.CO.LHI.MEN.TO *s.m.* Recogimiento; asilo.
RE.CO.MEN.DA.ÇÃO *s.f.* Recomendación; consejo.
RE.CO.MEN.DAR *v.t.* Recomendar.
RE.COM.PEN.SA *s.f.* Recompensa; premio; retribución.
RE.COM.POR *v.t.* Recomponer; reorganizar. *v.p.* Recomponerse.
RE.CON.CI.LI.AR *v.t.* Reconciliar. *v.p.* Reconciliarse.
RE.CÔN.DI.TO *s.m.* Recóndito.
RE.CON.DU.ÇÃO *s.f.* Reconducción.
RE.CON.DU.ZIR *v.t.* Reconducir.
RE.CO.NHE.CER *v.t.* Reconocer. *v.p.* Reconocerse.
RE.CO.NHE.CI.DO *adj.* Reconocido; grato.
RE.CO.NHE.CI.MEN.TO *s.m.* Reconocimiento; inspección.
RE.CON.QUIS.TAR *v.t.* Reconquistar.
RE.CONS.TRU.ÇÃO *s.f.* Reconstrucción.
RE.CONS.TRU.IR *v.t.* Reconstruir.
RE.CON.TAR *v.t.* Recontar.
RE.COR.DA.ÇÃO *s.f.* Recuerdo; evocación; remembranza.
RE.COR.DAR *v.t.* Recordar. *v.p.* Recordarse.
RE.COR.RER *v.int.* Recorrer; recurrir; apelar.
RE.COR.TAR *v.t.* Recortar; evocar.
RE.COR.TE *s.m.* Recorte; rasgo.
RE.CRE.A.ÇÃO *s.f.* Recreo; recreación.
RE.CRE.AR *v.t.* Recrear; divertir; *v.p.* Recrearse; explayarse.
RE.CRE.A.TI.VO *adj.* Recreativo; divertido.
RE.CREI.O *s.m.* Recreo; recreación.
RE.CRI.MI.NAR *v.t.* Recriminar; culpar. *v.p.* Recriminarse.
RE.CRU.TA.MEN.TO *s.m.* Reclutamiento.
RE.CRU.TAR *v.t.* Reclutar.
RE.CU.AR *v.t.* Recular; regresar; hacer retroceder.
RE.CU.O *s.m.* Retirada.
RE.CU.PE.RA.ÇÃO *s.f.* Recuperación.
RE.CU.PE.RAR *v.t.* Recuperar.
RE.CUR.SO *s.m.* Recurso.
RE.CU.SA *s.f.* Recusación; objeción.
RE.CU.SAR *v.t.* Rechazar; recusar; negar. *v.p.* Recusarse; negarse.
RE.DA.ÇÃO *s.f.* Redacción.
RE.DA.TOR *s.m.* Redactor.
RE.DE *s.f.* Red; hamaca.
RÉ.DEA *s.f.* Rienda; arreos.
RE.DEN.ÇÃO *s.f.* Redención.
RE.DI.GIR *v.t.* e *int.* Redactar; escribir.
RE.DI.MIR *v.t.* Redimir; perdonar.
RE.DO.BRAR *v.t.* Redoblar; repetir.
RE.DO.MA *s.f.* Redoma.
RE.DON.DE.ZA *s.f.* Redondez; cercanías; alrededores.
RE.DON.DO *adj.* Redondo.
RE.DOR *s.m.* Rededor; redor; alrededor.
RE.DU.ÇÃO *s.f.* Reducción.
RE.DUN.DAR *v.t.* e *int.* Redundar; resultar.
RE.DU.TO *s.m.* Reducto.
RE.DU.ZIR *v.t.* Reducir. *v.p.* Reducirse.
RE.E.DI.TAR *v.t.* Reeditar.
RE.E.LE.GER *v.t.* Reelegir.
RE.EM.BOL.SO *s.m.* Reembolso.
RE.FA.ZER *v.t.* Rehacer.
RE.FEI.TO *adj.* Rehecho.
RE.FEI.ÇÃO *s.f.* Comida; almuerzo.
RE.FEI.TÓ.RIO *s.m.* Refectorio.
RE.FÉM *s.m.* Rehén; cautivo.

RE.FE.RÊN.CIA *s.f.* Referência; menção.
RE.FE.RIR *v.t.* e *int.* Referir; citar; relatar.
RE.FI.NAR *v.t.* e *int.* Refinar. *v.p.* Refinarse.
RE.FI.NA.RI.A *s.f.* Refinería.
RE.FLE.TIR *v.t.* Reflejar; reflexionar. *v.p.* Reflejarse.
RE.FLE.XÃO *s.f.* Reflexión.
RE.FLE.XI.VO *adj.* Reflexivo.
RE.FOR.ÇAR *v.t.* Reforzar. *v.p.* Reforzarse.
RE.FOR.ÇO *s.m.* Refuerzo.
RE.FOR.MA *s.f.* Reforma.
RE.FOR.MAR *v.t.* Reformar.
RE.FRA.TA.RIO *s.m.* Refractario.
RE.FRE.AR *v.t.* Refrenar.
RE.FRES.CAN.TE *adj.* Refrescante.
RE.FRES.CAR *v.t.* Refrescar. *v.p.* Refrescarse.
RE.FRES.CO *s.m.* Refresco; alivio.
RE.FRI.GE.RA.ÇÃO *s.f.* Refrigeración.
RE.FRI.GE.RAR *v.t.* Refrigerar; refrescar.
RE.FU.GI.A.DO *adj.* e *s.m.* Refugiado.
RE.FU.GI.AR-SE *v.p.* Refugiarse.
RE.FÚ.GIO *s.m.* Refugio.
RE.FUL.GEN.TE *adj.* Refulgente; resplandeciente.
RE.FU.TA.ÇÃO *s.f.* Refutación.
RE.FU.TAR *v.t.* Refutar.
RE.GA.ÇO *s.m.* Regazo.
RE.GA.LAR *v.t.* Regalar; deleitar. *v.p.* Regalarse.
RE.GA.LO *s.m.* Regalo; agasajo; alegría.
RE.GAR *v.t.* Regar.
RE.GA.TO *s.m.* Regato; arroyuelo.
RE.GE.NE.RA.ÇÃO *s.f.* Regeneración.
RE.GE.NE.RAR *v.t.* Regenerar.
RE.GEN.TE *adj.* e *s.m.* Regente.
RE.GER *v.t.* Regir; gobernar. *v.p.* Regirse; regularse.
RE.GI.ÃO *s.f.* Región; comarca; tierra.
RE.GI.ME *s.m.* Régimen.
RE.GI.O.NAL *adj.* Regional.
RE.GIS.TRAR *v.t.* Registrar; matricular; inscribir.
RE.GIS.TRO *s.m.* Registro.
RE.GO *s.m.* Reguero; canal; surco.
RE.GO.ZI.JO *s.m.* Regocijo; júbilo.
RE.GRA *s.f.* Regla; regular; precepto.
RE.GRES.SAR *v.t.* Regresar; volver.
RE.GRES.SO *s.m.* Regreso.
RÉ.GUA *s.f.* Regla.
RE.GU.LAR *v.t.* Regular; arreglar; moderar. *adj.* Regular; normal.
RE.GU.LA.RI.DA.DE *s.f.* Regularidad.
RE.GU.LA.RI.ZA.ÇÃO *s.f.* Regularización.
REI *s.m.* Rey.
REI.NA.DO *s.m.* Reinado.
REI.NAR *v.int.* Reinar; regir; gobernar.
RE.IN.TE.GRAR *v.t.* Reintegrar. *v.p.* Reintegrarse.
REI.TOR *s.m.* Rector; regente.
REI.VIN.DI.CA.ÇÃO *s.f.* Reivindicación.
REI.VIN.DI.CAR *v.t.* Reivindicar; reclamar.
RE.JEI.ÇÃO *s.f.* Rechazo; excusa.
RE.JEI.TAR *v.t.* Rechazar; rehusar; renunciar.
RE.JU.VE.NES.CER *v.t.* Rejuvenecer; remozar.
RE.LA.ÇÃO *s.f.* Relación; vínculo.
RE.LÂM.PA.GO *s.m.* Relámpago.
RE.LAP.SO *adj.* e *s.m.* Relapso.
RE.LA.TAR *v.t.* Relatar; contar.
RE.LA.TI.VI.DA.DE *s.f.* Relatividad.
RE.LA.TI.VO *adj.* Relativo.
RE.LA.TO *s.m.* Relato; narración; informe.
RE.LA.TÓ.RIO *s.m.* Informe; apuntamiento.
RE.LA.XAR *v.t.* e *int.* Relajar; aflojar. *v.p.* Relajarse.
RE.LEM.BRAR *v.t.* Recordar; rememorar.
RE.LEN.TO *s.m.* Relente; rocío.
RE.LER *v.t.* Releer.
RE.LES *adj.* Ordinario; insignificante.
RE.LE.VAN.TE *adj.* Relevante.
RE.LE.VAR *v.t.* Relevar; perdonar; distinguir; destacar.
RE.LE.VO *s.m.* Relieve.
RE.LI.CÁ.RIO *s.m.* Relicario.
RE.LI.GI.ÃO *s.f.* Religión.
RE.LI.GI.O.SO *adj.* e *s.m.* Religioso.
RE.LIN.CHAR *v.int.* Relinchar.
RE.LÓ.GIO *s.m.* Reloj.
RE.LO.JO.A.RI.A *s.f.* Relojería.

RE.LO.JO.EI.RO *s.m.* Relojero.
RE.LU.ZIR *v.int.* Relucir; brillar.
REL.VA *s.f.* Césped; hierba.
RE.MAN.SO *s.m.* Remanso; descanso.
RE.MAR *v.t.* e *int.* Remar.
RE.MA.TAR *v.t.* Rematar; acabar; concluir.
RE.ME.DI.AR *v.t.* Remediar; reparar; proveer.
RE.MÉ.DIO *s.m.* Remedio; medicamento.
RE.ME.LA *s.f.* Legaña.
RE.ME.MO.RAR *v.t.* Rememorar; recordar.
RE.MEN.DAR *v.t.* Remendar.
RE.MEN.DO *s.m.* Remiendo.
RE.MES.SA *s.f.* Remesa; envío.
RE.ME.TEN.TE *adj.* e *s.2g.* Remitente.
RE.ME.TER *v.t.* e *int.* Remitir; enviar; arremeter. *v.p.* Remitirse.
RE.MIR *v.t.* Redimir.
RE.MIS.SÃO *s.f.* Remisión.
RE.MO *s.m.* Remo; pala.
RE.MO.ÇÃO *s.f.* Remoción.
RE.MO.ER *v.t.* Remoler; rumiar. *v.p.* Molestarse.
RE.MOR.SO *s.m.* Remordimiento.
RE.MO.TO *adj.* Remoto; distante.
RE.MO.VER *v.t.* Remover; mover.
RE.MO.VÍ.VEL *adj.* Removible.
RE.MU.NE.RA.ÇÃO *s.f.* Remuneración.
RE.MU.NE.RAR *v.t.* Remunerar.
RE.NAS.CER *v.int.* Renacer.
RE.NAS.CI.MEN.TO *s.m.* Renacimiento.
REN.DA *s.f.* Renta; pensión; rendimiento.
REN.DER *v.t.* Rendir; producir. *v.p.* Rendirse.
REN.DI.ÇÃO *s.f.* Rendición; capitulación.
REN.DI.MEN.TO *s.m.* Rendimiento; rédito.
REN.DO.SO *adj.* Rentable; productivo.
RE.NE.GAR *v.t.* Renegar; traicionar.
RE.NO.ME *s.m.* Renombre; reputación.
RE.NO.VA.ÇÃO *s.f.* Renovación; renuevo.
RE.NO.VAR *v.t.* Renovar. *v.p.* Renovarse.
RE.NÚN.CIA *s.f.* Renuncia.
RE.NUN.CI.AR *v.t.* Renunciar.
RE.OR.GA.NI.ZAR *v.t.* Reorganizar.
RE.PA.RA.ÇÃO *s.f.* Reparación.
RE.PA.RAR *v.t.* Reparar. *v.p.* Repararse.
RE.PA.RO *s.m.* Reparo.

RE.PAR.TI.ÇÃO *s.f.* Repartición.
RE.PAR.TIR *v.t.* Repartir.
RE.PAS.SAR *v.t.* Repasar.
RE.PE.LIR *v.t.* Repeler. *v.p.* Repelerse.
RE.PEN.TI.NO *adj.* Repentino.
RE.PER.CU.TIR *v.t.* e *int.* Repercutir. *v.p.* Repercutirse.
RE.PE.TI.ÇÃO *s.f.* Repetición.
RE.PE.TIR *v.t.* e *int.* Repetir. *v.p.* Repetirse.
RE.PLAN.TAR *v.t.* Replantar.
RE.PLE.TO *adj.* Repleto; lleno.
RÉ.PLI.CA *s.f.* Réplica.
RE.PO.LHO *s.f.* Repollo.
RE.POR *v.t.* Reponer; devolver.
RE.POR.TA.GEM *s.f.* Reportaje.
RE.POR.TAR *v.t.* Reportar.
RE.PÓR.TER *s.2g.* Reportero.
RE.POU.SAR *v.t.* e *int.* Reposar; dormir; sossegar; descansar.
RE.POU.SO *s.m.* Reposo; descanso.
RE.PRE.SA *s.f.* Represa; dique.
RE.PRE.SÁ.LIA *s.f.* Represalia.
RE.PRE.SEN.TA.ÇÃO *s.f.* Representación.
RE.PRE.SEN.TAR *v.t.* Representar.
RE.PRES.SI.VO *adj.* Represivo.
RE.PRI.MIR *v.t.* Reprimir. *v.p.* Reprimirse.
RE.PRO.DU.ÇÃO *s.f.* Reproducción.
RE.PRO.DU.TOR *adj.* e *s.m.* Reproductor.
RE.PRO.DU.ZIR *v.t.* Reproducir. *v.p.* Reproducirse.
RE.PRO.VA.DO *adj.* Reprobado.
RE.PRO.VAR *v.t.* Reprobar; desaprobar.
RÉP.TIL *adj.* Reptil.
RE.PU.BLI.CA *s.f.* República.
RE.PU.BLI.CA.NO *adj.* e *s.m.* Republicano.
RE.PU.DI.AR *v.t.* Repudiar.
RE.PÚ.DIO *s.m.* Repudio; rechazo.
RE.PUG.NÂN.CIA *s.f.* Repugnancia; repulsa.
RE.PUG.NAR *v.t.* Repugnar.
RE.PU.TA.ÇÃO *s.f.* Reputación.
RE.PU.TAR *v.t.* Reputar. *v.p.* Reputarse.
RE.QUE.BRAR *v.t.* Requebrar. *v.p.* Bambolearse.
RE.QUEI.JÃO *s.m.* Ricota.
RE.QUEN.TAR *v.t.* Recalentar.

RE.QUE.RER *v.t.* Requerir; solicitar.
RE.QUE.RI.MEN.TO *s.m.* Requerimiento; petición.
RE.QUIN.TE *s.m.* Refinamiento.
RE.QUI.SI.TO *s.m.* Requisito.
RÉS *adj.* Raso.
RÊS *s.f. Zool.* Res.
RES.CIN.DIR *v.t.* Rescindir; romper; anular.
RES.CI.SÃO *s.f.* Rescisión; anulación.
RE.SER.VA *s.f.* Reserva; discreción; retraimiento.
RE.SER.VA.DO *adj.* Reservado; particular.
RE.SER.VAR *v.t.* Reservar; guardar. *v.p.* Reservarse.
RES.FRI.A.DO *s.m.* Resfriado; enfriado.
RES.FRI.A.MEN.TO *s.m.* Enfriamiento.
RES.FRI.AR *v.t.* e *int.* Enfriar. *v.p.* Enfriarse; resfriarse.
RES.GA.TAR *v.t.* Rescatar. *v.p.* Rescatarse.
RES.GA.TE *s.m.* Rescate.
RES.GUAR.DAR *v.t.* Resguardar; proteger.
RE.SI.DÊN.CIA *s.f.* Residencia; habitación.
RE.SI.DEN.TE *adj.* e *s.2g.* Residente.
RE.SI.DIR *v.int.* Residir; estribar.
RE.SÍ.DUO *s.m.* Residuo.
RE.SIG.NA.DO *adj.* Resignado.
RE.SIG.NAR *v.t.* Resignar; renunciar. *v.p.* Resignarse.
RE.SIS.TÊN.CIA *s.f.* Resistencia.
RE.SIS.TIR *v.t.* e *int.* Resistir; aguantar; rebelarse.
RES.MA *s.f.* Resma.
RES.MUN.GAR *v.t.* Rezongar; refunfuñar; murmurar.
RE.SO.LU.ÇÃO *s.f.* Resolución; decisión.
RE.SOL.VER *v.t.* Resolver; decidir.
RES.PEC.TI.VO *adj.* Respectivo.
RES.PEI.TAR *v.t.* Respectar; respetar. *v.p.* Hacerse respetar.
RES.PEI.TÁ.VEL *adj.* Respetable.
RES.PEI.TO *s.m.* Respeto; *a respeito de:* con respecto a.
RES.PEI.TO.SO *adj.* Respetuoso.
RES.PI.RAR *v.t.* e *int.* Respirar.

RES.PLAN.DE.CER *v.int.* Resplandecer; relucir.
RES.PON.DER *v.t.* e *int.* Responder; replicar; reaccionar.
RES.PON.SA.BI.LI.DA.DE *s.f.* Responsabilidad; obligación.
RES.PON.SA.BI.LI.ZAR *v.t.* Responsabilizar.
RES.POS.TA *s.f.* Respuesta; solución; contestación.
RES.SA.CA *s.f.* Resaca.
RES.SAL.TAR *v.t.* Resaltar.
RES.SAL.VA *s.f.* Resguardo; reserva; excepción.
RES.SAR.CIR *v.t.* Resarcir.
RES.SO.AR *v.t.* e *int.* Resonar; resollar.
RES.SUR.GIR *v.int.* Resurgir.
RES.SUS.CI.TAR *v.t.* Resucitar.
RES.TA.BE.LE.CER *v.t.* Restablecer. *v.p.* Restablecerse.
RES.TA.BE.LE.CI.MEN.TO *s.m.* Restablecimiento.
RES.TAR *v.int.* Restar; quedar; sobrar.
RES.TAU.RAN.TE *s.m.* Restaurante.
RES.TAU.RAR *v.t.* Restaurar. *v.p.* Recuperarse.
RES.TIA *s.f.* Ristra; rastra.
RES.TI.TU.I.ÇÃO *s.f.* Restitución.
RES.TI.TU.IR *v.t.* Restituir.
RES.TO *s.m.* Resto.
RES.TRIN.GIR *v.t.* Restringir. *v.p.* Restringirse.
RE.SUL.TA.DO *s.m.* Resultado.
RE.SUL.TAR *v.t.* Resultar.
RE.SU.MO *s.m.* Resumen.
RE.TAR.DAR *v.t.* e *int.* Retardar; retardarse. *v.p.* Retardarse.
RE.TEN.ÇÃO *s.f.* Retención.
RE.TER *v.t.* Retener. *v.p.* Retenerse.
RE.TI.CÊN.CIA *s.f.* Reticencia; *reticências pl.:* puntos suspensivos.
RE.TI.NA *s.f. Anat.* Retina.
RE.TI.RAR *v.t.* Retirar. *v.p.* retirarse.
RE.TI.RO *s.m.* Retiro.
RE.TO *adj.* Recto; derecho.
RE.TÓ.RI.CA *s.f.* Retórica.
RE.TRA.Í.DO *adj.* Retraído.

RE.TRA.IR v.t. Retraer; encoger; reducir. v.p. Retraerse.
RE.TRA.TAR v.t. Retractar; fotografiar. v.p. Retractarse.
RE.TRA.TO s.m. Retrato; fotografía; imagem.
RE.TRI.BU.I.ÇÃO s.f. Retribución; gratificación.
RE.TRI.BU.IR v.t. Retribuir; corresponder; ofrendar.
RE.TRO.CE.DER v.int. Retroceder; retornar; regresar.
RE.TRO.CES.SO s.m. Retroceso; retorno.
RE.TRÓ.GRA.DO adj. e s.m. Retrógrado.
RÉU s.m. Reo; acusado.
REU.MA.TIS.MO s.m. Med. Reumatismo; reuma.
RE.U.NI.ÃO s.f. Reunión; asamblea; sociedad.
RE.U.NIR v.t. Reunir; agrupar; unir; ayuntar. v.p. Reunirse.
RE.VE.LA.ÇÃO s.f. Revelación; confidencia.
RE.VE.LAR v.t. Revelar; confesar; descubrir. v.p. Revelarse; señalarse.
RE.VEN.DA s.f. Reventa.
RE.VEN.DER v.t. Revender.
RE.VER v.t. Rever.
RE.VE.RÊN.CIA s.f. Reverencia.
RE.VER.SÃO s.f. Reversión.
RE.VER.TER v.t. Revertir.
RE.VÉS s.m. Revés.
RE.VES.TI.MEN.TO s.m. Revestimiento.
RE.VES.TIR v.t. Revestir.
RE.VE.ZAR v.t. e int. Revezar; alternar; cambiar. v.p. Revezarse.
RE.VI.RAR v.t. Revirar. v.p. Revirarse.
RE.VI.SÃO s.f. Revisión.
RE.VIS.TA s.f. Revista; revisación; publicación; magazine.
RE.VIS.TAR v.t. Revistar; examinar.
RE.VI.VER v.int. Revivir; renacer.
RE.VO.CA.ÇÃO s.f. Revocación.
RE.VO.GAR v.t. Revocar.
RE.VOL.TA s.f. Revuelta; sublevación; motín.
RE.VOL.TAR v.t. Sublevar. v.p. Sublevarse.

RE.VOL.TO.SO adj. Revoltoso.
RE.VOL.VER v.t. e int. Revolver. v.p. Revolverse.
RE.VÓL.VER s.m. Revólver; pistola.
RE.ZA s.f. Rezo; oración.
RE.ZAR v.t. e int. Rezar; orar.
RI.A.CHO s.m. Arroyo; regato.
RI.BAN.CEI.RA s.f. Riba.
RI.BEI.RÃO s.m. Arroyo; riacho.
RI.CO adj. e s.m. Rico; opulento; acaudalado.
RI.DI.CU.LA.RI.ZAR v.t. Ridiculizar; satirizar. v.p. Ridicularizarse.
RI.DÍ.CU.LO adj. Ridículo; cómico.
RI.FA s.f. Rifa; sorteo.
RI.FAR v.t. Rifar; sortear.
RI.FLE s.m. Rifle.
RI.GI.DEZ s.f. Rigidez.
RÍ.GI.DO adj. Rígido; tieso.
RI.GOR s.m. Rigor; severidad.
RI.GO.RO.SO adj. Riguroso; severo.
RIM s.m. Anat. Riñón.
RI.MA s.f. Rima.
RI.MAR v.t. Rimar.
RIN.GUE s.m. Ring.
RI.NO.CE.RON.TE s.m. Zool. Rinoceronte.
RI.O s.m. Río.
RI.QUE.ZA s.f. Riqueza; poderío; fertilidad.
RIR v.int. Reír; sonreír. v.p. Burlarse.
RI.SA.DA s.f. Carcajada; risa.
RIS.CAR v.t. Rayar; surcar.
RIS.CO s.m. Trazo; surco; linea; riesgo; temeridad.
RI.SO s.m. Risa; sonrisa.
RI.SO.NHO adj. Risueño; alegre.
RIT.MO s.m. Ritmo.
RI.TO s.m. Rito.
RI.TU.AL adj. e s.m. Ritual.
RI.VAL adj. e s.2g. Rival.
RI.VA.LI.DA.DE s.f. Rivalidad.
RI.VA.LI.ZAR v.t. Rivalizar; competir. v.p. Rivalizarse.
RI.XA s.f. Riña; escaramuza.
RO.BA.LO s.m. Zool. Robalo.
RO.BÔ s.m. Robot.
RO.BUS.TO adj. Robusto.

RO.ÇA *s.f.* Campo; huerta.
RO.ÇAR *v.t. e int.* Rozar; rasar; labrar.
RO.CHA *s.f.* Roca; peñasco.
RO.CHO.SO *adj.* Rocoso.
RO.DA *s.f.* Rueda.
RO.DA.GEM *s.f.* Rodaje.
RO.DA.PÉ *s.m.* Rodapié.
RO.DE.AR *v.t.* Rodear. *v.p.* Rodearse.
RO.DEI.O *s.m.* Rodeo.
RO.DE.LA *s.f.* Loncha; rodaja.
RO.DO.VI.A *s.f.* Autovía; autopista; carretera.
RO.E.DOR *s.m.* Roedor.
RO.ER *v.t. e int.* Roer; corroer.
RO.GAR *v.t.* Rogar; implorar; pedir.
ROL *s.m.* Rol; lista; índice.
RO.LAR *v.t. e int.* Girar; rodar.
ROL.DA.NA *s.f.* Roldana; polea.
RO.LHA *s.f.* Tapón; corcho.
RO.LO *s.m.* Rollo; rulo; rodillo; cilindro.
RO.MAN.CE *s.m.* Romance; novela.
RO.MAN.CIS.TA *s.2g.* Novelista.
RO.MÂN.TI.CO *adj. e s.m.* Romántico.
RO.MAN.TIS.MO *s.m.* Romanticismo.
RO.MA.RI.A *s.f.* Romería.
ROM.BO *s.m.* Agujero.
RO.MEI.RO *s.m.* Romero.
ROM.PER *v.t. e int.* Romper; quebrar; rasgar. *v.p.* Romperse; partirse.
ROM.PI.MEN.TO *s.m.* Rompimiento; ruptura; rotura.
RON.CO *s.m.* Ronco; ronquido.
RON.DA *s.f.* Ronda; patrulla.
RON.DAR *v.t.* Rondar.
RO.SA *s.f. Bot.* Rosa; *fig.* mujer hermosa.
RO.SA.DO *adj.* Rosado.
RO.SÁ.RIO *s.m.* Rosario.
ROS.CA *s.f.* Rosca.
RO.SEI.RA *s.f. Bot.* Rosal.
RO.SEI.RAL *s.f.* Rosaleda; rosalera.
ROS.NAR *v.t. e int.* Roznar; gruñir.
RO.TA *s.f.* Ruta; dirección.
RO.TA.ÇÃO *s.f.* Rotación.
RO.TEI.RO *s.m.* Itinerario; guía; ruta.
RO.TI.NA *s.f.* Rutina.
RO.TI.NEI.RO *adj.* Rutinario.
RO.TO *adj.* Roto.

RÓ.TU.LA *s.f.* Celosía; hueso de la rodilla.
RÓ.TU.LO *s.m.* Etiqueta; marbete.
ROU.BAR *v.t.* Robar.
ROU.BO *s.m.* Robo.
ROU.CO *adj.* Ronco; ahuecado.
ROU.PA *s.f.* Ropa.
ROU.PÃO *s.m.* Bata; albornoz.
ROU.QUI.DÃO *s.f.* Ronquera.
ROU.XI.NOL *s.m. Zool.* Ruiseñor.
RO.XO *adj.* Violeta; *fig.* furioso.
RU.A *s.f.* Calle.
RU.BI *s.m.* Rubí.
RU.BOR *s.m.* Rubor.
RU.BO.RI.ZAR *v.t.* Ruborizar. *v.int. e p.* Ruborizarse.
RU.BRI.CA *s.f.* Rúbrica.
RU.BRI.CAR *v.t.* Rubricar.
RU.BRO *adj.* Rojo; bermejo.
RU.DE *adj.* Rudo; grueso; bárbaro; obtuso.
RU.DE.ZA *s.f.* Rudeza; aspereza; estupidez.
RU.DI.MEN.TO *s.m.* Rudimento.
RU.FAR *v.t.* Redoblar.
RU.GA *s.f.* Arruga; ruga.
RU.GI.DO *s.m.* Rugido.
RU.GIR *v.int.* Rugir.
RU.Í.DO *s.m.* Ruido.
RUI.DO.SO *adj.* Ruidoso.
RU.IM *adj.* Ruin; malo.
RU.Í.NA *s.f.* Ruina.
RU.IN.DA.DE *s.f.* Ruindad.
RU.IR *v.int.* Desmoronarse.
RUI.VO *adj. e s.m.* Pelirrojo.
RUM *s.m.* Ron.
RU.MI.NAN.TE *adj. e s.2g.* Rumiante.
RU.MI.NAR *v.t. e int.* Rumiar.
RU.MO *s.m.* Rumbo; norte; dirección; camino.
RU.MOR *s.m.* Rumor.
RU.MO.RE.JAR *v.t. e int.* Rumorearse.
RUP.TU.RA *s.f.* Ruptura; rotura; rompimiento; quebradura.
RU.RAL *adj.* Rural.
RUS.GA *s.f.* Riña; disputa.
RUS.SO *adj. e s.m.* Ruso.
RÚS.TI.CO *adj.* Rústico.
RU.TI.LAN.TE *adj.* Rutilante.
RU.TI.LAR *v.int.* Rutilar; centellear.

S

S *s.m.* Decimonovena letra del alfabeto portugués.
SÁ.BA.DO *s.m.* Sábado.
SA.BÃO *s.m.* Jabón.
SA.BE.DO.RI.A *s.f.* Sabiduría.
SA.BER *s.m.* e *v.t.* Saber; sabiduría.
SA.BI.Á *s.m. Zool.* Tordo; zorzal.
SA.BI.CHÃO *s.m.* Sabihondo.
SA.BI.DO *adj.* Sabido.
SÁ.BIO *adj.* e *s.m.* Sabio.
SA.BO.NE.TE *s.m.* Jabón de tocador; jabonete.
SA.BO.NE.TEI.RA *s.f.* Jabonera.
SA.BOR *s.m.* Sabor; gusto.
SA.BO.RE.AR *v.t.* Degustar. *v.p.* Saborearse.
SA.BO.RO.SO *adj.* Saboroso; apetitoso.
SA.BO.TA.GEM *s.f.* Sabotaje.
SA.BO.TAR *v.t.* Sabotear.
SA.BRE *s.m.* Sable.
SA.BU.GO *s.m.* Mazorca; panoja.
SA.CAR *v.t.* Sacar; retirar (dinero).
SA.CA-RO.LHAS *s.m.* Sacacorchos; descorchador.
SA.CER.DO.TE *s.m.* Sacerdote.
SA.CI.AR *v.t.* Saciar. *v.p.* Saciarse.
SA.CI.Á.VEL *adj.* Saciable.
SA.CI.E.DA.DE *s.f.* Saciedad.
SA.CO *s.m.* Saco; bolsa.
SA.CO.LA *s.f.* Bolsa; bolso.
SA.CRA.MEN.TAR *v.t.* Sacramentar. *v.p.* sacramentarse.
SA.CRA.MEN.TO *s.m.* Sacramento.
SA.CRA.RIO *s.m.* Sagrario.
SA.CRI.FI.CAR *v.t.* Sacrificar. *v.p.* Sacrificarse.
SA.CRI.FÍ.CIO *s.m.* Sacrificio.
SA.CRIS.TÃO *s.m.* Sacristán.
SA.CRIS.TI.A *s.f.* Sacristía.
SA.CRO *adj.* Sacro; respetable; venerable. *s.m. Anat.* Sacro.
SA.CU.DIR *v.t.* Sacudir. *v.p.* Sacudirse.
SA.DI.O *adj.* Sano; saludable.
SA.FA.DO *adj.* e *s.m.* Gastado; desavergonzado.
SA.FAR *v.t.* Zafar; librar; extraer. *v.p.* Zafarse.
SA.FI.RA *s.f.* Zafiro.
SA.FRA *s.f.* Cosecha.
SA.GA.CI.DA.DE *s.f.* Sagacidad.
SA.GAZ *adj.* Sagaz; astuto.
SA.GI.TÁ.RIO *s.m.* Sagitario
SA.GRA.ÇÃO *s.f.* Consagración.
SA.GRA.DO *adj.* Sagrado; santo.
SA.GRAR *v.t.* Consagrar.
SA.GUÃO *s.m.* Saguán; entrada; hall; vestíbulo.
SAI.A *s.f.* Falda.
SA.Í.DA *s.f.* Salida; êxodo; fuga.
SA.IR *v.int.* Salir; partir. *v.p.* Salirse.
SAL *s.m.* Sal.
SA.LA *s.f.* Sala; salon.
SA.LA.DA *s.f.* Ensalada.
SA.LA.DEI.RA *s.f.* Ensaladera.
SA.LA.ME *s.m.* Salame; salchichón.
SA.LÃO *s.m.* Salón.
SA.LÁ.RIO *s.m.* Salario; paga; sueldo.
SAL.DAR *v.t.* Saldar; finiquitar.
SAL.DO *s.m.* Saldo.
SA.LEI.RO *s.m.* Salero.
SAL.GA.DI.NHO *s.m.* Ganchito.
SA.LI.EN.TE *adj.* Saliente; proeminente.
SA.LI.NA *s.f.* Salina.
SA.LI.NO *s.f. Quím.* Salino.
SA.LI.TRE *s.m.* Salitre.
SA.LI.VA *s.f.* Saliva.
SA.LI.VAR *v.t.* e *int.* Salivar. *adj.* Salival.
SAL.MÃO *s.m. Zool.* Salmón. *adj.* Salmón.
SAL.MO *s.m.* Salmo.

SA.LO.BRO *adj.* Salobre.
SAL.PI.CAR *v.t.* Salpicar; salar.
SAL.SA *s.f.* Perejil.
SAL.SI.CHA *s.f.* Salchicha.
SAL.TAR *v.int.* Saltar.
SAL.TE.A.DOR *s.m.* Salteador.
SAL.TIM.BAN.CO *s.f.* Saltimbanqui.
SAL.TO *s.m.* Salto.
SA.LU.BRE *adj.* Salubre; sano.
SA.LU.BRI.DA.DE *s.f.* Salubridad.
SA.LU.TAR *adj.* Saludable; salubre; *fig.* constructivo.
SAL.VA *s.f.* Salva (de aplausos).
SAL.VA.ÇÃO *s.f.* Salvación.
SAL.VAR *v.t.* Salvar. *v.p.* Salvarse.
SAL.VA-VIDAS *s.m.* Salvavidas; socorrista.
SAL.VE! *interj.* ¡Salve!
SAL.VO *prep.* Salvo; excepto.
SAM.BA *s.f.* Samba.
SA.NAR *v.t.* Sanar; curar. *v.p.* Remediarse.
SA.NA.TÓ.RIO *s.m.* Sanatorio.
SAN.CIO.NAR *v.t.* Sancionar.
SAN.DÁ.LIA *s.f.* Sandalia.
SAN.DI.CE *s.f.* Sandez; necedad.
SAN.DU.Í.CHE *s.m.* Sándwich; emparedado.
SA.NE.A.MEN.TO *s.m.* Saneamiento.
SA.NE.AR *v.t.* Sanear; sanir; curar.
SAN.FO.NA *s.f.* Acordeón.
SAN.GRAR *v.t.* Sangrar.
SAN.GREN.TO *adj.* Sangriento.
SAN.GRI.A *s.f.* Sangría.
SAN.GUE *s.m.* Sangre.
SAN.GUÍ.NEO *adj.* Sanguíneo.
SA.NHA *s.f.* Saña; ira.
SA.NI.DA.DE *s.f.* Sanidad.
SA.NI.TÁ.RIO *adj.* Sanitario.
SAN.TI.DA.DE *s.f.* Santidad.
SAN.TI.FI.CAR *v.t.* Santificar.
SAN.TO *adj.* e *s.m.* Santo.
SAN.TU.Á.RIO *s.m.* Santuario.
SÃO *adj.* Sano. *adj.* e *s.m* San; santo.
SA.PA.TE.AR *v.t.* Zapatear.
SA.PA.TEI.RO *s.m.* Zapatero.
SA.PA.TI.LHA *s.f.* Zapatilla.
SA.PA.TO *s.m.* Zapato.

SA.PI.ÊN.CIA *s.f.* Sapiencia; sabiduría.
SA.PI.EN.TE *adj.* Sapiente.
SA.PO *s.m.* Zool. Sapo; escuerzo.
SA.QUE *s.m.* Saque; saqueo.
SA.QUE.AR *v.t.* Saquear; robar; pillar.
SA.RAI.VA *s.f.* Granizo.
SA.RAM.PO *s.m.* Sarampión.
SA.RAR *v.t.* e *int.* Sanar; curar. *v.p.* Sanar; curarse.
SA.RAU *s.m.* Sarao.
SAR.CAS.MO *s.m.* Sarcasmo.
SAR.DÔ.NICO *adj.* Sardónico.
SAR.CÓ.FA.GO *s.m.* Sarcófago.
SAR.DA *s.f.* Peca.
SAR.DEN.TO *adj.* Pecoso.
SAR.DI.NHA *s.f.* Zool. Sardina.
SAR.GEN.TO *s.m.* Sargento.
SAR.JA *s.f.* Sarga.
SAR.JE.TA *s.f.* Cuneta; reguera; desaguadero.
SAR.NA *s.f.* Med. Sarna.
SAR.RA.FO *s.m.* Leña; vara; listón.
SA.TÂ.NI.CO *adj.* Satánico; diabólico.
SA.TÉ.LI.TE *s.m.* Satélite.
SÁ.TI.RA *s.f.* Sátira.
SA.TÍ.RI.CO *adj.* e *s.m.* Satírico.
SA.TI.RI.ZAR *v.t.* e *int.* Satirizar.
SÁ.TI.RO *s.m.* Sátiro.
SA.TIS.FA.ÇÃO *s.f.* Satisfacción.
SA.TIS.FA.ZER *v.t.* Satisfacer.
SA.TIS.FEI.TO *adj.* Satisfecho.
SA.TU.RA.ÇÃO *s.f.* Saturación.
SA.TU.RAR *v.t.* Saturar. *v.p.* Saturarse.
SAU.DA.ÇÃO *s.f.* Salutación; saludo.
SAU.DA.DE *s.f.* Nostalgia; añoranza.
SAU.DAR *v.t.* Saludar. *v.p.* Saludarse.
SAU.DÁ.VEL *adj.* Saludable.
SAU.DO.SO *adj.* Nostálgico.
SA.VA.NA *s.f.* Sabana.
SA.ZO.NAL *adj.* Estacional.
SE *pron. pess.* Se. *conj.* Si.
SE.A.RA *s.f.* Mies.
SE.BO *s.m.* Sebo; grasa; gordura; *fig.* librería de libros usados.
SE.BOR.REI.A *s.f.* Med. Seborrea.
SE.CA *s.f.* Secamiento; seca; sequía.

SE.ÇÃO ou **SEC.ÇÃO** *s.f.* Sección; parte.
SE.CAR *v.t. e int.* Secar; desecar. *v.p.* Secarse.
SE.CO *adj.* Seco.
SE.CRE.TAR *v.t.* Segregar.
SE.CRE.TA.RIA *s.f.* Secretaría.
SE.CRE.TÁ.RIO *s.m.* Secretario.
SE.CRE.TO *adj.* Secreto.
SE.CU.LAR *adj.* Secular.
SE.CU.LA.RI.ZAR *v.t.* Secularizar.
SÉ.CU.LO *s.m.* Siglo.
SE.CUN.DÁ.RIO *adj.* Secundario.
SE.DA *s.f.* Seda.
SE.DA.TI.VO *adj. e s.m.* Sedativo; sedante.
SE.DE *s.f.* Sed; avidez.
SE.DE (é) *s.f.* Sede.
SE.DEN.TÁ.RIO *adj.* Sedentario.
SE.DI.MEN.TO *s.m.* Sedimento.
SE.DO.SO *adj.* Sedoso.
SE.DU.ÇÃO *s.f.* Seducción.
SE.DU.TOR *adj. e s.m.* Seductor.
SE.DU.ZIR *v.t.* Seducir.
SE.GAR *v.t.* Segar.
SEG.MEN.TO *s.m.* Segmento.
SE.GRE.DO *s.m.* Secreto.
SE.GRE.GA.ÇÃO *s.f.* Segregación.
SE.GUI.DA *s.f.* Seguida; seguimiento.
SE.GUIN.TE *adj.* Siguiente.
SE.GUIR *v.t.* Seguir. *v.p.* Seguirse.
SE.GUN.DA-FEI.RA *s.f.* Lunes.
SE.GUN.DO *adj. e s.m.* Segundo. *prep.* Según. *conj.* Según; conforme.
SE.GU.RAN.ÇA *s.f.* Seguridad.
SE.GU.RAR *v.t.* Asegurar; garantizar; agarrar; sujetar; conservar. *v.p.* Agarrarse.
SE.GU.RO *adj. e s.m.* Seguro.
SEIS *num.* Seis.
SEIS.CEN.TOS *num.* Seiscientos.
SEI.TA *s.f.* Secta.
SE.LA *s.f.* Silla.
SE.LAR *v.t.* Sellar; ensillar.
SE.LE.ÇÃO *s.f.* Selección.
SE.LE.CIO.NAR *v.t.* Seleccionar; escoger.
SE.LE.TO *adj.* Selecto.
SE.LIM *s.m.* Sillín.
SE.LO *s.m.* Sello.
SEL.VA *s.f.* Selva; jungla.
SEL.VA.GEM *adj. e s.2g.* Salvaje.
SEM *prep.* Sin.
SE.MA.FO.RO *s.m.* Semáforo.
SE.MA.NA *s.f.* Semana.
SE.MA.NAL *adj.* Semanal.
SEM.BLAN.TE *s.m.* Semblante.
SE.ME.AR *v.t.* Sembrar.
SE.ME.LHAN.ÇA *s.f.* Semejanza.
SE.ME.LHAN.TE *adj.* Semejante.
SE.ME.LHAR *v.t.* Semejar; parecer. *v.p.* Asemejarse; parecerse.
SÊ.MEN *s.m.* Semen; semiente.
SE.MEN.TE *s.f.* Semiente.
SE.MES.TRAL *adj.* Semestral.
SE.MES.TRE *s.m.* Semestre.
SE.MI.CÍR.CU.LAR *adj.* Semicircular.
SE.MI.CÍR.CU.LO *s.m.* Semicírculo.
SE.MI.NÁ.RIO *s.m.* Seminario.
SE.MI.NA.RIS.TA *s.m.* Seminarista.
SEM.PI.TER.NO *adj.* Sempiterno.
SEM.PRE *adv.* Siempre.
SE.NA.DO *s.m.* Senado.
SE.NA.DOR *s.m.* Senador.
SE.NÃO *conj. e prep.* Sino.
SEN.DA *s.f.* Senda; sendero.
SE.NHA *s.f.* Seña; contraseña; recibo; marca.
SE.NHOR *s.m.* Señor; don.
SE.NHO.RA *s.f.* Señora; doña.
SE.NHO.RI.TA *s.f.* Señorita.
SE.NIL *adj.* Senil.
SE.NI.LI.DA.DE *s.f.* Senilidad.
SEN.SA.ÇÃO *s.f.* Sensación.
SEN.SA.CIO.NAL *adj.* Sensacional.
SEN.SA.TEZ *s.f.* Sensatez.
SEN.SA.TO *adj.* Sensato.
SEN.SI.BI.LI.DA.DE *s.f.* Sensibilidad.
SEN.SI.BI.LI.ZAR *v.t.* Sensibilizar.
SEN.SÍ.VEL *adj.* Sensible.
SEN.SO *s.m.* Sentido.
SEN.SU.AL *adj.* Sensual.
SEN.SU.A.LI.DA.DE *s.f.* Sensualidad.
SEN.TAR *v.t.* Sentar. *v.int. e p.* Sentarse.
SEN.TEN.ÇA *s.f.* Sentencia.

SEN.TEN.CI.AR *v.t.* Sentenciar; condenar; juzgar.
SEN.TI.DO *adj.* e *s.m.* Sentido; dolido.
SEN.TI.MEN.TAL *adj.* Sentimental; sensible.
SEN.TI.MEN.TA.LIS.MO *s.m.* Sentimentalismo.
SEN.TI.MEN.TO *s.m.* Sentimiento; afecto; pena.
SEN.TI.NE.LA *s.f.* Centinela.
SEN.TIR *v.t.* Sentir. *v.p.* Sentirse.
SE.PA.RA.CÃO *s.f.* Separación.
SE.PA.RAR *v.t.* Separar; desunir; destacar; segregar. *v.p.* Separarse; dividirse; divorciarse.
SE.PUL.CRAL *adj.* Sepulcral.
SE.PUL.CRO *s.m.* Sepulcro; sepultura.
SE.PUL.TAR *v.t.* Sepultar; enterrar; soterrar.
SE.PUL.TU.RA *s.t.* Sepultura; sepulcro.
SE.QUER *adv.* Siquiera; sequier.
SE.QUES.TRAR *v.t.* Secuestrar.
SE.QUES.TRO *s.m.* Secuestro.
SÉ.QUI.TO *s.m.* Séquito; corte; comitiva.
SER *v.p.* Ser; existir. *s.m.* Ser; ente; cosa.
SE.RA.FIM *s.m.* Serafín.
SE.RÃO *s.m.* Trabajo nocturno.
SE.REI.A *s.f.* Sirena.
SE.RE.NAR *v.t.* Serenar; calmar. *v.p.* Serenarse.
SE.RE.NA.TA *s.f.* Serenata.
SE.RE.NI.DA.DE *s.f.* Serenidad.
SE.RE.NO *adj.* Sereno; tranquilo; calmo. *s.m.* Sereno; llovizna.
SÉ.RIE *s.f.* Serie; clase; hilera; secuencia.
SE.RI.E.DA.DE *s.f.* Seriedad.
SE.RIN.GA *s.f.* Jeringa.
SÉ.RIO *adj.* Serio; sensato; severo; austero.
SER.MÃO *s.m.* Sermón.
SER.PEN.TE *s.f.* Serpiente.
SER.PEN.TE.AR *v.t.* e *int.* Serpentear; envolver.
SER.RA *s.f.* Sierra.
SER.RA.NI.A *s.f.* Serranía.
SER.RAR *v.t.* Serrar; serrotar.
SER.RA.RI.A *s.f.* Serrería; aserradero.
SER.RO.TE *s.m.* Serrucho.
SER.TÃO *s.m.* Región agreste.
SER.VEN.TE *adj.* e *s.2g.* Sirviente.

SER.VI.ÇAL *adj.* Servicial. *s.2g.* Sirviente; empleado; criado.
SER.VI.ÇO *s.m.* Servicio; empleo; tarea; función.
SER.VI.DOR *s.m.* Servidor; sirviente; empleado.
SER.VIL *adj.* Servil; adulador; esclavo.
SER.VIR *v.t.* e *int.* Servir; auxiliar; ayudar. *v.p.* Servirse.
SER.VO *s.m.* Siervo; criado.
SES.SÃO *s.f.* Sesión.
SES.SEN.TA *num.* Sesenta.
SES.TA *s.f.* Siesta.
SE.TA *s.f.* Saeta; flecha; dardo.
SE.TE *num.* Siete.
SE.TE.CEN.TOS *num.* Setecientos.
SE.TEM.BRO *s.m.* Septiembre.
SE.TEN.TA *num.* Setenta.
SE.TEN.TRI.O.NAL *adj.* Septentrional.
SÉ.TI.MO *num.* Séptimo.
SEU *pron. poss.* Su; suyo.
SE.VE.RI.DA.DE *s.f.* Severidad.
SE.VE.RO *adj.* Severo.
SE.XA.GE.NÁ.RIO *adj.* e *s.m.* Sexagenario.
SE.XO *s.m.* Sexo.
SEX.TA-FEI.RA *s.f.* Viernes.
SEX.TO *num.* Sexto.
SE.XU.AL *adj.* Sexual.
SI *pron. pess.* Sí. *s.m.* Mús. Sí.
SI.BI.LAN.TE *adj.* Sibilante.
SI.BI.LAR *v.int.* Silbar.
SÍ.FI.LIS *s.f. Med.* Sífilis.
SI.GI.LO *s.m.* Sigilo.
SI.GLA *s.f.* Sigla.
SIG.NI.FI.CA.ÇÃO *s.f.* Significación; significado.
SIG.NI.FI.CAN.TE *adj.* e *s.m.* Significante.
SIG.NI.FI.CAR *v.t.* Significar.
SIG.NO *s.m.* Signo; símbolo; señal.
SÍ.LA.BA *s.f.* Sílaba.
SI.LEN.CI.AR *v.t.* Silenciar; callar. *v.int.* Callarse.
SI.LÊN.CIO *s.m.* Silencio.
SI.LEN.CIO.SO *adj.* Silencioso.
SI.LHU.E.TA *s.f.* Silueta.

SI.LO *s.m.* Silo.
SIL.VES.TRE *adj.* Silvestre.
SIL.VO *s.m.* Silbo; silbido.
SIM *adv.* Sí.
SIM.BO.LIS.MO *s.m.* Simbolismo.
SIM.BO.LI.ZAR *v.t.* e *int.* Simbolizar.
SÍM.BO.LO *s.m.* Símbolo.
SI.ME.TRI.A *s.f.* Simetría; armonía.
SI.MI.LAR *adj.* e *s.m.* Similar; análogo; paralelo.
SÍ.MIO *s.m.* Simio; mono.
SIM.PA.TI.A *s.f.* Simpatía.
SIM.PÁ.TI.CO *adj.* Simpático; agradable.
SIM.PA.TI.ZAR *v.t.* Simpatizar.
SIM.PLES *adj.* Simple; sencillo.
SIM.PLI.CI.DA.DE *s.f.* Simplicidad.
SIM.PLI.FI.CAR *v.t.* Simplificar.
SIM.PLÓ.RIO *s.m.* Simplón.
SI.MU.LA.ÇÃO *s.f.* Simulación.
SI.MU.LAR *v.t.* Simular; fingir.
SI.MUL.TA.NEI.DA.DE *s.f.* Simultaneidad.
SI.MUL.TÂ.NEO *adj.* Simultáneo.
SI.NA *s.f.* Destino; suerte; señal; marca.
SI.NA.GO.GA *s.f.* Sinagoga.
SI.NAL *s.m.* Señal.
SI.NA.LI.ZA.ÇÃO *s.f.* Señalización.
SI.NA.LI.ZAR *v.t.* Señalizar.
SIN.CE.RI.DA.DE *s.f.* Sinceridad.
SIN.CE.RO *adj.* Sincero.
SIN.CRO.NIS.MO *s.m.* Sincronismo.
SIN.DI.CAL *adj.* Sindical.
SIN.DI.CA.LIS.MO *s.m.* Sindicalismo.
SIN.DI.CA.LI.ZAR *v.t.* Sindicalizar. *v.p.* Sindicalizarse.
SIN.DI.CA.TO *s.m.* Sindicato.
SI.NE.TA *s.f.* Campanilla.
SIN.FO.NI.A *s.f.* Sinfonía.
SIN.GE.LO *adj.* Simple.
SIN.GU.LAR *adj.* Singular; particular; único; especial; diferente; poco común.
SIN.GU.LA.RI.DA.DE *s.f.* Singularidad.
SIN.GU.LA.RI.ZAR *v.t.* Singularizar. *v.p.* Singularizarse.
SI.NIS.TRA *s.f.* Siniestra.
SI.NIS.TRO *adj.* e *s.m.* Siniestro; tétrico; izquierdo.

SI.NO *s.m.* Campana.
SÍ.NO.DO *s.m.* Sínodo; concilio.
SI.NÔ.NI.MO *s.m.* Sinónimo.
SIN.TÁ.TI.CO *adj.* Sintáctico.
SIN.TA.XE *s.f.* Sintaxis.
SÍN.TE.SE *s.f.* Síntesis; sumario.
SIN.TE.TI.ZAR *v.t.* Sintetizar; resumir.
SI.NU.O.SO *adj.* Sinuoso; tortuoso.
SI.NU.SI.TE *s.f. Med.* Sinusitis.
SI.RE.NE *s.f.* Sirena.
SI.RI *s.m. Zool.* Cangrejo.
SI.SAL *s.m.* Sisal.
SI.SO *s.m.* Juicio; *dente do siso:* muela del juicio.
SIS.TE.MA *s.m.* Sistema.
SIS.TE.MÁ.TI.CO *adj.* Sistemático.
SIS.TE.MA.TI.ZAR *v.t.* Sistematizar.
SI.SU.DO *adj.* Serio; huraño.
SI.TI.AR *v.t.* Sitiar.
SÍ.TIO *s.m.* Sitio.
SI.TO *adj.* Sito.
SI.TU.A.ÇÃO *s.f.* Situación; posición; localización; estado.
SI.TU.AR *v.t.* Situar. *v.p.* Situarse.
SÓ *adj.* Solo; solitario. *adv.* Sólo; solamente.
SO.A.LHO *s.m.* Tarima; entarimado; solanera.
SO.AR *v.int.* Sonar.
SOB *prep.* Bajo; debajo de.
SO.BE.RA.NI.A *s.f.* Soberanía.
SO.BE.RA.NO *adj.* e *s.m.* Soberano.
SO.BER.BA *s.f.* Soberbia; arrogancia.
SO.BER.BO *adj.* Soberbio; arrogante.
SO.BRA *s.f.* Sobra; abundancia.
SO.BRA.DO *adj.* e *s.m.* Sobrado.
SO.BRAN.CE.LHA *s.f.* Ceja.
SO.BRAR *v.t.* e *int.* Sobrar; restar; quedar; exceder.
SO.BRE *prep.* Sobre; encima.
SO.BRE.A.VI.SO *s.m.* Precaución; cuidado.
SO.BRE.LO.JA *s.f.* Entresuelo.
SO.BRE.ME.SA *s.f.* Postre.
SO.BRE.NA.TU.RAL *adj.* Sobrenatural; extraordinario.
SO.BRE.NO.ME *s.m.* Apellido.
SO.BRE.POR *v.t.* Sobreponer.

SO.BRE.POS.TO adj. Sobrepuesto.
SO.BRES.SA.IR v.t. e int. Sobresalir; salir; despuntar; destacar; imponerse. v.p. Destacarse.
SO.BRES.SAL.TAR v.t. Sobresaltar.
SO.BRES.SAL.TO s.m. Sobresalto.
SO.BRE.VIR v.t. e int. Sobrevenir.
SO.BRE.VI.VÊN.CIA s.f. Sobrevivencia.
SO.BRE.VI.VEN.TE adj. Sobreviviente.
SO.BRE.VI.VER v.t. e int. Sobrevivir.
SO.BRI.E.DA.DE s.f. Sobriedad.
SO.BRI.NHO s.m. Sobrino.
SÓ.BRIO adj. Sobrio.
SO.CI.AL adj. Social.
SO.CI.A.LIS.MO s.m. Socialismo.
SO.CI.Á.VEL adj. Sociable.
SO.CI.E.DA.DE s.f. Sociedad.
SÓ.CIO s.m. Socio.
SO.CI.O.LO.GI.A s.f. Sociología.
SO.CI.Ó.LO.GO s.m. Sociólogo.
SO.CO s.m. Puñetazo.
SO.COR.RER v.t. Socorrer; auxiliar. Amparar.
SO.DA s.f. Soda; Quím. Sosa.
SO.FÁ s.m. Sofá.
SO.FIS.MA s.m. Sofisma; falacia.
SO.FRE.DOR s.m. Sufridor.
SO.FRER v.t. e int. Sufrir; padecer.
SO.FRI.DO adj. Sufrido.
SO.FRI.MEN.TO s.m. Sufrimiento; padecimiento.
SO.GRO s.m.Suegro; sogra s.f.: suegra.
SO.JA s.f. Soja.
SOL s.m. Sol.
SO.LA s.f. Suela; planta del pie.
SO.LA.VAN.CO s.m. Sacudida.
SOL.DA s.f. Soldadura.
SOL.DA.DO s.m. Soldado; recluta.
SOL.DA.DOR s.m. Soldador.
SOL.DAR v.t. Soldar. v.p. Soldarse.
SOL.DO s.m. Sueldo; salario.
SO.LEI.RA s.f. Solera.
SO.LE.NE adj. Solemne.
SO.LE.NI.DA.DE s.f. Solemnidad.
SO.LE.NI.ZAR v.t. Solemnizar.
SO.LE.TRAR v.t. Deletrear.
SOL.FE.JO s.m. Solfeo.

SO.LI.CI.TA.ÇÃO s.f. Solicitación.
SO.LI.CI.TAR v.t. Solicitar.
SO.LÍ.CI.TO adj. Solícito; diligente.
SO.LI.CI.TU.DE s.f. Empeño; cuidado.
SO.LI.DÃO s.f. Soledad.
SO.LI.DA.RI.E.DA.DE s.f. Solidariedad.
SO.LI.DA.RI.ZAR v.t. Solidarizar.
SO.LI.DEZ s.f. Solidez.
SÓ.LI.DO adj. Sólido.
SO.LI.TÁ.RIO adj. Solitario.
SO.LO adj. Suelo.
SOL.TAR v.t. Soltar.
SOL.TEI.RO adj. e s.m. Soltero.
SOL.TO adj. Suelto.
SOL.TU.RA s.f. Soltura; libertad.
SO.LU.ÇÃO s.f. Solución.
SO.LU.ÇAR v.t. e int. Sollozar; hipar; susurrar.
SO.LU.CIO.NAR v.t. Solucionar.
SO.LU.ÇO s.m. Sollozo; hipo.
SO.LÚ.VEL adj. Soluble.
SOM s.m. Sonido; son; ruido.
SO.MA s.f. Suma.
SO.MAR v.t. Sumar.
SOM.BRA s.f. Sombra.
SOM.BRE.AR v.t. Sombrear.
SOM.BRI.NHA s.f. Sombrilla; guardasol.
SO.MEN.TE adv. Solamente.
SO.NÂM.BU.LO s.m. Sonámbulo.
SON.DA s.f. Sonda.
SON.DAR v.t. Sondar; evaluar.
SO.NE.GA.ÇÃO s.f. Ocultación; encubrimiento.
SO.NE.TO s.m. Soneto.
SO.NHA.DOR s.m. Soñador.
SO.NHAR v.t. e int. Soñar; devanear; imaginar.
SO.NHO s.m. Sueño; ensueño; devaneo.
SO.NO s.m. Sueño.
SO.NO.LEN.TO adj. Somnoliento.
SO.NO.RI.DA.DE s.f. Sonoridad.
SO.NO.RO adj. Sonoro.
SO.PA s.f. Sopa.
SO.PEI.RA s.f. Sopera.
SO.PRAR v.t. Soplar.
SO.PRO s.m. Soplo; brisa; viento.

SOR.DI.DEZ *s.f.* Sordidez.
SÓR.DI.DO *adj.* Sórdido.
SO.RO *s.m.* Suero.
SOR.RIR *v.int.* Sonreír.
SOR.RI.SO *s.f.* Sonrisa.
SOR.TE *s.f.* Suerte; fortuna; buenaventura.
SOR.TE.AR *v.t.* Sortear.
SOR.TEI.O *s.m.* Sorteo.
SOR.TI.DO *adj.* Surtido.
SOR.TI.MEN.TO *s.m.* Surtimiento; surtido.
SOR.TIR *v.t.* e *int.* Surtir; proveer.
SOR.VER *v.t.* Sorber; absorber.
SOR.VE.TE *s.m.* Helado; sorbete.
SÓ.SIA *s.2g.* Socia.
SOS.SE.GAR *v.t.* Sosegar. *v.p.* Sosegarse.
SÓ.TÃO *s.m.* Sótano; desván; buhardilla.
SO.TA.QUE *s.m.* Acento; pronunciación.
SO.VA *s.f.* Solfa; zurra.
SO.VA.CO *s.m.* Sobaco.
SO.VAR *v.t.* Amasar; sobar.
SO.VI.NA *s.2g.* Avaro; tacaño.
SO.ZI.NHO *adv.* Solo; solitário.
SUA *pron. poss.* Suya.
SU.AR *v.int.* Sudar; transpirar.
SU.A.VE *adj.* Suave; blando; delicado; dócil.
SU.A.VI.DA.DE *s.f.* Suavidad.
SU.A.VI.ZAR *v.t.* Suavizar.
SU.BAL.TER.NO *adj.* e *s.m.* Subalterno.
SUB.DI.VI.DIR *v.t.* Subdividir.
SU.BI.DA *s.f.* Subida; ladera.
SU.BIR *v.t.* e *int.* Subir; emerger; crecer; ascender.
SÚ.BI.TO *adj.* e *s.m.* Súbito; repentino.
SUB.JE.TI.VO *adj.* Subjetivo.
SUB.JU.GAR *v.t.* Subyugar. *v.p.* Subyugarse.
SUB.JUN.TI.VO *s.m.* Subjuntivo.
SU.BLE.VAR *v.t.* Sublevar.
SU.BLI.MAR *v.t.* Sublimar.
SU.BLI.ME *adj.* e *s.m.* Sublime.
SU.BLI.NHAR *v.t.* Subrayar.
SUB.MA.RI.NO *adj.* e *s.m.* Submarino.
SUB.MER.GIR *v.t.* Sumergir; hundir. *v.p.* Sumergirse.
SUB.ME.TER *v.t.* Someter. *v.p.* Someterse.
SUB.MIS.SÃO *s.f.* Sumisión.

SUB.MIS.SO *adj.* Sumiso; rendido.
SU.BOR.DI.NA.ÇÃO *s.f.* Subordinación.
SU.BOR.DI.NAR *v.t.* Subordinar.
SU.BOR.NAR *v.t.* Sobornar; corromper.
SU.BOR.NO *s.m.* Soborno; cohecho.
SUBS.CRE.VER *v.t.* Subscribir; suscribir.
SUB.SI.DI.AR *v.t.* Subsidiar; subvencionar.
SUB.SÍ.DIO *s.m.* Subsidio; subvención.
SUB.SIS.TIR *v.int.* Subsistir.
SUBS.TÂN.CIA *s.f.* Sustancia.
SUBS.TAN.CI.AL *adj.* Sustancial.
SUBS.TAN.TI.VO *s.m. Gram.* Substantivo; sustantivo; nombre.
SUBS.TI.TUI.ÇÃO *s.f.* Substituición; sustitución.
SUBS.TI.TU.IR *v.t.* Substituir; sustituir.
SUBS.TI.TU.TO *adj.* e *s.m.* Sustituto.
SUB.TER.RÂ.NEO *adj.* e *s.m.* Subterráneo.
SUB.TÍ.TU.LO *s.m.* Subtítulo.
SUB.TRA.ÇÃO *s.f.* Sustracción.
SUB.TRA.IR *v.t.* Sustraer.
SU.BUR.BA.NO *adj.* e *s.m.* Suburbano.
SU.BÚR.BIO *s.m.* Suburbio.
SU.CE.DER *v.t.* e *int.* Suceder; acontecer; ocurrir. *v.p.* Sucederse.
SU.CES.SÃO *s.f.* Sucesión.
SU.CES.SI.VO *adj.* Sucesivo.
SU.CES.SO *s.m.* Suceso.
SÚ.CIA *s.f.* Sujo; mala índole.
SU.CIN.TO *adj.* Sucinto; resumido.
SU.CO *s.m.* Jugo; zumo.
SU.CU.LEN.TO *adj.* Suculento.
SU.CUM.BIR *v.t.* e *int.* Sucumbir; ceder.
SU.CUR.SAL *s.f.* Sucursal.
SU.DES.TE *s.m.* Sudeste; sureste.
SÚ.DI.TO *s.m.* Súbdito
SU.DO.ES.TE *s.m.* Sudoeste; suroeste.
SU.FI.CI.EN.TE *adj.* e *s.m.* Suficiente.
SU.FI.XO *s.m.* Sufijo.
SU.FO.CAN.TE *adj.* Sofocante.
SU.FO.CAR *v.t.* Sofocar.
SU.GAR *v.t.* Sorber; chupar.
SU.GE.RIR *v.t.* Sugerir; proporcionar; proponer.
SU.GES.TÃO *s.f.* Sugerencia.

SU.GES.TI.VO *adj.* Sugestivo
SUI.CI.DA *s.2g.* Suicida.
SUI.CI.DAR-SE *v.p.* Suicidarse.
SUI.CÍ.DIO *s.m.* Suicidio.
SU.Í.NO *s.m.* Cerdo; porcino.
SU.JAR *v.t.* Ensuciar; manchar.
SU.JEI.ÇÃO *s.f.* Sujeción.
SU.JEI.TAR *v.t.* Sujetar; someter. *v.p.* Sujetarse; someterse.
SU.JO *adj.* Sucio.
SUL *s.m.* Sur.
SUL.CAR *v.t.* Surcar.
SUL.TÃO *s.m.* Sultán.
SU.MÁ.RIO *adj. e s.m.* Sumario; resumen.
SU.MI.DO *adj.* Desaparecido; oculto.
SU.MIR *v.t. e int.* Sumir; hacer desaparecer; sumirse. *v.p.* Sumirse; desaparecerse; perderse.
SU.MO *adj.* Sumo; supremo; excelente. *s.m.* Zumo; jugo; auge; cima.
SUN.TU.O.SO *adj.* Suntuoso; pomposo.
SU.OR *s.m.* Sudor.
SU.PE.RAR *v.t.* Superar; sobrepujar; vencer.
SU.PER.FI.CI.AL *adj.* Superficial.
SU.PER.FÍ.CIE *s.f.* Superfície.
SU.PÉR.FLUO *adj.* Superfluo.
SU.PER.IN.TEN.DEN.TE *s.2g.* Superintendente.
SU.PE.RI.OR *adj. e s.m.* Superior.
SU.PE.RI.O.RI.DA.DE *s.f.* Superioridad.
SU.PER.MER.CA.DO *s.m.* Supermercado.
SU.PERS.TI.ÇÃO *s.f.* Superstición.
SU.PLAN.TAR *v.t.* Suplantar; vencer.
SU.PLE.MEN.TO *s.m.* Suplemento.
SU.PLEN.TE *adj. e s.2g.* Suplente; sustituto.
SÚ.PLI.CA *s.f.* Súplica.
SU.PLI.CAR *v.t.* Suplicar; implorar; rogar.
SU.PLÍ.CIO *s.f.* Suplicio; tortura; tormento.
SU.POR *v.t.* Suponer; creer; presumir.
SU.POR.TAR *v.t.* Soportar; sufrir; llevar.
SU.POR.TE *s.m.* Soporte.
SU.PO.SI.ÇÃO *s.f.* Suposición.

SU.PRE.MA.CIA *s.f.* Supremacía.
SU.PRE.MO *adj.* Supremo.
SU.PRI.MEN.TO *s.m.* Abastecimiento; suplemento; ayuda.
SU.PRI.MIR *v.t.* Suprimir
SU.PRIR *v.t.* Suplir; ayudar.
SUR.DEZ *s.f.* Sordera.
SUR.DI.NA *s.f.* Sordina.
SUR.DO *adj. e s.m.* Sordo.
SUR.DO-MU.DO *adj. e s.m.* Sordomudo.
SUR.GIR *v.t. e int.* Surgir; aparecer.
SUR.PRE.EN.DER *v.t.* Sorprender.
SUR.PRE.SA *s.f.* Sorpresa.
SUR.RA *s.f.* Zurra; paliza.
SUR.RAR *v.t.* Zurrar; sobar; tundear. *v.p.* Gastarse.
SUR.TIR *v.t.* Surtir; originar.
SUR.TO *s.m.* Ímpetu; irrupción.
SUS.CI.TAR *v.t.* Suscitar; producir.
SUS.PEI.TA *s.f.* Sospecha.
SUS.PEI.TAR *v.t.* Sospechar; desconfiar.
SUS.PEI.TO *adj. e s.m.* Sospechoso; dudoso.
SUS.PEN.DER *v.t.* Suspender; levantar; interrumpir.
SUS.PEN.SÃO *s.f.* Suspensión.
SUS.PEN.SO *adj.* Suspenso; admirado.
SUS.PI.RAR *v.t.* Suspirar; anhelar.
SUS.PI.RO *s.m.* Suspiro.
SUS.SUR.RO *s.m.* Susurro; murmullo.
SUS.TAR *v.t.* Interrumpir; parar. *v.p.* Pararse.
SUS.TEN.TA.ÇÃO *s.f.* Sustentación.
SUS.TEN.TAR *v.t.* Sustentar.
SUS.TEN.TO *s.m.* Sustento.
SUS.TER *v.t.* Sostener.
SUS.TO *s.m.* Susto.
SU.TI.Ã *s.m.* Sostén; sujetador.
SU.TIL *adj.* Sutil; perspicaz.
SU.TI.LE.ZA *s.f.* Sutileza; delicadeza.
SU.TU.RA *s.f. Med.* Sutura.
SU.TU.RAR *v.t. Met.* Suturar.
SU.VE.NIR *s.m.* Souvenir.

T

T *s.m.* Vigésima letra del alfabeto portugués.
TA.BA.CO *s.m. Bot.* Tabaco.
TA.BE.FE *s.m.* Cachetada; sopapo.
TA.BE.LA *s.f.* Tabla; tablilla; catálogo; tarifa.
TA.BE.LI.ÃO *s.m.* Escribano; notario.
TA.BER.NA *s.f.* Taberna; bodega.
TA.BER.NEI.RO *s.m.* Tabernero.
TA.BLA.DO *s.m.* Tablado.
TA.BU *s.m.* Tabú. *adj.* Sagrado.
TÁ.BUA *s.f.* Tabla.
TA.BU.A.DA *s.f. Mat.* Tabla.
TA.BU.LEI.RO *s.m.* Tablero.
TA.BU.LE.TA *s.f.* Tablilla; letrero.
TA.ÇA *s.f.* Taza; copa; vaso.
TA.CA.NHO *adj.* Tacaño.
TA.CHA *s.f.* Tacha.
TA.CHO *s.m.* Perol; cazuela.
TA.CO *s.m.* Parqué; taco; palo.
TA.GA.RE.LA *adj.* e *s.2g.* Hablador; cotorra; loro.
TA.GA.RE.LAR *v.t.* Parlotear; charlotear.
TA.I.NHA *s.f. Zool.* Mújol.
TAL *adj.* e *pron.* Tal; tanto; aquello; alguno.
TA.LA *s.f.* Tala.
TA.LÃO *s.m.* Talón.
TAL.CO *s.m.* Talco.
TA.LEN.TO *s.m.* Talento; habilidad; capacidad; inteligencia.
TA.LHA.DEI.RA *s.f.* Tajadera; escoplo.
TA.LHAR *v.t.* Tallar; entallar; cuajar. *v.p.* Rajarse; cuajarse.
TA.LHE *s.m.* Talle; talla.
TA.LHER *s.m.* Cubierto.
TA.LHO *s.m.* Talla; corte; tajo.
TA.LO *s.m.* Tallo; talle.
TAL.VEZ *adv.* Tal vez; quizá; acaso.
TA.MAN.CO *s.m.* Zueco; chanclo.

TA.MA.NHO *adj.* e *s.m.* Tamaño; dimensión. *adv.* Tanto.
TÂ.MA.RA *s.f. Bot.* Dátil.
TAM.BÉM *adv.* También; igualmente.
TAM.BOR *s.m.* Tambor.
TAM.PA *s.f.* Tapa; tapón.
TAM.PÃO *s.m.* Tapón.
TAM.POU.CO *adv.* Tampoco.
TAN.GA *s.f.* Tanga; bikini; biquini.
TAN.GEN.TE *adj.* e *s.f.* Tangente.
TAN.GER *v.t.* Tañer; pulsar. *v.int.* Sonar. *s.m.* Toque. Sonido.
TAN.GE.RI.NA *s.f.* Mandarina.
TAN.GO *s.m.* Tango.
TAN.QUE *s.m.* Estanque; lavadero.
TAN.TO *pron. indef.* e *adv.* Tanto; tamaño. *s.m.* Cuantía; cantidad; volumen.
TÃO *adv.* Tan.
TA.PA *s.f.* Guantazo; bofetada.
TA.PAR *v.t.* Tapar; cubrir; taponar.
TA.PE.ÇA.RIA *s.f.* Tapicería.
TA.PE.TE *s.m.* Tapiz; alfombra.
TA.PI.O.CA *s.f.* Tapioca.
TA.PU.ME *s.m.* Cerva; tapia; tabique.
TA.RA *s.f.* Tara.
TA.RA.DO *adj.* Tarado.
TA.RAR *v.t.* Tarar.
TAR.DAR *v.int.* Tardar; demorar.
TAR.DE *s.f.* e *adv.* Tarde.
TAR.DI.O *adj.* Tardío.
TA.RE.FA *s.f.* Tarea.
TA.RI.FA *s.f.* Tarifa; tasa.
TA.RI.FAR *v.t.* Tarifar.
TAR.JA *s.f.* Tarjeta; adorno.
TAR.JE.TA *s.f.* Tarjeta.
TAR.RA.XA *s.f.* Terraja.

TAR.TA.MU.DE.AR v.int. Tartamudear; gaguear.
TÁR.TA.RO adj. e s.m. Tártaro; Med. Tártaro nos dentes: sarro.
TAR.TA.RU.GA s.m. Zool. Tortuga.
TA.TA.RA.NE.TO s.m.Tataranieto.
TA.TA.RA.VÓ s.f. Tatarabuela; *tataravô s.m.:* tatarabuelo.
TA.TE.AR v.t. Tantear; tentar; palpar.
TÁ.TI.CA s.f. Táctica.
TÁ.TI.CO adj. Táctico.
TA.TO s.m. Tacto; cautela; habilidad.
TA.TU s.m. Zool. Tatú; armadillo.
TA.TU.A.GEM s.f. Tatuaje.
TAU.RI.NO adj. e s.m. Taurino.
TA.VER.NA s.f. Taberna; bodega.
TA.XA s.f. Tasa; impuesto.
TA.XAR v.t. Tasar.
TÁ.XI s.m. Taxi.
TA.XIS.TA s.2g. Taxista.
TE pron. pess. Te.
TE.AR s.m. Telar.
TE.A.TRAL adj. Teatral.
TE.A.TRO s.m. Teatro.
TE.CE.LA.GEM s.f. Tejeduría.
TE.CE.LÃO s.m.Tojedor.
TE.CER v.t. Tejer; tramar; urdir. v.p. Enredarse.
TE.CI.DO s.m. Tejido; trama.
TE.CLA.DO s.m. Teclado.
TÉC.NI.CA s.f. Técnica; habilidad.
TÉC.NI.CO adj. e s.m. Técnico.
TEC.NO.LO.GI.A s.f. Tecnología.
TEC.NO.LÓ.GI.CO adj. Tecnológico.
TE.CO-TE.CO s.m. Avioneta.
TÉ.DIO s.m. Tedio; aburrimiento; hastío.
TE.DI.O.SO adj. Tedioso; aburrido.
TEI.A s.f. Tela; membrana; telaraña.
TEI.MAR v.t. Insistir; porfiar.
TEI.MO.SO adj. Porfiado; obstinado.
TE.LA s.f. Trama; cuadro; pintura; *tela de tevê, cinema ou computador:* pantalla.
TE.LE.CO.MU.NI.CA.ÇÃO s.f. Telecomunicación.
TE.LE.FO.NAR v.t. Telefonear; llamar.
TE.LE.FO.NE s.m. Teléfono.
TE.LE.FO.NE.MA s.m. Telefonema.
TE.LE.FO.NI.A s.f. Telefonía.
TE.LE.FO.NIS.TA s.2g. Telefonista.
TE.LÉ.GRA.FO s.m. Telégrafo.
TE.LE.GRA.MA s.m. Telegrama.
TE.LE.NO.VE.LA s.f. Telenovela.
TE.LES.CÓ.PIO s.m. Telescopio.
TE.LE.VI.SÃO s.f. Televisión.
TE.LE.VI.SOR s.m. Televisor.
TE.LHA s.f. Teja.
TE.LHA.DO s.m. Tejado; techo.
TE.MA s.m. Tema; asunto; objeto.
TE.MER v.t. e int. Temer; sospechar; respetar.
TE.ME.RÁ.RIO adj. Temerario.
TE.ME.RI.DA.DE s.f. Temeridad.
TE.MÍ.VEL adj. Temible.
TE.MOR s.m. Temor; miedo.
TÊM.PE.RA s.f. Temple; carácter; templa (pintura).
TEM.PE.RA.DO adj. Templado; aliñado; condimentado; templado (clima).
TEM.PE.RAR v.t. Templar; condimentar.
TEM.PE.RA.TU.RA s.f. Temperatura.
TEM.PE.RO s.m. Condimento; aderezo; aliño.
TEM.PES.TA.DE s.f. Tempestad; borrasca; temporal.
TEM.PES.TU.O.SO adj. Tempestuoso.
TEM.PLO s.m. Templo.
TEM.PO s.m. Tiempo.
TEM.PO.RA.DA s.f. Temporada.
TEM.PO.RAL adj. e s.m. Temporal.
TÊM.PO.RA s.f. Anat. Sien.
TE.NA.CI.DA.DE s.f. Tenacidad.
TE.NAZ adj. Tenaz.
TEN.DA s.f. Carpa (campamento); tienda de campaña.
TEN.DÃO s.m. Tendón.
TEN.DÊN.CIA s.f. Tendencia; inclinación.
TEN.DEN.CI.O.SO adj. Tendencioso.
TEN.DER v.t. Extender; tender.
TE.NE.BRO.SO adj. Tenebroso.
TE.NEN.TE s.m. Teniente.
TÊ.NIS s.m. Tenis (deporte); zapatilla deportiva (calzado).

TEN.RO *adj.* Tierno.
TEN.SÃO *s.f.* Tensión.
TEN.TA.ÇÃO *s.f.* Tentación.
TEN.TÁ.CU.LO *s.m.* Tentáculo.
TEN.TAR *v.t.* Tentar; experimentar; probar.
TEN.TA.TI.VA *s.f.* Tentativa; intento.
TEN.TO *s.m.* Tiento; cálculo.
TÊ.NUE *adj.* Tenue.
TE.O.LO.GI.A *s.f.* Teología.
TE.OR *s.m.* Tenor; contenido; norma.
TE.O.RI.A *s.f.* Teoría; hipótesis.
TE.Ó.RI.CO *adj.* Teórico.
TÉ.PI.DO *adj.* Tibio; flaco; débil.
TER *v.t.* Tener; haber; detener; poseer; mantener; sostener; contener.
TE.RA.PI.A *s.f. Med.* Terapia; terapéutica.
TER.ÇA *num.* Tercera; tercia.
TER.ÇA-FEI.RA *s.f.* Martes.
TER.CEI.RO *num.* Tercero.
TER.ÇO *s.m.* Tercio.
TER.MI.NAL *adj.* Terminal.
TER.MI.NAR *v.t.* Terminar; acabar. *v.p.* Terminarse.
TÉR.MI.NO *s.m.* Término.
TER.MO *s.m.* Término; límite; palabra; vocablo.
TER.MÔ.ME.TRO *s.m.* Termómetro.
TER.NO *s.m.* Tierno; cariñoso; traje (vestimenta).
TER.NU.RA *s.f.* Ternura.
TER.RA *s.f.* Tierra; suelo; terreno; mundo.
TER.RA.ÇO *s.m.* Terraza; terrado.
TER.REI.RO *s.m.* Terreno; plaza.
TER.RE.MO.TO *s.m.* Terremoto.
TER.RE.NO *s.m.* Terreno.
TÉR.REO *adj.* Terrestre. *s.m.* Bajo (de edificio).
TER.RES.TRE *adj.* Terrestre.
TER.RI.NA *s.f.* Sopera; barreño.
TER.RI.TO.RI.AL *adj.* Territorial.
TER.RI.TÓ.RIO *s.m.* Territorio.
TER.RÍ.VEL *adj.* Terrible.
TER.ROR *s.m.* Terror; espanto.
TER.RO.RIS.MO *s.m.* Terrorismo.
TE.SÃO *s.f.* Tesón; tiesura; deseo sexual.
TE.SE *s.f.* Tesis.

TE.SO *adj.* Tieso; erecto; tenso.
TE.SOU.RA *s.f.* Tijera.
TE.SOU.RA.RI.A *s.f.* Tesorería.
TE.SOU.REI.RO *s.m.* Tesorero.
TES.TA *s.f.* Testa; frente; *testa de ferro s.m.:* testaferro.
TES.TA.MEN.TO *s.m.* Testamento.
TES.TAR *v.int.* Testar; verificar; probar.
TES.TE *s.m.* Test; examen; prueba.
TES.TE.MU.NHA *s.f.* Testigo.
TES.TE.MU.NHAL *adj.* Testimonial.
TES.TE.MU.NHAR *v.t.* e *int.* Testificar; atestiguar.
TES.TE.MU.NHO *s.m.* Testimonio.
TES.TÍ.CU.LO *s.m. Anat.* Testículo.
TE.TA *s.f.* Teta; mama.
TE.TO *s.m.* Techo; *fig.* casa; abrigo.
TEU *pron. poss.* Tu; tuyo.
TÊX.TIL *adj.* Textil.
TEX.TO *s.m.* Texto.
TEX.TU.AL *adj.* Textual.
TEX.TU.RA *s.f.* Textura.
TEZ *s.f.* Tez.
TI *pron. poss.* Ti.
TIA *s.f.* Tía.
TÍ.BIA *s.f. Anat.* Tibia; espinilla.
TÍ.BIO *adj.* Tibio; escaso; flojo.
TI.ÇÃO *s.f.* Tizón.
TI.FO *s.m.* Tifus.
TI.GE.LA *s.f.* Cuenco; tazón.
TI.GRE *s.m.* Tigre.
TI.JO.LO *s.m.* Ladrillo.
TIL *s.m. Gram.* Tilde; señal gráfico.
TI.MÃO *s.m.* Timón.
TIM.BRE *s.m.* Timbre; marca; sonido; voz.
TI.ME *s.m.* Equipo.
TI.MI.DEZ *s.f.* Timidez; vergüenza.
TÍ.MI.DO *adj.* Tímido; modesto; apagado; temeroso.
TÍM.PA.NO *s.m. Anat.* Tímpano.
TIN.GIR *v.t.* Teñir; pintar; oxigenar.
TI.NO *s.m.* Tino; tacto.
TIN.TA *s.f.* Tinta.
TIN.TEI.RO *s.m.* Tintero.
TI.O *s.m.* Tío.

TÍ.PI.CO *adj.* Típico.
TI.PO *s.m.* Tipo; modelo.
TI.PO.GRA.FI.A *s.f.* Tipografía; imprenta.
TI.PÓ.GRA.FO *s.m.* Tipógrafo.
TI.RA *s.f.* Tira; lista; hijuela. *s.m.* Agente de policía.
TI.RA.NI.A *s.m.* Tiranía.
TI.RÁ.NI.CO *adj.* Tiránico.
TI.RA.NI.ZAR *v.t.* Tiranizar.
TI.RA.NO *s.m.* Tirano.
TI.RAR *v.t.* Tirar; sacar; extraer; quitar.
TI.RI.TAR *v.int.* Tiritar.
TI.RO *s.m.* Tiro; disparo.
TI.RO.TEIO *s.m.* Tiroteo.
TÍ.SI.CA *s.f. Med.* Tisis.
TI.TI.O *s.m.* Tío.
TI.TU.BE.AR *v.t.* Titubear; dudar; vacilar.
TÍ.TU.LO *s.m.* Título; obligación.
TO.A.LE.TE *s.f.* Tocador; cuarto de baño.
TO.A.LHA *s.f.* Toalla; mantel.
TO.AR *v.int.* Tronar.
TO.CA *s.f.* Cueva.
TO.CAN.TE *adj.* Tocante; conmovedor; concerniente.
TO.CAR *v.t.* Tocar; atañer; alcanzar.
TO.CHA *s.f.* Antorcha; hacha.
TO.DA.VI.A *adv.* e *conj.* Todavía; aún; aunque; sin embargo.
TO.DO *pron. indef.* Todo.
TOL.DAR *v.t.* Cubrir; tapar. *v.p.* Cubrirse.
TOL.DO *s.m.* Toldo.
TO.LE.RÂN.CIA *s.f.* Tolerancia.
TO.LE.RAN.TE *adj.* Tolerante.
TO.LE.RAR *v.t.* Tolerar; padecer; soportar.
TO.LHER *v.t.* e *int.* Impedir; proibir; paralizar.
TO.LHI.DO *adj.* Tullido; imposibilitado.
TO.LI.CE *s.f.* Tontería.
TO.LO *adj.* e *s.m.* Tonto; mareado; estúpido.
TOM *s.m.* Tono; ton.
TO.MA.DA *s.f.* Toma; usurpación; intrusión.
TO.MAR *v.t.* e *int.* Tomar; ususrpar; asir; aprehender; beber; ocupar.
TO.MA.TE *s.m. Bot.* Tomate.
TO.MA.TEI.RO *s.m. Bot.* Tomatera.
TOM.BAR *v.t.* Tumbar; derribar; caer.

TOM.BO *s.m.* Tumbo; tropiezo; caída.
TO.MO *s.m.* Tomo; volumen.
TO.NA.LI.DA.DE *s.f.* Tonalidad.
TO.NEL *s.m.* Tonel.
TO.NE.LA.DA *s.f.* Tonelada.
TO.NE.LA.GEM *s.f.* Tonelaje.
TÔ.NI.CO *adj.* e *s.m.* Tónico.
TO.NI.FI.CAR *v.t.* Tonificar.
TON.TE.AR *v.int.* Tontear; aturdir.
TON.TO *adj.* Tonto; idiota.
TON.TU.RA *s.f.* Tontería; vértigo.
TO.PAR *v.t.* Topar; aceptar; tropezar. *v.p.* Toparse.
TO.PÁ.ZIO *s.f.* Topacio.
TO.PE *s.m.* Tope; freno; cima.
TO.PE.TE *s.m.* Copete; tupé; flequillo.
TÓ.PI.CO *adj.* e *s.m.* Tópico.
TO.PO.GRA.FI.A *s.f.* Topografía.
TO.QUE *s.m.* Toque; tacto; contacto.
TÓ.RAX *s.m. Anat.* Tórax; pecho.
TOR.ÇÃO *s.f.* Torsión; torcedura.
TOR.CER *v.t.* Torcer; enrollar; ladear. *v.p.* Torcerse; doblegarse; rendirse.
TOR.CI.DA *s.f.* Hinchada; afición.
TOR.MEN.TA *s.f.* Tormenta; tempestad; borrasca; *fig.* confusión.
TOR.MEN.TO *s.m.* Tormento; suplicio.
TOR.NAR *v.t.* e *int.* Tornar; regresar; volver; replicar.
TOR.NEI.O *s.m.* Torneo; controversia.
TOR.NO *s.m.* Torno.
TOR.NO.ZE.LO *s.m.* Tobillo.
TO.RA *s.m.* Pedazo; trozo.
TO.RÓ *s.m.* Aguacero; chaparrón.
TOR.PE *adj.* Torpe; infame.
TOR.PE.DO *s.m.* Torpedo.
TOR.POR *s.m.* Apatía; letargo.
TOR.QUÊS *s.f.* Alicates; tenaza.
TOR.RA.DA *s.f.* Tostada.
TOR.RÃO *s.m.* Terrón.
TOR.RAR *v.t.* Tostar; torrar. *v.p.* Tostarse; torrarse.
TOR.RE *s.f.* Torre.
TOR.REN.CI.AL *adj.* Torrencial.
TOR.REN.TE *s.f.* Torrente.

TOR.RES.MO s.m. Torrezmo.
TÓR.RI.DO adj. Tórrido.
TOR.TA s.f. Torta; pastel.
TOR.TO adj. Tuerto; tortuoso.
TOR.TU.RA s.f. Tortura; suplicio.
TOR.TU.RAR v.t. Torturar; martirizar.
TO.SA s.f. Esquila.
TO.SAR v.t. Pelar; esquilar.
TOS.CO adj. Tosco.
TOS.QUI.A s.f. Esquila; pela.
TOS.SE s.f. Tos.
TOS.SIR v.int. Toser.
TOS.TA.DO adj. Tostado.
TOS.TAR v.t. Tostar; torrar; quemar.
TO.TAL adj. Total; completo. s.m. Montante.
TO.TA.LI.DA.DE s.f. Totalidad.
TO.TA.LI.ZAR v.t. Totalizar.
TOU.RA.DA s.f. Torada; corrida de toros.
TOU.RE.AR v.t. Torear.
TOU.REI.RO s.m. Torero.
TOU.RO s.m. Toro.
TÓ.XI.CO adj. e s.m. Tóxico.
TRA.BA.LHA.DOR adj. e s.m. Trabajador; operario.
TRA.BA.LHAR v.t. e int. Trabajar.
TRA.BA.LHO s.m. Trabajo; negocio; ocupación; labor.
TRA.BA.LHO.SO adj. Costoso; laborioso.
TRA.ÇA s.f. Zool. Polilla.
TRA.ÇA.DO s.m. Trazado.
TRA.ÇÃO s.f. Tracción.
TRA.ÇAR v.t. Trazar; proyetar; plantear.
TRA.ÇO s.m. Trazo; trazado.
TRA.DI.ÇÃO s.f. Tradición; costumbres.
TRA.DI.CIO.NAL adj. Tradicional.
TRA.DU.ÇÃO s.f. Traducción.
TRA.DU.TOR s.m. Traductor.
TRA.DU.ZIR v.t. Traducir; interpretar.
TRÁ.FE.GO s.m. Tráfico; trânsito.
TRA.FI.CAN.TE adj. e s.2g. Traficante; embustero.
TRA.FI.CAR v.t. e int. Traficar; especular.
TRÁ.FI.CO s.m. Tráfico; negocio.
TRA.GAR v.t. Tragar; sorber.
TRA.GÉ.DIA s.f. Tragedia; fatalidad.
TRÁ.GI.CO adj. Trágico; fatídico.
TRA.GO s.m. Trago.
TRA.I.ÇÃO s.f. Traición; infidelidad.
TRA.IR v.t. Traicionar; engañar.
TRA.JAR v.t. Trajear; vestir. v.p. Trajearse.
TRA.JE s.m. Vesimenta; traje.
TRA.JE.TO s.m. Trayecto.
TRA.JE.TÓ.RIA s.f. Trayectoria; trayecto.
TRA.MA s.m. Trama; confabulación.
TRA.MAR v.t. Tramar; urdir.
TRAM.BO.LHO s.m. Trangallo.
TRA.MI.TAR v.t. Tramitar.
TRÂ.MI.TE s.m. Trámite.
TRA.MOI.A s.f. Tramoya.
TRAN.ÇA s.f. Trenza.
TRAN.CA.FI.AR v.t. Encarcelar; prender; encerrar.
TRAN.CAR v.t. Trancar; cerrar; aprehender.
TRAN.QUI.LI.DA.DE s.f. Tranquilidad.
TRAN.QUI.LI.ZAR v.t. Tranquilizar. v.p. Tranquilizarse.
TRAN.QUI.LO adj. Tranquilo.
TRAN.SA.ÇÃO s.f. Transacción; trato.
TRANS.BOR.DAR v.t. e int. Transbordar; derramar; desbordar.
TRANS.CEN.DER v.t. Transcender; trascender.
TRANS.COR.RER v.int. Transcurrir.
TRANS.CRE.VER v.t. Transcribir.
TRANS.CRI.ÇÃO s.f. Transcripción.
TRANS.CUR.SO s.m. Transcurso.
TRAN.SE s.m. Trance.
TRAN.SE.UN.TE s.2g. Transeúnte; caminante.
TRANS.FE.RIR v.t. Transferir.
TRANS.FI.GU.RAR v.t. Transfigurar.
TRANS.FOR.MA.ÇÃO s.f. Transformación.
TRANS.FOR.MAR v.t. Transformar.
TRANS.GRE.DIR v.t. Transgredir.
TRANS.GRES.SÃO s.f. Transgresión.
TRAN.SI.ÇÃO s.f. Transición.
TRAN.SI.TAR v.int. Transitar.
TRAN.SI.TÁ.VEL adj. Transitable.

TRAN.SI.TI.VO *adj.* e *s.m.* Transitivo.
TRÂN.SI.TO *s.m.* Tránsito; pasaje.
TRAN.SI.TÓ.RIO *adj.* Transitorio; temporal.
TRANS.PA.RÊN.CIA *s.f.* Transparencia.
TRANS.PI.RAR *v.t.* e *int.* Transpirar; emanar; sudar.
TRANS.POR *v.t.* Transponer; superar; exceder.
TRANS.POR.TAR *v.t.* e *p.* Transportar; conducir. *v.p.* Trasladarse.
TRANS.POR.TE *s.m.* Transporte.
TRANS.TOR.NO *s.m.* Trastorno.
TRANS.VER.SAL *adj.* e *s.f.* Transversal.
TRA.PA.ÇA *s.f.* Trapaza.
TRA.PA.CE.AR *v.t.* Trapacear.
TRA.PA.CEI.RO *s.m.* Trapacero.
TRA.PO *s.m.* Trapo; andrajo; harapo.
TRA.QUEI.A *s.f. Anat.* Tráquea.
TRA.QUE.JO *s.m.* Habilidad; comprensión.
TRÁS *prep.* e *adv.* Tras; detrás; después.
TRA.SEI.RO *adj.* e *s.m.* Trasero; nalga.
TRAS.TE *s.m.* Trasto; inútil.
TRA.TA.DO *s.m.* Tratado.
TRA.TA.MEN.TO *s.m.* Tratamiento.
TRA.TAR *v.t.* e *int.* Tratar; exponer; discurrir; medicar; cuidar. *v.p.* tratarse.
TRA.TO *s.m.* Trato; tratado; tratamiento.
TRA.TOR *s.m.* Tractor.
TRA.VA *s.f.* Traba; bloqueo; freno.
TRA.VAR *v.t.* e *int.* Trabar; frenar; asir. *v.p.* Trabarse.
TRA.VE *s.f.* Traviesa; viga; madero.
TRA.VÉS *s.m.* Través; traviesa; flanco.
TRA.VES.SA *s.f.* Traviesa; travesía.
TRA.VES.SÃO *s.m.* Astil; travesaño.
TRA.VES.SEI.RO *s.m.* Almohada; travesero.
TRA.VES.SI.A *s.f.* Travesía.
TRA.VES.SO *adj.* Travieso; inquieto; astuto.
TRA.VES.SU.RA *s.f.* Travesura.
TRA.ZER *v.t.* Traer; conducir; portar; contener.
TRE.CHO *s.m.* Trecho.
TRÉ.GUA *s.f.* Tregua.
TREI.NAR *v.t.* Entrenar; adiestrar; ejercitar; ensayar.
TREI.NO *s.m.* Entrenamiento; adiestramiento; ejercicio.

TREM *s.m.* Tren.
TRE.MA *s.f.* Crema; diéresis.
TRE.MEN.DO *adj.* Tremendo; estupendo; espantoso.
TRE.MER *v.int.* Temblar; estremecer; agitar; temer.
TRE.MOR *s.m.* Temblor; miedo.
TRE.MU.LAR *v.t.* e *int.* Tremolar; ondear.
TRE.NÓ *s.m.* Trineo.
TRE.PA.DEI.RA *s.f. Bot.* Planta enredadera.
TRE.PAR *v.t.* Trepar; escalar; subir.
TRE.PI.DA.ÇÃO *s.f.* Trepidación.
TRE.PI.DAR *v.int.* Trepidar; titubear.
TRÊS *num.* Tres.
TRES.LOU.CA.DO *adj.* e *s.m.* Loco.
TRES.NOI.TAR *v.t.* Trasnochar.
TRES.PAS.SAR *v.t.* Traspasar.
TRE.VAS *s.f. pl.* Tiniebla.
TRE.VO *s.m. Bot.* Trébol.
TRE.ZE *num.* Trece.
TRE.ZEN.TOS *num.* Trescientos.
TRI.A.GEM *s.f.* Selección.
TRI.ÂN.GU.LO *Geom.* Triángulo.
TRI.BO *s.f.* Tribu.
TRI.BU.LA.ÇÃO *s.f.* Tribulación; adversidad.
TRI.BU.NA *s.f.* Tribuna.
TRI.BU.NAL *s.m.* Tribunal.
TRI.BU.NO *s.m.* Tribuno.
TRI.BU.TAR *v.t.* Tributar.
TRI.BU.TO *s.m.* Tributo; impuesto; contribución.
TRI.CI.CLO *s.m.* Triciclo.
TRI.CÔ *s.m.* Tricot.
TRI.CO.LOR *adj.* Tricolor.
TRI.DEN.TE *s.m.* Tridente.
TRI.E.NAL *adj.* Trienal.
TRI.Ê.NIO *s.m.* Trienio.
TRI.GAL *s.m.* Trigal.
TRI.GÊ.MEO *adj.* e *s.m.* Trillizo; trigémino.
TRI.GO *s.m.* Trigo.
TRI.LHA *s.f.* Trilla; vereda; rastro; pista.
TRI.LHAR *v.t.* Trillar; hollar; pisar.
TRI.LHO *s.m.* Trillo; vía; carril; *fig.* dirección; camino.
TRI.LÍN.GUE *adj.* e *s.2g.* Trilingüe.

TRI.MES.TRAL adj. Trimestral.
TRI.MES.TRE s.m. Trimestre.
TRI.NAR v.int. Trinar; gorjear.
TRIN.CAR v.t. e int. Trincar; partir; trinchar.
TRIN.CHAR v.t. Trinchar; partir.
TRIN.CHEI.RA s.f. Trincheira; barricada.
TRIN.CO s.m. Pestillo; trinquete.
TRIN.DA.DE s.f. Trinidad.
TRIN.QUE s.m. Percha.
TRIN.TA num. Treinta.
TRIO s.m. Trío.
TRI.PA s.f. Tripa.
TRI.PLI.CAR v.t. Triplicar.
TRI.PLO adj. e s.m. Triple.
TRI.PU.LA.ÇÃO s.f. Tripulación.
TRI.PU.LAN.TE s.2g. Tripulante.
TRI.PU.LAR v.t. Tripular.
TRIS.TE adj. Triste; melancólico; taciturno.
TRIS.TE.ZA s.f. Tristeza; melancolía.
TRIS.TO.NHO adj. Tristón; melancólico.
TRI.TU.RAR v.t. Triturar.
TRI.UN.FAL adj. Triunfal.
TRI.UN.FAN.TE adj. e s.2g. Triunfante.
TRI.UN.FAR v.int. Triunfar; ganar; vencer.
TRI.UN.FO s.m. Triunfo.
TRI.VIAL adj. Trivial; común.
TRO.AR v.t. Tronar; sonar; retumbar.
TRO.CA s.f. Permuta; cambio; intercambio; trueque.
TRO.ÇA s.f. Burla; chacota.
TRO.CA.DI.LHO s.m. Juego de palabras.
TRO.CAR v.t. Trocar; cambiar.
TRO.CO s.m. Cambio; vuelta; cobre; trueque.
TRO.ÇO s.m. Cosa; trasto.
TRO.FÉU s.m. Trofeo; copa.
TROM.BA s.f. Tromba; trompa.
TROM.BE.TA s.f. *Mús.* Trompeta; trompa.
TRON.CO s.m. Tronco; cuerpo; madero; tallo.
TRO.NO s.m. Trono.
TRO.PA s.f. Tropa.
TRO.PE.ÇAR v.t. e int. Tropezar; topar.
TRO.PE.ÇO s.m. Tropiezo; tropezón.
TRO.PEL s.m. Tropel.
TRO.PI.CAL adj. Tropical.
TRÓ.PI.CO adj. e s.m. Trópico.

TRO.TAR v.int. Trotear; trotar (equitación); dar trote, burla.
TRO.TE s.m. Trote (equitación); burla.
TROU.XA adj. Estúpido; bobo. s.f. Paquete; fardo.
TRO.VA s.f. Trova.
TRO.VÃO s.m. Trueno.
TRO.VE.JAR v.int. Tronar; estruendo; trueno.
TRUN.CAR v.t. Truncar. v.p. Truncarse.
TRUN.FO s.m. Triunfo.
TRU.TA s.f. *Zool.* Trucha.
TU pron. pess. Tú.
TUA pron. pess. Tuya.
TU.BA.RÃO s.m. *Zool.* Tiburón.
TU.BÉR.CU.LO s.m. Tubérculo.
TU.BER.CU.LO.SE s.f. *Med.* Tuberculosis.
TU.BO s.m. Tubo.
TU.BU.LA.ÇÃO s.f. Colocación de tubos; tubería.
TU.DO pron. indef. Todo.
TU.CA.NO s.m. *Zool.* Tucán.
TU.FÃO s.m. Tifón.
TU.LI.PA s.f. *Bot.* Tulipán.
TUM.BA s.f. Tumba; ataúd; sepulcro.
TU.MOR s.m. *Med.* Tumor.
TÚ.MU.LO s.m. Túmulo.
TU.MUL.TO s.m. Tumulto; agitación.
TÚ.NEL s.m. Túnel.
TÚ.NI.CA s.f. Túnica.
TUR.BA s.f. Turba.
TUR.BI.LHÃO s.m. Torbellino; remolino.
TUR.BI.NA s.f. Turbina.
TUR.CO adj. e s.m. Turco.
TU.RIS.MO s.m. Turismo.
TU.RIS.TA s.2g. Turista.
TUR.MA s.f. Pandilla; multitud; grupo.
TUR.NÊ s.f. Turné; gira.
TUR.NO s.m. Turno; vez; tanda.
TUR.QUE.SA s.f. Turquesa.
TUR.VAR v.t. Turbar.
TUR.VO adj. Torvo; turbio; opaco.
TU.TA.NO s.m. Tuétano.
TU.TE.LA s.f. Tutela; guarda.
TU.TE.LAR adj. Tutelar. v.t. Tutelar; proteger.
TU.TOR s.m. Tutor.

U

U *s.m.* Vigesimoprimera letra del alfabeto portugués.
Ú.BE.RE *adj.* Fecundo. *s.m. Anat.* Ubre; teta.
U.BI.QUI.DA.DE *s.f.* Ubicuidad.
U.FA! *interj.* ¡Uf!
U.FA.NAR *v.t.* Envanecer. *v.p.* Ufanarse; regocijarse.
U.FA.NO *adj.* Ufano; contento.
U.ÍS.QUE *s.m.* Whisky.
UI.VAR *v.int.* Aullar.
UI.VO *s.m.* Aullido.
ÚL.CE.RA *s.f. Med.* Úlcera; llaga; plaga.
UL.CE.RA.ÇÃO *s.f.* Ulceración.
UL.CE.RAR *v.t.* Ulcerar. *v.int.* e *p.* Ulcerarse; *fig.* afligirse.
UL.TE.RI.OR *adj.* Ulterior; posterior.
UL.TI.MAR *v.t.* Ultimar.
UL.TI.MA.TO *s.m.* Ultimátum.
ÚL.TI.MO *adj.* Último.
UL.TRA *adv.* Ultra.
UL.TRA.JAN.TE *adj.* Ultrajante.
UL.TRA.JAR *v.t.* Ultrajar.
UL.TRA.JE *s.m.* Ultraje; insulto; injuria.
UL.TRA.MAR *s.m.* Ultramar.
UL.TRA.PAS.SAR *v.t.* Ultrapassar; exceder.
UL.TRA.VI.O.LE.TA *adj.* Ultravioleta.
UM *art., num.* e *pron. indef.* Un; uno. *s.m.* Uno. *s.f.* Una
UM.BI.GO *s.m.* Ombligo.
UM.BRAL *s.m.* Umbral.
U.ME.DE.CER *v.t.* Humedecer. *v.p.* Humedecerse.
U.MI.DA.DE *s.f.* Humedad.
Ú.MI.DO *adj.* Húmedo.
U.NÂ.NI.ME *adj.* Unánime.
U.NA.NI.MI.DA.DE *s.f.* Unanimidad.
UN.ÇÃO *s.f.* Unción.
UN.GI.DO *adj.* Ungido.
UN.GIR *v.t.* Ungir.
U.NHA *s.f.* Uña.
U.NHA.DA *s.f.* Uñada.
U.NHAR *v.t.* Arañar.
U.NHEI.RO *s.m.* Uñero.
U.NI.ÃO *s.f.* Unión.
Ú.NI.CO *adj.* Único; singular; uno; solo.
U.NI.DA.DE *s.f.* Unidad.
U.NI.DO *adj.* Unido; ligado.
U.NI.FI.CA.ÇÃO *s.f.* Unificación.
U.NI.FI.CAR *v.t.* Unificar. *v.p.* Unificarse.
U.NI.FOR.ME *adj.* e *s.m.* Uniforme.
U.NI.FOR.MI.DA.DE *s.f.* Uniformidad.
U.NI.FOR.MI.ZAR *v.t.* Uniformizar.
U.NIR *v.t.* Unir; ligar; juntar; acoplar. *v.p.* Unirse; llegarse.
U.NÍS.SO.NO *adj.* Uníssono.
U.NI.TÁ.RIO *adj.* Unitario.
U.NI.VER.SAL *adj.* Universal.
U.NI.VER.SA.LI.DA.DE *adj.* Universalidad.
U.NI.VER.SI.DA.DE *s.f.* Universidad.
U.NI.VER.SO *s.m.* Universo.
U.NO *adj.* Uno; único.
UN.TAR *v.t.* Untar; engrasar; ungir.
U.RÂ.NIO *s.m.* Uranio.
UR.BA.NI.DA.DE *s.f.* Urbanidad.
UR.BA.NI.ZAR *v.t.* Urbanizar.
UR.BA.NO *adj.* Urbano.
UR.BE *s.f.* Urbe.
UR.DIR *v.t.* Urdir; entretejer; tejer; maquinar.
U.RE.IA *s.f.* Urea.
U.RE.TRA *s.f. Anat.* Uretra.
UR.GÊN.CIA *s.f.* Urgencia.
UR.GEN.TE *adj.* Urgente.
UR.GIR *v.int.* Urgir.
U.RI.CO *adj.* Úrico.

U.RI.NA *s.f.* Orina.
U.RI.NAR *v.int.* Orinar.
U.RI.NOL *s.m.* Orinol.
UR.NA *s.f.* Urna.
UR.RAR *v.int.* Rugir; bramar.
UR.SO *s.m. Zool.* Oso.
UR.TI.CÁ.RIA *s.f. Med.* Urticaria.
UR.TI.GA *s.f.* Ortiga.
U.RU.BU *s.m.* Buitre.
U.SA.DO *adj.* Usado.
U.SAR *v.t.* Usar; gastar; ocupar; vestir.
U.SO *s.m.* Uso; hábito; empleo.
U.SU.AL *adj.* Usual; común.
U.SU.FRU.TO *s.m.* Usufructo.

U.SU.RA *s.f.* Usura; agiotaje.
U.SU.RÁ.RIO *adj.* e *s.m.* Usurario; logrero.
U.SUR.PAR *v.t.* Usurpar; suplantar.
U.TI.LI.TÁ.RIO *adj.* Utilitario.
U.TI.LI.ZA.ÇÃO *s.f.* Utilización.
Ú.TE.RO *s.m. Anat.* Útero.
U.TEN.SÍ.LIO *s.m.* Utensílio; petrecho; útil.
U.TI.LI.DA.DE *s.f.* Utilidad.
U.TI.LI.ZAR *v.t.* Utilizar.
Ú.TIL *adj.* Útil; provechoso; ventajoso.
U.TO.PIA *s.f.* Utopía; quimera; sueño.
Ú.VU.LA *s.f. Anat.* Úvula.
U.VU.LAR *adj.* Uvular.

V

V *s.m.* Vigesimosegunda letra del alfabeto portugués.
VA.CA *s.f.* Vaca.
VA.CÂN.CIA *s.f.* Vacancia.
VA.CAN.TE *adj.* Vacante; vacío.
VA.CI.LA.ÇÃO *s.f.* Vacilación.
VA.CI.LLAR *v.int.* Vacilar; estremecer; titubear.
VA.CI.NA *s.f.* Vacuna.
VA.CI.NAR *v.t.* Vacunar.
VÁ.CUO *adj.* e *s.m.* Vacuo; vacío.
VA.DI.A.GEM *s.f.* Vagabundeo.
VA.DI.AR *v.int.* Vagabundear; callejear.
VA.DI.O *adj.* Vagabundo; holgazán.
VA.GA.BUN.DO *adj.* e *s.m.* Vagabundo; ocioso; granuja; gandul.
VA.GA-LU.ME *s.m.* *Zool.* Luciérnaga.
VA.GÃO *s.m.* Vagón.
VA.GAR *v.int.* Vagar; vaguear; dejar vacante.
VA.GA.RO.SO *adj.* Lento; tranquilo.
VA.GEM *s.f.* *Bot.* Vaina; judía verde.
VA.GI.NA *s.f.* *Anat.* Vagina.
VA.GIR *v.int.* Gemir; llorar.
VA.GO *adj.* Vago; vacío; vacante.
VAI.A *s.f.* Abucheo.
VAI.AR *v.int.* Abuchear.
VAI.DA.DE *s.f.* Vanidad; narcisismo; orgullo.
VAI.DO.SO *adj.* Vanidoso; presuntuoso.
VAI.VÉM *s.m.* Vaivén.
VA.LA *s.f.* Foso.
VA.LE *s.m.* Valle (entre montañas); vale (papel); recibo; boletín.
VA.LEN.TE *adj.* Valiente; guapo; gallardo.
VA.LEN.TIA *s.f.* Valentía.
VA.LER *v.t.* Valer. *v.p.* Valerse.
VA.LE.TA *s.f.* Cuneta.
VA.LI.A *s.f.* Valía.
VA.LI.DA.DE *s.f.* Validez.
VA.LI.DAR *v.t.* Validar. *v.p.* Hacerse.
VÁ.LI.DO *adj.* Válido; valioso; útil.
VA.LI.O.SO *adj.* Valioso; precioso; importante.
VA.LI.SE *s.f.* Maletín; valija.
VA.LOR *s.m.* Valor; virtud; valía; precio.
VA.LO.RI.ZAR *v.t.* Valorizar; valorar; evaluar. *v.p.* Valorizarse.
VAL.SA *s.f.* *Mús.* Valsa.
VÁL.VU.LA *s.f.* Válvula.
VAM.PI.RO *s.m.* Vampiro.
VAN.DA.LIS.MO *s.m.* Vandalismo.
VÂN.DA.LO *adj.* e *s.m.* Vándalo; bárbaro.
VAN.GLÓ.RIA *s.f.* Vanagloria.
VAN.GLO.RI.AR-SE *v.p.* Vanagloriarse; glorificarse; jactarse.
VAN.GUAR.DA *s.f.* Vanguardia.
VAN.TA.GEM *s.f.* Ventaja; privilegio.
VÃO *adj.* e *s.m.* Vano; hueco; abertura. *adj.* Engañoso.
VA.POR *s.m.* Vapor.
VA.PO.RI.ZA.DOR *s.m.* Vaporizador.
VA.PO.RI.ZAR *v.t.* Vaporizar; evaporar.
VA.QUEI.RO *s.m.* Vaquero.
VA.RA *s.f.* Vara.
VA.RAL *s.m.* Varal.
VA.RAN.DA *s.f.* Balcón; terraza; porche.
VA.RE.JO *s.m.* Minorista; distribuidor minorista.
VA.RI.A.BI.LI.DA.DE *s.f.* Variabilidad.
VA.RI.A.DO *adj.* Variado; surtido; vario.
VA.RI.AR *v.t.* e *int.* Variar; cambiar; alterar.
VA.RI.Á.VEL *adj.* Variable.
VA.RI.E.DA.DE *s.f.* Variedad; multiplidad.
VÁ.RIO *adj.* Vario.
VA.RÍ.O.LA *s.f.* *Med.* Viruela.
VA.RIZ *s.f.* *Med.* Variz.
VAR.RER *v.t.* Barrer; limpiar.

VÁR.ZEA *s.f.* Marisma.
VA.SE.LI.NA *s.f.* Vaselina.
VA.SI.LHA *s.f.* Vasija.
VA.SO *s.m.* Vaso; jarro; pote; urna; macetero (de plantas).
VAS.SA.LO *s.m.* Vasallo.
VAS.SOU.RA *s.f.* Escoba.
VAS.TO *adj.* Vasto; inmenso; largo; amplio; extenso.
VA.TI.CI.NAR *v.t.* Vaticinar; adivinar; predecir.
VA.TI.CÍ.NIO *s.m.* Vaticinio; profecía; pronóstico.
VA.ZÃO *s.f.* Vaciamiento; flujo.
VA.ZAR *v.t.* e *int.* Vaciar; verter; despejar; derramar.
VA.ZI.O *adj.* Vacío; hueco; huero.
VE.A.DO *s.m.* *Zool.* Venado; ciervo.
VE.DA.ÇÃO *s.f.* Veda; sellado; prohibición.
VE.DA.DO *adj.* Vedado; prohibido.
VE.DAR *v.t.* e *int.* Vedar; sellar; impedir.
VE.DE.TE *s.f.* Vedette; actriz.
VE.E.MÊN.CIA *s.f.* Vehemencia.
VE.E.MEN.TE *adj.* Vehemente.
VE.GE.TA.ÇÃO *s.f.* Vegetación.
VE.GE.TAL *adj.* e *s.m.* Vegetal; planta.
VE.GE.TA.RI.A.NO *adj.* e *s.m.* Vegetariano.
VEI.A *s.f.* *Anat.* Vena.
VE.Í.CU.LO *s.m.* Vehículo; automóvil.
VE.LA *s.f.* Vela; cirio; paño (de embarcación).
VE.LEI.RO *s.m.* Velero.
VE.LE.JAR *v.t.* e *int.* Velejar; navegar.
VE.LHA.CO *adj.* e *s.m.* Bellaco; libertino.
VE.LHI.CE *s.f.* Vejez.
VE.LHO *adj.* e *s.m.* Viejo; antiguo.
VE.LO.CI.DA.DE *s.f.* Velocidad; rapidez.
VE.LÓ.RIO *s.m.* Velorio.
VE.LOZ *adj.* Veloz; rápido; ligero.
VE.LU.DO *s.m.* Terciopelo; pana.
VE.NAL *adj.* Venal.
VEN.CE.DOR *s.m.* Vencedor; triunfante.
VEN.CER *v.t.* e *int.* Vencer; ganar; superar; dominar.
VEN.CI.MEN.TO *s.m.* Vencimiento; plazo.
VEN.DA *s.f.* Venda; venta; bar.
VEN.DAR *v.t.* Vendar.
VEN.DA.VAL *s.m.* Vendaval.
VEN.DE.DOR *adj.* e *s.m.* Vendedor.
VEN.DER *v.t.* e *int.* Vender. *v.p.* Venderse; corromperse.
VEN.DÍ.VEL *adj.* Vendible.
VE.NE.NO *s.m.* Veneno.
VE.NE.NO.SO *adj.* Venenoso.
VE.NE.RAR *v.t.* Venerar; idolatrar.
VE.NE.RÁ.VEL *adj.* Venerable.
VE.NÉ.REO *adj.* Venéreo.
VÊ.NIA *s.f.* Venia; licencia; permiso.
VEN.TA.NI.A *s.f.* Ventarrón.
VEN.TAR *v.int.* Ventear; ventar.
VEN.TI.LA.ÇÃO *s.f.* Ventilación.
VEN.TI.LA.DOR *s.m.* Ventilador.
VEN.TO *s.m.* Viento; aire.
VEN.TO.I.NHA *s.f.* Veleta.
VEN.TO.SA *s.f.* Ventosa.
VEN.TRE *s.m.* *Anat.* Vientre; panza.
VEN.TRÍ.CU.LO *s.m.* *Anat.* Ventrículo.
VEN.TU.RA *s.f.* Ventura; prosperidad.
VEN.TU.RO.SO *adj.* Venturoso; próspero.
VER *v.t.* e *int.* Ver; asistir; contemplar; ojear; presenciar.
VE.RA.CI.DA.DE *s.f.* Veracidad.
VE.RA.NE.AR *v.int.* Veranear.
VE.RA.NEI.O *s.m.* Veraneo.
VE.RÃO *s.m.* Verano.
VER.BA *s.f.* Fondos; importe; presupuesto; cláusula.
VER.BAL *adj.* Verbal.
VER.BE.TE *s.m.* Artículo; palabra; voz; nota.
VER.BO *s.m.* *Gram.* Verbo; palabra; expresión.
VER.DA.DE *s.f.* Verdad.
VER.DA.DEI.RO *adj.* Verdadero; auténtico; verídico.
VER.DE *adj.* e *s.m.* Verde.
VER.DE.JAR *v.int.* Verdear.
VER.DU.GO *s.m.* Verdugo.
VER.DU.RA *s.f.* Verdura.
VE.RE.A.DOR *s.m.* Edil; concejal.
VE.RE.DA *s.f.* Vereda; camino; dirección; atajo.
VE.RE.DIC.TO ou **VE.RE.DI.TO** *s.m.* Veredicto.
VER.GÃO *s.m.* Verdugón; verdugo.

VER.GAR *v.t.* Doblar; *fig.* someter. *v.int.* Doblarse; humillarse.
VER.GO.NHA *s.f.* Vergüenza; sonrojo.
VER.GO.NHO.SO *adj.* Vergonzoso; vejatorio.
VE.RÍ.DI.CO *adj.* Verídico.
VE.RI.FI.CA.ÇÃO *s.f.* Verificación.
VE.RI.FI.CAR *v.t.* Verificar. *v.p.* Verificarse.
VE.RI.FI.CÁ.VEL *adj.* Verificable.
VER.ME *s.m.* Verme.
VER.ME.LHO *adj.* Rojo.
VER.MI.CI.DA *s.f.* Vermicida.
VER.MU.TE *s.m.* Vermut.
VER.NÁ.CU.LO *adj e s.m.* Vernáculo.
VER.NIZ *s.m.* Barniz; charol.
VE.ROS.SI.MI.LHAN.ÇA *s.f.* Verosimilitud.
VER.RU.GA *s.f.* Verruga.
VER.SÃO *s.f.* Versión; interpretación.
VER.SAR *v.int.* Versar; estudiar; practicar.
VER.SÁ.TIL *adj.* Versátil; ecléctico.
VER.SA.TI.LI.DA.DE *s.f.* Versatilidad.
VER.SÍ.CU.LO *s.m.* Versículo.
VER.SI.FI.CAR *v.t.* Versificar.
VER.SO *s.m.* Verso.
VÉR.TE.BRA *s.f. Anat.* Vértebra.
VER.TE.BRA.DO *adj. e s.m.* Vertebrado.
VER.TE.BRAL *adj.* Vertebral.
VER.TER *v.t.* Verter; vaciar; derramar.
VÉR.TI.CE *s.m.* Vértice.
VER.TI.GEM *s.f.* Vértigo.
VER.TI.GI.NO.SO *adj.* Vertiginoso.
VES.GO *adj. e s.m. Med.* Bizco; estrábico.
VE.SÍ.CU.LA *s.f. Anat.* Vesícula; vejiga.
VES.PA *s.f. Zool.* Avispa.
VÉS.PE.RA *s.f.* Víspera; vigilia.
VES.PER.TI.NO *adj.* Vespertino.
VES.TE *s.f.* Vestimenta; vestido.
VES.TI.Á.RIO *s.m.* Vestiario.
VES.TÍ.BU.LO *s.m.* Vestíbulo.
VES.TI.DO *adj. e s.m.* Vestido.
VES.TÍ.GIO *s.m.* Vestigio.
VES.TI.MEN.TA *s.f.* Vestimenta.
VES.TIR *v.t.* Vestir; usar. *v.p.* Vestirse.
VE.TE.RI.NÁ.RIO *adj. e s.m.* Veterinario.
VE.TO *s.m.* Veto; prohibición.
VE.TUS.TO *adj.* Vetusto.

VÉU *s.m.* Velo.
VE.XA.ME *s.m.* Vejación.
VE.XAR *v.t.* Vejar; humillar. *v.p.* Avergonzarse.
VEZ *s.f.* Vez; turno; alternativa.
VE.ZO *s.m.* Costumbre; hábito.
VI.A *s.f.* Vía.
VI.A.DU.TO *s.m.* Viaducto.
VI.A.GEM *s.f.* Viaje.
VI.A.JAN.TE *s.2g.* Viajante.
VI.A.JAR *v.t. e int.* Viajar.
VÍ.BO.RA *s.f. Zool.* Víbora; *fig.* persona maldiciente.
VI.BRA.ÇÃO *s.f.* Vibración.
VI.BRAR *v.t. e int.* Vibrar.
VI.CE-GO.VER.NA.DOR *s.m.* Vicegobernador.
VICE-PRE.SI.DEN.TE *s.m.* Vicepresidente.
VI.CI.AR *v.int.* Viciar; pervertir. *v.p.* Enviciarse; corromperse.
VÍ.CIO *s.m.* Vicio.
VI.CIS.SI.TU.DE *s.f.* Vicisitud.
VI.ÇO *s.m.* Vigor; lozanía.
VI.ÇO.SO *adj.* Vigoroso; lozano.
VI.CU.NHA *s.f. Zool.* Vicuña.
VI.DA *s.f.* Vida; existencia; vitalidad; biografía.
VI.DE *s.f.* Vid; parra.
VI.DEI.RA *s.f.* Vid; parra.
VI.DEN.TE *adj. e s.2g.* Vidente.
VI.DRA.ÇA *s.f.* Lámina de vidrio; vidriera.
VI.DRA.CEI.RO *s.m.* Vidriero.
VI.DRO *s.m.* Vidrio.
VI.E.LA *s.f.* Callejón; callejuela.
VI.GA *s.f.* Viga.
VI.GA.RIO *s.m.* Vicario.
VI.GÊN.CIA *s.f.* Vigencia.
VI.GÉ.SI.MO *num.* Vigésimo.
VI.GI.A *s.f.* Vigía; vigilancia.
VI.GI.LÂN.CIA *s.f.* Vigilancia.
VI.GI.LAN.TE *adj. e s.2g.* Vigilante.
VI.GÍ.LIA *s.f.* Vigilia.
VI.GOR *s.m.* Vigor.
VI.GO.RAR *v.t. e int.* Vigorar; estar o poner em vigor; fortalecer.
VI.GO.RO.SO *adj.* Vigoroso; robusto.
VIL *adj.* Vil; infame; bajo.

VI.LA *s.f.* Villa.
VI.LA.NIA *s.f.* Villanía.
VI.LÃO *adj.* e *s.m.* Villano; grosero; rústico.
VI.LE.ZA *s.f.* Vileza.
VI.LI.PEN.DI.AR *v.t.* Vilipendiar; despreciar; injuriar.
VI.ME *s.m.* Mimbre.
VI.NA.GRE *s.m.* Vinagre.
VIN.CAR *v.int.* Plegar; arrugar; doblar.
VIN.CU.LAR *v.t.* Vincular; atar. *v.p.* Vincularse.
VÍN.CU.LO *s.m.* Vínculo; atadura; lazo.
VIN.DA *s.f.* Venida; regreso; llegada.
VIN.DI.MA *s.f.* Vendimia.
VIN.DOU.RO *adj.* Venidero; futuro.
VIN.GAN.ÇA *s.f.* Venganza.
VIN.GAR *v.t.* Vengar; castigar. *v.int.* Vencer. *v.p.* Vingarse.
VI.NHA *s.f.* Viña; viñedo.
VI.NHE.TA *s.f.* Viñeta.
VI.NHO *s.m.* Vino.
VI.NI.CUL.TOR *s.m.* Vinicul.or.
VIN.TE *num.* Veinte.
VI.O.LA *s.f. Mús.* Viola.
VI.O.LÃO *s.m. Mús.* Guitarra.
VI.O.LAR *v.t.* Violar; infringir; transgredir.
VI.O.LÊN.CIA *s.f.* Violencia.
VI.O.LEN.TAR *v.t.* Violentar; violar.
VI.O.LEN.TO *adj.* Violento; furioso.
VI.O.LE.TA *s.f. Bot.* Violeta.
VI.O.LI.NO *s.m. Mús.* Violín.
VI.O.LON.CE.LO *s.m.* Violoncelo; violonchelo.
VIR *v.int.* Venir; regresar; llegar; aparecer; provenir.
VI.RA-LA.TA *s.m.* Quiltro.
VI.RAR *v.t.* Virar; girar; volver.
VIR.GEM *adj.* e *s.f.* Virgen.
VIR.GI.NAL *adj.* Virginal; inmaculado.
VIR.GIN.DA.DE *s.f.* Virginidad.
VÍR.GU.LA *s.f.* Coma.
VI.RIL *adj.* Viril; varonil.
VI.RI.LI.DA.DE *s.f.* Virilidad.
VIR.TU.DE *s.f.* Virtud.
VIR.TU.O.SO *adj.* Virtuoso.

VÍ.RUS *s.m.* Virus.
VI.SÃO *s.f.* Visón.
VÍS.CE.RA *s.f. Anat.* Viscera.
VIS.CON.DE *s.m.* Vizconde.
VIS.CO.SO *adj.* Viscoso.
VI.SEI.RA *s.f.* Visera.
VI.SI.BI.LI.DA.DE *s.f.* Visibilidad.
VI.SI.O.NÁ.RIO *adj.* Visionario.
VI.SI.TA *s.f.* Visita.
VI.SI.TAR *v.t.* Visitar. *v.p.* Visitarse.
VIS.LUM.BRAR *v.t.* Vislumbrar.
VIS.TA *s.f.* Vista.
VIS.TO *adj.* Visto. *s.m.* Visado.
VIS.TO.RI.A *s.f.* Inspección.
VI.SU.AL *adj.* Visual.
VI.TAL *adj.* Vital; esencial.
VI.TA.LÍ.CIO *adj.* Vitalicio.
VI.TA.LI.DA.DE *s.f.* Vitalidad.
VI.TA.MI.NA *s.f.* Vitamina.
VI.TE.LA *s.f.* Ternera; vitela.
VÍ.TI.MA *s.f.* Víctima.
VI.TÓ.RIA *s.f.* Victoria; triunfo.
VI.TRI.NA *s.f.* Vitrina.
VI.TU.PE.RAR *v.t.* Vituperar; injuriar.
VI.U.VEZ *s.f.* Viudez.
VI.Ú.VO *adj.* e *s.m.* Viudo; *viúva s.f.:* viuda.
VI.VA! *interj.* ¡Viva!
VI.VAZ *adj.* Vivaz; vivo.
VI.VEI.RO *s.m.* Vivero.
VI.VÊN.CIA *s.f.* Vivencia; experiencia.
VI.VER *v.int.* Vivir; habitar; morar; existir.
VÍ.VE.RES *s.m. pl.* Víveres.
VI.VO *adj.* Vivo; vívido; ardiente; efectivo; *ao vivo:* em vivo. Ser vivo.
VI.ZI.NHAN.ÇA *s.f.* Vecindad; inmediación; cercanía.
VI.ZI.NHO *adj.* e *s.m.* Vecino.
VO.AR *v.t.* e *int.* Volar.
VO.CA.BU.LÁ.RIO *s.m.* Vocabulario.
VO.CÁ.BU.LO *s.m.* Vocablo; palabra.
VO.CA.ÇÃO *s.f.* Vocación.
VO.CAL *adj.* Vocal.
VO.CÁ.LICO *adj.* Vocálico.
VO.CÊ *pron. pess.* Tú.
VO.GAL *s.f.* Vocal.

VO.GAR *v.int.* Bogar; circular; deslizar; estar de moda.
VO.LAN.TE *adj.* Volador; movedizo. *s.m.* Volante.
VO.LA.TI.LI.DA.DE *s.f.* Volatilidad.
VO.LA.TI.LI.ZAR *v.t.* Volatilizar. *v.int.* e *p.* Volatilizarse.
VO.LEI.BOL *s.m.* Esport. Voleibol.
VOL.TA *s.f.* Vuelta; regreso; torna.
VOL.TA.GEM *s.f.* Voltaje.
VOL.TAR *v.int.* Volver.
VO.LU.ME *s.m.* Volumen; libro; masa; cuerpo; sonido.
VO.LU.MO.SO *adj.* Voluminoso.
VO.LUN.TÁ.RIO *adj.* e *s.m.* Voluntario.
VO.LUP.TUO.SO *adj.* Voluptuoso.
VO.LÚ.VEL *adj.* Voluble.
VOL.VER *v.t.* Volver; revolver.
VO.MI.TAR *v.t.* Vomitar.
VON.TA.DE *s.f.* Voluntad.
VO.O *s.m.* Vuelo.

VO.RA.CI.DA.DE *s.f.* Voracidad.
VO.RAZ *adj.* Voraz; ávido.
VÓS *pron. pess.* Vosotros; vos; os.
VOS *pron. pess.* Vos.
VOS.SO *pron. poss.* Vuestro.
VO.TA.ÇÃO *s.f.* Votación.
VO.TAR *v.t.* Votar; elegir; consagrar.
VO.TO *s.m.* Voto; sufragio; promesa.
VO.VÔ *s.m.* Abuelo; *vovó s.f.:* abuela.
VOZ *s.f.* Voz.
VUL.CÃO *s.m.* Volcán.
VUL.GAR *adj.* Vulgar.
VUL.GA.RI.DA.DE *s.f.* Vulgaridad.
VUL.GA.RI.ZAR *v.t.* Vulgarizar.
VUL.GO *s.m.* Vulgo; plebe.
VUL.NE.RA.BI.LI.DA.DE *s.f.* Vulnerabilidad.
VUL.NE.RAR *v.t.* Vulnerar; herir.
VUL.NE.RÁ.VEL *adj.* Vulnerable.
VUL.TO *s.m.* Rostro; semblante; aspecto.
VUL.VA *s.f. Anat.* Vulva.

W

W *s.m.* Vigesimotercera letra del alfabeto portugués.
WAG.NE.RI.A.NO *adj.* e *s.m.* Wagneriano.
WATT *s.m.* Eletr. Vatio; watio.

W.C. *s.m.* Abrev. W.C. (water closet); *vaso sanitário:* urinario.
WEB *s.f. Inform.* Web.
WESTERN *s.m.* Western.

X

X *s.m.* Vigesimocuarta letra del alfabeto portugués.
XA.DREZ *s.m.* Ajedrez; cárcel. *adj.* A cuadros.
XA.LE *s.m.* Chal; mantilla
XAM.PU *s.m.* Champú.
XA.RÁ *s.m.* Tocayo.
XA.RO.PE *s.m.* Jarabe.
XE.LIM *s.m.* Chelín.
XE.NO.FO.BI.A *s.f.* Xenofobia.
XE.QUE *s.m.* Jaque (ejedrez).
XE.RE.TA *adj.* e *s.2g.* Curioso; chismoso.
XE.RI.FE *s.m.* Sheriff.
XÍ.CA.RA *s.f.* Taza (de café o té).
XI.I.TA *adj.* e *s.m.* Chiíta.
XI.LIN.DRÓ *s.m.* Chirona; prisión.
XI.LO.FO.NE *s.m.* Xilófono.
XIN.GAR *v.t.* e *int.* Insultar; injuriar.
XI.XI *s.m.* Pipí; pis.
XÔ *interj.* ¡Cho!; espantar.
XO.DÓ *s.m.* Estima; amor.
XU.CRO *adj.* Grosero; ignorante; bravo.

Y

Y *s.m.* Vigesimoquinta letra del alfabeto portugués.
YANG *s.m.* Yang.
YING *s.m.* Ying.
YUPPIE *s.m.* Yuppie

Z

Z *s.m.* Vigesimosexta letra del alfabeto portugués.
ZA.BUM.BA *s.f.* Zambomba.
ZA.GA *s.f. Esport.* Defensa en el fútbol.
ZA.GUEI.RO *s.m. Esport.* Zaguero; defenza.
ZAN.GA *s.f.* Rabia; enojo; enfado.
ZAN.GÃO *s.m.* Zángano.
ZAN.GAR *v.t.* Enojar; enfadar. *v.p.* Enojarse; indisponerse; encolerizarse.
ZAN.ZAR *v.int.* Vagabundear; vaguear.
ZAR.PAR *v.t.* e *int.* Zarpar; escabullirse.
ZÁS! *intepj.* ¡zas!
ZE.BRA *s.f. Zool.* Cebra.
ZE.BU *s.m.* Cebú (ganado bovino).
ZÉ.FI.RO *s.m.* Céfiro; *fig.* brisa.
ZE.LA.DOR *s.m.* Celador.
ZE.LAR *v.t.* e *int.* Zelar; celar; velar; cuidar; atender.
ZE.LO *s.m.* Celo; desvelo; cuidado.
ZE.LO.SO *adj.* Celoso; cuidadoso.
ZÊ.NI.TE *s.m.* Cenit, zenit.
ZE.RO *s.m. Mat.* Cero.
ZI.GUE.ZA.GUE *s.m.* Zigzag.
ZIN.CO *s.m.* Zinc.

ZÍ.PER *s.m.* Cremallera; zíper.
ZO.A.DA *s.f.* Zumbido; algarabía.
ZO.DÍ.A.CO *s.m.* Zodíaco.
ZOM.BAR *v.t.* Burlarse; desdeñar.
ZOM.BE.TEI.RO *adj.* e *s.m.* Burlón; sarcástico.
ZO.NA *s.f.* Zona; área.
ZON.ZO *adj.* Mareado; aturdido.

ZO.O.LO.GI.A *s.f.* Zoología.
ZO.O.LÓ.GI.CO *adj.* e *s.m.* Zoológico.
ZUM.BI.DO *s.m.* Zumbido.
ZUM.BIR *v.int.* Zumbar; susurrar.
ZUN.ZUM *s.m.* Murmuración.
ZUR.RAR *v.int.* Rebuznar; roznar.
ZUR.RO *s.m.* Rebuzno.
ZUR.ZIR *v.int.* Castigar; vapulear.

ESPANHOL

PORTUGUÊS

A

A *s.m.* Primeira letra do alfabeto espanhol; *prep.*: a, para; com.
A.BA.CE.RIA *s.f.* Mercearia.
A.BAD *s.m.* Abade; cura.
A.BA.JO *adv.* Baixo; embaixo.
A.BAN.DO.NAR *v.t.* Abandonar; deixar. *v.p.* Abandonar-se; entregar-se.
A.BAN.DO.NO *s.m.* Abandono.
A.BA.NI.CO *s.m.* Leque; abano.
A.BA.RA.TAR *v.t.* Baratear; baixar o preço.
A.BAR.CAR *v.t.* Abranger; cingir; ocupar.
A.BA.TIR *v.t.* Abater; derrubar; deprimir. *v.p.* Abater-se; deprimir-se.
AB.DI.CAR *v.t.* Abdicar; renunciar; desistir.
AB.DO.MEN *s.m.* Abdômen; abdome; barriga; ventre.
AB.DO.MI.NAL *adv.* Abdominal.
A.BE.CE.DA.RIO *s.m.* Alfabeto; abecedário; cartilha.
A.BE.JA *s.f.* Abelha.
A.BE.JÓN *s.m.* Abelhão; zangão.
A.BE.RRA.CIÓN *s.f.* Aberração.
A.PER.TU.RA *s.f.* Abertura; entrada.
A.BIER.TO *adj.* Aberto; destampado; transponível.
A.BIS.MO *s.m.* Abismo; precipício.
AB.JU.RAR *v.t.* e *int.* Abjurar.
A.BLAN.DAR *v.t.* Abrandar; suavizar. *v.p.* Abrandar-se.
AB.NE.GA.CIÓN *s.f.* Abnegação.
A.BO.GA.CÍA *s.f.* Advocacia.
A.BO.GA.DO *s.m.* Advogado.
A.BO.GAR *v.int.* Advogar.
A.BO.LI.CIÓN *s.f.* Abolição.
A.BO.LIR *v.t.* Abolir; desfazer; acabar.
A.BO.MI.NAR *v.t.* Abominar; detestar.
A.BO.NA.DO *s.m.* Abonado; assinante de jornal; sócio.
A.BO.NAR *v.t.* Abonar; afiançar; adubar; assinar um jornal.
A.BO.NO *s.m.* Abono; assinatura (de jornal); mensalidade (escolar); adubo.
A.BOR.DAR *v.t.* e *int.* Abordar; mencionar.
A.BO.RRE.CER *v.t.* Aborrecer; importunar; incomodar. *v.p.* Aborrecer-se; chatear-se; entristecer-se.
A.BOR.TAR *v.t.* e *int.* Abortar; fracassar; interromper.
A.BOR.TO *s.m.* Aborto.
A.BO.TO.NAR *v.t.* Abotoar.
A.BRA.CA.DA.BRA *s.m.* Abracadabra.
A.BRA.SAR *v.t.* Abrasar; queimar.
A.BRA.SIÓN *s.f.* Abrasão.
A.BRA.SI.VO *adj.* Abrasivo.
A.BRA.ZA.DE.RA *s.f.* Braçadeira.
A.BRA.ZAR *v.t.* Abraçar.
A.BRA.ZO *s.m.* Abraço.
A.BRE.LA.TAS *s.m.* Abridor de latas.
A.BRE.VIAR *v.t.* Abreviar; resumir.
A.BRE.VIA.TU.RA *s.f.* Abreviatura.
A.BRI.DOR *adj.* e *s.m.* Abridor.
A.BRI.GAR *v.t.* Abrigar; proteger; acolher.
A.BRI.GO *s.m.* Abrigo; amparo; proteção; agasalho.
A.BRIL *s.m.* Abril.
A.BRI.LLAN.TAR *v.t.* Abrilhantar; dar brilho.
A.BRIR *v.t.* Abrir; destrancar; confidenciar. *v.p.* Abrir-se.
A.BRO.CHAR *v.t.* Abotoar; afivelar (a roupa).
A.BRUP.TO *adj.* Abrupto.
AB.SO.LU.CIÓN *s.f.* Absolvição.
AB.SO.LU.TO *adj.* Absoluto.
AB.SOL.VER *v.t.* Absolver; perdoar.

AB.SOR.BER v.t. Absorver.
AB.SOR.TO adj. Absorto; ensimesmado.
ABS.TE.MIO adj. Abstêmio.
ABS.TEN.CIÓN s.f. Abstenção.
ABS.TE.NER.SE v.p. Abster-se.
ABS.TI.NÊN.CIA adj. Abstinência.
ABS.TRAC.TO adj. Abstrato; abstraído; vago; distraído.
ABS.TRA.ER v.t. Abstrair. v.p. Abstrair-se.
AB.SOR.BER v.t. Absorver; sorver; tragar. v.p. Absorver-se.
AB.SOR.CIÓN s.f. Absorção.
AB.SOR.TO adj. Absorto; distraído; enlevado.
AB.SUR.DO adj. e s.m. Absurdo.
A.BUE.LO s.m. Avô; *abuela* s.f.: avó.
A.BUL.TAR v.t. Avultar; avolumar.
A.BUN.DAN.CIA s.f. Abundância; fartura.
A.BUN.DAR v.int. Abundar.
A.BU.RRI.DO adj. Tedioso; enfadonho; aborrecido.
A.BU.RRIR v.t. Entediar; aborrecer; enjoar; chatear.
A.BU.SAR v.t. Abusar; ofender; violentar. v.p. Aproveitar-se; exceder-se.
A.BU.SO s.m. Abuso; insolência; excesso; violência.
A.CÁ adv. Aqui; cá.
A.CA.BAR v.t. Acabar; terminar.
A.CA.DE.MIA s.f. Academia.
A.CA.DÉ.MI.CO adj. Acadêmico.
A.CAE.CER v.int. Acontecer; suceder.
A.CA.LO.RAR v.t. Acalorar; aquecer. v.p. Exaltar-se.
A.CA.LLAR v.t. Acalmar; aplacar; sossegar.
A.CAM.PAR v.int. Acampar.
A.CA.PA.RAR v.t. Monopolizar; açambarcar.
A.CA.RI.CIAR v.t. Acariciar. v.p. Acariciar-se.
A.CA.RRE.AR v.t. Transportar; conduzir; *fig.* acarretar.
A.CA.RREO s.m. Transporte; acarretamento.
A.CA.SO adv. Acaso; talvez. s.m. Acaso; casualidade.
A.CA.TAR v.t. Acatar; respeitar; obedecer.
A.CA.TA.RRAR.SE v.p. Gripar-se; resfriar-se.
AC.CE.DER v.int. Aceder; consentir; aceitar.

AC.CE.SI.BLE adj. Acessível.
AC.CE.SIÓN s.f. Acessão; entrada.
AC.CE.SO s.m. Acesso; permissão; entrada; ingresso; impulso.
AC.CE.SO.RIO adj. Acessório; adereço; detalhe.
AC.CI.DEN.TA.DO adj. Acidentado; irregular; áspero.
AC.CI.DEN.TAL adj. Acidental; casual.
AC.CI.DEN.TAR v.t. Acidentar. v.p. Acidentar-se; ferir-se.
AC.CI.DEN.TE s.m. Acidente; incidente.
AC.CIÓN s.f. Ação; ato; feito; obra; movimento.
AC.CIO.NAR v.t. Acionar.
AC.CIO.NIS.TA s.2g. Acionista.
A.CE.CHAR v.t. Espreitar; vigiar.
A.CE.CHO s.m. Espreita.
A.CEI.TE s.m. Azeite; óleo.
A.CEI.TU.NA s.f. Bot. Azeitona.
A.CE.LA.RA.CIÓN s.f. Aceleração.
A.CE.LE.RA.DOR adj. e s.m. Acelerador.
A.CE.LE.RAR v.t. Acelerar; apressar. v.p. Acelerar-se; apressar-se.
A.CEL.GA s.f. Acelga.
A.CEN.TO s.m. Acento; entonação.
A.CEN.TUA.CIÓN s.f. Acentuação.
A.CEN.TU.AR v.t. Acentuar; salientar.
A.CEP.CIÓN s.f. Acepção; significado.
A.CEP.TA.CIÓN s.f. Aceitação.
A.CEP.TAR v.t. Aceitar.
A.CER.CA adv. Com respeito a; acerca de.
A.CER.CAR v.t. Acercar; aproximar.
A.CE.RE.RIA s.f. Siderurgia.
A.CE.RO s.m. Aço.
A.CER.TAR v.t. Acertar; encontrar.
A.CER.VO s.m. Acervo.
A.CE.TO.NA s.f. Quím. Acetona.
A.CHA.CAR v.t. Achacar; atribuir; censurar; acusar; adoecer.
A.CHA.CO.SO adj. Adoentado; achacadiço.
A.CHAN.TAR v.t. Intimidar; calar. v.p. Calar-se.
A.CHA.QUE s.m. Achaque; indisposição.
A.CHA.TAR v.t. Achatar. v.p. Achatar-se.

A.CHI.CAR v.t. Diminuir; reduzir; minguar; tolher. v.p. Acanhar-se; acovardar-se.
A.CHI.CO.RIA s.f. Chicória.
A.CHU.CHAR v.t. Apressar; instigar.
A.CI.DEZ s.f. Acidez.
Á.CI.DO adj. Ácido; mordaz.
A.CI.ER.TO s.m. Acerto.
A.CLA.MA.CIÓN s.f. Aclamação; aplaudir; ovação.
A.CLA.MAR v.t. Aclamar; ovacionar.
A.CLA.RA.CIÓN s.f. Esclarecimento; aclaração.
A.CLA.RAR v.t. e int. Aclarar; esclarecer; explicar; clarear.
A.CLI.MA.TAR v.t. Aclimatar; climatizar.
A.CO.BAR.DAR v.t. Acovardar; atemorizar; amedrontar. v.p. Acovardar-se.
A.CO.GE.DOR adj. Acolhedor.
A.CO.GER v.t. Acolher; proteger.
A.CO.JO.NAN.TE adj. Impressionante; incrível.
A.CO.ME.TER v.t. Acometer; abordar.
A.CO.MO.DA.CIÓN s.f. Acomodação.
A.CO.MO.DA.DO adj. Acomodado; abastado.
A.CO.MO.DAR v.t. Acomodar; ajustar. v.p. Acomodar-se; conformar-se.
A.COM.PA.ÑA.DO adj. Acompanhado.
A.COM.PA.ÑAR v.t. Acompanhar; escoltar.
A.COM.PA.SAR v.t. Compassar; cadenciar.
A.COM.PLE.JA.DO adj. Complexado.
A.CON.DI.CIO.NAR v.t. Acondicionar; arrumar.
A.CON.GO.JAR v.t. Angustiar; atormentar; afligir.
A.CON.SE.JAR v.t. Aconselhar; recomendar; advertir.
A.CON.TE.CER v.int. Acontecer; ocorrer.
A.CON.TE.CI.MIEN.TO s.m. Acontecimento; evento; fato.
A.CO.PLAR v.t. Acoplar; juntar. v.p. Adequar.
A.CO.RA.ZA.DO adj. e s.m. Couraçado, encouraçado; blindado.
A.COR.DAR v.t. Acordar (fazer acordo); concordar; combinar.
A.COR.DE adj. Acorde (de acordo); conforme. s.m. Mús. Acorde.
A.COR.DEÓN s.m. Mús. Acordeão.
A.CO.RRA.LAR v.t. Encurralar.
A.COR.TAR v.t. Encurtar; diminuir a distância.
A.COS.TAR v.t. Encostar; deitar; inclinar; atracar.
A.COS.TUM.BRAR v.t. Acostumar; familiarizar. v.p. Acostumar-se; ajeitar-se.
A.CRE adj. Acre; azedo. s.m. Acre (medida).
A.CRE.CEN.TAR v.t. Acrescentar. v.p. Acrescentar-se.
A.CRE.DI.TAR v.t. Acreditar; creditar; credenciar; abonar.
A.CRE.E.DOR adj. Credor; digno; merecedor.
A.CRÍ.LI.CO adj. Quím. Acrílico.
A.CRO.BA.CIA s.f. Acrobacia.
AC.TA s.f. Ata.
AC.TI.TUD s.f. Atitude; comportamento; postura.
AC.TI.VAR v.t. Ativar; despertar; excitar.
AC.TI.VI.DAD s.f. Atividade; movimentação; exercício; ocupação.
AC.TI.VIS.TA s.2g. Ativista.
AC.TI.VO adj. Ativo; ágil; eficiente; animado; enérgico.
AC.TO s.m. Ato; feito; ação; solenidade; parte de peça teatral.
AC.TOR s.m. Ator.
AC.TRIZ s.f. Atriz.
AC.TUA.CIÓN s.f. Atuação.
AC.TUAL adj. Atual; presente; real; imediato.
AC.TUA.LI.DAD s.f. Atualidade.
AC.TUA.LI.ZAR v.t. Atualizar; modernizar.
AC.TUAR v.int. Atuar; agir; desempenhar uma função.
A.CUA.RE.LA s.f. Aquarela.
A.CUA.RIO s.m. Aquário.
A.CU.CIAR v.t. Aguçar; incentivar; estimular.
A.CU.CIO.SO adj. Diligente.
A.CUÁ.TI.CO adj. Aquático.
A.CU.CHI.LLAR v.t. Acutilar; esfaquear.
A.CU.DIR v.int. Acudir; comparecer (a algum lugar); recorrer.
A.CUE.DUC.TO s.m. Aqueduto.

A.CUER.DO *s.m.* Acordo; contrato.
A.CU.MU.LA.CIÓN *s.f.* Acumulação.
A.CU.MU.LAR *v.t.* Acumular; amontoar. *v.p.* Acumular-se.
A.CU.RRU.CAR.SE *v.p.* Encolher-se de forma aconchegante; agachar-se.
A.CU.SA.CIÓN *s.f.* Acusação.
A.CU.SAR *v.t.* Acusar; incriminar; denunciar.
A.DAP.TA.CION *s.f.* Adaptação.
A.DAP.TAR *v.t.* Adaptar. *v.p.* Adaptar-se.
A.DE.CUA.DO *adj.* Adequado; apropriado.
A.DE.CUAR *v.t.* Adequar; ajustar. *v.p.* Adequar-se.
A.DE.LAN.TAR *v.t.* Adiantar; acelerar; antecipar. *v.p.* Adiantar-se; antecipar-se.
A.DE.LAN.TE *interj.* Avante!; vamos!
A.DE.LAN.TO *s.m.* Adiantamento; progresso.
A.DEL.GA.ZAR *v.t.* Emagrecer; afinar.
A.DE.MÁN *s.m.* Ademã (gesto ou movimento com as mãos).
A.DE.MÁS *adv.* Ademais; além disso.
A.DEN.TRAR.SE *v.p.* Adentrar-se.
A.DEN.TRO *adv.* Adentro; dentro.
A.DEP.TO *adj.* e *s.m.* Adepto; seguidor; partidário.
A.DE.RE.ZAR *v.t.* Adereçar; compor; temperar; condimentar.
A.DE.RE.ZO *s.m.* Adereço; enfeite; tempero; condimento.
A.DEU.DAR *v.t.* Endividar. *v.p.* Endividar-se.
A.DHE.REN.CIA *s.f.* Aderência; vínculo; ligação.
A.DHE.RIR *v.t.* e *int.* Aderir; vincular. *v.p.* Aderir-se; vincular-se.
A.DHE.SIÓN *s.f.* Adesão; união; concordância.
A.DHE.SI.VO *adj.* Adesivo.
A.DI.CIÓN *s.f.* Adição.
A.DI.CIO.NAR *v.t.* Adicionar; somar.
A.DIC.TO *adj.* Adepto; apegado.
A.DI.ES.TRA.MIEN.TO *s.m.* Adestramento; ensino.
A.DI.ES.TRAR *v.t.* Adestrar; treinar; disciplinar.
¡A.DIOS! *interj.* Adeus!; até logo!
A.DI.TA.MEN.TO *s.m.* Aditamento; acréscimo.
A.DI.TI.VO *adj.* Aditivo.
A.DI.VI.NA.CIÓN *s.f.* Adivinhação.
A.DI.VI.NAN.ZA *s.f.* Adivinhação.
A.DI.VI.NAR *v.t.* Adivinhar.
A.DI.VI.NO *s.m.* Adivinho.
AD.JE.TI.VO *s.m.* Gram. Adjetivo.
AD.JUN.TO *adj.* Adjunto; anexo; ligado.
AD.MI.NIS.TRA.CIÓN *s.f.* Administração.
AD.MI.NIS.TRA.DOR *s.m.* Administrador.
AD.MI.NIS.TRAR *v.t.* Administrar, gerenciar; ministrar.
AD.MI.RA.CIÓN *s.f.* Admiração; espanto.
AD.MI.RAR *v.t.* Admirar; surpreender; apreciar. *v.p.* Admirar-se; espantar-se; maravilhar-se.
AD.MI.SIÓN *s.f.* Admissão; iniciação.
AD.MI.TIR *v.t.* Admitir; receber; concordar.
A.DO.BAR *v.t.* Temperar; condimentar.
A.DO.BE *s.m.* Tijolo (de argila cozida).
A.DO.BO *s.m.* Tempero; condimento.
A.DO.LE.CER *v.int.* Adoecer; padecer.
A.DO.LE.CEN.CIA *s.f.* Adolescência.
A.DO.LE.CEN.TE *adj.* e *s.2g.* Adolescente.
A.DON.DE *adv.* Aonde.
A.DON.DE.QUIE.RA *adv.* Aonde quer que.
A.DOP.TAR *v.t.* Adotar.
A.DO.QUÍN *s.m.* Paralelepípedo; laje; macadame.
A.DO.RA.CIÓN *s.f.* Adoração.
A.DO.RAR *v.t.* Adorar.
A.DOR.ME.CER *v.t.* e *int.* Adormecer.
A.DOR.NAR *v.t.* Adornar; enfeitar.
A.DOR.NO *s.m.* Adorno; enfeite.
AD.QUI.RIR *v.t.* Adquirir; obter; arrecadar; comprar.
AD.QUI.SI.CIÓN *s.f.* Aquisição.
A.DRE.DE *adv.* De propósito.
A.DRE.NA.LI.NA *s.f.* Adrenalina.
A.DUA.NA *s.f.* Aduana; alfândega.
A.DUA.NE.RO *adj.* Aduaneiro; alfandegário.
A.DU.CIR *v.t.* Aduzir; argumentar.
A.DU.LA.CIÓN *s.f.* Adulação.
A.DU.LAR *v.t.* Adular.
A.DUL.TE.RA.CIÓN *s.f.* Adulteração.

A.DUL.TE.RAR *v.t.* e *int.* Adulterar; falsificar.
A.DUL.TÉ.RIO *s.m.* Adultério; infidelidade.
A.DUL.TO *adj.* Adulto; experiente; maduro.
AD.VE.NI.MIEN.TO *s.m.* Advento; vinda; aparecimento.
AD.VER.BIO *s.m. Gram.* Advérbio.
AD.VER.SA.RIO *s.m.* Adversário; rival; oponente.
AD.VER.SI.DAD *s.f.* Adversidade.
AD.VER.SO *adj.* Adverso; desfavorável.
AD.VER.TEN.CIA *s.f.* Advertência; aviso; conselho.
AD.VER.TIR *v.t.* Advertir; avisar; aconselhar; prevenir.
A.YA.CEN.TE *adj.* Adjacente; contíguo.
A.É.REO *adj.* Aéreo.
AE.RÓ.DRO.MO *s.m.* Aeródromo.
AE.RO.MO.DE.LIS.MO *s.m.* Aeromodelismo.
AE.RO.NÁU.TI.CA *s.f.* Aeronáutica.
AE.RO.NA.VE *s.f.* Aeronave.
AE.RO.PLA.NO *s.m.* Aeroplano; avião.
AE.RO.PUER.TO *s.m.* Aeroporto.
AE.RO.SOL *s.m.* Aerossol.
A.FA.BLE *adj.* Afável; cortês; polido.
A.FA.MAR *v.t.* Afamar.
A.FÁN *s.m.* Afã; empenho; esforço.
A.FA.NAR *v.t.* Trabalhar muito; *fam.* furtar. *v.p.* Fatigar-se.
A.FA.SIA *s.f. Med.* Afasia.
A.FEAR *v.t.* Enfear; tornar feio.
A.FEC.CIÓN *s.f.* Afeição; *Med.* afecção; doença.
A.FEC.TA.CIÓN *s.f.* Afetação.
A.FEC.TAR *v.t.* Afetar; simular; dissimular; atingir. *v.p.* Afetar-se; abalar-se.
A.FEC.TI.VI.DAD *s.f.* Afetividade.
A.FEC.TO *adj.* Afeito; afeiçoado; amigo. *s.m.* Afeto; carinho; afeição.
A.FEC.TUO.SI.DAD *s.f.* Afetuosidade; afetividade.
A.FEC.TUO.SO *adj.* Afetuoso; dedicado; carinhoso.
A.FEI.TAR *v.t.* Barbear. *v.p.* Barbear-se.
A.FE.MI.NA.DO *adj.* Afeminado.
A.FEI.TE *s.m.* Adorno; cosmético.
A.FE.RRAR *v.t.* e *int.* Aferrar; agarrar; segurar; prender. *v.p.* Aferrar-se; agarrar-se.
A.FIAN.ZAR *v.t.* Afiançar; garantir; assegurar.
A.FI.CIÓN *s.f.* Afeição; afeto; afinco; hobby.
A.FI.CIO.NA.DO *adj.* e *s.m.* Aficionado; amador; fã; torcedor.
A.FI.CIO.NAR *v.t.* Interessar. *v.p.* Interessar-se.
A.FI.LA.DOR *s.m.* Afiador; amolador.
A.FI.LAR *v.t.* Afiar; amolar; aguçar. *v.p.* Afiar-se; aguçar-se.
A.FI.LIAR *v.t.* Afiliar; unir; associar. *v.p.* Afiliar-se; filiar-se; associar-se.
A.FÍN *adj.* Afim; com afinidade; semelhante; próximo.
A.FI.NAR *v.t.* Afinar; apurar; depurar; aperfeiçoar. *v.p.* Refinar-se.
A.FI.NI.DAD *s.f.* Afinidade.
A.FIR.MA.CIÓN *s.f.* Afirmação.
A.FIR.MAR *v.t.* Afirmar; assegurar; garantir; atestar; comprovar; dizer.
A.FIR.MA.TI.VO *adj.* Afirmativo; afirmação.
A.FLIC.CIÓN *s.f.* Aflição.
A.FLI.GIR *v.t.* Afligir. *v.p.* Afligir-se.
A.FLO.JAR *v.t.* e *int.* Afrouxar; alargar; enfraquecer. *v.p.* Afrouxar-se.
A.FLO.RAR *v.int.* Aflorar; emergir.
A.FLU.EN.CIA *s.f.* Afluência; afluxo; abundância.
A.FLU.EN.TE *adj.* e *s.m.* Afluente.
A.FLUIR *v.int.* Afluir; correr; convergir.
A.FO.NÍA *s.f.* Afonia.
A.FÓ.NI.CO *adj.* Afônico.
A.FO.RAR *v.t.* Aforar; avaliar; abonar.
A.FO.RIS.MO *s.m.* Aforismo.
A.FOR.TU.NA.DO *adj.* e *s.m.* Afortunado; favorecido.
A.FRE.CHO *s.m.* Farelo.
A.FREN.TA *s.f.* Afronta; insulto; injúria.
A.FREN.TAR *v.t.* Afrontar; insultar; injuriar; ofender.
A.FRI.CA.NO *adj.* e *s.m.* Africano.
A.FRON.TAR *v.t.* e *int.* Enfrentar; confrontar.
AF.TA *s.f. Med.* Afta.

A.FUE.RA adv. Afora; por afuera: por fora; afueras s.f. pl.: arredores.

A.GA.CHA.DA s.f. Agachamento; abaixado.

A.GA.CHAR v.t. e int. Agachar; abaixar; ocultar; esconder. v.p. Abaixar-se.

A.GA.LLAS s.f. pl. Valentia; audácia; Zool. guelras.

Á.GA.PE s.m. Ágape; banquete social ou de caridade.

A.GA.RRA.DO adj. Agarrado; muito junto.

A.GA.RRAR v.t. Agarrar; segurar com garras; pegar de surpresa.

A.GA.RRÓN s.m. Agarrão.

A.GA.RRO.TAR v.t. Apertar; endurecer. v.p. retesar-se.

A.GA.SA.JAR v.t. Agasalhar; acolher; obsequiar.

A.GA.SA.JO s.m. Presente; carinho; acolhida; agasalho.

A.GA.ZA.PAR v.t. Agarrar; esconder; agachar. v.p. Esconder-se; esconder-se.

A.GEN.CIA s.f. Agência; filial de loja.

A.GEN.CIAR v.t. int. Agenciar; negociar.

A.GEN.DA s.f. Agenda.

A.GEN.TE s.m. Agente.

Á.GIL adj. Ágil; ligeiro.

A.GI.LI.DAD s.f. Agilidade.

A.GI.LI.ZAR v.t. Agilizar. v.p. Agilizar-se.

A.GI.TA.CIÓN s.f. Agitação.

A.GI.TA.DOR adj. e s.m. Agitador.

A.GI.TAR v.t. Agitar. v.p. Agitar-se.

A.GLO.ME.RA.CIÓN s.f. Aglomeração.

A.GLO.ME.RA.DO adj. e s.m. Aglomerado.

A.GLO.ME.RAR v.t. Aglomerar. v.p. Aglomerar-se.

A.GLU.TI.NAR v.t. Aglutinar; ajuntar. v.p. Aglutinar-se.

A.GO.BI.AR v.t. Agoniar; cansar. v.p. Agoniar-se.

A.GOL.PAR v.t. Amontoar; empilhar. v.p. Amontoar-se; juntar-se.

A.GO.BIO s.m. Agonia; angústia; cansaço; esgotamento.

A.GO.NÍ.A s.f. Agonia; aflição.

A.GO.NI.ZAN.TE adj. Agonizante.

A.GO.NI.ZAR v.t. e int. Agonizar; agoniar.

A.GO.RAR v.t. Agourar.

A.GO.RE.RO adj. Agourento.

A.GOS.TO s.m. Agosto.

A.GO.TA.DO adj. Esgotado.

A.GO.TAR v.t. Esgotar; extenuar; fatigar; cansar. v.p. Esgotar-se.

A.GRA.CIA.DO adj. e s.m. Agraciado; gracioso; afortunado; sortudo.

A.GRA.CIAR v.t. Agraciar; contemplar.

A.GRA.DA.BLE adj. Agradável.

A.GRA.DAR v.t. e int. Agradar; deleitar.

A.GRA.DE.CER v.t. Agradecer.

A.GRA.DE.CI.DO adj. Agradecido; grato.

A.GRA.DE.CI.MIEN.TO s.m. Agradecimento.

A.GRA.DO s.m. Agrado; deleite; prazer.

A.GRAN.DAR v.t. Aumentar; engrandecer. v.p. Engrandecer-se.

A.GRA.RIO adj. e s.m. Agrário.

A.GRA.VAR v.t. Agravar; piorar. v.p. Agravar-se.

A.GRA.VIAR v.t. Agravar; ofender; insultar. v.p. Ofender-se.

A.GRA.VIO s.m. Agravo; insulto; ofensa.

A.GRE.DIR v.t. Agredir; atacar; assaltar.

A.GRE.GA.DO adj. Agregado; anexo; reunido. s.m. Conjunto; agrupamento.

A.GRE.GAR v.t. Agregar; reunir; juntar.

A.GRE.SIÓN s.f. Agressão.

A.GRE.SI.VI.DAD s.f. Agressividade.

A.GRE.SI.VO adj. Agressivo.

A.GRE.SOR, adj. e s.m. Agressor.

A.GRES.TE adj. Agreste.

A.GRIAR v.t. Azedar; fig. irritar. v.p. Azedar-se.

A.GRÍ.CO.LA adj. Agrícola.

A.GRI.CUL.TOR adj. e s.m. Agricultor.

A.GRI.CUL.TU.RA s.f. Agricultura.

A.GRIO adj. Acre; azedo; ácido; fig. difícil; áspero.

A.GRO.NO.MÍ.A s.f. Agronomia.

A.GRÓ.NO.MO s.m. Agrônomo.

A.GRO.PE.CUA.RIO adj. Agropecuário.

A.GRU.PA.CIÓN s.f. Agrupamento.

A.GRU.PA.MIEN.TO s.m. Agrupamento.

A.GRU.PAR v.t. Agrupar; reunir. v.p. Agrupar-se.
A.GUA s.f. Água.
A.GUA.CA.TE s.m. Bot. Abacate.
A.GUA.CE.RO s.m. Aguaceiro; pancada de chuva.
A.GUA.CHI.NAR v.t. Molhar. v.p. Molhar-se.
A.GUA.CHIR.LE s.f. Bot. Aguapé.
A.GUA.DE.RO s.m. Bebedouro.
A.GUAR v.t. Aguar; molhar.
A.GUAI.TAR v.t. Espreitar; aguardar.
A.GUAR.DAR v.t. e int. Aguardar; esperar.
A.GUAR.DIEN.TE s.m. Aguardente; cachaça.
A.GU.DE.ZA s.f. Agudeza; perspicácia.
A.GU.DO adj. Agudo; aguçado; grave.
A.GÜE.RO s.m. Agouro.
A.GUE.RRI.DO adj. Aguerrido; belicoso.
A.GUI.JAR v.t. Aguilhoar.
A.GUI.JÓN s.m. Aguilhão; ferrão.
A.GUI.JO.NE.AR v.t. Aguilhoar; esporear; ferroar.
Á.GUI.LA s.f. Água.
A.GU.JA s.f. Agulha; ponteiro; pico de montanha.
A.GU.JE.RE.AR v.t. Furar; perfurar; esburacar.
A.GU.JE.RO s.m. Agulheiro; buraco; furo; *agujero negro:* buraco negro.
A.GU.JE.TAS s.f. pl. Agulhadas; pontadas; dores musculares.
A.GU.ZAR v.t. Aguçar; estimular; melhorar.
A.HÍ adv. Aí.
A.HI.JA.DO adj. e s.m. Afilhado; protegido.
A.HI.JAR v.t. Adotar; proteger.
A.HÍN.CO s.m. Afinco; empenho; dedicação.
A.HI.TAR v.t. Atulhar; empanturrar.
A.HO.GA.DO adj. e s.m. Afogado; sufocado.
A.HO.GAR v.t. Afogar; asfixiar; sufocar; oprimir. v.p. Afogar-se.
A.HO.GO s.m. Sufoco; aperto; aflição.
A.HON.DAR v.t. Afundar; penetrar; aprofundar; cavar.
A.HO.RA adv. Agora; neste instante.
A.HOR.CA.DO adj. e s.m. Enforcado.
A.HOR.CAR v.t. Enforcar. v.p. Enforcar-se.
A.HO.RI.TA adv. Agorinha; agora mesmo.

A.HO.RRAR v.t. Poupar; economizar. v.p. Poupar-se.
A.HO.RRO s.m. Economia; poupança.
A.HUE.CAR v.t. Escavar; amaciar; afofar; enrouquecer.
A.HU.MAR v.t. e int. Defumar; enfumaçar; esfumar.
A.HU.YEN.TAR v.t. Afugentar; espantar. v.p. Fugir; afastar-se.
AI.RAR v.t. e p. Irritar(-se); irar(-se); encolerizar(-se).
AI.RE s.m. Ar; atmosfera; clima; feição; fisionomia.
AI.RE.AR v.t. Arejar; ventilar. v.p. Arejar-se; refrescar-se.
AI.RO.SO adj. Airoso; arejado; garboso.
AIS.LA.DOR adj. e s.m. Isolador.
AIS.LA.MIEN.TO s.m. Isolamento; isolação.
AIS.LAN.TE adj. e s.m. Isolante.
AIS.LAR v.t. Isolar; separar. v.p. Isolar-se.
A.JAR v.t. Maltratar; estragar; desacreditar; injuriar.
A.JAR.DI.NAR v.t. Ajardinar.
A.JE.DRE.CIS.TA s.2g. Enxadrista; xadrezista.
A.JE.DREZ s.m. Xadrez (jogo).
A.JE.NO adj. Alheio; distante.
A.JE.TRE.AR.SE v.p. Fatigar-se.
A.JE.TREO s.m. Fadiga.
A.JÍ s.m. Bot. Pimenta; pimentão.
A.JO s.m. Bot. Alho.
A.JOA.CEI.TE s.m. Molho de alho e azeite.
A.JON.JO.LÍ s.m. Bot. Gergelim.
A.JUAR s.m. Enxoval.
A.JUI.ZAR v.t. Ajuizar.
A.JUN.TAR v.t. Ajuntar; unir; reunir. v.p. Ajuntar-se.
A.JUS.TA.BLE adj. Ajustável.
A.JUS.TAR v.t. Ajustar; adaptar; acertar; combinar; encaixar.
A.JUS.TE s.m. Ajuste; acerto; acordo.
A.JUS.TI.CIAR v.t. Justiçar; executar.
AL Contr da prep. *a* com o artigo *el:* ao.
A.LA s.f. Asa (de aves, insetos etc.); aba (de chapéu).
A.LA.BAN.ZA s.f. Louvor; elogio; aplauso.

A.LA.BAR v.t. Louvar; elogiar. v.p. Louvar-se; gabar-se.
A.LA.CE.NA s.f. Armário para guardar comida; aparador.
A.LA.CRÁN s.m. Zool. Escorpião.
A.LA.DO adj. Alado; veloz.
A.LAM.BI.CA.DO adj. Alambicado; destilado.
A.LAM.BI.CAR v.t. Alambicar; destilar em alambique.
A.LAM.BI.QUE s.m. Alambique.
A.LAM.BRA.DA s.f. Alambrado; aramado.
A.LAM.BRAR v.t. Alambrar; cercar com arame.
A.LAM.BRE s.m. Arame.
A.LA.ME.DA s.f. Alameda; avenida.
Á.LA.MO s.m. Bot. Álamo; choupo.
A.LAR s.m. Beiral; beco.
A.LAR.DE s.m. Alarde; ostentação; orgulho.
A.LAR.DE.AR v.int. Alardear; ostentar; gabar-se.
A.LAR.GAR v.t. Alongar; dilatar; encompridar. v.p. Alongar-se.
A.LA.RI.DO s.m. Alarido; gritaria; lamúria.
A.LAR.MA s.f. Alarme; alarma; sinal ger. sonoro que indica perigo.
A.LAR.MAR v.t. Alarmar; avisar de um perigo.
A.LA.ZÁN adj. Alazão.
AL.BA s.f. Alba; aurora.
AL.BA.HA.CA s.f. Bot. Alfavaca.
AL.BA.ÑAL s.m. Esgoto; cloaca.
AL.BA.ÑIL s.m. Pedreiro.
AL.BA.ÑI.LE.RÍA s.f. Alvenaria.
AL.BAR adj. Alvo; alvacento; branco.
AL.BA.RÁN s.m. Tabuleta; rótulo; recibo de entrega.
AL.BA.RI.CO.QUE s.m. Bot. Damasco.
AL.BA.TROS s.m. Zool. Albatroz.
AL.BE.DRÍO s.m. Arbítrio; alvedrio; bel-prazer.
AL.BER.CA s.f. Piscina.
AL.BER.GAR v.t. Albergar; hospedar. v.p. hospedar-se; hospedar-se.
AL.BER.GUE s.m. Albergue; hospedaria.
AL.BI.NIS.MO s.m. Albinismo.
AL.BI.NO adj. Albino.
AL.BO adj. Alvo.

AL.BÓN.DI.GA s.f. Almôndega.
AL.BOR s.m. Alvor; aurora.
AL.BO.RA.DA s.f. Alvorada; aurora.
AL.BO.RE.AR v.int. Alvorecer; amanhecer.
AL.BO.RO.TAR v.t. Alvoroçar; tumultuar; agitar. v.p. Alvoroçar-se.
AL.BO.RO.TO s.m. Alvoroço; confusão.
AL.BO.RO.ZAR v.t. Alvoroçar.
ÁL.BUM s.m. Álbum.
AL.CA.CHO.FA s.f. Bot. Alcachofra.
AL.CA.HUE.TE s.m. Alcaguete; alcoviteiro; mexeriqueiro.
AL.CA.HUE.TE.AR v.t. Alcaguetar; alcovitar.
AL.CAI.DE s.m. Alcaide; carcereiro.
AL.CAL.DE s.m. Prefeito.
AL.CA.LI.NO adj. Quím. Alcalino.
AL.CA.LOI.DE s.m. Quím. Alcaloide.
AL.CAN.CE s.m. Alcance; encalço; capacidade; talento.
AL.CAN.FOR s.m. Cânfora.
AL.CÁN.TA.RA s.f. Arca.
AL.CAN.TA.RI.LLA s.f. Esgoto; cloaca; bueiro.
AL.CAN.ZAR v.t. e int. Alcançar; tocar; obter; conseguir; pegar.
AL.CA.PA.RRA s.f. Bot. Alcaparra.
AL.CÁ.ZAR s.m. Castelo; fortaleza.
AL.CE s.m. Zool. Alce.
AL.CO.BA s.f. Alcova.
AL.CO.HOL s.m. Quím. Álcool.
AL.CO.HÓ.LI.CO adj. e s.m. Alcoólico; alcoólatra.
AL.CO.HO.LI.ZAR v.t. Alcoolizar. v.p. Alcoolizar-se.
AL.COR s.m. Colina; outeiro.
AL.CO.TA.NA s.f. Picareta; enxadão.
AL.CUR.NIA s.f. Ascendência; linhagem; estirpe.
AL.DE.A s.f. Aldeia; povoado.
AL.DEA.NO s.m. Aldeão.
A.LE.AR v.t. Alear; fundir.
A.LEA.TO.RIO adj. Aleatório.
A.LEC.CIO.NA.DOR adj. e s.m. Instrutor.
A.LEC.CIO.NAR v.t. Lecionar; instruir; ensinar. v.p. Instruir-se.

A.LE.CRÍN s.m. Alecrim.
A.LE.DA.ÑO adj. Limítrofe; arredores; imediações.
A.LE.GA.CIÓN s.f. Alegação.
A.LE.GAR v.t. e int. Alegar; afirmar.
A.LE.GO.RÍ.A s.f. Alegoria.
A.LE.GRAR v.t. e int. Alegrar; divertir; brincar. v.p. Alegrar-se.
A.LE.GRE adj. Alegre; divertido; risonho.
A.LE.GRÍ.A s.f. Alegria.
A.LE.JA.MIEN.TO s.m. Afastamento.
A.LE.JAR v.t. Afastar; distanciar. v.p. Afastar-se; distanciar-se.
A.LE.LA.DO adj. Apatetado; atoleimado; espantado.
A.LE.LU.YA interj. ¡Aleluia!
A.LE.MÁN adj. e s.m. Alemão.
A.LEN.TAR v.t. Alentar; encorajar; animar. v.p. Encorajar-se.
A.LER.GIA s.f. Alergia.
A.LE.RO s.m. Beiral; beirada.
A.LER.TA s.m. Alerta.
A.LER.TAR v.t. Alertar; prevenir; vigiar.
A.LER.TO adj. Atento; vigilante.
A.LE.TA s.f. Aleta; pequena asa.
A.LE.TE.AR v.int. Bater as asas; voejar.
AL.FA.BÉ.TI.CO adj. Alfabético.
AL.FA.BE.TI.ZA.CIÓN s.f. Alfabetização.
AL.FA.BE.TI.ZAR v.t. Alfabetizar.
AL.FA.BE.TO s.m. Alfabeto.
AL.FAL.FA s.f. Alfafa.
AL.FAN.JE s.m. Alfanje; espada.
AL.FIL s.m. Bispo do jogo de xadrez.
AL.FI.LER s.m. Alfinete; broche; adorno.
AL.FI.LE.TA.ZO s.m. Alfinetada.
AL.FOM.BRA s.f. Tapete.
AL.FOM.BRE.RO s.m. Tapeceiro.
AL.FOM.BRI.LLA s.f. Inform. Esteira do mouse ou mousepad.
AL.FOR.JA s.f. Alforge.
AL.GA s.f. Bot. Alga.
AL.GA.RA.BÍ.A s.f. Algazarra.
AL.GA.RA.DA s.f. Algazarra; assuada.
ÁL.GE.BRA s.f. Álgebra.
AL.GE.BRAI.CO adj. Algébrico.

AL.GO pron. indef. Algo; alguma coisa. adv. Algo.
AL.GO.DÓN s.m. Algodão.
AL.GO.DO.NE.RO adj. e s.m. Algodoeiro.
AL.GUIEN pron. indef. Alguém, alguma pessoa.
AL.GÚN pron. indef. Algum. adv. Um tanto.
AL.GU.NO adj. Algum; certo número. pron. indef. Algum; alguém.
AL.HA.JA s.f. Joia; adorno.
A.LIA.DO adj. e s.m. Aliado; confederado.
A.LIAN.ZA s.f. Aliança; coligação; casamento.
A.LIAR v.t. Aliar; unir; reunir. v.p. Aliar-se; unir-se; casar-se.
A.LIAS s.m. Alcunha; pseudônimo.
A.LI.CAÍ.DO adj. Apático; triste; desanimado.
A.LI.CA.TAR v.t. Azulejar.
A.LI.CA.TE s.m. Alicate.
A.LI.CIEN.TE s.m. Estímulo; incentivo atrativo.
A.LIE.NA.CIÓN s.f. Alienação.
A.LIE.NAR v.t. Alienar. v.p. Alienar-se.
A.LIE.NIS.TA adj. e s.2g. Alienista.
A.LIEN.TO s.m. Alento; fôlego; sopro; hálito.
A.LI.GE.RAR v.t. Aliviar; aligeirar; facilitar. v.p. Aliviar-se.
A.LI.MA.ÑA s.f. Alimária; animal irracional.
A.LI.MEN.TA.CIÓN s.f. Alimentação.
A.LI.MEN.TAR v.t. Alimentar. v.p. Alimentar-se.
A.LI.MEN.TI.CIO adj. Alimentício; nutritivo; alimentar.
A.LI.MEN.TO s.m. Alimento; comida; sustento.
A.LI.NE.AR v.t. Alinhar; enfileirar; adequar. v.p. Alinhar-se.
A.LI.ÑAR v.t. Alinhar; arrumar; temperar; condimentar. v.p. Alinhar-se; arrumar-se.
A.LI.ÑO s.m. Alinho; alinhamento; asseio; tempero; condimento.
A.LI.SAR v.t. Alisar; desgastar; polir.
A.LIS.TAR v.t. Alistar. v.p. Alistar-se.
A.LI.VI.AR v.t. Aliviar; suavisar. v.p. Aliviar-se.
A.LI.VIO s.m. Alívio; conforto; descanso.
AL.JA.BA s.f. Aljava.

AL.MA s.f. Alma; espírito.
AL.MA.CÉN s.m. Armazém.
AL.MA.CE.NA.MIEN.TO s.m. Armazenamento.
AL.MA.CE.NAR v.t. Armazenar; depositar.
AL.MA.DA.NA s.f. Marreta.
AL.MA.DÍA s.f. Jangada.
AL.MA.NA.QUE s.m. Almanaque.
AL.ME.JA s.f. Zool. Amêijoa (moluscos bivalves comestíveis).
AL.MEN.DRA s.f. Bot. Amêndoa.
AL.MEN.DRO s.m. Bot. Amendoeira.
AL.MÍ.BAR s.m. Calda de açúcar.
AL.MI.DÓN s.m. Amido; goma para roupa.
AL.MI.DO.NAR v.t. Engomar (roupa).
AL.MI.RAN.TAZ.GO s.m. Almirantado.
AL.MI.RAN.TE s.m. Almirante.
AL.MO.HA.DA s.f. Travesseiro.
AL.MO.HA.DI.LLA s.f. Almofadinha.
AL.MO.HA.DÓN s.m. Almofadão; almofada.
AL.MO.NE.DA s.f. Leilão.
AL.MO.RRA.NA s.f. Med. Hemorroidas.
AL.MOR.ZAR v.t. e int. Almoçar.
AL.MU.ER.ZO s.m. Almoço.
A.LO.JAR v.t. e int. Alojar; hospedar; abrigar.
A.LO.PA.TÍ.A s.f. Med. Alopatia.
AL.PA.CA s.f. Zool. Alpaca.
AL.PAR.GA.TA s.f. Alpargata.
AL.PI.NIS.MO s.m. Alpinismo.
AL.PI.NIS.TA s.2g. Alpinista.
AL.PI.NO adj. Alpino.
AL.PIS.TE s.m. Alpiste; alpista.
AL.QUI.LAR v.t. Alugar; arrendar.
AL.QUI.LER s.m. Aluguel.
AL.QUI.MI.A s.f. Alquimia.
AL.QUI.MIS.TA s.2g. Alquimista.
AL.QUI.TRÁN s.m. Alcatrão; piche.
AL.RE.DE.DOR adv. Ao redor; em volta; em torno.
AL.TA s.f. Alta (de hospital).
AL.TA.NE.RO adj. Ataneiro.
AL.TAR s.m. Altar; altar mayor: altar-mor.
AL.TA.VOZ s.m. Alto-falante.
AL.TE.RA.CIÓN s.f. Alteração.
AL.TE.RAR v.t. Alterar; mudar. v.p. Alterar-se.

AL.TER.CA.CIÓN s.f. Altercação.
AL.TER.CAR v.t. e p. Altercar; discutir; disputar.
AL.TER.NA.DOR s.m. Alternador.
AL.TER.NAR v.t., v.int. e p. Alternar; revezar.
AL.TER.NA.TI.VA s.f. Alternativa; escolha.
AL.TER.NA.TI.VO adj. Alternativo.
AL.TER.NO adj. Alterno; alternado.
AL.TE.ZA s.f. Alteza.
AL.TI.BA.JOS s.m. pl. Altos e baixos; vicissitudes.
AL.TÍ.ME.TRO s.m. Altímetro.
AL.TI.SO.NAN.TE adj. Altissonante.
AL.TI.TUD s.f. Altitude.
AL.TI.VEZ s.f. Altivez.
AL.TI.VO adj. Altivo; orgulhoso.
AL.TO adj. Alto; elevado; erguido; soberbo. s.m. Cume; auge.
AL.TO.RRE.LIE.VE s.m. Alto-relevo.
AL.TRU.IS.MO s.m. Altruísmo.
AL.TRU.IS.TA adj. e s.2g. Altruísta.
AL.TU.RA s.f. Altura; elevação; importância.
A.LU.BIAS s.f. pl. Bot. Feijão.
A.LU.CI.NA.CIÓN s.f. Alucinação; delírio.
A.LU.CI.NAN.TE adj. Alucinante; delirante; fig. impressionante.
A.LU.CI.NAR v.t. e int. Alucinar; delirar; impressionar.
A.LUD s.m. Avalanche; avalancha.
A.LU.DIR v.t. Aludir; mencionar. v.int. Referir-se.
A.LUM.BRA.DO adj. Iluminado.
A.LUM.BRA.MIEN.TO s.m. Deslumbramento; inspiração criativa.
A.LUM.BRAR v.t. e int. Iluminar; aclarar; deslumbrar. v.p. Iluminar-se.
A.LU.MI.NIO s.m. Quím. Alumínio.
A.LUM.NO s.m. Aluno; estudante.
A.LU.SIÓN s.f. Alusão.
A.LU.VIÓN s.f. Aluvião.
AL.VÉO.LO s.m. Alvéolo.
AL.ZA s.f. Alça; alta (de preços).
AL.ZA.DO adj. Alçado; levantado; erguido.
AL.ZAR v.t. Alçar; levantar; erguer. v.p. Alçar-se; levantar-se.

A.LLÁ adv. Lá; acolá.
A.LLA.NAR v.int. Aplanar; aplainar; nivelar; organizar; invadir. v.p. Aplanar-se; render-se.
A.LLE.GA.DO adj. Chegado; achegado; parente.
A.LLE.GAR v.t. Achegar; juntar; recolher. v.p. Achegar-se; acercar-se.
A.LLEN.DE adv. Além de; além disso.
A.LLÍ adv. Ali; então.
A.MA.BI.LI.DAD s.f. Amabilidade; gentileza.
A.MA.BLE adj. Amável.
A.MA.ES.TRAR v.t. Amestrar; adestrar; domar.
A.MAI.NAR v.int. Amainar; abrandar.
A.MAL.GA.MA s.f. Amálgama.
A.MA.MAN.TAR v.t. Amamentar.
A.MA.ÑAR v.t. Arranjar. v.p. Dar-se bem.
A.MAN.CE.BAR.SE v.p. Amancebar; amigar-se; amasiar-se.
A.MA.NE.CER v.int. Amanhecer.
A.MA.ÑO s.m. Arranjo; armação; manha.
A.MAN.SAR v.t. Amansar; domar; sossegar. v.int. Reprimir.
A.MAN.TE s.2g. Amante.
A.MAR v.t. Amar; querer; gostar; enamorar. v.p. Amar-se; querer-se; enamorar-se.
A.MAR.GAR v.t. e int. Amargar. v.p. Amargar-se.
A.MAR.GO adj. Amargo.
A.MAR.GOR s.m. Amargor.
A.MAR.GU.RA s.f. Amargura.
A.MA.RI.CO.NA.DO adj. Efeminado.
A.MA.RI.LLE.AR v.int. Amarelar.
A.MA.RI.LLO adj. e s.m. Amarelo.
A.MA.RRA s.f. Amarra.
A.MA.RRAR v.t. Amarrar; atar; prender; atracar. v.p. Amarrar-se.
A.MA.RRE s.m. Amarração.
A.MA.SAR v.t. Amassar; massagear; misturar; acumular. v.p. Amassar-se.
A.MA.TIS.TA s.f. Ametista.
A.MA.ZO.NA s.f. Amazona.
ÁM.BAR s.m. Âmbar.
AM.BI.CIÓN s.f. Ambição.
AM.BI.CIO.NAR v.t. Ambicionar.
AM.BI.CIO.SO adj. Ambicioso.
AM.BI.DEX.TRO o **AM.BI.DI.ES.TRO** adj. Ambidestro.
AM.BI.EN.TAR v.t. Ambientar.
AM.BI.EN.TE s.m. Ambiente; meio; contexto; atmosfera.
AM.BI.GÜE.DAD s.f. Ambiguidade.
AM.BI.GÚ s.m. Bufê.
AM.BI.GUO adj. Ambíguo; duvidoso.
ÁM.BI.TO s.m. Âmbito; contorno; circuito.
AM.BI.VA.LÊN.CIA s.f. Ambivalência.
AM.BOS pron. indef. Ambos.
AM.BU.LAN.CIA s.f. Ambulância.
AM.BU.LAN.TE adj. e s.m. Ambulante.
AM.BU.LA.TO.RIO s.m. Ambulatório.
A.ME.DREN.TAR v.t. Amedrontar; aterrorizar; apavorar. v.p. Amedrontar-se.
A.MÉN interj. Amém!
A.ME.NA.ZA s.f. Ameaça.
A.ME.NA.ZAR v.t. Ameaçar; coagir.
A.ME.NI.DAD s.f. Amenidade; suavidade.
A.ME.NI.ZAR v.t. Amenizar; suavizar.
A.ME.NO adj. Ameno.
A.ME.RI.CA.NO adj. e s.m. Americano.
A.ME.TRA.LLA.DO.RA s.f. Metralhadora.
A.ME.TRA.LLAR v.t. Metralhar.
A.MI.GA.BLE adj. Amigável.
A.MÍG.DA.LA s.f. Amígdala.
A.MIG.DA.LI.TIS s.f. Med. Amigdalite.
A.MI.GO adj. e s.m. Amigo.
A.MI.GO.TE s.m. Amigão; amicíssimo.
A.MI.NO.Á.CI.DO s.m. Quím. Aminoácido.
A.MI.NO.RAR v.t. Diminuir; reduzir; abrandar.
A.MIS.TAD s.f. Amizade.
A.MIS.TAR v.t. Amistar; tornar amigo. v.p. Reconciliar-se.
A.MIS.TO.SO adj. Amistoso; amigável; amável.
AM.NE.SIA s.f. Amnésia.
AM.NIS.TÍ.A s.f. Anistia; perdão.
A.MO s.m. Amo; senhor; patrão; dono.
A.MO.DO.RRAR.SE v.p. Amodorrar-se.
A.MO.HI.NAR v.t. Amofinar; incomodar. v.p. Amofinar-se; aborrecer-se.

A.MO.LAR v.t. Amolar; afiar; aguçar; aborrecer. v.p. Aborrecer-se.

A.MOL.DAR v.t. Amoldar. v.p. Amoldar-se; ajustar-se.

A.MO.NES.TAR v.t. Admoestar; advertir; censurar; *'amonestarse:* receber admoestação.

A.MO.NI.A.CO s.m. *Quím.* Amoníaco.

A.MON.TO.NAR v.t. Amontoar; acumular. v.p. Amontoar-se.

A.MOR s.m. Amor; paixão; afeto; carinho; ternura.

A.MO.RAL adj. Amoral.

A.MO.RA.TA.DO adj. Violáceo; arroxeado.

A.MOR.DA.ZAR v.t. Amordaçar.

A.MOR.FO adj. Amorfo.

A.MO.RÍO s.m. Namorico.

A.MO.RO.SO adj. Amoroso.

A.MOR.TI.GUAR v.t. Amortecer. v.p. Amortecer-se.

A.MOR.TI.ZA.CIÓN s.f. Amortização.

A.MOR.TI.ZAR v.t. Amortizar.

A.MO.TI.NAR v.t. Amotinar. v.p. Amotinar-se; rebelar-se.

AM.PA.RAR v.t. Amparar; socorrer; proteger; abrigar. v.p. Amparar-se; apoiar-se.

AM.PA.RO s.m. Amparo; apoio; proteção.

AM.PE.RÍ.ME.TRO s.m. Amperímetro.

AM.PE.RIO s.m. Ampere; ampère.

AM.PLI.AR v.t. Ampliar; estender; aumentar; amplificar. v.p. Ampliar-se; ramificar-se.

AM.PLI.FI.CA.DOR adj. Amplificador. s.m. Amplificador (de som).

AM.PLI.FI.CAR v.t. Amplificar; ampliar.

AM.PLIO adj. Amplo; vasto; enorme.

AM.PLI.TUD s.f. Amplitude; vastidão.

AM.PU.TA.CIÓN s.f. Amputação.

AM.PU.TAR v.t. Amputar.

A.MUE.BLAR v.t. Mobiliar.

A.MU.LE.TO s.m. Amuleto; talismã.

A.MU.RA.LLAR v.t. Amuralhar.

A.NA.CRÓ.NI.CO adj. Anacrônico.

A.NA.CRO.NIS.MO s.m. Anacronismo.

A.ÑA.DA s.f. Safra.

Á.NA.DE s.m. *Zool.* Pato.

A.NA.GRA.MA s.m. Anagrama.

A.NAL adj. *Anat.* Anal.

A.NA.LES s.m. pl. Anais.

A.NAL.FA.BE.TIS.MO s.m. Analfabetismo.

A.NAL.FA.BE.TO adj. Analfabeto.

A.NAL.GÉ.SI.CO adj. e s.m. Analgésico.

A.NÁ.LI.SIS s.f. Análise; exame; estudo.

A.NA.LIS.TA s.2g. Analista.

A.NA.LÍ.TI.CO adj. Analítico.

A.NA.LI.ZAR v.t. Analisar.

A.NA.LO.GÍ.A s.f. Analogia.

A.NÁ.LO.GO adj. Análogo.

A.NA.NÁ s.m. Ananás; abacaxi.

A.NA.QUEL s.m. Prateleira; estrutura.

A.NA.RAN.JA.DO adj. Alaranjado.

A.NAR.QUÍ.A s.f. Anarquia.

A.NÁ.TE.MA s.m. Anátema; maldição; excomunhão.

A.NA.TO.MÍ.A s.f. Anatomia.

AN.CA s.f. Anca; quadril.

AN.CES.TRAL adj. Ancestral.

AN.CIA.NO adj. e s.m. Ancião; velho.

AN.CLA s.f. Âncora.

AN.CLAR v.t. e int. Ancorar; fundear. v.p. Ancorar-se.

AN.CHO adj. Largo; espaçoso; volumoso; vaidoso; convencido. s.m. Largura.

AN.CHU.RA s.f. Largura.

AN.DA.DU.RA s.f. Andadura; andada; caminhada.

AN.DA.LUZ adj. e s.m. Andaluz (relativo à Andaluzia ou habitante dessa região).

AN.DA.MIO s.m. Andaime.

AN.DAN.TE s.2g. Andante; caminhante.

AN.DAN.ZA s.f. Andança.

AN.DAR v.t. e int. Andar; caminhar; ir; passar; avançar.

AN.DRA.JO s.m. Andrajo; trapo; farrapo.

AN.DRA.JO.SO adj. Andrajoso; esfarrapado.

A.NÉC.DO.TA s.f. Anedota; piada; episódio.

A.NE.GA.DI.ZO adj. Alagadiço; charco.

A.NE.GAR v.t. Alagar; inundar; encharcar.

A.NE.JO s.m. Anexo; ligado. s.m. Anexo.

A.NE.MIA s.f. *Med.* Anemia.

A.NES.TE.SIA s.f. *Med.* Anestesia.

A.NES.TE.SIAR v.t. Anestesiar.

A.NES.TE.SIS.TA *s.2g.* Anestesista.
A.NE.XAR *v.t.* Anexar.
A.NE.XO *adj.* e *s.m.* Anexo; ligado.
AN.FÍ.BIO *adj.* e *s.m.* Anfíbio; ambíguo.
AN.FI.TRIÓN *s.m.* Anfitrião.
AN.GA.RI.LLAS *s.f. pl.* Padiola.
ÁN.GEL *s.m.* Anjo; pessoa pura e bondosa.
AN.GE.LI.CAL *adj.* Angelical.
AN.GI.NA *s.f. Med.* Angina.
AN.GOS.TO *adj.* Estreito; apertado.
AN.GUI.LA *s.f. Zool.* Enguia; moreia.
AN.GU.LAR *adj.* Angular.
ÁN.GU.LO *s.m.* Ângulo.
AN.GU.LO.SO *adj.* Anguloso.
AN.GUS.TIA *s.f.* Angústia; sofrimento; náusea.
AN.GUS.TIAR *v.t.* Angustiar; afligir; entristecer. *v.p.* Angustiar-se.
AN.HE.LAR *v.t.* Anelar; desejar muito.
AN.HE.LO *s.m.* Anelo; anseio; ânsia; desejo.
A.ÑI.COS *s.m. pl.* Cacos.
A.NI.DAR *v.t.* Aninhar; nidificar.
A.ÑIL *adj.* Anil.
A.NI.LI.NA *s.f. Quím.* Anilina.
A.NI.LLA *s.f.* Anel; argola; lacre.
A.NI.LLO *s.m.* Anel; aliança (de casamento); argola.
Á.NI.MA *s.f.* Alma; espírito.
A.NI.MA.CIÓN *s.f.* Animação.
A.NI.MA.DO *adj.* Animado.
A.NI.MA.DOR *s.m.* Animador; apresentador de rádio ou tevê.
A.NI.MAL *adj.* e *s.m.* Animal; fera; pessoa bruta.
A.NI.MAR *v.t.* Animar; entusiasmar; alegrar; movimentar; convencer. *v.p.* Animar-se; fortalecer-se.
Á.NI.MO *s.m.* Ânimo; energia; animação; alma; espírito.
A.NI.MO.SI.DAD *s.f.* Animosidade; aversão; inimizade.
A.NI.QUI.LAR *v.t.* Aniquilar; destruir; exterminar.
A.NIS *s.m. Bot.* Anis.
A.NI.VER.SA.RIO *s.m.* Aniversário.
A.NO *s.m.* Ânus.

A.ÑO *s.m.* Ano.
A.NO.CHE *adv.* Ontem à noite.
A.NO.CHE.CER *v.int.* Anoitecer.
A.NO.MA.LÍ.A *s.f.* Anomalia.
A.NO.NA.DAR *v.t.* Deslumbrar; estontear. *v.p.* Aniquilar-se; anular-se.
A.NO.NI.MA.TO *s.m.* Anonimato.
A.NO.RAK *s.m.* Agasalho; anoraque.
A.ÑO.RAN.ZA *s.f.* Saudade; nostalgia.
A.ÑO.RAR *v.t.* e *int.* Sentir saudade.
A.NO.RE.XIA *s.f.* Anorexia.
A.NOR.MAL *adj.* Anormal.
A.NOR.MA.LI.DAD *s.f.* Anormalidade.
A.NO.TA.CIÓN *s.f.* Anotação.
A.NO.TAR *v.t.* Anotar; registrar; marcar; demonstrar.
ÁN.SAR *s.m. Zool.* Ganso.
AN.SIA *s.f.* Ânsia; náusea; agonia; desejo; anseio.
AN.SIAR *v.t.* Ansiar; desejar; ter náusea.
AN.SIE.DAD *s.f.* Ansiedade.
AN.SIO.SO *adj.* Ansioso; desejoso.
AN.TA.GO.NIS.MO *s.m.* Antagonismo.
AN.TA.ÑO *adv.* Antanho; outrora.
AN.TAR.TI.CO *adj.* Antártico.
AN.TE *prep.* Ante; perante; diante de. *s.m. Zool.* Anta; pele de alce curtida.
AN.TE.A.NO.CHE *adv.* Anteontem à noite.
AN.TE.A.YER *adv.* Anteontem.
AN.TE.BRA.ZO *s.m.* Antebraço.
AN.TE.CÁ.MA.RA *s.f.* Antecâmara.
AN.TE.CE.DEN.TE *adj.* e *s.2g.* Antecedente; precedente.
AN.TE.CE.DER *v.t.* Anteceder; preceder.
AN.TE.CE.SOR *adj.* e *s.m.* Antecessor.
AN.TE.CO.CI.NA *s.f.* Copa.
AN.TE.DI.CHO *adj.* Predito; supradito.
AN.TE.LA.CIÓN *s.f.* Antecedência; antecipação.
AN.TE.MA.NO *adv.* Antemão.
AN.TE.NA *s.f.* Antena.
AN.TE.O.JO *s.m.* Telescópio.
AN.TE.RIOR *adj.* Anterior.
AN.TES *adv.* Antes; antigamente; anteriormente.

AN.TI.CI.PAR v.t. Antecipar; adiantar.
AN.TI.CI.PO s.m. Adiantamento; antecipação.
AN.TI.CUA.DO adj. e s.m. Antiquado; obsoleto.
AN.TÍ.DO.TO s.m. Antídoto.
AN.TI.FAZ s.m. Máscara; carapuça; antiface.
AN.TI.GUO adv. Antigo; antiquado; obsoleto.
AN.TI.PA.TÍA v.p. Antipatia; aversão.
AN.TO.JAR.SE v.p. Querer; desejar; apetecer.
AN.TO.JO s.m. Desejo; capricho.
AN.TO.LO.GÍ.A s.f. Antologia.
AN.TO.LÓ.GI.CO adj. Antológico.
AN.TÓ.NI.MO s.m. Antônimo.
AN.TOR.CHA s.f. Tocha; chama.
AN.TRO s.m. Antro; caverna; covil; abrigo de bandidos.
AN.TRO.PO.FA.GÍ.A s.f. Antropofagia.
A.NU.AL adj. Anual.
A.NU.LAR v.t. Anular; cancelar; desfazer. v.p. Anular-se; cancelar-se; desfazer-se.
A.NUN.CIA.CIÓN s.f. Anunciação.
A.NUN.CIAR v.t. Anunciar; avisar; noticiar.
A.NUN.CIO s.m. Anúncio; aviso.
AN.ZUE.LO s.m. Anzol; isca; engodo.
AO.JAR v.t. Encantar; fascinar; iludir.
AO.JO s.m. Encanto; mau - olhado; fascínio.
AOR.TA s.f. Anat. Aorta (artéria).
AO.VAR v.t., int. e p. Desovar; ovalar (forma de ovo).
A.PA.BU.LLAR v.t. Esmagar; intimidar; perturbar; agoniar. v.p. Agoniar-se.
A.PA.CEN.TAR v.t. Apascentar; fig. ensinar; doutrinar.
A.PA.CI.BLE adj. Aprazível; agradável; calmo.
A.PA.CI.GUAR v.t. Apaziguar; sossegar; pacificar.
A.PA.DRI.NAR v.t. Apadrinhar; defender; proteger.
A.PA.GA.DO adj. Apagado.
A.PA.GAR v.t. Apagar; desfazer; abater. v.p. Apagar-se; extinguir-se.
A.PA.LA.BRAR v.t. Apalavrar; combinar; contratar.
A.PA.LE.AR v.t. Espancar; bater.
A.PA.ÑAR v.t. Apanhar; pegar; colher; esconder; furtar. v.p. Submeter-se; virar-se (para se manter).
A.PA.RA.DOR s.m. Aparador (móvel).
A.PA.RA.TO s.m. Aparato; aparelho.
A.PAR.CA.MIEN.TO s.m. Estacionamento.
A.PAR.CAR v.t. Estacionar.
A.PA.RE.CER v.int. Aparecer; surgir; deparar; despontar. v.p. Deparar-se.
A.PA.RE.JAR v.t. Aparelhar; aprontar; preparar. v.p. Aparelhar-se.
A.PA.RE.JO s.m. Aparelho; preparo.
A.PA.REN.TAR v.t. e int. Aparentar; representar.
A.PA.REN.TE adj. Aparente; conveniente; notável.
A.PA.RI.CIÓN s.f. Aparição.
A.PA.RIEN.CIA s.f. Aparência; aspecto.
A.PAR.TA.DO adj. Afastado; distante.
A.PAR.TA.MEN.TO s.m. Apartamento; quarto e sala; aposento.
A.PAR.TA.MIEN.TO s.m. Afastamento; separação.
A.PAR.TAR v.t. Apartar; afastar. v.p. Apartar-se; afastar-se; divorciar-se.
A.PAR.TE adv. À parte; separadamente. s.m. Parágrafo; espaço.
A.PA.SIO.NAR v.t. Apaixonar. v.p. Apaixonar-se.
A.PA.TÍ.A s.f. Apatia.
A.PÁ.TI.CO adj. Apático; insensível; indiferente.
A.PE.AR v.t. Apear; demarcar; fig. desmontar (de cavalgadura).
A.PE.DRE.AR v.t. e int. Apedrejar; chover granizo.
A.PE.GAR.SE v.p. Apegar-se; agarrar-se; afeiçoar-se.
A.PE.GO s.m. Apego; afeição.
A.PE.LA.CIÓN s.f. Apelação.
A.PE.LA.TI.VO adj. Apelativo.
A.PE.LAR v.int. Apelar; invocar; chamar.
A.PE.LLI.DO s.m. Sobrenome; nome de família.
A.PE.NAR v.t. Ter pena; penalizar. v.p. Penalizar-se; condoer-se.

A.PE.NAS *adv.* Apenas; somente; unicamente; só; escassamente; quase não.

A.PÉN.DI.CE *s.m. Anat.* Apêndice.

A.PEN.DI.CI.TIS *s.f. Med.* Apendicite.

A.PE.RI.TI.VO *s.m.* Aperitivo.

A.PER.TU.RA *s.f.* Abertura; inauguração; estreia.

A.PES.TAR *v.t.* Pestear; feder; cheirar mal; corromper.

A.PE.TE.CER *v.t.* Apetecer; desejo.

A.PE.TI.TO *s.m.* Apetite; ambição; desejo.

Á.PI.CE *s.m.* Ápice; cume; auge.

A.PI.CUL.TOR *s.m.* Apicultor.

A.PI.CUL.TU.RA *s.f.* Apicultura.

A.PI.LAR *v.t.* Empilhar; amontoar; acumular. *v.p.* Empilhar-se; amontoar-se.

A.PI.ÑAR *v.t.* Apinhar; lotar. *v.p.* Apinhar-se.

A.PLA.CAR *v.t.* Aplacar; acalmar; serenar. *v.p.* Aplacar-se.

A.PLA.NAR *v.t.* Aplainar; aplanar; nivelar; igualar; alisar.

A.PLAS.TAR *v.t.* Amassar; esmagar; *fig* derrotar; humilhar; abater.

A.PLAU.DIR *v.t.* Aplaudir; aclamar; elogiar; louvar.

A.PLAU.SO *s.m.* Aplauso; aclamação; louvor.

A.PLA.ZAR *v.t.* Aprazar; agendar; convocar; adiar.

A.PLI.CA.DO *adj.* Aplicado; atento; esforçado; estudioso.

A.PLI.CAR *v.t.* Aplicar; empregar; usar; destinar. *v.p.* Aplicar-se.

A.PLO.MO *s.m.* Aprumo; prumo; altivez; serenidade.

A.PO.CA.DO *adj.* Reduzido; apoucado.

A.PO.CAR *v.t.* Apoucar; diminuir; reduzir.

A.PO.DAR *v.t.* Apelidar; alcunhar.

A.PO.DE.RA.DO *adj.* e *s.m.* Mandatário; procurador.

A.PO.DE.RAR *v.t.* Dar poder; autorizar. *v.p.* Apoderar-se; apropriar-se.

A.PO.DO *s.m.* Alcunha; apelido.

A.PO.GEO *s.m.* Apogeu; auge.

A.PO.LI.LLAR *v.t.* Mofar; caruncher.

A.PO.LO.GÍ.A *s.f.* Apologia.

A.PO.PLE.JÍ.A *s.f. Med.* Apoplexia.

A.PO.PLÉ.TI.CO *adj.* Apoplético.

A.POR.TAR *v.int.* Aportar; fundear. *v.t.* Contribuir; ocasionar.

A.PO.SEN.TAR *v.t.* Alojar; hospedar. *v.p.* Hospedar-se; instalar-se.

A.PO.SEN.TO *s.m.* Aposento; moradia; quarto.

A.POS.TA *adv.* De propósito; propositalmente.

A.POS.TAR *v.t.* e *int.* Apostar; jogar; disputar; arriscar; adornar.

A.POS.TI.LLA *s.f.* Apostila; anotação; comentário.

A.POS.TI.LLAR *v.t.* Apostilar; anotar; comentar.

A.PÓS.TOL *s.m.* Apóstolo.

A.PÓS.TRO.FE *s.f.* Apóstrofe.

A.PO.TEO.SIS *s.f.* Apoteose.

A.PO.YAR *v.t.* Apoiar; amparar; sustentar.

A.PRE.CIAR *v.t.* Apreciar; julgar; estimar; afeiçoar; estimar.

A.PRE.CIO *s.m.* Apreço; consideração; estima.

A.PRE.HEN.DER *v.t.* Apreender; agarrar; segurar; compreender; assimilar.

A.PRE.HEN.SIÓN *s.f.* Apreensão; compreensão.

A.PRE.MIAR *v.t.* Apressar; acelerar.

A.PREN.DER *v.t.* Aprender; instruir-se; estudar.

A.PREN.DIZ *adj.* e *s.2g.* Aprendiz; principiante; novato.

A.PREN.DI.ZA.JE *s.m.* Aprendizagem.

A.PREN.SIÓN *s.f.* Apreensão; temor; medo.

A.PRE.SAR *v.t.* Prender; agarrar; tomar; confiscar.

A.PRE.SU.RAR *v.t.* Apressar; acelerar. *v.p.* Apressar-se.

A.PRE.TA.DO *adj.* Apertado; estreito; mesquinho.

A.PRE.TAR *v.t.* Apertar; amarrar; estreitar. *v.p.* Apertar-se.

A.PRIE.TO *s.m.* Aperto; situação difícil.

A.PRI.SA *adv.* Depressa; às pressas.

A.PRI.SIO.NAR *v.t.* Aprisionar; encarcerar; prender; cativar.

A.PRO.BA.CIÓN s.f. Aprovação; aceitação; permissão.
A.PRO.BAR v.t. Aprovar; assentir; admitir; habilitar.
A.PRO.PIA.CIÓN s.f. Apropriação.
A.PRO.PIA.DO adj. Apropriado.
A.PRO.PIAR v.t. Apropriar; ajustar; acomodar. v.p. Apropriar-se; apoderar-se.
A.PRO.VE.CHAR v.t. e int. Aproveitar; utilizar; lucrar. v.p. Aproveitar-se.
A.PRO.VI.SIO.NAR v.t. Aprovisionar; abastecer.
A.PRO.XI.MA.CIÓN s.f. Aproximação.
A.PRO.XI.MAR v.t. Aproximar; avizinhar.
AP.TI.TUD s.f. Aptidão; capacidade; habilidade.
AP.TO adj. Apto; capaz; hábil.
A.PUES.TA s.f. Aposta.
A.PUES.TO adj. Elegante; ajeitado; charmoso.
A.PUN.TA.LAR v.t. Escorar.
A.PUN.TAR v.t. Apontar; anotar.
A.PU.ÑA.LAR adj. Apunhalar; esfaquear.
A.PU.RA.DO adj. Apurado; apressado; angustiado.
A.PU.RAR v.t. Apurar; apressar; angustiar; purificar. v.p. Apurar-se; apressar-se; afligir-se.
A.PU.RO s.m. Apuro; pressa; aperto; aflição.
A.QUE.JAR v.t. Afetar; afligir; magoar.
A.QUEL pron. dem. Aquele(a).
A.QUE.LLO pron. dem. Aquilo.
A.QUÍ adv. Aqui; neste lugar; neste instante.
A.QUI.ES.CEN.CIA s.f. Aquiescência.
A.QUIE.TAR v.t. Aquietar; acalmar.
A.QUI.LA.TAR v.t. Aquilatar.
A.RA s.f. Ara; altar.
Á.RA.BE adj. e s.m. Árabe.
A.RA.BES.CO adj. e s.m. Arabesco.
A.RÁ.BI.GO adj. Arábico.
A.RA.BLE adj. Arável.
A.RA.DO adj. Arado; amanhado; lavrado. s.m. Arado; charrua.
A.RAN.CEL s.m. Imposto; taxa alfandegária.
A.RAN.DE.LA s.f. Arandela.

A.RA.ÑA s.f. Zool. Aranha; fig. lustre; candelabro
A.RA.ÑAR v.t. Arranhar. v.p. Arranhar-se.
A.RAR v.t. Arar; sulcar.
AR.BI.TRA.JE s.m. Arbitragem; julgamento.
AR.BI.TRAR v.t. Arbitrar; julgar.
AR.BI.TRA.RIE.DAD s.f. Arbitrariedade; injustiça.
AR.BI.TRA.RIO adj. Arbitrário.
ÁR.BI.TRO s.m. Árbitro; juiz.
AR.BOL s.m. Árvore.
AR.BO.LA.DO adj. Arborizado; arvoredo.
AR.BO.LE.DA s.f. Arvoredo; bosque.
AR.BUS.TO s.m. Arbusto.
AR.CA s.f. Arca; baú.
AR.CA.BUZ s.m. Arcabuz.
AR.CA.DA s.f. Arcada; arcaria.
AR.CAI.CO adj. Arcaico; antigo.
AR.CÁN.GEL s.m. Arcanjo.
AR.CA.NO adj. e s.m. Arcano.
AR.CÉN s.m. Margem; beirada; borda.
AR.CI.LLA s.f. Argila; barro.
AR.CO s.m. Arco.
AR.CHE.RO s.m. Arqueiro.
AR.CHI.DIÓ.CE.SIS s.f. Arquidiocese.
AR.CHI.PIÉ.LA.GO s.m. Arquipélago.
AR.CHI.VAR v.t. Arquivar.
AR.CHI.VO s.m. Arquivo.
AR.DER v.int. Arder; queimar. v.p. Arder-se; queimar-se.
AR.DID s.m. Ardil; armadilha; artimanha.
AR.DIEN.TE adj. Ardente.
AR.DI.LLA s.f. Zool. Esquilo.
AR.DOR s.m. Ardor.
AR.DUO adj. Árduo.
Á.REA s.f. Área; limite; superfície.
A.RE.NA s.f. Areia.
A.REN.GA s.f. Arenga; altercação.
A.REN.QUE s.m. Zool. Arenque.
AR.GA.MA.SA s.f. Argamassa.
AR.GEN.TI.NO adj. e s.m. Argentino.
AR.GO.LLA s.f. Argola; aliança; aro.
AR.GOT s.m. Gíria; calão; jargão.
AR.GU.CIA s.f. Argúcia.

AR.GÜIR *v.t.* Arguir; argumentar; deduzir; interrogar; censurar.

AR.GU.MEN.TAR *v.int.* Argumentar; alegar; discutir.

AR.GU.MEN.TO *s.m.* Argumento.

A.RIA *s.f. Mús.* Ária.

A.RI.DEZ *s.f.* Aridez; estiagem.

Á.RI.DO *adj.* Árido; seco.

A.RIS.CO *adj.* Arisco; áspero; rude.

A.RIS.TO.CRA.CIA *s.f.* Aristocracia.

A.RIT.MÉ.TI.CA *s.f. Mat.* Aritmética.

A.RIT.MÉ.TI.CO *adj.* Aritmético.

AR.LE.QUÍN *s.m.* Arlequim.

AR.MA *s.f.* Arma.

AR.MA.DA *s.f.* Armada; marinha; esquadra.

AR.MA.DÍA *s.f.* Jangada.

AR.MA.DU.RA *s.f.* Armadura; armação.

AR.MAR *v.t.* Armar; preparar; folhear (a ouro). *v.p.* Armar-se

AR.MA.RIO *s.m.* Armário.

AR.MA.ZÓN *s.f.* Armação; esqueleto.

AR.ME.RÍA *s.f.* Loja de armas; arsenal.

AR.ME.RO *s.m.* Armeiro.

AR.MIS.TI.CIO *s.m.* Armistício.

AR.MO.NÍA *s.f.* Harmonia.

AR.MÓ.NI.CA *s.f.* Harmônica (instrumento musical).

AR.MÓ.NI.CO *adj.* Harmônico.

AR.MO.NI.ZAR *v.t.* e *int.* Harmonizar. *v.p.* Harmonizar-se.

AR.NA *s.f.* Favo (de colmeia).

ÁR.NI.CA *s.f.* Arnica.

A.RO *s.m.* Aro, argola; anel.

A.RO.MA *s.m.* Aroma; fragrância; perfume.

A.RO.MÁ.TI.CO *adj.* Aromático.

AR.PA *s.f.* Harpa.

AR.PÓN *s.m.* Arpão; fisga.

AR.QUE.AR *v.t.* Arquear; encurvar; curvar; inclinar; dobrar. *v.p.* Arquear-se.

AR.QUEO.LO.GÍ.A *s.f.* Arqueologia.

AR.QUEÓ.LO.GO *s.m.* Arqueólogo.

AR.QUE.RO *s.m.* Arqueiro.

AR.QUI.TEC.TO *s.m.* Arquiteto.

AR.QUI.TEC.TU.RA *s.f.* Arquitetura.

A.RRA.BAL *s.m.* Arrabalde; subúrbios; periferia; cercania.

A.RRAI.GAR *v.int.* Arraigar; fixar; enraizar. *v.p.* Arraigar-se; fixar-se.

A.RRAI.GO *s.m.* Afinco; firmeza.

A.RRAN.CAR *v.t.* Arrancar; extrair; extirpar; separar. *v.p.* Arrancar-se; romper-se.

A.RRAN.QUE *s.m.* Arranque; ímpeto; motor de arranque de veículos.

A.RRA.SAR *v.t.* Arrasar; nivelar; debilitar; destruir; liquidar.

A.RRAS.TRA.DO *adj.* Arrastado; infeliz. *s.m.* Miserável.

A.RRAS.TRAR *v.t.* Arrastar; impulsionar; puxar; vencer. *v.p.* Arrastar-se; humilhar-se.

A.RRAS.TRE *s.m.* Arrasto.

A.RRE.AR *v.t.* e *int.* Arrear; fustigar; tocar (animais de carga).

A.RRE.BA.TAR *v.t.* Arrebatar; conduzir; carregar.

A.RRE.BA.TO *s.m.* Arrebatamento; arroubo.

A.RRE.BOL *s.m.* Arrebol.

A.RRE.CI.FE *s.m.* Recife; abrolho.

A.RRE.DRAR *v.t.* Arredar; afastar; retrair. *v.p.* Arredar-se; afastar-se.

A.RRE.GLAR *v.t.* Arrumar; reparar; adornar. *v.p.* Conformar-se.

A.RRE.GLO *s.m.* Ordem; arranjo; regra; acordo.

A.RRE.MAN.GAR *v.t.* Arregaçar as mangas da camisa.

A.RREN.DAR *v.t.* Arrendar; alugar.

A.RREN.DA.TA.RIO *s.m.* Arrendatário.

A.RREO *s.m.* Atavio; adorno.

A.RRE.PEN.TIR.SE *v.p.* Arrepender-se.

A.RRES.TAR *v.t.* Prender; deter; arriscar. *v.p.* Atrever-se; arriscar-se.

A.RRES.TO *s.m.* Prisão; detenção.

A.RRIAR *v.t.* Arriar; baixar (bandeira, velas de embarcação).

A.RRI.BA *adv.* Para cima; em cima; em lugar alto.

A.RRI.BAR *v.int.* Arribar; ancorar; chegar.

A.RRI.EN.DO *s.m.* Arrendamento.

A.RRI.ES.GA.DO *adj.* Arriscado.

A.RRI.ES.GAR v.t. Arriscar; apostar; aventurar; tentar. v.p. Arriscar-se.
A.RRI.MAR v.t. Arrimar; aproximar; encostar; basear. v.p. Encostar-se; basear-se.
A.RRIN.CO.NAR v.t. Acantoar; encurralar.
A.RRO.BA s.f. Arroba.
A.RRO.BO s.m. Arroubo; arrebatamento; enlevo.
A.RRO.DI.LLAR v.t. Ajoelhar. v.p. Ajoelhar-se.
A.RRO.GAN.CIA s.f. Arrogância; presunção.
A.RRO.JA.DO adv. Expulso; expelido; arrojado; corajoso.
A.RRO.JAR v.t. Expulsar; arremessar; expelir; arrojar; lançar.
A.RRO.JO s.m. Arrojo; valentia; ousadia.
A.RRO.PAR v.t. Agasalhar; abafar.
A.RRO.YO s.m. Arroio; riacho; regato.
A.RROZ s.m. Bot. Arroz.
A.RRU.GA s.f. Ruga; dobra.
A.RRU.GAR v.t. Enrugar; amarrotar; franzir. v.p. Enrugar-se.
A.RRUI.NAR v.t. Arruinar; destruir; aniquilar. v.p. Arruinar-se; destruir-se.
A.RRU.LLAR v.t. Arrulhar; sussurrar; fig. enamorar; adormecer (ao som de arrulhos).
A.RRU.LLO s.m. Arrulho; sussurro; namoro; canção de ninar; canto monótono dos pombos.
A.RRUM.BAR v.t. Descartar; arrombar; demolir.
AR.SE.NAL s.m. Arsenal.
AR.SÉ.NI.CO s.m. Quím. Arsênico.
AR.TE s.m. Arte; habilidade; destreza; método; astúcia; *las artes* s.f. pl.: as artes.
AR.TE.FAC.TO s.m. Artefato; aparelho.
AR.TE.JO s.m. Saliência na articulação dos dedos.
AR.TE.RIA s.f. Anat. Artéria; fig. via principal de acesso.
AR.TE.RO adj. Arteiro.
AR.TE.SA.NAL adj. Artesanal.
AR.TE.SA.NÍ.A s.f. Artesanato.
AR.TE.SA.NO s.m. Artesão.
ÁR.TI.CO adj. Ártico.
AR.TI.CU.LA.CIÓN s.f. Articulação.
AR.TI.CU.LAR v.t. Articular.
AR.TI.CU.LIS.TA s.2g. Articulista.
AR.TÍ.CU.LO s.m. Artigo (jornal, revista etc.); cláusula (contrato, lei).
AR.TÍ.FI.CE s.m. Artífice.
AR.TI.FI.CIAL adj. Artificial.
AR.TI.FÍ.CIO s.m. Artifício.
AR.TI.LLE.RÍ.A s.f. Artilharia.
AR.TI.MA.ÑA s.f. Artimanha; astúcia.
AR.TIS.TA s.2g. Artista.
AR.TRI.TIS s.f. Med. Artrite.
AR.TRO.SIS s.f. Med. Artrose.
AR.ZO.BIS.PO s.m. Arcebispo.
AS s.m. Ás (carta de baralho); pessoa hábil.
A.SA s.f. Asa (de utensílio); alça.
ASA.DE.RO s.m. Forno; assadeira.
A.SA.DO adv. Assado (alimento); churrasco.
A.SA.DOR adj. e s.m. Assador. s.m. assadeira.
A.SA.DU.RA s.f. Vísceras (de animais); miúdos.
A.SA.LA.RIA.DO adj. e s.m. Assalariado; que ou aquele que recebe salário.
A.SA.LA.RIAR v.t. Assalariar.
A.SAL.TAN.TE adj. e s.2g. Assaltante.
A.SAL.TAR v.t. Assaltar; roubar com violência; avançar sobre.
A.SAL.TO s.m. Assalto; investida.
A.SAM.BLEA s.f. Assembleia; reunião.
A.SÁR v.t. Assar (carne); tostar. v.p. Assar-se; tostar-se.
AS.CEN.DEN.CIA s.f. Ascendência.
AS.CEN.DER v.int. Ascender; subir; elevar-se.
AS.CEN.DIEN.TE adj. e s.2g. Ascendente; que, aquilo ou aquela que sobe.
AS.CEN.SIÓN s.f. Ascensão; elevação; subida.
AS.CEN.SO s.m. Ascensão; subida.
AS.CEN.SOR s.m. Elevador (de edifício); ascensor.
AS.CEN.SO.RIS.TA s.2g. Ascensorista.
AS.CE.SIS s.f. Ascese.
AS.CE.TA s.2g. Asceta.
AS.CO s.m. Asco; nojo.
A.SE.A.DO adj. Asseado; limpo.
A.SE.AR v.t. Assear; limpar. v.p. Assear-se.
A.SE.CHAN.ZA s.f. Trapaça; tramoia.
A.SE.CHAR v.t. Trapacear.
A.SE.DIAR v.t. Assediar.

A.SE.DIO *s.m.* Assédio.

A.SE.GU.RA.BLE *adj.* Assegurável.

A.SE.GU.RAR *v.t.* Assegurar; resguardar; garantir. *v.p.* Assegurar-se; certificar-se.

A.SE.ME.JAR *v.int.* Assemelhar; parecer. *v.p.* Assemelhar-se.

A.SEN.SO *s.m.* Assentimento; assenso.

A.SEN.TAR *v.t.* e *v.i.* Assentar. *v.p.* Assentar-se.

A.SEN.TI.MIEN.TO *s.m.* Assentimento; consentimento.

A.SEN.TIR *v.int.* Assentir; consentir.

A.SE.O *s.m.* Asseio; higiene; limpeza; esmero.

A.SEP.SIA *s.f. Med.* Assepsia; purificação; *fig.* frieza.

A.SE.QUI.BLE *adj.* Acessível; exequível.

A.SE.RRAR *v.t.* Serrar; cortar.

A.SE.SI.NAR *v.t.* Assassinar; matar; eliminar.

A.SE.SI.NA.TO *s.m.* Assassinato.

A.SE.SI.NO *s.m.* Assassino.

A.SE.SOR *adj.* e *s.m.* Assessor; assessoria.

A.SE.SO.RAR *v.t.* Assessorar.

A.SES.TAR *v.t.* Assestar; desferir; desfechar.

A.SE.VE.RAR *v.t.* Asseverar; confirmar.

AS.FAL.TAR *v.t.* Asfaltar.

AS.FAL.TO *s.m.* Asfalto.

AS.FI.XIA *s.f.* Asfixia.

AS.FI.XIAR *v.t.* Asfixiar.

A.SÍ *adv.* Assim; dessa maneira; deste modo; *asi como:* do modo como.

A.SIA.TI.CO *adj.* Asiático.

A.SI.DUI.DAD *s.f.* Assiduidade.

A.SI.DUO *adj.* Assíduo.

A.SIEN.TO *s.m.* Assento; cadeira; apontamento; nota.

A.SIG.NA.CIÓN *s.f.* Atribuição; designação.

A.SIG.NAR *v.t.* Atribuir; designar; nomear.

A.SIG.NA.TU.RA *s.f.* Matéria; disciplina; cadeira (de universidade).

A.SI.LAR *v.t.* Asilar; albergar; abrigar.

A.SI.LO *s.m.* Asilo; albergue; refúgio.

A.SI.ME.TRÍA *s.f.* Assimetria.

A.SI.MI.LA.CIÓN *s.f.* Assimilação.

A.SI.MI.LAR *v.t.* Assimilar; acomodar. *v.p.* Assemelhar-se; assimilar-se.

A.SI.MIS.MO *adv.* Assim mesmo; também.

A.SIR *v.t.* Segurar; agarrar. *v.p.* Assegurar-se; agarrar-se.

A.SI.RIO *adj.* e *s.m.* Assírio.

A.SIS.TEN.CIA *s.f.* Assistência; auxílio; socorro.

A.SIS.TEN.TA *s.f.* Empregada; diarista.

A.SIS.TEN.TE *adj.* e *s.2g.* Assistente.

A.SIS.TIR *v.int.* Assistir; estar presente. *v.t.* Assistir; socorrer; ajudar.

AS.MA *s.f. Med.* Asma.

AS.MÁ.TI.CO *adj. Med.* Asmático.

AS.NO *s.m. Zool.* Asno; jumento; burro; *fig.* pessoa ignorante.

A.SO.CIA.CIÓN *s.f.* Associação.

A.SO.CIAR *v.t.* Associar; reunir; agrupar. *v.p.* Associar-se; coligar-se.

A.SO.LAR *v.t.* Assolar; arruinar; devastar; exterminar.

A.SO.MAR *v.int.* Assomar; aparecer; surgir. *v.t.* Apontar. *v.p.* Assomar-se; mostrar-se.

A.SOM.BRAR *v.t.* Assombrar; admirar; estontear; assustar.

A.SOM.BRO *s.m.* Susto; espanto; assombro.

A.SO.MO *s.m.* Assomo; indício; suspeita.

AS.PA *s.f.* Aspa.

AS.PEC.TO *s.m.* Aspecto; aparência.

AS.PE.RE.ZA *s.f.* Aspereza; rigidez; rudeza.

ÁS.PE.RO *adj.* Áspero; rugoso; rígido; rude.

AS.PER.SÓN *s.f.* Aspersão; borrifo.

ÁS.PID *s.f. Zool.* Áspide (serpente venenosa).

AS.PI.RA.CIÓN *s.f.* Aspiração.

AS.PI.RA.DOR *s.m.* Aspirador (de pó).

AS.PI.RAN.TE *adj.* e *s.2g.* Aspirante.

AS.PI.RAR *v.t.* Aspirar; desejar; pretender; inalar. *v.int.* Aspirar; desejar.

AS.PI.RI.NA *s.f.* Aspirina (remédio).

AS.QUE.RO.SO *adj.* Asqueroso; repugnante; nojento.

AS.TA *s.f.* Haste; chifre; mastro (de bandeira).

AS.TE.RIS.CO *s.m.* Asterisco.

AS.TIG.MA.TIS.MO *s.m. Med.* Astigmatismo.

AS.TI.LLA *s.f.* Lasca; pedaço

AS.TI.LLAR *v.t.* Estilhaçar; fragmentar. *v.p.* Lascar-se.

AS.TI.LLE.RO *s.m.* Estaleiro.

AS.TRAL adj. Astral.
AS.TRIN.GEN.TE adj. e s.m. Adstringente.
AS.TRIN.GIR v.t. Adstringir; apertar; contrair.
AS.TRO s.m. Astro; artista famoso.
AS.TRO.LO.GÍ.A s.f. Astrologia.
AS.TRÓ.LO.GO s.m. Astrólogo.
AS.TRO.NAU.TA s.2g. Astronauta.
AS.TRO.NO.MÍ.A s.f. Astronomia.
AS.TRO.NÁU.TI.CA s.f. Astronáutica.
AS.TRO.NA.VE s.f. Astronave.
AS.TRÓ.NO.MO s.m. Astrônomo.
AS.TRO.SO adj. Desastrado; esfarrapado; fig. vil; desprezível.
AS.TU.CIA s.f. Astúcia; esperteza.
AS.TU.TO adj. Astuto; astucioso.
A.SUE.TO s.m. Feriado escolar; sueto; folga.
A.SU.MIR v.t. Assumir; admitir; arcar.
A.SUN.CIÓN s.f. Assunção.
A.SUN.TO s.m. Assunto; motivo; tema; negócio.
A.SUS.TA.DO adj. Assustado.
A.SUS.TAR v.t. Assustar; amedrontar. v.p. Assustar-se.
A.TA.CAN.TE adj. e s.m. Atacante.
A.TA.CAR v.t. Atacar; agredir; assaltar; acometer.
A.TA.DE.RO s.m. Atadura; prisão.
A.TA.DU.RA s.f. Atadura.
A.TA.JO s.m. Atalho.
A.TA.LA.YA s.f. Atalaia; torre de vigia.
A.TA.ÑER v.int. Tanger; pertencer. v.p. Referir-se.
A.TA.QUE s.m. Ataque; investida; assalto.
A.TAR v.t. Atar; amarrar; unir, atar. v.p. Atar-se; ligar-se; amarrar-se.
A.TAR.DE.CER v.int. Entardecer. s.m. O entardecer.
A.TA.RE.AR v.t. Atarefar. v.p. Atarefar-se; ocupar-se.
A.TAS.CAR v.t. Entupir; atolar; engasgar; engarrafar. v.p. Engasgar-se.
A.TAS.CO s.m. Entupimento; engasgo.
A.TA.ÚD s.m. Ataúde; caixão.
A.TA.VI.AR v.t. Ataviar; enfeitar; adornar. v.p. Ataviar-se; enfeitar-se.
A.TÁ.VI.CO adj. Atávico.
A.TA.VÍ.O s.m. Adorno; enfeite; ornamento.
A.TA.VIS.MO s.m. Atavismo.
A.TE.ÍS.MO s.m. Ateísmo.
A.TE.MO.RI.ZAR v.t. Atemorizar. v.p. Atemorizar-se.
A.TEM.PE.RAR v.t. Temperar.
A.TEN.CIÓN s.f. Atenção.
A.TEN.DER v.t. e int. Atender; cuidar; acolher; notar; observar.
A.TE.NEO s.m. Ateneu.
A.TE.NER.SE v.p. Ater-se; ajustar-se.
A.TEN.TA.DO s.m. Atentado; desacato.
A.TEN.TAR v.int. Atentar; tentar. v.p. Prestar atenção.
A.TEN.TO adj. Atento; atencioso; cuidadoso; cortês.
A.TE.NUA.CIÓN s.f. Atenuação.
A.TE.NUAN.TE adj. e s.2g. Atenuante.
A.TE.NU.AR v.t. Atenuar; amenizar; enfraquecer. v.p. Atenuar-se; aquietar-se.
A.TE.O adj. Ateu.
A.TE.RRAR v.t. Espantar; Aterrorizar.
A.TE.RRI.ZAR v.int. e p. Aterrissar; pousar.
A.TE.RRO.RI.ZAR v.t. Aterrorizar; aterrar; assustar. v.p. Aterrorizar-se.
A.TE.SO.RAR v.t. Entesourar.
A.TES.TAR v.t. Atestar.
A.TES.TI.GUAR v.t. Testemunhar; certificar.
A.TE.ZA.DO adj. Enegrecido; moreno.
A.TI.NAR v.int. Atinar; conseguir; acertar.
A.TIS.BAR v.t. Olhar; espiar.
A.TI.ZAR v.t. Atiçar; atear fogo; estimular. v.p. Atiçar-se.
A.TLAS s.m. Atlas.
A.TLE.TA s.2g. Atleta.
A.TLE.TIS.MO s.m. Atletismo.
AT.MÓS.FE.RA s.f. Atmosfera.
A.TO.LLA.DE.RO s.m. Atoleiro; pântano.
A.TO.LLAR.SE v.p. Atolar-se.
A.TON.DRA.DO adj. Atordoado; tolo.
A.TÓ.MI.CO adj. atômico.
A.TO.MI.ZAR v.t. Atomizar; pulverizar.
Á.TO.MO s.m. Átomo.
A.TO.NAL adj. Mús. Atonal

A.TO.NÍA s.f. Atonia.
A.TÓ.NI.TO adj. Atônito.
Á.TO.NO adj. Átono.
A.TON.TAR v.t. Aturdir; entontecer.
A.TO.RAR v.t. Atolar; engasgar. v.p. Atolar-se.
A.TOR.MEN.TAR v.t. Atormentar. v.p. Atormentar-se.
A.TO.SI.GAR v.t. Agoniar; envenenar; intoxicar. v.p. Agoniar-se; intoxicar-se.
A.TRA.CAR v.t. e int. Atracar; abordar; empanturrar; assaltar; roubar. v.p. Atracar-se; empanturrar-se.
A.TRAC.CIÓN s.f. Atração.
A.TRA.CO s.m. Assalto.
A.TRAC.TA.TI.VO adj. Atraente; simpático. s.m. Atrativo.
A.TRA.ER v.t. e int. Atrair; fig. seduzir. v.p. Atrai-se.
A.TRA.GAN.TAR v.t. Engasgar. v.p. Engasgar-se.
A.TRAN.CAR v.t. Entupir; obstruir; frechar com tranca; empacar; atravancar-se.
A.TRA.PAR v.t. Prender; apanhar; agarrar.
A.TRA.QUE s.m. Atracação; atracadouro.
A.TRÁS adv. Atrás; detrás; anteriormente.
A.TRA.SAR v.t. e int. Atrasar. v.p. Atrasar-se.
A.TRA.SO s.m. Atraso; demora.
A.TRA.VE.SAR v.t. Atravessar. v.p. Atravessar-se; interpor-se.
A.TRE.VER.SE v.p. Atrever-se.
A.TRE.VI.DO adj. Atrevido; petulante.
A.TRE.VI.MIEN.TO s.m. Atrevimento.
A.TRI.BU.CIÓN adj. Atribuição.
A.TRI.BU.IR v.t. Atribuir.
A.TRI.BU.LAR v.t. Atribular. v.p. Atribular-se.
A.TRI.BU.TO s.m. Atributo.
A.TRIO s.m. Átrio.
A.TRO.CI.DAD s.f. Atrocidade.
A.TRO.FIA s.f. Atrofia.
A.TRO.NAR v.t. Atordoar. v.int. Troar; trovejar.
A.TRO.PE.LLAR v.t. e int. Atropelar. v.p. Atropelar-se.
A.TRO.PE.LLO s.m. Atropelo; atropelamento.
A.TROZ adj. Atroz.
A.TÚN s.m. Zool. Atum.

A.TUR.DI.DO adj. Aturdido; atordoado.
A.TUR.DIR v.t. Aturdir; atordoar. v.p. Aturdir-se.
A.TU.RU.LLAR v.t. Aturdir; perturbar. v.p. Perturbar-se.
AU.DA.CIA s.f. Audácia; ousadia.
AU.DAZ adj. Audaz.
AU.DI.CIÓN s.f. Audição.
AU.DI.EN.CIA s.f. Audiência.
AU.DI.TI.VO adj. Auditivo.
AU.DI.TOR s.m. Auditor.
AU.DI.TO.RÍ.A s.f. Auditoria; auditagem.
AU.DI.TO.RIO s.m. Auditório.
AU.GE s.m. Auge; clímax; apogeu.
AU.GU.RIO s.m. Augúrio.
AU.GUS.TO adj. Augusto.
AU.LA s.f. Sala de aula; classe.
AU.LLAR v.t. Uivar (lobo, cão).
AU.MEN.TAR v.t. e int. Aumentar.
AU.MEN.TA.TI.VO adj. Aumentativo.
AU.MEN.TO s.m. Aumento.
AUN adv. Inclusive; até mesmo; até.
A.ÚN adv. Ainda; pelo menos.
AU.NAR v.t. Reunir; unir.
AUN.QUE conj. Ainda que; mesmo que; apesar de; embora.
ÁU.REO adj. Áureo; dourado.
AU.REO.LA s.f. Auréola.
AU.RI.CU.LAR adj. Auricular;
AU.RI.CU.LA.RES s.m., pl. Fones de ouvido.
AU.RÍ.FE.RO adj. Aurífero.
AU.RO.RA s.f. Aurora.
AUS.CUL.TAR v.t. Auscultar.
AU.SEN.CIA s.f. Ausência.
AU.SEN.TAR.SE v.p. Ausentar-se.
AU.SEN.TE adj. e s.2g. Ausente.
AUS.PI.CI.AR v.t. Promover; patrocinar.
AUS.PI.CIO s.m. Auspício; presságio; augúrio; proteção; patrocínio.
AUS.TE.RI.DAD s.f. Austeridade.
AUS.TE.RO adj. Austero.
AUS.TRAL adj. Austral.
AU.TAR.QUÍ.A s.f. Autarquia.
AU.TEN.TI.CI.DAD s.f. Autenticidade.
AU.TÉN.TI.CO adj. Autêntico.

AU.TIS.MO *s.m. Med.* Autismo.
AU.TO *s.m.* Auto; automóvel; carro. *s.m.* Auto; composição dramática.
AU.TO.BIO.GRA.FÍ.A *s.f.* Autobiografia.
AU.TO.BÚS *s.m.* Ônibus.
AU.TO.CAR *s.m.* Ônibus interurbano.
AU.TO.CRA.CIA *s.f.* Autocracia.
AU.TÓC.TO.NO *adj.* e *s.m.* Autóctone.
AU.TO.GRA.FI.AR *v.t.* Autografar.
AU.TÓ.GRA.FO *s.m.* Autógrafo.
AU.TO.MA.CIÓN *s.f.* Automação.
AU.TÓ.MA.TA *s.f.* Autômato.
AU.TO.MÁ.TI.CO *adj.* Automático.
AU.TO.MA.TI.ZAR *v.t.* Automatizar.
AU.TO.MO.TOR *adj.* e *s.m.* Automotivo.
AU.TO.MÓ.VIL *s.m.* Automóvel.
AU.TO.MO.VI.LIS.MO *s.m.* Automobilismo.
AU.TO.NO.MÍ.A *s.f.* Autonomia.
AU.TO.PIS.TA *s.f.* Autopista; autoestrada.
AU.TOP.SIA *s.f.* Autópsia.
AU.TOR *s.m.* Autor.
AU.TO.RÍA *s.f.* Autoria.
AU.TO.RI.DAD *s.f.* Autoridade.
AU.TO.RI.ZA.CIÓN *s.f.* Autorização.
AU.TO.RI.TA.RIO *adj.* e *s.m.* Autoritário.
AU.TO.RI.TA.RIS.MO *s.m.* Autoritarismo.
AU.TO.RI.ZAR *v.t.* Autorizar.
AU.TO.RRE.TRA.TO *s.m.* Autorretrato.
AU.TO.SER.VI.CIO *s.m.* Autosserviço.
AU.TOS.TOP *s.m.* Carona.
AU.TOS.TO.PIS.TA *s.2g.* Caronista.
AU.TO.SU.GES.TIÓN *s.f.* Autossugestão.
AU.XI.LIAR *adj.* e *s.2g.* Auxiliar. *v.t.* Auxiliar; ajudar. *v.p.* Auxiliar-se; socorrer-se.
AU.XI.LIO *s.m.* Auxílio; ajuda; socorro.
A.VAL *s.m.* Aval; garantia.
A.VA.LAN.CHA *s.f.* Avalanche.
A.VA.LAR *v.t.* Avalizar.
A.VA.LIS.TA *s.2g.* Avalista.
A.VAN.CE *s.m.* Avanço.
A.VAN.ZAR *v.t.* e *int.* Avançar.
A.VA.RI.CIA *s.f.* Avareza.
A.VA.RIEN.TO *adj.* e *s.m.* Avarento.
A.VA.RO *adj.* e *s.m.* Avaro; avarento.
A.VA.SA.LLA.DOR *adj.* Avassalador.
A.VA.SA.LLAR *v.t.* Avassalar.
A.VE *s.f. Zool.* Ave.
A.VE.CIN.DAR.SE *v.p.* Avizinhar-se.
A.VE.LLA.NA *s.f.* Avelã.
A.VE.LLA.NO *s.m.* Aveleira; avelãzeira.
A.VE.MA.RÍA *s.f.* Ave-maria.
A.VE.NA *s.f.* Aveia.
A.VE.NEN.CIA *s.f.* Acordo.
A.VE.NI.DA *s.f.* Avenida.
A.VE.NIR *v.t.* Avir; convir; concordar; conciliar. *v.p.* Conciliar-se; ajustar-se.
A.VEN.TA.JA.DO *adj.* Avantajado.
A.VEN.TA.JAR *v.t.* e *int.* Avantajar; levar vantagem.
A.VEN.TAR *v.t.* Aventar; ventilar.
A.VEN.TU.RA *s.f.* Aventura.
A.VEN.TU.RAR *v.t.* Aventurar. *v.p.* Aventurar-se.
A.VEN.TU.RE.RO *adj.* e *s.m.* Aventureiro.
A.VER.GON.ZAR *v.t.* Envergonhar. *v.p.* Envergonhar-se.
A.VE.RÍ.A *s.f.* Avaria; defeito; estrago.
A.VE.RI.AR *v.t.* Avariar; danificar. *v.p.* Avariar-se.
A.VE.RI.GUAR *v.t.* Averiguar; verificar; investigar.
A.VER.SION *s.f.* Aversão.
A.VIA.CIÓN *s.f.* Aviação.
A.VIA.DOR *adj.* e *s.m.* Aviador.
A.VÍ.CO.LA *adj.* Avícola.
A.VI.CUL.TU.RA *s.f.* Avicultura.
A.VI.DEZ *s.f.* Avidez.
Á.VI.DO *adj.* Ávido.
A.VÍ.O *s.m.* Aviamento; proveito; arrumação.
A.VIÓN *s.m.* Avião.
A.VI.SAR *v.t.* Avisar; anunciar; prevenir.
A.VI.SO *s.m.* Aviso; informação; anúncio.
A.VIS.PA *s.f.* Vespa.
A.VIS.PE.RO *s.m.* vespeiro.
A.VIS.TAR *v.t.* Avistar.
A.VI.VAR *v.t.* e *int.* Avivar; estimular; reforçar. *v.p.* Avivar-se.
A.XI.AL *adj.* Axial.
A.XI.LA *s.f. Anat.* Axila.
A.XIO.MA *s.m.* Axioma.

¡AY! *interj.* Ai!
A.YER *adv.* Ontem.
A.YO *s.m.* Aio; criado.
A.YU.DA *s.f.* Ajuda; auxílio; socorro.
A.YU.DAR *v.t.* Ajudar, auxiliar. *v.p.* Ajudar-se.
A.YU.DAN.TE *s.2g.* Ajudante.
A.YU.NAR *v.int.* Jejuar.
A.YU.NO *s.m.* Jejum.
A.YUN.TA.MIEN.TO *s.m.* Prefeitura.
A.ZA.DA *s.f.* Enxada.
A.ZA.DI.LLA *s.f.* Enxadinha.
A.ZA.DÓN *s.m.* Enxadão; picareta.
A.ZA.FA.TA *s.f.* Aeromoça; recepcionista.
A.ZA.FA.TE *s.m.* Açafate; bandeja.
A.ZA.FRÁN *s.m.* Açafrão.
A.ZA.HAR *s.f.* Bot. Flor de laranjeira; cidreira.
A.ZA.LEA *s.f.* Azálea; azaleia.
A.ZAR *s.m.* Azar; acaso.

A.ZA.RAR *v.t.* Azarar; atordoar; abalar. *v.p.* Azarar-se; abalar-se.
Á.ZI.MO *adj.* Ázimo.
A.ZO.RAR *v.t.* Aturdir; abalar. v.p. Assustar-se.
A.ZO.TAR *v.t.* Açoitar; surrar.
A.ZO.TE *s.m.* Açoite; chicote.
A.ZO.TEA *s.f.* Terraço; sótão.
A.ZÚ.CAR *s.m.* Açúcar.
A.ZU.CA.RAR *v.t.* Açucarar; adoçar.
A.ZU.CA.RE.RO *adj.* Açucareiro.
A.ZU.CA.RI.LLO *s.m.* Torrão de açúcar.
A.ZU.CE.NA *s.f.* Bot. Açucena.
A.ZU.FRE *s.m.* Quím. Enxofre.
A.ZUL *adj.* Azul.
A.ZU.LA.DO *adj.* Azulado.
A.ZU.LE.JO *s.m.* Azulejo.
A.ZU.ZAR *v.t.* Atiçar; incitar; provocar.

B

B *s.m.* Segunda letra do alfabeto espanhol.
BA.BA *s.f.* Baba; saliva; limo; gosma.
BA.BA.CO *s.m.* Mamão (fruto).
BA.BA.ZA *s.f.* Baba; lesma.
BA.BE.AR *v.int.* Babar.
BA.BE.RO *s.m.* Babador.
BA.CA *s.f.* Bagageiro.
BA.CA.LA.DA *s.f.* Bacalhau seco.
BA.CA.LAO *s.m.* Zool. Bacalhau.
BA.CA.NAL *s.m.* Bacanal.
BA.CAN.TE *s.f.* Bacante (sacerdotisa grega).
BA.CHE.AR *v.t.* Recapear; pavimentar.
BA.CÍ.A *s.f.* Bacia (vasilha).
BA.CI.LAR *adj.* Bacilar.
BAC.TE.RIA *s.f.* Bactéria.
BA.GA.JE *s.m.* Bagagem.
BA.GA.TE.LA *s.f.* Bagatela; ninharia.
BA.GUAL *s.m.* Potro (não-domado).
BA.HÍ.A *s.f.* Geog. Baía; enseada.
BAI.LA.DOR *s.m.* Dançarino.
BAI.LAR *v.int.* Bailar; dançar.
BAI.LE *s.m.* Dança; baile; *fig.* confusão.
BA.JA *s.f.* Baixa; queda (de preço); diminuição.
BA.JA.MAR *s.f.* Baixa-mar; maré baixa.
BA.JAR *v.t.* Baixar; abaixar; rebaixar. *v.int.* Descer. *v.p.* Abaixar-se; rebaixar-se; humilhar-se.
BA.JE.ZA *s.f.* Baixeza; indignidade; humilhação.
BA.JÍO *s.m.* Baixio; baixada.
BA.JIS.TA *adj.* e *s.2g.* Baixista.
BA.JO *adj.* Baixo; inferior; abaixado; *fig.* vulgar; popular. *prep. debajo de:* Debaixo de. *s.m. Mús.* Baixo.
BA.JU.RA *s.f.* Baixada; litoral; costa.
BA.LA *s.f.* Bala; projétil.
BA.LA.DA *s.f.* Balada; canção romântica.
BA.LA.DRO.NA.DA *s.f.* Bravata; alardeio.
BA.LAN.CE *s.m. Econ.* Balanço (de empresa); balanço (do mar).
BA.LAN.CE.AR *v.t.* Balancear; contrabalançar. *v.t.* e *int.* Balançar; oscilar; hesitar. *v.p.* Balançar-se (oscilando).
BA.LAN.CÍN *s.m.* Gangorra; balanço (para crianças).
BA.LAN.ZA *s.f.* Balança.
BA.LAUS.TRA.DA *s.f.* Balaustrada.
BA.LAUS.TRE *s.m.* Balaústre.
BAL.BU.CE.AR ou **BAL.BU.CIR** *v.int.* Balbuciar.
BAL.BU.CEO *s.m.* Balbucio
BAL.CÓN *s.m.* Balcão (teatro); sacada; terraço.
BAL.DA *s.f.* Estante; prateleira; tranca.
BAL.DE *s.m.* Balde. *adv.* Grátis; de graça; em vão.
BAL.DE.AR *v.t.* Baldear; regar com balde.
BAL.DÍ.O *adj.* Baldio.
BAL.DO *adj.* Baldo; ocioso; inútil.
BAL.DO.SA *s.f.* Lajota; tijolo; ladrilho.
BAL.DO.SAR *v.t.* Ladrilhar; pavimentar.
BA.LI.DO *s.m.* Balido.
BA.LÍS.TI.CA *s.f.* Balística.
BA.LI.ZA *s.f.* Baliza.
BA.LI.ZAR *v.t.* Balizar.
BA.LÓN *s.m.* Bola (de futebol); bola grande.
BAL.SA *s.f.* Balsa; jangada; lamaçal.
BÁL.SA.MO *s.m.* Bálsamo.
BAL.SE.RO *s.m.* Balseiro.
BA.LU.AR.TE *s.m.* Baluarte; bastião; defesa; fortaleza.
BA.LLE.NA *s.f. Zool.* Baleia.
BA.LLE.NE.RO *adj.* Baleeiro.
BAM.BO.LE.AR *v.int.* Bambolear. *v.p.* Balançar-se; rebolar-se.
BAM.BO.LEO *s.m.* Bamboleio.

BAM.BÚ s.m. Bot. Bambu.
BA.ÑA.DE.RA s.f. Banheira.
BA.ÑA.DO s.m. Banhado; charco; pantanal.
BA.NAL adj. Banal; vulgar; comum; trivial.
BA.NA.LI.DAD s.f. Banalidade; trivialidade.
BA.NA.NA s.f. Bot. Banana.
BA.ÑAR v.t. Banhar. v.p. Banhar-se.
BAN.CA s.f. Banco (de sentar); banca (sistema bancário; de apostas); banca de frutas.
BAN.CA.DA s.f. Bancada.
BAN.CA.RIO adj. Bancário.
BAN.CA.RRO.TA s.f. Bancarrota.
BAN.CO s.m. Banco (assento; sistema bancário; local para armazenar sangue, órgãos etc.).
BAN.DA s.f. Banda; faixa; lado; quadrilha; conjunto musical.
BAN.DE.JA s.f. Bandeja.
BAN.DE.RA s.f. Bandeira; estandarte.
BAN.DE.RÍN s.f. Bandeirola; flâmula.
BAN.DE.RO.LA s.f. Bandeirola.
BAN.DI.DO adj. e s.m. Bandido.
BAN.DO s.m. Bando; revoada; partido; edital.
BAN.DO.LE.RO s.m. Bandoleiro; salteador; bandido.
BAN.DO.LI.NA s.f. Bandolim.
BAN.QUE.RO s.m. Banqueiro.
BAN.QUE.TA s.f. Banqueta; banquinho.
BAN.QUE.TE s.m. Banquete.
BAN.QUI.LLO s.m. dep. Banco de reservas.
BA.ÑAR v.t. Banhar. v.p. Banhar-se.
BA.ÑE.RA s.f. Banheira.
BA.ÑIS.TA s.2g. Banhista.
BA.ÑO s.m. Banho.
BAR s.m. Bar.
BA.RA.JA s.f. Baralho.
BA.RA.TA s.f. Barato; preço baixo.
BA.RA.TE.AR v.t. Baratear (tornar o preço baixo).
BA.RA.TI.JA s.f. Ninharia; mesquinhez.
BA.RA.TO adj. Barato.
BAR.BA s.f. Barba; Anat. queixo.
BAR.BA.RI.DAD s.f. Barbaridade; absurdo.
BAR.BA.RIE s.f. Barbárie.
BAR.BA.RIS.MO s.m. Barbarismo.
BÁR.BA.RO adj. e s.m. Bárbaro.

BAR.BE.RÍ.A s.f. Barbearia.
BAR.BE.RO s.m. Barbeiro.
BAR.BI.LLA s.f. Anat. Queixo.
BAR.BU.DO adj. Barbudo.
BAR.CA s.f. Barca; bote.
BAR.CA.ZA s.f. Barcaça.
BAR.CO s.m. Barco; navio.
BAR.NIZ s.m. Verniz, tintura.
BA.RÓ.ME.TRO s.m. Barômetro.
BA.RÓN s.m. Barão
BA.RO.NE.SA s.f. Baronesa.
BAR.QUE.AR v.t. Barquejar.
BAR.QUE.RO s.m. Barqueiro.
BA.RRA s.f. Barra.
BA.RRA.CA s.f. Barraca; choupana; barraco.
BA.RRA.CÓN s.m. Barracão.
BA.RRAN.CO s.m. Barranco.
BA.RRE.NA s.f. Broca; verruma.
BA.RRE.NAR v.t. Furar com broca; fig. pensar muito.
BA.RREN.DE.RO s.m. Varredor de rua; gari.
BA.RRE.ÑO adj. Barrento; barroso. s.m. Bacia; tacho.
BA.RRER v.t. Varrer.
BA.RRE.RA s.f. Barreira.
BA.RRIA.DA s.f. Bairro; periferia; arredores (da cidade).
BA.RRI.CA s.f. Barrica; barril; tonel.
BA.RRI.CA.DA s.f. Barricada.
BA.RRI.GA s.f. Barriga.
BA.RRI.GÓN adj. Barrigudo; pançudo.
BA.RRI.GU.DO adj. Barrigudo.
BA.RRIL s.m. Barril.
BA.RRI.LLO Med. Acne; espinha.
BA.RRIO s.m. Bairro.
BA.RRO s.m. Barro; lama; tranqueira; Med. espinha.
BA.RRO.SO adj. Barroso; barrento.
BA.RU.LLO s.m. Confusão; balbúrdia; muito barulho.
BA.SAL.TO s.m. Geol. Basalto.
BA.SA.MEN.TO s.m. Embasamento.
BA.SAR v.t. Basear; embasar; fundamentar. v.p. Basear-se.
BAS.CU.LAR v.int. Balançar.

BA.SE s.f. Base; fundamento; regra.
BÁ.SI.CO adj. Básico.
BAS.TA s.m. Bainha; alinhavo.
¡BAS.TA! interj. Basta!; chega!
BAS.TAN.TE adj. e adv. Bastante; suficiente.
BAS.TAR v.int. Bastar. v.p. Bastar-se.
BAS.TAR.DO adj. Bastardo.
BAS.TI.DOR s.m. Bastidor.
BAS.TE.DAD s.f. Grosseria.
BAS.TIÓN s.f. Bastião; baluarte.
BAS.TÓN s.m. Bastão; bengala.
BA.SU.RA s.f. Lixo; *fig.* porcaria.
BA.SU.RE.RO s.m. Lixeiro.
BA.TA s.f. Bata; roupão; robe.
BA.TA.LLA s.f. Batalha.
BA.TA.LLAR v.int. Batalhar; combater.
BA.TA.LLÓN s.m. Batalhão.
BA.TA.TA s.f. Batata-doce.
BA.TE s.m. Bastão (beisebol); taco.
BA.TEL s.m. Batel; bote.
BA.TE.LE.RO s.m. Barqueiro.
BA.TE.RÍ.A s.f. *Mús. Eletr.* Bateria.
BA.TI.DA s.f. Batida (policial).
BA.TIEN.TE adj. Batedor (que bate).
BA.TÍN s.m. Roupão.
BA.TIR v.t. Bater; golpear; combater. v.p. Bater-se; brigar.
BA.TIS.CA.FO s.m. Batiscafo.
BA.TRA.CIO s.m. *Zool.* Batráquio; anuro.
BA.TU.TA s.f. Batuta (bastão do maestro).
BA.ÚL s.m. Baú; arca; cofre.
BAU.TIS.MO s.m. Batismo.
BAU.TI.ZAR v.t. Batizar. v.p. Batizar-se.
BAU.TI.ZO s.m. Batizado.
BA.YA s.f. Baga; fruto.
BA.YE.TA s.f. Pano de limpeza; flanela.
BA.ZO.FIA s.f. Restos; lixo; porcaria.
BEA.TI.FI.CA.CIÓN s.f. Beatificação.
BEA.TI.FI.CAR v.t. Beatificar.
BEA.TI.TUD s.f. Beatitude.
BEA.TO adj. y s. Beato; carola; devoto.
BE.BÉ s.m. Bebê; nenê; criança.
BE.BE.DE.RO s.m. Bebedouro.
BE.BE.DOR adj. e s.m. Bebedor.
BE.BER v.t. e int. Beber; tomar.

BE.BI.DA s.f. Bebida.
BE.CA s.f. Bolsa de estudo.
BE.CA.RIO s.m. Bolsista.
BE.CE.RRO s.m. Bezerro.
BE.DEL s.m. Bedel.
BE.FA s.f. Mofa; escárnio.
BEI.GE adj. e s.m. Bege.
BÉIS.BOL s.m. *Dep.* Beisebol.
BEL.DAD s.f. Beldade.
BE.LÉN *Geo.* Localidade da Palestina; s.m. Presépio.
BÉ.LI.CO adj. Bélico.
BE.LI.CO.SI.DAD s.f. Belicosidade
BE.LI.CO.SO adj. Belicoso.
BE.LI.GE.RAN.TE adj. Beligerante.
BE.LLA.CO adj. e s.m. Velhaco.
BE.LLE.ZA s.f. Beleza.
BE.LLO adj. Belo.
BEN.CE.NO s.m. *Quím.* Benzeno.
BEN.CI.NA s.f. *Quím.* Benzina.
BEN.DE.CIR v.t. Bendizer; abençoar; louvar.
BEN.DI.CIÓN s.f. Bênção.
BEN.DI.TO adj. Bendito; benzido.
BE.NE.FAC.TOR adj. e s.m. Benfeitor.
BE.NE.FI.CEN.CIA s.f. Beneficência.
BE.NE.FI.CIAR v.t. Beneficiar; favorecer; melhorar; cultivar. v.p. Beneficiar-se; lucrar.
BE.NE.FI.CIO s.m. Benefício; favor.
BE.NÉ.FI.CO adj. Benéfico.
BE.NE.MÉ.RI.TO adj. e s.m. Benemérito.
BE.NE.VO.LEN.CIA s.f. Benevolência.
BE.NE.VO.LEN.TE adj. Benevolente; benévolo.
BE.NIG.NI.DAD s.f. Benignidade; bondade.
BE.NIG.NO adj. Benigno.
BEN.JA.MÍN s.m. Caçula; benjamim.
BER.BE.RIS.CO adj. e s.2g. Bérbere; berbere.
BE.RE.BER o BE.RÉ.BER adj. e s.2g. Bérbere; berbere.
BE.REN.JE.NA s.f. Berinjela.
BER.ME.JO adj. Avermelhado.
BE.RRE.AR v.int. Berrar; gritar.
BE.RRI.DO s.m. Berro; grito.
BE.SAR v.t. Beijar. v.p. Beijar-se.

BE.SO *s.m.* Beijo.
BES.TIA *s.f.* Besta; fera; animal; monstro.
BES.TIA.LI.DAD *s.f.* Bestialidade.
BE.TÚN *s.m.* Betume; graxa para sapatos.
BI.BE.RÓN *s.m.* Mamadeira.
BI.BLIA *s.f.* Bíblia.
BÍ.BLI.CO *adj.* Bíblico.
BI.BLIO.GRA.FÍ.A *s.f.* Bibliografia.
BI.BLIO.TE.CA *s.f.* Biblioteca.
BI.CI.CLE.TA *s.f.* Bicicleta.
BI.CÉ.FA.LO *adj.* Bicéfalo.
BI.CHO *s.m.* Bicho; inseto; animal.
BIEN *adv.* Bem; muito; bastante; aproximadamente. *s.m.* Bem; benefício; favor.
BIE.NAL *adj.* e *s.f.* Bienal.
BIEN.A.VEN.TU.RAN.ZA *adj.* Bem-aventurança.
BIEN.ES.TAR *s.m.* Bem-estar.
BIEN.HE.CHOR *adj.* e *s.m.* Bem-feitor.
BIEN.VE.NI.DO *adj.* Bem-vindo.
BI.GA.MÍ.A *s.f.* Bigamia.
BI.GO.TE *s.m.* Bigode.
BI.GO.TU.DO *adj.* Bigodudo.
BI.LIAR *adj. Anat.* Biliar.
BI.LIN.GÜE *adj.* Bilíngue.
BI.LLAR *s.m.* Bilhar; sinuca.
BI.LLE.TE. *s.m.* Bilhete; tíquete (passagem, entrada de espetáculo); cédula de dinheiro.
BI.LLE.TE.RA *s.f.* Carteira.
BI.LLÓN *s.m.* Bilhão.
BI.MES.TRAL *adj.* Bimestral.
BI.MES.TRE *s.m.* Bimestre.
BIO.DI.VER.SI.DAD *s.f.* Biodiversidade.
BIO.GRA.FÍ.A *s.f.* Biografia.
BIO.GRA.FIAR *v.t.* Biografar.
BIO.LO.GÍ.A *s.f.* Biologia.
BIO.LÓ.GI.CO *adj.* Biológico.
BIÓ.LO.GO *s.m.* Biólogo.
BIOM.BO *s.m.* Biombo.
BI.PAR.TI.CIÓN *s.f.* Bipartição.
BÍ.PE.DO *s.m.* Bípede.
BI.PO.LA.RI.DAD *s.f.* Bipolaridade.
BIR.LAR *v.t.* Acertar (boliche); surrupiar.
BI.SA.BUE.LO *s.m.* Bisavô.
BI.SEC.TRIZ *s.f.* Bissetriz.
BI.SE.XUAL *adj.* Bissexual.
BI.SIES.TO *s.m.* Ano bissexto.
BI.SO.JO *adj.* Vesgo; caolho.
BI.SO.ÑO *adj.* e *s.m.* Bisonho.
BIS.TEC *s.m.* Bife.
BIS.TU.RÍ *s.m.* Bisturi.
BI.ZA.RRO *adj.* Bizarro; extravagante.
BIZ.CO *adj.* Caolho.
BIZ.CO.CHO *s.m.* Biscoito; bolo.
BLAN.CO *adj.* Branco.
BLAN.CU.RA *s.f.* Brancura.
BLAN.DEAR *v.int.* Abrandar. *v.p.* Abrandar-se.
BLAN.DIR, *v.t.* e *int.* Brandir (com arma).
BLAN.DO *adj.* Brando; mole; suave.
BLAN.DU.RA *s.f.* Brandura.
BLAN.QUE.AR *v.t.* Branquear. *v.p.* Branquear-se.
BLAS.FE.MAR *v.int.* Blasfemar.
BLAS.FE.MIA *s.f.* Blasfêmia.
BLIN.DA.JE *s.m.* Blindagem.
BLIN.DAR *v.t.* Blindar.
BLU.SA *s.f.* Blusa.
BLU.SÓN *s.m.* Blusão.
BOA *s.f. Zool.* Jiboia.
BO.A.TO *s.m.* Pompa.
BO.BA.DA *s.f.* Bobagem.
BO.BA.LI.CÓN *s.m.* Bobão; bobalhão.
BO.BEAR *v.int.* Bobear.
BO.BE.RÍA *s.f.* Bobeira; bobagem.
BO.BI.NAR *v.t.* Bobinar.
BO.BO *adj.* e *s.m.* Bobo; tolo.
BO.CA *s.f. Anat.* Boca; abertura; entrada.
BO.CA.CA.LLE *s.f.* Entrada de uma rua.
BO.CA.DI.LLO *s.m.* Sanduíche; lanche.
BO.CA.DO *s.m.* Bocado, mordida.
BO.CAL *s.m.* Bocal.
BO.CA.ZA *s.f.* Boca grande; linguarudo.
BO.CI.NA *s.f.* Buzina.
BO.CI.NAR *v.t.* Buzinar.
BO.DA *s.f.* Boda; casamento.
BO.DE.GA *s.f.* Bodega; adega; vinícola.
BO.DE.GÓN *s.m.* Bodega; taberna.
BO.DE.GUE.RO *s.m.* Taberneiro; taverneiro.
BO.FE.TA.DA *s.f.* Bofetada.
BO.FE.TÓN *s.m.* Bofetão.

BO.HE.MIO s.m. Boêmio.
BOI.CO.TE.AR v.t. Boicotar.
BOI.CO.TEO s.m. Boicote.
BOL s.m. Tigela.
BO.LA s.f. Bola.
BO.LA.DO s.f. Guloseima.
BOL.DO s.m. Bot. Boldo.
BO.LEA.DO.RAS s.f. pl. Boleadeiras.
BO.LE.RA s.f. Boliche (jogo).
BO.LE.RO s.m. Bolero (música e dança).
BO.LE.TA s.f. Bilhete, entrada.
BO.LE.TE.RÍ.A s.f. Bilheteria.
BO.LE.TE.RO s.m. Bilheteiro.
BO.LE.TÍN s.m. Boletim.
BO.LE.TO s.m. Bilhete (de aposta).
BO.LÍ.GRA.FO s.m. Esferográfica; caneta.
BO.LO s.m. Pino de boliche.
BO.LO.ÑE.SA adj. Bolonhesa (molho italiano).
BOL.SA s.f. Bolsa; sacola.
BOL.SIS.TA adj. e s.m. Bolsista.
BO.LLO s.m. Bolo; fig. confusão.
BOM.BA s.f. Bomba.
BOM.BA.CHA s.f. Calcinha.
BOM.BAR.DE.AR v.t. Bombardear.
BOM.BAR.DEO s.m. Bombardeio.
BOM.BA.ZO s.m. Estouro; estampido; explosão.
BOM.BE.AR v.t. Bombear (líquido, gás); bombardear.
BOM.BE.RO s.m. Bombeiro; frentista.
BOM.BI.LLA s.f. Lâmpada; bomba para chimarrão.
BOM.BÍN s.m. Chapéu-coco.
BOM.BO s.m. Mús. Bumbo; bombo.
BOM.BÓN s.m. Bombom.
BOM.BO.NA s.f. Bombona; botijão.
BOM.BO.NE.RA s.f. Bombonera; bomboneria.
BOM.BO.NE.RÍA s.f. Bomboneria.
BO.NA.CHÓN adj. Bonachão.
BO.NAN.ZA s.f. Bonança.
BON.DAD s.f. Bondade.
BON.DA.DO.SO adj. Bondoso.
BO.NIA.TO s.m. Batata-doce.
BO.NI.FI.CA.CIÓN s.f. Bonificação.
BO.NI.FI.CAR. v.t. Bonificar.
BO.ÑI.GA s.f. Esterco; excremento.
BO.NI.TO adj. Bonito.
BO.NO s.m. Bônus; vale.
BO.QUE.RÓN s.m. Boqueirão; abertura; Zool. anchova.
BO.QUIA.BIER.TO adj. Boquiaberto.
BO.QUI.LLA s.f. Piteira; boquilha.
BOR.BO.LLAR v.int. Borbulhar.
BOR.BO.TAR v.int. Borbotoar, borbulhar.
BOR.BO.TÓN s.m. Borbotão.
BOR.DA s.f. Borda; amurada.
BOR.DA.DO adj. e s.m. Bordado.
BOR.DAR v.t. Bordar; fazer bordado.
BOR.DE s.m. Borda; margem.
BOR.DE.AR v.t. Bordear; bordejar.
BOR.DI.LLO s.m. Meio-fio (de calçada); bainha (de tecido).
BOR.DO s.m. Bordo; costado; lado.
BOR.DÓN s.m. Bordão.
BO.RRA.CHE.RA s.f. Bebedeira; porre.
BO.RRA.CHO adj. e s.m. Bêbado; embriagado.
BO.RRA.DOR s.m. Rascunho.
BO.RRAR v.t. Apagar. v.p. Apagar-se; desvanecer-se.
BO.RRAS.CA s.f. Borrasca; tempestade.
BO.RRI.CO s.m. Burro; jumento.
BOS.QUE s.m. Bosque, mata.
BOS.QUE.JAR v.t. Bosquejar; esboçar; desenhar.
BOS.QUE.JO s.m. Esboço; bosquejo.
BOS.TE.ZAR v.int. Bocejar.
BOS.TE.ZO s.m. Bocejo.
BO.TA s.f. Bota; calçado de cano alto.
BO.TA.FU.MEI.RO s.m. Incensório.
BO.TÁ.NI.CA s.f. Botânica.
BO.TAR v.t. Botar; jogar; atirar; lançar.
BO.TE s.m. Bote; pulo; pote (vasilha); bote (pequena embarcação).
BO.TE.LLA s.f. Garrafa; bujão.
BO.TE.LLA.ZO s.m. Garrafada.
BO.TI.CA s.f. Farmácia; botica.
BO.TI.CA.RIO s.m. Boticário; farmacêutico.
BO.TI.JA s.f. Botija; jarra; pote.
BO.TÍN s.m. Botina (calçado); butim; pilhagem.

BO.TI.QUÍN *s.m.* Caixa de primeiros socorros; gaveta de remédios; enfermaria.
BO.TÓN *s.m.* Botão.
BO.TO.NA.DU.RA *s.f.* Abotoadura.
BÓ.VE.DA *s.f.* Abóbada.
BO.VI.NO *adj.* Bovino.
BO.XEA.DOR *s.m.* Lutador de boxe.
BO.XEO *s.m.* Boxe; pugilismo.
BO.XE.AR *v.int.* Boxear; praticar boxe.
BO.YA *s.f.* Boia.
BO.YA.DA *s.f.* Boiada.
BO.YAL *adj.* Bovino.
BO.YAR *v.int.* Navegar; boiar; flutuar.
BO.ZO *s.m.* Buço.
BRA.CEA.DA *s.f.* Braçada.
BRA.GA *s.f.* Calcinha; calça de mulher (ger. no plural).
BRA.GA.PA.ÑAL *s.m.* Fralda.
BRA.GUE.TA *s.f.* Braguilha.
BRA.MAR *v.int.* Bramir; bramar. *v.t.* Berrar.
BRA.MI.DO *s.f.* Bramido.
BRA.SA *s.f.* Brasa.
BRA.SE.RO *s.m.* Braseiro.
BRA.SI.LE.ÑO *adj.* e *s.m.* Brasileiro.
BRA.VA.TA *s.f.* Bravata.
BRA.VE.ZA *s.f.* Braveza; bravura.
BRA.VÍO *adj.* Bravio; feroz; braveza.
BRA.VO *adj.* Bravo.
BRA.VU.CÓN *s.f.* Valentão.
BRA.ZA *s.f.* Braça.
BRA.ZA.LE.TE *s.m.* Bracelete; pulseira.
BRA.ZO *s.m.* Braço.
BREA *s.f.* Breu.
BRE.AR *v.t.* Submeter.
BRE.BA.JE *s.m.* Beberagem.
BRE.CHA *s.f.* Brecha; fenda.
BRÉ.COL *s.m.* Brócolis.
BRE.GA *s.f.* Briga; luta; rixa; *fig.* labuta.
BRE.GAR *v.t* e *int.* Brigar; lutar; batalhar; labutar.
BRES.CA *s.f.* Favo (de mel).
BRE.TE *s.m.* Grilhão; *fig.* enrascada.
BRE.VE *adj.* Breve; curto; ligeiro.
BRE.VE.DAD *s.f.* Brevidade; rapidez.
BRE.VIA.RIO *s.m.* Breviário.

BRI.BÓN *adj.* e *s.m.* Safado; malandro.
BRI.DA *s.f.* Brida; rédea.
BRI.GA.DA *s.f.* Brigada.
BRI.LLAN.TE *adj.* Brilhante.
BRI.LLAR *v.int.* Brilhar; luzir; refulgir.
BRI.LLO *s.m.* Brilho.
BRIN.CAR *v.int.* Pular; saltar.
BRIN.CO *s.m.* Salto; pulo.
BRIN.DAR *v.int.* Brindar. *v.t.* Oferecer. *v.p.* Brindar-se; oferecer-se.
BRIN.DIS *s.m.* Brinde.
BRÍO *s.m.* Brio.
BRIO.SO *adj.* Brioso.
BRI.SA *s.f.* Brisa.
BRI.TÁ.NI.CO *adj.* e *s.m.* Britânico.
BRIZ.NA *s.f.* Fibra.
BRO.CA *s.f.* Broca; pua.
BRO.CA.DO *s.m.* Brocado.
BRO.CHA *s.f.* Brocha; pincel de barba.
BRÓ.CU.LI *s.m.* Brócolis.
BRO.MA *s.f.* Brincadeira; chacota.
BRO.ME.AR *v.int.* Brincar; fazer galhofa.
BRON.CA *s.f.* Bronca; repreensão; briga.
BRON.CE *s.m.* Bronze.
BRON.CEA.DO *adj.* Bronzeado.
BRON.CEA.DOR *adj.* e *s.m.* Bronzeador.
BRON.CO *adj.* Bronco; rude.
BRO.TAR *v.int.* Brotar.
BRU.JA *s.f.* Bruxa; feiticeira.
BRU.JE.RÍ.A *s.f.* Bruxaria; feitiçaria.
BRU.JO *s.m.* Bruxo; feiticeiro.
BRÚ.JU.LA *s.f.* Bússola.
BRU.MA *s.f.* Bruma; nevoeiro.
BRU.MO.SO *adj.* Brumoso; nevoento.
BRU.ÑIR *vt.* Brunir; polir.
BRUS.CO *adj.* Brusco.
BRU.TAL *adj.* Brutal; violento; feroz.
BRU.TA.LI.DAD *s.f.* Brutalidade
BRU.TO *adj.* Bruto; rude; grotesco.
BU.BÓ.NI.CO *adj.* Bubônico.
BU.CAL *adj.* Bucal.
BU.CA.NE.RO *s.m.* Bucaneiro.
BU.CEA.DOR *adj.* e *s.m.* Mergulhador.
BU.CE.AR *v.int.* Mergulhar; *fig.* aprofundar; investigar.

BU.CEO s.m. Mergulho.
BU.CHE s.m. Bucho; fig. barriga; pança.
BU.CLE s.m. Cacho (de cabelo).
BU.CÓ.LI.CO adj. Bucólico.
BU.DÍN s.m. Pudim.
BU.DIS.TA adj. e s.2g. Budista.
BUEN adj. Bom.
BUE.NA.VEN.TU.RA s.f. Boa sorte; sorte; quiromancia.
BUE.NO adj. Bom; melhor; ótimo.
BUEY s.m. Boi.
BU.FAR v.int. Bufar.
BÚ.FA.LO s.m. Zool. Búfalo.
BU.FÉ s.m. Bufê.
BU.FE.TE s.m. Escritório.
BU.FÓN s.m. Bufão; bobo da corte; palhaço.
BU.FO.NES.CO adj. Burlesco; cômico.
BU.LA s.f. Bula.
BUL.BO s.m. Bulbo.
BUL.BO.SO adj. Bulboso.
BU.LE.VAR s.m. Bulevar; alameda; avenida.
BU.LLA s.f. Bulha; confusão; gritaria.
BU.LLIR v.int. Ferver; agitar; bulir. v.p. fig. Agitar-se.
BUL.TO s.m. Vulto; volume; tamanho; estátua.
BUR.BU.JA s.f. Bolha; borbulha.
BUR.BU.JE.AR v.int. Borbulhar.
BUR.GUÉS adj. Burguês.
BU.RI.LAR v.t. Burilar.
BUR.LA s.f. Burla; chacota; logro; fraude.
BUR.LAR v.t. Burlar; ludibriar; enganar. v.p. Zombar; escarnecer.
BU.RO.CRA.CIA s.f. Burocracia.
BU.RÓ.CRA.TA s.2g. Burocrata.
BU.RRA.DA s.f. Burrada; asneira; fig. barbaridade.
BU.RRO adj. Burro; tolo. s.m. Zool. Burro.
BUS.CA s.f. Busca; procura.
BUS.CAR v.t. Buscar; procurar.
BÚS.QUE.DA s.f. Busca; procura.
BUS.TO s.m. Busto.
BU.TA.CA s.f. Poltrona.
BU.TA.QUE s.m. Espreguiçadeira.
BU.TI.FA.RRA s.f. Linguiça; chouriço.
BU.ZO s.m. Escafandrista; mergulhador; macacão; jardineira.
BU.ZÓN s.m. Caixa de correio; escaninho; *buzón de voz:* caixa de mensagens.

C

C *s.m.* Terceira letra do alfabeto espanhol.
CA.BAL *adj.* Cabal; completo; inteiro; perfeito; acabado.
CÁ.BA.LA *s.f.* Cabala; conjetura; suposição.
CA.BAL.GA.DU.RA *s.f.* Cavalgadura.
CA.BAL.GAR *s.m.* Cavalgar; montar (a cavalo).
CA.BAL.GA.TA *s.f.* Cavalgada.
CA.BA.LÍS.TI.CO *adj.* Cabalístico.
CA.BA.LLAR *adj.* Cavalar; equestre.
CA.BA.LLE.RES.CO *adj.* Cavalheiresco.
CA.BA.LLE.RÍ.A *s.f.* Cavalaria.
CA.BA.LLE.RO *s.m.* Cavaleiro; cavalheiro.
CA.BA.LLE.TE *s.m.* Cavalete.
CA.BA.LLO *s.m. Zool.* Cavalo; peça de xadrez.
CA.BA.ÑA *s.f.* Cabana; choupana.
CA.BE.CE.AR *v.int.* Cabecear (a bola).
CA.BE.CE.RA *s.f.* Cabeceira (cama; mesa); cabeçalho; nascente (de rio).
CA.BE.CE.RO *s.m.* Cabeceira da cama).
CA.BE.LLE.RA *s.f.* Cabeleira.
CA.BE.LLO *s.m.* Cabelo.
CA.BE.LLU.DO *adj.* Cabeludo.
CA.BER *v.int.* Caber.
CA.BES.TRI.LLO *s.m.* Tipoia; correntinha.
CA.BES.TRO *s.m.* Cabresto.
CA.BE.ZA *s.f. Anat.* Cabeça; cérebro; juízo; chefe; líder.
CA.BE.ZA.DA *s.f.* Cabeçada.
CA.BE.ZÓN *s.m.* Cabeção; cabeçudo.
CA.BI.DA *s.f.* Cabimento.
CA.BI.NA *s.f.* Cabina; cabine.
CA.BIZ.BA.JO *adj.* Cabisbaixo.
CA.BLE *s.m.* Cabo; fio de eletricidade.
CA.BO *s.m.* Cabo (geográfico); cabo (hierarquia militar).
CA.BO.TA.JE *s.m.* Cabotagem.

CA.BRA *s.f. Zool.* Cabra.
CA.BRE.AR *v.t.* Zangar; aborrecer.
CA.BRE.RO *s.m.* Pastor de cabras.
CA.BRI.O.LA *s.f.* Cabriola; cambalhota.
CA.BRI.TO *s.m. Zool.* Cabrito.
CA.BRÓN *s.m.* Bode; *dep.* pessoa sacana.
CA.BRO.NA.DA *s.f. dep.* Safadeza; sacanagem.
CA.CA *s.f.* Excremento; cocô.
CA.CA.HUE.TE *s.m. Bot.* Amendoim.
CA.CAO *s.m. Bot.* Cacau.
CA.CA.RE.AR *v.int.* Cacarejar.
CA.CA.REO *s.m.* Cacarejo.
CA.CE.RÍ.A *s.f.* Caça; caçada.
CA.CE.RO.LA *s.f.* Caçarola.
CA.CHA.ZA *s.f.* Cachaça; calma; sossego; lentidão.
CA.CHE.AR *v.t.* Revistar.
CA.CHE.TA.DA *s.m. fam.* Bofetada; sopapo.
CA.CI.QUE *s.m.* Cacique.
CA.CHE.TE *s.m.* Bofetada; palmada.
CA.CHIM.BO *s.m.* Cachimbo.
CA.CHI.PO.RRA *s.f.* Cacetete.
CA.CHI.RU.LO *s.m. fam.* Troço; negócio.
CA.CHO *s.m.* Cacho; pedaço; porção.
CA.CHO.RRO *s.m.* Filhote.
CA.DA *pron. indef.* Cada.
CA.DAL.SO *s.m.* Cadafalso.
CA.DÁ.VER *s.m.* Cadáver.
CA.DA.VÉ.RI.CO *adj.* Cadavérico.
CA.DE.NA *s.f.* Cadeia.
CA.DEN.CIA *s.f.* Cadência.
CA.DE.RA *s.f. Anat.* Cadeira; anca; quadril.
CA.DE.TE *s.m.* Cadete (hierarquia militar).
CA.DU.CAR *v.int.* Caducar.
CA.DU.CO *adj.* Caduco.
CA.ER *v.int.* e *p.* Cair.

CA.FÉ s.m. Café.
CA.FE.TAL s.m. Cafezal.
CA.FE.TE.RA s.f. Cafeteira.
CA.FE.TE.RÍA s.f. Cafeteria.
CA.FE.TE.RO adj. Cafeeiro. s.m. Cafezeiro (viciado em café).
CA.FE.TÍN s.m. Boteco; botequim.
CA.GAR v.int. Cagar; defecar. v.p. Cagar-se.
CA.Í.DA s.m. Caída; queda; declive; ladeira.
CA.JA s.f. Caixa; caixão; caçamba.
CA.JE.RO s.m. Caixa (de estabelecimento).
CA.JE.TI.LLA s.f. Maço; carteira.
CA.JÓN s.m. Caixote; gaveta.
CA.JO.NE.RA s.f. Gaveteiro; gaveta.
CAL s.f. Cal.
CA.LA.BA.CE.RA s.f. Bot. Aboboreira.
CA.LA.BA.CÍN s.m. Bot. Abobrinha.
CA.LA.BA.ZA s.f. Bot. Abóbora.
CA.LA.BO.BOS s.m. Garoa.
CA.LA.BO.ZO s.m. Calabouço; masmorra.
CA.LA.MAR s.m. Zool. Calamar; lula.
CA.LAM.BRE s.m. Cãibra; câimbra.
CA.LA.MI.DAD s.f. Calamidade.
CA.LAR v.t. Ensopar; empapar. v.p. Ensopar-se.
CA.LA.VE.RA s.f. Caveira.
CAL.CAR v.t. Calcar; decalcar.
CAL.CÁ.REO adj. Calcário.
CAL.CE s.m. Calço.
CAL.CE.TA s.f. Meia; tricô.
CAL.CE.TÍN s.m. Meia.
CAL.CI.FI.CA.CIÓN s.f. Calcificação.
CAL.CI.FI.CAR v.t. Calcificar.
CAL.CI.NAR v.t. Calcinar.
CAL.CIO s.m. Quím. Cálcio.
CAL.CU.LAR v.int. Calcular.
CÁL.CU.LO s.m. Cálculo; Med. pedra (de sais minerais do organismo).
CAL.DE.RA s.f. Caldeira.
CAL.DE.RÓN s.m. Caldeirão.
CAL.DO s.m. Caldo.
CA.LE.FAC.CIÓN s.f. Calefação.
CA.LEN.DA.RIO s.m. Calendário.
CA.LEN.TA.DOR s.m. Aquecedor.
CA.LEN.TAR v.t. Aquecer. esquentar.
CA.LEN.TÓN adj. Quente; fig. fogoso.

CA.LEN.TU.RA s.f. Med. Febre; fig. calor; fogo.
CA.LI.BRA.CIÓN s.f. Calibração; calibragem.
CA.LI.BRAR v.t. Calibrar.
CA.LI.BRE s.m. Calibre.
CA.LI.DAD s.f. Qualidade.
CÁ.LI.DO adj. Cálido; quente.
CA.LIEN.TE adj. Quente; cálido; fogoso.
CA.LI.FI.CA.CIÓN s.f. Qualificação.
CA.LI.FI.CAR v.t. Qualificar.
CA.LI.GRA.FÍ.A s.f. Caligrafia.
CÁ.LIZ s.m. Cálice (de igreja).
CA.LLA.DO adj. Calado; silencioso.
CA.LLAR v.int. Calar; emudecer; silenciar. v.p. Calar-se; emudecer-se.
CA.LLE s.f. Rua.
CA.LLE.JA s.f. Ruela; viela; beco.
CA.LLE.JE.AR v.int. Vagar; vaguear; andar à toa.
CA.LLE.JÓN s.m. Beco; ruela.
CA.LLE.JUE.LA s.f. Ruela; beco.
CA.LLO s.m. Calo.
CA.LLOS s.m. pl. Culin. Dobradinha.
CA.LLO.SI.DAD s.f. Calosidade.
CAL.MA s.f. Calma; tranquilidade; serinadade.
CAL.MAN.TE adj. e s.m. Med. Calmante; tranquilizante.
CA.LOR s.m. Calor.
CA.LO.RÍ.A s.f. Caloria.
CA.LUM.NIA s.f. Calúnia.
CA.LUM.NIA.DOR adj. e s.m. Caluniador.
CA.LUM.NIAR v.t. Caluniar.
CAL.VA s.f. Calva; careca.
CAL.VO adj. Calvo; careca.
CAL.ZA.DOR s.m. Calçadeira (de sapatos).
CAL.ZAR v.t. Calçar. v.p. Calçar-se.
CAL.ZO s.m. Calço; cunha.
CAL.ZÓN s.m. Calção; short.
CAL.ZON.CI.LLO s.m. Cueca.
CA.MA s.f. Cama; leito; *cama individual:* cama de solteiro; *cama de matrimonio:* cama de casal.
CA.MA.DA s.f. Camada; ninhada; fig. cambada.
CA.MA.LE.ÓN s.m. Zool. Camaleão.

CÁ.MA.RA *s.f.* Câmara.
CA.MA.RA.DA *s.m.* Camarada.
CA.MA.RA.DE.RÍ.A *s.f.* Camaradagem; companheirismo.
CA.MA.RE.RO *s.m.* Garçom; camareiro.
CA.MA.RI.LLA *s.f.* Camarilha.
CA.MA.RÍN *s.m.* Camarim; cabine (de elevador).
CA.MA.RÓN *s.m. Zool.* Camarão.
CA.MA.RO.TE *s.m.* Camarote.
CAM.BA.LA.CHE *s.m.* Cambalacho.
CAM.BIA.BLE *adj.* Cambiável; trocável.
CAM.BIAN.TE *adj.* Mutável.
CAM.BIAR *v.t. e int.* Trocar; mudar; alterar. *v.p.* Mudar-se; converter-se.
CAM.BIO *s.m.* Mudança; troco (dinheiro); transformação.
CAM.BIS.TA *adj. e s.2g.* Cambista.
CA.ME.LIA *s.f. Bot.* Camélia.
CA.ME.LLO *s.m. Zool.* Camelo.
CA.MI.LLA *s.f.* Maca; padiola.
CA.MI.NAN.TE *s.2g.* Caminhante; andarilho.
CA.MI.NAR *v.int.* Caminhar; andar.
CA.MI.NO *s.m.* Caminho; via; trilha.
CA.MIÓN *s.m.* Caminhão.
CA.MIO.NE.RO *s.m.* Caminhoneiro.
CA.MIO.NE.TA *s.f.* Caminhonete; furgão.
CA.MI.SA *s.f.* Camisa.
CA.MI.SE.TA *s.f.* Camiseta.
CA.MI.SO.LA *s.f.* Camisola.
CA.MI.SÓN *s.m.* Camisola (de dormir).
CA.MO.RRA *s.f. fam.* Briga; confusão.
CA.MO.TE *s.m.* Batata-doce.
CAM.PAL *adj.* Campal.
CAM.PA.MEN.TO *s.m.* Acampamento.
CAM.PA.NA *s.f.* Sino.
CAM.PA.NA.DA *s.f.* Badalada.
CAM.PA.NA.RIO *s.m.* Campanário.
CAM.PA.NI.LLA *s.f.* Campainha; sineta.
CAM.PAN.TE *adj.* Despreocupado.
CAM.PA.NU.DO *adj.* Pomposo.
CAM.PA.ÑA *s.f.* Campanha; campo; campina.
CAM.PE.AR *v.int.* Campear.
CAM.PE.CHA.NO *adj.* Bonachão; simpático.
CAM.PEÓN *s.m.* Campeão.
CAM.PE.O.NA.TO *s.m.* Campeonato.
CAM.PE.RA *s.f.* Jaqueta.
CAM.PE.SI.NO *adj.* Campesino; camponês.
CAM.PES.TRE *adj.* Campestre.
CAM.PI.ÑA *s.f.* Campina.
CAM.PO *s.m.* Campo.
CAM.PO.SAN.TO *s.m.* Campo-santo; cemitério.
CA.MU.FLA.JE *s.f.* Camuflagem.
CAN *s.m. Zool.* Cão.
CA.NA *s.f.* Cabelo branco.
CA.ÑA *s.f.* Cana; cana-de-açúcar.
CA.NA.DIEN.SE *adj. e s.2g.* Canadense.
CA.NAL *s.m.* Canal; cano; *canal de televisión:* canal de televisão.
CA.ÑAL *s.m.* Canavial.
CA.NA.LI.ZA.CIÓN *s.f.* Canalização.
CA.NA.LI.ZAR *v.t.* Canalizar.
CA.NA.LLA *adj. e s.f.* Canalha.
CA.NA.LÓN *s.m.* Calha.
CA.NA.RIO *s.m.* Canário; canarinho.
CAN.CE.LA *s.f.* Cancela.
CAN.CE.LA.CIÓN *s.f.* Cancelamento.
CAN.CE.LAR *v.t.* Cancelar; anular; quitar.
CÁN.CER *s.m.* Câncer.
CAN.CE.RÍ.GE.NO *adj.* Cancerígeno.
CAN.CHA *s.f.* Cancha; quadra.
CAN.CI.LLER *s.m.* Chanceler.
CAN.CI.LLE.RÍA *s.f.* Chancelaria.
CAN.CIÓN *s.f.* Canção; música.
CAN.DA.DO *s.m.* Cadeado.
CAN.DE.LA *s.f.* Candeia; candela; vela.
CAN.DE.LA.BRO *s.m.* Candelabro.
CAN.DE.LE.RO *s.m.* Castiçal.
CAN.DEN.TE *adj.* Candente; abrasado.
CAN.DI.DA.TO *s.m.* Candidato.
CAN.DI.DA.TU.RA *s.f.* Candidatura.
CAN.DI.DEZ *s.f.* Candidez; candura.
CÁN.DI.DO *adj.* Cândido.
CAN.DI.LE.JAS *s.f. pl.* Gambiarra; luzes (de teatro).
CA.NE.LA *s.f.* Canela (tempero).
CA.ÑE.RÍA *s.f.* Encanamento.
CAN.GRE.JO *s.m. Zool.* Caranguejo.
CAN.GU.RO *s.m. Zool.* Canguru.

CA.NÍ.BAL adj. e s.2g. Canibal; cruel.
CA.NI.CHE s.m. Poodle (cachorro).
CA.NI.JO adj. fam. Franzino; miúdo.
CA.NI.LLA s.f. Anat. Canela.
CA.NI.LLE.RA s.f. Caneleira; caneleiro.
CA.NI.NO adj. Canino (do cão). s.m. Anat. Canino (dente).
CA.ÑI.ZO s.m. Caniço.
CAN.JE s.m. Permuta; câmbio; troca.
CAN.JE.AR v.t. Permutar; trocar.
CA.NO adj. Grisalho (cabelo).
CA.ÑO s.m. Cano (de esgoto).
CA.NOA s.f. Canoa.
CA.NON s.m. Cânon; cânone.
CA.NO.NI.ZAR v.t. Canonizar.
CA.NO.SO adj. Grisalho.
CAN.SA.DO adj. Cansado; fatigado.
CAN.SAN.CIO s.m. Cansaço.
CAN.SAR v.t. Cansar; fatigar. v.p. Cansar-se; fatigar-se.
CAN.TAN.TE s.m. Cantor.
CAN.TAR v.t. e int. Cantar. s.m. Canção.
CÁN.TA.RO s.m. Cântaro.
CAN.TI.DAD s.f. Quantidade.
CAN.TI.GA s.f. Cantiga.
CAN.TI.LE.NA s.f. Cantilena.
CAN.TI.NA s.f. Cantina; lanchonete; adega.
CAN.TO s.m. Canto (de cantar); canto (ângulo).
CAN.TÓN s.m. Cantão; canto; esquina.
CAN.TO.NE.RA s.f. Cantoneira.
CAN.TOR adj. e s.m. Cantor.
CAN.TU.RRE.AR v.int. Cantarolar.
CA.OS s.m. Caos.
CA.Ó.TI.CO adj. Caótico.
CA.PA.CI.DAD s.f. Capacidade.
CA.PA.CI.TA.CIÓN s.f. Capacitação.
CA.PA.CI.TAR v.t. Capacitar.
CA.PA.TAZ s.m. Capataz.
CA.PAR v.t. Capar; castrar.
CA.PA.RA.ZÓN s.m. Carapaça.
CA.PA.TAZ s.m. Capataz.
CA.PAZ adj. Capaz; apto.
CA.PA.ZO s.m. Cesta; moisés (de bebê).
CA.PE.LLÁN s.m. Capelão.

CA.PE.RU.ZA s.f. Carapuça.
CA.PI.LAR adj. e s.m. Capilar.
CA.PI.LLA s.f. Capela.
CA.PI.TAL adj. e s.m. Capital.
CA.PI.TA.LIS.MO s.m. Capitalismo.
CA.PI.TA.LIS.TA s.2g. Capitalista.
CA.PI.TA.LI.ZAR v.t. Capitalizar.
CA.PI.TÁN s.m. Capitão.
CA.PI.TA.NE.AR v.t. Capitanear; comandar; dirigir.
CA.PI.TA.NÍA s.f. Capitania; comando.
CA.PI.TU.LAR adj. e s.m. Capitular. v.t. e int. Capitular. v.p. Render-se.
CA.PÍ.TU.LO s.m. Capítulo.
CA.PO.TA s.f. Capota; touca.
CA.PO.TE s.m. Capote; casaco; sobretudo.
CA.PRI.CHO s.m. Capricho; veleidade.
CA.PRI.CHO.SO adj. e s.m. Caprichoso.
CA.PRI.NO adj. Caprino.
CÁ.PSU.LA s.f. Cápsula.
CAP.TA.CIÓN s.f. Captação.
CAP.TAR v.t. Captar.
CAP.TU.RA s.f. Captura.
CAP.TU.RAR v.t. Capturar; prender.
CA.RA s.f. Cara; face; rosto.
CA.RA.BE.LA s.f. Caravela.
CA.RA.BI.NA s.f. Carabina.
CA.RA.COL s.m. Zool. Caracol; espiral.
CA.RA.CO.LA s.f. Caramujo.
¡CA.RA.CO.LES! interj. Caramba!
CA.RÁC.TER s.m. Caráter.
CA.RAC.TE.RÍS.TI.CA s.f. Característica; particularidade; predicado.
CA.RAC.TE.RÍS.TI.CO adj. Característico.
CA.RAC.TE.RI.ZAR v.t. Caracterizar.
CA.RA.DU.RA s.2g. Cara-de-pau.
CA.RAM.BO.LA s.f. Carambola.
CA.RA.ME.LO s.m. Bala; guloseima; caramelo.
CA.RÁ.TU.LA s.f. Máscara; capa (de livro).
CA.RA.VA.NA s.f. Caravana.
CAR.BÓN s.m. Carvão.
CAR.BO.NE.RÍA s.f. Carvoaria.
CAR.BO.NE.RO adj. e s.m. Carvoeiro.

CAR.BO.NI.ZAR *v.t.* Carbonizar. *v.p.* Carbonizar-se.
CAR.BO.NO *s.m. Quím.* Carbono.
CAR.BU.RA.CIÓN *s.f.* Carburación.
CAR.BU.RA.DOR *s.m.* Carburador.
CAR.CA.SA *s.f.* Carcaça.
CÁR.CEL *s.m.* Cárcere; prisão.
CAR.CE.LA.RIO *adj.* Carcerário.
CAR.CE.LE.I.RO *s.m.* Carcereiro.
CAR.CO.MA *s.f.* Carcoma; caruncho.
CAR.CO.MER *v.t.* Carcomer; roer. *v.p.* Roer-se.
CAR.DE.NAL *s.m.* Cardeal.
CAR.DIA.CO *adj.* Cardíaco.
CAR.DI.NAL *adj.* Cardeal; principal. *num.* Cardinal.
CAR.DIO.LO.GÍ.A *s.f.* Cardiologia.
CAR.DU.MEN *s.m.* Cardume.
CA.RE.CER *v.int.* Carecer.
CA.REN.CIA *s.f.* Carência; escassez.
CA.REN.TE *adj.* Carente; necessitado.
CA.RES.TÍ.A *s.f.* Carestia; escassez.
CA.RE.TA *s.f.* Máscara.
CAR.GA *s.f.* Carga; carregamento; peso.
CAR.GA.MEN.TO *s.m.* Carregamento.
CAR.GAR *v.t.* Carregar; recarregar. *v.p.* Encher-se.
CAR.GO *s.m.* Cargo; posição; encargo.
CAR.GUE.RO *adj.* e *s.m.* Cargueiro.
CA.RIAR *v.t.* Cariar.
CA.RI.CA.TU.RA *s.f.* Caricatura.
CA.RI.CIA *s.f.* Carícia.
CA.RI.DAD *s.f.* Caridade
CA.RIES *s.f.* Cárie.
CA.RI.BE.ÑO *adj.* Caribenho.
CA.RI.ÑO *s.m.* Carinho.
CA.RI.ÑO.SO *adj.* Carinhoso.
CA.RI.TA.TI.VO *adj.* Caritativo; caridoso.
CAR.ME.SÍ *adj.* e *s.m.* Carmesim
CAR.MIN *s.m.* Carmim.
CAR.NAL *adj.* Carnal.
CAR.NA.VAL *s.m.* Carnaval.
CAR.NA.ZA *s.f.* Carniça; carne de segunda.
CAR.NE *s.f.* Carne.
CAR.NÉ *s.m.* Carteira (documento de motorista, identidade etc.).
CAR.NE.RO *s.m. Zool.* Carneiro.
CAR.NI.CE.RO *s.m.* Açougueiro.
CAR.NÍ.VO.RO *adj.* Carnívoro. *s.m. Zool.* Carnívoro.
CAR.NO.SO *adj.* Carnoso; carnudo.
CA.RO *adj.* Caro (custo).
CA.RO.ZO *s.m.* Caroço.
CAR.PA *s.f.* Toldo; *Zool.* carpa (peixe).
CAR.PIN.TE.RÍ.A *s.f.* Carpintaria.
CAR.PIN.TE.RO *adj.* e *s.m.* Carpinteiro.
CA.RRAS.PE.O *s.m.* Pigarro.
CA.RRE.RA *s.f.* Carreira; trajeto; percurso.
CA.RRE.TA *s.f.* Carreta; carretel.
CA.RRE.TE.AR *v.t.* Acarretar.
CA.RRE.TE.RA *s.f.* Estrada; rodovia; via.
CA.RRE.TI.LLA *s.f.* Carrinho de mão.
CA.RRI.CO.CHE *s.m.* Carroça; *fam.* calhambeque.
CA.RRIL *s.m.* Pista (de automóvel); trilho.
CA.RRO *s.m.* Carruagem; carroça; automóvel.
CA.RRO.CE.RÍ.A *s.f.* Carroceria.
CA.RRO.ÑA *s.f.* Carniça; *fig.* desprezível.
CA.RRO.ZA *s.f.* Carruagem.
CAR.TA *s.f.* Carta; cardápio; mapa.
CAR.TA.PA.CIO *s.m.* Cartapácio; caderno de notas; fichário escolar.
CÁR.TEL *s.m.* Cartel (de empresas).
CAR.TEL *s.m.* Cartaz.
CAR.TE.LA *s.f.* Cartela.
CAR.TE.RA *s.f.* Carteira.
CAR.TE.RO *s.m.* Carteiro.
CAR.TO.GRA.FÍ.A *s.f.* Cartografia.
CAR.TÓN *s.m.* Cartão; papelão.
CAR.TU.CHE.RA *s.f.* Cartucheira.
CAR.TU.CHO *s.m.* Cartucho (de balas).
CAR.TU.LI.NA *s.f.* Cartolina.
CA.SA *s.f.* Casa.
CA.SA.CA *s.f.* Casaca.
CA.SA.CIÓN *s.f.* Cassação.
CA.SA.DO *adj.* e *s.m.* Casado.
CA.SA.MIEN.TO *s.m.* Casamento; matrimônio.
CA.SA.NO.VA *s.m.* Casanova.
CA.SAR *v.int.* Casar. *v.p.* Casar-se.

CAS.CA.BEL *s.f.* Guizo; chocalho; *Zool.* Cascavel.
CAS.CA.DA *adj.* Gasto. *s.f.* Cascata.
CAS.CA.JO *s.m.* Cascalho.
CAS.CAR *v.t.* e *int.* Quebrar. *v.p.* Quebrar-se.
CÁS.CA.RA *s.f.* Casca.
CAS.CA.RRA.BIAS *s.2g.* Carrancudo; mal-humorado.
CAS.CO *s.m.* Casco; capacete; cuca (cabeça).
CA.SE.RÍ.O *s.m.* Casario.
CA.SER.NA *s.f.* Caserna.
CA.SE.RO *adj.* e *s.m.* Caseiro.
CA.SE.TA *s.f.* Casa pequena; barracão; casinha de cachorro.
CA.SI *adv.* Quase.
CA.SI.LLA *s.f.* Casinha; escaninho; bilheteria.
CA.SI.NO *s.m.* Cassino.
CA.SO *s.m.* Caso.
CA.SO.RIO *s.m. fam.* Casório.
CAS.PA *s.f.* Caspa.
CAS.TA *s.f.* Casta; linhagem.
CAS.TA.ÑA *s.f. Bot.* Castanha (fruto).
CAS.TA.ÑE.RO *s.m. Bot.* Castanheira.
CAS.TA.ÑO *adj.* Castanho.
CAS.TA.ÑUE.LA *s.f.* Castanhola.
CAS.TE.LLA.NO *adj.* e *s.m.* Castelhano.
CAS.TI.DAD *s.f.* Castidade.
CAS.TI.GAR *v.t.* Castigar; punir.
CAS.TI.GO *s.m.* Castigo; punição.
CAS.TI.LLE.TE *s.m.* Andaime.
CAS.TI.LLO *s.m.* Castelo.
CAS.TI.ZO *adj.* Castiço.
CAS.TO *adj.* Casto; puro.
CAS.TOR *s.m. Zool.* Castor.
CA.SU.AL *adj.* Casual.
CA.SUA.LI.DAD *s.f.* Casualidade.
CA.SU.CHA *s.f.* Casebre.
CA.TA.CLIS.MO *s.m.* Cataclismo.
CA.TA.CUM.BAS *s.f. pl.* Catacumbas.
CA.TA.LÁN *adj.* e *s.m.* Catalão.
CA.TA.LE.PSIA *s.f. Med.* Catalepsia.
CA.TA.LI.ZAR *v.t. Quím.* Catalisar.
CA.TA.LO.GAR *v.t.* Catalogar; classificar; registrar.
CA.TÁ.LO.GO *s.m.* Catálogo.
CA.TAR *v.t.* Provar; experimentar; degustar (vinho).
CA.TA.RA.TA *s.f.* Catarata; cachoeira.
CA.TA.RRO *s.m.* Resfriado; constipação.
CA.TAR.SIS *s.f.* Catarse.
CA.TÁS.TRO.FE *s.m.* Catástrofe.
CÁ.TE.DRA *s.f.* Cátedra.
CA.TE.CIS.MO *s.m.* Catecismo.
CA.TE.DRAL *s.f.* Catedral.
CA.TE.DRÁ.TI.CO *s.m.* Catedrático.
CA.TE.GO.RÍ.A *s.f.* Categoria; classe; ordem.
CA.TE.GÓ.RI.CO *adj.* Categórico.
CA.TE.GÓ.RI.ZAR *v.t.* Categorizar; valorizar.
CA.TE.QUE.SIS *s.f.* Catequese.
CA.TE.QUI.ZAR *v.t.* Catequizar.
CA.TO.LI.CO *adj.* e *s.m.* Católico.
CA.TOR.CE *num.* Quatorze; catorze.
CA.TRE *s.m.* Catre.
CAU.CE *s.m.* Leito (de rio).
CAU.CHO *s.m.* Borracha.
CAU.CIÓN *s.f. Dir.* Caução.
CAU.DAL *adj.* Caudal. *s.m.* Torrente; bens.
CAU.DA.LO.SO *adj.* Caudaloso.
CAU.DI.LLO *s.m.* Caudilho.
CAU.SA *s.f.* Causa; motivo; razão.
CAU.SA.LI.DAD *s.f.* Causalidade.
CAU.SAR *v.t.* Causar; acarretar.
CÁ.US.TI.CO *adj.* e *s.m.* Cáustico.
CAU.TE.LA *s.f.* Cautela.
CAU.TE.LAR *adj.* Cautelar. *v.t.* Prevenir. *v.p.* Prevenir-se.
CAU.TE.LO.SO *adj.* Cauteloso.
CAU.TI.VAR *v.t.* Cativar; seduzir; aprisionar; prender.
CAU.TI.VE.RIO *s.m.* Cativeiro.
CAU.TI.VO *adj.* e *s.m.* Cativo; preso.
CA.VAR *v.t.* Cavar; escavar.
CA.VER.NA *s.f.* Caverna; gruta.
CA.VER.NO.SO *adj.* Cavernoso.
CA.VI.DAD *s.f.* Cavidade.
CA.VI.LAR *v.t.* e *v.int.* Cismar; meditar; refletir.
CA.YA.DO *s.m.* Cajado.
CA.ZA *s.f.* Caça.
CA.ZA.DOR *s.m.* Caçador.
CA.ZAR *v.t.* Caçar.

CA.ZO s.m. Concha; caçarola.
CA.ZÓN s.m. Zool. Cação
CA.ZUE.LA s.f. Panela; caçarola.
CA.ZU.RRO adj. e s.m. Casmurro.
CE.BA.DA s.f. Bot. Cevada.
CE.BAR v.t. Cevar; nutrir.
CE.BO.LLA s.f. Bot. Cebola.
CE.BO.LLE.TA s.f. Cebolinha.
CE.BÚ s.m. Zebu (gado).
CE.CI.NA s.f. Carne seca; charque.
CE.DER v.t. Ceder; renunciar.
CE.DI.LLA s.f. Cedilha.
CE.DRO s.m. Bot. Cedro.
CÉ.DU.LA s.f. Cédula; documento.
CE.FA.LEA s.f. Cefaleia.
CE.GAR v.t. e p. Cegar.
CE.GUE.DAD s.f. Cegueira.
CE.GUE.RA s.f. Cegueira.
CE.JA s.f. Anat. Sobrancelha.
CE.JAR v.int. Recuar; retroceder.
CE.LA.DA s.f. Cilada; emboscada.
CE.LAR v.t. Zelar.
CEL.DA s.f. Cela; célula.
CE.LE.BRA.CIÓN s.f. Celebração.
CE.LE.BRAR v.t. Celebrar. v.p. Celebrar-se.
CÉ.LE.BRE adj. Célebre.
CE.LE.BRI.DAD s.f. Celebridade.
CE.LE.RI.DAD s.f. Celeridade.
CE.LES.TE adj. Celeste; celestial.
CE.LES.TIAL adj. Celestial; celeste.
CE.LI.BA.TO s.m. Celibato.
CÉ.LI.BE adj. e s.m. Celibatário.
CE.LO s.m. Zelo; cuidado; esmero; cio; *celos pl.*: ciúmes.
CE.LO.FÁN s.m. Celofane.
CE.LO.SÍ.A s.f. Gelosia; rótula.
CE.LO.SO adj. Ciumento; zeloso.
CÉ.LU.LA s.f. Célula.
CE.LU.LAR adj. Biol. Celular.
CE.LU.LI.TIS s.f. Celulite.
CE.LU.LOI.DE s.m. Celuloide.
CE.MEN.TE.RIO s.m. Cemitério.
CE.MEN.TO s.m. Cimento.
CE.NA s.f. Ceia; jantar.
CE.NA.DO adj. Jantado.

CE.NA.GAL s.m. Lodaçal; lamaçal; brejo.
CE.NAR v.t. e int. Cear; jantar.
CEN.CE.RRE.AR v.int. Chocalhar.
CE.NI.CE.RO s.m. Cinzeiro.
CE.NI.CIEN.TA s.f. Gata borralheira (personagem de conto de fadas).
CE.NI.CIEN.TO adj. Cinzento.
CE.ÑIR v.t. Cingir; apertar; estreitar.
CE.NI.ZA adj. e s.f. Cinza.
CE.NI.ZO adj. Cinzento.
CEN.SO s.m. Censo.
CEN.SOR adj. e s.m. Censor.
CEN.SU.RA s.f. Censura.
CEN.SU.RAR v.t. Censurar; reprovar; repreender; criticar.
CEN.TA.VO s.m. Centavo.
CEN.TE.LLA s.f. Centelha; fagulha.
CEN.TE.LLE.AR v.int. Brilhar; cintilar; faiscar.
CEN.TE.NA s.f. Centena.
CEN.TE.NA.RIO adj. Centenário.
CEN.TE.NO s.m. Centeio.
CEN.TÉ.SI.MO adj. e s.m. Centésimo.
CEN.TÍ.GRA.DO adj. Centígrado.
CEN.TÍ.ME.TRO s.m. Centímetro.
CEN.TI.NE.LA s.f. Sentinela; guarda; vigia.
CEN.TRA.DO adj. Centralizado.
CEN.TRAL adj. e s.f. Central.
CEN.TRAR v.t. Centralizar; centrar; concentrar. v.p. Concentrar-se.
CEN.TRA.LI.ZA.CIÓN s.f. Centralização.
CEN.TRI.FU.GAR v.t. Centrifugar.
CEN.TRO s.m. Centro; meio; núcleo.
CEN.TU.PLI.CAR v.t. Centuplicar.
CÉN.TU.PLO adj. Cêntuplo.
CEN.TU.RIÓN s.m. Centurião.
CE.PA s.f. Cepa; linhagem; tronco.
CE.PI.LLAR v.t. Escovar; *cepillar los dientes*: escovar os dentes.
CE.PO s.m. Armadilha; arapuca.
CE.RA s.f. Cera.
CE.RÁ.MI.CA s.f. Cerâmica.
CER.BA.TA.NA s.f. Zarabatana.
CER.CA prep. Perto de. s.f. Cerca (para dividir terreno).

CER.CA.DO s.m. Cercado.
CER.CA.NÍ.A s.f. Cercania; proximidade; vizinhança.
CER.CAR v.t. Cercar.
CER.CE.NA.DU.RA s.f. Cerceamento.
CER.CE.NAR v.t. Cercear.
CER.CIO.RAR.SE v.p. Assegurar-se.
CER.CO s.m. Cerco.
CER.DO s.m. Suíno; porco.
CE.RE.AL s.m. Bot. Cereal.
CE.RE.BRO s.m. Cérebro.
CE.RE.MO.NIA s.f. Cerimônia.
CE.RE.MO.NIAL s.m. Cerimonial.
CE.RE.ZA s.f. Bot. Cereja (fruto).
CE.RE.ZO s.m. Bot. Cerejeira.
CE.RI.LLA s.f. Fósforo (palito).
CE.RO s.m. Zero.
CE.RRA.DO adj. Fechado; denso.
CE.RRA.DU.RA s.f. Fechadura; fechamento.
CE.RRAR v.t. Cerrar; fechar; encerrar. v.p. Cerrar-se; fechar-se.
CE.RRA.ZÓN s.f. Cerração.
CE.RRO.JA.ZO s.m. Ferrolho.
CE.RRO.JO s.m. Ferrolho, trinco.
CER.TA.MEN s.m. Certame; concurso.
CER.TE.RO adj. Certeiro.
CER.TE.ZA s.f. Certeza.
CER.TI.FI.CA.CIÓN s.f. Certificação.
CER.TI.FI.CA.DO adj. Certificado.
CER.TI.FI.CAR v.t. Certificar; atestar; garantir. v.p. Certificar-se.
CER.TI.TUD s.f. Certeza.
CE.RU.MEN s.m. Cera; cerume.
CER.VE.CE.RÍ.A s.f. Cervejaria.
CER.VE.CE.RO s.m. Cervejeiro.
CER.VE.ZA s.f. Cerveja.
CER.VI.CAL adj. Cervical.
CÉR.VI.DOS s.m. pl. Zool. Cervídeos.
CE.SA.CIÓN s.f. Cessação.
CE.SAR v.int. Cessar; parar.
CE.SÁ.REA s.f. Med. Cesária; cesariana.
CE.SI.BLE adj. Dir. Alienável.
CE.SIÓN s.f. Cessão.
CE.SIO.NA.RIO adj. Cessionário.
CES.TA s.f. Cesta.
CES.TO s.m. Cesto.
CE.TRO s.m. Cetro.
CHA.BA.CA.NE.RI.A s.f. Grosseria; baixaria.
CHA.BA.CA.NO adj. Grosseiro; baixo.
CHA.BO.LA s.f. Favela; barraco.
CHA.CAL s.m. Zool. Chacal.
CHÁ.CA.RA s.f. Chácara; granja.
CHA.CHA s.f. Empregada doméstica.
CHA.CHA.CHÁ s.m. Cháchachá (dança cubana).
CHÁ.CHA.RA s.f. Conversa fiada.
CHA.CHI adj. fam. Maneiro; legal.
CHA.CI.NA s.f. Charque (carne).
CHA.CI.NE.RÍA s.f. Salsicharia; charcutaria.
CHA.CO.TA s.f. Chacota; zombaria.
CHA.CRA s.f. Chácara; sítio; granja.
CHA.FAR v.t. fam. Amassar; estragar.
CHA.FA.RRI.NAR s.f. Manchar; borrar; pichar.
CHAL s.m. Xale.
CHA.LA s.f. Palha de milho.
CHA.LA.DO adj. fam. Louco; pirado.
CHA.LA.NA s.f. Chalana (embarcação).
CHA.LAR v.t. fam. Enlouquecer; pirar.
CHA.LÉ s.m. Chalé.
CHA.LE.CO s.m. Jaleco; colete.
CHA.LU.PA s.f. Chalupa (embarcação).
CHA.MÁN s.m. Xamã.
CHAM.BA s.f. fam. Sorte.
CHAM.BER.GO s.m. Chapéu de abas grandes.
CHAM.PÁN s.m. Champanhe; champanha.
CHAM.PA.ÑA s.f. Champanhe; champanha.
CHAM.PI.ÑÓN s.m. Cogumelo.
CHAM.PÚ s.m. Xampu.
CHA.MUS.CAR v.t. Chamuscar; tostar.
CHAN.CA.CA s.f. Rapadura; pé-de-moleque.
CHAN.CE s.f. Chance; oportunidade.
CHAN.CE.AR.SE v.int. e p. Caçoar; rir-se de alguém.
CHAN.CLA s.f. Chinelo.
CHAN.CLO s.m. Galocha.
CHAN.GA s.f. Troça; piada.
CHAN.TA.JE s.f. Chantagem.

CHAN.TA.JE.AR *v.t.* Chantagear.
CHAN.TA.JIS.TA *adj.* e *s.2g.* Chantagista.
CHAN.TI.LLÍ *s.m.* Chantili.
CHAN.ZA *s.f.* Chacota; troça; brincadeira.
CHA.PA *s.f.* Chapa; placa.
CHA.PAR *v.t.* Chapear.
CHA.PA.RRAL *s.m.* Campo de arbustos.
CHA.PA.RRO *s.m.* Gorducho.
CHA.PA.RRÓN *s.m.* Pé d'água; chuvarada.
CHA.PE.RÍA *s.f.* Chaparia.
CHA.PIS.TA *s.2g.* Serralheiro.
CHA.PO.TE.AR *v.t.* Chapinhar.
CHA.PU.RRE.AR *v.int.* Arranhar uma língua.
CHA.PU.ZA *s.f.* Trabalho malfeito.
CHA.PU.ZAR *v.t.* e *int.* Mergulhar.
CHA.PU.ZÓN *s.m.* Mergulho.
CHA.QUE.TÓN *s.m.* Jaquetão.
CHA.RA.DA *s.f.* Charada.
CHAR.CA *s.f.* Açude.
CHAR.CO *s.m.* Poça (de água).
CHAR.CU.TE.RO *s.m.* Charcuteiro.
CHAR.LA *s.f.* Bate-papo; conversa.
CHAR.LAR *v.int.* Bater papo; conversar.
CHAR.LA.TÁN *s.m.* Charlatão.
CHAR.ME *s.m.* Charme; encanto.
CHA.RRO *s.m.* Roupa típica do México.
CHAS.CO *s.m.* Engano; logro; decepção.
CHA.SIS *s.m.* Chassi.
CHAS.QUE.AR *v.t.* Enganar; trocar.
CHA.TA.RRA *s.f.* Sucata.
CHA.TA.RRE.RO *s.m.* Sucateiro.
CHA.TO *adj.* Chato; achatado.
CHA.VAL *s.m. fam.* Rapaz; garoto; *chavala s.f.*: menina; garota.
CHE.QUE *s.m.* Cheque.
CHIC *adj.* Chique. *s.m.* Elegância.
CHI.CLE *s.m.* Chiclete; chicle.
CHI.CA *s.f.* Menina; garota.
CHI.CO *s.m.* Menino; garoto.
CHI.CHA.RRÓN *s.m.* Torresmo.
CHI.FLAR *v.int.* Assobiar; apitar. *v.p.* Enlouquecer; endoidar.
CHI.LE *s.m.* Pimenta (diversas espécies).
CHI.LLI.DO *s.m.* Grito; chiado.
CHI.ME.NE.A *s.f.* Chaminé; lareira.
CHIN.CHAR *v.t.* Chatear; incomodar. *v.p.* Chatear-se.
CHIN.CHE *s.f.* Percevejo; tachinha; *fam.* bronca. *adj.* e *s.2g.* Chato; incômodo.
CHIN.CHI.LLA *s.f. Zool.* Chinchila.
CHI.NE.LA *s.f.* Chinelo; chinela.
CHI.NO *adj.* e *s.m.* Chinês.
CHI.PÉN *adj.* Maravilha; excelente.
CHI.QUE.RO *s.m.* Chiqueiro; *fam.* cadeia.
CHI.QUI.LLÍN *s.m.* Pequenino.
CHI.QUI.LLI.NA.DA *s.f.* Criancice.
CHI.QUI.LLO *s.m.* Criança; menino.
CHI.QUI.TAS *s.f. pl.* Desculpas.
CHI.QUI.TÍN *s.m.* Pequenino.
CHI.RI.BI.TA *s.f.* Faísca; chispa; centelha.
CHI.RI.GO.TA *s.f.* Zombaria; escárnio.
CHI.RI.MO.YA *s.f. Bot.* Fruta-do-conde.
CHI.RI.PA *s.f.* Sorte; acaso.
CHI.RRI.DO *s.m.* Chio; rangido.
CHIS.PA *s.f.* Chispa; faísca; fagulha.
CHIS.PA.ZO *s.m.* Faísca.
CHIS.PE.AN.TE *adj.* Faiscante.
CHIS.PE.AR *v.int.* Faiscar.
¡CHIST! *interj.* Psiu! (pedido de silêncio).
CHIS.TE *s.m.* Chiste; piada; anedota.
CHI.VO *s.m.* Cabrito; bode novo.
CHO.CAN.TE *adj.* Chocante.
CHO.CAR *v.int.* Chocar; bater; lutar; irritar.
CHO.CHE.AR *v.int.* Caducar.
CHO.CHO *adj.* Caduco; gagá; velho.
CHO.FER *s.m.* Chofer; motorista.
CHO.QUE *s.m.* Choque; colisão; trauma (psíquico).
CHO.RI.ZAR *v.t.* Afanar; gatunar.
CHO.RI.ZO *s.m.* Chouriço; linguiça.
CHO.RRA.DA *s.f. fam.* Coisa sem importância.
CHO.RRE.AR *v.int.* Jorrar; pingar; gotejar.
CHO.RRO *s.m.* Jorro; esguicho.
CHO.ZA *s.f.* Choça; choupana.
CHU.BAS.CO *s.m.* Pé d'água; chuvarada.
CHU.CHE.RÍ.A *s.f.* Guloseima; bugiganga.
CHU.CHO *s.m. fam.* Cachorro; vira-lata.
CHU.LE.TA *s.f.* Costeleta; *fam.* bofetada; tapa.

CHU.LO adj. Elegante; alinhado; fam. valentão; metido; chulo.
CHUN.GA s.f. fam. Brincadeira; zombaria.
CHU.PAR v.int. Chupar; sugar. v.p. Chupar-se.
CHU.PE.TE s.f. Chupeta; bico (de bebês).
CHU.PÓN adj. e s.m. Chupão.
CHU.RRAS.CO s.m. Churrasco.
CHU.RRO s.m. Churro.
CHUS.MA s.f. Chusma; corja.
CHU.TAR v.int. Chutar (a bola em futebol).
CHU.ZO s.m. Chuço; ponta com aguilhão (arma).
CI.Á.TI.CO adj. e s.m. Anat. Ciático.
CI.CA.TRIZ s.f. Cicatriz.
CI.CA.TRI.ZAR v.t. e int. Cicatrizar. v.p. Cicatrizar-se.
CI.CE.RO.NE s.m. Cicerone.
CÍ.CLI.CO adj. Cíclico.
CÍ.CLIS.TA adj. e s.2g. Ciclista.
CI.CLO s.m. Ciclo.
CIE.GO adj. e s.m. Cego.
CIE.LO s.m. Céu.
CIEM.PIÉS s.m. Centopeia.
CIEN num. Cem.
CIEN.CIA s.f. Ciência.
CIE.NO s.m. Lama; lodo.
CIEN.TÍ.FI.CO adj. e s.m. Científico.
CIEN.TO adj. Cento. s.m. Centena.
CIE.RRE s.m. Fecho; zíper.
CIER.TA.MEN.TE adv. Certamente.
CIER.VA s.f. Corça, cerva.
CIER.VO s.m. Cervo.
CI.FRA s.f. Cifra.
CI.GA.RRA s.f. Zool. Cigarra.
CI.GA.RRE.RÍA s.m. Charutaria; tabacaria.
CI.GA.RRI.LLO s.m. Cigarro.
CI.GA.RRO s.m. Charuto.
CI.GÜE.ÑA s.f. Zool. Cegonha.
CI.LIAR adj. Ciliar.
CI.LIN.DRO s.m. Cilindro.
CI.MA s.f. Cima; cimo; topo; cume; pico.
CI.MA.RRÓN adj. Selvagem. s.m. Chimarrão; mate.
CI.MEN.TAR v.t. Alicerçar.
CI.MIEN.TO s.m. Alicerce; base; fundamento.

CINC s.m. Quím. Zinco.
CIN.CEL s.m. Cinzel.
CIN.CO num. Cinco.
CIN.CUEN.TA adj. e s.m. Cinquenta.
CI.NE s.m. Cinema.
CI.NÉ.FI.LO adj. e s.m. Cinéfilo.
CI.NE.AS.TA s.2g. Cineasta.
CI.NE.MA.TO.GRA.FÍA s.f. Cinematografia.
CÍ.NI.CO adj. Cínico.
CIN.TA s.f. Fita; cinta; faixa.
CIN.TA.RA.DA s.f. Sova, coça, tunda.
CIN.TE.RÍA s.f. Armarinho; fitaria.
CIN.TO s.m. Cinta; cintura.
CIN.TU.RA s.f. Cintura.
CIN.TU.RÓN s.m. Cinto; faixa (que serve de cinto).
CIR.CEN.SE adj. e s.2g. Circense.
CIR.CO s.m. Circo.
CIR.CUI.TO s.m. Circuito.
CIR.CU.LA.CIÓN s.f. Circulação; trânsito; tráfego; marcha.
CIR.CU.LAR adj. Circular. s.f. Circular; comunicado. v.int. Circular; rodear.
CIR.CUN.CI.SIÓN s.f. Circuncisão.
CIR.CUN.DAR v.t. Circundar.
CIR.CUN.FE.REN.CIA s.f. Circunferência.
CIR.CUNS.CRIP.CIÓN s.f. Circunscrição.
CIR.CUNS.PEC.TO adj. Circunspecto.
CIR.CUNS.TAN.CIA s.f. Circunstância.
CI.RIO s.m. Círio.
CI.RRO.SIS s.f. Cirrose.
CI.RUE.LA s.f. Bot. Ameixa.
CI.RUE.LO s.m. Bot. Ameixeira.
CI.RU.GÍ.A s.f. Med. Cirurgia.
CI.RU.JA.NO s.m. Cirurgião.
CIS.NE s.m. Zool. Cisne.
CIS.TER.NA s.f. Cisterna.
CI.TA s.f. Entrevista; encontro; notificação; citação.
CI.TA.CIÓN s.f. Citação; menção.
CI.TAR v.t. Citar; apontar; referir; nomear; convocar; intimar. v.p. Encontrar-se.
CIU.DAD s.f. Cidade.
CIU.DA.DA.NÍ.A s.f. Cidadania.
CIU.DA.DA.NO adj. e s.m. Cidadão.

CIU.DA.DE.LA *s.f.* Cidadela.
CÍ.VI.CO *adj.* Cívico.
CI.VIL *adj.* Civil.
CI.VI.LI.DAD *s.f.* Civilidade.
CI.VI.LI.ZA.CIÓN *s.f.* Civilização.
CI.VI.LI.ZAR *v.t.* Civilizar. *v.p.* Civilizar-se.
CLA.MAR *v.t.* Clamar; exigir.
CLA.MOR *s.m.* Clamor; lamento; protesto; queixa.
CLA.MO.RO.SO *adj.* Clamoroso.
CLAN *s.m.* Clã.
CLAN.DES.TI.NI.DAD *s.f.* Clandestinidade.
CLAN.DES.TI.NO *adj.* Clandestino.
CLA.RA *s.f.* Clara (de ovo).
CLA.RA.BO.YA *s.f.* Clarabóia.
CLA.RI.DAD *s.f.* Claridade; clareza.
CLA.RÍN *s.m. Mús.* Clarim.
CLA.RI.NE.TE *s.m.* Clarinete.
CLA.RI.VI.DEN.CIA *s.f.* Clarividência.
CLA.RO *adj.* e *s.m.* Claro.
CLA.SE *s.f.* Classe; categoria; ordem; tipo; gênero; aula.
CLÁ.SI.CO *adj.* e *s.m.* Clássico.
CLA.SI.FI.CA.CIÓN *s.f.* Classificação.
CLA.SI.FI.CAR *v.t.* Classificar.
CLAUS.TRO *s.m.* Claustro.
CLAUS.TRO.FÓ.BI.CO *adj.* Claustrofóbico.
CLÁU.SU.LA *s.f.* Cláusula.
CLAU.SU.RAR *v.t.* Enclausurar; clausurar; fechar. *v.p.* Enclausurar-se; fechar-se.
CLA.VAR *v.t.* Cravar; pregar; cravejar.
CLA.VE *adj.* Importante; crucial. *s.f.* Código; senha; chave.
CLA.VEL *s.m. Bot.* Cravo.
CLA.VÍ.CU.LA *s.f. Anat.* Clavícula.
CLA.VI.JA *s.f.* Pino; bucha; encaixe.
CLA.VO *s.m.* Prego; cravo; parafuso; *fig.* enxaqueca.
CLA.XON *s.m.*, buzina, buzina de carro. *Bot.* Cravo-da-índia.
CLE.MEN.CIA *s.f.* Clemência.
CLE.RI.CAL *adj.* Clerical.
CLÉ.RI.GO *s.m.* Clérigo; sacerdote.
CLE.RO *s.m.* Clero.
CLI.CHÉ *s.m.* Clichê; estereótipo.
CLI.EN.TE *s.2g.* Cliente.
CLI.EN.TE.LA *s.f.* Clientela.
CLI.MA *s.m.* Clima; temperatura; ambiente.
CLÍ.MAX *s.m.* Clímax; auge.
CLÍ.NI.CA *s.f.* Clínica.
CLÍ.NI.CO *adj.* e *s.m.* Clínico.
CLÍ.TO.RIS *s.m. Anat.* Clitóris.
CLO.A.CA *s.f.* Cloaca; bueiro; esgoto.
CLO.RAR *v.t.* Clorar.
CLO.RO *s.m. Quím.* Cloro.
CLO.RO.FI.LA *s.f.* Clorofila.
CLUB *s.m.* Clube.
CO.AC.CIÓN *s.f.* Coação; coerção; opressão.
COA.GU.LA.CIÓN *s.f.* Coagulação.
COA.GU.LAR *v.t.* Coagular.
COA.GU.LO *s.m.* Coágulo.
CO.BAR.DE *adj.* e *s.2g.* Covarde; fraco; medroso.
CO.BAR.DÍ.A *s.f.* Covardia; medo; timidez.
CO.BER.TI.ZO *s.m.* Alpendre; cobertura.
CO.BER.TOR *s.m.* Cobertor.
CO.BER.TU.RA *s.f.* Cobertura.
CO.BRA.BLE *adj.* Cobrável.
CO.BRAN.ZA *s.f.* Cobrança.
CO.BRAR *v.t.* e *int.* Cobrar; receber. *v.t.* Adquirir; recobrar; abater (caça). *v.p.* Restabelecer-se.
CO.BRE *s.m. Quím.* Cobre.
CO.CA *s.f. Bot.* Coca.
CO.CA.Í.NA *s.f.* Cocaína.
CO.CER *v.t.* e *int.* Cozer; cozinhar; ferver.
CO.CI.DO *s.m.* Cozido.
CO.CIEN.TE *s.m.* Quociente.
CO.CI.MIEN.TO *s.m.* Cozimento.
CO.CI.NA *s.f.* Cozinha.
CO.CI.NAR *v.t.* e *int.* Cozinhar. *v.int.* Bisbilhotar.
CO.CI.NE.RO *adj.* e *s.m.* Cozinheiro.
CO.CO *s.m. Bot.* Coco; coqueiro.
CO.CO.DRI.LO *s.m.* Crocodilo.
CO.CO.TE.RO *s.m. Bot.* Coqueiro.
CO.CHAM.BRE.RÍ.A *s.f. fam.* Porcaria.
CO.CHE *s.m.* Carro; automóvel; vagão; *Zool.* porco.
CO.CHE.RA *s.f.* Garagem.
CO.CHI.NE.RÍ.A *s.f.* Porcaria; imundície; baixaria; indecência.

CO.CHI.NO s.m. dep. Porco; obsceno; indecente.
CO.CHI.QUE.RA s.f. dep. Pocilga.
CO.DA.ZO s.m. Cotovelada.
CO.DI.CIA s.f. Ambição; cobiça; ganância.
CO.DI.CIAR v.t. Cobiçar; desejar.
CO.DI.GO s.m. Código.
CO.DO s.m. Cotovelo.
CO.E.FI.CIEN.TE s.m. Mat. Coeficiente.
CO.ER.CIÓN s.f. Coerção.
CO.E.XIS.TIR v.int. Coexistir.
CO.FIA s.f. Coifa.
CO.FRA.DE s.2g. Confrade.
CO.FRE s.m. Cofre; baú; arca.
CO.GER v.t. Pegar; agarrar; colher; recolher; captar; entender. v.p. Segurar-se.
CO.GES.TIÓN s.f. Co-gestão.
CO.GI.TAR v.t. Cogitar.
COG.NI.CIÓN s.f. Cogniçção.
CO.HA.BI.TA.CIÓN s.f. Coabitação.
CO.HA.BI.TAR v.int. Coabitar.
CO.HE.CHAR v.t. Subornar; corromper.
CO.HE.CHO s.m. Suborno.
CO.HE.REN.CIA s.f. Coerência; lógica; nexo.
CO.HE.REN.TE adj. Coerente.
CO.HE.SIÓN s.f. Coesão; adesão.
CO.HE.TE.RO s.m. Fogueteiro.
CO.HI.BIR v.t. Coibir.
COIN.CI.DEN.CIA s.f. Coincidência.
COI.TO s.m. Coito.
CO.JE.AR v.int. Mancar; coxear; claudicar.
CO.JÍN s.m. Almofada; almofadão.
CO.JO adj. Coxo; manco.
COL s.f. Bot. Couve.
CO.LA s.f. Cauda; rabo; fila; nádegas.
CO.LA.BO.RA.CIÓN s.f. Colaboração.
CO.LA.BO.RAR v.int. Colaborar; cooperar.
CO.LA.CIÓN s.f. Colação.
CO.LA.DOR adj. e s.m. Coador (de café).
CO.LAP.SO s.m. Colapso.
CO.LAR v.t. Coar. v.p. fam. Meter-se; intrometer-se.
CO.LA.TE.RAL adj. Colateral.
COL.CHA s.f. Colcha.
COL.CHÓN s.m. Colchão.

COL.CHO.NE.TA s.f. Colchonete.
CO.LEC.CIÓN s.f. Coleção.
CO.LEC.CIO.NA.DOR s.m. Colecionador.
CO.LEC.CIO.NAR v.t. Colecionar; juntar.
CO.LEC.TA s.f. Coleta; arrecadação.
CO.LEC.TAR v.t. Coletar.
CO.LEC.TI.VI.DAD s.f. Coletividade.
CO.LEC.TI.VI.ZAR v.t. Coletivizar.
CO.LEC.TI.VO adj. e s.m. Coletivo; grupo.
CO.LE.GA s.2g. Colega.
CO.LE.GIA.DO adj. Colegiado.
CO.LE.GIO s.m. Colégio.
CO.LE.TA s.f. Trança; rabo de cavalo; fig. nota; comentário.
CO.LI.BRÍ s.m. Colibri; beija-flor.
CÓ.LI.CO s.m. Cólica.
CO.LI.FLOR s.f. Bot. Couve-flor.
CO.LI.GA.CIÓN s.f. Coligação.
CO.LI.GARSE v.p. Coligar-se; aliar-se.
CO.LI.NA s.f. Colina; morro; monte.
CO.LIN.DAR v.int. Limitar; colimitar. v.p. Limitar-se.
CO.LI.RIO s.m. Colírio.
CO.LI.SEO s.m. Coliseu.
CO.LI.SIÓN s.f. Colisão; choque.
CO.LLA.GE s.f. Colagem.
CO.LLAR s.m. Colar; gargantilha; coleira; gola.
COL.MAR v.t. Encher; cumular; transbordar.
COL.ME.NA s.f. Colmeia.
COL.MO s.m. Cúmulo; máximo; auge.
CO.LO.CA.CIÓN s.f. Colocação.
CO.LO.CAR v.t. Colocar; pôr; acomodar. v.p. Colocar-se.
CO.LOM.BIA.NO adj. e s.m. Colombiano.
CO.LO.NIA s.f. Colônia; povoado; água de colônia; *colonia de verano:* colônia de férias.
CO.LO.NIAL adj. Colonial.
CO.LO.NI.ZA.CIÓN s.f. Colonização.
CO.LO.NI.ZAR v.t. e int. Colonizar.
CO.LO.NO s.m. Colono.
CO.LO.QUIAL adj. Coloquial.
CO.LO.QUIO s.m. Colóquio.
CO.LOR s.m. Cor.
CO.LO.RA.CIÓN s.f. Coloração.
CO.LO.RA.DO adj. Corado; vermelho.

CO.LO.RAN.TE adj. Corante.
CO.LO.RE.AR v.t. Colorir. v.p. Colorir-se; tingir-se.
CO.LO.RE.TE s.m. Ruge.
CO.LO.RI.DO adj. Colorido.
CO.LO.SAL adj. Colossal; descomunal.
CO.LO.SO s.m. Colosso.
CO.LUM.NA s.f. Coluna.
CO.LUM.NIS.TA s.2g. Colunista.
CO.LUM.PIAR v.t. Balançar; rebolar. v.p. Balançar-se; fam. enganar-se.
CO.LUM.PIO s.m. Balança; balanço; gangorra.
CO.MA s.f. Gram. Vírgula. s.m. Med. Coma.
CO.MA.DRE s.f. Comadre.
CO.MA.DRE.AR v.int. Fofocar; mexericar.
CO.MA.DRE.JA s.f. Zool. Doninha.
CO.MA.DREO s.m. Fofoca; mexerico.
CO.MA.DRO.NA s.f. Parteira.
CO.MAN.DAN.TE s.2g. Comandante.
CO.MAN.DAR v.t. Comandar; chefiar; dirigir.
CO.MAN.DO s.m. Comando; chefia; direção.
CO.MAR.CA s.f. Comarca; distrito; município.
COM.BA.TE s.m. Combate; batalha; luta.
COM.BA.TIEN.TE adj. e s.2g. Combatente; lutador.
COM.BA.TIR v.t e int. Combater; lutar.
COM.BÉS s.m. Convés.
COM.BI.NA.CIÓN s.f. Combinação.
COM.BI.NAR v.t. Combinar; misturar. v.p. Combinar-se.
COM.BO s.m. Soco; grupo musical.
COM.BUS.TI.BLE adj. e s.m. Combustível.
COM.BUS.TIÓN s.f. Combustão.
CO.ME.DIA s.f. Comédia.
CO.ME.DIAN.TE adj. e s.2g. Comediante.
CO.ME.DIR v.t. Comedir; moderar. v.p. Comedir-se; moderar-se.
CO.ME.DOR adj. Comedor. s.m. Refeitório.
CO.MEN.SAL s.2g. Comensal.
CO.MEN.TA.DOR s.m. Comentador; comentarista.
CO.MEN.TAR v.t. Comentar; esclarecer.
CO.MEN.TA.RIO s.m. Comentário.
CO.MEN.ZAR v.t. e int. Começar; iniciar.
CO.MER v.t e int. Comer; almoçar; ingerir; corroer; gastar. v.p. Comer-se; remoer-se.
CO.MER.CIAL adj. Comercial. s.2g. Vendedor.
CO.MER.CIA.LI.ZAR v.t. Comercializar; negociar.
CO.MER.CIAN.TE s.2g. Comerciante; negociante.
CO.MER.CIAR v.int. Comerciar; negociar.
CO.MER.CIO s.m. Comércio.
CO.MES.TI.BLE adj. e s.m. Comestível.
CO.ME.TA s.m. Cometa.
CO.ME.TER v.t. Cometer; praticar.
CÓ.MIC s.m. Gibi; revista em quadrinhos.
CO.MI.CI.DAD s.f. Comicidade.
CO.MI.CIOS s.m. pl. Eleições.
CÓ.MI.CO adj. e s.m. Cômico.
CO.MI.DA s.f. Comida; alimento; refeição.
CO.MIEN.ZO s.m. Começo; início; princípio.
CO.MI.LLAS s.f. pl. Aspas.
CO.MI.LÓN adj. e s.m. Comilão.
CO.MI.LO.NA s.f. fam. Comilona; comilança.
CO.MI.NO s.m. Bot. Cominho.
CO.MI.SA.RÍA s.f. Comissariado; delegacia.
CO.MI.SA.RIO s.m. Comissário; delegado.
CO.MI.SIÓN s.f. Comissão.
CO.MI.SIO.NA.DO adj. e s.m. Comissionado.
CO.MI.SIO.NAR v.t. Comissionar; confiar.
CO.MI.TÉ s.m. Comitê; comissão.
CO.MI.TI.VA s.f. Comitiva.
CO.MO adv. Como.
CÓ.MO.DA s.f. Cômoda.
CO.MO.DI.DAD s.f. Comodidade.
CO.MO.DÍN s.m. Curinga.
CÓ.MO.DO adj. Cômodo; folgado; confortável.
CO.MO.QUIE.RA adv. Como quiser.
COM.PAC.TAR v.t. Compactar.
COM.PAC.TO adj. Compacto.
COM.PA.DE.CER v.t. Compadecer. v.p. Compadecer-se; condoer-se.
COM.PA.DRE s.m. Compadre.
COM.PA.DREO s.m. Compadrio; favoritismo.
COM.PA.ÑE.RO s.m. Companheiro.

COM.PA.ÑE.RIS.MO *s.m.* Companheirismo.
COM.PA.RA.CIÓN *s.f.* Comparação.
COM.PA.RAR *v.t.* Comparar; confrontar. *v.p.* Comparar-se.
COM.PA.RE.CER *v.int.* Comparecer.
COM.PAR.TI.MIEN.TO *s.m.* Compartimento.
COM.PAR.TIR *v.t.* Compartilhar; repartir; dividir.
COM.PA.SIÓN *s.f.* Compaixão; dó; pena.
COM.PA.TI.BI.LI.DAD *s.f.* Compatibilidade.
COM.PA.TI.BI.LI.ZAR *v.t.* Compatibilizar.
COM.PA.TI.BLE *adj.* Compatível.
COM.PA.TRIO.TA *s.m.* Compatriota; conterrâneo.
COM.PEN.DIO *s.m.* Compêndio; sinopse; síntese.
COM.PE.LER *v.t.* Compelir.
COM.PEN.SA.CIÓN *s.f.* Compensação.
COM.PEN.SAR *v.t.* Compensar.
COM.PE.TEN.CIA *s.f.* Competência; concorrência; disputa.
COM.PE.TEN.TE *adj.* Competente; capaz.
COM.PE.TI.DOR *adj.* e *s.m.* Competidor.
COM.PE.TIR *v.int.* Competir.
COM.PI.LAR *v.t.* Compilar.
COM.PIN.CHE *s.2g. fam.* Comparsa.
COM.PLA.CEN.CIA *s.f.* Complacência.
COM.PLA.CER *v.t.* Comprazer; agradar; contentar. *v.p.* Comprazer-se; agradar-se.
COM.PLA.CIEN.TE *adj.* Complacente.
COM.PLE.JI.DAD *s.f.* Complexidade.
COM.PLE.JO *adj.* Complexo.
COM.PLE.MEN.TA.CIÓN *s.f.* Complementação.
COM.PLE.MEN.TAR *v.t.* Complementar.
COM.PLE.MEN.TO *s.m.* Complemento; suplemento.
COM.PLE.TAR *v.t.* Completar; terminar; acabar. *v.p.* Completar-se; acabar-se.
COM.PLE.TO *adj.* Completo; cheio; lotado.
COM.PLI.CA.CIÓN *s.f.* Complicação.
COM.PLI.CAR *v.t.* Complicar; dificultar. *v.p.* Complicar-se.
CÓM.PLI.CE *s.2g.* Cúmplice.
COM.PLI.CI.DAD *s.f.* Cumplicidade.

COM.PO.NEN.TE *adj* e *s.2g.* Componente.
COM.PO.NER *v.t.* Compor; recompor; constituir; arranjar. *v.p.* Compor-se.
COM.POR.TA.MIEN.TO *s.m.* Comportamento; conduta; desempenho.
COM.PO.SI.CIÓN *s.f.* Composição.
COM.PO.SI.TOR *s.m.* Compositor.
COM.POS.TU.RA *s.f.* Compostura.
COM.PO.TA *s.f.* Compota.
COM.PRA *s.f.* Compra; aquisição.
COM.PRA.DOR *adj.* e *s.m.* Comprador.
COM.PRAR *v.t.* Comprar; adquirir.
COM.PREN.DER *v.t.* Compreender; entender. *v.p.* Conter; abranger.
COM.PREN.SI.BLE *adj.* Compreensível; inteligível.
COM.PREN.SIÓN *s.f.* Compreensão; tolerância.
COM.PRI.MI.DO *s.m.* Comprimido; drágea.
COM.PRI.MIR *v.t.* Comprimir; *fig.* reprimir. *v.p.* Comprimir-se.
COM.PRO.BA.CIÓN *s.f.* Comprovação.
COM.PRO.BAN.TE *adj.* e *s.m.* Comprovante.
COM.PRO.BAR *v.t.* Comprovar; constatar.
COM.PRO.ME.TER *v.t.* Comprometer. *v.p.* Comprometer-se.
COM.PRO.MI.SO *s.m.* Compromisso; dever; obrigação.
COM.PUER.TA *s.f.* Comporta.
COM.PUES.TO *adj.* Composto.
COM.PUL.SIÓN *s.f.* Compulsão.
COM.PUL.SI.VO *adj.* Compulsivo.
COM.PU.TA.CIÓN *s.f.* Computação; cômputo.
COM.PU.TA.DO.RA *s.f.* Computador.
COM.PU.TAR *v.t.* Computar.
CÓM.PU.TO *s.m.* Cômputo; cálculo.
CO.MUL.GAR *v.t.* e *int.* Comungar.
CO.MÚN *adj.* Comum; usual; normal; genérico; vulgar.
CO.MU.NI.CA.CIÓN *s.f.* Comunicação; informação; aviso.
CO.MU.NI.CAR *v.t.* Comunicar; transmitir; falar; anunciar. *v.p.* Comunicar-se.
CO.MU.NI.CA.TI.VO *adj.* Comunicativo.

CO.MU.NI.DAD *s.f.* Comunidade.
CO.MU.NIÓN *s.f.* Comunhão.
CO.MU.NIS.MO *s.m.* Comunismo.
CO.MU.NIS.TA *adj.* e *s.2g.* Comunista.
CON *prep.* Com; *con sólo que:* contanto que; *con tal que:* desde que.
CO.ÑAC *s.m.* Conhaque.
CON.CA.TE.NAR *v.t.* Concatenar. *v.p.* Concatenar-se.
CÓN.CA.VO *adj.* Côncavo.
CON.CE.BIR *v.t* e *int.* Conceber; entender; elaborar; inventar; gerar (gravidez).
CON.CE.DER *v.t.* Conceder.
CON.CE.JAL *s.m.* Vereador.
CON.CE.JO *s.m.* Câmara de vereadores.
CON.CEN.TRA.CIÓN *s.f.* Concentração.
CON.CEN.TRAR *v.t.* Concentrar; reunir. *v.p.* Concentrar-se.
CON.CEP.CIÓN *s.f.* Concepção.
CON.CEP.TO *s.m.* Conceito; opinião; ideia.
CON.CER.NIR *v.int.* Concernir.
CON.CER.TAR *v.t.* Concordar; concertar; harmonizar. *v.p.* Concertar-se; combinar-se.
CON.CE.SIÓN *s.f.* Concessão.
CON.CIEN.CIA *s.f.* Consciência.
CON.CIEN.CIAR *v.t.* Conscientizar. *v.p.* Conscientizar-se.
CON.CIER.TO *s.m. Mús.* Concerto; acerto; combinação.
CON.CI.LIA.CIÓN *s.f.* Conciliação.
CON.CI.LIAR *v.t.* Conciliar.
CON.CI.SIÓN *s.f.* Concisão.
CON.CI.SO *adj.* Conciso; breve; resumido.
CON.CLU.IR *v.t.* Concluir; terminar; acabar; deduzir; inferir.
CON.CLU.SIÓN *s.f.* Conclusão.
CON.COR.DAR *v.t.* Concordar; conformar.
CON.COR.DE *adj.* Concorde; conforme.
CON.COR.DIA *s.f.* Concórdia.
CON.CU.BI.NA.TO *s.m.* Concubinato.
CON.CU.NA.DO *s.m.* Concunhado.
CON.CU.RREN.CIA *s.f.* Concorrência.
CON.CU.RRIR *v.int.* Concorrer.
CON.CUR.SO *s.m.* Concurso.
CON.CU.SIÓN *s.f.* Concussão.

CON.DE *s.m.* Conde; *condesa s.f.:* condessa.
CON.DE.CO.RAR *v.t.* Condecorar.
CON.DE.NA *s.f.* Condenação.
CON.DE.NAR *v.t.* Condenar; reprovar. *v.p.* Condenar-se; reprovar-se.
CON.DE.NA.CIÓN *s.f.* Condenação.
CON.DEN.SAR *v.t.* Condensar. *v.p.* Condensar-se.
CON.DI.CIÓN *s.f.* Condição.
CON.DI.CIO.NA.DO *adj.* Condicionado.
CON.DI.CIO.NAL *adj.* Condicional.
CON.DI.CIO.NAR *v.t.* Condicionar. *v.p.* Condicionar-se.
CON.DI.MEN.TAR *v.t.* Condimentar; temperar.
CON.DI.MEN.TO *s.m.* Condimento; tempero.
CON.DO.LEN.CIA *s.f.* Condolência.
CON.DO.LER.SE *v.p.* Condoer-se; lastimar-se.
CON.DO.MI.NIO *s.m.* Condomínio.
CON.DO.NAR *v.t.* Perdoar.
CÓN.DOR *s.m. Zool.* Condor.
CON.DUC.CIÓN *s.f.* Condução.
CON.DU.CIR *v.t.* Conduzir; guiar; orientar.
CON.DUC.TA *s.f.* Conduta.
CON.DUC.TO *s.m.* Conduto; canal.
CON.DUC.TOR *adj.* Condutor. *s.m.* Motorista; condutor.
CO.NEC.TAR *v.t.* e *int.* Conectar; acionar; ligar. *v.p.* Conectar-se.
CO.NE.JO *s.m. Zool.* Coelho.
CO.NE.XIÓN *s.f.* Conexão; ligação.
CO.NE.XO *adj.* Conexo.
CON.FA.BU.LA.CIÓN *s.f.* Confabulação.
CON.FEC.CIO.NAR *v.t.* Confeccionar; fabricar.
CON.FE.DE.RA.CIÓN *s.f.* Confederação.
CON.FE.REN.CIA *s.f.* Conferência.
CON.FE.RIR *v.t.* Conferir; conceder; comparar.
CON.FE.SAR *v.t.* Confessar. *v.p.* Confessar-se.
CON.FE.SO *adj.* Confesso.
CON.FIA.DO *adj.* Confiado; crédulo.
CON.FIAN.ZA *s.f.* Confiança.
CON.FIAR *v.t.* Confiar. *v.int.* Acreditar.
CON.FI.DEN.CIA *s.f.* Confidência; revelação.

CON.FI.DEN.TE *adj.* Confidente.
CON.FÍN *s.m.* Confim.
CON.FI.NA.MIEN.TO *s.m.* Confinamento.
CON.FI.NAR *v.int.* Limitar, confinar.
CON.FIR.MAR *v.t.* Confirmar; comprovar. *v.p.* Confirmar-se.
CON.FIS.CAR *v.t.* Confiscar.
CON.FI.TE *s.m.* Confeito.
CON.FLA.GRA.CIÓN *s.f.* Conflagração; revolução.
CON.FLIC.TO *s.m.* Conflito.
CON.FLUEN.CIA *s.f.* Confluência.
CON.FLUIR *v.int.* Confluir; convergir.
CON.FOR.MAR *v.t.* Conformar; ajustar. *v.int.* Concordar. *v.p.* Conformar-se; resignar-se.
CON.FOR.ME *adj.* Conforme; concorde. *adv.* Conforme; de acordo. *s.m.* Ciente; de acordo.
CON.FOR.MI.DAD *s.f.* Conformidade.
CON.FORT *s.m.* Conforto; comodidade.
CON.FOR.TA.BLE *adj.* Confortável; cômodo.
CON.FOR.TAR *v.t.* Confortar.
CON.FRA.TER.NI.ZAR *v.int.* Confraternizar.
CON.FRON.TAR *v.t.* Confrontar; comparar. *v.p.* Confrontar-se.
CON.FUN.DIR *v.t.* Confundir. *v.p.* Confundir-se.
CON.FU.SIÓN *s.f.* Confusão.
CON.FU.SO *adj.* Confuso.
CON.GE.LA.CIÓN *s.m.* Congelamento.
CON.GE.LA.DOR *s.m.* Congelador.
CON.GE.LAR *v.t.* Congelar; gelar. *v.p.* Congelar-se.
CON.GÉ.NE.RE *adj.* Congênere.
CON.GES.TIÓN *s.f.* Congestão.
CON.GES.TIO.NAR *v.t.* Congestionar; engarrafar (trânsito). *v.p.* Congestionar-se.
CON.GRA.CI.AR.SE *v.p.* Congraçar-se.
CON.GRA.TU.LAR *v.t.* Congratular; parabenizar. *v.p.* Congratular-se.
CON.GRE.GAR *v.t.* Congregar. *v.p.* Congregar-se.
CON.GRE.SO *s.m.* Congresso.
CON.JE.TU.RA *s.f.* Conjectura; conjetura.
CON.JU.GAR *v.t.* Conjugar; reunir.

CON.JUN.CIÓN *s.f.* Conjunção.
CON.JUN.TO *s.m.* Conjunto.
CON.JU.RAR *v.t.* e *int.* Conjurar; invocar. *v.p.* Conjurar-se.
CON.ME.MO.RA.CIÓN *s.f.* Comemoração.
CON.ME.MO.RAR *v.t.* Comemorar.
CON.MEN.SU.RAR *v.t.* Comensurar.
CON.MI.GO *pron.* Comigo.
CON.MI.SE.RA.CIÓN *s.f.* Comiseração; compaixão.
CON.MO.CION *s.f.* Comoção.
CON.MO.VER *v.t.* Comover. *v.p.* Comover-se.
CON.NI.VEN.CIA *s.f.* Conivência.
CON.NI.VEN.TE *adj.* Conivente.
CON.NO.TA.CIÓN *s.f.* Conotação.
CO.NO *s.m. Geom.* Cone.
CO.NO.CE.DOR *adj.* e *s.m.* Conhecedor.
CO.NO.CER *v.t.* Conhecer; saber. *v.p.* Conhecer-se.
CO.NO.CI.MIEN.TO *s.m.* Conhecimento; ciência; instrução; informação.
CON.QUE *conj.* Portanto; logo; então.
CON.QUIS.TA *s.f.* Conquista.
CON.QUIS.TAR *v.t.* Conquistar; subjugar; dominar.
CON.SA.GRAR *v.t.* Consagrar; reconhecer. *v.p.* Consagrar-se; devotar-se; dedicar-se.
CON.SAN.GUÍ.NEO *adj.* Consanguíneo.
CON.SE.CU.CIÓN *s.f.* Consecução.
CON.SE.CUEN.CIA *s.f.* Consequência.
CON.SE.CUEN.TE *adj.* Consequente.
CON.SE.CU.TI.VO *adj.* Consecutivo.
CON.SE.GUIR *v.t.* Conseguir; alcançar; adquirir.
CON.SE.JE.RÍA *s.f.* Assessoria.
CON.SE.JE.RO *s.m.* Conselheiro; assessor.
CON.SE.JO *s.m.* Conselho.
CON.SEN.TI.MIEN.TO *s.m.* Consentimento.
CON.SEN.TIR *v.t.* e *v.int.* Consentir; aceitar; julgar; acreditar; tolerar.
CON.SER.JE *s2g.* Zelador; porteiro.
CON.SER.VAR *v.t.* Conservar; manter; preservar. *v.p.* Conservar-se.
CON.SI.DE.RA.BLE *adj.* Considerável.
CON.SI.DE.RA.CIÓN *s.f.* Consideração.

CON.SI.DE.RAR *v.t.* Considerar; avaliar; apreciar. *v.t.* Considerar-se.
CON.SIG.NA.CIÓN *s.f.* Consignação.
CON.SIG.NA *s.f.* Ordem; senha.
CON.SIG.NAR *v.t.* Consignar.
CON.SI.GO *pron. pess.* Consigo.
CON.SI.GUIEN.TE *adj.* Conseguinte; consequente.
CON.SIS.TEN.CIA *s.f.* Consistência.
CON.SIS.TIR *v.int.* Consistir.
CON.SO.LAR *v.t.* Consolar. *v.p.* Consolar-se.
CON.SO.LI.DAR *v.t.* Consolidar. *v.p.* Consolidar-se.
CON.SO.NAN.CIA *s.f.* Consonância.
CON.SOR.CIO *s.m.* Consórcio.
CON.SOR.TE *s.2g.* Consorte.
CONS.PI.RAR *v.int.* Conspirar; tramar.
CONS.TAN.CIA *s.f.* Constância; frequência; empenho.
CONS.TAN.TE *adj.* Constante; frequente.
CONS.TAR *v.int.* Constar.
CONS.TE.LA.CIÓN *s.f.* Constelação.
CONS.TI.TU.CION *s.f.* Constituição.
CONS.TI.TU.IR *v.t.* Constituir. *v.p.* Constituir-se.
CONS.TI.TU.YEN.TE *adj.* Constituinte.
CONS.TRE.ÑIR *v.t.* Constranger; oprimir; pressionar.
CONS.TRUC.CIÓN *s.f.* Construção.
CONS.TRUIR *v.t.* Construir; edificar; fabricar.
CON.SUE.LO *s.m.* Consolo; alívio.
CÓN.SUL *s.2g.* Cônsul; consulesa.
CON.SUL.TA *s.f.* Consulta.
CON.SUL.TAR *v.t.* Consultar.
CON.SU.MAR *v.t.* Consumar. *v.p.* Consumar-se.
CON.SU.MIR *v.t.* Consumir; *v.p.* consumir-se.
CON.SU.MO *s.m.* Consumo; despesa.
CON.TA.BI.LI.DAD *s.f.* Contabilidade.
CON.TA.BI.LI.ZAR *v.t.* Contar.
CON.TAC.TO *s.m.* Contato; conexão; comunicação.
CON.TA.DOR *adj.* e *s.m.* Contador.
CON.TA.GIAR *v.t.* Contagiar. *v.p.* Contagiar-se.
CON.TA.MI.NA.CIÓN *s.f.* Contaminação.
CON.TA.MI.NAR *v.t.* Contaminar. *v.p.* Contaminar-se.
CON.TAN.TE *adj.* Em dinheiro; *fig.* dinheiro vivo.
CON.TAR *v.t.* Contar; calcular; narrar; relatar. *v.p.* Contar-se; encontrar-se.
CON.TEM.PLA.CIÓN *s.f.* Contemplação.
CON.TEM.PLAR *v.t.* Contemplar; olhar; admirar.
CON.TEM.PO.RÁ.NEO *adj.* e *s.m.* Contemporâneo.
CON.TEM.PO.RI.ZAR *v.int.* Contemporizar.
CON.TEN.CIÓN *s.f.* Contenção.
CON.TE.NER *v.t.* Conter; encerrar; reprimir. *v.p.* Conter-se.
CON.TE.NI.DO *adj.* Contido. *s.m.* Conteúdo.
CON.TEN.TAR *v.t.* Contentar. *v.p.* Contentar-se.
CON.TEN.TO *adj.* Contente.
CON.TES.TA *s.f.* Resposta; *Dir.* contestação.
CON.TES.TA.CIÓN *s.f.* Resposta; contestação; polêmica.
CON.TES.TAR *v.t.* e *int.* Responder; contestar; replicar; debater.
CON.TEX.TO *s.m.* Contexto.
CON.TIEN.DA *s.f.* Contenda; disputa; luta.
CON.TI.GO *pron. pess.* Contigo.
CON.TI.NUA.CIÓN *s.f.* Continuação; sequência.
CON.TI.NUAR *v.t.* Continuar.
CON.TI.NUO *adj.* Contínuo.
CON.TOR.NO *s.m.* Contorno; entorno.
CON.TOR.SIÓN *s.f.* Contorção.
CON.TRA *prep.* Contra. *s.f.* Dificuldade; oposição. *s.m.* Contrário.
CON.TRA.BAN.DO *s.m.* Contrabando.
CON.TRAC.CIÓN *s.f.* Contração.
CON.TRA.DE.CIR *v.t.* Contradizer.
CON.TRA.DIC.CIÓN *s.f.* Contradição.
CON.TRA.ER *v.t.* Contrair.
CON.TRA.IN.DI.CA.CIÓN *s.f.* Contra-indicação.

CON.TRA.MAES.TRE *s.m.* Contramestre.
CON.TRA.MA.NO *s.f.* Contramão.
CON.TRA.PAR.TI.DA *s.f.* Contrapartida.
CON.TRA.PRO.DU.CEN.TE *adj.* Contraproducente.
CON.TRA.RIAR *v.t.* Contrariar. *v.p.* Contrariar-se.
CON.TRA.RIE.DAD *s.f.* Contrariedade; contratempo; oposição.
CON.TRA.RIO *adj.* Contrário.
CON.TRAS.TAR *v.t. e int.* Contrastar.
CON.TRAS.TE *s.m.* Contraste.
CON.TRA.TAR *v.t.* Contratar. *v.p.* Contratar-se.
CON.TRA.TIEM.PO *s.m.* Contratempo.
CON.TRA.TO *s.m.* Contrato.
CON.TRA.VEN.CIÓN *s.f.* Contravenção.
CON.TRA.VEN.TOR *adj. e s.m.* Contraventor.
CON.TRI.BU.CIÓN *s.f.* Contribuição.
CON.TRI.BU.IR *v.int.* Contribuir; colaborar; ajudar.
CON.TRI.BU.YEN.TE *s.2g.* Contribuinte.
CON.TRO.LAR *v.t.* Controlar; dominar. *v.p.* Controlar-se; moderar-se.
CON.TRO.VER.SIA *s.f.* Controvérsia; discussão.
CON.TUN.DEN.TE *adj.* Contundente.
CON.TUR.BAR *v.t.* Conturbar.
CON.TU.SIÓN *s.f.* Contusão.
CON.VA.LE.CER *v.int.* Convalescer; restabelecer-se.
CON.VEN.CER *v.t.* Convencer; persuadir.
CON.VEN.CIÓN *s.f.* Convenção; acordo.
CON.VE.NIR *v.int.* Convir; interessar; condizer.
CON.VEN.TO *s.m.* Convento; mosteiro.
CON.VER.GIR *v.int.* Convergir; convir.
CON.VER.SA.CIÓN *s.f.* Conversação; diálogo.
CON.VER.SAR *v.int.* Conversar; dialogar.
CON.VER.TIR *v.t.* Converter; transformar. *v.p.* Converter-se.
CON.VIC.CIÓN *s.f.* Convicção; segurança.
CON.VIC.TO *adj.* Convicto.
CON.VI.DAR *v.t.* Convidar.
CON.VI.TE *s.m.* Convite.

CON.VI.VIR *v.int.* Coabitar.
CON.VO.CAR *v.t.* Convocar.
CON.VOY *s.m.* Comboio; caravana.
CON.VUL.SIÓN *s.f.* Convulsão.
CON.YU.GAL *adj.* Conjugal.
CÓN.YU.GE *s.2g.* Cônjuge.
CO.O.PE.RA.CIÓN *s.f.* Cooperação; colaboração.
CO.O.PE.RAR *v.int.* Cooperar; colaborar.
CO.OR.DI.NAR *v.t.* Coordenar; combinar.
CO.PA *s.f.* Taça; cálice.
CO.PE.TE *s.m.* Topete.
CÓ.PIA *s.f.* Cópia.
CO.PI.AR *v.t.* Copiar; reproduzir; imitar.
CO.PIO.SO *adj.* Copioso.
CO.PO *s.m.* Foco; tufo.
CÓ.PU.LA *s.f.* Cópula.
CO.PU.LAR *v.int.* Copular.
CO.QUE.TEO *s.m.* Paquera.
CO.QUE.TE.AR *v.int.* Paquerar; namorar.
CO.RA.JE *s.f.* Coragem; ânimo.
CO.RA.JU.DO *adj.* Corajoso; colérico.
CO.RA.ZÓN *s.m. Anat.* Coração.
COR.BA.TA *s.f.* Gravata.
COR.CEL *s.m.* Corcel (cavalo).
COR.CHE.TE *s.m.* Colchete.
COR.CHO *s.m.* Rolha; cortiça.
COR.CO.VA *s.f.* Corcova; corcunda.
COR.DEL *s.m.* Barbante; cordel.
COR.DE.RÍA *s.f.* Cordame.
COR.DE.RO *s.m.* Cordeiro.
COR.DIAL *adj.* Cordial.
COR.DIA.LI.DAD *s.f.* Cordialidade.
COR.DI.LLE.RA *s.f.* Cordilheira.
COR.DÓN *s.m.* Cordão.
COR.DU.RA *s.f.* Cordura; sensatez.
CO.REO.GRA.FÍ.A *s.f.* Coreografia.
CO.REO.GRA.FO *s.m.* Coreógrafo.
CO.RI.TO *adj.* Nu; pelado.
COR.NA.DA *s.f.* Chifrada.
CÓR.NEA *s.f. Anat.* Córnea.
COR.NEAR *v.t.* Cornear.
COR.NE.JA *s.f. Zool.* Gralha.
COR.NO *s.m. Mús.* Trompa (instrumento).
CO.RO *s.m.* Coro.

CO.RO.LA.RIO s.m. Corolário.
CO.RO.NA s.f. Coroa; grinalda.
CO.RO.NAR v.t. Coroar; completar. v.p. Coroar-se.
CO.RO.NEL s.m. Coronel.
COR.PI.ÑO s.m. Corpete.
COR.PO.RA.CIÓN s.f. Corporação.
COR.PO.RAL adj. Corporal.
COR.PU.LEN.CIA s.f. Corpulência.
COR.PU.LEN.TO adj. Corpulento.
COR.PÚS.CU.LAR adj. Corpuscular.
COR.PÚS.CU.LO s.m. Corpúsculo.
CO.RRAL s.m. Curral; quintal; cercado.
CO.RRE.A s.f. Correia; cinto; *fam.* paciência.
CO.RREC.CIÓN s.f. Correção; revisão; corretivo.
CO.RREC.TI.VO adj. Corretivo.
CO.RREC.TO adj. Correto.
CO.RRE.GI.DOR s.m. Corregedor.
CO.RRE.GIR v.t. Corrigir. v.p. Corrigir-se.
CO.RRE.LI.GIO.NA.RIO adj. e s.m. Correligionário.
CO.RRE.O s.m. Correio; carteiro.
CO.RRER v.int. Correr; incumbir. v.t. Difundir; perseguir. v.p. Incumbir-se; afastar-se.
CO.RRE.RÍ.A s.f. Correria.
CO.RRES.PON.DEN.CIA s.f. Correspondência.
CO.RRES.PON.DER v.t. e int. Corresponder. v.p. Corresponder-se.
CO.RRES.PON.DIEN.TE adj. Correspondente.
CO.RRES.PON.SAL s.m. Correspondente.
CO.RRE.TA.JE s.f. Corretagem.
CO.RRI.DA s.f. Corrida.
CO.RRI.DO adj. Corrido; vexado.
CO.RRIEN.TE adj. Corrente.
CO.RRI.MIEN.TO s.m. Corrimento; deslizamento.
CO.RRO.BO.RA.CIÓN s.f. Corroboração.
CO.RRO.BO.RAR v.t. Corroborar. v.p. Corroborar-se.
CO.RRO.ER v.t. Corroer.
CO.RROM.PER v.t. Corromper. v.p. Corromper-se.
CO.RRUP.CIÓN s.f. Corrupção.
CO.RRUP.TO adj. e s.m. Corrupto.
CO.RRUP.TOR s.m. Corruptor.
COR.SA.RIO adj. Corsário; pirata.
COR.TA.DE.RA s.f. Cortadeira.
COR.TA.DO adj. Cortado.
COR.TA.PLU.MAS s.m. Canivete.
COR.TAN.TE adj. Cortante.
COR.TA.Ú.ÑAS s.m. Cortador de unhas.
COR.TAR v.t. Cortar; talhar; separar; encurtar.
COR.TE s.m. Corte; talho; quebra.
COR.TE.JAR v.t. Cortejar; galantear; assistir.
COR.TE.JO s.m. Cortejo; acompanhamento.
COR.TÉS adj. Cortês; educado; polido.
COR.TE.SÍ.A s.f. Cortesia.
COR.TI.NA s.f. Cortina.
COR.TO adj. Curto; reduzido.
COR.VO adj. Curvo.
CO.SA s.f. Coisa.
CO.SE.CHA s.f. Colheita.
CO.SE.CHAR v.t. Colher; recolher.
CO.SER v.t. Coser; costurar. v.p. Coser-se.
CÓS.MI.CO adj. Cósmico.
COS.MO.PO.LI.TA adj. e s.2g. Cosmopolita.
COS.QUI.LLAS s.f. pl. Cócegas.
COS.QUI.LLE.AR v.t. Fazer cócegas.
COS.QUI.LLEO s.m. Cócegas; coceira.
COS.TA s.f. Custo; custas; litoral.
COS.TA.DO s.m. Costado; lado; flanco.
COS.TAL adj. e s.m. Costal.
COS.TA.NE.RO adj. Costeiro.
COS.TAR v.int. Custar.
COS.TE s.m. Custo.
COS.TE.AR v.t. Custear; pagar; margear.
COS.TE.ÑO adj. e s.m. Costeiro.
COS.TE.RO adj. Costeiro.
COS.TI.LLA s.f. *Anat.* Costela.
COS.TI.LLAS s.f. pl. Costas.
COS.TO s.m. Custo.
COS.TO.SO adj. Custoso, caro.
COS.TRA s.f. Crosta.
COS.TUM.BRE s.m. Costume.
COS.TU.RA s.f. Costura.
COS.TU.RAR v.t. Costurar; coser.
CO.TA s.f. Cota.

CO.TAN.GEN.TE *s.f. Mat.* Cotangente.
CO.TE.JAR *v.t.* Cotejar.
CO.TE.JO *s.m.* Cotejo.
CO.TI.DIA.NO *adj.* Cotidiano.
CO.TI.LLA *s.f.* Fofoqueiro.
CO.TI.LLE.AR *v.int.* Fofocar.
CO.TI.LLEO *s.m.* Fofoca.
CO.TI.ZA.CIÓN *s.f.* Cotização.
CO.TO *s.m.* Limite; lote.
CO.TO.RRA *s.f. Zool.* Maritaca; *fam.* tagarela.
CO.VA.CHA *s.f.* Casebre; barraco.
CO.XIS *s.m. Anat.* Cóccix.
CO.YO.TE *s.m. Zool.* Coiote.
CO.YUN.TU.RA *s.f.* Conjuntura.
COZ *s.m.* Coice.
CRÁ.NEO *s.m. Anat.* Crânio.
CRA.PU.LA *s.f.* Crápula.
CRA.SSO *adj.* Crasso; grude.
CRÁ.TER *s.m.* Cratera.
CRE.A.CIÓN *s.f.* Criação.
CRE.A.DOR *adj.* e *s.m.* Criador.
CRE.AR *v.t.* Criar.
CRE.A.TI.VI.DAD *s.f.* Criatividade.
CRE.CER *v.int.* Crescer; prosperar; aumentar. *v.p.* Fortalecer-se; atrever-se.
CRE.CI.DA *s.f.* Cheia (de rio).
CRE.CI.MIEN.TO *s.m.* Crescimento.
CRE.CIEN.TE *adj.* Crescente.
CRE.DEN.CIAL *adj.* Credencial.
CRE.DI.BI.LI.DAD *s.f.* Credibilidade.
CRÉ.DI.TO *s.m.* Crédito.
CRE.DO *s.m.* Credo; crença.
CRÉ.DU.LO *adj.* Crédulo.
CRE.EN.CIA *s.f.* Crença; fé.
CRE.ER *v.t.* Crer; acreditar; achar; supor. *v.p.* Acreditar-se; julgar-se; considerar-se.
CRE.Í.DO *s.m.* Pretensioso.
CRE.MA *s.f.* Creme; nata.
CRE.MA.CIÓN *s.f.* Cremação.
CRE.MA.LLE.RA *s.f.* Zíper.
CRE.MO.SO *adj.* Cremoso.
CRE.PI.TA.CIÓN *s.f.* Crepitação.
CRE.PI.TAR *v.int.* Crepitar.
CRE.PÚS.CU.LO *s.m.* Crepúsculo.
CRES.PO *adj.* Crespo.
CRES.TA *s.f.* Crista; cume; pico.
CRE.TI.NO *adj.* Cretino.
CRE.YEN.TE *adj.* e *s.2g.* Crente.
CRÍ.A *s.f.* Cria; criação.
CRI.A.DA *s.f.* Criada; doméstica.
CRIA.DE.RO *s.m.* Criadouro.
CRI.A.DO *s.m.* Criado.
CRI.A.DOR *s.m.* Criador.
CRI.AN.ZA *s.f.* Criação; educação.
CRI.AR *v.t.* Criar; gerar; produzir. *v.p.* Criar-se.
CRIA.TU.RA *s.f.* Criatura.
CRI.BAR *v.t.* Crivar.
CRI.MEN *s.m.* Crime.
CRI.MI.NAL *adj.* e *s.2g.* Criminal.
CRI.MI.NA.LI.DAD *s.f.* Criminalidade.
CRIN *s.f.* Crina.
CRIO *s.m. fam.* Criança.
CRIO.LLO *adj.* e *s.m.* Crioulo.
CRI.SÁ.LI.DA *s.f. Zool.* Crisálida.
CRI.SAN.TE.MO *s.m.* Crisântemo.
CRI.SIS *s.f.* Crise.
CRIS.MA *s.f.* Crisma.
CRIS.PAR *v.t.* Crispar; encrespar. *v.p.* Encrespar-se.
CRIS.TAL *s.m.* Cristal.
CRIS.TA.LE.RÍ.A *s.f.* Cristaleria.
CRIS.TA.LI.NO *adj.* Cristalino.
CRIS.TA.LI.ZA.CIÓN *s.f.* Cristalização.
CRIS.TA.LI.ZAR *v.t.* e *int.* Cristalizar.
CRIS.TI.AN.DAD *s.f.* Cristandade.
CRIS.TIA.NO *adj.* Cristão.
CRI.TE.RIO *s.m.* Critério; norma; medida.
CRÍ.TI.CA *s.f.* Crítica.
CRI.TI.CAR *v.t.* Criticar; censurar; julgar.
CRÍ.TI.CO *adj.* e *s.m.* Crítico.
CRI.TI.CÓN *s.m. fam.* Criticador.
CRO.CAN.TE *adj.* Crocante.
CRÓ.NI.CA *s.f.* Crônica.
CRÓ.NI.CO *adj.* Crônico.
CRO.NO.LO.GÍ.A *s.f.* Cronologia.
CRO.NÓ.ME.TRO *s.m.* Cronômetro.
CRO.QUIS *s.m.* Croqui.
CRU.CE *s.f.* Cruzamento.
CRU.CE.RO *s.m.* Cruzeiro.
CRU.CIAL *adj.* Crucial.

CRU.CI.FI.CAR *v.t.* Crucificar.
CRU.CI.FI.JO *s.m.* Crucifixo.
CRU.DE.ZA *s.f.* Crueza.
CRU.DO *adj.* Cru.
CRUEL *adj.* Cruel.
CRUEL.DAD *s.f.* Crueldade.
CRUEN.TO *adj.* Cruento.
CRU.JIR *v.int.* Ranger; estalar.
CRUS.TÁ.CEO *s.m.* Crustáceo.
CRUZ *s.f.* Cruz; tormento.
CRU.ZA.DA *s.f.* Cruzada.
CRU.ZAR *v.t.* Cruzar; atravessar.
CU *s.m.* Nome da letra *q*.
CUA.DER.NO *s.m.* Caderno.
CUA.DRA *s.f.* Quadra.
CUA.DRA.DO *s.m.* Quadrado.
CUA.DRAN.TE *s.m.* Quadrante.
CUA.DRAR.SE *v.p.* Bater continência.
CUA.DRA.TU.RA *s.f. Geom.* Quadratura.
CUA.DRI.CU.LAR *adj.* Quadricular.
CUA.DRI.LLA *s.m.* Quadrilha.
CUA.DRO *s.m.* Quadro.
CUA.DRÚ.PE.DO *s.m.* Quadrúpedo.
CUAL *pron. relat.* e *pron. interr.* Qual; que.
CUA.LES.QUIE.RA *pron. ind. pl.* Quaisquer.
CUA.LI.DAD *s.f.* Qualidade.
CUAL.QUIER *pron. ind.* Qualquer.
CUAN *adv.* Quão; quanto; como.
CUAN.DO *adv. rel. tempo* Quando; em que.
CUÁN.DO *adv.* Quando (usado em interrogação e exclamação).
CUAN.TÍ.A *s.f.* Quantia; importância; quantidade; valor.
CUÁN.TO *adj.* e *pron. interr.* Quanto.
CUA.REN.TA *num.* Quarenta.
CUA.REN.TE.NA *s.f.* Quarentena.
CUA.REN.TÓN *s.m.* Quarentão.
CUA.RES.MA *s.f.* Quaresma.
CUAR.TEL *s.m.* Quartel; *cuartel general:* quartel-general.
CUAR.TE.LA.ZO *s.f.* Quartelada.
CUAR.TE.RÓN *s.m.* Quarteirão.
CUAR.TE.TO *s.m.* Quarteto.
CUAR.TO *adj.* e *s.m.* Quarto. *num.* Quarto; *cuarta:* quarta.

CUA.TRI.MES.TRE *s.m.* Quadrimestre.
CUA.TRO *num.* Quatro.
CU.BA *s.f.* Cuba; tina; tonel.
CU.BA.NO *adj.* e *s.m.* Cubano.
CÚ.BI.CO *adj.* Cúbico.
CU.BÍ.CU.LO *s.m.* Cubículo.
CU.BIER.TA *s.f.* Coberta (de dormir); cobertura; capa (de livro).
CU.BIL *s.m.* Toca; covil.
CU.BO *s.m. Geom.* Cubo; balde.
CU.BRE.CA.MA *s.f.* Colcha.
CU.BRIR *v.t.* Cobrir; tampar; tapar. *v.p.* Cobrir-se.
CU.CA.RA.CHA *s.f.* Barata.
CU.CLI.LLAS *adv.* De cócoras.
CU.CHA.RA *s.f.* Colher (utensílio de cozinha).
CU.CHA.RI.LLA *s.f.* Colher de café.
CU.CHA.RÓN *s.m.* Concha.
CU.CHÉ *adj.* Cuchê.
CU.CHI.CHE.AR *v.t* e *int.* Cochichar.
CU.CHI.LLA *s.f.* Faca; lâmina.
CU.CHI.LLA.DA *s.f.* Facada.
CU.CHI.LLO *s.m.* Faca; canivete; navalha.
CUE.LLO *s.m. Anat.* Pescoço; *Anat.* colo; *fam.* colarinho.
CUEN.CA *s.f. Geog.* Bacia.
CUEN.CO *s.m.* Tigela; vasilha.
CUEN.TA *s.f.* Conta.
CUEN.TA.GO.TAS *s.2g.* Conta-gotas.
CUEN.TA.RRE.VO.LU.CIO.NES *s.m.* Conta-giros.
CUEN.TIS.TA *s.2g.* Contista; narrador.
CUEN.TO *s.m.* Conto.
CUER.DA *s.f.* Corda.
CUE.REAR *v.t.* Açoitar.
CUER.NO *s.m.* Corno; chifre.
CUE.RO *s.m.* Couro.
CUER.PO *s.m.* Corpo, tronco.
CUER.VO *s.m.* Corvo.
CUES.TA *s.f.* Costa; encosta; ladeira.
CUES.TION *s.f.* Questão; pergunta.
CUE.VA *s.f.* Cova; gruta; caverna.
CUI.DA.DO *s.m.* Cuidado; zelo.
CUI.DAR *v.t.* e *int.* Cuidar; atentar. *v.p.* Cuidar-se.

CU.LA.TA *s.f.* Culatra.
CU.LE.BRA *s.f.* Zool. Cobra.
CU.LI.NA.RIO *adj.* Culinário.
CUL.MI.NAR *v.t.* e *int.* Culminar.
CU.LO *s.m. vulg.* Ânus.
CUL.PA *s.f.* Culpa.
CUL.PA.BLE *adj.* Culpável, culpado.
CUL.PAR *v.t.* Culpar; responsabilizar. *v.p.* Culpar-se.
CUL.TI.VAR *v.t.* Cultivar.
CUL.TI.VO *s.m.* Cultivo; cultura (de terreno).
CUL.TO *adj.* e *s.m.* Culto.
CUL.TU.RA *s.f.* Cultura.
CUM.BRE *adj.* Fundamental. *s.m.* Cume; topo; pico.
CUM.PLEA.ÑOS *s.m. pl.* Aniversário.
CUM.PLI.DO *adj.* Cumprido; cumprimento.
CUM.PLI.MEN.TAR *v.t.* Cumprimentar, saudar; felicitar. *v.p.* Cumprimentar-se.
CUM.PLI.MIEN.TO *s.m.* Cumprimento; execução.
CUM.PLIR *v.t.* Cumprir; executar; realizar. *v.t.* Cumprir-se.
CÚ.MU.LO *s.m.* Cúmulo.
CU.NA *s.f.* Berço.
CU.ÑA *s.f.* Cunha; propaganda; urinol (de enfermo).
CU.NE.TA *s.f.* Valeta; sarjeta.
CU.ÑA.DO *s.m.* Cunhado.
CU.ÑO *s.m.* Cunho; cunhagem.
CUO.TA *s.f.* Cota; parte; quinhão.

CU.PÓN *s.m.* Cupom; bilhete.
CÚ.PU.LA *s.f.* Cúpula.
CU.RA *s.f.* Cura; tratamento. *s.m.* Sacerdote; padre.
CU.RA.CIÓN *s.f.* Cura.
CU.RAN.DE.RO *s.m.* Curandeiro.
CU.RAR *v.t.* e *int.* Curar; recuperar. *v.p.* Curar-se.
CU.RA.TI.VO *adj.* e *s.m.* Curativo.
CU.RIA *s.f.* Cúria.
CU.RIO.SE.AR *v.t.* e *int.* Bisbilhotar; xeretar.
CU.RIO.SI.DAD *s.f.* Curiosidade.
CU.RIO.SO *adj.* Curioso.
CUR.SAR *v.t.* Cursar. *v.int.* Desenvolver-se.
CUR.SI *adj.* e *s.2g.* Brega; cafona.
CUR.SI.LLA.DA *s.f.* Breguice.
CUR.SI.LLO *s.m.* Aula; curso.
CUR.SI.VA *s.f.* Cursivo.
CUR.SO *s.m.* Curso.
CUR.TI.DO *adj.* Curtido.
CUR.TIR *v.t.* Curtir.
CUR.VA *s.f.* Curva; curvatura.
CUR.VAR *v.t.* Curvar; encurvar; dobrar. *v.p.* Curvar-se.
CUR.VA.TU.RA *s.f.* Curvatura, dobra.
CUR.VO *adj.* Curvo.
CUS.TO.DIA *s.f.* Custódia; guarda.
CUS.TO.DIAR *v.t.* Custodiar; guardar.
CU.TA.NEO *adj.* Cutâneo.
CU.TÍ.CU.LA *s.f.* Cutícula.
CU.TIS *s.m.* Cútis; pele; tez.
CU.YO *pron. rel.* Cujo.

D

D *s.m.* Quinta letra do alfabeto espanhol.
DA.BLE *adj.* Possível.
DAC.TI.LAR *adj.* Digital.
DAC.TI.LO.GRA.FÍ.A *s.f.* Datilografia.
DÁ.DI.VA *s.f.* Dádiva; dom; presente.
DA.DI.VO.SO *adj.* Dadivoso; generoso.
DA.DO *s.m.* Dado.
DA.DOR *s.m.* Doador.
DA.GA *s.f.* Adaga.
DA.LIA *s.f. Bot.* Adália.
DÁL.MA.TA *adj.* e *s.2g.* Dálmata (raça canina).
DAL.TÓ.NI.CO *adj.* Daltônico.
DAL.TO.NIS.MO *s.m.* Daltonismo.
DA.MA *s.f.* Dama; senhora; *damas pl.:* damas (jogo de damas).
DA.ME.RO *s.m.* Tabuleiro.
DA.MI.SE.LA *s.f.* Moça.
DAM.NA.CIÓN *s.f.* Danação; condenação.
DAM.NI.FI.CAR *v.t.* Danificar; avariar.
DA.NA.BLE *adj.* Daninho.
DA.ÑA.DO *adj.* Danado; mau; perverso; estragado (alimento).
DA.ÑAR *v.t.* Prejudicar; danificar; ferir; estragar. *v.p.* Ferir-se; estragar-se.
DAN.DI *s.m.* Dândi.
DA.ÑI.NO *adj.* Daninho.
DA.ÑO *s.m.* Dano; prejuízo; lesão.
DA.ÑO.SO *adj.* Danoso; nocivo.
DAN.TES.CO *adj.* Dantesco.
DAN.TA *s.f. Zool.* Anta.
DAN.ZA *s.f.* Dança.
DAN.ZAR *v.t.* e *int.* Dançar; bailar.
DAN.ZA.RÍN *adj.* e *s.m.* Dançarino.
DAR *v.t.* dar, ceder, outorgar, conceder.
DAR.DO *s.m.* Dardo.
DA.TA *s.f.* Data.
DA.TAR *v.t.* e *int.* Datar.
DA.TO *s.m.* Dado; informação; documento.
DE *prep.* De. *s.m.* A letra *d.*
DE.BA.CLE *s.f.* Debacle.
DE.BA.JO *adv.* Debaixo.
DE.BA.TE *s.m.* Debate.
DE.BA.TIR *v.t.* Debater; discutir; combater. *v.p.* Debater-se; agitar-se.
DE.BE *s.m.* Débito; dívida.
DE.BER *s.m.* Dever; obrigação. *v.t.* Dever.
DÉ.BIL *adj.* Débil; debilitado; fraco.
DE.BI.LI.DAD *s.f.* Debilidade.
DE.BI.LI.TA.CIÓN *s.f.* Enfraquecimento.
DE.BI.LI.TAR *v.t.* Debilitar; enfraquecer. *v.p.* Debilitar-se.
DÉ.BI.TO *s.m.* Débito; dívida.
DE.BU.TAR *v.int.* Debutar.
DÉ.CA.DA *s.f.* Década.
DE.CA.DEN.CIA *s.f.* Decadência.
DE.CA.ER *v.int.* Decair; declinar.
DE.CÁ.GO.NO *adj.* e *s.m. Geom.* Decágono.
DE.CAI.MIEN.TO *s.m.* Decaimento.
DE.CÁ.LO.GO *s.m.* Decálogo.
DE.CA.NO *s.m.* Decano.
DE.CAN.TAR *v.t.* Decantar. *v.p.* Decantar-se.
DE.CA.PI.TAR *v.t.* Decapitar.
DE.CA.SÍ.LA.BO *adj.* e *s.m.* Decassílabo.
DE.CE.NA *s.f.* Dezena.
DE.CEN.CIA *s.f.* Decência.
DE.CE.NIO *s.m.* Decênio.
DE.CEN.TE *adj.* Decente.
DE.CEP.CIÓN *s.f.* Decepção.
DE.CEP.CIO.NAR *v.t.* Decepcionar. *v.p.* Decepcionar-se.
DE.CI.BLE *adj.* Dizível.
DE.CI.DI.DO *adj.* Decidido.
DE.CI.DIR *v.t.* Decidir; determinar; resolver. *v.p.* Decidir-se.

DE.CI.MAL *adj.* Decimal.
DÉ.CI.MO *num.* décimo.
DE.CIR *v.t.* Dizer; falar. *s.m.* Dito; frase.
DE.CI.SIÓN *s.f.* Decisão.
DE.CLA.MA.CIÓN *s.f.* Declamação.
DE.CLA.MAR *v.t.* e *int.* Declamar; recitar.
DE.CLA.RA.CIÓN *s.f.* Declaração.
DE.CLA.RAR *v.t.* e *int.* Declarar. *v.p.* Declara-se.
DE.CLI.NA.CIÓN *s.f.* Declinção.
DE.CLI.NAR *v.int.* Declinar; recusar; *Gram.* flexionar.
DE.CLI.VE *s.m.* Declive; descida; declínio.
DE.CO.DI.FI.CA.CIÓN *s.f.* Decodificação.
DE.CO.DI.FI.CAR *v.t.* Decodificar; descodificar.
DE.CO.LO.RAR *v.t.* Descolorar; descorar.
DE.CO.MI.SAR *v.t.* Confiscar.
DE.CO.MI.SO *s.m.* Confisco.
DE.CO.RA.CIÓN *s.f.* Decoração.
DE.CO.RAR *v.t.* Decorar; enfeitar; memorizar.
DE.CO.RO *s.m.* Decoro; recato; respeito.
DE.CRE.CER *v.int.* Decrescer.
DE.CRE.CIEN.TE *adj.* Decrescente.
DE.CRÉ.PI.TO *adj.* Decrépito; senil.
DE.CRE.PI.TUD *s.f.* Decrepitude.
DE.CRE.TAR *v.t.* Decretar.
DE.CRE.TO *s.m.* Decreto; decisão.
DE.DAL *s.m.* Dedal.
DÉ.DA.LO *s.m.* Dédalo.
DE.DI.CA.CIÓN *s.f.* Dedicação.
DE.DI.CAR *v.t.* Dedicar; oferecer. *v.p.* Dedicar-se.
DE.DI.CA.TO.RIA *s.f.* Dedicatória.
DE.DI.LLO *loc. adv. al dedillo:* de cor (memorizar).
DE.DO *s.m.* Dedo.
DE.DUC.CIÓN *s.f.* Dedução.
DE.DU.CIR *v.t.* Deduzir; inferir; diminuir.
DE.FE.CAR *v.t.* e *int.* Defecar; evacuar.
DE.FEC.CIÓN *s.f.* Defecção.
DE.FEC.TO *s.m.* Defeito.
DE.FEC.TUO.SO *adj.* Defeituoso.
DE.FEN.DER *v.t.* Defender; guardar; proteger. *v.p.* Defender-se.
DE.FE.NES.TRAR *v.t.* Defenestrar.
DE.FEN.SA *s.f.* Defesa.
DE.FEN.SI.VO *adj.* Defensivo.
DE.FEN.SOR *adj.* e *s.m.* Defensor.
DE.FE.REN.CIA *s.f.* Deferência.
DE.FE.RIR *v.t.* Deferir.
DE.FI.CIEN.TE *adj.* e *s.2g.* Deficiente.
DÉ.FI.CIT *s.m.* Déficit.
DE.FI.CI.TÁ.RIO *adj.* Deficitário.
DE.FI.NI.CIÓN *s.f.* Definição.
DE.FI.NIR *v.t.* Definir; determinar; decidir. *v.p.* Definir-se.
DE.FI.NI.TI.VO *adj.* Definitivo.
DE.FO.RES.TAR *v.t.* Desflorestar; desmatar.
DE.FOR.MA.CIÓN *s.f.* Deformação.
DE.FOR.MAR *v.t.* Deformar; deturpar. *v.p.* Deformar-se.
DE.FOR.MI.DAD *s.f.* Deformidade.
DE.FRAU.DAR *v.t.* Defraudar; desfalcar.
DE.FUN.CIÓN *s.f.* Defunção; óbito; falecimento.
DE.GE.NE.RA.CIÓN *s.f.* Degeneração.
DE.GE.NE.RAR *v.int.* Degenerar.
DE.GE.NE.RA.TI.VO *adj.* Degenerativo.
DE.GLU.TIR *v.t.* Deglutir.
DE.GO.LLA.DE.RO *s.m.* Degoladouro; matadouro.
DE.GO.LLAR *v.t.* Degolar; decapitar.
DE.GRA.DA.BLE *adj.* Degradável.
DE.GRA.DAN.TE *adj.* Degradante.
DE.GRA.DAR *v.t.* Degradar; humilhar; *v.t.* Degradar-se.
DE.GÜE.LLO *s.m.* Degola; degolação.
DE.GUS.TA.CIÓN *s.f.* Degustação.
DE.GUS.TAR *v.t.* Degustar; provar; saborear.
DE.JAR *v.t.* Deixar; largar; desistir. *v.p.* Descuidar-se; largar-se.
DEJE *s.m.* Sotaque.
DEL *Contr. prep.* de com *art.* el: Do.
DE.LA.CION *s.f.* Delação; denúncia.
DE.LAN.TAL *s.m.* Avental.
DE.LAN.TE *adv.* Avante.
DE.LAN.TE.RO *adj.* Dianteiro. *s.m.* Atacante.
DE.LA.TAR *v.t.* Delatar; denunciar.
DE.LA.TOR *s.m.* Delator.

DE.LE.BLE adj. Delével; apagável.
DE.LEC.TA.CIÓN s.f. Deleite; deleitação.
DE.LE.GA.CIÓN s.f. Delegação.
DE.LE.GA.DO adj. e s.m. Delegado; representante.
DE.LE.GAR v.t. Delegar.
DE.LEI.TE s.m. Deleite.
DE.LEI.TAR v.t. Deleitar; desfrutar; gozar. v.p. Deleitar-se.
DE.LE.TRE.AR v.int. Soletrar. v.t. Decifrar.
DEL.GA.DEZ s.f. Magreza.
DEL.GA.DO adj. Delgado; magro.
DE.LI.BE.RA.CIÓN s.f. Deliberação.
DE.LI.BE.RAR v.int. Deliberar.
DE.LI.CA.DE.ZA s.f. Delicadeza.
DE.LI.CA.DO adj. Delicado; educado.
DE.LI.CIA s.f. Delícia.
DE.LI.CIO.SO adj. Delicioso.
DE.LI.MI.TAR v.t. Delimitar.
DE.LIN.CUEN.CIA s.f. Delinquência.
DE.LIN.CUEN.TE adj. Delinquente.
DE.LI.NE.AR v.t. Delinear.
DE.LI.RAR v.int. Delirar.
DE.LI.RIO s.m. Delírio; devaneio.
DE.LI.TO s.m. Delito; crime.
DE.MA.CRA.DO adj. Abatido.
DE.MA.CRAR v.t. Abater. v.p. Abater-se.
DE.MA.GO.GIA s.f. Demagogia.
DE.MA.GO.GO s.m. Demagogo.
DE.MAN.DA s.f. Demanda; petição.
DE.MAR.CA.CIÓN s.f. Demarcação.
DE.MAR.CAR v.t. Demarcar.
DE.MÁS adj. e pron. Demais; *los demás:* os demais. adv. Além do mais; além disso.
DE.MA.SÍ.A s.f. Demasia; excesso.
DE.MA.SIA.DO adj. Demasiado.
DE.MEN.CIA s.f. Demência.
DE.MEN.TE adj. e s.2g. Demente.
DE.MO.CRA.CIA s.f. Democracia.
DE.MÓ.CRA.TA adj. e s.2g. Democrata.
DEMODÉ adj. Fora de moda.
DE.MO.LER v.t. Demolir.
DE.MO.NIO s.m. Demônio; diabo.
DE.MO.RA s.f. Demora; atraso.

DE.MOS.TRAR v.t. Demonstrar; manifestar; exibir; provar.
DE.MU.DAR v.t. Demudar; mudar; modificar.
DE.NE.GAR v.t. Denegar; negar.
DE.NI.GRAR v.t. Denegrir; difamar.
DE.NO.DA.DO adj. Denodado.
DE.NO.MI.NA.CIÓN s.f. Denominação.
DE.NO.MI.NA.DOR adj. Denominador. s.m. *Mat.* Denominador.
DE.NO.MI.NAR v.t. Denominar.
DE.NO.TAR v.t. Denotar.
DEN.SI.DAD s.f. Densidade.
DEN.SO adj. Denso; espesso.
DEN.TA.DO adj. Dentado; denteado.
DEN.TA.DU.RA s.f. Dentadura.
DEN.TAL adj. Dental.
DEN.TAR v.t. Dentar; dentear.
DEN.TI.CIÓN s.f. Dentição.
DEN.TÍ.FRI.CO adj. Dentifrício.
DEN.TIS.TA s.2g. Dentista.
DEN.TÓN adj. e s.m. Dentuço.
DEN.TRO adv. Dentro.
DE.NUE.DO s.m. Denodo.
DE.NUES.TO adj. Afronta; ofensa.
DE.NUN.CIA s.f. Denúncia; delação.
DE.NUN.CIAR v.t. Denunciar; delatar; noticiar.
DE.PA.RAR v.t. Deparar.
DE.PAR.TA.MEN.TO s.m. Departamento.
DE.PAU.PE.RAR v.t. Depauperar. v.p. Depauperar-se.
DE.PEN.DEN.CIA s.f. Dependência.
DE.PEN.DER v.int. Depender.
DE.PEN.DIEN.TE adj. Dependente. s.m. Balconista; vendedor.
DE.PI.LAR v.t. Depilar. v.p. Depilar-se.
DE.PO.NER v.t. e int. Depor; destituir.
DE.POR.TA.CIÓN s.f. Deportação.
DE.POR.TAR v.t. Deportar; exilar.
DE.POR.TE s.m. Esporte.
DE.POR.TIS.TA s.2g. Desportista; esportista.
DE.POR.TI.VI.DAD s.f. Espírito esportivo.
DE.PO.SI.CIÓN s.f. Deposição.
DE.PO.SI.TAR v.t. Depositar. v.p. Depositar-se.
DE.PÓ.SI.TO s.m. Depósito.
DE.PRA.VA.CIÓN s.f. Depravação.

DE.PRA.VAR v.t. Depravar. v.p. Depravar-se.
DE.PRE.CAR v.t. Deprecar; suplicar. v.p. Deprecar-se.
DE.PRE.CIA.CIÓN s.f. Depreciação.
DE.PRE.CIAR v.t. Depreciar. v.p. Depreciar-se.
DE.PRE.DA.CION s.f. Depredação.
DE.PRE.DAR v.t. Depredar; destruir.
DE.PRE.SIÓN s.f. Depressão.
DE.PRI.MIR v.t. Deprimir; abater. v.p. Deprimir-se.
DE.PRI.SA adv. Depressa.
DE.PU.RAR v.t. Depurar; purificar. v.p. Purificar-se.
DE.RE.CHA s.f. Polít. Direita.
DE.RE.CHO adj. e s.m. Direito.
DE.RI.VA s.f. Deriva.
DE.RI.VAR v.int. Derivar. v.p. Derivar-se.
DE.RRA.MAR v.t. Derramar. v.p. Derramar-se.
DE.RRA.PA.JE s.m. Derrapagem.
DE.RRE.DOR adv. loc. Em derredor de.
DE.RRE.TIR v.t. Derreter. v.p. Derreter-se.
DE.RRI.BAR v.t. Derrubar. v.p. Derrubar-se.
DE.RRI.BO s.m. Derrubamento; demolição.
DE.RRO.CAR v.t. Derrocar; derrubar.
DE.RRO.CHAR v.t. Esbanjar.
DE.RRO.CHE s.m. Esbanjamento.
DE.RRO.TA s.f. Derrota; rota.
DE.RRO.TAR v.t. Derrotar.
DE.RRO.TE.RO s.m. Roteiro; rota.
DE.RRUIR v.t. Derruir; derrubar.
DE.RRUM.BA.DE.RO s.m. Precipício; despenhadeiro.
DE.RRUM.BA.MIEN.TO s.m. Demolição; derrubamento.
DE.RRUM.BAR v.t. Derrubar; demolir. v.p. Derrubar-se.
DE.RRUM.BE s.m. Derrubamento; demolição.
DE.SA.BAS.TE.CER v.t. Desabastecer. v.p. Desabastecer-se.
DE.SA.BO.RI.DO adj. Insosso; sem graça.
DE.SA.BO.TO.NAR v.t. Desabotoar.
DE.SA.BRI.DO adj. Atrevido; insosso (comida).
DE.SA.BRI.GAR v.t. Desabrigar. v.p. Desabrigar-se.

DE.SA.BRO.CHAR v.t. Desabotoar; abrir. v.p. Desabotoar-se; abrir-se.
DE.SA.CA.TAR v.t. Desacatar; desrespeitar.
DE.SA.CA.TO s.m. Desacato; desrespeito.
DE.SA.CIER.TO s.m. Desacerto; erro.
DE.SA.CUER.DO s.m. Desacordo; divergência.
DE.SA.FIAR v.t. Desafiar.
DE.SA.FI.NAR v.int. Mús. Desafinar; dissonar.
DE.SA.FÍ.O s.m. Desafio.
DE.SA.FUE.RO s.m. Desaforo; transgressão; desrespeito.
DE.SA.GRA.DAR v.int. Desagradar.
DE.SA.GRA.VIAR v.t. Desagravar.
DE.SA.GUAR v.t. Desaguar. v.int. Desembocar.
DE.SA.HO.GAR v.t. Desabafar; desafogar; desanuviar. v.p. Desabafar-se.
DE.SA.HO.GO s.m. Desabafo; desafogo; folga.
DE.SA.HU.CIAR v.t. Despejar (inquilino); desenganar.
DE.SAI.RAR v.t. Desconsiderar; desprezar.
DE.SAI.RE s.m. Desconsideração; desdém.
DE.SA.LAR v.t. Dessalgar.
DE.SA.LEN.TAR v.t. Desalentar. v.p. Desalentar-se.
DE.SA.LIEN.TO s.m. Desalento.
DE.SA.LI.ÑAR v.t. Desalinhar. v.p. Desalinhar-se.
DE.SA.LI.ÑO s.m. Desalinho.
DE.SA.LO.JAR v.t. Desalojar; desocupar.
DE.SA.MA.RRAR v.t. Desamarrar; soltar; desatar. v.p. Desamarrar-se.
DE.SA.MOR s.m. Desamor; desafeição.
DE.SAM.PA.RAR v.t. Desamparar. v.p. Desamparar-se.
DE.SAN.DAR v.t. Desandar.
DE.SA.NI.MAR v.t. Desanimar. v.p. Desanimar-se.
DE.SÁ.NI.MO s.m. Desânimo.
DE.SA.PA.RE.CER v.t., int. e v.p. Desaparecer; sumir.
DE.SA.PA.RI.CIÓN s.f. Desaparecimento.

DE.SA.PE.GO *s.m.* Desapego; desprendimento.
DE.SAR.MAR *v.t.* Desarmar. *v.p.* Desarmar-se.
DE.SA.RRAI.GAR *v.t.* Erradicar; extirpar.
DE.SA.RRO.LLAR *v.t.* Desenvolver; desenrolar. *v.p.* Desenvolver-se.
DE.SA.RRO.LLO *s.m.* Desenvolvimento; progresso.
DE.SA.SIR *v.t.* Desamarrar; soltar.
DE.SA.SO.SE.GAR *v.t.* Inquietar; inquietar. *v.p.* Desassossegar-se.
DE.SA.SO.SIE.GO *s.m.* Desassossego.
DES.AS.TRA.DO *adj.* Descuidado.
DE.SAS.TRE *s.m.* Desastre; fatalidade; desgraça.
DE.SAS.TRO.SO *adj.* Desastroso.
DE.SA.TAR *v.t.* Desatar; desamarrar. *v.p.* Desatar-se.
DE.SA.TAS.CAR *v.t.* Desentupir. *v.p.* Desobstruir-se.
DE.SA.TAS.CO *s.m.* Desentupimento.
DE.SA.TEN.ÇÃO *s.f.* Desatenção; desinteresse.
DE.SA.TEN.DER *v.t.* Desatender; desconsiderar.
DE.SA.TI.NAR *v.t.* e *int.* Desatinar; enlouquecer.
DE.SA.TI.NO *s.m.* Desatino; disparate; loucura.
DE.SA.VE.NIR *v.t.* Discordar.
DE.SA.TOR.NI.LLAR *v.t.* Desparafusar.
DE.SA.TRA.CAR *v.t.* e *int.* Desatracar (navios).
DE.SA.TRAN.CAR *v.t.* Destrancar; desobstruir.
DE.SA.YU.NAR *v.t.* Fazer o desjejum.
DE.SA.YU.NO *s.m.* Desjejum; café da manhã.
DES.BAN.DA.DA *s.f.* Debandada.
DES.BA.RA.JUS.TAR *v.t.* Desbaratar; desorganizar; desordenar.
DES.BA.RA.JUS.TE *s.m.* Desordem; confusão.
DES.BA.RA.TAR *v.t.* Desbaratar. *v.p.* Desbaratar-se.
DES.BA.RRAN.CAR *v.t.* Despencar. *v.p.* Despencar-se.
DES.BAS.TAR *v.t.* Desbastar.
DES.BO.CA.DO *adj.* Descontrolado (indivíduo).
DES.BOR.DAR *v.t.* e *int.* Transbordar. *v.p.* Transbordar-se.
DES.BRA.VAR *v.t.* e *int.* Desbravar. *v.p.* Desbravar-se.
DES.BRIZ.NAR *v.t.* Esmigalhar; moer.
DES.BRO.ZAR *v.t.* Capinar.
DES.CA.BE.LLA.DO *adj.* Disparatado.
DES.CA.BE.ZAR *v.t.* e *int.* Descabeçar; decapitar.
DES.CA.LA.BRO *s.m.* Descalabro; infortúnio; desgraça.
DES.CAL.ZAR *v.t.* Descalçar; tirar o calçado. *v.p.* Descalçar-se.
DES.CA.MI.NAR *v.t.* Desencaminhar; corromper.
DES.CAN.SAR *v.int.* Descansar; repousar.
DES.CAN.SO *s.m.* Descanso; repouso.
DES.CAN.TI.LLAR *v.t.* Lascar. *v.p.* Lascar-se.
DES.CA.PI.TA.LI.ZAR *v.t.* Descapitalizar. *v.p.* Descapitalizar-se.
DES.CA.PO.TA.BLE *adj.* e *s.m.* Conversível (automóvel).
DES.CA.RA.DO *adj.* Descarado; sem-vergonha.
DES.CAR.GA *s.f.* Descarga.
DES.CAR.GAR *v.t.* Descarregar; desferir (golpe). *v.int.* Desembocar (rio).
DES.CAR.GO *s.m.* Descarga; desencargo.
DES.CA.RRI.LLA.MIEN.TO *s.m.* Descarrilamento.
DES.CAR.TAR *v.t.* Descartar; eliminar. *v.p.* Descarta-se.
DES.CAS.CA.RAR *v.t.* Descascar.
DES.CEN.DEN.CIA *s.f.* Descendência; linhagem.
DES.CEN.DEN.TE *adj.* Descendente.
DES.CEN.DER *v.ind.* Descender; descer; proceder; originar-se.
DES.CEN.DIEN.TE *adj.* e *s.m.* Descendente; sucessor.
DES.CE.PAR *v.t.* Decepar; extirpar.
DES.CE.RRA.JAR *v.t.* Arrombar.

DES.CI.FRAR v.t. Decifrar; decodificar.
DES.CLA.SI.FI.CAR v.t. Tornar público; tirar de classe ou ordem.
DES.CLA.VAR v.t. Despregar. v.p. Despregar-se.
DES.CO.CO s.m. Indecência.
DES.CO.DI.FI.CAR v.t. Decodificar.
DES.COL.GAR v.t. Dependurar. v.p. Cair.
DES.CO.LO.RAR v.t. Descolorar; desbotar.
DES.CO.LO.RI.DO adj. Descolorido; desbotado.
DES.CO.LLAR v.int. Destacar; sobressair. v.p. Destacar-se.
DES.CO.ME.DIRSE v.p. Descomedir-se.
DES.COM.PO.NER v.t. Descompor; desordenar. v.p. Descompor-se; deteriorar-se.
DES.COM.PUES.TO adj. Descomposto.
DES.CO.MU.NAL adj. Descomunal; desmedido; colossal.
DES.CON.CEN.TRAR v.t Desconcentrar.
DES.CON.CER.TAR v.t. Desconcertar; desajustar; surpreender. v.p. Desconcertar-se.
DES.CON.CIER.TO s.m. Desconcerto; desajuste; perplexidade.
DES.CO.NEC.TAR v.t. Desconectar. v.p. Desconectar-se.
DES.CO.NE.XIÓN s.f. Desconexão.
DES.CON.FIAN.ZA adj. Desconfiança; suspeita.
DES.CON.FIAR v.int. Desconfiar.
DES.CON.GE.LAR v.t. Descongelar. v.p. Descongelar-se.
DES.CO.NO.CER v.t. Desconhecer.
DES.CO.NO.CI.DO adj. e s.m. Desconhecido.
DES.CON.SUE.LO s.m. Desconsolo; angústia.
DES.CON.TA.MI.NAR v.t. Descontaminar; purificar.
DES.CON.TAR v.t. Descontar; deduzir.
DES.CON.TEN.TO adj. e s.m. Descontente.
DES.CON.TROL s.m. Descontrole.
DES.CON.TRO.LAR.SE v.p. Descontrolar-se.
DES.CO.RA.ZO.NAR v.t. Desanimar. v.p. Desanimar-se.
DES.COR.CHA.DOR s.m. Saca-rolhas.
DES.COR.CHAR v.t. Retirar a rolha.

DES.COR.TÉS adj. e s.2g. Descortês.
DES.CO.YUN.TAR v.t. Deslocar; desconjuntar.
DES.CRÉ.DI.TO s.m. Descrédito.
DES.CRE.ER v.t. Descrer; negar.
DES.CRE.Í.DO adj. e s.m. Descrente.
DES.CRE.MAR v.t. Desnatar.
DES.CRI.BIR v.t. Descrever.
DES.CRIP.CIÓN s.f. Descrição.
DES.CRIP.TI.VO adj. Descritivo.
DES.CU.BIER.TO adj. Descoberto.
DES.CU.BRI.MIEN.TO s.m. Descobrimento; descoberta.
DES.CU.BRIR v.t. Descobrir.
DES.CUEN.TO s.m. Desconto.
DES.CUI.DO s.m. Descuido.
DES.DE prep. Desde.
DES.DE.CIR v.t. Desdizer; desmentir. v.p. Desdizer-se.
DES.DÉN s.m. Desdém.
DES.DE.ÑAR v.t. Desdenhar.
DES.DI.CHA s.f. Desdita; desgraça.
DES.DO.BLAR v.t. Desdobrar. v.p. Desdobrar-se.
DE.SE.AR v.t. Desejar.
DE.SE.CAR v.t. Dessecar; secar. v.p. Dessecar-se; secar-se.
DE.SE.CHAR v.t. Descartar; rejeitar.
DE.SE.CHO s.m. Dejeto; resíduo; resto.
DE.SEM.BA.RA.ZAR v.t. Desembaraçar; desocupar. v.p. Desembaraçar-se.
DE.SEM.BA.RA.ZO s.m. Desembaraço; desenvoltura; despejo.
DE.SEM.BAR.CAR v.t., int. e p. Desembarcar.
DE.SEM.BAR.CO s.m. Desembarque.
DE.SEM.BOL.SAR v.t. Desempacotar; desembolsar; pagar.
DE.SEM.BOL.SO s.m. Desembolso; gasto.
DE.SEM.PA.ÑAR v.t. Desembaçar.
DE.SEM.PA.TAR v.t. e int. Desempatar.
DE.SEM.PE.ÑAR v.t. Desempenhar. v.p. Desempenhar-se.
DE.SEM.PLE.O s.m. Desemprego.
DE.SEN.CA.DE.NAR v.t. Desencadear.
DE.SEN.CA.JAR v.t. Desencaixar. v.p. Desfigurar-se.

DE.SEN.CA.LLAR *v.t.* Desencalhar.
DE.SEN.CA.MI.NAR *v.t.* Desencaminhar.
DE.SEN.CAN.TAR *v.t.* Desencantar. *v.p.* Desencantar-se.
DE.SEN.FRE.NAR *v.t.* Desenfrear.
DE.SEN.GA.ÑAR *v.t.* Desenganar. *v.p.* Desenganar-se.
DE.SEN.GA.ÑO *s.m.* Desengano.
DE.SEN.LA.CE *s.m.* Desenlace; desfecho.
DE.SEN.RE.DAR *v.t.* Desenredar. *v.p.* Desenredar-se.
DE.SEN.RO.LLAR *v.t.* Desenrolar. *v.p.* Desenrolar-se.
DE.SEN.TEN.DER.SE *v.p.* Desentender-se.
DE.SEN.TE.RRAR *v.t.* Desenterrar. *v.p.* Desenterrar.
DE.SEN.TRA.ÑAR *v.t.* Desentranhar.
DE.SEN.VAI.NAR *v.t.* Desembainhar (arma branca).
DE.SEN.VOL.TU.RA *s.f.* Desenvoltura.
DE.SEN.VOL.VER *v.t.* Desembrulhar; desempacotar; desenvolver; elaborar. *v.p.* Desenvolver-se.
DES.EN.VUEL.TO *adj.* Desenvolto; desembrulhado.
DE.SE.O *s.m* Desejo; anseio; vontade.
DE.SE.QUI.LI.BRAR *v.t.* Desequilibrar. *v.p.* Desequilibrar-se.
DE.SE.QUI.LI.BRIO *s.m.* Desequilíbrio.
DE.SER.TAR *v.t.* e *int.* Desertar.
DE.SES.PE.RA.CIÓN *s.f.* Desespero.
DE.SES.PE.RAN.ZA *s.f.* Desesperança.
DE.SES.PE.RAR *v.t.* e *int.* Desesperar. *v.p.* Desesperar-se.
DE.SES.TRU.TU.RAR *v.t.* Desestruturar.
DES.FA.CHA.TEZ *s.f.* Desfaçatez.
DES.FAL.CAR *v.t.* Desfalcar.
DES.FA.LLE.CER *v.int.* Desfalecer; desmaiar.
DES.FA.VO.RA.BLE *adj.* Desfavorável.
DES.FI.GU.RAR *v.t.* Desfigurar.
DES.FI.LA.DE.RO *s.m.* Desfiladeiro.
DES.FI.LAR *v.int.* Desfilar.
DES.FI.LE *s.m.* Desfile.
DES.FLO.RAR *v.t.* Desflorar; deflorar.

DES.FO.GAR *v.t.* Desafogar; desabafar. *v.p.* Desafogar-se; desabafar-se.
DES.FO.RES.TA.CIÓN *s.f.* Desflorestamento.
DES.GA.NAR *v.t.* Desanimar; tirar a vontade. *v.p* Desanimar-se.
DES.GA.RRAR *v.t.* Rasgar; despedaçar. *v.t.* Desgarrar-se; afastar-se.
DES.GAS.TAR *v.t.* Desgastar. *v.p.* Desgastar-se; viciar; perverter-se.
DES.GRA.CIA *s.f.* Desgraça.
DES.GRA.CIA.DO *adj.* Desgraçado.
DES.GRA.CIAR *v.t.* Desgraçar; desagradar. *v.p.* Malograr-se.
DES.GRE.ÑAR *v.t.* Desgrenhar; despentear. *v.p.* Despentear-se; descabelar-se.
DES.GUA.CE *s.m.* Desmanche.
DES.GUA.ZAR *v.t.* Desmanchar.
DES.HA.BI.TAR *v.t.* Desabitar.
DES.HA.CER *v.t.* Desfazer; desmanchar; partir; despedaçar. *v.p.* Desfazer-se; afligir-se.
DES.HA.RRA.PA.DO *adj.* Esfarrapado.
DES.HE.CHI.ZAR *v.t.* Desencantar; desenfeitiçar.
DES.HE.LAR *v.t.* Desgelar; descongelar. *v.p.* Degelar-se.
DES.HE.RE.DAR *v.t.* Deserdar.
DES.HE.RRUM.BRAR *v.t.* Desenferrujar.
DES.HI.DRA.TA.CIÓN *s.f.* Desidratação.
DES.HI.DRA.TAR *v.t.* Desidratar. *v.p.* Desidratar-se.
DES.HIE.LO *s.m.* Degelo.
DES.HO.JAR *v.t.* Desfolhar. *v.p.* Desfolhar-se.
DES.HO.JE *s.m.* Desfolhamento.
DES.HO.NES.TO *adj.* e *s.m.* Desonesto.
DES.HO.NOR *s.m.* Desonra.
DES.HO.NO.RAR *v.t.* Desonrar.
DES.HON.RA *s.f.* Desonra.
DES.HO.RA *s.f* Fora de hora.
DES.HUE.SAR *v.t.* Desossar.
DES.HU.MA.NI.ZAR *v.t.* Desumanizar.
DE.SIER.TO *adj.* Deserto.
DE.SIG.NAR *v.t.* Designar.
DE.SI.GUAL *adj.* Desigual.
DE.SI.GUAL.DAD *s.f.* Desigualdade.
DE.SI.LU.SIO.NAR *v.t.* Desiludir. *v.p.* Desiludir-se.

DE.SIN.FEC.TAR *v.t.* Desinfetar.
DE.SIN.TE.RÉS *s.m.* Desinteresse.
DE.SIN.TO.XI.CAR *v.t.* Desintoxicar. *v.p.* Desintoxicar-se.
DE.SIS.TI.MIEN.TO *s.m.* Desistência.
DE.SIS.TIR *v.int.* Desistir; renunciar.
DES.LEAL *adj.* Desleal; infiel.
DES.LI.GAR *v.t.* Desligar; desunir.
DES.LIZ *s.m.* Deslize.
DES.LI.ZAR *v.t.* Deslizar; arrastar. *v.p.* Escorregar-se; fugir.
DES.LUM.BRAR *v.t.* Deslumbrar; encantar. *v.p.* Deslumbrar-se.
DES.MA.DRE *s.m.* Confusão; caos; bagunça.
DES.MÁN *s.m.* Desgraça; infortúnio; desmando.
DES.MA.ÑA.DO *adj.* Desajeitado.
DES.MAN.CHAR *v.t.* Tirar as manchas; afastar. *v.p.* Desgarrar-se.
DES.MA.NO *s.m.* Fora de mão.
DES.MAN.TE.LAR *v.t.* Desmantelar.
DES.MA.YAR *v.t.* e *p.* Desmaiar.
DES.MA.YO *s.m.* Desmaio.
DES.ME.DI.DO *adj.* Desmedido.
DES.MEM.BRAR *v.t.* Desmembrar. *v.p.* Desmembrar-se.
DES.MEN.TIR *v.t.* Desmentir.
DES.ME.NU.ZAR *v.t.* Esmiuçar; esmigalhar. *v.p.* Esmigalhar-se.
DES.ME.RE.CER *v.t.* e *int.* Desmerecer; desacreditar.
DES.MON.TAR *v.t.* Desmontar (algo); desarmar; apear. *v.p.* Desmontar-se.
DES.MO.RA.LI.ZA.CIÓN *s.f.* Desmoralização.
DES.MO.RA.LI.ZAR *v.t.* Desmoralizar. *v.p.* Desmoralizar-se.
DES.MO.RO.NAR *v.t.* Desmoronar.
DES.NI.VEL *s.m.* Desnível.
DES.NU.DAR *v.t.* Desnudar.
DES.NU.DO *adj.* Desnudo; nu.
DES.NU.TRI.CIÓN *s.f.* Desnutrição.
DE.SO.BE.DE.CER *v.t.* Desobedecer.
DE.SO.BE.DIEN.CIA *s.f.* Desobediência.
DE.SO.CU.PA.CIÓN *s.f.* Desocupação.

DE.SO.CU.PAR *v.t.* Desocupar. *v.p.* Desocupar-se.
DE.SO.ÍR *v.t.* Desprezar.
DE.SO.LA.CIÓN *s.f.* Desolação.
DE.SO.LAR *v.t.* Assolar; destruir; desolar. *v.p.* Desolar-se; afligir-se.
DE.SOR.DEN *s.f.* Desordem; bagunça; confusão.
DE.SOR.DE.NAR *v.t.* Desordenar; bagunçar.
DE.SOR.GA.NI.ZAR *v.t.* Desorganizar.
DE.SO.RIEN.TAR *v.t.* Desorientar.
DE.SO.VAR *v.t.* Desovar.
DES.PA.CIO *adv.* Devagar.
DES.PA.CHAR *v.t.* Despachar; concluir; remeter; enviar.
DES.PA.CHO *s.m.* Despacho; expediente; escritório.
DES.PA.RE.JAR *v.t.* Descasar. *v.p.* Descasar-se.
DES.PAR.PA.JO *s.m.* Desembaraço; desenvoltura.
DES.PA.RRA.MAR *v.t.* Esparramar; espalhar.
DES.PA.VO.RI.DO *adj.* Espavorido; apavorado.
DES.PE.CHO *s.m.* Despeito.
DES.PE.DA.ZAR *v.t.* Despedaçar. *v.p.* Despedaçar-se.
DES.PE.DI.DA *s.f.* Despedida; partida; adeus.
DES.PE.DIR *v.t.* Despedir; soltar; lançar. *v.p.* Despedir-se.
DES.PE.GAR *v.t.* Descolar; desgrudar. *v.p.* Descolar-se.
DES.PEI.NAR *v.t.* Despentear; desgrenhar. *v.p.* Despentear-se.
DES.PE.JAR *v.t.* Desocupar; liberar. *v.p.* Abrir (nuvens).
DES.PE.LO.TAR.SE *v.p.* Despir-se.
DES.PEN.SA *s.f.* Despensa.
DES.PE.ÑA.DE.RO *s.m.* Despenhadeiro; precipício.
DES.PE.ÑAR *v.t.* Despencar. *v.p.* Despencar; entregar-se (paixão).
DES.PER.DI.CIAR *v.t.* Desperdiçar.
DES.PER.DI.CIO *s.m.* Desperdício.
DES.PER.DI.GAR *v.t.* Dispersar; espalhar. *v.p.* Dispersar-se.

DES.PE.RE.ZAR.SE *v.t.* Espreguiçar. *v.p.* Espreguiçar-se.
DES.PER.FEC.TO *adj.* Defeito; falha.
DES.PER.TAR *v.t.* e *int.* Despertar; acordar. *v.p.* Despertar-se; mover-se.
DES.PI.DO *s.m.* Demissão; exoneração.
DES.PIER.TO *adj.* Desperto; esperto.
DES.PIS.TAR *v.t.* Despistar; disfarçar. *v.p.* Distrair-se.
DES.PLA.CER *v.t.* Desprazer. *s.m.* Desprazer.
DES.PLA.ZAR *v.t.* Deslocar. *v.p.* Deslocar-se.
DES.PLE.GAR *v.t.* Desdobrar; aplicar. *v.p.* Desdobrar-se.
DES.PLO.MAR *v.t.* Desabar. *v.p.* Arruinar-se.
DES.PLO.ME *s.m.* Desabamento.
DES.PO.BLA.CIÓN *s.f.* Despovoamento.
DES.PO.BLAR *v.t.* Despovoar. *v.p.* Despovoar-se.
DES.PO.JAR *v.t.* Despojar. *v.p.* Despojar-se.
DES.PO.JO *s.m.* Despojo.
DES.POR.TI.LLAR *v.t.* Lascar; rachar. *v.p.* Lascar-se.
DES.PO.SAR *v.t.* Desposar; casar. *v.p.* Desposar-se; casar-se.
DES.PO.SE.ER *v.t.* Despojar. *v.p.* Despojar-se.
DES.PO.SE.Í.DO *adj.* Despojado; despossuído.
DÉS.PO.TA *adj.* e *s.2g.* Déspota.
DES.PRE.CIAR *v.t.* Desprezar.
DES.PRE.CIO *s.m.* Desprezo.
DES.PREN.DI.MIEN.TO *s.m.* Desprendimento.
DES.PREO.CU.PAR.SE *v.p.* Despreocupar-se.
DES.PRES.TI.GIAR *v.t.* Desprestigiar. *v.p.* Desprestigiar-se.
DES.PRES.TI.GIO *s.m.* Desprestígio.
DES.PUÉS *adv.* Depois; após.
DES.PUN.TAR *v.t.* e *int.* Despontar. *v.p.* Despontar-se.
DES.QUI.TAR *v.t.* Desforrar; vingar; descontar. *v.p.* Desforrar-se; vingar-se.
DES.QUI.TE *s.m.* Desforra; vingança.
DES.TA.CAR *v.t.* Destacar. *v.p.* Destacar-se.
DES.TA.PAR *v.t.* Destampar; descobrir. *v.p.* Descobrir-se.
DES.TE.LLAR *v.t.* Lampejar; faiscar.
DES.TE.LLO *s.m.* Faísca; brilho; lampejo.
DES.TE.LLAR *v.t.* Faiscar; cintilar.
DES.TE.RRAR *v.t.* Desterrar; exilar. *v.p.* Desterrar-se.
DES.TE.TAR *v.t.* Desmamar.
DES.TE.TE *s.m.* Desmama.
DES.TI.LAR *v.int.* Destilar; alambicar; filtrar.
DES.TI.NAR *v.t.* Destinar; designar.
DES.TI.NA.TA.RIO *s.m.* Destinatário.
DES.TI.NO *s.m.* Destino; sorte.
DES.TI.TUIR *v.t.* Destituir.
DES.TRE.ZA *s.f.* Destreza; habilidade.
DES.TRO.ZAR *v.t.* Destroçar; despedaçar; quebrar.
DES.TRO.ZO *s.m.* Destroço; ruína.
DES.TRUIR *v.t.* Destruir.
DE.SU.NIR *v.t.* Desunir; separar. *v.p.* Desunir-se.
DE.SU.SO *s.m.* Desuso.
DES.VA.ÍR *v.t.* Esvair. *v.p.* Esvair-se.
DES.VA.LI.DO *adj.* Desvalido; desamparado.
DES.VA.LO.RI.ZA.CIÓN *s.f.* Desvalorização.
DES.VA.LO.RI.ZAR *v.t.* Desvalorizar. *v.p.* Desvalorizar-se.
DES.VA.NE.CER *v.t.* Desvanecer; dissipar.
DES.VA.RIAR *v.int.* Desvairar; desatinar.
DES.VA.RÍO *v.t.* Desvario; delírio; desatino.
DES.VE.LO *s.m.* Desvelo; dedicação.
DES.VEN.TA.JA *s.f.* Desvantagem.
DES.VEN.TU.RA *s.f.* Desventura; fatalidade; infelicidade.
DES.VIAR *v.t.* Desviar. *v.p.* Desviar-se.
DES.VIR.TU.AR *v.t.* Desvirtuar; deteriorar. *v.p.* Desvirtuar-se.
DE.TA.LLAR *v.t.* Detalhar; pormenorizar.
DE.TA.LLE *s.m.* Detalhe.
DE.TEC.TAR *v.t.* Detectar.
DE.TEC.TI.VE *s.m.* Detetive.
DE.TEN.CIÓN *s.f.* Detenção.
DE.TE.NER *v.t.* Deter; retardar; prender; reter. *v.p.* Deter-se; parar.
DE.TE.NI.DO *adj.* Detalhado. *s.m.* Detido; preso.
DE.TE.NI.MIEN.TO *s.m.* Detalhamento.
DE.TE.RIO.RAR *v.t.* Deteriorar. *v.p.* Deteriorar-se.
DE.TER.MI.NA.CIÓN *s.f.* Determinação.
DE.TER.MI.NA.DO *adj.* Determinado.

DE.TER.MI.NAR *v.t.* Determinar; decidir.
DE.TES.TA.BLE *adj.* Detestável.
DE.TES.TAR *v.t.* Detestar.
DE.TO.NA.CIÓN *s.f.* Detonação.
DE.TRÁS *adv.* Detrás; atrás.
DE.TRI.MEN.TO *s.m.* Detrimento; prejuízo; dano.
DE.TRI.TO *s.m.* Detrito; dejeto.
DEU.DA *s.f.* Dívida; débito.
DEU.DOR *adj.* e *s.m.* Devedor.
DE.VA.LUAR *v.t.* Desvalorizar.
DE.VA.NEO *s.m.* Devaneio.
DE.VAS.TA.CIÓN *s.f.* Devastação.
DE.VAS.TAR *v.t.* Devastar.
DE.VEN.GAR *v.t.* Ter direito a; merecer.
DE.VO.CIÓN *s.f.* Devoção.
DE.VO.LU.CIÓN *s.f.* Devolução.
DE.VOL.VER *v.t.* Devolver; restituir; corresponder.
DE.VOL.VER.SE *v.p.* Voltar.
DE.VO.RAR *v.t.* Devorar.
DE.VO.TO *adj.* e *s.m.* Devoto; beato.
DE.YEC.CIÓN *s.f.* Dejeção; lava; evacuação; dejeto; excremento.
DÍ.A *s.m.* Dia.
DIA.BE.TES *s.f. Med.* Diabetes.
DIA.BLO *s.m.* Diabo; satanás.
DIA.BLU.RA *s.f.* Diabrura; travessura.
DIA.BÓ.LI.CO *adj.* Diabólico.
DI.Á.FA.NO *adj.* Diáfano.
DIA.FRAG.MA *s.m.* Diafragma.
DIAG.NOS.TI.CAR *v.t.* Diagnosticar.
DIA.LEC.TO *s.m.* Dialeto.
DI.Á.LI.SIS *s.f. Quím.* Diálise.
DIA.LO.GAR *v.int.* Dialogar; conversar.
DI.Á.LO.GO *s.m.* Diálogo; conversa.
DIA.MAN.TE *s.m.* Diamante.
DI.Á.ME.TRO *s.m. Geom.* Diâmetro.
DIA.RIO *adj.* e *s.m.* Diário.
DIA.RREA *s.f. Med.* Diarreia.
DI.BU.JAR *v.t.* Desenhar; esboçar; delinear. *v.p.* Desenhar-se.
DI.BU.JO *s.m.* Desenho; esboço.
DIC.CIÓN *s.f.* Dicção.
DIC.CIO.NA.RIO *s.m.* Dicionário.
DI.CIEM.BRE *s.m.* Dezembro.
DIC.TA.DO *s.m.* Ditado.
DIC.TA.DOR *s.m.* Ditador.
DIC.TA.DU.RA *s.f.* Ditadura.
DIC.TAR *v.t.* Ditar; mandar; inspirar.
DI.CHA *s.f.* Dita; sorte; fortuna.
DI.CHO *adj.* e *s.m.* Dito.
DI.DÁC.TI.CA *s.f.* Didática.

DIE.CI.NUE.VE *num.* Dezenove.
DIE.CIO.CHO *num.* Dezoito.
DIE.CI.SÉIS *num.* Dezesseis.
DIE.CI.SIE.TE *num.* Dezessete.
DIEN.TE *s.m.* Dente.
DIES.TRA *s.f.* Mão direita; direita; destra.
DIES.TRO *adj.* Destro; perito; hábil.
DIE.TA *s.f.* Dieta.
DIEZ *num.* Dez.
DIEZ.MAR *v.t.* Dizimar.
DI.FA.MAR *v.t.* Difamar.
DI.FE.REN.CIA *s.f.* Diferença.
DI.FE.REN.CIAR *v.t.* Diferenciar. *v.p.* Diferenciar-se.
DI.FE.REN.TE *adj.* Diferente.
DI.FE.RIR *v.t.* Diferir; adiar.
DI.FÍ.CIL *adj.* Difícil; complicado.
DI.FI.CUL.TAD *s.f.* Dificuldade.
DI.FUN.DIR *v.t.* Difundir; divulgar; propagar. *v.p.* Difundir-se.
DI.FUN.TO *adj.* e *s.m.* Defunto.
DI.FU.SIÓN *s.f.* Difusão.
DI.FU.SO *adj.* Difuso.
DI.GES.TIÓN *s.f.* Digestão.
DI.GI.TAL *adj.* Digital.
DI.GI.TA.LI.ZAR *v.t.* Digitalizar.
DÍ.GI.TO *adj.* e *s.m.* Dígito.
DIG.NAR.SE *v.p.* Dignar-se.
DIG.NI.DAD *s.f.* Dignidade.
DIG.NI.FI.CAR *v.t.* Dignificar. *v.p.* Dignificar-se.
DIG.NO *adj.* Digno.
DI.LA.CIÓN *s.f.* Dilação; atraso; demora.
DI.LA.PI.DAR *v.t.* Dilapidar.
DI.LA.TAR *v.t.* Dilatar; ampliar; aumentar; retardar. *v.p.* Dilatar-se.
DI.LE.MA *s.m.* Dilema.
DI.LI.GEN.CIA *s.f.* Diligência; presteza; apuro.
DI.LI.GEN.TE *adj.* Diligente; aplicado.
DI.LU.IR *v.t.* Diluir; dissolver. *v.p.* Diluir-se.
DI.LU.VIO *s.m.* Dilúvio.
DI.MEN.SIÓN *s.f.* Dimensão.
DI.MI.NU.CIÓN *s.f.* Diminuição; redução.
DI.MI.NU.TI.VO *adj.* Diminutivo.
DI.MI.NU.TO *adj.* Diminuto.
DI.MI.SIÓN *s.f.* Demissão; renúncia.
DI.MI.TIR *v.t.* e *int.* Demitir; renunciar.
DI.NÁ.MI.CA *s.f.* Dinâmica.
DI.NÁ.MI.CO *adj.* Dinâmico.

DI.NA.MI.TA *s.f.* Dinamite.
DI.NA.MI.TAR *v.t.* Dinamitar.
DI.NAS.TÍ.A *s.f.* Dinastia.
DI.NE.RO *s.m.* Dinheiro.
DI.Ó.CE.SIS *s.f.* Diocese.
DIOS *s.m.* Deus; divindade.
DIO.SA *s.f.* Deusa.
DI.PLO.MA *s.m.* Diploma.
DI.PLO.MA.CIA *s.f.* Diplomacia.
DIP.TON.GO *s.m.* Gram. Ditongo.
DI.QUE *s.m.* Dique.
DI.REC.CIÓN *s.f.* Direção; orientação; diretoria; volante (de automóvel).
DI.REC.TO *adj.* e *adv.* Direto; diretamente. *s.m.* Direto (pugilismo).
DI.REC.TOR *adj.* e *s.m.* Diretor.
DI.RI.GI.BLE *adj.* e *s.m.* Dirigível.
DI.RI.GIR *v.t.* Dirigir; conduzir; orientar; reger; gerenciar. *v.p.* Dirigir-se.
DI.RI.MIR *v.t.* Dirimir.
DIS.CER.NIR *v.t.* Discernir; diferenciar.
DIS.CI.PLI.NA *s.f.* Disciplina; matéria; ordem; doutrina.
DIS.CI.PLI.NAR *v.t.* Disciplinar; orientar; educar.
DIS.CÍ.PU.LO *s.m.* Discípulo.
DIS.CO *s.m.* Disco.
DIS.COR.DAN.CIA *s.f.* Discordância.
DIS.COR.DIA *s.f.* Discórdia; divergência.
DIS.CO.TE.CA *s.f.* Discoteca.
DIS.CRE.CIÓN *s.f.* Discrição.
DIS.CRE.TO *adj.* Discreto.
DIS.CUL.PA *s.f.* Desculpa.
DIS.CUL.PAR *v.t.* Desculpar. *v.p.* Desculpar-se.
DIS.CU.RRIR *v.int.* Discorrer; falar; caminhar; andar. *v.t.* Inventar.
DIS.CUR.SO *s.m.* Discurso, fala.
DIS.CU.SIÓN *s.f.* Discussão; polêmica.
DIS.CU.TIR *v.t.* Discutir; analisar.
DI.SEN.TIR *v.int.* Discordar; divergir.
DI.SE.ÑAR *v.int.* Desenhar.
DI.SE.ÑO *s.m.* Desenho.
DI.SER.TA.CIÓN *s.f.* Dissertação.
DIS.FRAZ *s.m.* Disfarce.

DIS.FRA.ZAR *v.t.* Disfarçar; dissimular. *v.p.* Disfarçar-se.
DIS.FRU.TAR *v.t.* e *int.* Desfrutar; usufruir.
DIS.GRE.GAR *v.t.* Desagregar; separar. *v.p.* Desagregar-se.
DIS.GUS.TAR *v.t.* Desgostar; aborrecer. *v.p.* Desgostar-se; aborrecer-se.
DIS.GUS.TO *s.m.* Desgosto; desprazer.
DI.SI.MU.LAR *v.t.* e *int.* Dissimular; fingir; disfarçar.
DI.SI.PAR *v.t.* Dissipar. *v.p.* Dissipar-se.
DIS.LO.CAR *v.t.* e *p.* Deslocar. *v.int.* Distorcer.
DIS.MI.NUIR *v.t.*, *int.* e *p.* Diminuir.
DI.SO.LU.CIÓN *s.f.* Dissolução.
DI.SO.LU.TO *adj.* Dissoluto.
DI.SOL.VER *v.t.* Dissolver; diluir. *v.p.* Dissolver-se.
DIS.PAR *adj.* Díspar; desigual.
DIS.PA.RAR *v.t.* Disparar; atirar.
DIS.PA.RI.DAD *s.f.* Disparidade.
DIS.PA.RO *s.m.* Disparo.
DIS.PA.RAR *v.t.* Disparar; atirar; lançar. *v.p.* Disparar(-se); precipitar-se.
DIS.PEN.DIO *s.m.* Dispêndio.
DIS.PEN.SAR *v.t.* Dispensar; conceder.
DIS.PER.SAR *v.t.* Dispersar.
DIS.PO.NER *v.t.* e *int.* Dispor. *v.p.* Dispor-se.
DIS.PO.NI.BLE *adj.* Disponível.
DIS.PO.SI.CIÓN *s.f.* Disposição.
DIS.PUES.TO *adj.* Disposto.
DIS.PU.TAR *v.t.* e *p.* Disputar; competir.
DIS.TAN.CIA *s.f.* Distância.
DIS.TAN.TE *adj.* Distante.
DIS.TAR *v.int.* Distar.
DIS.TIN.CIÓN *s.f.* Distinção.
DIS.TIN.GUIR *v.t.* e *int.* Distinguir.
DIS.TIN.TI.VO *s.m.* Distintivo.
DIS.TIN.TO *adj.* Distinto.
DIS.TRAC.CIÓN *s.f.* Distração.
DIS.TRA.ER *v.t.* Distrair.
DIS.TRI.BUIR *v.t.* Distribuir. *v.p.* Distribuir-se.
DIS.TUR.BIO *s.m.* Distúrbio.
DI.SUA.DIR *v.t.* Dissuadir.
DIS.YUN.CIÓN *adj.* Disjunção.
DIS.YUN.TOR *s.m.* Eletr. Disjuntor.

DI.UR.NO *adj.* Diurno.
DI.VA.GAR *v.t.* Vagar (caminhar sem destino); divagar; desconversar.
DI.VÁN *s.m.* Divã; sofá.
DI.VER.GEN.CIA *s.f.* Divergência.
DI.VER.GEN.TE *adj.* Divergente.
DI.VER.SI.DAD *s.f.* Diversidade.
DI.VER.SIÓN *s.f.* Diversão.
DI.VER.SO *adj.* Diverso.
DI.VER.TIR *v.t.* Divertir.
DI.VI.DIR *v.t.* Dividir. *v.p.* Dividir-se.
DI.VI.NI.DAD *s.f.* Divindade.
DI.VI.SAR *v.t.* Divisar; ver; perceber.
DI.VI.SIÓN *s.f.* Divisão; separação; repartição.
DI.VOR.CIAR *v.t.* Divorciar. *v.p.* Divorciar-se.
DI.VOR.CIO *s.m.* Divórcio.
DI.VUL.GAR *v.t.* e *p.* Divulgar.
DO *s.m. Mús.* Dó.
DO.BLA.JE *s.f.* Dublagem.
DO.BLAR *v.t.* Dobrar; duplicar; dublar (cinema e tevê). *v.p.* Dobrar-se.
DO.BLEZ *s.f.* Dobra; falsidade.
DO.CE *num.* Doze.
DO.CE.NA *s.f.* Dúzia.
DO.CEN.TE *adj.* e *s.2g.* Docente.
DÓ.CIL *adj.* Dócil.
DO.CI.LI.DAD *s.f.* Docilidade.
DOC.TOR *s.m.* Doutor.
DOC.TRI.NA *s.f.* Doutrina.
DO.CU.MEN.TA.CIÓN *s.f.* Documentação.
DO.CU.MEN.TO *s.m.* Documento.
DÓ.LAR *s.m.* Dólar.
DO.LEN.CIA *s.f.* Doença; enfermidade.
DO.LER *v.int.* Doer. *v.p.* Doer-se.
DO.LO *s.m.* Dolo; fraude; mentira.
DO.LOR *s.m.* Dor; sofrimento.
DO.MA.DOR *s.m.* Domador.
DO.MAR *v.t.* Domar; domesticar.
DO.ME.ÑAR *v.t.* Dominar; sujeitar.
DO.MES.TI.CA.CIÓN *s.f.* Domesticação.
DO.MES.TI.CAR *v.t.* Domesticar; domar; amansar. *v.p.* Amansar-se.
DO.MÉS.TI.CO *adj.* Doméstico.
DO.MI.CI.LIAR *v.t.* Domiciliar; fixar domicílio.
DO.MI.CI.LIO *s.m.* Domicílio; residência.
DO.MI.NA.CIÓN *s.f.* Dominação.
DO.MI.NAR *v.t.* Dominar; controlar; mandar. *v.p.* Dominar-se; conter-se.
DO.MIN.GO *s.m.* Domingo.
DO.MI.NI.CAL *adj.* Dominical.
DO.MI.NIO *s.m.* Domínio; dominação.
DON *s.m.* Dom; dádiva.
DO.ÑA *s.f.* Dona; senhora.
DO.NA.CIÓN *s.f.* Doação; donativo.
DO.NAR *v.t.* Doar, presentear.
DON.CE.LLA *s.f.* Donzela.
DON.DE *adv. rel. lugar* Onde; em que lugar
DÓN.DE *adv. interr.* Onde; aonde; de onde.
DON.DE.QUIE.RA *adv.* Onde quer que; em algum lugar; em qualquer lugar.
DO.RA.DO *adj.* Dourado. *s.m. Zool.* Dourado (peixe).
DO.RAR *v.t.* Dourar.
DOR.MIR *v.int.* Dormir.
DOR.MI.TAR *v.int.* Dormitar; cochilar; repousar.
DOR.MI.TO.RIO *s.m.* Dormitório.
DOR.SAL *adj.* Dorsal.
DOR.SO *s.m. Anat.* Dorso; costas.
DOS *num.* Dois.
DO.SI.FI.CAR *v.t.* Dosificar; dosar.
DO.SIS *s.f.* Dose (porção, quantidade).
DO.TA.CIÓN *s.f.* Dotação.
DO.TAR *v.t.* Dotar.
DO.TE *s.m.* Dote.
DRA.GAR *v.t.* Dragar.
DRA.GÓN *s.m.* Dragão.
DRA.MA *s.m.* Drama.
DRA.MÁ.TI.CO *adj.* Dramático.
DRA.MA.TI.ZAR *v.t.* Dramatizar.
DRE.NA.JE *s.f.* Drenagem.
DRI.BLAR *v.t.* e *int.* Driblar.
DRO.GA *s.f.* Droga.
DRO.GAR *v.t.* Drogar. *v.p.* Drogar-se.
DUA.LI.DAD *s.f.* Dualidade.
DU.CHA *s.f.* Ducha; chuveirada; banho; boxe (de banheiro).
DU.CHAR *v.t.* Dar banho.
DU.CHARSE *v.p.* Tomar banho.

DU.CHO *adj.* Douto; hábil.
DU.DA *s.f.* Dúvida.
DU.DAR *v.t.* e *int.* Duvidar.
DUE.LO *s.m.* Duelo; pesar; pêsames; sofrimento; dor.
DUE.NDE *s.m.* Duende.
DUE.ÑO *s.m.* Dono; senhor.
DUL.CE *adj.* Doce.
DUL.CI.FI.CAR *v.t.* Adoçar. *v.p.* Adoçar-se.
DUL.ZU.RA *s.f.* Doçura; suavidade; meiguice.
DÚ.O *s.m. Mús.* Duo; dueto.
DU.PLI.CAR *v.t.* Duplicar; dobrar; replicar.
DU.PLI.CI.DAD *s.f.* Duplicidade.

DU.PLO *adj.* Duplo.
DU.QUE *s.m.* Duque.
DU.RA.BI.LI.DAD *s.f.* Durabilidade.
DU.RA.CIÓN *s.f.* Duração.
DU.RA.DE.RO *adj.* Duradouro.
DU.RAN.TE *prep.* Durante. *conj.* Enquanto.
DU.RAR *v.int.* Durar.
DU.RAZ.NO *s.m. Bot.* Pêssego.
DU.RE.ZA *s.f.* Dureza.
DUR.MIEN.TE *adj.* e *s.2g.* Dormente; adormecido. *s.m.* Dormente (linha férrea).
DU.RO *adj.* Duro; firme; áspero.

E

E *s.m.* Sexta letra do alfabeto espanhol.
¡EA! *interj* Upa! Eia!
E.BA.NIS.TA *s.m.* Marceneiro.
É.BA.NO *s.m. Bot.* Ébano.
E.BRIO *adj.* Ébrio; embriagado.
E.BU.LLI.CIÓN *s.f.* Ebulição.
E.CHAR.PE *s.m.* Echarpe; xale.
E.CLÉC.TI.CO *adj.* Eclético.
E.CLE.SIÁS.TI.CO *adj.* Eclesiástico.
E.CLIP.SAR *v.t.* Eclipsar.
E.CLIP.SE *s.m.* Eclipse.
E.CO *s.m.* Eco.
E.CO.LO.GÍ.A *s.f.* Ecologia.
E.CO.NO.MÍ.A *s.f.* Economia.
E.CO.NO.MI.ZAR *v.t.* e *int.* Economizar; poupar.
E.CUA.CIÓN *s.f.* Equação.
E.CUA.DOR *s.m. Geog.* Equador.
E.CUÁ.NI.ME *adj.* Equânime.
E.CHAR *v.t.* Lançar; jogar.
E.DAD *s.f.* Idade.
E.DE.MA *s.m. Med.* Edema.
E.DÉN *s.m.* Éden.
E.DI.CIÓN *s.f.* Edição.
E.DI.FI.CA.CIÓN *s.f.* Edificação.
E.DI.FI.CAR *v.t.* Edificar; *fig.* Erguer.
E.DI.FI.CIO *s.m.* Edifício.
E.DIL *s.m.* Vereador.
E.DI.TAR *v.t.* Editar.
E.DI.TOR *s.m.* Editor.
E.DI.TO.RIAL *adj.* Editorial.
E.DU.CA.CIÓN *s.f.* Educação.
E.DU.CA.DOR *s.m.* Educador.
E.DU.CAR *v.t.* Educar; instruir.
E.FEC.TI.VO *adj.* Efetivo; eficiente.
E.FEC.TO *s.m.* Efeito.
E.FEC.TUAR *v.t.* Efetuar; realizar.
E.FE.MÉ.RI.DE *s.f.* Efeméride.
E.FER.VES.CEN.CIA *s.f.* Efervescência.
E.FI.CA.CIA *s.f.* Eficácia.
E.FI.CAZ *adj.* Eficaz.
E.FI.CIEN.TE *adj.* Eficiente.
E.FI.GIE *s.f.* Efígie.
E.FÍ.ME.RO *adj.* Efêmero.
E.FLU.VIO *s.m.* Eflúvio.
E.GO.CÉN.TRI.CO *adj.* e *s.m.* Egocêntrico.
E.GO.ÍS.MO *s.m.* Egoísmo.
E.GO.ÍS.TA *adj. s.2g.* Egoísta.
E.GRE.SO *s.m.* Egresso.
E.JE *s.m.* Eixo.
E.JE.CU.CIÓN *s.f.* Execução.
E.JE.CU.TAR *v.t.* Executar.
E.JE.CU.TI.VO *adj.* Executivo.
E.JE.CU.TOR *adj.* e *s.m.* Executor.
E.JEM.PLAR *adj.* Exemplar.
E.JEM.PLI.FI.CAR *v.t.* Exemplificar.
E.JEM.PLO *s.m.* Exemplo; modelo.
E.JER.CER *v.t.* Exercer.
E.JER.CI.CIO *s.m.* Exercício.
E.JER.CI.TAR *v.t.* Exercitar.
E.JÉR.CI.TO *s.m.* Exército.
EL *art. def. masc.* O.
ÉL *pron. pess.* Ele.
E.LA.BO.RA.CIÓN *s.f.* Elaboração.
E.LA.BO.RAR *v.t.* Elaborar.
E.LAS.TI.CI.DAD *s.f.* Elasticidade.
E.LEC.CIÓN *s.f.* Eleição.
E.LEC.TO *adj.* Eleito.
E.LEC.TOR *adj.* e *s.m.* Eleitor.
E.LEC.TO.RAL *adj.* Eleitoral.
E.LE.TRI.CI.DAD *s.f.* Eletricidade.
E.LÉC.TRI.CO *adj.* Elétrico.
E.LEC.TRI.FI.CA.CIÓN *s.f.* Eletrificação.
E.LEC.TRI.FI.CAR *v.t.* Eletrificar.

E.LEC.TRI.ZAR v.t. Eletrizar.
E.LEC.TRO.DO.MÉS.TI.CO s.m. Eletrodoméstico.
E.LEC.TRÓ.NI.CA s.f. Eletrônica.
E.LE.FAN.TE s.m. Zool. Elefante.
E.LE.GAN.CIA s.f. Elegância.
E.LE.GAN.TE adj. Elegante.
E.LE.GÍA s.f. Elegia.
E.LE.GIR v.t. Eleger.
E.LE.MEN.TAL adj. Elementar.
E.LE.MEN.TO s.m. Elemento.
E.LEN.CO s.m. Elenco.
E.LE.VA.CIÓN s.f. Elevação.
E.LE.VA.DO adj. Elevado; alto.
E.LE.VAR v.t. Elevar, subir.
E.LI.MI.NAR v.t. Eliminar; excluir.
E.LÍP.TI.CO adj. Geom. Elíptico; Gram. Oculto; *sujeito elíptico:* sujeito oculto.
E.LO.CU.CIÓN s.f. Elocução.
E.LO.CUEN.CIA s.f. Eloquência.
E.LO.GIAR v.t. Elogiar.
E.LO.GIO s.m. Elogio.
E.LU.DIR v.t. Iludir.
E.LLA pron. pess. Ela.
E.LLO pron. dem. Isso.
E.MA.NA.CIÓN s.f. Emanação.
E.MA.NAR v.t. Emanar.
E.MAN.CI.PA.CIÓN s.f. Emancipação.
E.MAN.CI.PAR v.t. Emancipar. v.p. Emancipar-se.
EM.BA.JA.DA s.f. Embaixada.
EM.BA.JA.DOR s.m. Embaixador.
EM.BA.LA.JE s.f. Embalagem.
EM.BA.LAR v.t. Embalar; empacotar.
EM.BAL.SA.MAR v.t. Embalsamar.
EM.BA.RA.ZAR v.t. Engravidar. v.p. Ficar grávida.
EM.BA.RA.ZO s.m. Embaraço; gravidez.
EM.BAR.CA.CIÓN s.f. Embarcação.
EM.BAR.CAR v.t. Embarcar. v.p. Embarcar-se.
EM.BAR.CO s.m. Embarque.
EM.BAR.GAR v.t. Embargar; impedir; obstruir; invadir (sentimento).
EM.BAR.QUE s.m. Embarque.
EM.BA.TE s.m. Embate.

EM.BAU.CAR v.t. Enganar; tapear.
EM.BE.BER v.t. Embeber; empapar; impregnar. v.p. Embeber-se; encharcar-se.
EM.BE.LE.SAR v.t. Encantar; enlevar. v.p. Enlevar-se.
EM.BE.LLE.CER v.t. e int. Embelezar; enfeitar.
EM.BE.LLE.CI.MIEN.TO s.m. Embelezamento.
EM.BES.TIR v.t. Investir; atacar.
EM.BLE.MA s.m. Emblema.
EM.BO.CA.DU.RA s.f. Embocadura.
EM.BO.CAR v.t. Embocar; engolir; encestar.
EM.BOL.SAR v.t. Embolsar. v.p. Embolsar-se.
EM.BO.RRA.CHAR v.t. Embebedar; embriagar. v.p. Embebedar-se.
EM.BOS.CA.DA s.f. Emboscada; cilada.
EM.BO.TE.LLA.MIEN.TO s.m. Engarrafamento.
EM.BO.TE.LLAR v.t. Engarrafar. v.p. Engarrafar-se.
EM.BO.ZAR v.t. Embuçar; disfarçar. v.p. Embuçar-se.
EM.BRA.GUE s.f. Embreagem.
EM.BRA.VE.CER v.t. Embravecer; enfurecer. v.p. Embravecer-se.
EM.BRIA.GAR v.t. Embriagar. v.p. Embriagar-se.
EM.BRIA.GUEZ s.f. Embriaguez.
EM.BRIÓN s.m. Embrião.
EM.BRIO.NA.RIO adj. Embrionário.
EM.BRO.LLAR v.t. Embrulhar; complicar. v.p. Embrulhar-se; complicar-se.
EM.BRO.LLO s.m. Embrulhada; complicação.
EM.BRU.JAR v.t. Enfeitiçar.
EM.BRU.TE.CER v.t. Embrutecer. v.p. Embrutecer-se.
EM.BU.CHAR v.t. Encher; embuchar.
EM.BU.DO s.m. Funil.
EM.BUS.TE s.m. Embuste.
EM.BUS.TE.RO s.m. Embusteiro.
EM.BU.TIR v.t. Encher (culinária); embutir; estampar.
E.MER.GEN.CIA s.f. Emergência.
E.MER.GER v.int. Emergir.

E.MI.GRA.CION *s.f.* Emigración.
E.MI.GRAN.TE *adj.* e *s.m.* Emigrante.
E.MI.GRAR *v.int.* Emigrar.
E.MI.NEN.TE *adj.* Eminente; elevado; excelente.
E.MI.SA.RIO *s.m.* Emissário.
E.MI.SIÓN *s.f.* Emissão.
E.MI.SOR *adj.* e *s.m.* Emissor.
E.MI.SO.RA *s.f.* Emissora.
E.MI.TIR *v.t.* Emitir; transmitir.
E.MO.CIÓN *s.f.* Emoção.
E.MO.CIO.NAR *v.t.* Emocionar. *v.p.* Emocionar-se.
EM.PA.CAR *v.t.* Empacotar; fazer as malas.
EM.PA.CHAR *v.t.* Empachar; empanturrar. *v.p.* Empanturrar-se.
EM.PA.LI.DE.CER *v.int.* Empalidecer.
EM.PAL.MAR *v.t.* Juntar; unir. *v.p.* Juntar-se.
EM.PAL.ME *s.m.* Junção; união.
EM.PA.NA.DA *s.f. Cul.* Empanada; confusão.
EM.PA.ÑAR *v.t.* Embaçar. *v.p.* Embaçar-se.
EM.PA.PAR *v.t.* Empapar; ensopar. *v.p.* Empapar-se.
EM.PA.PU.ZAR *v.t.* Empapar; *fam.* empapuçar; empanturrar.
EM.PA.RE.JAR *v.t.* Emparelhar; nivelar; casar; acasalar. *v.p.* Emparelhar-se; casar-se; acasalar-se.
EM.PAS.TAR *v.t.* Empastar; obturar (dente).
EM.PAS.TE *s.m.* Obturação.
EM.PA.TAR *v.t.* e *int.* Empatar.
EM.PA.TE *s.m.* Empate.
EM.PE.CI.NAR *adj.* Obstinar; teimar. *v.p.* Obstinar-se.
EM.PE.DRAR *v.t.* Empedrar; calçar (vias, ruas).
EM.PEI.NE *s.m.* Peito do pé.
EM.PE.LLÓN *s.m.* Empurrão.
EM.PE.ÑAR *v.t.* Empenhar; penhorar. *v.p.* Empenhar-se.
EM.PE.NHO *s.m.* Empenho; penhor.
EM.PEO.RAR *v.t.* Piorar.
EM.PE.QUE.ÑE.CER *v.t.*, *int.* e *p.* Minimizar; diminuir.
EM.PE.RA.DOR *s.m.* Imperador.

EM.PE.RA.TRIZ *s.f.* Imperatriz.
EM.PE.ZAR *v.t.* e *int.* Começar; iniciar; principiar.
EM.PI.NAR *v.t.* Empinar; levantar.
EM.PÍ.RI.CO *adj.* Empírico.
EM.PLEA.DO *adj.* Empregado; funcionário.
EM.PLE.AR *v.t.* Empregar. *v.p.* Empregar-se.
EM.PLEO *s.m.* Emprego; ofício.
EM.PO.BRE.CER *v.t.* e int. Empobrecer. *v.p.* Empobrecer-se.
EM.PON.ZO.ÑAR *v.t.* Envenenar.
EM.PO.TRAR *v.t.* Embutir. *v.p.* Embutir-se.
EM.PO.ZAR *v.t.* Empoçar.
EM.PREN.DE.DOR *adj.* e *s.m.* Empreendedor.
EM.PREN.DER *v.t.* Empreender.
EM.PRE.SA *s.f.* Empresa.
EM.PRE.SA.RIO *s.m.* Empresário.
EM.PU.JAR *v.t.* Empurrar.
EM.PU.JE *s.m.* Estímulo; empuxo; empurrão.
EM.PU.JÓN *s.m.* Empurrão.
EM.PU.ÑAR *v.t.* Empunhar.
E.MU.LA.CIÓN *s.f.* Emulação.
E.MU.LAR *v.t.* Emular.
É.MU.LO *adj.* Êmulo.
E.MUL.SIÓN *s.f. Quím.* Emulsão.
EN *prep.* Em.
E.NA.GUAS *s.f.* Anágua.
E.NA.JE.NAR *v.t.* Alienar.
EN.AL.TE.CER *v.t.* Enaltecer.
E.NA.MO.RA.DO *adj.* e *s.m.* Enamorado; apaixonado.
E.NA.MO.RAR *v.t.* Enamorar; apaixonar. *v.p.* Enamorar-se.
E.NA.NO *s.m.* Anão.
EN.CA.BE.ZAR *v.t.* Encabeçar.
EN.CA.DE.NA.MIEN.TO *s.m.* Encadeamento.
EN.CA.DE.NAR *v.t.* Encadear; acorrentar.
EN.CA.JAR *v.t.* e *int.* Encaixar; ajustar.
EN.CA.JE *s.m.* Encaixe.
EN.CA.JO.NAR *v.t.* Encaixotar.
EN.CA.LLAR *v.t.* e *p.* Encalhar.
EN.CA.LLE.CER *v.t.* Calejar.
EN.CA.MAR *v.t.* e *int.* Acamar. *v.p.* Acamar-se.
EN.CA.MI.NAR *v.t.* Encaminhar; conduzir. *v.p.* Encaminhar-se.

EN.CA.ÑAR v.t. Encanar.
EN.CAN.DI.LAR v.t. Deslumbrar. v.p. Deslumbrar-se.
EN.CAN.TA.DO adj. Encantado.
EN.CAN.TA.MIEN.TO s.m. Encantamento.
EN.CAN.TAR v.t. Encantar.
EN.CAN.TO s.m. Encanto.
EN.CA.PAR v.t. Encapar. v.p. Encapar-se (vestir capa).
EN.CA.RAR v.t. Encarar. v.p. Encarar-se
EN.CAR.CE.LAR v.t. Encarcerar.
EN.CA.RE.CER v.t. Encarecer (preços); elogiar.
EN.CA.RE.CI.MIEN.TO s.m. Encarecimento (preços caros); elogio.
EN.CAR.GAR v.t. Encarregar; recomendar; confiar. v.p. Encarregar-se.
EN.CAR.GO s.m. Encargo; obrigação; encomendar.
EN.CAR.NA.CIÓN s.f. Encarnação.
EN.CAR.NAR v.t., int. e p. Encarnar; personificar.
EN.CAR.NI.ZA.DO adj. Encarniçado.
EN.CAS.QUE.TAR v.t. Encasquetar. v.p. Encasquetar-se.
EN.CAS.TI.LLAR v.t. Encastelar. v.p. Encastelar-se.
EN.CAU.SAR v.t. Autuar; processar.
EN.CAU.ZAR v.t. Canalizar.
EN.CE.FA.LI.TIS s.f. Med. Encefalite.
EN.CÉ.FA.LO s.m. Anat. Encéfalo.
EN.CÉ.FA.LO.PA.TÍA s.f. Med. Encefalopatia.
EN.CE.NA.GAR.SE v.p. Enlamear-se.
EN.CEN.DER v.t. Acender; ligar.
EN.CE.RAR v.t. Encerar.
EN.CE.RRAR v.t. Encerrar; aprisionar.
EN.CHAR.CAR v.t. Encharcar; ensopar. v.p. Encharcar-se.
EN.CHU.FAR v.t. Ligar (na tomada); plugar; conectar.
EN.CHU.FE s.m. Tomada; plugue.
EN.CÍ.A s.f. Anat. Gengiva.
EN.CI.CLO.PE.DIA s.f. Enciclopédia.
EN.CI.MA adv. Em cima.

EN.CIN.TA adj. Grávida.
EN.CLAUS.TRAR v.t. Enclausurar. v.p. Enclausurar-se.
EN.CLA.VAR v.t. Encravar; cravar.
EN.CLÍ.TI.CO adj. Gram. Enclítico.
EN.CO.BAR v.int. e p. Chocar (ovos); incubar.
EN.CO.GER v.t., int. e p. Encolher; contrair.
EN.CO.LE.RI.ZAR v.t. Encolerizar; irar. v.p. Encolerizar-se; irar-se.
EN.CO.MEN.DAR v.t. Encomendar.
EN.CO.MIAR v.t. Elogiar; gabar; enaltecer.
EN.CO.MIEN.DA s.f. Encomenda.
EN.CO.MIO s.m. Elogio.
EN.CO.NAR v.t. Inflamar; infeccionar; fig. irritar. v.p. Inflamar-se.
EN.CO.NO s.m. Rancor; raiva; ódio.
EN.CON.TRA.DO adj. Encontrado; achado.
EN.CON.TRAR v.t. e int. Encontrar; achar. v.p. Encontrar-se; achar-se.
EN.CON.TRÓN s.m. Encontrão; esbarrão; choque.
EN.CO.RA.JAR v.t. Encorajar. v.p. Encorajar-se.
EN.CO.RRA.LAR v.t. Encurralar.
EN.COR.VAR v.t. Encurvar. v.p. Encurvar-se.
EN.CRES.PAR v.t. e p. Encrespar(-se); tornar(-se) crespo; fig. irritar(-se).
EN.CRU.CI.JA.DA s.f. Encruzilhada.
EN.CRU.DE.CER v.t. Encruar. v.p. Encruar-se.
EN.CUA.DER.NA.CIÓN s.f. Encadernação.
EN.CUA.DER.NAR v.t. Encadernar.
EN.CUA.DRAR v.t. Enquadrar; emoldurar. v.p. Enquadrar-se.
EN.CU.BIER.TO adj. Encoberto.
EN.CU.BRIR v.t. Encobrir; acobertar; ocultar. v.p. Encobrir-se.
EN.CUEN.TRO s.m. Encontro; encontrão.
EN.CUES.TA s.f. Pesquisa; enquete.
EN.CUES.TAR v.t. e int. Pesquisar.
EN.CUM.BRAR v.t. Remontar; levantar; fig. Exaltar. v.p. Levantar-se.
EN.CUR.TIR v.t. Curtir (legumes).
EN.DE.BLE adj. Frágil; frouxo.
EN.DE.MIA s.f. Med. Endemia.
EN.DE.MO.NIA.DO adj. Endemoninhado.

EN.DE.RE.ZAR *v.t.* Endireitar; aprumar. *v.p.* Endereçar-se.
EN.DIA.BLA.DO *adj.* Endiabrado.
EN.DO.CRI.NO.LO.GÍ.A *s.f.* Endocrinologia.
EN.DIO.SAR *v.t.* Endeusar. *v.p.* Endeusar-se.
EN.DÓ.GE.NO *adj.* Endógeno.
EN.DO.SAR *v.t.* Endossar (documento).
EN.DOS.CO.PIA *s.f. Med.* Endoscopia.
EN.DUL.ZAR *v.t.* Adoçar. *v.p.* Adoçar-se.
EN.DU.RE.CER *v.t.* Endurecer; tornar cruel. *v.p.* Endurecer-se.
E.NE.MI.GO *adj.* Inimigo.
E.NE.MIS.TAD *s.f.* Inimizade.
E.NER.GÉ.TI.CO *adj.* Energético.
E.NER.GÍ.A *s.f.* Energia; força.
E.NÉR.GI.CO *adj.* Enérgico.
E.NER.GI.ZAR *v.t.* Energizar.
E.NER.GÚ.ME.NO *s.m.* Energúmeno.
E.NE.RO *s.m.* Janeiro.
E.NER.VAR *v.t.* Enervar. *v.p.* Enervar-se.
EN.FA.DAR *v.t.* Enfadar; aborrecer; irritar. *v.p.* Enfadar-se.
EN.FA.DO *s.m.* Enfado.
EN.FAN.GAR *v.t.* Enlamear; sujar. *v.p.* Enlamear-se.
ÉN.FA.SIS *s.f.* Ênfase.
EN.FÁ.TI.CO *adj.* Enfático.
EN.FA.TI.ZAR *v.t.* e *int.* Enfatizar; destacar.
EN.FER.MAR *v.t.* e *int.* Adoecer. *v.p.* Adoecer-se.
EN.FER.ME.DAD *s.f.* Enfermidade.
EN.FER.ME.RÍ.A *s.f.* Enfermaria.
EN.FER.ME.RO *s.m.* Enfermeiro.
EN.FER.MI.ZO *adj.* Doentio.
EN.FER.MO *adj.* Enfermo; doente.
EN.FI.LAR *v.t.* e *int.* Enfileirar; alinhar.
EN.FLA.QUE.CER *v.t.* e *int.* Enfraquecer; debilitar; emagrecer. *v.p.* Enfraquecer-se; debilitar-se.
EN.FO.CAR *v.t.* Enfocar; focar; focalizar.
EN.FREN.TAR *v.t.* Enfrentar; defrontar. *v.p.* Enfrentar-se; defrontar-se.
EN.FREN.TE *adv.* Diante; defronte; em frente.
EN.FRIA.MIEN.TO *s.m.* Esfriamento.
EN.FRIAR *v.t.* Esfriar; resfriar. *v.p.* Resfriar-se.

EN.FU.RE.CER *v.t.* Enfurecer. *v.p.* Enfurecer-se.
EN.FU.RRU.ÑAR.SE *v.p.* Aborrecer-se; irritar-se.
EN.GAN.CHAR *v.t.* Enganchar; engatar. *v.p.* Enganchar-se.
EN.GAN.CHE *s.m.* Engate; *Mil.* recrutamento.
EN.GA.ÑAR *v.t.* Enganar. *v.p.* Enganar-se.
EN.GA.ÑO *s.m.* Engano.
EN.GA.ÑO.SO *adj.* Enganoso.
EN.GA.RRO.TAR *v.t.* Contrair. *v.p.* Contrair-se.
EN.GAR.ZAR *v.t.* Encaixar; encadear; ondular. *v.p.* Encadear-se.
EN.GAS.TAR *v.t.* Engastar.
EN.GEN.DRAR *v.t.* Engendrar; produzir. *v.p.* Engendrar-se.
EN.GEN.DRO *s.m.* Feto; *fig.* pessoa feia.
EN.GLO.BAR *v.t.* Englobar; reunir; juntar.
EN.GOL.FAR *v.t.* Engolfar. *v.p.* Engolfar-se.
EN.GO.MAR *v.t.* Engomar.
EN.GOR.DAR *v.t.* e *int.* Engordar.
EN.GO.RRO *s.m.* Obstáculo; estorvo; empecilho.
EN.GRA.NA.JE *s.f.* Engrenagem.
EN.GRA.NAR *v.t.* e *int.* Engrenar.
EN.GRAN.DE.CER *v.t.* Engrandecer. *v.p.* Engrandecer-se.
EN.GRAN.DE.CI.MIEN.TO *s.m.* Engrandecimento.
EN.GRA.SAR *v.t.* Engraxar; lubrificar; engordurar.
EN.GRA.SE *s.m.* Engraxamento; lubrificação.
EN.GRE.Í.DO *adj.* Vaidoso; convencido.
EN.GRE.ÍR *v.t.* Envaidecer; vangloriar. *v.p.* Envaidecer-se; vangloriar-se.
EN.GRES.CAR *v.t.* Atiçar.
EN.GRO.SAR *v.t.* e *int.* Engrossar.
EN.GRU.DAR *v.t.* Grudar. *v.p.* Grudar-se.
EN.GU.LLIR *v.t. fam.* Devorar.
EN.HA.RI.NAR *v.t.* Enfarinhar. *v.p.* Enfarinhar-se.
EN.HE.BRAR *v.t.* Enfiar (a linha na agulha).
EN.HIES.TO *adj.* Ereto; erguido.
EN.HO.RA.BUE.NA *s.f.* Parabéns; felicitações.

E.NIG.MA *s.m.* Enigma.
EN.JA.BO.NAR *v.t.* Ensaboar.
EN.JAM.BRE *s.m.* Enxame.
EN.JAU.LAR *v.t.* Enjaular; engaiolar.
EN.JO.YAR *v.t.* Adereçar; embelezar. *v.p.* Adereçar-se.
EN.JUA.GAR *v.t.* Enxaguar; bochechar. *v.p.* Enxaguar-se.
EN.JUA.GUE *s.m.* Enxágue.
EN.JU.GAR *v.t.* e *int.* Enxugar; secar. *v.p.* Enxugar-se.
EN.JUI.CIAR *v.t.* Ajuizar.
EN.JU.TO *adj.* Enxuto.
EN.LA.CE *s.m.* Enlace.
EN.LA.ZAR *v.t.* Enlaçar.
EN.LO.QUE.CER *v.t.* e *int.* Enlouquecer. *v.p.* Enlouquecer-se.
EN.LU.TAR *v.t.* Enlutar.
EN.MA.DE.RAR *v.t.* Madeirar.
EN.MA.RA.ÑAR *v.t.* Emaranhar. *v.p.* Emaranhar-se.
EN.MAS.CA.RAR *v.t.* Mascarar. *v.p.* Mascarar-se.
EN.MEN.DAR *v.t.* Emendar; corrigir. *v.p.* Emendar-se.
EN.MIEN.DA *s.f.* Emenda; correção.
EN.MU.DE.CER *v.t.* e *int.* Emudecer.
EN.MU.GRE.CER *v.t.* e *p.* Encardir; sujar.
EN.NE.GRE.CER *v.t.* Enegrecer; escurecer.
EN.NO.BLE.CER *v.t.* Enobrecer. *v.p.* Enobrecer-se.
E.NO.JAR *v.t.* Enraivecer; zangar; aborrecer. *v.p.* Irritar-se; zangar-se.
E.NO.JO *s.m.* Raiva; ira.
EN.OR.GU.LLE.CER *v.t.* Orgulhar. *v.p.* Orgulhar-se.
E.NOR.ME *adj.* Enorme.
E.NOR.MI.DAD *s.f.* Enormidade.
EN.RA.BIAR *v.t.* Encolerizar. *v.p.* Encolerizar-se.
EN.RA.I.ZAR *v.t.* Enraizar. *v.p.* Enraizar-se.
EN.RA.RE.CER *v.t.* e *int.* Rarear(-se). *v.p.* Rarear-se.
EN.RE.DAR *v.t.* Enredar; prender com rede; complicar. *v.int.* Enredar; aprontar. *v.p.* Enredar-se; emaranhar-se.
EN.RE.DO *s.m.* Enredo; complicação; confusão.
EN.RE.JA.DO *s.m.* Grade.
EN.RE.JAR *v.t.* Gradear.
EN.RI.QUE.CER *v.t.* Enriquecer. *v.p.* Enriquecer-se.
EN.RO.JE.CER *v.t.* Avermelhar; enrubescer.
EN.RO.LAR *v.t. Mil.* Alistar. *v.p.* Alistar-se.
EN.RO.LLAR *v.t.* Enrolar. *v.p.* Enrolar-se; confundir-se.
EN.RON.QUE.CER *v.t.* Enrouquecer.
EN.ROS.CAR *v.t.* Enroscar. *v.p.* Enroscar-se.
EN.SA.LA.DA *s.f.* Salada.
EN.SA.LA.DE.RA *s.f.* Saladeira.
EN.SA.LA.DI.LLA *s.f.* Salada russa; maionese.
EN.SAL.ZAR *v.t.* Louvar; enaltecer; elogiar. *v.p.* Elogiar-se.
EN.SAN.CHAR *v.t.* e *int.* Alargar.
EN.SAN.CHE *s.m.* Alargamento.
EN.SAN.GREN.TAR *v.t.* Ensanguentar.
EN.SA.ÑAR *v.t.* Enfurecer; irar; maltratar. *v.p.* Irar-se.
EN.SA.YAR *v.t.* Ensaiar. *v.p.* Preparar-se.
EN.SA.YO *s.m.* Ensaio.
EN.SE.GUI.DA *adv.* Já; logo; imediatamente.
EN.SE.ÑA *s.f.* Insígnia.
EN.SE.NA.DA *s.f.* Enseada; baía.
EN.SE.ÑAN.ZA *s.f.* Ensino; *enseñanza básica:* ensino fundamental.
EN.SE.ÑAR *v.t.* Ensinar; lecionar; instruir; mostrar.
EN.SE.RES *s.m. pl.* Utensílios; mobília.
EN.SI.LLAR *v.t.* Selar (cavalgadura).
EN.SI.MIS.MAR.SE *v.p.* Ensimesmar-se.
EN.SOM.BRE.CER *v.t.* Sombrear; *fig.* entristecer. *v.p.* Escurecer-se; entristecer-se.
EN.SO.PAR *v.t.* Ensopar; empapar. *v.p.* Ensopar-se.
EN.SOR.DE.CER *v.t.* Ensurdecer. *v.p.* Ensurdecer-se.
EN.SU.CIAR *v.t.* Sujar; emporcalhar. *v.p.* Sujar-se; borrar-se.

EN.SUE.ÑO *s.m.* Sonho; fantasia.
EN.TA.BLAR *v.t.* Entabuar; assoalhar; entabular; iniciar. *v.p.* Iniciar-se.
EN.TA.BLI.LLAR *v.t.* Enfaixar; entalar.
EN.TA.LLAR *v.t.* Entalhar; esculpir.
EN.TE *s.m.* Ente; entidade; ser; organismo (empresarial privado ou público).
EN.TEN.DER *v.t.* e *int.* Entender; compreender. *v.p.* Entender-se. *s.m.* Entender; juízo.
EN.TEN.DI.MIEN.TO *s.m.* Entendimento.
EN.TE.RAR *v.t.* Inteirar; avisar; informar. *v.p.* Inteirar-se; informar-se.
EN.TE.RE.ZA *s.f.* Integridade.
EN.TER.NE.CER *v.t.* Enternecer. *v.p.* Enternecer-se.
EN.TE.RO *adj.* Inteiro; integral; completo; íntegro.
EN.TE.RRAR *v.t.* Enterrar; sepultar. *v.p.* Enterrar-se.
EN.TI.DAD *s.f.* Entidade; organização.
EN.TIE.RRO *s.m.* Enterro.
EN.TO.NA.CIÓN *s.f.* Entonação.
EN.TO.NAR *v.t.* Entoar; cantar.
EN.TON.CES *adv.* Então.
EN.TON.TE.CER *v.t.* Entontecer.
EN.TOR.NAR *v.t.* Encostar (porta; janela).
EN.TOR.NO *s.m.* Ambiente.
EN.TOR.PE.CER *v.t.* Entorpecer; obstruir. *v.p.* Entorpecer-se.
EN.TOR.PE.CI.MIEN.TO *s.m.* Entorpecimento.
EN.TRA.DA *s.f.* Entrada; acesso.
EN.TRAM.BOS *adj. pl.* Ambos.
EN.TRA.ÑA *s.f.* Entranha.
EN.TRA.ÑAR *v.t.* Entranhar. *v.p.* Entranhar-se.
EN.TRAR *v.int.* e *p.* Entrar.
EN.TRE *prep.* Entre.
EN.TREA.BRIR *v.t.* Entreabrir.
EN.TRE.CE.RRAR *v.t.* Entrefechar; semicerrar.
EN.TRE.CHO.CAR *v.int.* e *p.* Entrechocar(-se).
EN.TRE.COR.TAR *v.t.* Entrecortar. *v.p.* Entrecortar-se.
EN.TRE.COT *s.m.* Entrecosto.

EN.TRE.CRU.ZAR *v.t.* Entrecruzar; cruzar. *v.p.* Entrecruzar-se.
EN.TRE.GA *s.f.* Entrega.
EN.TRE.GAR *v.t.* Entregar. *v.p.* Entregar-se.
EN.TRE.LA.ZAR *v.t.* Entrelaçar. *v.p.* Entrelaçar-se.
EN.TRE.LÍ.NEA *s.f.* Entrelinha.
EN.TRE.LU.CIR *v.t.* Entreluzir.
EN.TRE.ME.DIO *adv.* Em meio.
EN.TRE.NAR *v.t.* Treinar. *v.p.* Treinar-se.
EN.TRE.SUE.LO *s.m.* Sobreloja.
EN.TRE.TAN.TO *adv.* Enquanto. *s.m.* Entrementes.
EN.TRE.TE.JER *v.t.* Tecer; tramar; intercalar.
EN.TRE.TE.NER *v.t.* Entreter. *v.p.* Entreter-se.
EN.TRE.TE.NI.MIEN.TO *s.m.* Entretenimento.
EN.TRE.TIEM.PO *s.m.* Meia-estação.
EN.TRE.VER *v.t.* Entrever.
EN.TRE.VIS.TA *s.f.* Entrevista.
EN.TRE.VIS.TAR *v.t.* Entrevistar. *v.p.* Reunir-se.
EN.TRIS.TE.CER *v.t.* Entristecer; afligir. *v.p.* Entristecer-se.
EN.TRIS.TE.CI.MIEN.TO *s.m.* Entristecimento.
EN.TRO.ME.TER.SE *v.p.* Intrometer-se.
EN.TRO.ME.TI.DO *adj.* Intrometido.
EN.TRON.CAR *v.t.* e *int.* Entroncar. *v.p.* Entroncar-se.
EN.TRON.QUE *s.m.* Entroncamento.
EN.TU.BAR *v.t.* Encanar; *Med.* entubar.
EN.TUER.TO *s.m.* Agravo.
EN.TU.ME.CER.SE *v.p.* Entorpecer-se; paralisar-se.
EN.TU.ME.CI.MIEN.TO *s.m.* Entorpecimento.
EN.TUR.BIAR *v.t.* Turvar. *v.p.* Turvar-se.
EN.TU.SIAS.MAR *v.t.* Entusiasmar. *v.p.* Entusiasmar-se.
EN.TU.SIAS.MO *s.m.* Entusiasmo.
EN.TU.SIAS.TA *adj.* e *s.2g.* Entusiasta.
E.NU.ME.RA.CIÓN *s.f.* Enumeração.
E.NU.ME.RAR *v.t.* Enumerar.
E.NUN.CIA.CIÓN *s.f.* Enunciação.

E.NUN.CIA.DO *s.m.* Enunciado.

E.NUN.CIAR *v.t.* Enunciar; declarar; manifestar.

EN.VA.NE.CER *v.t.* Envaidecer. *v.p.* Envaidecer-se.

EN.VA.SAR *v.t.* Embalar.

EN.VA.SE *s.m.* Embalagem; vasilha.

EN.VE.JE.CER *v.t., int.* e *p.* Envelhecer.

EN.VE.JE.CI.MIEN.TO *s.m.* Envelhecimento.

EN.VE.NE.NAR *v.t.* Envenenar. *v.p.* Envenenar-se.

EN.VER.GA.DU.RA *s.f.* Envergadura.

EN.VÉS *s.m.* Invés; avesso.

EN.VIAR *v.t.* Enviar; mandar; expedir.

EN.VI.DIA *s.f.* Inveja.

EN.VI.DIA.BLE *adj.* Invejável.

EN.VI.DIAR *v.t.* Invejar.

EN.VI.DIO.SO *adj.* Invejoso.

EN.VI.LE.CER *v.t.* Envilecer. *v.p.* Envilecer-se.

EN.VIU.DAR *v.int.* Enviuvar.

EN.VOL.TO.RIO *s.m.* Embrulho; envoltório.

EN.VOL.VER *v.t.* Envolver; cercar; rodear. *v.p.* Envolver-se.

EN.YE.SAR *v.t.* Engessar.

EN.ZAR.ZAR *v.t.* Envolver. *v.p.* Envolver-se.

EN.ZI.MA *s.m. Biol.* Enzima.

E.PI.CEN.TRO *s.m. Geol.* Epicentro.

É.PI.CO *adj.* Épico.

E.PI.DE.MIA *s.f. Med.* Epidemia.

E.PI.DER.MIS *s.f. Anat.* Epiderme.

E.PÍ.GRA.FE *s.f.* Epígrafe.

E.PI.LEP.SIA *s.f. Med.* Epilepsia.

E.PÍ.LO.GO *s.m.* Epílogo.

E.PIS.CO.PAL *adj.* Episcopal.

E.PI.SO.DIO *s.m.* Episódio.

E.PIS.TE.MO.LO.GÍA *s.f. Fil.* Epistemologia.

E.PIS.TO.LAR *adj.* Epistolar.

E.PI.TÁ.FIO *s.m.* Epitáfio.

E.PÍ.TE.TO *s.m.* Epíteto.

E.PO.CA *s.f.* Época.

E.PO.PE.YA *s.f.* Epopeia.

E.QUI.DAD *s.f.* Equidade.

E.QUI.DIS.TAN.TE *adj.* Equidistante.

E.QUI.LÁ.TE.RO *adj.* Equilátero.

E.QUI.LI.BRAR *v.t.* Equilibrar.

E.QUI.LÍ.BRIO *s.m.* Equilíbrio.

E.QUI.NO *adj.* Equino.

E.QUI.NOC.CIO *s.m. Geogr.* Equinócio.

E.QUI.PA.JE *s.f.* Bagagem.

E.QUI.PA.MIEN.TO *s.m.* Equipamento.

E.QUI.PAR *v.t.* Equipar. *v.p.* Equipar-se.

E.QUI.PA.RAR *v.t.* Equiparar; igualar.

E.QUI.PO *s.m.* Equipamento; equipe.

E.QUI.TA.CIÓN *s.f.* Equitação.

E.QUI.TA.TI.VO *adj.* Equitativo.

E.QUI.VA.LEN.CIA *s.f.* Equivalência.

E.QUI.VA.LEN.TE *adj.* e *s.m.* Equivalente.

E.QUI.VA.LER *v.int.* Equivaler.

E.QUI.VO.CA.CIÓN *s.f.* Equívoco; engano.

E.QUI.VO.CAR *v.t.* Equivocar; confundir. *v.p.* Equivocar-se.

E.QUÍ.VO.CO *adj.* Equívoco. *s.m.* Equívoco; erro; engano.

E.RA *s.f.* Era; *era cristiana:* era cristã.

E.RA.RIO *s.m.* Erário.

E.REC.CIÓN *s.f.* Ereção.

E.RÉC.TIL *adj.* Erétil.

E.REC.TO *adj.* Ereto.

ER.GUIR *v.t.* Erguer; levantar. *v.p.* Erguer-se.

E.RI.GIR *v.t.* Erigir; erguer; criar; fundar. *v.p.* Erigir-se.

E.RI.ZAR *v.t.* Eriçar; arrepiar. *v.p.* Eriçar-se.

E.RI.ZO *s.m. Zool.* Ouriço.

ER.MI.TA.ÑO *s.m.* Ermitão.

E.RÓ.GE.NO *adj.* Erógeno.

E.RO.SIÓN *s.f.* Erosión.

E.RO.TI.CO *adj.* Erótico.

E.RO.TIS.MO *s.m.* Erotismo.

E.RRA.BUN.DO *adj.* Errante; andarilho.

E.RRA.DI.CA.CIÓN *s.f.* Erradicação.

E.RRA.DI.CAR *v.t.* Erradicar.

E.RRAN.TE *adj.* e *s.2g.* Errante, vagabundo.

E.RRAR *v.t.* e *int.* Errar; pecar; falhar; vagar; vaguear.

E.RRA.TA *s.f.* Errata.

E.RRÓ.NEO *adj.* Errôneo.

E.RROR *s.m.* Erro.

E.RU.BES.CEN.CIA *s.f.* Erubescimento; rubor.

E.RUC.TAR *v.int.* Arrotar; eructar.

E.RUC.TO *s.m.* Arroto.
E.RU.DI.CIÓN *s.f.* Erudição.
E.RU.DI.TO *adj.* e *s.m.* Erudito.
E.RUP.CIÓN *s.f.* Erupção.
ES.BEL.TO *adj.* Esbelto.
ES.BO.ZAR *v.t.* Esboçar.
ES.BO.ZO *s.m.* Esboço.
ES.CA.BRO.SO *adj.* Escabroso.
ES.CA.BU.LLIR.SE *v.p.* Escapulir-se; fugir; escapar.
ES.CA.LA *s.f.* Escada; escala.
ES.CA.LA.DA *s.f.* Escalada.
ES.CA.LAR *v.t.* Escalar; subir.
ES.CAL.DAR *v.t.* Escaldar. *v.p.* Escaldar-se.
ES.CA.LE.RA *s.f.* Escada.
ES.CA.LI.NA.TA *s.f.* Escadaria.
ES.CA.LO.FRÍ.O *s.m.* Calafrio.
ES.CA.LÓN *s.m.* Degrau.
ES.CA.LO.NAR *v.t.* Escalonar; graduar.
ES.CA.MA *s.f.* Escama.
ES.CA.MAR *v.t.* Escamar. *v.p.* Escamar-se; *fig.* desconfiar.
ES.CA.MO.SO *adj.* Escamoso.
ES.CA.MO.TEAR *v.t.* Escamotear; furtar.
ES.CA.MO.TEO *s.m.* Escamoteio; furto.
ES.CAN.DA.LE.RA *s.f.* Algazarra; gritaria.
ES.CAN.DA.LI.ZAR *v.t.* Escandalizar. *v.p.* Escandalizar-se.
ES.CÁN.DA.LO *s.m.* Escândalo.
ES.CA.PA.DA *s.f.* Escapada; debandada.
ES.CA.PAR *v.int.* Escapar; fugir. *v.p.* Escapar-se; salvar-se; safar-se.
ES.CA.PE *s.m.* Fuga; escapamento (veículo a motor).
ES.CÁ.PU.LA *s.f. Anat.* Escápula (omoplata).
ES.CA.RA.BA.JO *s.m. Zool.* Escaravelho; besouro.
ES.CA.RA.MU.ZA *s.f.* Escaramuça; conflito; contenda.
ES.CAR.BAR *v.t.* e *int.* Esgaravatar.
ES.CAR.CEO *s.m.* Tentativa; aventura.
ES.CAR.LA.TA *adj.* e *s.f.* Escarlate.
ES.CAR.LA.TI.NA *s.f. Med.* Escarlatina.
ES.CAR.MEN.TAR *v.t.* Repreender com castigo; punir. *v.p.* Corrigir-se.
ES.CAR.NE.CER *v.t.* Escarnecer; zombar; troçar.
ES.CAR.NIO *s.m.* Escárnio; zombaria.
ES.CA.SE.AR *v.int.* Escassear; rarear.
ES.CA.SEZ *s.f.* Escassez; carência; falta; necessidade.
ES.CA.SO *adj.* Escasso.
ES.CA.TI.MAR *v.t.* Economizar; poupar.
ES.CE.NA *s.f.* Cena; *fig.* cenário (ambiente).
ES.CE.NA.RIO *s.m.* Cenário; palco.
ES.CE.NO.GRA.FÍ.A *s.f.* Cenografia.
ES.CEP.TI.CIS.MO *s.m. Fil.* Ceticismo.
ES.CÉP.TI.CO *adj.* e *s.m.* Céptico.
ES.CIN.DIR *v.t.* Cindir; separar. *v.p.* Cindir-se.
ES.CI.SIÓN *s.f.* Cisão; separação; rompimento.
ES.CLA.RE.CER *v.t.* Esclarecer; clarear. *v.p.* Clarear-se.
ES.CLA.VIS.MO *s.m.* Escravismo.
ES.CLA.VI.TUD *s.f.* Escravidão.
ES.CLA.VI.ZAR *v.t.* Escravizar; dominar.
ES.CLA.VO *adj.* e *s.m.* Escravo.
ES.CLE.RO.SIS *s.f. Med.* Esclerose.
ES.CLU.SA *s.f.* Eclusa.
ES.CO.BA *s.f.* Vassoura; escova.
ES.CO.BI.LLA *s.f.* Escovinha.
ES.CO.BI.LLÓN *s.m.* Escovão.
ES.CO.CER *v.int.* e *p.* Arder; magoar(-se) (sentimentos).
ES.CO.CÉS *adj.* e *s.m.* Escocês.
ES.CO.FI.NA *s.f.* Lima.
ES.CO.GER *v.t.* Escolher; optar.
ES.CO.LAR *adj.* e *s.2g.* Escolar.
ES.CO.LA.RI.DAD *s.f.* Escolaridade.
ES.CO.LA.RI.ZAR *v.t.* Escolarizar.
ES.CO.LIO.SIS *s.f. Med.* Escoliose.
ES.CO.LLE.RA *s.f.* Quebra-mar; dique.
ES.CO.LLO *s.m.* Escolho; abrolho; obstáculo; perigo.
ES.COL.TA *s.f.* Escolta; vigilância.
ES.COL.TAR *v.t.* Escoltar.
ES.COM.BRO *s.m.* Escombro; entulho.
ES.CON.DER *v.t.* Esconder; ocultar. *v.p.* Esconder-se.
ES.CO.PE.TA *s.f.* Escopeta; espingarda.
ES.CO.RAR *v.t.* Escorar.

ES.COR.CHAR *v.t.* Escorchar.
ES.CO.RIA *s.f.* Escória; ralé.
ES.CO.RIA.CIÓN *s.f.* Escoriação.
ES.COR.PIÓN *s.m. Zool.* Escorpião.
ES.CO.TAR *v.t.* Decotar.
ES.CO.TE *s.m.* Decote.
ES.CO.TI.LLA *s.f.* Escotilha.
ES.CO.ZOR *s.m. Med.* Ardência.
ES.CRI.BA.NO *s.m.* Escrivão.
ES.CRI.BIR *v.t.* e *int.* Escrever.
ES.CRI.TO *s.m.* Escrito; impresso.
ES.CRI.TOR *s.m.* Escritor.
ES.CRI.TO.RIO *s.m.* Escrivaninha.
ES.CRI.TU.RA *s.f.* Escritura; escrita.
ES.CRO.TO *s.m. Anat.* Escroto.
ES.CRÚ.PU.LO *s.m.* Escrúpulo.
ES.CRU.TAR *v.t.* e *int.* Investigar; perscrutar; vasculhar.
ES.CRU.TI.NIO *s.m.* Escrutínio.
ES.CUA.DRA *s.f.* Esquadro; *Mil.* esquadra.
ES.CUA.DRI.LLA *s.f.* Esquadrilha.
ES.CUÁ.LI.DO *adj.* Esquálido.
ES.CU.CHA *s.f.* Escuta; *estar a la escucha:* estar na escuta.
ES.CU.CHAR *v.t.* e *int.* Escutar; ouvir.
ES.CU.DAR *v.t.* Escudar. *v.p.* Escudar-se.
ES.CU.DO *s.m.* Escudo.
ES.CU.DRI.ÑAR *v.t.* Indagar; perscrutar; pesquisar.
ES.CUE.LA *s.f.* Escola.
ES.CUE.TO *adj.* Sucinto; conciso.
ES.CUL.CAR *v.t.* Procurar.
ES.CUL.PIR *v.int.* Esculpir; lavrar.
ES.CUL.TOR *s.m.* Escultor.
ES.CUL.TU.RA *s.f.* Escultura.
ES.CUL.TU.RAL *adj.* Escultural.
ES.CU.MA *s.f.* Espuma; escória.
ES.CU.PI.DE.RA *s.f.* Cuspideira; escarradeira.
ES.CU.PIR *v.t.* e *int.* Cuspir.
ES.CU.RRIR *v.t.* e *p.* Escorrer; escoar; torcer.
ES.DRÚ.JU.LO *adj.* e *s.m.* Proparoxítono.
E.SE *pron. dem. m.* Esse. *pron. dem. f.* Essa.
E.SEN.CIA *s.f.* Essência.
E.SEN.CIAL *adj.* Essencial.
ES.FE.RA *s.f.* Esfera.

ES.FIN.GE *s.f.* Esfinge.
ES.FÍN.TER *s.m. Anat.* Esfíncter.
ES.FOR.ZAR *v.t., int.* e *p.* Esforçar(-se); empenhar(-se).
ES.FUER.ZO *s.m.* Esforço.
ES.FU.MAR *v.t.* Esfumar. *v.p.* Dissipar-se.
ES.GRI.MA *s.f.* Esgrima.
ES.GRI.MIR *v.t.* Esgrimir.
ES.GRI.MA *s.f. Espor.* Esgrima.
ES.LA.BÓN *s.m.* Elo.
ES.MAL.TAR *v.t.* Esmaltar.
ES.MAL.TE *s.m.* Esmalte.
ES.ME.RAL.DA *adj.* e *s.f.* Esmeralda.
ES.ME.RAR.SE *v.p.* Esmerar-se.
ES.ME.RIL *s.m.* Esmeril.
ES.ME.RO *s.m.* Esmero; capricho; cuidado.
E.SO *pron. dem. m.* Isso.
E.SÓ.FA.GO *s.m.* Esôfago.
ES.PA.CIAL *adj.* Espacial.
ES.PA.CIAR *v.t.* Espaçar. *v.p.* Espaçar-se; distanciar-se; afastar-se.
ES.PA.CIO *s.m.* Espaço.
ES.PA.CIO.SO *adj.* Espaçoso; extenso; vagaroso.
ES.PA.DA *s.f.* Espada.
ES.PA.GUE.TI *s.m. Cul.* Espaguete.
ES.PAL.DA *s.f. Anat.* Costas; espádua.
ES.PA.ÑOL *adj.* e *s.m.* Espanhol.
ES.PAN.TA.PÁ.JA.ROS *s.m.* Espantalho.
ES.PAN.TAR *v.t.* Espantar; assustar; afugentar. *v.p.* Espantar-se.
ES.PAN.TO *s.m.* Espanto.
ES.PAN.TO.SO *adj.* Espantoso; *fig.* grande; excessivo; horrível de feio.
ES.PA.RA.DRA.PO *s.m.* Esparadrapo.
ES.PÁ.RRA.GO *s.m. Bot.* Aspargo.
ES.PAS.MO *s.m. Med.* Espasmo.
ES.PAS.MÓ.DI.CO *adj. Med.* Espasmódico.
ES.PE.CIA *s.f.* Especiaria; condimento.
ES.PE.CIAL *adj.* Especial.
ES.PE.CIA.LI.DAD *s.f.* Especialidade.
ES.PE.CIA.LIS.TA *adj.* e *s.2g.* Especialista.
ES.PE.CIA.LI.ZA.CIÓN *s.f.* Especialização.
ES.PE.CIA.LI.ZAR *v.t.* Especializar. *v.p.* Especializar-se.

ES.PE.CIE s.f. Espécie.
ES.PE.CI.FI.CA.CIÓN s.f. Especificação.
ES.PE.CI.FI.CAR v.t. Especificar.
ES.PE.CÍ.FI.CO adj. e s.m. Específico.
ES.PEC.TÁ.CU.LAR adj. Espetacular; grandioso.
ES.PEC.TÁ.CU.LO s.m. Espetáculo.
ES.PEC.TA.DOR adj. e s.m. Espectador.
ES.PEC.TRAL adj. Espectral.
ES.PEC.TRO s.m. Espectro.
ES.PE.CU.LA.CIÓN s.f. Especulação.
ES.PE.CU.LAR v.t. e int. Especular; pesquisar; averiguar.
ES.PE.JO s.m. Espelho.
ES.PE.JUE.LO s.m. Espelhinho.
ES.PE.RA s.f. Espera; demora; aguardo.
ES.PE.RAN.ZA s.f. Esperança.
ES.PE.RAR v.t. e int. Esperar; aguardar.
ES.PER.MA s.m. Anat. Esperma; sêmen.
ES.PE.SAR v.t. Espessar; engrossar. v.int. e p. Espessar-se; adensar-se.
ES.PE.SO, adj. Espesso; denso.
ES.PE.SOR s.m. Espessura.
ES.PE.TAR v.t. Espetar.
ES.PE.TÓN s.m. Espeto.
ES.PÍ.A s.2g. Espião; vigia.
ES.PI.AR v.t. Espiar; vigiar.
ES.PI.GA s.f. Bot. Espiga.
ES.PI.GAR.SE v.p. Espigar(-se).
ES.PI.GÓN s.m. Espigão.
ES.PI.NA s.f. Anat. Espinha (dorsal).
ES.PI.NA.CA s.f. Bot. Espinafre.
ES.PI.NA.ZO s.m. Espinhaço.
ES.PI.NO s.m. Bot. Espinho.
ES.PI.NO.SO adj. Espinhoso.
ES.PIO.NA.JE s.m. Espionagem.
ES.PI.RA.CIÓN s.f. Expiração.
ES.PI.RAL adj. Espiral.
ES.PI.RAR v.t. Espirar.
ES.PI.RI.TIS.MO s.m. Rel. Espiritismo.
ES.PÍ.RI.TU s.m. Espírito.
ES.PI.RI.TUA.LI.DAD s.f. Espiritualidade.
ES.PI.RI.TUA.LI.ZA.CIÓN s.f. Espiritualização.
ES.PI.RI.TUA.LI.ZAR v.t. Espiritualizar. v.p. Espiritualizar-se.
ES.PLÉN.DI.DO adj. Esplêndido.
ES.PLEN.DOR s.m. Esplendor.
ES.PO.LE.AR v.t. Esporar; esporear.
ES.PO.LE.TA s.f. Espoleta.
ES.POL.VO.RE.AR v.t. Polvilhar.
ES.PON.JA s.f. Esponja.
ES.PON.JO.SO adj. Esponjoso.
ES.PON.TA.NEI.DAD s.f. Espontaneidade.
ES.PON.TÁ.NEO adj. Espontâneo.
ES.PO.RÁ.DI.CO adj. Esporádico.
ES.PORT s.m. Esporte.
ES.PO.SAR v.t. Algemar.
ES.PO.SAS s.f. pl. Algemas.
ES.PO.SO s.m. Esposo; marido; esposa s.f.: esposa; mulher.
ES.PUE.LA s.f. Espora.
ES.PU.MA s.f. Espuma.
ES.PU.MA.DE.RA s.f. Escumadeira.
ES.PU.MAR v.t. Espumar.
ES.PU.RIO adj. Espúrio.
ES.QUE.JE s.f. Estaca.
ES.QUE.LE.TO s.m. Esqueleto.
ES.QUE.MA s.m. Esquema.
ES.QUE.MA.TI.ZA.CIÓN s.f. Esquematização.
ES.QUE.MA.TI.ZAR v.t. Esquematizar.
ES.QUÍ s.m. Esqui.
ES.QUIA.DOR s.m. Esquiador.
ES.QUIAR v.int. Esquiar.
ES.QUI.LAR v.t. Tosquiar.
ES.QUI.NA s.f. Esquina.
ES.QUI.VAR v.t. Esquivar; desviar; evitar. v.p. Esquivar-se; desviar-se.
ES.QUI.VO adj. Esquivo.
ES.QUI.ZO.FRE.NIA s.f. Esquizofrenia.
ES.TA.BI.LI.ZA.CIÓN s.f. Estabilização.
ES.TA.BI.LI.ZAR v.t. Estabilizar. v.p. Estabilizar-se.
ES.TA.BLE adj. Estável.
ES.TA.BLE.CER v.t. Estabelecer. v.p. Estabelecer-se.
ES.TA.BLE.CI.MIEN.TO s.m. Estabelecimento.

ES.TA.BLO s.m. Estábulo; estrebaria.
ES.TA.CA s.f. Estaca.
ES.TA.CA.ZO s.m. Paulada; pancada com estaca.
ES.TA.CION s.f. Estação.
ES.TA.CIO.NA.MIEN.TO s.m. Estacionamento.
ES.TA.CIO.NAR v.t. e p. Estacionar.
ES.TA.DÍ.A s.f. Estadia; permanência; estada.
ES.TA.DIO s.m. Estádio; estágio; fase.
ES.TA.DIS.TA s.2g. Estadista.
ES.TA.DO s.m. Estado; governo; situação; condição; *estado mayor:* estado maior.
ES.TA.FA s.f. Roubo; trapaça; estelionato.
ES.TA.FAR v.t. Roubar; burlar.
ES.TA.FE.TA s.2g. Estafeta; carteiro.
ES.TA.LLAR v.int. Explodir; estourar; estalar.
ES.TA.LLI.DO s.m. Estouro.
ES.TAM.PA s.f. Estampa; gravura.
ES.TAM.PA.CIÓN s.f. Estampagem.
ES.TAM.PAR v.t. e int. Estampar; gravar.
ES.TAM.PI.DO s.m. Estampido; estrondo; explosão.
ES.TAM.PI.LLA s.f. Selo; carimbo.
ES.TAN.CAR v.t. Estancar; deter. v.p. Estancar-se.
ES.TAN.CIA s.f. Estância; permanência; fazenda.
ES.TAN.CIE.RO s.m. Fazendeiro.
ES.TAN.CO s.m. Estanque; estancido.
ES.TAN.DAR.TE s.m. Estandarte.
ES.TAN.QUE s.m. Tanque; reservatório.
ES.TAN.TE s.m. Estante; prateleira.
ES.TA.ÑO s.m. Quím. Estanho.
ES.TAR v.int. Estar; ser; fazer. v.p. Estar; ficar; permanecer.
ES.TA.TAL adj. Estatal.
ES.TÁ.TI.CA s.f. Estática.
ES.TÁ.TI.CO adj. Estático; fig. paralizado.
ES.TA.TI.FI.CAR v.t. Estatizar.
ES.TA.TUA s.f. Estátua.
ES.TA.TU.RA s.f. Estatura; altura.
ES.TA.TU.TO s.m. Estatuto.
ES.TE s.m. Este; leste; oriente.
ES.TE pron. e adj. Este.

ES.TE.LA s.f. Rastro; esteira.
ES.TE.PA s.f. *Geog.* Estepe; planície.
ES.TE.RA s.f. Esteira.
ES.TE.REO adj. e s.m. Estéreo.
ES.TE.REO.FÓ.NI.CO adj. Estereofônico.
ES.TE.REO.TI.PO s.m. Estereótipo.
ES.TÉ.RIL adj. Estéril; improdutivo; árido.
ES.TE.RI.LI.DAD s.f. Esterilidade.
ES.TE.RI.LI.ZAR v.t. Esterilizar; tornar infértil. v.p. Esterilizar-se; tornar-se infértil.
ES.TÉR.NON s.m. Anat. Esterno (osso do tórax).
ES.TER.TOR s.m. Estertor.
ES.TÉ.TI.CA s.f. Estética.
ES.TÉ.TI.CO adj. Estético.
ES.TIA.JE s.f. Estiagem.
ES.TI.BA.DOR s.m. Estivador.
ES.TIÉR.COL s.m. Esterco; estrume; adubo.
ES.TIG.MA s.m. Estigma.
ES.TI.LLAR.SE v.p. Usar-se.
ES.TI.LE.TE s.m. Estilete.
ES.TI.LIS.TA s.2g. Estilista.
ES.TI.LI.ZAR v.t. Estilizar; emagrecer. v.p. Estilizar-se.
ES.TI.LO s.m. Estilo.
ES.TI.MA s.f. Estima; consideração.
ES.TI.MA.CIÓN s.f. Estimativa.
ES.TI.MAR v.t. Estimar; avaliar. v.t. e p. Apreciar; prezar; considerar.
ES.TI.MA.TI.VA s.f. Estimativa.
ES.TI.MU.LAR v.t. Estimular. v.p. Estimular-se; animar-se.
ES.TÍ.MU.LO s.m. Estímulo; ânimo; incentivo.
ES.TÍ.O s.m. Estio; verão.
ES.TI.RAR v.t. Esticar; alongar; estender. v.p. Esticar-se; alongar-se.
ES.TIR.PE s.f. Estirpe; linhagem; ascendência.
ES.TI.VAL adj. Estival; próprio do verão.
ES.TO pron. dem. Isto.
ES.TO.CA.DA s.f. Estocada.
ES.TO.FA.DO adj. e s.m. Cul. Refogado.
ES.TÓ.MA.GO s.m. Anat. Estômago.
ES.TO.QUE s.m. Arma branca; estoque.

ES.TOR.BAR v.t. Estorvar; dificultar.
ES.TOR.BO s.m. Estorvo.
ES.TOR.NU.DAR v.int. Espirrar.
ES.TOR.NU.DO s.m. Espirro.
ES.TRA.BIS.MO s.m. Med. Estrabismo.
ES.TRA.DO s.m. Estrado; estrutura; tribunal.
ES.TRA.GAR v.t. Estragar. v.p. Estragar-se.
ES.TRA.GO s.m. Estrago; dano.
ES.TRAM.BÓ.TI.CO adj. fam. Estapafúrdio; estrambótico.
ES.TRAN.GU.LAR v.t. Estrangular; sufocar. v.p. Estrangular-se.
ES.TRA.TA.GE.MA s.f. Estratagema; ardil.
ES.TRA.TE.GIA s.f. Estratégia.
ES.TRE.CHAR v.t. Apertar; estreitar. v.p. Apertar-se; estreitar-se.
ES.TRE.CHEZ s.f. Estreiteza.
ES.TRE.CHO adj. Apertado; estreito.
ES.TRE.GAR v.t. Esfregar. v.p. Esfregar-se.
ES.TRE.LLA s.f. Estrela.
ES.TRE.LLAR v.t. Estrelar; arrojar; laçar. v.p. Estrelar-se; espatifar-se.
ES.TRE.ME.CER v.t. Estremecer; abalar. v.p. Estremecer-se.
ES.TRE.ME.CI.MIEN.TO s.m. Estremecimento.
ES.TRE.NAR v.t. e p. Estrear.
ES.TRE.NO s.m. Estreia.
ES.TRE.ÑIR v.t. Causar de prisão de ventre.
ES.TRÉ.PI.TO s.m. Estrépito; estrondo.
ES.TRÉS s.m. Med. Estresse.
ES.TRE.SAR v.t. Med. Estressar. v.p. Estressar-se.
ES.TRI.BAR v.int. Apoiar; fundamentar-se.
ES.TRI.BI.LLO s.m. Estribilho.
ES.TRI.BO s.m. Estribo; estribeira.
ES.TRI.DEN.TE adj. Estridente.
ES.TRO.FA s.f. Estrofe.
ES.TRO.PA.JO s.m. Esfregão.
ES.TRO.PE.AR v.p. Estragar; estropiar; frustrar. v.p. Estragar-se; estropiar-se; .
ES.TRUC.TU.RA s.f. Estrutura; organização.
ES.TRUC.TU.RAR v.t. Estruturar; planejar. v.p. Estruturar-se.

ES.TRUEN.DO s.m. Estrondo; estampido; grande pompa.
ES.TRUEN.DO.SO adj. Estrondoso.
ES.TRU.JAR v.t. Espremer; apertar. v.p. Apertar-se; espremer-se.
ES.TUA.RIO s.m. Estuário.
ES.TU.CHE s.m. Estojo.
ES.TU.CO s.m. Estuque.
ES.TU.DIAN.TE s.m. e s.2g. Estudante.
ES.TU.DIAR v.t. e int. Estudar; aprender; instruir-se.
ES.TU.DIO s.m. Estudo; estúdio.
ES.TU.DIO.SO adj. Estudioso.
ES.TU.FA s.f. Aquecedor; estufa.
ES.TUL.TO adj. Estulto; néscio.
ES.TU.PE.FAC.CIÓN s.f. Estupefação.
ES.TU.PE.FAC.TO adj Estupefato.
ES.TU.PEN.DO adj. Estupendo; maravilhoso.
ES.TU.PI.DEZ s.f. Estupidez; asneira.
ES.TÚ.PI.DO adj. e s.m. Estúpido.
ES.TU.POR s.m. Pasmo; Med. estupor.
ES.TU.PRAR v.t. Estuprar.
ES.TU.PRO s.m. Estupro.
E.TA.PA s.f. Etapa.
ET.CÉ.TE.RA s.m. Et cetera; etc.
É.TER s.m. Quím. e Fís. Éter.
E.TER.NI.DAD s.f. Eternidade.
E.TER.NI.ZAR v.t. Eternizar. v.p. Eternizar-se.
E.TER.NO adj. Eterno.
É.TI.CA s.f. Ética.
É.TI.CO adj. Ético.
E.TÍ.LI.CO adj. Etílico.
E.TI.MO.LO.GÍ.A s.f. Gram. Etimologia.
E.TI.QUE.TA s.f. Etiqueta; cerimonial.
ÉT.NI.CO adj. Étnico.
ET.NO.LO.GÍ.A s.f. Etnologia.
E.TRUS.CO adj. e s.m. Etrusco.
EU.CA.LIP.TO s.m. Bot. Eucalipto.
EU.CA.RIS.TÍ.A s.f. Eucaristia.
EU.FE.MIS.MO s.m. Eufemismo.
EU.FÓ.NI.CO adj. Eufônico.
EU.FO.RIA s.f. Euforia.
E.VA.CUAR v.t. Evacuar; desocupar; defecar.
E.VA.DIR v.t. Evadir. v.p. Evadir-se.
E.VA.LUA.CIÓN s.f. Avaliação.

E.VA.LUAR v.t. Avaliar. v.p. Avaliar-se.
E.VAN.GÉ.LI.CO adj. Evangélico.
E.VAN.GE.LIO s.m. Evangelho.
E.VAN.GE.LI.ZA.CIÓN s.f. Evangelização.
E.VAN.GE.LI.ZAR v.t. Evangelizar.
E.VA.PO.RA.CIÓN s.f. Evaporação.
E.VA.PO.RAR v.t. Evaporar. v.p. Evaporar-se.
E.VA.SIÓN s.f. Evasão.
E.VEN.TO s.m. Evento.
E.VEN.TUAL adj. Eventual.
E.VI.DEN.CIA s.f. Evidência.
E.VI.DEN.CIAR v.t. Evidenciar; demonstrar.
E.VI.DEN.TE adj. Evidente; manifesto; claro.
E.VI.TAR v.t. Evitar; impedir.
E.VO.CA.CIÓN s.f. Evocação; lembrança; recordação.
E.VO.CAR v.t. Evocar; lembrar; chamar.
E.VO.LU.CIÓN s.f. Evolução.
E.VO.LU.CIO.NAR v.int. Evoluir.
E.VO.LU.CIO.NIS.MO s.m. Evolucionismo.
E.XAC.TI.TUD s.f. Exatidão; perfeição.
E.XAC.TO adj. Exato. adv. Exatamente.
E.XA.GE.RA.CIÓN s.f. Exagero.
E.XA.GE.RA.DO adj. Exagerado.
E.XA.GE.RAR v.t. Exagerar.
E.XAL.TAR v.t. Exaltar. v.p. Exaltar-se.
E.XAL.TA.CIÓN s.f. Exaltação.
E.XA.MEN s.m. Exame; análise; prova; perícia.
E.XA.MI.NAR v.t. Examinar; investigar; verificar. v.p. Examinar-se.
E.XAS.PE.RAR v.t. Exasperar; irritar; enfurecer. v.p. Exasperar-se.
EX.CA.VAR v.t. e int. Escavar; cavar.
EX.CE.DEN.TE adj. Excedente.
EX.CE.DER v.t. Exceder; sobrar; superar. v.p. Exceder-se.
EX.CE.LEN.CIA s.f. Excelência.
EX.CE.LEN.TE adj. Excelente.
EX.CÉN.TRI.CO adj. Excêntrico.
EX.CEP.CIÓN s.f. Exceção.
EX.CEP.TO prep. Exceto; afora; salvo.
EX.CEP.TUAR v.t. Excetuar; excluir.
EX.CE.SI.VO adj. Excessivo.
EX.CE.SO s.m. Excesso; exagero.

EX.CI.TAR v.t. Excitar; animar; estimular; provocar. v.p. Excitar-se.
EX.CLA.MA.CIÓN s.f. Gram. Exclamação.
EX.CLA.MAR v.t. e int. Exclamar; gritar.
EX.CLUIR v.t. Excluir; eliminar. v.p. Excluir-se.
EX.CLU.SIÓN s.f. Exclusão; eliminação.
EX.CLU.SI.VI.DAD s.f. Exclusividade.
EX.CLU.SI.VO adj. Exclusivo.
EX.CO.MUN.GAR v.t. Excomungar.
EX.CO.MU.NIÓN s.f. Rel. Excomunhão.
EX.CO.RIAR v.t. Med. Escoriar. v.p. Escoriar-se.
EX.CRE.MEN.TO s.m. Excremento; fezes.
EX.CUR.SIÓN s.f. Excursão.
EX.CU.SA s.f. Escusa; desculpa; justificativa.
EX.CU.SAR v.t. Escusar; desculpar; justificar. v.p. Desculpar-se.
E.XE.CRAR v.t. Execrar; abominar.
E.XEN.CIÓN s.f. Isenção; liberação.
E.XEN.TO adj. Isento.
E.XE.QUIAS s.f. pl. Exéquias.
EX.HA.LA.CIÓN s.f. Exalação.
EX.HA.LAR v.t. Exalar; soltar; desprender.
EX.HAUS.TO adj. Exausto.
EX.HI.BI.CIÓN s.f. Exibição; demonstração.
EX.HI.BIR v.t. Exibir; expor; mostrar. v.p. Exibir-se.
EX.HOR.TA.CIÓN s.f. Exortação.
EX.HOR.TAR v.t. Exortar.
EX.HU.MA.CIÓN s.f. Exumação.
EX.HU.MAR v.t. Exumar; desenterrar.
E.XI.GEN.CIA s.f. Exigência.
E.XI.GEN.TE adj. Exigente.
E.XI.GIR v.t. Exigir; requerer.
E.XI.GUO adj. Exíguo.
E.XI.LIAR v.t. Exilar; desterrar. v.p. Exilar-se.
E.XI.LIO s.m. Exílio.
EXÍ.MIO adj. Exímio.
E.XI.MIR v.t. Eximir; isentar. v.p. Eximir-se.
E.XIS.TEN.CIA s.f. Existência; subsistência; vida.
E.XIS.TEN.CIAL adj. Filos. Existencial.
E.XIS.TIR v.int. Existir; viver.
É.XI.TO s.m. Êxito; sucesso.
E.XO.NE.RAR v.t. Exonerar. v.p. Exonerar-se.

EX.OR.BI.TAN.CIA *s.f.* Exorbitância.
EX.OR.BI.TAN.TE *adj.* Exorbitante.
EX.OR.CI.ZAR *v.t.* Exorcizar.
E.XÓ.TI.CO *adj.* Exótico.
EX.PAN.DIR *v.t.* Expandir. *v.p.* Expandir-se.
EX.PAN.SIÓN *s.f.* Expansão.
EX.PAN.SI.VO *adj.* Expansivo.
EX.PA.TRIAR *v.t.* Expatriar. *v.p.* Expatriar-se.
EX.PEC.TA.TI.VA *s.f.* Expectativa.
EX.PEC.TO.RAN.TE *adj.* e *s.m. Farm.* Expectorante.
EX.PEC.TO.RAR *v.t.* Expectorar.
EX.PE.DI.CIÓN *s.f.* Expedição.
EX.PE.DIEN.TE *s.m.* Expediente.
EX.PE.DIR *v.t.* Expedir; despachar.
EX.PE.LER *v.t.* Expelir.
EX.PEN.DER *v.t* Despender; gastar; vender.
EX.PEN.DE.DOR *adj.* e *s.m.* Vendedor.
EX.PEN.SAS *s.f. pl.* Despesa; gasto.
EX.PE.RIEN.CIA *s.f.* Experiência; prática.
EX.PE.RI.MEN.TAR *v.t.* Experimentar.
EX.PE.RI.MEN.TO *s.m.* Experimento.
EX.PIAR *v.t.* Expiar; reparar.
EX.PI.RAR *v.t.* e *int.* Expirar; morrer; acabar; vencer (prazo).
EX.PLA.NA.DA *s.f.* Esplanada; planície.
EX.PLA.NAR *v.t.* Explanar; expor; explicar.
EX.PLA.YAR.SE *v.p.* Espraiar-se.
EX.PLI.CA.CIÓN *s.f.* Explicação.
EX.PLI.CAR *v.t.* Explicar; esclarecer; ensinar. *v.p.* Explicar-se.
EX.PLI.CI.TAR *v.t.* Explicitar; explicar.
EX.PLÍ.CI.TO *adj.* Explícito.
EX.PLO.RA.CIÓN *s.f.* Exploração.
EX.PLO.RAR *v.t.* Explorar; pesquisar.
EX.PLO.SIÓN *s.f.* Explosão.
EX.PLO.SI.VO *adj.* e *s.m.* Explosivo.
EX.PLO.TAR *v.t.* Explorar; explodir; detonar.
EX.PO.LIAR *v.t.* Espoliar; extorquir; despojar.
EX.PO.LIO *s.m.* Espólio.
EX.PO.NEN.CIAL *adj.* Exponencial.
EX.PO.NER *v.t.*, *int.* e *p.* Expor; exibir.
EX.POR.TA.CIÓN *s.f.* Exportação.
EX.POR.TAR *v.t.* Exportar.

EX.PO.SI.CIÓN *s.f.* Exposição; apresentação.
EX.PRE.SAR *v.t.* e *p.* Expressar; manifestar.
EX.PRE.SIÓN *s.f.* Expressão.
EX.PRE.SI.VO *adj.* Expressivo.
EX.PRI.MIR *v.t.* Espremer; apertar.
EX.PRO.PRIA.CIÓN *s.f.* Expropriação.
EX.PRO.PRIAR *v.t.* Expropriar.
EX.PUES.TO *adj.* Exposto; perigoso.
EX.PUL.SAR *v.t.* Expulsar; expelir; excluir.
EX.PUL.SIÓN *s.f.* Expulsão.
EX.PUR.GAR *v.t.* Expurgar. *v.p.* Expurgar-se.
ÉX.TA.SIS *s.m.* Êxtase; enlevo; delírio.
EX.TEN.DER *v.t.* Estender; esticar; expandir. *v.p.* Estender-se.
EX.TEN.SIÓN *s.f.* Extensão.
EX.TEN.SO *adj.* Extenso.
EX.TE.NUAR *v.t.* Extenuar. *v.p.* Extenuar-se.
EX.TE.RIOR *s.m.* Exterior.
EX.TE.RIO.RI.ZAR *v.t.* Exteriorizar.
EX.TER.MI.NAR *v.t.* Exterminar; destruir; aniquilar.
EX.TER.MI.NIO *s.m.* Extermínio.
EX.TER.NO *adj.* e *s.m.* Externo.
EX.TIN.CIÓN *s.f.* Extinção; destruição.
EX.TIN.GUIR *v.t.* Extinguir; acabar. *v.p.* Extinguir-se.
EX.TIN.TO *adj.* Extinto.
EX.TIN.TOR *adj.* e *s.m.* Extintor; *extintor de incendios:* extintor de incêndios.
EX.TIR.PAR *v.t.* Extirpar.
EX.TOR.SIÓN *s.f.* Extorsão.
EX.TOR.SIO.NAR *v.t.* Extorquir.
EX.TRA *adj.* Extra; extraordinário.
EX.TRAC.CIÓN *s.f.* Extração.
EX.TRAC.TO *s.m.* Extrato; essência.
EX.TRA.DI.TAR *v.t.* Extraditar.
EX.TRA.ER *v.t.* Extrair; tirar.
EX.TRA.ÑAR *v.t.* Estranhar; surpreender; ter saudades. *v.p.* Surpreender-se.
EX.TRA.ÑE.ZA *s.f.* Estranheza.
EX.TRAN.JE.RO *adj.* e *s.m.* Estrangeiro.
EX.TRA.ÑO *adj.* e *s.m.* Estranho.
EX.TRAOR.DI.NA.RIO *adj.* e *s.m.* Extraordinário.
EX.TRA.PO.LAR *v.int.* Extrapolar.

EX.TRA.VA.GAN.CIA *s.f.* Extravagância.
EX.TRA.VA.GAN.TE *adj.* Extravagante.
EX.TRA.VIAR *v.t.* Extraviar. *v.p.* Extraviar-se.
EX.TRA.VÍO *s.m.* Extravio.
EX.TRE.MAR *v.t.* Extremar. *v.p.* Extremar-se.
EX.TRE.MI.DAD *s.f.* Extremidade.
EX.TRE.MIS.TA *s.2g.* Extremista.

EX.TRE.MO *adj.* Extremo.
E.XU.BE.RAN.CIA *s.f.* Exuberância.
E.XU.BE.RAN.TE *adj.* Exuberante.
E.XUL.TAR *v.int.* Exultar; alegrar-se.
E.YA.CU.LA.CIÓN *s.f.* Ejaculação.
E.YA.CU.LAR *v.t.* Ejacular.

F

F *s.m.* Sexta letra do alfabeto espanhol.
FA *s.f. Mús.* fá.
FA.BA.DA *s.f. Cul.* Feijoada branca típica das Astúrias.
FÁ.BRI.CA *s.f.* Fábrica.
FA.BRI.CA.CIÓN *s.f.* Fabricação; criação.
FA.BRI.CAR *v.t.* Fabricar.
FA.BRIL *adj.* Fabril.
FÁ.BU.LA *s.f.* Fábula; lenda; mito; ficção; boato.
FÁ.BU.LA.CIÓN *s.f.* Fabulação.
FA.BU.LO.SO *adj.* Fabuloso.
FAC.CIÓN *s.f.* Facção; partido; bando; *facciones s.f. pl.*: feições.
FA.CE.TA *s.f.* Faceta.
FA.CHA *s.f. fam.* Cara; aparência. *adj.* e *s.2g. fam.* Fascista.
FA.CHA.DA *s.f.* Fachada; cara; aparência; capa (de livro).
FA.CIAL *adj.* Facial.
FÁ.CIL *adj.* Fácil; simples.
FA.CI.LI.DAD *s.f.* Facilidade.
FA.CI.LI.TAR *v.t.* Facilitar; simplificar; fornecer.
FA.CI.NE.RO.SO *adj.* e *s.2g.* Facínora
FA.CÓN *s.m.* Facão.
FAC.SÍ.MIL *adj.* Fac-símile; reprodução.
FAC.TI.BLE *adj.* Factível.
FAC.TOR *s.m.* Fator; elemento; meio; feitor; representante.
FAC.TO.RÍ.A *s.f.* Feitoria; fábrica; indústria.
FAC.TUAL *adj.* Factual.
FAC.TU.RA *s.f.* Fatura; nota fiscal; feitura.
FA.CUL.TAD *s.f.* Faculdade; capacidade; aptidão.
FA.CUL.TAR *v.t.* Facultar; conceder.
FA.CUL.TA.TI.VO *adj.* Facultativo; opcional. *adj.* e *s.m.* Técnico; médico.
FA.DO *s.m. Mús.* Fado.
FA.E.NA *s.f.* Faina; trabalho; labuta; *fam.* desfeita; mancada.
FA.GOT *s.m. Mús.* Fagote.
FAI.SÁN *s.m. Zool.* Faisão.
FA.JA *s.f.* Faixa; cinta; tira.
FA.JAR *v.t.* Enfaixar. *v.p.* Brigar (com).
FA.JO *s.m.* Feixe; molho (de chaves); pilha (de coisas).
FA.LA.CIA *s.f.* Falácia.
FA.LAZ *adj.* Falaz; falso; mentiroso.
FAL.DA *s.f.* Saia; aba (de chapéu); colo; sopé.
FA.LEN.CIA *s.f.* Falência; quebra; engano.
FA.LI.BLE *adj.* Falível.
FA.LI.CO *adj.* Fálico.
FA.LLA *s.f.* Falha; defeito; erro.
FA.LLAR *v.t.* e *int.* Falhar; errar. *v.int.* Sentenciar.
FA.LLE.CER *v.int.* Falecer; morrer.
FA.LLI.DO *adj.* Falido; frustrado.
FA.LLO *s.m.* Decisão; sentença; falha; erro.
FAL.SA.RIO *adj.* e *s.m.* Falsário.
FAL.SE.AR *v.t.* Falsear; falsificar; adulterar.
FAL.SE.DAD *s.f.* Falsidade.
FAL.SI.FI.CA.CIÓN *s.f.* Falsificação.
FAL.SI.FI.CAR *v.t.* Falsificar.
FAL.SO *adj.* Falso.
FAL.TA *s.f.* Falta; falha; deficiência; carência.
FAL.TAR *v.int.* Faltar; falhar; não comparecer; falecer.
FAL.TO *adj.* Falta; necessidade.
FAL.TÓN *adj. fam.* Insolente.
FA.MA *s.f.* Fama; prestígio; notoriedade; glória.
FA.MI.LIA *s.f.* Família; linhagem; prole.
FA.MI.LIAR *adj.* Familiar; conhecido.

FA.MI.LIA.RI.DAD *s.f.* Familiaridade.
FA.MI.LIA.RI.ZAR *v.t.* e *p.* Familiarizar(-se).
FA.MO.SO *adj.* Famoso; conhecido; notório.
FAN *s.2g.* Fã; entusiasta.
FA.NÁ.TI.CO *adj.* e *s.m.* Fanático.
FAN.FA.RRÓN *s.m.* Fanfarrão.
FAN.GAL *s.m.* Lamaçal; lodaçal.
FAN.GO *s.m.* Lama; lodo; barro.
FAN.TA.SE.AR *v.t.* e *int.* Fantasiar; imaginar; devanear; inventar.
FAN.TA.SÍ.A *s.f.* Fantasia; imaginação; ficção.
FAN.TAS.MA *s.m.* Fantasma; espectro.
FAN.TÁS.TI.CO *adj.* Fantástico.
FAN.TO.CHE *s.m.* Fantoche; marionete.
FA.RAÓN *s.m.* Faraó.
FAR.DO *s.m.* Fardo; pacote.
FAR.FU.LLAR *v.t.* Gaguejar; balbuciar.
FA.RIN.GE *s.f. Anat.* Faringe.
FA.RIN.GI.TIS *s.f. Med.* Faringite.
FA.RI.SEO *s.m.* Fariseu.
FAR.MA.CÉU.TI.CO *adj.* e *s.m.* Farmacêutico.
FAR.MA.CIA *s.f.* Farmácia.
FA.RO *s.m.* Farol.
FA.ROL *s.m.* Farol; lanterna; *fig.* fanfarronice; blefe (cartas).
FA.RO.LI.LLO *s.f.* Campânula; lanterninha.
FA.RRA *s.f.* Farra; diversão; brincadeira.
FAR.SA *s.f.* Farsa; trapaça; *Teat.* comédia.
FAR.SAN.TE *s.2g.* Farsante; embusteiro; *Teat.* comediante.
FAS.CÍ.CU.LO *s.m.* Fascículo.
FAS.CI.NA.CIÓN *s.f.* Fascinação.
FAS.CI.NAR *v.t.* Fascinar; encantar.
FAS.CIS.MO *s.m.* Fascismo.
FA.SE *s.f.* Fase; etapa; ciclo.
FAS.TI.DIAR *v.t.* Enfastiar; aborrecer.
FAS.TI.DIO *s.m.* Fastio; aborrecimento; amolação.
FAS.TUO.SI.DAD *s.f.* Fausto; suntuosidade.
FA.TAL *adj.* Fatal; fatídico; letal; infeliz.
FA.TA.LI.DAD *s.f.* Fatalidade.
FA.TÍ.DI.CO *adj.* Fatídico.
FA.TI.GA *s.f.* Fadiga; cansaço.
FA.TI.GAR *v.t.* Cansar; fatigar. *v.p.* Fatigar-se.

FA.TUI.DAD *s.f.* Fatuidade.
FA.TUO *adj.* Fátuo.
FAU.NA *s.f.* Fauna.
FAU.NO *s.m. Mit.* Fauno.
FAUS.TO *adj.* e *s.m.* Fausto.
FA.VOR *s.m.* Favor, obsequio.
FA.VO.RA.BLE *adj.* Favorável; propício.
FA.VO.RE.CER *v.t.* Favorecer; ajudar; melhorar.
FA.VO.RI.TIS.MO *s.m.* Favoritismo; preferência.
FAZ *s.f.* Face; rosto.
FE *s.f.* Fé.
FEAL.DAD *s.f.* Fealdade; feiura.
FE.BRE.RO *s.m.* Fevereiro.
FE.BRIL *adj.* Febril.
FE.CHA *s.f.* Data.
FE.CHAR *v.t.* Datar.
FE.CHO.RÍ.A *s.f.* Maldade; traquinagem; travessura.
FÉ.CU.LA *s.f.* Fécula.
FE.CUN.DA.CIÓN *s.f.* Fecundação.
FE.CUN.DAR *v.t.* Fecundar.
FE.CUN.DI.DAD *s.f.* Fecundidade.
FE.CUN.DI.ZAR *v.t.* Fecundizar.
FE.DE.RA.CIÓN *s.f.* Federação.
FE.DE.RAR *v.t.* Federar. *v.p.* Federar-se.
FE.LI.CI.DAD *s.f.* Felicidade; parabéns.
FE.LI.CI.TA.CIÓN *s.f.* Felicitação; parabéns.
FE.LI.CI.TAR *v.t.* Felicitar; cumprimentar; parabenizar. *v.p.* Felicitar-se.
FÉ.LI.DOS *s.m. pl. Zool.* Felídeos.
FE.LI.NO *adj.* Felino.
FE.LIZ *adj.* Feliz; contente.
FEL.PA *s.f.* Felpa; pelúcia.
FEL.PU.DO *adj.* Felpudo.
FE.ME.NI.NO *adj.* Feminino. *s.m. Gram.* Feminino.
FE.MI.NI.DAD *s.f.* Feminilidade.
FE.MI.NIS.MO *s.m.* Feminismo.
FÉ.MUR *s.m. Anat.* Fêmur.
FE.NE.CER *v.t.* Fenecer; acabar; sucumbir; morrer.
FÉ.NIX *s.m.* Fênix.
FE.NO.ME.NAL *adj.* Fenomenal.

FE.NÓ.ME.NO s.m. Fenômeno.
FEO adj. e s.m. Feio.
FE.RA.CI.DAD s.f. Feracidade.
FÉ.RE.TRO s.m. Féretro.
FE.RIA s.f. Feira; mercado; férias.
FE.RI.NO adj. Ferino.
FER.MEN.TA.CIÓN s.f. Fermentação.
FER.MEN.TAR v.t. e int. Fermentar.
FER.MEN.TO s.m. Fermento.
FE.RO.CI.DAD s.f. Ferocidade; crueldade.
FE.ROZ adj. Feroz; cruel.
FÉ.RREO adj. Férreo.
FE.RRE.TE.RÍ.A s.f. Serralheria; ferraria.
FE.RRO.CA.RRIL s.m. Ferrovia; estrada de ferro.
FE.RRO.VIA.RIO s.m. Ferroviário.
FÉR.TIL adj. Fértil; fecundante.
FER.TI.LI.DAD s.f. Fertilidade.
FER.TI.LI.ZAR v.t. Fertilizar; adubar.
FER.VIEN.TE adj. Fervoroso; ardente.
FER.VOR s.m. Fervor; muito calor; ardor; entusiasmo.
FES.TE.JAR v.t. Festejar.
FES.TE.JO s.m. Festejo; comemoração.
FES.TÍN s.m. Festim; banquete.
FES.TI.VAL s.m. Festival.
FES.TI.VI.DAD s.f. Festividade.
FE.TI.CHE s.m. Fetiche.
FÉ.TI.DO adj. Fétido; malcheiroso.
FE.TO s.m. Feto.
FIA.BLE adj. Confiável.
FIA.DOR s.m. Fiador.
FIAM.BRE s.m. Frios (em geral); gír. cadáver.
FIAM.BRE.RA s.f. Marmita.
FIAN.ZA s.f. Fiança; garantia.
FIAR v.t. e int. Fiar. v.p. Confiar.
FIAS.CO s.m. Fiasco; fracasso.
FI.BRA s.f. Fibra; energia; vigor.
FI.BRI.LAR adj. Fibrilar. v.int. Med. Fibrilar.
FIC.CIÓN s.f. Ficção.
FI.CHA s.f. Ficha.
FI.CHAR v.t. Fichar; registrar.
FI.CHE.RO s.m. Fichário; arquivo.
FIC.TI.CIO adj. Fictício.
FI.DE.DIG.NO adj. Fidedigno.

FI.DE.LI.DAD s.f. Fidelidade.
FI.DU.CIA.RIO s.m. Fiduciário.
FIE.BRE s.f. Med. Febre.
FIEL adj. Fiel; leal; exato; preciso. s.m. Fiel; crente.
FIEL.TRO s.m. Feltro.
FIE.RA s.f. Fera (animal); fig. bruto; bravo.
FIE.RE.ZA s.f. Ferocidade.
FIE.RO adj. Feroz.
FIES.TA s.f. Festa.
FIES.TE.RO s.m. Festeiro.
FI.GU.RA s.f. Figura; feição; imagem; aspecto.
FI.GU.RAR v.t. Figurar; aparentar. v.int. Figurar; brilhar. v.p. Imaginar.
FI.GU.RÍN s.m. Figurino; molde; modelo; almofadinha
FI.JA.CIÓN s.f. Fixação.
FI.JAR v.t. Fixar; prender; definir. v.p. Reparar.
FI.JE.ZA s.f. Firmeza; persistência.
FI.JO adj. Fixo; claro.
FI.LA s.f. Fila; fileira.
FI.LA.TE.LIA s.f. Filatelia.
FI.LE.TE s.m. Filé; bife; filete.
FI.LIA.CIÓN s.f. Filiação.
FI.LIAL adj. e s.f. Filial.
FI.LIAR v.t. Filiar. v.p. Filiar-se.
FIL.MAR v.t. Filmar.
FIL.ME s.m. Filme.
FI.LO s.m. Fio (de faca, punhal etc.); corte; gume.
FI.LO.SO adj. Afiado; cortante.
FI.LO.SO.FÍ.A s.f. Filosofia.
FIL.TRAR v.t. Filtrar; purificar; coar. v.int. Infiltrar-se. v.p. Vazar (informações).
FIL.TRO s.m. Filtro.
FIN s.m. Fim; final.
FI.NA.DO s.m. Finado.
FI.NAL adj. e s.m. Final.
FI.NA.LI.ZAR v.t. Finalizar; terminar.
FI.NE.ZA s.f. Fineza; delicadeza; graça.
FIN.GI.MIEN.TO s.m. Fingimento.
FIN.GIR v.t. Fingir. v.p. Fingir-se
FI.NI.BLE adj. Finito; esgotável.
FI.NI.QUI.TAR v.t. Quitar; encerrar; saldar. v.p. fam. Encerrar-se.

FI.NI.QUI.TO *s.m. Com.* Quitação.
FI.NI.TUD *s.f.* Finitude.
FIOR.DO *s.m. Geol.* Fiorde.
FIR.MA *s.f.* Firma; assinatura.
FIR.MA.MEN.TO *s.m.* Firmamento.
FIR.MAR *v.t.* Firmar; assinar. *v.p.* Firmar-se (assinatura).
FIR.ME *adj.* Firme; estável; seguro; fixo.
FIR.ME.ZA *s.f.* Firmeza; solidez; dureza.
FIS.CAL *adj.* e *s.2g.* Fiscal.
FIS.CA.LÍA *s.f.* Promotoria.
FIS.CA.LI.ZA.CIÓN *s.f.* Fiscalização.
FIS.CA.LI.ZAR *v.t.* Fiscalizar; inspecionar; vistoriar.
FIS.CO *s.m.* Fisco; erário.
FIS.GAR *v.t.* Fisgar; arpoar; *fam.* xeretar; bisbilhotar.
FIS.GÓN *adj.* e *s.m.* Xereta; bisbilhoteiro.
FÍ.SI.CA *s.f. Fís.* Física.
FÍ.SI.CO *adj.* Físico. *s.m.* Físico (cientista).
FI.SION *s.f. Fís.* Fissão.
FI.SIO.TE.RA.PIA *s.f. Med.* Fisioterapia.
FI.SO.NO.MÍA *s.f.* Fisionomia; aspecto.
FI.SU.RA *s.f.* Fissura; rachadura.
FLA.CI.DEZ *s.f.* Flacidez.
FLA.CO *adj.* Magro; fraco.
FLA.CU.CHO *adj.* Magrelo.
FLA.GE.LA.DO *adj.* e *s.m.* Flagelado.
FLA.GE.LAR *v.t.* Flagelar; castigar.
FLA.GRAN.TE *adj.* Flagrante.
FLA.MA *s.f.* Chama; flama.
FLA.MAN.TE *adj.* Reluzente; brilhante.
FLAM.BE.AR *v.t.* Flambar.
FLAN *s.m.* Flã; pudim.
FLAN.CO *s.m.* Flanco; lado.
FLA.NE.RA *s.f.* Fôrma para pudim.
FLAN.QUE.AR *v.t.* Ladear; flanquear.
FLA.QUE.AR *v.int.* Fraquejar; enfraquecer.
FLA.QUE.ZA *s.f.* Fraqueza; debilidade.
FLAU.TA *s.f. Mús.* Flauta; baguete (pão).
FLAU.TÍN *s.m. Mús.* Flautim.
FLE.CHA *s.f.* Flecha; seta.
FLE.CHAR *v.t.* Flechar.
FLE.CO *s.m.* Franja.
FLE.MA *s.f.* Fleuma.
FLE.MÁ.TI.CO *adj.* Fleumático.
FLE.TAR *v.t.* Fretar; alugar.
FLE.TE *s.m.* Frete.
FLE.XI.BI.LI.DAD *s.f.* Flexibilidade.
FLE.XI.BI.LI.ZAR *v.t.* Flexibilizar. *v.p.* Flexibilizar-se.
FLE.XI.BLE *adj.* Flexível.
FLE.XIÓN *s.f.* Flexão.
FLE.XIO.NAR *adj.* Flexionar. *v.p.* Flexionar-se.
FLIR.TE.AR *v.t.* Flertar.
FLO.JE.AR *v.int.* Fraquejar; afrouxar.
FLO.JE.DAD *s.f.* Frouxidão; fraqueza.
FLO.JE.RA *s.f.* Fraqueza; *fam.* moleza; preguiça.
FLO.JO *adj.* Frouxo.
FLOR *s.f.* Flor.
FLO.RA *s.f.* Flora.
FLO.RE.AR *v.t.* Florear; enfeitar com flores.
FLO.RE.CER *v.t.* e *int.* Florescer; florir. *v.p.* Florescer-se.
FLO.RE.CIEN.TE *adj.* Florescente; *fig.* próspero.
FLO.REO *s.m.* Floreio (escrita ou discurso); *fig.* conversa fiada.
FLO.RE.RO *s.m.* Floreira; vaso; florista.
FLO.RES.TA *s.f.* Floresta.
FLO.RE.TE *s.m.* Florete (esgrima).
FLO.RIS.TA *s.2g.* Florista.
FLO.TA *s.f.* Frota.
FLO.TAR *v.int.* Flutuar; boiar.
FLO.TE *s.m.* Flutuação.
FLO.TI.LLA *s.f.* Esquadrilha.
FLUC.TUA.CIÓN *s.f.* Flutuação; oscilação.
FLUC.TU.AR *v.t.* Flutuar; oscilar.
FLUI.DO *adj.* e *s.m.* Fluido; *fig.* fluente.
FLUIR *v.int.* Fluir; correr; escorrer.
FLU.JO *s.m.* Fluxo; vazão; escoamento.
FLUO.RES.CEN.TE *adj.* Fluorescente.
FLU.VIAL *adj.* Fluvial.
FO.BIA *s.f.* Fobia; pavor; medo.
FO.CA *s.f. Zool.* Foca.
FO.CO *s.m.* Foco.
FO.FO *adj.* Fofo; mole; macio.
FO.GA.TA *s.f.* Fogaréu.

FO.GÓN *s.m.* Fogão.
FO.LLA.JE *s.m.* Folhagem.
FO.LLE.TÍN *s.m.* Folhetim.
FO.LLE.TO *s.m.* Folheto; impresso.
FO.LLÓN *s.m.* Bagunça; baderna; folia.
FO.LLO.NE.RO *adj.* e *s.m.* Bagunceiro.
FO.MEN.TAR *v.t.* Fomentar; estimular.
FO.MEN.TO *s.m.* Fomento; estímulo; incentivo.
FON.DA *s.f.* Pensão; hospedaria; estalagem.
FON.DE.AR *v.int.* Ancorar. *v.t.* Fundear.
FON.DIS.TA *s.2g.* Dono de pensão.
FON.DO *s.m.* Fundo; profundidade; *fig.* essência.
FON.DOS *s.m. pl.* Fundos; bens.
FO.NE.MA *s.m.* Fonema.
FO.NÉ.TI.CO *adj.* Fonético.
FÓ.NI.CO *adj.* Fônico.
FO.NÓ.GRA.FO *s.m.* Fonógrafo.
FON.TA.NE.RO *s.m.* Encanador.
FO.RA.JI.DO *s.m.* Foragido.
FO.RAS.TE.RO *adj.* Forasteiro.
FOR.CE.JE.AR *v.int.* Forcejar.
FO.REN.SE *adj. Dir.* Forense.
FO.RES.TAL *adj.* Florestal.
FORJA *s.f.* Forja.
FOR.JAR *v.t.* Forjar; inventar; produzir. *v.p.* Forjar-se.
FOR.MA *s.f.* Forma; formato.
FOR.MA.CIÓN *s.f.* Formação.
FOR.MAL *adj.* Formal; sério.
FOR.MA.LI.DAD *s.f.* Formalidade.
FOR.MA.LI.ZAR *v.t.* Formalizar. *v.p.* Formalizar-se.
FOR.MAR *v.t.* Formar; conformar; preparar; educar. *v.p.* Formar-se.
FOR.MA.TO *s.m.* Formato; forma.
FOR.MI.DA.BLE *adj.* Formidável.
FÓR.MU.LA *s.f.* Fórmula.
FOR.MU.LAR *v.t.* Formular.
FOR.NI.CAR *v.t.* e *int.* Fornicar.
FOR.NI.DO *adj.* Fornido; robusto.
FO.RO *s.m.* Foro; fórum.
FO.RRA.JE *s.m.* Forragem; pasto.
FO.RRAR *v.t.* Forrar; revestir. *v.p.* Forrar-se; fartar-se.
FO.RRO *s.m.* Forro; revestimento.
FOR.TA.LE.CER *v.t.* Fortalecer; fortificar. *v.p.* Fortalecer-se.
FOR.TA.LE.ZA *s.f.* Fortaleza; fortificação; forte (construção); força; vigor.
FOR.TI.FI.CA.CIÓN *s.f.* Fortificação; fortaleza; forte.
FOR.TI.FI.CAR *v.t.* Fortificar; fortalecer. *v.p.* Fortificar-se; fortalecer-se.
FOR.TUI.TO *adj.* Fortuito.
FOR.TU.NA *s.f.* Fortuna.
FO.RÚN.CU.LO *s.m. Med.* Furúnculo.
FOR.ZA.DO *adj.* Forçado; obrigado.
FOR.ZAR *v.t.* Forçar; obrigar.
FOR.ZO.SO *adj.* Forçoso.
FO.SA *s.f.* Fossa; cova; vala.
FOS.FO.RES.CEN.TE *adj.* Fosforescente.
FÓS.FO.RO *s.m. Quím.* Fósforo; *caja de fósforos:* caixa de fósforos.
FO.SIL *adj.* e *s.m.* Fóssil.
FO.SI.LI.ZAR.SE *v.p.* Fossilizar-se.
FO.SO *s.m.* Fosso.
FO.TO *s.f.* Foto; fotografia.
FO.TO.CO.PIAR *v.t.* Fotocopiar; copiar.
FO.TO.GRA.FÍ.A *s.f.* Fotografia.
FO.TO.GRA.FIAR *v.t.* Fotografar.
FRA.CA.SAR *v.int.* Fracassar.
FRA.CA.SO *s.m.* Fracasso.
FRAC.CIÓN *s.f.* Fração.
FRAC.CIO.NAR *v.t.* Fracionar. *v.p.* Fracionar-se.
FRAC.CIO.NA.RIO *adj.* Fracionário.
FRAC.TU.RA *s.f.* Fratura.
FRAC.TU.RAR *v.t.* Fraturar; quebrar.
FRA.GAN.CIA *s.f.* Fragrância; perfume.
FRÁ.GIL *adj.* Frágil; delicado; fraco.
FRA.GI.LI.DAD *s.f.* Fragilidade.
FRAG.MEN.TA.CIÓN *s.f.* Fragmentação.
FRAG.MEN.TAR *v.t.* Fragmentar. *v.p.* Fragmentar-se.
FRAG.MEN.TA.RIO *adj.* Fragmentário.
FRAG.MEN.TO *s.m.* Fragmento; porção; parte.

FRA.GOR s.m. Fragor; estrondo.
FRAM.BUESA s.f. Bot. Framboesa.
FRAN.CÉS adj. e s.m. Francês.
FRAN.CO adj. Franco.
FRA.NE.LA s.f. Flanela.
FRAN.JA s.f. Faixa; listra.
FRAN.QUE.AR v.t. Franquear; abrir (confidenciar). v.p. Abrir-se.
FRAN.QUEO s.m. Selagem.
FRAN.QUE.ZA s.f. Franqueza.
FRAS.CO s.m. Frasco.
FRA.SE s.f. Frase.
FRA.TER.NAL adj. Fraternal; fraterno.
FRA.TER.NI.DAD s.f. Fraternidade.
FRA.TER.NI.ZAR v.t. Fraternizar; confraternizar.
FRA.TER.NO adj. Fraterno.
FRAU.DE s.f. Fraude; trapaça.
FRAY s.m. Frei.
FRE.CUEN.CIA s.f. Frequência.
FRE.CUEN.TAR v.t. Frequentar.
FRE.CUEN.TE adj. Frequente.
FRE.GA.DE.RO s.m. Pia de cozinha.
FRE.GAR v.t. Esfregar; limpar; lavar (pratos).
FRE.ÍR v.t. Fritar; frigir. v.p. fig. Fritar-se; tostar-se.
FRE.NAR v.t. Frear; brecar. v.p. Controlar-se; conter-se.
FRE.NE.SÍ s.m. Frenesi.
FRE.NO s.m. Freio.
FREN.TE s.f. Frente; fachada; Anat. testa.
FRE.SA s.f. Bot. Morango; Mec. fresa.
FRE.SAR v.t. Mec. Fresar.
FRES.CO adj. Fresco.
FRES.COR s.m. Frescor; frescura.
FRES.CU.RA s.f. Frescura; frescor; descuido; descaramento.
FRI.AL.DAD s.f. Frialdade; frieza; indiferença.
FRIC.CIÓN s.f. Fricção.
FRIC.CIO.NAR v.t. Friccionar; esfregar; atritar.
FRIE.GA s.f. Esfrega; fricção.
FRI.GI.DEZ s.f. Frigidez; frio.
FRÍ.GI.DO adj. Frígido.
FRI.GO.RÍ.FI.CO adj. Frigorífico.
FRI.JOL s.m. Feijão.

FRÍO adj. e s.m. Frio.
FRIO.LE.RO adj. Friorento.
FRI.TA.DA s.f. Fritada.
FRI.VO.LI.DAD s.f. Frivolidade.
FRÍ.VO.LO adj. e s.m. Frívolo.
FRON.DO.SO adj. Frondoso.
FRON.TAL adj. Frontal. s.m. Frente.
FRON.TE.RA s.f. Fronteira.
FRO.TAR v.t. Esfregar; Fís. friccionar.
FRUC.TÍ.FE.RO adj. Frutífero.
FRUC.TI.FI.CAR v.int. Frutificar.
FRU.GAL adj. Frugal; leve.
FRU.GA.LI.DAD s.f. Frugalidade.
FRUN.CE s.m. Franzido.
FRUN.CIR v.t. Franzir; enrugar.
FRUS.LE.RÍ.A s.f. Bugiganga; bobagem.
FRUS.TRA.CIÓN s.f. Frustração.
FRUS.TRAR v.t. Frustrar. v.p. Frustrar-se.
FRU.TA s.f. Fruta; fruto.
FRU.TAL adj. Frutífero.
FRU.TO s.m. Bot. Fruto; resultado; produto; fruto del trabajo: fruto do trabalho.
FUE.GO s.m. Fogo; chama; lume; ardor; paixão.
FUE.LLE s.m. Fole; sanfona.
FUEN.TE s.f. Fonte (de água).
FUE.RA adv. Fora; afora.
FUE.RO s.m. Foro; jurisdição.
FUER.TE adj. Forte; robusto; enérgico. s.m. Forte; fortaleza.
FUER.ZA s.f. Força; resistência.
FU.GA s.f. Fuga; escapada; evasão.
FU.GAR.SE v.p. Fugir; evadir-se.
FU.GAZ adj. Fugaz.
FU.GI.TI.VO s.m. Fugitivo.
FU.LA.NO s.m. Fulano.
FUL.GOR s.m. Fulgor; esplendor.
FUL.GU.RAR v.int. Fulgurar; brilhar.
FUL.MI.NAR v.t. Fulminar.
FU.LLE.RÍ.A s.f. Trapaça.
FU.LLE.RO s.m. Trapaceiro.
FU.MAR v.t. e int. Fumar. v.p. fam. Torrar; esbanjar.
FUN.CIÓN s.f. Função; cargo; tarefa.
FUN.CIO.NAR v.t. Funcionar; trabalhar.

FUN.CIO.NA.RIO *s.m.* Funcionário; empregado.
FUN.DA.MEN.TAR *v.t.* Fundamentar; fundar. *v.p.* Fundamentar-se.
FUN.DA.MEN.TO *s.m.* Fundamento; base.
FUN.DAR *v.t.* Fundar; fundamentar. *v.p.* Fundar-se.
FUN.DI.CIÓN *s.f.* Fundição.
FUN.DIR *v.t.* Fundir; dissolver; arruinar. *v.p.* Fundir-se.
FÚ.NE.BRE *adj.* Fúnebre; lúgubre.
FU.NE.RAL *s.m.* Funeral.
FU.NE.RA.RIO *adj.* Funerário.
FU.NES.TO *adj.* Funesto.
FUR.GÓN *s.m.* Furgão.
FU.RIA *s.f.* Fúria; raiva; ira.

FU.RIO.SO *adj.* Furioso.
FU.ROR *s.m.* Furor; cólera; fúria.
FUR.TI.VO *adj.* Furtivo.
FU.SI.BLE *s.m.* Fusível.
FU.SIL *s.m.* Fuzil.
FU.SI.LAR *v.t.* Fuzilar; executar.
FU.SIÓN *s.f.* Fusão; mistura; liga.
FUS.TA *s.f.* Fuste; haste.
FUS.TE *s.m.* Fundamento.
FUS.TI.GAR *v.t.* Fustigar.
FÚT.BOL *s.m.* Futebol.
FUT.BO.LIS.TA *s.2g.* Futebolista; jogador de futebol.
FÚ.TIL *adj.* Fútil; frívolo.
FU.TI.LI.DAD *s.f.* Futilidade.
FU.TU.RO *adj.* e *s.m.* Futuro.

G

G *s.m.* Sétima letra do alfabeto espanhol.
GA.BÁN *s.m.* Sobretudo; casaco.
GA.BAR.DI.NA *s.f.* Gabardina.
GA.BI.NE.TE *s.m.* Gabinete.
GA.CE.LA *s.f. Zool.* Gazela.
GA.CE.TA *s.f.* Gazeta; jornal.
GA.CE.TE.RO *s.m.* Gazeteiro; jornaleiro.
GA.CHAS *s.f. pl.* Mingau.
GA.CHO *adj.* Baixo; (cabeça, orelha) baixa.
GA.FA *s.f.* Haste dos óculos; grampo.
GA.FAS *s.f. pl.* Óculos.
GA.FAR *v.t.* Azarar; dar azar.
GA.FE *adj.* e *s.m.* Azarado.
GAI.TA *s.f. Mús.* Gaita; *fam.* orgulhoso, contente.
GAI.TE.RO *s.m.* Gaiteiro.
GA.JO *s.m.* Gomo; cacho (de frutas).
GA.LA *s.f.* Gala; ostentação; espetáculo.
GA.LÁC.TI.CO *adj.* Galáctico.
GA.LÁN *s.m.* Galã; mocinho.
GA.LAN.TE *adj.* Galante; namorador.
GA.LAN.TEAR *v.t.* Galantear.
GA.LAN.TEO *s.m.* Galanteio.
GA.LÁ.PA.GO *s.m. Zool.* Cágado.
GA.LAR.DO.NAR *v.t.* Galardoar; premiar.
GA.LAR.DÓN *s.m.* Galardão; honraria.
GA.LAS *s.f. pl.* Presente de casamento; trajes de festa.
GA.LA.XIA *s.f.* Galáxia.
GA.LE.ÓN *s.m.* Galeão.
GA.LE.RA *s.f.* Galera; galé.
GA.LE.RÍ.A *s.f.* Galeria.
GÁ.LI.BO *s.m.* Gabarito; garbo; elegância.
GA.LLAR.DEAR *v.int.* Galhardear.
GA.LLAR.DÍ.A *s.f.* Galhardia.
GA.LLE.GO *adj.* e *s.m.* Galego (idioma da Galícia).
GA.LLE.TA *s.f.* Bolacha; *fig.* bofetada.
GA.LLI.NA *s.f. Zool.* Galinha; *fig.* covarde.
GA.LLI.NE.RO *s.m.* Galinheiro.
GA.LLO *s.m. Zool.* Galo; *fig.* valentão.
GA.LO *adj.* e *s.m.* Galo; gaulês.
GA.LÓN *s.m.* Galão; fita; medida.
GA.LO.PAR *v.int.* Galopar.
GA.MA *s.f.* Gama; série.
GAM.BA *s.f. Zool.* Camarão.
GA.ME.LLA *s.f.* Gamela (para animais).
GA.MO *s.m. Zool.* Gamo; veado.
GA.MO.NAL *s.m. fig.* Cacique.
GA.MU.ZA *s.f.* Camurça; bege (cor).
GA.NA *s.f.* Gana; vontade.
GA.NA.DE.RÍ.A *s.f.* Pecuária; criação de gado (de corte).
GA.NA.DE.RO *adj.* Pecuário; boiadeiro. *s.m.* Pecuarista.
GA.NA.DO *s.m.* Gado.
GA.NA.DOR *adj.* e *s.m.* Ganhador.
GA.NAN.CIA *s.f.* Ganho; lucro; *ganancias s.f. pl.:* rendimentos.
GA.NAN.CIAL *adj.* De lucro; de rendimentos.
GA.NA.PÁN *s.m.* Ganha-pão; carregador; peão de obra.
GA.NAR *v.t.* e *int.* Ganhar; lucrar. *v.t.* Ganhar; conquistar. *Ganarse: v.p.:* Ganhar (a vida); conquistar (o agrado de outrem).
GAN.CHI.LLO *s.m.* Crochê; agulha de crochê.
GAN.CHI.TO *s.m.* Salgadinho (tipo *cheetos*).
GAN.CHO *s.m.* Gancho; *fig.* isca; soco (boxe).
GAN.DUL *adj.* e *s.m.* Safado; vagabundo.
GAN.DU.LE.AR *v.int.* Vagabundear.
GAN.GA *s.f. fam.* Pechincha.
GAN.GLIO *s.m. Anat.* Gânglio.
GAN.GO.SO *adj.* e *s.m.* Fanho; fanhoso.
GAN.GRE.NA *s.f. Med.* Gangrena.

GAN.GRE.NAR.SE *v.p.* Gangrenar-se.
GA.ÑI.DO *s.m.* Ganido; uivo (cão); grasnar (ave).
GA.ÑIR *v.int.* Ganir (cão); grasnar (ave).
GAN.SA.DA *s.f. fam.* Palhaçada.
GAN.SO *s.m. fam.* Palhaço; descuidado; *Zool.* Ganso.
GAN.ZÚA *s.f.* Gazua (chave).
GA.RA.BA.TE.AR *v.t.* e *int.* Garatujar; rabiscar.
GA.RA.JE *s.m.* Garagem.
GA.RAN.TI.ZA.DO *adj.* Garantido.
GA.RAN.TI.ZAR *v.t.* Garantir; afiançar; assegurar.
GAR.BAN.ZO *s.m. Bot.* Grão-de-Bico.
GAR.BO *s.m.* Garbo.
GAR.BO.SO *adj.* Garboso.
GAR.DE.NIA *s.f. Bot.* Gardênia.
GAR.FE.AR *v.int.* Ganchar.
GAR.FA *s.f.* Garra; unha.
GAR.FIO *s.m.* Garfio; *Capitán Garfio:* Capitão Gancho.
GAR.GA.JO *s.m.* Escarro; gargalho.
GAR.GAN.TA *s.f. Geog.* e *Anat.* Garganta.
GAR.GAN.TI.LLA *s.f.* Gargantilha.
GÁR.GA.RA *s.f.* Gargarejo.
GA.RI.TA *s.f.* Guarita.
GA.RI.TO *s.m.* Taberna; casa de jogo.
GAR.LI.TO *s.m.* Armadilha; cilada.
GA.RRA *s.f.* Garra (pata de certos animais); força; energia.
GA.RRA.FA *s.f.* Bujão de gás; garrafão.
GA.RRA.FÓN *s.m.* Garrafão; bujão.
GA.RRA.PA.TA *s.f. Zool.* Carrapato.
GA.RRA.PA.TO *s.m.* Garatuja; rabisco.
GA.RRO.TA.ZO *s.m.* Paulada; bordoada.
GA.RRO.TE *s.m.* Garrote; estaca; bordão.
GAR.ZA *s.f. Bot.* Garça.
GAS *s.m. Quím.* Gás.
GA.SA *s.f.* Gaze.
GA.SEO.DUC.TO *s.m.* Gasoduto.
GA.SEO.SA *s.f.* Espécie de refrigerante; soda.
GA.SEO.SO *adj.* Gasoso.
GA.SI.FI.CA.CIÓN *s.f.* Gaseificação.
GA.SO.LEO *s.m.* Óleo diesel.

GA.SO.LI.NA *s.f.* Gasolina.
GA.SO.LI.NE.RA *s.f.* Posto de gasolina.
GAS.TAR *v.t.* Gastar; usar; acabar; consumir. *v.p.* Gastar-se; estragar-se.
GAS.TO *s.m.* Gasto; consumo; despesa.
GAS.TRI.TIS *s.f.* Gastrite.
GAS.TRO.NO.MÍ.A *s.f.* Gastronomia.
GA.TAS *loc. adv.* De gatas; de gatinhas.
GA.TE.AR *v.int.* Subir; trepar; *fam.* andar de gatinhas; engatinhar.
GA.TI.LLO *s.m.* Gatilho.
GA.TO *s.m. Zool.* Gato; *Mec.* macaco; *fam.* ladrão.
GA.TU.NO *adj.* Felino.
GA.VI.LÁN *s.m. Zool.* Gavião.
GA.VIO.TA *s.f.* Gaivota.
GA.ZA.PE.RA *s.f.* Toca (de coelho); lura.
GA.ZA.PO *s.m. Zool.* Láparo (filhote de coelho); *fam.* deslize; mentira.
GEL *Quím.* Gel; sabonete cremoso.
GE.LA.TI.NA *s.f.* Gelatina.
GÉ.LI.DO *adj.* Gélido.
GE.MA *s.f.* Gema.
GE.ME.LO *adj.* e *s.m.* Gêmeo.
GE.MI.DO *s.m.* Gemido.
GE.MIR *v.int.* Gemer.
GE.NEA.LO.GÍ.A *s.f.* Genealogia.
GE.NE.RA.CIÓN *s.f.* Geração.
GE.NE.RAL *adj.* Geral; comum.
GE.NE.RA.LI.DAD *s.f.* Generalidade.
GE.NE.RA.LI.ZAR *v.t.* Generalizar. *v.p.* Generalizar-se.
GE.NE.RAR *v.t.* Gerar; produzir.
GE.NÉ.RI.CO *adj.* Genérico.
GÉ.NE.RO *s.m.* Gênero; categoria; ordem; qualidade.
GE.NE.RO.SI.DAD *s.f.* Generosidade.
GE.NIAL *adj.* Genial; ótimo; formidável.
GE.NIO *s.m.* Gênio; índole; humor (ruim ou bom); firmeza; inventividade.
GE.NI.TAL *adj.* Genital.
GEN.TE *s.f.* Gente.
GEN.TIL *s.m.* Gentio. *adj.* Gentil; amável; polido.

GEN.TI.LE.ZA *s.f.* Gentileza; delicadeza; elegância.
GEN.TÍ.O *s.m.* Multidão; gentio.
GEN.TU.ZA *s.f.* Gentinha; ralé.
GE.NUI.NO *adj.* Genuíno; original.
GEO.GRA.FÍ.A *s.f.* Geografia.
GEO.LO.GÍ.A *s.f.* Geologia.
GEO.ME.TRÍ.A *s.f.* Geometria.
GE.RA.NIO *s.m Bot.* Gerânio.
GE.REN.CIA *s.f.* Gerência.
GE.REN.TE *s.2g.* Gerente.
GE.RIA.TRÍ.A *s.f.* Geriatria.
GER.MÁ.NI.CO *adj.* e *s.m.* Germânico.
GER.MEN *s.m.* Gérmen; germe; origem.
GER.MI.NAR *v.int.* Germinar; brotar; *fig.* nascer; começar.
GER.MI.NA.TI.VO *adj.* Germinativo.
GE.RUN.DIO *s.m. Gram.* Gerúndio.
GES.TA *s.f.* Gesta; façanha; proeza.
GES.TA.CIÓN *s.f.* Gestação.
GES.TIÓN *s.f.* Gestão.
GES.TO *s.m.* Gesto; sinal; movimento; expressão.
GI.BA *s.f.* Giba; corcunda.
GI.GAN.TE *adj.* e *s.2g.* Gigante.
GI.BAR *v.t. fam.* Deixar bravo, com raiva; atrapalhar. *v.p.* Ficar bravo, com raiva.
GI.BÓN *s.m. Zool.* Gibão.
GIL *adj.* e *s.m.* Otário; bobo; imbecil; *gila s.f.:* otária.
GIM.NA.SIA *s.f.* Ginástica.
GIM.NA.SIO *s.m.* Ginásio.
GIM.NAS.TA *s.2g.* Ginasta.
GI.MO.TE.AR *v.int.* Choramingar; gemer.
GIN.CA.NA *s.f.* Gincana.
GI.NE.BRA *s.f.* Gim.
GI.NE.CO.LO.GÍ.A *s.f.* Ginecologia.
GI.RAR *v.t.* e *int.* Girar; rodar; rolar; virar.
GI.RA.SOL *s.m. Bot.* Girassol.
GI.RO *s.m.* Giro; volta; rotação.
GI.TA.NO *adj.* e *s.m.* Cigano.
GLA.CIA.CIÓN *Geol.* Glaciação.
GLA.CIAL *adj.* Glacial.
GLA.DIA.DOR *s.m.* Gladiador.
GLÁN.DU.LA *s.f.* Glândula.

GLA.SE.AR *v.t.* Lubrificar; polir.
GLA.SÉ *s.m.* Glacê.
GLAU.CO *adj.* Glauco.
GLAU.CO.MA *s.m. Med.* Glaucoma.
GLO.BAL *adj.* Global; mundial; universal; integral.
GLO.BO *s.m.* Globo; esfera; mundo.
GLÓ.BU.LO *s.m.* Glóbulo.
GLO.RIA *s.f.* Glória.
GLO.RI.FI.CA.CIÓN *s.f.* Glorificação.
GLO.RI.FI.CAR *v.t.* Glorificar; enaltecer. *v.p.* Glorificar-se; vangloriar-se.
GLO.RIO.SO *adj.* Glorioso.
GLO.SA.RIO *s.m.* Glossário.
GLO.TIS *s.f. Anat.* Glote.
GLO.TÓN *s.m.* Glutão.
GLU.CE.MIA *s.f.* Glicemia.
GLU.CO.SA *s.f. Quím.* Glicose.
GLÚ.TEO *adj.* e *s.m. Anat.* Glúteo.
GNO.MO *s.m.* Gnomo.
GNO.SIS *s.f. Rel.* Gnose.
GNOS.TI.CIS.MO *s.m. Rel.* Gnosticismo.
GO.BER.NA.BI.LI.DAD *s.f.* Governabilidade.
GO.BER.NA.DOR *s.m.* Governador.
GO.BER.NAN.TA *s.f.* Governanta.
GO.BER.NAN.TE *s.2g.* Governante.
GO.BER.NAR *v.t.* e *int.* Governar; dirigir; administrar.
GO.BIER.NO *s.m.* Governo; autoridade; administração.
GO.CE *s.m.* Gozo; prazer.
GOL *s.m. Esport.* Gol (futebol, handebol).
GO.LA *s.f. Anat.* Goela; garganta; Geog. canal.
GO.LE.AR *v.t. Esport.* Golear.
GOL.FO *s.m. Geog.* Golfo. *adj.* Vagabundo.
GOL.LE.TE *s.m. Anat.* Pescoço; gargalo.
GO.LON.DRI.NA *s.f. Zool.* Andorinha.
GO.LO.SI.NA *s.f.* Guloseima.
GO.LO.SO *adj.* Guloso.
GOL.PA.ZO *s.m.* Pancada; baque.
GOL.PE *s.m.* Golpe; pancada; colisão; desgraça.
GOL.PE.AR *v.t.* e *int.* Golpear; bater. *v.p.* Bater.
GOL.PE.TA.ZO *s.m.* Baque; pancada forte.

GO.MA *s.f.* Borracha (de apagar); pneu; elástico; chiclete.
GO.MO.SO *adj.* Viscoso; gomoso.
GÓN.DO.LA *s.f.* Gôndola.
GONG *s.m.* Gongo.
GO.NO.RREA *s.f. Med.* Gonorreia.
GOR.DIN.FLÓN *adj.* Gorducho; balofo.
GOR.DO *adj.* Gordo.
GOR.DU.RA *s.f.* Obesidade; gordura.
GO.RI.LA *s.m. Zool.* Gorila.
GORJEAR *v.int.* Gorjear (pássaro); *fig.* cantarolar.
GO.RRA *s.f.* Gorro; boné.
GO.RRI.NO *s.m.* Leitão; porco. *adj. fam.* sujo; imundo.
GO.RRI.LÓN *s.m. Zool.* Pardal.
GO.RRÓN *adj. e s.m.* Aproveitador.
GO.TA *s.f.* Gota; pingo.
GO.TE.AR *v.int.* Pingar; gotejar.
GO.TE.RA *s.f.* Goteira.
GÓ.TI.CO *adj.* Gótico.
GO.ZAR *v.t e int.* Gozar; usufruir; desfrutar.
GOZ.NE *s.m.* Dobradiça; gonzo.
GO.ZO *s.m.* Gozo; satisfação; deleite; prazer.
GO.ZO.SO *adj.* Prazeroso.
GRA.BA.CIÓN *adj.* Gravação.
GRA.BA.DOR *adj. e s.m.* Gravador.
GRA.BAR *v.t.* Gravar; imprimir; estampar; registrar. *v.p.* Ficar gravado; memorizar.
GRA.CE.JO *s.m.* Gracejo.
GRA.CIA *s.f.* Graça; beneficio; favor; gracejo; *dar gracias:* agradecer; *¡gracias!:* Obrigado.
GRÁ.CIL *adj.* Grácil; fino; delicado.
GRA.CIO.SO *adj.* Gracioso.
GRA.DA *s.f.* Arquibancada; degrau; *gradas:* escadaria.
GRA.DA.CIÓN *s.f.* Gradação.
GRA.DE.RÍ.A *s.f.* Escadaria.
GRA.DO *s.m.* Grau; degrau; nível.
GRA.DUA.CIÓN *s.f.* Graduação.
GRA.DUA.DO *adj.* Graduado.
GRA.DUAR *v.t.* Graduar. *v.t. e p.* Licenciar(-se); formar(-se).
GRA.FÍ.A *s.f.* Grafia.
GRÁ.FI.CO *adj.* Gráfico.

GRA.FI.TO *s.m. Miner.* Grafite.
GRA.GEA *s.f.* Drágea; pílula.
GRA.JA *s.f. Zool.* Gralha.
GRA.MÁ.TI.CA *s.f.* Gramática.
GRA.MÁ.TI.CO *s.m.* Gramático.
GRA.MI.NEAS *s.f. pl. Bot.* Gramíneas.
GRA.MO *s.m.* Grama (unidade de peso).
GRA.MÓ.FO.NO *s.m.* Gramofone.
GRAN *adj.* Grande; grã; grão; primeiro.
GRA.NA.DA *s.f. Bot.* Romã; *Mil.* granada.
GRA.NA.TE *adj. e s.m.* Grená (cor). *s.m.* Miner. Granada.
GRANDE *adj.* Grande.
GRAN.DE.ZA *s.f.* Grandeza.
GRAN.DIO.SO *adj.* Grandioso.
GRA.NEL (a) *loc. adj./adv.* A granel.
GRA.NE.RO *s.m.* Celeiro; silo.
GRA.NI.TO *s.m.* Granito.
GRA.NI.ZO *s.m.* Granizo.
GRAN.JA *s.f.* Granja.
GRAN.JE.AR *v.t.* Granjear; obter; adquirir. *v.p.* Granjear; conquistar.
GRAN.JE.RO *s.m.* Granjeiro.
GRA.NO *s.m.* Grão.
GRA.PA *s.f.* Grampo.
GRA.PAR *v.t.* Grampear.
GRA.SA *s.f.* Gordura (de alimento); graxa.
GRA.SIEN.TO *adj.* Gordurento.
GRA.SO *adj.* Gorduroso; oleoso.
GRA.TI.FI.CA.CIÓN *s.f.* Gratificação.
GRA.TI.FI.CAR *v.t.* Gratificar; premiar; agradar.
GRA.TIS *adj. e adv.* Grátis.
GRA.TI.TUD *s.f.* Gratitude; agradecimento.
GRA.TO *adj.* Grato.
GRA.TUI.DAD *s.f.* Gratuidade.
GRA.TUI.TO *adj.* Gratuito.
GRA.VA *s.f.* Cascalho.
GRA.VAR *v.t.* Agravar; onerar.
GRA.VE *adj.* Grave; sério; perigoso.
GRA.VE.DAD *s.f.* Gravidade; seriedade.
GRA.VI.DEZ *s.f.* Gravidez.
GRÁ.VI.DO *adj.* Grávido; pesado.
GRA.VI.LLA *s.m.* Cascalho miúdo.
GRA.VI.TA.CIÓN *s.f.* Gravitação.

GRA.VI.TAR v.int. Gravitar.
GRAZ.NAR v.int. Grasnar.
GRAZ.NI.DO s.m. Grasnido.
GRE.CO.RRO.MA.NO adj. Greco-romano.
GRE.GA.RIO adj. Gregário.
GRE.MIO s.m. Grêmio; agremiação.
GRE.ÑA s.f. Grenha; cabelo em desalinho; fig. briga.
GRE.ÑU.DO adj. e s.f. Grenhudo; cabelo vasto emaranhado.
GRES.CA s.f. fam. Briga; confusão.
GRIAL s.m. Graal.
GRIE.GO adj. e s.m. Grego; helênico.
GRIE.TA s.f. Greta; brecha; fenda; abertura.
GRI.FE.RÍ.A s.f. Conjunto de registros e torneiras de água.
GRI.FO s.m. Torneira; Mit. grifo.
GRI.LLE.TE s.m. Algema; grilhão; argola.
GRI.LLO s.m. Zool. Grilo.
GRIN.GO adj. e s.m. Gringo; estrangeiro; norte-americano.
GRI.PE s.f. Med. Gripe.
GRIS adj. e s.m. Cinza (cor); fig. nublado; triste.
GRI.TAR v.t. e int. Gritar; berrar.
GRI.TO s.m. Grito; berro; chamado.
GRO.SE.LLA s.f. Bot. Groselha.
GRO.SE.RÍ.A s.f. Grosseria; estupidez.
GRO.SE.RO adj. Grosseiro; grosso; estúpido; bronco.
GRO.SOR s.m. Espessura.
GRUE.SO adj. Grosso; grosseiro; áspero; volumoso.
GRU.ME.TE s.m. Mar. Grumete.
GRU.MO s.m. Coágulo; caroço; maço.
GRU.ÑI.DO s.m. Grunhido; rugido; alarido.
GRU.ÑIR v.int. Grunhir.
GRU.PA s.f. Garupa.
GRU.PO s.m. Grupo; turma; equipe; aglomeração.
GRU.TA s.f. Gruta; caverna.
GUA.CHE s.m. Guache.
GUA.DA.ÑA s.f. Foice.
GUA.DA.ÑAR v.t. Ceifar com foice.
GUAJE s.m. Garoto, menino, rapaz.
GUAN.TE s.m. Luva; guantes pl.: luvas.
GUAN.TE.RA s.f. Porta-luvas.
GUA.PE.ZA s.f. Formosura; beleza; elegância.
GUA.PO adj. Bonito; agradável; elegante.
GUA.PU.RA s.f. Beleza; elegância.
GUAR.DA s.2g. Guarda; vigilante. s.f. Guarda; proteção.
GUAR.DA.BA.RROS s.m. Para-lamas.
GUAR.DA.BOS.QUE s.m. Guarda-florestal.
GUAR.DA.ES.PAL.DAS s.m. Guarda-costas.
GUAR.DA.ME.TA s.m. Goleiro.
GUAR.DA.POL.VO s.m. Avental; macacão.
GUAR.DAR v.t. Guardar; proteger; vigiar; conservar.
GUAR.DA.RRO.PA s.m. Guarda-roupa; cabide.
GUAR.DIA s.f. Guarda; custódia; cuidado; proteção.
GUAR.DIÁN s.m. Guardião; protetor.
GUAR.DI.LLA s.f. Água-furtada.
GUA.RE.CER v.t. Amparar; defender; proteger; conservar. v.p. Refugiar-se.
GUA.RI.DA s.f. Guarida; amparo.
GUA.RIS.MO s.m. Algarismo; dígito.
GUAR.NE.CER v.t. Guarnecer; prover.
GUAR.NI.CIÓN s.f. Guarnição.
GUA.RRO s.m. Porco.
GUA.SA s.f. Brincadeira; zombaria.
GUA.YA.BO s.m. Bot. Goiabeira.
GU.BER.NA.MEN.TAL adj. e s.2g. Governamental; estatal.
GUE.RRA s.f. Guerra.
GUE.RRE.AR v.int. Guerrear; lutar.
GUE.RRE.RO s.m. Guerreiro.
GUE.RRI.LLA s.f. Guerrilha.
GUÍ.A s.2g. Guia; líder. s.f. Guia; roteiro; volante.
GUÍ.AS s.f. pl. Rédeas.
GUI.AR v.t. Guiar; conduzir; dirigir.
GUI.JA s.f. Seixo; pedrinhas.
GUI.JO s.m. Cascalho.
GUI.LLO.TI.NA s.f. Guilhotina.
GUIN.DAS.TE s.m. Guindaste.
GUI.ÑA.PO s.m. Trapo; farrapo; maltrapilho.
GUI.ÑO s.m. Piscada de olhos; piscadela.

GUIR.NAL.DA *s.f.* Grinalda.
GUI.SA *s.f.* Guisa; jeito.
GUI.SA.DO *s.m.* Guisado; cozido.
GUI.SAN.TE *s.m. Bot.* Ervilha.
GUI.SAR *v.t.* Guisar; cozinhar.
GUI.SO *s.m.* Guisado; cozido; refogado.
GUI.TA *s.f.* Barbante; corda; dinheiro; grana.
GUI.TA.RRA *s.f.* Violão; guitarra.

GU.LA *s.f.* Gula.
GU.SA.NO *s.m.* Verme; lagarta.
GUS.TAR *v.t.* e *int.* Gostar; agradar.
GUS.TA.ZO *s.m. fam.* Gostosura.
GUS.TO *s.m.* Gosto; sabor; paladar; satisfação; simpatia.
GUS.TO.SO *adj.* Gostoso.
GU.TU.RAL *adj.* Gutural; rouco.

H

H *s.m.* Oitava letra do alfabeto espanhol.
HA.BER *v.t.* Haver; existir; poder; ter. *s.m.* Crédito.
HA.BI.CHUE.LA *s.f. Bot.* Feijão (V. *Fréjol*).
HÁ.BIL *adj.* Hábil.
HA.BI.LI.DAD *s.f.* Habilidade.
HA.BI.LI.DO.SO *adj.* Habilidoso.
HA.BI.LI.TA.CIÓN *s.f.* Habilitação.
HA.BI.LI.TAR *v.t.* Habilitar.
HA.BI.TA.CIÓN *s.f.* Habitação.
HA.BI.TAR *v.t.* e *int.* Habitar; residir; morar.
HÁ.BI.TO *s.m.* Hábito; costume; batina.
HA.BI.TUAL *adj.* Habitual.
HA.BI.TUAR *v.t.* Habituar; acostumar. *v.p.* Habituar-se.
HA.BLA *s.f.* Fala.
HA.BLAR *v.t.* Falar; dizer; declarar; conversar.
HA.CEN.DO.SO *adj.* Assíduo; esmerado.
HA.CER *v.t.* Fazer; realizar; agir; fabricar; produzir. *v.p.* Tornar-se.
HA.CIA *prep.* Em direção a; para.
HA.CIEN.DA *s.f.* Fazenda; propriedade rural; gado; capital; bens; fisco.
HA.CHA *s.f.* Machado; tocha.
HA.CHA.ZO *s.m.* Machadada.
HA.DA *s.f.* Fada.
HA.LA.GAR *v.t.* Agradar; adular; acariciar; mimar.
HA.LA.GO *s.m.* Agrado; carinho; bajulação; adulação.
HA.LAR *v.t.* Puxar; içar.
HAL.CÓN *s.m. Zool.* Falcão; gavião.
HÁ.LI.TO *s.m.* Hálito; sopro.
HA.LLAR *v.t.* Achar; encontrar; notar. *v.p.* Achar-se; encontrar-se.
HA.LO *s.m.* Halo; auréola.

HAM.BRE *s.f.* Fome; *fig.* desejo; avidez.
HAM.BRIEN.TO *adj.* e *s.m.* Faminto; esfomeado.
HAN.GAR *s.m.* Hangar.
HA.RA.GÁN *adj.* e *s.m.* Desocupado; malandro.
HA.RA.GA.NE.AR *v.int.* Vagabundear; vadiar.
HA.RA.PIEN.TO *adj.* Andrajoso; maltrapilho.
HA.RA.PO *s.m.* Andrajo; trapo.
HA.RÉN *s.m.* Harém.
HA.RI.NA *s.f.* Farinha.
HAR.TAR *v.t.* Fartar; saciar; empanturrar; aborrecer. *p.v.* Fartar-se; saciar-se; aborrecer-se.
HAR.TO *adj.* Farto; cheio; saciado; cansado; aborrecido.
HAR.TU.RA *s.f.* Fartura; abundância.
HAS.TA *prep.* Até; até que.
HAS.TIAR *v.t.* Enfastiar; aborrecer. *v.p.* Enfastiar-se.
HAS.TÍO *s.m.* Fastio; aborrecimento.
HAZ *s.m.* Feixe. *s.f.* face.
HE.BI.LLA *s.f.* Fivela.
HE.BRA *s.f.* Fibra; fio; linha; cordão.
HE.BRAI.CO *adj.* Hebraico.
HE.BREO *adj.* e *s.m.* Hebreu; judeu.
HE.CA.TOM.BE *s.f.* Hecatombe; catástrofe; tragédia.
HE.CHI.CE.RO *s.m.* Feiticeiro; curandeiro.
HE.CHI.ZA.DO *adj.* Enfeitiçado.
HE.CHI.ZAR *v.t.* Enfeitiçar; encantar; fascinar.
HE.CHI.ZO *s.m.* Feitiço.
HE.CHO *adj.* Feito; pronto *s.m.* Feito; ato.
HE.CHU.RA *s.f.* Feitura; feitio; compleição.
HE.DER *v.t.* Feder; *fig.* enfadar.
HE.DION.DEZ *s.f.* Fedor; mau cheiro.
HE.DION.DO *adj.* Fedorento; malcheiroso.
HE.DOR *s.m.* Fedor; mau cheiro.

HE.LA.DA *s.f.* Geada. *adj.* Gelada.
HE.LA.DE.RA *s.f.* Geladeira.
HE.LA.DE.RÍ.A *s.f.* Sorveteria.
HE.LA.DO *s.m.* Sorvete. *adj. e s.m.* Gelado.
HE.LAR *v.t.* Gelar; congelar. *v.p.* Gelar-se. *v.imp.* Gear.
HE.LE.CHO *s.m. Bot.* Samambaia.
HE.LÉ.NI.CO *adj.* Helênico.
HÉ.LI.CE *s.f.* Hélice.
HE.LI.CÓP.TE.RO *s.m.* Helicóptero.
HE.LIO.CÉN.TRI.CO *adj. Astr.* Heliocêntrico.
HE.MA.TO.MA *s.m. Med.* Hematoma.
HEM.BRA *s.f.* Fêmea; mulher (pessoa).
HE.MIS.FE.RIO *s.m.* Hemisfério.
HE.MO.DI.Á.LI.SIS *s.f. Med.* Hemodiálise.
HE.MO.FI.LIA *s.f.* Hemofilia.
HE.MO.RRA.GIA *s.f.* Hemorragia.
HEN.CHIR *v.t.* Encher; preencher. *v.p.* Encher-se.
HEN.DER *v.t.* Fender; rachar; cortar. *v.p.* Fender-se.
HEN.DI.DU.RA *s.f.* Rachadura; fenda.
HE.NO *s.m.* Feno; forragem.
HE.PA.TI.TIS *s.f. Med.* Hepatite.
HER.BA.JE *s.f.* Ervagem; mato curto.
HER.BA.ZAL *s.m.* Matagal.
HER.BI.CI.DA *s.m.* Herbicida.
HER.BÍ.VO.RO *adj. e s.m.* Herbívoro.
HER.CIA.NO *adj. Fís.* Hertziano (das ondas hertz).
HER.CÚ.LEO *adj.* Hercúleo.
HE.RE.DAD *s.f.* Herdade; fazenda; propriedade.
HE.RE.DAR *v.t.* Herdar.
HE.RE.DE.RO *adj. e s.m.* Herdeiro.
HE.RE.DI.TA.RIO *adj.* Hereditário.
HE.RE.JE *s.2g.* Herege.
HE.RE.JÍ.A *s.f.* Heresia.
HE.REN.CIA *s.f.* Herança.
HE.RI.DA *s.f.* Ferida.
HE.RI.DO *adj. e s.m.* Ferido.
HE.RIR *v.t.* Ferir; machucar; magoar; ofender.
HER.MA.NAR *v.t.* Irmanar. *v.p.* Irmanar-se.
HER.MAN.DAR.SE *v.p.* Irmanar-se.
HER.MA.NAS.TRO *s.m.* Meio-irmão.

HER.MAN.DAD *s.f.* Irmandade; confraria.
HER.MA.NO *s.m.* Irmão; *hermana s.f.:* irmã.
HER.MÉ.TI.CO *adj.* Hermético.
HER.MO.SE.AR *v.t.* Embelezar. *v.p.* Embelezar-se.
HER.MO.SO *adj.* Formoso; belo; bonito.
HER.MO.SU.RA *s.f.* Formosura; beleza.
HER.NIA *s.f. Med.* Hérnia.
HÉ.ROE *s.m.* Herói.
HE.ROI.CI.DAD *s.f.* Heroísmo; heroicidade.
HE.ROI.CO *adj.* Heróico.
HE.RO.Í.NA *s.f.* Heroína; *Quím.* Heroína.
HE.ROÍS.MO *s.m.* Heroísmo.
HE.RRA.DU.RA *s.f.* Ferradura.
HE.RRA.JE *s.f.* Ferragem.
HE.RRA.MIEN.TA *s.f.* Ferramenta.
HE.RRAR *v.t.* Ferrar.
HE.RRE.RÍ.A *s.f.* Ferraria.
HE.RRE.RO *s.m.* Ferreiro.
HE.RRUM.BRAR.SE *v.p.* Enferrujar-se.
HE.RRUM.BRE *s.m.* Ferrugem.
HE.RRUM.BRO.SO *adj.* Enferrujado.
HER.VIR *v.int.* Ferver.
HER.VOR *s.m.* Fervor.
HE.SI.TAR *v.t.* Vacilar; hesitar.
HEZ *s.f.* Borra (de vinho); *fig.* porcaria.
HIA.TO *s.m.* Gram. Hiato.
HI.BER.NAR *v.int.* Hibernar.
HÍ.BRI.DO *adj.* Híbrido.
HI.DAL.GO *adj. e s.m.* Fidalgo.
HI.DRA.TA.CIÓN *s.f.* Hidratação.
HI.DRA.TAN.TE *adj.* Hidratante.
HI.DRA.TAR *v.t.* Hidratar. *v.p.* Hidratar-se.
HI.DRO.CAR.BU.RO *s.m. Quím.* Hidrocarboneto.
HI.DROE.LÉC.TRI.CA *s.f.* Hidroelétrica.
HI.DRO.FO.BIA *s.f. Med.* Hidrofobia.
HIE.DRA *s.f. Bot.* Hera.
HIEL *s.f.* Fel; bile; *fig.* amargura.
HIE.LO *s.m.* Gelo; *fig.* indiferença.
HIE.NA *s.f. Zool.* Hiena.
HIER.BA *s.f.* Erva; capim; pasto.
HIER.BA.BUE.NA *s.f. Bot.* Hortelã.
HIE.RRO *s.m.* Ferro.
HÍ.GA.DO *s.m. Anat.* Fígado.

HI.GIE.NE *s.f.* Higiene; limpeza; asseio.
HI.GO *s.m. Bot.* Figo.
HI.GUE.RA *s.f. Bot.* Figueira.
HI.JAS.TRO *s.m.* Enteado.
HI.JO *s.m.* Filho.
HI.JUE.LA *s.f.* Desvio; atalho; consequência.
HI.LA.CHA *s.f.* Fiapo; resíduo; resto.
HI.LAR *v.t.* Fiar; tecer.
HI.LE.RA *s.f.* Fileira; fila.
HI.LO *s.m.* Fio; *hilo eléctrico:* fio elétrico; linha (têxtil).
HI.MEN *s.m. Anat.* Hímen.
HIM.NO *s.m.* Hino.
HIN.CAR *v.t.* Cravar; fincar. *v.p.* Ajoelhar-se.
HIN.CHA *s.f.* Torcedor; fã; *fam.* antipatia.
HIN.CHA.DO *adj.* Inchado; *fig.* convencido.
HIN.CHAR *v.t.* Inchar; saturar; torcer (fã); encher. *v.p.* Inchar-se; encher-se.
HIN.CHA.ZÓN *s.f.* Inchaço; inchação.
HI.NO.JO *s.f. Bot.* Aipo.
HI.PAR *v.int.* Soluçar.
HI.PÉR.BO.LE *s.f. Gram.* Hipérbole.
HI.PE.RES.PA.CIO *s.m.* Hiperespaço.
HÍ.PI.CA *s.f. Esport.* Hipismo.
HIP.NO.SIS *s.f.* Hipnose.
HIP.NO.TI.ZAR *v.t.* Hipnotizar.
HI.PO *s.m.* Soluço.
HI.PO.CRE.SÍ.A *s.f.* Hipocrisia.
HI.PÓ.CRI.TA *adj.* e *s.2g.* Hipócrita.
HI.PÓ.DRO.MO *s.m.* Hipódromo.
HI.PÓ.FI.SIS *s.f. Anat.* Hipófise.
HI.PO.TE.CA *s.f.* Hipoteca.
HI.PO.PÓ.TA.MO *s.m. Zool.* Hipopótamo.
HI.PO.TE.CA *s.f.* Hipoteca.
HI.PO.TE.CAR *v.t.* Hipotecar.
HI.PO.TE.SIS *s.f.* Hipótese.
HIS.PÁ.NI.CO *adj.* Hispânico.
HIS.TE.RIA *s.f.* Histeria.
HIS.TO.RIA *s.f.* História.
HIS.TO.RIA.DOR *s.m.* Historiador.
HIS.TO.RI.CI.DAD *s.f.* Historicidade.
HIS.TO.RIO.GRA.FÍ.A *s.f.* Historiografia.
HI.TO *s.m.* Marco; baliza; acontecimento.
HO.CI.CAR *v.t.* Focinhar; fuçar; beijocar.
HO.CI.CO *s.m.* Focinho.

HO.DIER.NO *adj.* Hodierno; moderno.
HO.GAR *s.m.* Lar; casa; lareira.
HO.GA.RE.ÑO *adj.* Caseiro; familiar.
HO.GUE.RA *s.f.* Fogueira.
HO.JA *s.f.* Folha.
HO.JA.LA.TA *s.f.* Folha de flandres; latão; lata.
HO.JE.AR *v.t.* Folhear.
¡HO.LA! *interj.* Olá!
HO.LAN.DÉS *adj.* e *s.m.* Holandês.
HOL.GA.DO *adj.* Folgado.
HOL.GAN.ZA *s.f.* Folga; folgança.
HOL.GAR *v.int.* Folgar; divertir-se.
HOL.GA.ZÁN *adj.* e *s.m.* Folgado; folgazão.
HOL.GU.RA *s.f.* Folga.
HO.LLAR *v.t.* Pisar.
HO.LLÍN *s.m.* Fuligem.
HOM.BRA.DA *s.f.* Hombridade.
HOM.BRE *s.m.* Homem.
HOM.BRE.RA *s.f.* Ombreira.
HOM.BRO *s.m. Anat.* Ombro.
HOM.BRU.NO *adj. fam.* Machão.
HO.ME.NA.JE *s.m.* Homenagem.
HO.MEO.PA.TÍ.A *s.f.* Homeopatia.
HO.MÉ.RI.CO *adj.* Homérico.
HO.MI.CI.DA *adj.* e *s.m.* Homicida.
HO.MI.CI.DIO *s.m.* Homicídio.
HO.MO.GE.NEI.ZAR *v.t.* Homogeneizar.
HO.MO.GÉ.NEO *adj.* Homogêneo.
HO.MO.LO.GAR *v.t.* Homologar.
HO.MÓ.NI.MO *s.m.* Homônimo.
HON.DA *s.f.* Estilingue; atiradeira. *adj.* Funda; profunda.
HON.DO *adj.* Fundo; profundo.
HON.DU.RA *s.f.* Fundura.
HO.NES.TI.DAD *s.f.* Honestidade.
HO.NES.TO *adj.* Honesto.
HON.GO *s.m. Bot.* Cogumelo; fungo.
HO.NOR *s.m.* Honra; dignidade; apreço.
HO.NO.RA.BI.LI.DAD *s.f.* Honorabilidade.
HO.NO.RA.RIO *adj.* Honorário.
HON.RA *s.f.* Honra; pudor; dignidade.
HON.RA.DEZ *s.f.* Honradez; honestidade; dignidade.
HON.RAR *v.t.* Honrar; respeitar; louvar.

HON.RO.SO *adj.* Honroso.
HO.RA *s.f.* Hora.
HO.RA.DAR *v.t.* Perfurar.
HO.RA.RIO *s.m.* Horário.
HOR.CA *s.f.* Forca.
HOR.CHA.TA *s.f.* Refresco de amêndoas ou chufas.
HOR.DA *s.f.* Horda; bando; turba; multidão.
HO.RI.ZON.TE *s.m.* Horizonte.
HOR.MA *s.f.* Forma; molde; fôrma.
HOR.MI.GA *s.f. Zool.* Formiga.
HOR.MI.GUE.RO *s.m.* Formigueiro.
HOR.MO.NA *s.f.* Hormônio.
HOR.NA.DA *s.f.* Fornada.
HOR.NI.LLO *s.m.* Boca de fogão; queimador.
HOR.NO *s.m.* Forno.
HO.RÓS.CO.PO *s.m.* Horóscopo.
HOR.QUI.LLA *s.f.* Forquilha.
HO.RREN.DO *adj.* Horrendo.
HÓ.RREO *s.m.* Celeiro.
HO.RRI.BLE *adj.* Horrível.
HO.RRI.PI.LAR *v.t.* Horripilar. *v.p.* Horripilar-se.
HO.RROR *s.m.* Horror.
HO.RRO.RI.ZAR *v.t.* Horrorizar. *v.p.* Horrorizar-se.
HO.RRO.RO.SO *adj.* Horroroso.
HOR.TA.LI.ZA *s.f.* Hortaliça.
HOR.TE.RA *adj.* e *s.2g.* Cafona; brega.
HOR.TI.CUL.TU.RA *s.f.* Horticultura.
HOS.CO *adj.* Tosco.
HOS.PE.DA.JE *s.f.* Hospedagem.
HOS.PE.DAR *v.t.* Hospedar. *v.p.* Hospedar-se.
HOS.PE.DE.RÍ.A *s.f.* Hospedaria.
HOS.PI.CIO *s.m.* Orfanato; asilo; casa de acolhida.
HOS.PI.TAL *s.m.* Hospital.
HOS.PI.TA.LI.DAD *s.f.* Hospitalidade.
HOS.PI.TA.LI.ZAR *v.t.* Hospitalizar.
HOS.QUE.DAD *s.f.* Antipatia.
HOS.TAL *s.m.* Albergue; hospedaria.
HOS.TE.LE.RÍ.A *s.f.* Hotelaria.
HOS.TE.LE.RO *adj.* e *s.m.* Hoteleiro.
HOS.TE.RÍ.A *s.f.* Hospedaria; pousada; estalagem.
HOS.TIA *s.f.* Hóstia.
HOS.TI.GAR *v.t.* Fustigar.
HOS.TIL *adj.* Hostil; adverso.
HOS.TI.LI.DAD *s.f.* Hostilidade; agressão.
HOS.TI.LI.ZAR *v.t.* Hostilizar.
HOY *adv.* Hoje.
HO.JA *s.f.* Folha.
HO.YA *s.f.* Buraco; depressão.
HO.YO *s.m.* Buraco; cova.
HO.YUE.LO *s.m.* Covinha (na pele).
HOZ *s.f.* Foice; *Geog.* Desfiladeiro; vale.
HO.ZAR *v.t.* e *int.* Fuçar.
HUE.CO *adj.* Oco.
HUEL.GA *s.f.* Greve.
HUEL.GUIS.TA *adj.* e *s.2g.* Grevista.
HUE.LLA *s.f.* Pegada; rastro.
HUÉR.FA.NO *s.m.* Órfão.
HUER.TA *s.f.* Horta.
HUER.TO *s.m.* Horto.
HUE.SO *s.m.* Osso; caroço.
HUÉS.PED *s.m.* Hóspede.
HUES.TE *s.f.* Hoste; partidário; seguidor.
HUE.VA *s.f. Zool.* Ova.
HUE.VO *s.m.* Ovo.
HUI.DA *s.f.* Fuga.
HUIR *v.int.* Fugir; escapar. *v.p.* Fugir; retirar-se.
HU.LE *s.m.* Encerado.
HU.LLA *s.f. Min.* Hulha.
HU.MA.NI.DAD *s.f.* Humanidade.
HU.MA.NI.TA.RIO *adj.* Humanitário.
HU.MA.NI.ZAR *v.t.* Humanizar.
HU.MA.NO *adj.* Humano.
HU.MA.RE.DA *s.f.* Fumaceira.
HU.ME.AR *v.int.* Fumegar.
HU.MEC.TAR *v.t.* Umedecer; umectar. *v.p.* Umedecer-se; umectar-se.
HU.ME.DAD *s.f.* Umidade.
HU.ME.DE.CER *v.t.* Umedecer. *v.p.* Umedecer-se.
HU.ME.DO *adj.* Úmido.
HÚ.ME.RO *s.m. Anat.* Úmero.
HU.MIL.DAD *s.f.* Humildade.
HU.MI.LLA.CIÓN *s.f.* Humilhação.
HU.MI.LLAR *v.t.* Humilhar. *v.p.* Humilhar-se.
HU.MO *s.m.* Fumaça; fumo.

HU.MOR *s.m.* Humor; temperamento.
HU.MO.RA.DA *s.f.* Piada; pilhéria; graça.
HU.MO.RIS.MO *s.m.* Humorismo.
HU.MO.RÍS.TI.CO *adj.* Humorístico.
HU.MUS *s.m.* Húmus.
HUN.DIR *v.t.* e *p.* Afundar; submergir; abater.
HUN.GA.RO *adj.* e *s.m.* Húngaro.
HU.NO *adj.* e *s.m.* Huno.
HU.RA.CÁN *s.m.* Furacão.

HU.RA.ÑO *adj.* Intratável; grosseiro.
HU.RÓN *s.m. Zool.* Furão; *fam.* intrometido.
¡HU.RRA! *interj.* Hurra!
HUR.TAR *v.t.* Furtar. *v.p.* Furtar-se.
HUR.TO *s.m.* Furto; roubo.
HUS.ME.AR *v.t.* e *int.* Farejar; xeretar; fuçar.
HU.SO *s.m.* Fuso.
¡HUY! *interj.* Ui!

I

I *s.m.* Nona letra do alfabeto espanhol.
I.BÉ.RI.CO *adj.* Ibérico.
I.BE.RO.A.ME.RI.CA.NO *adj.* Ibero-americano.
Í.CO.NO *s.m.* Ícone.
I.CO.NO.CLAS.TA *adj.* e *s.2g.* Iconoclasta.
I.DA *s.f.* Ida; partida; *fig.* impulso. *adj.* Desvairado.
I.DE.A *s.f.* Ideia; hipótese; inventividade; entendimento; projeto; engenho; intenção.
I.DE.AL *adj.* e *s.m.* Ideal; imaginário; perfeito.
I.DE.A.LIS.MO *s.m.* Idealismo.
I.DE.A.LI.ZAR *v.t.* Idealizar.
I.DE.AR *v.t.* Idear; idealizar; imaginar; inventar.
Í.DEM *adv.* Idem
I.DEN.TI.DAD *s.f.* Identidade.
I.DEN.TI.FI.CAR *v.t.* Identificar. *v.p.* Identificar-se.
I.DEO.LO.GÍ.A *s.f.* Ideologia.
I.DI.LIO *s.m.* Idílio.
I.DIO.MA *s.m.* Idioma.
I.DIO.TA *adj* e *s.2g.* Idiota.
I.DO.LA.TRAR *v.t.* Idolatrar.
I.DO.LA.TRÍ.A *s.f.* Idolatria.
Í.DO.LO *s.m.* Ídolo.
I.DO.NEI.DAD *s.f.* Idoneidade.
I.DÓ.NEO *adj.* Idôneo.
I.GLE.SIA *s.f.* Igreja.
I.GLÚ *s.m.* Iglu.
IG.NI.CIÓN *s.f.* Ignição.
IG.NO.MI.NIA *s.f.* Ignomínia.
IG.NO.RAN.CIA *s.f.* Ignorância.
IG.NO.RAN.TE *adj.* e *s.2g.* Ignorante.
IG.NO.RAR *v.t.* Ignorar; desconhecer.
I.GUAL *adj.* Igual; idêntico. *adv.* Igualmente.
I.GUA.LAR *v.t.* Igualar. *v.p.* Igualar-se.
I.GUAL.DAD *s.f.* Igualdade.
I.GUA.LI.TA.RIO *adj.* Igualitário.
I.GUAL.MEN.TE *adv.* Igualmente.
I.GUA.NA *s.f. Zool.* Iguana.
I.JA.DA *s.f.* Ilharga; dorso.
I.LA.CIÓN *s.f.* Ilação.
I.LE.GAL *adj.* Ilegal.
I.LE.GA.LI.DAD *s.f.* Ilegalidade.
I.LE.GI.BLE *adj.* Ilegível.
I.LE.GI.TI.MAR *v.t.* Tornar ilegítimo.
I.LE.GI.TI.MI.DAD *s.f.* Ilegitimidade.
I.LE.SO *adj.* Ileso.
I.LU.MI.NA.CIÓN *s.f.* Iluminação.
I.LU.MI.NAR *v.t.* Iluminar. *v.t.* e *p.* Esclarecer; ensinar; ilustrar.
I.LU.SIÓN *s.f.* Ilusão.
I.LU.SIO.NAR *v.t.* e *p.* Iludir; fantasiar.
I.LU.SO.RIO *adj.* Ilusório.
I.LUS.TRA.CIÓN *s.f.* Ilustração.
I.LUS.TRAR *v.t.* Ilustrar; instruir; esclarecer. *v.p.* Ilustrar-se; esclarecer-se.
I.LUS.TRE *adj.* Ilustre; notável; célebre.
I.MA.GEN *s.f.* Imagem; figura; representação.
I.MA.GI.NA.CIÓN *s.f.* Imaginação.
I.MA.GI.NAR *v.t.* e *p.* Imaginar; inventar; criar.
I.MA.GI.NA.RIO *adj.* Imaginário.
I.MÁN *s.m.* Ímã.
IM.BÉ.CIL *adj.* e *s.2g.* Imbecil.
IM.BER.BE *adj.* Imberbe.
IM.BUIR *v.t.* Imbuir. *v.p.* Imbuir-se.
I.MI.TA.CIÓN *s.f.* Imitação.
I.MI.TAR *v.t.* Imitar; copiar.
IM.PA.CIEN.CIA *s.f.* Impaciência.
IM.PA.CIEN.TAR *v.t.* Impacientar. *v.p.* Impacientar-se.
IM.PAC.TO *s.m.* Impacto.
IM.PAR *adj.* e *s.m.* Ímpar.

IM.PAR.CIAL *adj.* e *s.m.* Imparcial.
IM.PAR.CIA.LI.DAD *s.f.* Imparcialidade.
IM.PÁ.VI.DO *adj.* Impávido.
IM.PE.CA.BLE *adj.* Impecável.
IM.PE.DI.DO *adj.* *s.m.* Paralítico; incapacitado.
IM.PE.DI.MEN.TO *s.m.* Impedimento; empecilho.
IM.PE.DIR *v.t.* Impedir; impossibilitar.
IM.PE.LER *v.t.* Impelir; impulsionar; empurrar.
IM.PE.RAR *v.int.* Imperar; mandar; dominar.
IM.PE.RA.TI.VO *adj.* Imperativo.
IM.PER.DI.BLE *adj.* Imperdível.
IM.PER.DO.NA.BLE *adj.* Imperdoável.
IM.PE.RE.CE.DE.RO *adj.* Imperecível.
IM.PER.FEC.CIÓN *s.f.* Imperfeição.
IM.PER.FEC.TO *adj.* Imperfeito.
IM.PE.RIO *s.m.* Império.
IM.PER.MEA.BI.LI.ZAR *v.t.* Impermeabilizar.
IM.PER.MEA.BLE *adj.* Impermeável.
IM.PER.SO.NAL *adj.* Impessoal.
IM.PE.TU *s.m.* Ímpeto.
IM.PE.TUO.SI.DAD *s.f.* Impetuosidade.
IM.PÍ.O *adj.* Ímpio.
IM.PLAN.TAR *v.t.* Implantar.
IM.PLI.CA.CION *s.f.* Implicação.
IM.PLI.CAR *v.t.* Implicar, envolver.
IM.PLO.RAR *v.t.* Implorar.
IM.PO.NER *v.t.* Impor; exigir; aplicar (dinheiro). *v.p.* Impor-se.
IM.POR.TA.CIÓN *s.f.* Importação.
IM.POR.TAN.CIA *s.f.* Importância; valor; valia.
IM.POR.TAR *v.int.* Importar; encerrar; conter. *v.int.* Interessar.
IM.POR.TU.NAR *v.t.* Importunar.
IM.PO.SI.BI.LI.DAD *s.f.* Impossibilidade.
IM.PO.SI.BI.LI.TAR *v.t.* Impossibilitar.
IM.PO.SI.BLE *adj.* Impossível.
IM.PO.SI.CIÓN *s.f.* Imposição.
IM.POS.TA.CIÓN *s.f.* Impostação.
IM.POS.TOR *s.m.* Impostor.
IM.PRA.TI.CA.BLE *adj.* Impraticável.
IM.PRE.CI.SIÓN *s.f.* Imprecisão.
IM.PRE.CI.SO *adj.* Impreciso.
IM.PRE.DE.CI.BLE *adj.* Imprevisível.
IM.PREG.NAR *v.t.* Impregnar. *v.p.* Impregnar-se.
IM.PREN.TA *s.f.* Imprensa.
IM.PRES.CIN.DI.BLE *s.f.* Imprescindível.
IM.PRE.SIÓN *s.f.* Impressão; marca; sinal.
IM.PRE.SIO.NAR *v.t.* Impressionar. *v.p.* Impressionar-se.
IM.PRE.SO *adj.* e *s.m.* Impresso.
IM.PRE.VI.SI.BLE *adj.* Imprevisível.
IM.PRE.VI.SIÓN *s.f.* Imprevidência.
IM.PRE.VIS.TO *adj.* Imprevisto.
IM.PRI.MIR *v.t.* Imprimir.
IM.PRO.BA.BLE *adj.* Improvável.
IM.PRU.DEN.CIA *s.f.* Imprudência.
IM.PUES.TO *adj.* Imposto, obrigado. *s.m.* Imposto; tributo.
IM.PUG.NAR *v.t.* Impugnar.
IM.PUL.SAR *v.t.* Impulsionar.
IM.PUL.SIÓN *s.f.* Impulsão.
IM.PUL.SO *s.m.* Impulso; impulsão. *fig.* impulso; arrebatamento.
IM.PU.NI.DAD *s.f.* Impunidade.
IM.PU.TAR *v.t.* Imputar.
I.NAC.CE.SI.BLE *adj.* Inacessível.
I.NAD.MI.SI.BLE *adj.* Inadmissível.
I.NA.GO.TA.BLE *adj.* Inesgotável.
I.NAD.MI.SI.BLE *adj.* Inadmissível.
I.NAP.TI.TUD *s.f.* Inaptidão.
I.NAU.DI.TO *adj.* Inaudito.
I.NAU.GU.RA.CIÓN *s.f.* Inauguração.
I.NAU.GU.RAR *v.t.* Inaugurar; estrear; começar.
IN.CAN.DES.CEN.TE *adj.* Incandescente.
IN.CEN.DIAR *v.t.* Incendiar; inflamar.
IN.CEN.DIO *s.m.* Incêndio; estímulo.
IN.CEN.TI.VO *s.m.* Incentivo.
IN.CE.SAN.TE *adj.* Incessante; contínuo.
IN.CI.DIR[1] *v.int.* Incidir; incorrer.
IN.CI.DIR[2] *v.t.* Incidir; cortar; separar; gravar.
IN.CES.TO *s.m.* Incesto.
IN.CI.DEN.TE *adj.* e *s.m.* Incidente.
IN.CIEN.SO *s.m.* Incenso.
IN.CIER.TO *adj.* Incerto.
IN.CI.NE.RAR *v.t.* Incinerar; queimar.

IN.CI.PIEN.TE *adj.* Incipiente; principiante.
IN.CI.SIÓN *s.f.* Incisão.
IN.CI.SO *adj.* Inciso.
IN.CI.TAR *v.t.* Incitar; motivar; estimular.
IN.CLE.MEN.CIA *s.f.* Inclemência; severidade.
IN.CLI.NA.CIÓN *s.f.* Inclinação; tendência.
IN.CLI.NAR *v.t.* Inclinar; reclinar; curvar. *v.p.* Inclinar-se; predispor-se.
IN.CLUIR *v.t.* Incluir; inserir.
IN.CLU.SIÓN *s.f.* Inclusão.
IN.CLU.SI.VE *adv.* Inclusive.
IN.CLU.SO *adv.* Até mesmo; até; contido; incluído.
IN.CÓG.NI.TA *s.f. Mat.* Incógnita; questão.
IN.CÓG.NI.TO *adj. e s.m.* Incógnito; ignorado; desconhecido.
IN.CO.MO.DAR *v.t.* Incomodar.
IN.CON.FI.DEN.CIA *s.f.* Inconfidência.
IN.CON.FUN.DI.BLE *adj.* Inconfundível.
IN.CON.MEN.SU.RA.BLE *adj.* Incomensurável.
IN.CON.QUIS.TA.BLE *adj.* Inconquistável.
IN.CONS.CIEN.CIA *s.f.* Inconsciência.
IN.CONS.CIEN.TE *adj. e s.2g.* Inconsciente. *s.m. Psicol.* Inconsciente.
IN.CON.SE.CUEN.TE *adj. e s.2g.* Inconsequente.
IN.CON.SO.LA.BLE *adj.* Inconsolável.
IN.CON.TA.BLE *adj.* Incontável; inumerável.
IN.CON.TI.NEN.TE *adj.* Incontinente.
IN.COR.DIAR *v.t. fam.* Atrapalhar; perturbar.
IN.COR.PO.RAR *v.t.* Incorporar.
IN.CRE.Í.BLE *adj.* Incrível.
IN.CRE.MEN.TAR *v.t.* Incrementar. Incrementar-se.
IN.CRE.PAR *v.t.* Repreender.
IN.CRI.MI.NAR *v.t.* Incriminar.
IN.CUES.TIO.NA.BLE *adj.* Inquestionável; irrefutável.
IN.CUL.CAR *v.t.* Inculcar; incutir; apertar.
IN.CUL.PAR *v.t.* Inculpar; acusar.
IN.CUM.BIR *v.int.* Incumbir.
IN.CU.RRIR *v.int.* Incorrer.
IN.CUR.SIÓN *s.f.* Incursão.

IN.DA.GA.CIÓN *s.f.* Indagação.
IN.DA.GAR *v.t.* Indagar; perguntar.
IN.DE.BI.DO *adj.* Indevido.
IN.DE.CI.SIÓN *s.f.* Indecisão.
IN.DE.FEC.TI.BLE *adj.* Indefectível.
IN.DE.FI.NI.CIÓN *s.f.* Indefinição.
IN.DE.LI.CA.DE.ZA *s.f.* Indelicadeza.
IN.DEM.NE *adj.* Incólume; indene.
IN.DEM.NI.ZA.CIÓN *s.f.* Indenização.
IN.DEM.NI.ZAR *v.t.* Indenizar.
IN.DI.CA.CIÓN *s.f.* Indicação.
IN.DI.CAR *v.t.* Indicar; apontar; sinalizar.
IN.DI.CE *s.m.* Índice; sumário; indício; sinal.
IN.DI.CIAR *v.t.* Indiciar.
IN.DI.CIO *s.m.* Indício.
IN.DI.FE.REN.CIA *s.f.* Indiferença.
IN.DÍ.GE.NA *adj. e s.2g.* Indígena; índio.
IN.DI.GEN.TE *adj. e s.2g.* Indigente.
IN.DI.GES.TIÓN *s.f.* Indigestão.
IN.DIG.NA.CIÓN *s.f.* Indignação.
IN.DIG.NAR *v.t.* Indignar. *v.p.* Indignar-se.
IN.DIG.NO *adj. e s.m.* Indigno.
IN.DI.VI.DUAL *adj.* Individual.
IN.DI.VI.DUA.LIS.MO *s.m.* Individualismo.
IN.DI.VI.DUA.LI.ZAR *v.t.* Individualizar.
IN.DI.VÍ.DUO *s.m.* Indivíduo.
IN.DI.VI.SI.BLE *adj.* Indivisível.
IN.DÓ.CIL *adj.* Indócil.
ÍN.DO.LE *s.f.* Índole; natureza; temperamento.
IN.DO.LO.RO *adj.* Indolor.
IN.DO.MA.BLE *adj.* Indomável.
IN.DUC.CIÓN *s.f.* Indução.
IN.DU.CIR *v.t.* Induzir; persuadir; insitar.
IN.DUL.GEN.CIA *s.f.* Indulgência.
IN.DUL.TAR *v.t.* Indultar.
IN.DUS.TRIA *s.f.* Indústria.
IN.DUS.TRIAL *adj.* Industrial.
IN.DUS.TRIA.LI.ZAR *v.t.* Industrializar. *v.p.* Industrializar-se.
I.NE.DI.TO *adj.* Inédito.
I.NE.FA.BLE *adj.* Inefável.
I.NE.FI.CIEN.TE *adj.* Ineficiente.
I.NE.NA.RRA.BLE *adj.* Inenarrável.
I.NEP.TUD *s.f.* Ineptidão; inépcia.
I.NEP.TO *adj. e s.m.* Inepto.

I.NER.CIA s.f. Inércia.
I.NER.ME adj. Inerme; desarmado.
I.NER.TE adj. Inerte; imóvel.
I.NE.XO.RA.BLE adj. Inexorável.
IN.FA.LI.BLE adj. Infalível.
IN.FA.MIA s.f. Infâmia; desonra.
IN.FAN.CIA s.f. Infância.
IN.FAN.TIL adj. Infantil.
IN.FAR.TO s.m. Infarto; enfarte.
IN.FEC.CIÓN s.f. Infecção.
IN.FEC.TAR v.t. Infectar; contaminar. v.p. Infectar-se.
IN.FE.LIZ adj. e s.2g. Infeliz; desventurado.
IN.FE.RIOR adj. Inferior.
IN.FE.RIO.RI.DAD s.f. Inferioridade.
IN.FE.RIR v.t. Inferir; deduzir; concluir.
IN.FER.NAL adj. Infernal.
IN.FER.TI.LI.DAD s.f. Infertilidade.
IN.FIER.NO s.m. Inferno.
IN.FIL.TRAR v.t. Infiltrar. v.p. Infiltrar-se.
ÍN.FI.MO adj. Ínfimo.
IN.FI.NI.DAD s.f. Infinidade
IN.FI.NI.TUD s.f. Infinitude.
IN.FLA.CIÓN s.f. Inflação.
IN.FLA.MA.BLE adj. Inflamável.
IN.FLA.MA.CIÓN s.f. Inflamação.
IN.FLA.MAR v.t. Inflamar. v.p. Inflamar-se.
IN.FLAR v.t. Inflar. v.p. Inflar-se.
IN.FLE.XI.BLE adj. Inflexível.
IN.FLE.XIÓN s.f. Inflexão.
IN.FLI.GIR v.t. Infligir.
IN.FLU.EN.CIA s.f. Influência.
IN.FLU.IR v.int. e t. Influir; influenciar.
IN.FLU.JO s.m. Influxo.
IN.FLU.YEN.TE adj. Influente.
IN.FOR.MA.CIÓN s.f. Informação.
IN.FOR.MAR v.t. Informar; comunicar. v.p. Informar-se.
IN.FOR.MÁ.TI.CA s.f. Informática.
IN.FOR.ME s.m. Informe; informação.
IN.FRAC.CIÓN s.f. Infração; contravenção.
IN.FRAC.TOR adj. e s.m. Infrator.
IN.FRIN.GIR v.t. Infringir; descumprir.
IN.FU.SIÓN s.f. Infusão.
IN.GE.NIAR v.t. Engenhar.
IN.GE.NIE.RÍA s.f. Engenharia.
IN.GE.NIE.RO s.m. Engenheiro.
IN.GE.NIO s.m. Engenho; dispositivo; máquina; talento; habilidade.
IN.GE.NIO.SO adj. Engenhoso.
IN.GE.NUI.DAD s.f. Ingenuidade.
IN.GE.RIR v.t. Ingerir; engolir.
IN.GES.TIÓN s.f. Ingestão.
IN.GLE s.f. Anat. Virilha.
IN.GLÉS adj. e s.m. Inglês.
IN.GRA.TI.TUD s.f. Ingratidão.
IN.GRE.DIEN.TE s.m. Ingrediente.
IN.GRE.SAR v.int. Investir; aplicar; hospitalizar.
IN.GRE.SO s.m. Ingresso; entrada.
IN.HÁ.BIL adj. Inábil.
IN.HA.LAR v.t. Inalar.
IN.HE.REN.TE adj. Inerente.
IN.HI.BI.CIÓN s.f. Inibição.
IN.HI.BIR v.t. Inibir. v.p. Inibir-se.
IN.HÓS.PI.TO adj. Inóspito.
IN.HU.MA.NO adj. Inumano; desumano.
IN.HU.MAR v.t. Inumar; enterrar; sepultar.
I.NI.CIA.CIÓN s.f. Iniciação.
I.NI.CIAR v.t. Iniciar.
I.NI.CIO s.m. Início.
I.NI.QUI.DAD s.f. Iniquidade.
IN.JU.RIA s.f. Injúria; ofensa.
IN.JU.RIAR v.t. Injuriar.
IN.JUS.TI.CIA s.f. Injustiça.
IN.JUS.TO adj. Injusto.
IN.MA.CU.LA.DO adj. Imaculado.
IN.MA.DU.REZ s.f. Imaturidade.
IN.MA.DU.RO adj. Imaturo.
IN.MA.TE.RIAL adj. Imaterial.
IN.MA.TE.RIA.LI.DAD s.f. Imaterialidade.
IN.ME.DIA.CIO.NES s.f. Imediações; vizinhança.
IN.ME.DIA.TO adj. Imediato.
IN.MEN.SI.DAD s.f. Imensidade; imensidão.
IN.MEN.SO adj. Imenso.
IN.MER.SIÓN s.f. Imersão.
IN.MI.GRA.CIÓN s.f. Imigração.
IN.MI.GRAN.TE s.2g. Imigrante.
IN.MI.NEN.CIA s.f. Iminência.

IN.MI.NEN.TE adj. Iminente.
IN.MO.BI.LIA.RIA s.f. Imobiliária.
IN.MO.RAL adj. Imoral.
IN.MO.RA.LI.DAD s.f. Imoralidade.
IN.MOR.TAL adj. Imortal.
IN.MOR.TA.LI.DAD s.f. Imortalidade.
IN.MOR.TA.LI.ZAR v.t. Imortalizar.
IN.MÓ.VIL adj. Imóvel.
IN.MO.VI.LI.ZAR v.t. Imobilizar. v.p. imobilizar-se.
IN.MUN.DO adj. Imundo; sujo.
IN.MU.NE adj. Imune.
IN.MU.NI.DAD s.f. Imunidade.
IN.MU.NI.ZAR v.t. Imunizar.
IN.MU.NO.LO.GÍ.A s.f. Med. Imunologia.
IN.MU.TA.BLE adj. Imutável.
IN.MU.TAR v.z. Alterar; mudar. v.p. Alterar-se.
IN.NA.TO adj. Inato.
IN.NE.GA.BLE adj. Inegável.
IN.NE.CE.SA.RIO adj. Desnecessário.
IN.NO.BLE adj. Desleal.
IN.NO.VA.CIÓN s.f. Inovação.
IN.NO.VAR v.t. Inovar; atualizar.
IN.NU.ME.RA.BLE adj. Inumerável.
I.NO.CEN.CIA s.f. Inocência.
I.NO.CEN.TE adj. e s.2g. Inocente.
I.NO.CU.LAR v.t. Inocular.
I.NÓ.CUO adj. Inócuo.
I.NO.DO.RO adj. Inodoro.
I.NO.FEN.SI.VO adj. Inofensivo.
I.NOL.VI.DA.BLE adj. Inolvidável; inesquecível.
IN.QUIE.TUD s.f. Inquietude.
IN.QUI.LI.NO s.m. Inquilino.
IN.QUI.RIR v.t. Inquirir; perguntar.
IN.SA.CIA.BLE adj. Insaciável.
IN.SA.LU.BRE adj. Insalubre; insano.
IN.SA.LU.BRI.DAD s.f. Insalubridade.
INS.CRI.BIR v.t. Inscrever. v.p. Inscrever-se.
INS.CRIP.CIÓN s.f. Inscrição.
IN.SEC.TO s.m. Zool. Inseto.
IN.SE.GU.RI.DAD s.f. Insegurança.
IN.SER.CIÓN s.f. Inserção.
IN.SER.TAR v.t. Inserir.
IN.SI.NUA.CIÓN s.f. Insinuação.
IN.SI.NUAR v.t. Insinuar. v.p. Insinuar-se.
IN.SIS.TIR v.int. Insistir.
IN.SO.LEN.TE adj. Insolente.
IN.SOL.VEN.TE adj. e s.2g. Insolvente; inadimplente; incompetente.
IN.SOM.NE s.m. Insone.
IN.SON.DA.BLE adj. Insondável.
IN.SO.POR.TA.BLE adj. Insuportável.
INS.PEC.CIÓN s.f. Inspeção.
INS.PEC.CIO.NAR v.t. Inspecionar.
INS.PEC.TOR adj. e s.m. Inspetor.
INS.PI.RA.CIÓN s.f. Inspiração.
INS.PI.RAR v.t. Inspirar.
INS.TA.LAR v.t. Instalar; fixar.
INS.TAN.CIA s.f. Instância.
INS.TAN.TÁ.NEO adj. Instantâneo.
INS.TAN.TE s.m. Instante.
INS.TAU.RAR v.t. Instaurar.
INS.TI.GAR v.t. Instigar, provocar, atiçar.
INS.TIN.TO s.m. Instinto.
INS.TI.TU.CIÓN s.f. Instituição; estabelecimento; organização.
INS.TI.TU.CIO.NAL adj. Institucional.
INS.TI.TUIR v.t. Instituir; fundar; constituir.
INS.TI.TU.TO s.m. Instituto; escola.
INS.TRUC.CIÓN s.f. Instrução; ensino.
INS.TRUIR v.t. Instruir; ensinar.
INS.TRU.MEN.TAL adj. Instrumental.
INS.TRU.MEN.TO s.m. Instrumento; utensílio.
IN.SU.BOR.DI.NA.CIÓN s.f. Insubordinação.
IN.SU.BOR.DI.NAR v.t. Insubordinar. v.p. Insubordinar-se.
IN.SU.FI.CIEN.TE adj. Insuficiente.
IN.SU.FLAR v.t. Insuflar.
IN.SU.LAR adj. e s.2g. Insular.
IN.SU.LI.NA s.f. Insulina.
IN.SUL.TAR v.t. Insultar.
IN.SUL.TO s.m. Insulto.
IN.SU.MI.SIÓN s.f. Insubmissão.
IN.SU.MI.SO adj. Insubmisso.
IN.SUR.GEN.CIA s.f. Insurgência.
IN.SU.RREC.CIÓN s.f. Insurreição; motim; revolta.
IN.SU.RREC.TO adj. Insurrecto.
IN.TA.CHA.BLE adj. Irrepreensível.

IN.TE.GRAL *adj.* Integral; completo.
IN.TE.GRAR *v.t.* Integrar; participar. *v.p.* Integrar-se.
IN.TE.GRI.DAD *s.f.* Integridade; honradez.
ÍN.TE.GRO *adj.* Íntegro; honrado.
IN.TE.LEC.TO *s.m.* Intelecto.
IN.TE.LI.GEN.CIA *s.f.* Inteligência.
IN.TE.LI.GEN.TE *adj.* Inteligente.
IN.TE.LI.GI.BLE *adj.* Inteligível.
IN.TEM.PÉ.RIE *s.f.* Intempérie.
IN.TEM.PO.RAL *adj.* Intemporal.
IN.TEN.CIÓN *s.f.* Intenção.
IN.TEN.CIO.NA.LI.DAD *adj.* Intencionalidade.
IN.TEN.SI.DAD *s.f.* Intensidade.
IN.TEN.SI.FI.CAR *v.t.* Intensificar. *v.p.* Intensificar-se.
IN.TEN.SI.VO *adj.* Intensivo.
IN.TEN.SO *adj.* Intenso.
IN.TEN.TAR *v.t.* Intentar; tentar.
IN.TEN.TO *s.m.* Intento.
IN.TER.CA.LAR *v.t.* Intercalar.
IN.TER.CE.DER *v.int.* Interceder; intervir.
IN.TER.CEP.TAR *v.t.* Interceptar.
IN.TER.CE.SIÓN *s.f.* Intercessão.
IN.TER.DIC.CIÓN *s.f.* Interdição.
IN.TE.RÉS *s.m.* Interesse; importância; juro.
IN.TE.RE.SAN.TE *adj.* Interessante.
IN.TE.RE.SAR *v.t.* Interessar; atrair; importar.
IN.TE.RIOR *adj.* Interior; interno. *s.m.* Interior.
IN.TER.JEC.CIÓN *s.f.* Gram. Interjeição.
IN.TER.ME.DIO *s.m.* Intermédio.
IN.TER.NA.CIÓN *s.f.* Internação.
IN.TER.NA.CIO.NAL *adj.* Internacional.
IN.TER.NA.CIO.NA.LI.ZAR *v.t.* Internacionalizar.
IN.TER.NAR *v.t.* Internar. *v.p.* Internar-se.
IN.TER.NO *adj.* Interno.
IN.TER.PE.LA.CIÓN *s.f.* Interpelação.
IN.TER.PE.LAR *v.t.* Interpelar.
IN.TER.PO.NER *v.t.* Interpor.
IN.TER.PRE.TA.CIÓN *s.f.* Interpretação.
IN.TER.PRE.TAR *v.t.* Interpretar; atuar; representar; explicar.
IN.TER.PRE.TE *s.2g.* Intérprete.

IN.TE.RRO.GA.CIÓN *s.f.* Interrogação; pergunta.
IN.TE.RRO.GAR *v.t.* Interrogar.
IN.TE.RRUM.PIR *v.t.* Interromper. *v.p.* Interromper-se.
IN.TE.RRUP.TOR *s.m.* Interruptor.
IN.TER.UR.BA.NO *adj.* Interurbano.
IN.TER.VA.LO *s.m.* Intervalo.
IN.TER.VEN.CIÓN *s.f.* Intervenção.
IN.TER.VE.NIR *v.t.* Interceptar; limitar; confiscar; suspender; *Med.* operar. *v.int.* Intervir; interferir
IN.TER.VEN.TOR *adj.* e *s.m.* Interventor.
IN.TES.TI.NO *adj.* Intestino. *s.m. Anat.* Intestino.
IN.TI.MAR *v.t.* Intimar.
IN.TI.MI.DAD *s.f.* Intimidade.
IN.TI.MI.DAR *v.t.* Intimidar.
ÍN.TI.MO *adj.* e *s.m.* Íntimo.
IN.TO.XI.CAR *v.t.* Intoxicar. *v.p.* Intoxicar-se.
IN.TRE.PI.DO *adj.* Intrépido.
IN.TRI.GA *s.f.* Intriga.
IN.TRI.GAR *v.int.* Intrigar; tramar.
IN.TRO.DUC.CIÓN *s.f.* Introdução.
IN.TRO.DU.CIR *v.t.* Introduzir. *v.p.* Introduzir-se.
IN.TRO.MI.SIÓN *s.f.* Intromissão.
IN.TRU.SO *adj.* Intruso.
IN.TUI.CIÓN *s.f.* Intuição.
IN.TUIR *v.t.* Intuir; pressentir.
IN.TUI.TI.VO *adj.* Intuitivo.
I.NUN.DA.CIÓN *s.f.* Inundação; enchente.
I.NUN.DAR *v.t.* Inundar; alagar. *v.p.* Inundar-se.
IN.Ú.TIL *adj.* Inútil; ineficaz.
I.NU.TI.LI.ZAR *v.t.* Inutilizar.
IN.VA.DIR *v.t.* Invadir.
IN.VA.LI.DAR *v.t.* Invalidar.
IN.VA.RIA.BLE *adj.* Invariável.
IN.VA.SIÓN *s.f.* Invasão.
IN.VEN.CI.BLE *adj.* Invencível.
IN.VEN.CIÓN *s.f.* Invenção.
IN.VEN.TAR *v.t.* Inventar; criar; conceber; arquitetar; *fig.* fingir; mentir.
IN.VEN.TA.RIAR *v.t.* Inventariar.
IN.VEN.TA.RIO *s.m.* Inventário.

IN.VEN.TO *s.m.* Invento; invenção.
IN.VEN.TOR *s.m.* Inventor.
IN.VER.NAR *v.int.* Invernar.
IN.VE.RO.SÍ.MIL *adj.* Inverossímil.
IN.VER.SIÓN *s.f.* Inversão; Econ. investimento; aplicação.
IN.VER.SIO.NIS.TA *adj.* e *s.2g.* Econ. Investidor; aplicador.
IN.VER.SO *adj.* Inverso; contrário.
IN.VER.TIR *v.t.* Inverter; trocar; Econ. Investir; aplicar.
IN.VES.TI.GA.CION *s.f.* Investigação.
IN.VES.TI.GAR *v.t.* Investigar; pesquisar.
IN.VIA.BLE *adj.* Inviável.
IN.VIC.TO *adj.* Invicto.
IN.VIER.NO *s.m.* Inverno.
IN.VI.SI.BLE *adj.* Invisível.
IN.VI.TA.CIÓN *s.f.* Convite.
IN.VI.TA.DO *adj.* e *s.m.* Convidado.
IN.VI.TAR *v.t.* Convidar.
IN.VO.CA.CIÓN *s.f.* Invocação.
IN.VO.CAR *v.t.* Invocar; chamar; convocar.
IN.YEC.CIÓN *s.f.* Injeção.
IN.YEC.TA.BLE *adj.* Injetável.
IN.YEC.TAR *v.t.* Injetar.
IN.YEC.TOR *s.m.* Injetor.
IR *v.int.* Ir; andar; seguir; caminhar. *v.t.* Dirigir-se. *v.p.* Retirar-se; sair.

I.RA *s.f.* Ira; raiva.
I.RIS *s.f. Anat.* Íris.
I.RO.NÍ.A *s.f.* Ironia; sarcasmo.
I.RÓ.NI.CO *adj.* Irônico.
I.RO.NI.ZAR *v.int.* Ironizar.
I.RRA.CIO.NAL *adj.* Irracional.
I.RRA.DIAR *v.t.* Irradiar; brilhar; transmitir.
I.RRE.AL *adj.* Irreal; imaginário.
I.RRE.VO.CA.BLE *adj.* Irrevogável.
I.RRI.GAR *v.t.* Irrigar.
I.RRI.TA.BLE *adj.* Irritável.
I.RRI.TA.CIÓN *s.f.* Irritação.
I.RRI.TAR *v.t.* Irritar. *v.p.* Irritar-se.
I.RROM.PI.BLE *adj.* Irrompível; inquebrável.
I.RRUM.PIR *v.int.* Irromper; invadir.
IS.LA *s.f.* Ilha.
IS.LÁ.MI.CO *adj.* Islâmico.
IS.LE.ÑO *adj.* Insulano; ilhéu.
IS.LO.TE *s.m.* Ilhota.
IST.MO *s.m.* Istmo.
Í.TEM *s.m.* Item.
I.TI.NE.RAN.TE *adj.* Itinerante.
I.TI.NE.RA.RIO *adj.* e *s.m.* Itinerário.
I.ZAR *v.t.* Içar, alçar.
IZ.QUIER.DA *s.f.* Esquerda (da esquerda para a direita).
IZ.QUIER.DIS.TA *s.2g.* Esquerdista.
IZ.QUIER.DO *adj.* Esquerdo (lado).

J

J *s.m.* Décima letra do alfabeto espanhol.
JA.BA.LÍ *s.m. Zool.* Javali.
JA.BÓN *s.m.* Sabão.
JA.BO.NA.DO *s.m.* Ensaboado.
JA.BO.NAR *v.t.* Ensaboar.
JA.BON.CI.LLO *s.m.* Sabonete.
JA.BO.NE.RA *s.f.* Saboneteira.
JA.CA.RAN.DO.SO *adj.* Alegre; divertido.
JA.CIN.TO *s.m. Bot.* Jacinto.
JA.DE.AN.TE *adj.* Ofegante; arquejante.
JA.DE.AR *v.int.* Ofegar; arfar; arquejar.
JA.GUAR *s.m. Zool.* Jaguar; onça.
JA.LEA *s.f. Cul.* Geleia.
JA.LE.AR *v.t.* Animar.
JA.LÓN *s.m.* Baliza; marca; puxão.
JA.LO.NA.MIEN.TO *s.m.* Balizamento; demarcação.
JA.LO.NAR *v.t.* Balizar.
JA.MÁS *adv.* Jamais; nunca.
JA.MON *s.m.* Presunto.
JA.MO.NA *s.f.* Matrona.
JA.QUE *s.m.* Xeque; *jaque mate:* xeque-mate (no jogo de xadrez).
JA.QUE.CA *s.f.* Enxaqueca.
JA.RA.BE *s.m.* Xarope.
JAR.DÍN *s.m.* Jardim.
JAR.DI.NE.RO *s.m.* Jardineiro.
JA.RE.TA *s.f.* Bainha.
JA.RRA *s.f.* Jarra.
JA.RRO *s.m.* Jarro.
JAU.LA *s.f.* Jaula; gaiola.
JAU.RÍ.A *s.f.* Matilha.
JAZ.MÍN *s.m. Bot.* Jasmim.
JE.FA.TU.RA *s.f.* Chefatura; chefia.
JE.FE *s.m.* Chefe.
JE.QUE *s.m.* Xeque (chefe árabe).
JEN.GI.BRE *s.m. Bot.* Gengibre.
JE.RAR.QUÍ.A *s.f.* Hierarquia.
JER.GA *s.f.* Jargão; gíria.
JE.RIN.GA *s.f.* Seringa.
JE.TA *s.f.* Beiço; beicudo; cara; focinho; tromba.
JÍ.CA.RA *s.f.* Xícara.
JI.NE.TE *s.m.* Ginete; jóquei; cavaleiro.
JI.RA.FA *s.f.* Girafa.
JO.CO.SO *adj.* Jocoso; engraçado; alegre.
JO.CUN.DO *adj.* Jovial; alegre.
JO.FAI.NA *s.f.* Lavatório; bacia.
JOR.NA.DA *s.f.* Jornada.
JOR.NAL *s.m.* Diária; *fam.* diarista; jornal.
JOR.NA.LE.RO *s.m.* Diarista; jornaleiro.
JO.RO.BA *s.f.* Corcova; corcunda.
JO.RO.BAR *v.t.* Chatear; aborrecer. *v.p.* Chatear-se.
JO.VEN *adj.* e *s.2g.* Jovem (pessoa, animal ou coisa).
JO.VIAL *adj.* Jovial.
JO.VIA.LI.DAD *s.f.* Jovialidade.
JO.YA *s.f.* Joia.
JO.YE.RÍ.A *s.f.* Joalheria.
JO.YE.RO *s.m.* Joalheiro.
JU.BI.LA.CIÓN *s.f.* Aposentadoria.
JU.BI.LA.DO *adj.* Aposentado.
JU.BI.LAR *v.t.* Aposentar. *v.p.* Aposentar-se. *adj.* Jubilar.
JU.BI.LEO *s.m.* Jubileu.
JÚ.BI.LO *s.m.* Júbilo.
JU.DI.CIAL *adj. Dir.* Judicial.
JUE.GO *s.m.* Jogo; brincadeira.
JUER.GA *s.f.* Farra; folia.
JUE.VES *s.m.* Quinta-feira.
JUEZ *s.m.* Juiz; árbitro; *jueza s.f.:* juíza.
JU.GA.DA *s.f.* Jogada.
JU.GA.DOR *s.m.* Jogador.

JU.GAR *v.int.* Jogar; brincar. *v.t.* Jogar. *v.p.* Jogar; divertir-se.
JU.GA.RRE.TA *s.f.* Trapaça; logro.
JU.GO *s.m.* Suco.
JU.GO.SO *adj.* Suculento.
JU.GUE.TE *s.m.* Brinquedo; joguete.
JU.GUE.TE.AR *v.int.* Brincar; jogar.
JUI.CIO *s.m.* Juízo.
JUI.CIO.SO *adj.* Judicioso; sensato.
JU.LIO *s.m.* Julho.
JUN.CO *s.m.* Bot. Junco.
JU.NIO *s.m.* Junho.
JUN.TA *s.f.* Junta; junção.
JUN.TA.MEN.TE *adv.* Juntamente.
JUN.TAR *v.t.* Juntar; unir. *v.p.* Juntar-se.
JUN.TO *adj.* Junto; unido.

JU.RA *s.f.* Juramento.
JU.RAR *v.t.* e *int.* Jurar.
JU.RIS.DIC.CIÓN *s.f.* Jurisdição.
JU.RIS.PRU.DEN.CIA *s.f.* Jurisprudência.
JU.RIS.TA *s.2g.* Jurista.
JUS.TA *s.f.* Justa.
JUS.TI.CIA *s.f.* Justiça.
JUS.TI.CIE.RO *adj.* e *s.m.* Justiceiro.
JUS.TI.FI.CA.BLE *adj.* Justificável.
JUS.TI.FI.CA.CIÓN *s.f.* Justificação.
JUS.TI.FI.CAR *v.t.* Justificar.
JUS.TO *adj.* Justo.
JU.VE.NIL *adj.* Juvenil.
JU.VEN.TUD *s.f.* Juventude.
JUZ.GA.DO *s.m.* Tribunal.
JUZ.GAR *v.t.* Julgar.

K

K *s.m.* Décima primeira letra do alfabeto espanhol.
KÁ.RA.TE *s.m.* Caratê.
KA.YAC *s.m.* Caiaque.
KI.LO *s.m.* Quilo; quilograma.
KI.LO.GRA.MO *s.m.* Quilograma.
KI.LO.ME.TRA.JE *s.f.* Quilometragem.
KI.LO.MÉ.TRI.CO *adj.* Quilométrico.
KI.LÓ.ME.TRO *s.m.* Quilômetro.
KI.LO.VA.TIO *s.m. Elet.* Quilowatt.
KI.MO.NO *s.m.* Quimono.
KIOS.CO *s.m.* Quiosque.

L

L *s.m.* Décima segunda letra do alfabeto espanhol.
LA *art. def.* A. *pron. pess.* a. *s.m. Mús.* Lá.
LA.BE.RIN.TO *s.m.* Labirinto.
LA.BIA *s.f.* Lábia.
LA.BIAL *adj. Fon.* Labial.
LA.BIO *s.m. Anat.* Lábio.
LA.BOR *s.m.* Trabalho; labor.
LA.BO.RAL *adj.* Laboral; de trabalho.
LA.BO.RAR *v.t.* e *int.* Laborar; trabalhar.
LA.BO.RA.TO.RIO *s.m.* Laboratório.
LA.BO.RIO.SO *adj.* Laborioso; trabalhoso.
LA.BRA.DOR *adj.* e *s.m.* Lavrador.
LA.BRAR *v.t.* Lavrar.
LA.BRIE.GO *s.m.* Lavrador.
LA.CA *s.f.* Laca; esmalte (para unhas); verniz.
LA.CA.YO *s.m.* Lacaio; serviçal.
LA.CE.RAR *v.t.* Lacerar; dilacerar; ferir.
LA.CÓ.NI.CO *adj.* Lacônico.
LA.CRA *s.f.* Mácula; marca; cicatriz.
LA.CRAR *v.t.* Lacrar; selar.
LA.CRE *s.m.* Lacre.
LA.CRI.MAL *adj.* Lacrimal.
LA.CRI.MO.SO *adj.* Lacrimoso; choroso.

LAC.TA.CIÓN s.f. Lactação; aleitamento.
LAC.TAN.TE adj. e s.2g. Lactante.
LAC.TAR v.t. Lactar; aleitar; amamentar.
LAC.TEO adj. Lácteo.
LA.CUS.TRE adj. Lacustre.
LA.DE.RA s.f. Ladeira; encosta.
LA.DO s.m. Lado; lugar; parte; banda.
LA.DRAR v.int. Ladrar; latir; fig. praguejar; gritar.
LA.DRI.LLO s.m. Tijolo; ladrilho.
LA.DRÓN adj. e s.m. Ladrão.
LA.DRON.ZUE.LO s.m. Trombadinha; ladrãozinho.
LA.GAR.TI.JA s.f. Zool. Lagartixa.
LA.GAR.TO s.m. Zool. Lagarto.
LA.GO s.m. Lago.
LÁ.GRI.MA s.f. Lágrima.
LA.GRI.MO.SO adj. Lacrimoso.
LA.GU.NA s.f. Laguna; lagoa; fig. lacuna.
LAI.CO adj. e s.m. Laico; leigo.
LA.JA s.f. Laje.
LA.MA s.f. Lama; barro; lodo.
LAM.BRÓN adj. Guloso.
LA.ME.DOR adj. e s.m. Lambedor.
LA.MEN.TA.BLE adj. Lamentável.
LA.MEN.TA.CIÓN s.f. Lamentação.
LA.MEN.TO s.m. Lamento.
LA.MER v.t. Lamber.
LAM.BRU.CEAR v.int. Lamber.
LÁ.MI.NA s.f. Lâmina; chapa.
LA.MI.NAR adj. Laminar. v.t. Laminar.
LÁM.PA.RA s.f. Luminária; lustre; lâmpada.
LAM.PA.RI.LLA s.f. Lamparina.
LA.NA s.f. Lã.
LAN.CE s.m. Lance; arremesso; confronto; incidente.
LAN.CI.NAN.TE adj. Lancinante.
LAN.CHA s.f. Lancha; bote; barco (a motor).
LAN.GOS.TA s.f. Zool. Lagosta; gafanhoto.
LAN.GUI.DEZ s.f. Languidez; debilidade.
LÁN.GUI.DO adj. Lânguido.
LAN.ZA s.f. Lança.
LAN.ZA.MIEN.TO s.m. Lançamento.
LAN.ZAR v.t. Lançar.
LA.PI.CE.RA s.f. Caneta esferográfica.

LÁ.PI.DA s.f. Lápide; pedra.
LA.PI.DAR v.t. Apedrejar.
LÁ.PIZ s.m. Lápis.
LAP.SO s.m. Lapso; falha; deslize; engano.
LAR s.m. Lar; lareira.
LAR.GAR v.t. Largar; soltar. v.p. Ir-se embora.
LAR.GO adj. Comprido; longo.
LAR.GO.ME.TRA.JE s.f. Longa-metragem.
LAR.GUE.RO s.m. Travessa; viga; Esport. Travessão (da trave de futebol)
LAR.GUE.ZA s.f. Generosidade.
LAR.GU.RA s.f. Comprimento.
LAR.VA s.f. Zool. Larva.
LA.SA.ÑA s.f. Lasanha.
LAS.CA s.f. Lasca; fragmento.
LAS.CI.VO adj. e s.m. Lascivo.
LÁ.SER adj. Laser; rayo láser: raio laser.
LA.SI.TUD s.f. Lassidão.
LA.SO adj. Lasso.
LÁS.TI.MA s.f. Lástima; dó; pena.
LAS.TI.MAR v.t. Ofender; agravar; lastimar. v.p. Machucar; ferir.
LA.TA s.f. Lata; latão; fig. tédio; chato.
LA.TEN.TE adj. Latente.
LA.TE.RAL adj. Lateral.
LA.TI.DO s.m. Pulsação; batimento.
LA.TI.FUN.DIO s.m. Latifúndio.
LÁ.TIGO s.m. Chicote; açoite.
LA.TÍN s.m. Latim.
LA.TI.NI.DAD s.f. Latinidade.
LA.TI.NO adj. Latino.
LA.TIR v.int. Bater (o coração); pulsar.
LA.TI.TUD s.f. Latitude.
LA.TÓN s.m. Latão.
LA.TO.SO adj. Chato; aborrecido.
LA.TRO.CI.NIO s.m. Furto; roubo.
LAU.DA.BLE adj. Louvável.
LAU.DO s.m. Dir. Laudo; boletim; parecer técnico.
LAU.RE.AR v.t. Laurear.
LA.VA s.f. Lava; magma.
LA.VA.BLE adj. Lavável.
LA.VA.BO s.m. Lavatório; pia; lavabo.
LA.VA.DE.RO s.m. Lavadouro; tanque; pia.
LA.VAN.DE.RÍ.A s.f. Lavanderia.

LA.VA.PLA.TOS *s.m.* Lava-louças (máquina).
LA.VAR *v.t.* Lavar; banhar; limpar. *v.p.* Lavar-se; banhar-se.
LA.VA.VA.JI.LLAS *s.m.* Lava-louças (máquina).
LA.XAN.TE *adj.* e *s.m.* Laxante.
LA.YA *s.f.* Deprec. Laia.
LA.ZA.DA *s.f.* Laçada.
LA.ZO *s.m.* Laço; laçada; armadilha.
LE *pron. pess.* Lhe; o; se; *les pl.:* lhes; os.
LE.AL *adj.* Leal; fiel.
LE.AL.TAD *s.f.* Lealdade.
LEC.CIÓN *s.f.* Lição; instrução.
LEC.TI.VO *adj.* Letivo.
LEC.TOR *s.m.* Leitor.
LEC.TU.RA *s.f.* Leitura.
LE.CHE *s.m.* Leite.
LE.CHE.RO *adj.* e *s.m.* Leiteiro.
LE.CHO *s.m.* Leito; cama.
LE.CHÓN *s.m.* Leitão.
LE.CHU.GA *s.f. Bot.* Alface.
LE.CHU.ZA *s.f. Zool.* Coruja.
LE.ER *v.t.* Ler; interpretar; decifrar.
LE.GA.DO *adj.* Legado; enviado.
LE.GAL *adj.* Legal; lícito; jurídico.
LE.GA.LI.ZA.CIÓN *s.f.* Legalização.
LE.GA.LI.ZAR *v.t.* Legalizar.
LE.GAR *v.t.* Legar; passar; congregar.
LE.GI.BLE *adj.* Legível.
LE.GIÓN *s.f.* Legião.
LE.GIS.LA.CIÓN *s.f.* Legislação.
LE.GIS.LA.DOR *s.m.* Legislador.
LE.GIS.LAR *v.int.* Legislar.
LE.GIS.LA.TI.VO *adj.* Legislativo.
LE.GI.TI.MAR *v.t.* Legitimar.
LE.GÍ.TI.MO *adj.* Legítimo.
LE.GO *adj.* Leigo; laico.
LE.GUA *s.f.* Légua.
LE.GUM.BRE *s.m.* Legume.
LE.GU.MI.NO.SO *adj.* Leguminoso.
LE.JA.NO *adj.* Distante; longe; afastado.
LE.JOS *adv.* Longe.
LE.MA *s.m.* Lema, tema; máxima; verbete (dicionário).
LE.ÑA *s.f.* Lenha; fig. surra.

LE.ÑA.DOR *s.m.* Lenhador.
LEN.CE.RÍA *s.f.* Roupa íntima; *lingerie*.
LEN.GUA *s.f.* Idioma; linguagem; *Anat.* língua.
LEN.GUA.JE *s.f.* Linguagem.
LEN.GÜE.TA *s.f.* Lingueta. *Anat.* Epiglote.
LEN.TE *s.2g.* Lente; *lentes pl.:* óculos.
LEN.TE.JA *s.f. Bot.* Lentilha.
LEN.TI.LLA *s.f.* Lente de contato.
LEN.TI.TUD *s.f.* Lentidão.
LEN.TO *adj.* Lento.
LE.ÓN *s.m. Zool.* Leão; *fig.* valente; forte.
LE.O.PAR.DO *s.m. Zool.* Leopardo.
LE.PRA *s.f. Med.* Lepra.
LE.PRO.SO *adj.* e *s.m.* Leproso.
LER.DO *adj.* Lerdo; vagaroso.
LE.SIÓN *s.f.* Lesão; ferimento.
LE.SIO.NAR *v.t.* Lesionar; ferir.
LE.TAR.GO *s.m.* Letargia; letargo.
LE.TRA *s.f.* Letra; símbolo gráfico; caligrafia.
LE.TRA.DO *adj.* e *s.m.* Letrado.
LE.TRE.RO *s.m.* Letreiro.
LE.TRI.NA *s.f.* Latrina; privada.
LEU.CE.MIA *s.f. Med.* Leucemia.
LEU.DAR *v.int.* Fermentar.
LE.VA *s.f.* Leva; levantamento (de âncora).
LE.VAN.TAR *v.t.* Levantar; erguer; içar; construir; fabricar. *v.p.* Levantar-se; erguer-se.
LE.VAN.TE *s.m.* Levante; nascente; leste; oriente.
LE.VAR *v.t.* Partir; zarpar; levantar âncora.
LE.VE *adj.* Leve; suave; sutil.
LE.VI.TA.CIÓN *s.f.* Levitação.
LÉ.XI.CO *adj.* e *s.m.* Léxico.
LEY *s.f.* Lei.
LE.YEN.DA *s.f.* Lenda; inscrição.
LÍ.A *s.f.* Sedimento; borra.
LIAR *v.t.* Embrulhar; empacotar. *v.p.* Enrolar-se; *fam.* entreter.
LI.BÉ.LU.LA *s.f. Zool.* Libélula.
LI.BE.RAL *adj.* e *s.2g.* Liberal.
LI.BE.RA.LIS.MO *s.m.* Liberalismo.
LI.BE.RA.LI.ZAR *v.t.* Liberalizar. *v.p.* Liberalizar-se.
LI.BE.RAR *v.t.* Liberar, libertar.
LI.BER.TAD *s.f.* Liberdade.

LI.BER.TAR *v.t.* Libertar.
LI.BER.TI.NA.JE *s.f.* Libertinagem.
LI.BI.DI.NO.SO *adj.* Libidinoso.
LI.BRAR *v.t.* Livrar; liberar; travar. *v.p.* Livrar-se.
LI.BRE *adj.* Livre; liberto; disponível.
LI.BRE.CAM.BIO *s.m.* Livre-câmbio.
LI.BRE.RÍ.A *s.f.* Livraria; estante de livros.
LI.BRE.RO *adj.* e *s.m.* Livreiro.
LI.BRE.TA *s.f.* Caderneta.
LI.BRE.TO *s.m. Lit.* E *Mús.* Libreto.
LI.BRO *s.m.* Livro.
LI.CEN.CIA *s.f.* Licença.
LI.CEN.CIA.DO *adj.* Bacharel.
LI.CEN.CIAR *v.t.* Licenciar; formar (na universidade). *v.p.* Licenciar-se; formar-se.
LI.CEN.CIO.SO *adj.* Licencioso.
LI.CEO *s.m.* Liceu; ginásio; escola de ensino fundamental.
LI.CI.TAR *v.int.* Licitar.
LÍ.CI.TO *adj.* Lícito; permitido por lei.
LI.COR *s.m.* Licor.
LI.CUA.DO.RA *s.f.* Liquidificador.
LI.CUAR *v.t.* Liquidificar; liquefazer. *v.p.* Liquefazer-se.
LÍ.DER *s.2g.* Líder; chefe; dirigente.
LI.DE.RAR *v.t.* Liderar.
LI.DE.RA.TO *s.m.* Liderança.
LI.DE.RAZ.GO *s.m.* Liderança.
LI.DIA *s.f.* Lida.
LI.DIAR *v.t.* Tourear. *v.int.* Batalhar; lutar.
LIE.BRE *s.f. Zool.* Lebre.
LIEN.ZO *s.m.* Lenço.
LI.GA *s.f.* Liga; faixa; cinta-liga.
LI.GAR *v.t.* Ligar; unir; atar.
LI.GE.RE.ZA *s.f.* Ligeireza; agilidade.
LI.GE.RO *adj.* Rápido; rápido.
LI.JA *s.f.* Lixa.
LI.JAR *v.t.* Lixar; raspar.
LI.MA *s.f.* Lima; lixa; *Bot.* lima.
LI.MAR *v.t.* Limar; lixar.
LI.MI.TA.CIÓN *s.f.* Limitação; restrição.
LI.MI.TAR *v.t.* Limitar; restringir; demarcar.
LÍ.MI.TE *s.m.* Limite; fronteira; extremo.
LI.MÍ.TRO.FE *adj.* Limítrofe.

LI.MO *s.m.* Limo; lodo.
LI.MÓN *s.m. Bot.* Limão.
LI.MO.NA.DA *s.f.* Limonada.
LI.MOS.NA *s.f.* Esmola.
LI.MOS.NE.AR *v.int.* Esmolar; mendigar.
LIM.PIA.BA.RROS *s.2g.* Capacho.
LIM.PIA.BO.TAS *s.2g.* Engraxate.
LIM.PIA.DOR *adj.* e *s.m.* Limpador
LIM.PIAR *v.t.* Limpar; assear; fig. roubar. *v.p.* Limpar-se.
LIM.PI.DEZ *s.f.* Limpidez.
LÍM.PI.DO *adj.* Límpido.
LIM.PIE.ZA *s.f.* Limpeza; asseio; integridade; pureza.
LIM.PIO *adj.* Limpo; higiênico.
LI.NA.JE *s.m.* Linhagem; genealogia; ascendência.
LIN.CE *s.m. Zool.* Lince.
LIN.CHAR *v.t.* Linchar.
LIN.DAR *v.int.* Limitar; demarcar.
LIN.DE *s.2g.* Limite; fronteira.
LIN.DE.RO *adj.* Limítrofe; limite.
LIN.DE.ZA *s.f.* Lindeza; formosura.
LIN.DO *adj.* Lindo; belo.
LÍ.NE.A *s.f.* Linha; traço.
LI.NE.AL *adj.* Linear.
LIN.GÜÍS.TI.CA *adj.* e *s.f.* Linguística.
LI.NO *s.m.* Linho.
LIN.TER.NA *s.f.* Lanterna.
LIO *s.m.* Liame; *fig.* confusão; desordem.
LIO.SO *adj. fam.* Desordeiro.
LI.QUI.DA.CIÓN *s.f.* Liquidação.
LI.QUI.DAR *v.t.* e *p.* Liquidificar. *v.t.* liquidar; quitar.
LÍ.QUI.DO *adj.* Líquido.
LÍ.RI.CO *adj.* e *s.m.* Lírico.
LI.SIA.DO *adj.* Aleijado; lesionado.
LI.SIAR *v.t.* Aleijar; lesionar.
LI.SO *adj.* Liso.
LI.SON.JA *s.f.* Lisonja; adulação.
LI.SON.JE.AR *v.t.* Bajular; lisonjear.
LIS.TA *s.f.* Listra; risca.
LIS.TA.DO *adj.* Listrado.
LIS.TÍN *s.m.* Lista telefônica.
LIS.TO *adj.* Esperto; inteligente.

LI.SU.RA *s.f.* Lisura.
LI.TE.RA *s.f.* Beliche; *ant.* liteira.
LI.TE.RAL *adj.* Literal.
LI.TE.RA.RIO *adj.* Literário.
LI.TE.RA.TU.RA *s.f.* Literatura.
LI.TI.GAR *v.t.* e *int.* Litigar.
LI.TI.GIO *s.m.* Litígio.
LI.TO.RAL *adj.* e *s.m.* Litoral.
LI.TRO *s.m.* Litro.
LI.VIAN.DAD *s.f.* Leviandade.
LI.VIA.NO *adj.* Leviano.
LI.VI.DEZ *s.f.* Lividez; palidez.
LI.VI.DO *adj.* Lívido; pálido.
LLA.GA *s.f.* Chaga; ferida.
LLA.GAR *v.t.* Chagar; ferir. *v.p.* Chagar-se.
LLA.MA *s.f.* Chama; labareda; *Zool.* Lhama.
LLA.MA.DA *s.f.* Chamada; ligação telefônica.
LLA.MAR *v.t.* Chamar; convocar. *v.t.* e *p.* Nomear(-se); designar(-se); chamar(-se). *v.int.* Telefonar.
LLA.MA.TI.VO *adj.* Chamativo.
LLA.ME.AR *adj.* Chamejar.
LLA.NA.DA *s.f.* Planície.
LLA.NE.ZA *s.f.* Planura.
LLA.NO *adj.* Plano; liso; raso; *fig.* pessoa simples.
LLAN.TA *s.f.* Aro de roda.
LLAN.TE.RA *s.f.* Lamentação; choradeira.
LLAN.TO *s.m.* Pranto; choro.
LLA.NU.RA *s.f.* Planície; planura.
LLA.VE *s.f.* Chave; interruptor; *Mús.* Clave.
LLA.VE.RO *s.m.* Chaveiro.
LLE.GA.DA *s.f.* Chegada.
LLE.GAR *v.int.* Chegar; vir; aportar.
LLE.NAR *s.t.* Encher; completar. *v.t.* Satisfazer.
LLE.NO *adj.* Cheio; satisfeito.
LLE.VAR *v.t.* Levar; carregar; conduzir; transportar; aguentar; suportar; usar; vestir.
LLO.RAR *v.t.* e *int.* Chorar; derramar lágrimas; lamentar.
LLO.RI.CA *adj.* e *s.2g.* Chorão; choramingas.
LLO.RI.QUE.AR *v.int.* Choramingar.
LLO.RO *s.m.* Choro; pranto.
LLO.RÓN *adj.* Chorão.
LLO.VER *v.int. imp.* Chover.
LLO.VIZ.NA *s.f.* Garoa; chuvisco.
LLO.VIZ.NAR *v.int. imp.* Chuviscar; garoar.
LLU.VIA *s.f.* Chuva.
LLU.VIO.SO *adj.* Chuvoso.
LO *art. def. neutro* O. *pron. pess. m.* o.
LO.A *s.f.* Louvor; elogia.
LOA.BLE *adj.* Louvável.
LO.AR *v.t.* Louvar; loar.
LO.BO *s.m. Zool.* Lobo; *Anat.* lóbulo.
LÓ.BRE.GO *adj.* Lúgubre; tenebroso; sombrio.
LO.CAL *adj.* Local; doméstico. *s.m.* Local; lugar.
LO.CA.LI.DAD *s.f.* Localidade; lugar.
LO.CA.LI.ZA.CIÓN *s.f.* Localização.
LO.CA.LI.ZAR *v.t.* Localizar; situar.
LO.CIÓN *s.f.* Loção.
LO.CO *adj.* e *s.m.* Louco.
LO.CO.MO.CIÓN *s.f.* Locomoção.
LO.CO.MO.TO.RA *s.f.* Locomotiva.
LO.CUAZ *adj.* Loquaz.
LO.CU.CIÓN *s.f.* Locução.
LO.CU.RA *s.f.* Loucura.
LO.CU.TOR *s.m.* Locutor.
LO.DA.ZAL *s.m.* Lodaçal; lamaçal.
LO.DO *s.m.* Lodo; lama.
LÓ.GI.CO *adj.* Lógico.
LO.GRAR *v.t.* Lograr; obter; alcançar.
LO.MA *s.f.* Lombada; colina.
LOM.BRIZ *s.f. Zool.* Minhoca; *Biol.* lombriga.
LO.MO *s.m.* Lombo; dorso; lombada (livro).
LO.NA *s.f.* Lona.
LON.CHA *s.f.* Fatia; pedaço; tira.
LON.GA.NI.ZA *s.f.* Linguiça.
LON.GE.VI.DAD *s.f.* Longevidade.
LON.GI.TUD *s.f.* Longitude; comprimento.
LON.JA *s.f.* Armazém; mercado.
LO.RO *s.m. Zool.* Louro; papagaio.
LO.SA *s.f.* Lousa; pedra; sepultura; tumba.
LO.TE *s.m.* Lote; porção; parte.
LO.ZA *s.f.* Louça.
LU.BRI.CAN.TE *adj.* e *s.2g.* Lubrificante.
LU.BRI.CAR *v.t.* Lubrificar.
LU.CE.RO *s.m.* Luzeiro.
LU.CHA *s.f.* Luta; combate.

LU.CHA.DOR *s.m.* Lutador; combatente.
LU.CHAR *v.t.* Lutar; combater.
LU.CI.DEZ *s.f.* Lucidez.
LU.CIÉR.NA.GA *s.f.* Vaga-lume; pirilampo.
LU.CIR *v.int.* Brilhar; luzir. *v.t.* Iluminar. *v.p.* Destacar-se.
LU.CRAR *v.t.* Conseguir; obter. *v.p.* Lucrar; ganhar.
LUE.GO *adv.* Logo; prontamente; depois. *conj.* Portanto; então.
LU.GAR *s.m.* Lugar.
LU.GAR.TE.NIEN.TE *s.2g.* Suplente; substituto.
LÚ.GU.BRE *adj.* Lúgubre.
LU.JO *s.m.* Luxo; ostentação.
LU.JO.SO *adj.* Luxuoso.
LU.JU.RIA *s.f.* Luxúria.
LUM.BAR *adj. Anat.* Lombar.

LUM.BRE *s.m.* Lume; fogo; clarão.
LU.MI.NA.RIA *s.f.* Luminária; lustre.
LU.MI.NO.SI.DAD *s.f.* Luminosidade.
LU.MI.NO.SO *adj.* Luminoso.
LU.NA *s.f.* Lua.
LU.NAR *adj.* Lunar.
LU.NA.TI.CO *adj.* Lunático.
LU.NES *s.m.* Segunda-feira.
LU.PA *s.f.* Lupa; lente (de aumento).
LU.PA.NAR *s.m.* Lupanar; prostíbulo.
LUS.TRA.BO.TAS *s.2g.* Engraxate; v. *limpiabotas*.
LUS.TRAR *v.t.* Lustrar; polir.
LUS.TRE *s.m.* Lustro; brilho; glória.
LUS.TRO *s.m.* Lustro; quinquênio.
LU.TE.RA.NO *adj.* e *s.m. Rel.* Luterano.
LU.TO *s.m.* Luto.
LUZ *s.f.* Luz; iluminação; *fig.* ideia; inspiração.

M

M *s.m.* Décima terceira letra do alfabeto espanhol.
MA.CA *adj.* e *s.2g.* Valentão; fanfarrão.
MA.CA.BRO *adj.* Macabro; fúnebre.
MA.CA.CO *s.m.* Zool. Macaco.
MA.CA.DÁN *s.m.* Macadame.
MA.CA.NA *s.f.* Asneira; bobagem; engano.
MA.CA.NU.DO *adj.* Extraordinário; incrível.
MA.CA.RRÓN *s.m.* Macarrão.
MA.CE.RAR *v.t.* e *int.* Macerar.
MA.CHA.CAR *v.t.* Moer; triturar.
MA.CHIS.MO *s.m.* Machismo.
MA.CHO *adj.* e *s.m.* Macho; viril; ¡*macho!*: rapaz!.
MA.CHU.CHO *adj.* Maduro.
MA.CI.LEN.TO *adj.* Macilento.
MA.CI.ZO *adj.* Maciço; sólido.
MÁ.CU.LA *s.f.* Mácula; mancha.
MA.CU.TO *s.m.* Mochila.
MA.DE.JA *s.f.* Meada; novelo; madeixa.
MA.DE.RA *s.f.* Madeira.
MA.DE.RA.MEN *s.m.* Madeiramento.
MA.DE.RE.RÍ.A *s.f.* Madeireira.
MA.DE.RO *s.m.* Madeira, tora, pau.
MA.DO.NA *s.f.* Imagem de nossa senhora.
MA.DRAS.TA *s.f.* Madrasta; (Arg.) cadeia; prisão.
MA.DRE *s.f.* Mãe.
MA.DRI.LE.ÑO *adj.* e *s.m.* Madrilense; madrilês.
MA.DRI.NA *s.f.* Madrinha.
MA.DRU.GA.DA *s.f.* Madrugada.
MA.DRU.GAR *v.int.* Madrugar; levantar.
MA.DU.RA.CIÓN *s.f.* Maturação.
MA.DU.RAR *v.t.* e *int.* Madurar; amadurecer.
MA.DU.REZ *s.f.* Madureza; *fig.* maturidade; amadurecimento.
MA.DU.RO *adj.* Maduro; pronto.
MA.ES.TRE *s.m.* Mestre.
MA.ES.TRÍ.A *s.f.* Maestria; mestria; sabedoria; habilidade.
MAES.TRO *s.m.* Mestre; professor. *Mús.* maestro.
MA.FIA *s.f.* Máfia.
MA.GIA *s.f.* Magia; feitiço; mágica.
MÁ.GI.CO *adj.* Mágico; fascinante.
MA.GIS.TE.RIO *s.m.* Magistério.
MA.GIS.TRA.DO *s.m.* Magistrado; juiz.
MA.GIS.TRAL *adj.* Magistral.
MAG.NA.TE *s.m.* Magnata.
MAG.NE.SIA *s.f.* *Quím.* Magnésia.
MAG.NE.TIS.MO *s.m.* Magnetismo.
MAG.NE.TI.ZAR *v.t.* Magnetizar. *v.p.* Magnetizar-se.
MAG.NÍ.FI.CO *adj.* Magnífico.
MAG.NI.TUD *s.f.* Magnitude.
MA.GO *s.m.* Mago; bruxo; guru.
MA.GRO *adj.* Magro.
MA.ÍZ *s.m.* *Bot.* Milho.
MAI.ZAL *s.m.* Milharal.
MA.JA.DA *s.f.* Malhada.
MA.JA.DE.RÍ.A *s.f.* Tolice; besteira; loucura.
MA.JAR *v.t.* Socar; moer.
MA.JES.TAD *s.f.* Majestade.
MA.JO *adj.* Simpático; legal; *fig.* valentão.
MA.JO.RE.TTE *s.f.* Baliza.
MAL *s.m.* Mal. *adv.* Mal (que não está bem). *adj.* Mau (antes de substantivo); *mal negocio*: mau negócio.
MA.LA *adj.f.* Má. *s.f.* Malote.
MA.LA.BA.RIS.MO *s.m.* Malabarismo.
MAL.A.GRA.DE.CI.DO *adj.* e *s.m.* Mal-agradecido.

MA.LA.GUE.ÑO adj. e s.m. Malaguenho; malaguês.
MA.LAN.DAN.ZA s.f. Desgraça; infortúnio.
MA.LA.PA.TA s.2g. Pessoa desastrada.
MA.LA.RIA s.f. Med. Malária.
MA.LA.SOM.BRA s.2g. fam. Mal-intencionado; inoportuno.
MAL.BA.RA.TAR v.t. Malbaratar.
MAL.CO.MER v.int. Comer mal.
MAL.CRIA.DO adj. Malcriado.
MAL.CRI.AR v.t. Criar mal; educar mal.
MAL.DAD s.f. Maldade.
MAL.DE.CIR v.t. e int. Maldizer.
MAL.DI.CIEN.TE adj. Maldizente.
MAL.DI.CIÓN s.f. Maldição.
MAL.DI.TO adj. Maldito.
MA.LE.A.BLE adj. Maleável; flexível; dócil.
MA.LE.AN.TE adj. e s.2g. Delinquente; marginal.
MA.LE.AR v.t. Delinquir; perverter.
MA.LE.DI.CEN.CIA s.f. Maledicência.
MA.LE.DU.CA.DO adj. mal-educado; malcriado.
MA.LE.FI.CO adj. Maléfico.
MA.LES.TAR s.m. Mal-estar; indisposição.
MA.LE.TA s.f. Mala.
MA.LE.TE.RO s.m. Bagageiro; porta-malas; carregador de malas.
MA.LE.TÍN s.f. Pasta; valise; carteira de mão.
MA.LE.VO.LEN.CIA s.f. Malevolência.
MA.LÉ.VO.LO adj. Malévolo.
MAL.FOR.MA.CIÓN s.f. Med. Má-formação.
MAL.GAS.TAR v.t. Gastar mal; esbanjar.
MAL.HA.BLA.DO adj. Desbocado; mal-criado.
MAL.HE.CHOR s.m. Mal-feitor.
MAL.HU.MOR s.m. Mau humor.
MAL.HU.MO.RA.DO adj. Mal-humorado.
MA.LI.CIA s.f. Malícia.
MA.LI.CIAR v.t. Maliciar; perverter.
MA.LI.CIO.SO adj. e s.m. Malicioso.
MA.LIG.NO adj. e s.m. Maligno.
MA.LIN.TEN.CIO.NA.DO adj. Mal-intencionado.
MA.LLA s.f. Malha (tecido); traje; rede.

MAL.MI.RA.DO adj. Malvisto.
MA.LO adj. Mau (usado depois do substantivo); *es un chico malo:* és um garoto mau; *mala adj.f.:* má.
MA.LO.GRAR v.t. Malograr. v.p. Malograr-se.
MAL.QUE.RER s.m. Malquerer.
MAL.TRA.TAR v.t. Maltratar; martirizar.
MA.LU.CHO adj. fam. Dodói; doentinho.
MAL.VA.DO adj. e s.m. Malvado.
MAL.VER.SAR v.t. Malversar; desviar (alguma verba).
MAL.VI.VIR v.int. Viver mal.
MA.MA s.f. Anat. Mama; seio; peito.
MA.MÁ s.f. fam. Mamãe.
MA.MA.DE.RA s.f. Mamadeira.
MA.MA.Í.TA s.f. Mãezinha; mamãe.
MA.MAR v.t. Mamar. v.int. fig. Beber.
MA.ME.LU.CO adv. Hist. Mameluco; fam. idiota; bobo.
MA.MÍ.FE.RO adj. e s.m. Mamífero.
MA.MO.GRA.FÍ.A s.f. Med. Mamografia.
MAM.PA.RA s.f. Divisória; biombo.
MAM.POS.TE.RÍ.A s.f. Alvenaria.
MA.ÑA s.f. Manha; artimanha.
MA.NA.DA s.f. Manada; rebanho.
MA.ÑA.NA adv. Amanhã. s.f. Manhã.
MA.NAN.TIAL s.m. Manancial; fonte.
MA.NAR v.int. e t. Manar; brotar; fluir; jorrar; escorrer.
MAN.CAR v.t. Mutilar; aleijar; mancar. v.p. Aleijar-se.
MAN.CE.BA s.f. Manceba; concubina.
MAN.CE.BO s.m. Mancebo; rapaz; jovem.
MAN.CO adj. Maneta; manco; defeituoso.
MAN.CHA s.f. Mancha; desonra; mácula.
MAN.CHAR v.t. Manchar; desonrar; macular. v.p. Manchar-se.
MAN.DA s.f. Oferta, legado.
MAN.DA.DE.RO s.m. Mandadeiro; mensageiro.
MAN.DA.MÁS s.m. Mandachuva.
MAN.DA.MIEN.TO s.m. Mandamento.
MAN.DAR v.t. Mandar; impor; enviar.
MAN.DA.RI.NA s.f. Bot. Tangerina.
MAN.DA.TO s.m. Mandato.

MAN.DÍ.BU.LA s.f. *Anat.* Mandíbula.
MAN.DIO.CA s.f. *Bot.* Mandioca; aipim.
MAN.DO s.m. Mando; autoridade; comando.
MAN.DÓN s.m. Mandão.
MAN.DU.CAR v.t. *fam.* Papar; rangar; comer.
MA.NE.JA.BLE adj. Manejável.
MA.NE.JAR v.t. Manejar; manipular; lidar; dirigir; conduzir; guiar. v.p. *fam.* Virar-se.
MA.NE.JO s.m. Manejo; manuseio; gerência; governo; intriga; manobra.
MA.NE.RA s.f. Maneira; modo; maneira conduta.
MAN.GA s.f. Manga (tecido).
MAN.GA.NE.SO s.m. *Quím.* Manganês.
MAN.GAR v.t. Roubar; surrupiar.
MAN.GO s.m. Cabo (de panela, de martelo etc.); *Bot.* Manga (fruta).
MAN.GUE.RA s.f. *Bot.* Mangueira.
MA.NÍ s.m. *Bot.* Amendoim.
MA.NÍ.A s.f. Mania; ideia fixa; obsessão.
MA.NI.CU.RA s.f. Manicure.
MA.NI.FES.TA.CIÓN s.f. Manifestação; declaração; protesto.
MA.NI.FES.TAR v.t. Manifestar; expor; anunciar. v.p. Manifestar-se; protestar.
MA.NI.FIES.TO adj. e s.m. Manifesto.
MA.NI.JA s.f. Maçaneta; cabo (de objeto).
MA.NI.LLA s.f. Ponteiro (de relógio).
MA.NI.LLAR s.m. Guidão; guidom (bicicleta).
MA.NIO.BRA s.f. Manobra; maquinação; artifício.
MA.NIO.BRAR v.int. Manobrar.
MA.NI.PU.LAR v.t. Manipular; manusear; conspirar.
MA.NI.QUÍ s.m. Manequim.
MAN.JAR s.m. Manjar; comida deliciosa.
MA.NO s.f. Mão; pata (de animais); direção de estrada; ajuda.
MA.NO.JO s.m. Punhado; molho (de chaves).
MA.NO.SE.AR v.t. Manusear; mexer.
MA.NO.TA.ZO s.m. Bofetada; palmada.
MAN.SIÓN s.f. Mansão; estada; permanência.
MAN.SO adj. e s.m. Manso; tranquilo.
MAN.TA s.f. Manta; cobertor.
MAN.TE.CA s.f. Manteiga; nata; gordura.
MAN.TEL s.m. Toalha de mesa.
MAN.TE.LE.RÍ.A s.f. Jogo de mesa.
MAN.TE.NER v.t. Manter; sustentar; preservar; apoiar. v.p. Manter-se.
MAN.TE.NI.MIEN.TO s.m. Manutenção; sustentação; mantimento.
MAN.TE.QUE.RA s.f. Manteigueira.
MAN.TE.QUI.LLA s.f. Manteiga.
MAN.TO s.m. Manto; capa.
MA.NUAL adj. e s.m. Manual; artesanal.
MA.NU.FAC.TU.RA s.f. Manufatura.
MA.NU.FAC.TU.RAR v.t. Manufaturar; fabricar.
MA.NUS.CRI.TO adj. e s.m. Manuscrito.
MA.NU.TEN.CIÓN s.f. Manutenção.
MAN.ZA.NA s.f. *Bot.* Maçã.
MAN.ZA.NI.LLA s.f. *Bot.* Camomila.
MAN.ZA.NO s.m. Macieira.
MA.ÑA s.f. Habilidade; astúcia; jeito; manha.
MA.ÑA.NA adv. Amanhã. s.f. Manhã.
MA.ÑO.SO adj. Habilidoso; jeitoso.
MA.PA s.f. Mapa.
MA.QUE s.m. Laca; verniz.
MA.QUE.TA s.f. Maquete; protótipo.
MA.QUIA.VÉ.LI.CO adj. Maquiavélico.
MA.QUI.LLA.JE s.f. Maquilagem.
MA.QUI.LLAR v.t. Maquiar. v.p. Maquiar-se.
MA.QUI.NA s.f. Máquina; aparelho (elétrico ou mecânico).
MA.QUI.NA.CIÓN s.f. Maquinação; trapaça; enredo.
MA.QUI.NAR v.t. Maquinar; conspirar.
MA.QUI.NIS.TA s.2g. Maquinista.
MAR s.m. Mar; *alta mar*: alto-mar.
MA.RA.ÑA s.f. Emaranhado; fig. tramoia; bagunça.
MA.RAS.MO s.m. Marasmo.
MA.RA.TÓN s.m. Maratona.
MA.RA.VI.LLA s.f. Maravilha.
MA.RA.VI.LLAR v.t. Maravilhar. v.p. Maravilhar-se.
MA.RA.VI.LLO.SO adj. Maravilhoso.
MAR.CA s.f. Marca; sinal; grife.
MAR.CA.DO adj. Marcado; assinalado.
MAR.CA.PA.SOS s.m. *Med.* Marca-passo.

MAR.CAR v.t. Marcar; assinalar; digitar números de telefone.
MAR.CO s.m. Moldura; quadro; caixilho.
MAR.CHA s.f. Marcha; deslocamento; evolução.
MAR.CHAR v.int. Andar; funcionar. v.int. e p. Ir embora.
MAR.CHI.TAR v.t. e p. Murchar; secar; fenecer; desanimar.
MAR.CHI.TO adj. Murcho.
MA.REA s.f. Maré.
MA.RE.AR v.t. Marear; enjoar.
MA.REO s.m. Enjoo; tontura.
MAR.FIL s.m. Marfim.
MAR.GA.RI.NA s.f. Margarina.
MAR.GEN s.f. Margem.
MAR.GI.NA.DO adj. Marginal; periférico. s.m. Marginalizado.
MAR.GI.NAR v.t. Marginar.
MA.RIA.CHI s.m. Músicos mexicanos tradicionais.
MA.RI.DO s.m. Marido; esposo.
MA.RI.MO.RE.NA s.f. fam. Escândalo; intriga.
MA.RI.NA s.f. Mil. Marinha.
MA.RI.NE.RO s.m. Marinheiro.
MA.RI.NE s.m. Mil. Marine.
MA.RI.NO adj. Marinho.
MA.RIO.NE.TA s.f. Marionete.
MA.RI.PO.SA s.f. Zool. Mariposa; borboleta.
MA.RI.QUI.TA s.f. Zool. Joaninha.
MA.RIS.CAL s.m. Mil. Marechal.
MA.RIS.CO s.m. Marisco.
MA.RÍ.TI.MO adj. Marítimo.
MAR.MI.TA s.f. Marmita.
MAR.MI.TÓN s.m. Ajudante de cozinheiro.
MÁR.MOL s.m. Mármore.
MAR.MO.LE.RÍ.A s.f. Marmoraria.
MAR.QUÉS s.m. Marquês; marquesa s.f.: marquesa.
MAR.QUE.SI.NA s.f. Marquise.
MA.RRA.NA.DA s.f. Porcaria; indecência.
MA.RRA.NE.AR v.t. Fazer porcaria; sujar.
MA.RRA.NO s.m. Imundo; porcalhão.
MA.RRÓN adj. Marrom; castanho.
MAR.TES s.f. Terça-feira.
MAR.TI.LLA.ZZO s.m. Martelada.
MAR.TI.LLE.AR v.t. e int. Martelar.
MAR.TI.LLO s.m. Martelo.
MAR.TIN.GA.LA s.f. fam. Artimanha; bobagem.
MÁR.TIR s.2g. Mártir.
MAR.TI.RIO s.m. Martírio.
MAR.TI.RI.ZAR v.t. Martirizar.
MAR.ZO s.m. Março (mês).
MAS conj. Mas.
MÁS adv. Mais.
MA.SA s.f. Massa, conjunto.
MA.SA.CRAR v.t. Massacrar.
MA.SA.CRE s.m. Massacre; matança.
MA.SA.JE s.f. Massagem.
MA.SA.JIS.TA s.2g. Massagista.
MAS.CAR v.t. Mascar; mastigar. v.p. fam. Cheirar.
MÁS.CA.RA s.f. Máscara.
MAS.CO.TA s.f. Mascote.
MAS.CU.LI.NI.DAD s.f. Masculinidade.
MAS.CU.LI.NO adj. Masculino. s.m. Gram. Masculino.
MAS.CU.LLAR v.t. Resmungar.
MA.SI.FI.CA.CIÓN s.f. Massificação.
MA.SI.FI.CAR v.t. Massificar. v.p. Massificar-se.
MA.SI.VO adj. Massivo.
MA.SÓN adj. e s.m. Maçom.
MA.SO.NE.RÍ.A s.f. Maçonaria.
MAS.TI.CA.CIÓN s.f. Mastigação.
MAS.TI.CAR v.t. Mastigar.
MÁS.TIL s.m. Mastro; braço (guitarra).
MAS.TÍN s.m. Mastim (raça canina).
MAS.TO.LO.GÍ.A s.f. Mastologia.
MAS.TUR.BA.CIÓN s.f. Masturbação.
MA.TA s.f. Mata; floresta.
MA.TA.DE.RO s.m. Matadouro.
MA.TA.DOR adj. Mortífero. s.m. Matador.
MA.TAN.ZA s.f. Matança.
MA.TAR v.t. Matar; assassinar; satisfazer (fome, sede etc.). v.p. Matar-se.
MA.TA.RRA.TAS s.m. Raticida; mata-rato.

MA.TE *adj.* Fosco, sem brilho. *s. m.* Mate; erva-mate; chimarrão.
MA.TE.MÁ.TI.CA *s.f.* Matemática.
MA.TE.MÁ.TI.CO *adj. e s.m.* Matemático.
MA.TE.RIA *s.f.* Matéria; substancia; disciplina.
MA.TE.RIAL *adj.* Material; concreto. *s.m.* Material; material escolar.
MA.TE.RIA.LI.ZAR *v.t.* Materializar. *v.p.* Materializar-se.
MA.TER.NAL *adj.* Maternal.
MA.TER.NI.DAD *s.f.* Maternidade.
MA.TER.NO *adj.* Materno.
MA.TI.NAL *adj.* Matinal; matutino.
MA.TIZ *s.m.* Matiz.
MA.TI.ZAR *v.t.* Matizar.
MA.TO.RRAL *s.m.* Matagal.
MA.TRA.CA *s.f.* Matraca.
MA.TRÍ.CU.LA *s.f.* Matrícula; registro.
MA.TRI.CU.LAR *v.t.* Matricular; inscrever. *v.p.* Matricular-se.
MA.TRI.MO.NIO *s.m.* Matrimonio; casamento.
MA.TRIZ *s.f.* Matriz; canhoto.
MA.TU.TI.NO *adj.* Matutino; matinal.
MAU.LLAR *v.int.* Miar.
MAU.SO.LEO *s.m.* Mausoléu.
MA.XI.LAR *adj. e s.m. Anat.* Maxilar.
MÁ.XI.MO *adj. e s.m.* Máximo.
MA.YES.TÁ.TI.CO *adj.* Majestático.
MA.YO *s.m.* Maio.
MA.YO.NE.SA *s.f.* Maionese.
MA.YOR *adj.* Maior; idoso; ancião.
MA.YOR.DO.MO *s.m.* Mordomo.
MA.YO.RÍ.A *s.f.* Maioria.
MA.YO.RIS.TA *adj. e s.2g.* Atacadista.
MA.YO.RI.TA.RIO *adj. e s.m.* Majoritário.
MA.YÚS.CU.LA *s.f.* Maiúscula.
MA.YÚS.CU.LO *adj.* Maiúsculo; grande.
MA.ZA *s.f.* Maça.
MA.ZA.ZO *s.f.* Golpe; soco.
MAZ.MO.RRA *s.f.* Masmorra.
MA.ZUR.CA *s.f.* Mazurca.
ME *pron. pess.* Me.
ME.AN.DRO *s.m.* Meandro; volta.
ME.AR *v.t.* Urinar. *v.p.* Urinar-se.
ME.CÁ.NI.CA *s.f.* Mecânica.
ME.CÁ.NI.CO *adj. e s.m.* Mecânico.
ME.CA.NIS.MO *s.m.* Mecanismo.
ME.CA.NI.ZA.CIÓN *s.f.* Mecanização.
ME.CA.NI.ZAR *v.t.* Mecanizar. *v.p.* Mecanizar-se.
ME.CA.NO.GRA.FI.AR *v.t.* Datilografar.
ME.CE.DO.RA *s.f.* Cadeira de balanço.
ME.CER *v.t.* Balançar; mexer (líquido). *v.p.* Balançar-se.
ME.CHA *s.f.* Mecha; madeixa; pavio; estopim.
ME.CHE.RO *s.m.* Isqueiro; acendedor.
ME.CHÓN *s.m.* Mecha (de cabelo).
ME.DA.LLA *s.f.* Medalha; insígnia.
ME.DA.LLÓN *s.m.* Medalhão.
ME.DIA *s.f.* Meia.
ME.DIA.CIÓN *s.f.* Mediação.
ME.DIADOR *adj. e s.m.* Mediador.
ME.DIA.NO *adj.* Mediano; médio.
ME.DIA.NO.CHE *s.f.* Meia-noite.
ME.DIAN.TE *prep.* Mediante.
ME.DIAR *v.int.* Mediar; intermediar.
ME.DI.CA.CIÓN *adj.* Medicação.
ME.DI.CA.MEN.TO *s.m.* Medicamento.
ME.DI.CAR *v.t. e p.* Medicar; tratar.
ME.DI.CI.NA *s.f.* Medicina.
ME.DI.CIÓN *s.f.* Medição, medida.
MÉ.DI.CO *adj.* Médico. *s.m.* Médico; doutor.
ME.DI.DA *s.f.* Medida; grandeza; providência; diligência.
ME.DI.DOR *s.m.* Medidor; relógio.
ME.DIE.VAL *adj.* Medieval.
ME.DIO.CRE *adj.* Medíocre.
ME.DIO.CRI.DAD *s.f.* Mediocridade.
ME.DIO.DÍ.A *s.m.* Meio-dia.
ME.DIR *v.t.* Medir. *v.t. e p.* Ponderar. *v.p.* Conter-se.
ME.DI.TA.CIÓN *v.t.* Meditação.
ME.DI.TAR *v.t. e int.* Meditar; refletir.
ME.DRAR *v.int.* Medrar.
ME.DRO.SO *adj.* Medroso.
MÉ.DU.LA o **ME.DU.LA** *s.f. Anat.* Medula.
ME.DU.SA *s.f. Zool.* Medusa; água-viva.

ME.JI.LLA s.f. Bochecha.
ME.JOR adj. Melhor; preferido. adv. Melhor.
ME.JO.RA s.f. Melhora.
ME.JO.RAR v.t. Melhorar; aperfeiçoar. v.p. Restabelecer-se; aperfeiçoar-se.
ME.JO.RÍ.A s.f. Melhoria; melhora; restabelecimento.
ME.LAN.CO.LÍ.A s.f. Melancolia.
ME.LAR v.t. Melar.
ME.LA.ZA s.f. Melaço.
ME.LE.NA s.f. Melena; cabelo longo; cabeleira.
ME.LE.NU.DO adj. Cabeludo.
ME.LI.FLUO adj. Melífluo.
ME.LLI.ZO adj. e s.m. Gêmeo.
ME.LIN.DRE s.m. Melindre; afetação; suscetibilidade.
ME.LO.CO.TÓN s.m. Bot. Pêssego (fruta).
ME.LO.CO.TE.NE.RO s.m. Pessegal.
ME.LO.DÍ.A s.f. Melodia.
ME.LÓN s.m. Bot. Melão.
ME.LO.SO adj. Meloso.
MEM.BRA.NA s.f. Membrana.
MEM.BRI.LLO s.m. Bot. Marmelo.
ME.MO.RÁN.DUM s.m. Memorando.
ME.MO.RIA s.f. Memória; recordação; lembrança.
ME.MO.RIAL s.m. Memorial.
ME.MO.RI.ZAR v.t. Memorizar; decorar.
ME.NA.JE s.f. Mobília (de casa); utensílios de cozinha.
MEN.CIÓN s.f. Menção.
MEN.CIO.NAR v.t. Mencionar.
MEN.DAZ adj. Mentiroso; falso.
MEN.DI.CAN.TE adj. e s.2g. Mendicante.
MEN.DI.GAR v.t e int. Mendigar.
MEN.DI.GO s.m. Mendigo.
ME.NE.AR v.t. Menear; mexer; agitar. v.p. Agitar-se.
ME.NES.TER s.m. Mister; necessidade.
ME.NES.TE.RO.SO adj. Necessitado.
ME.NES.TRA s.f. Cozido (de hortaliças).
MEN.GA.NO s.m. fam. Beltrano.
ME.NIN.GI.TIS s.f. Med. Meningite.

ME.ÑI.QUE adj. e s.m. Anat. Mindinho (dedo); dedo mínimo.
MEN.GUA s.f. Míngua.
MEN.GUAN.TE adj. Minguante.
MEN.GUAR v.t. e int. Minguar; diminuir.
ME.NO.PAU.SIA s.f. Menopausa.
ME.NOR adj. Menor; pequeno; mais jovem.
ME.NOS adv. Menos; exceto. s.m. Mat. Menos (sinal).
ME.NOS.CA.BAR v.t. Depreciar; menosprezar; diminuir.
ME.NOS.PRE.CIAR v.t. Menosprezar; desdenhar.
MEN.SA.JE s.f. Mensagem; comunicação; mensagem.
MEN.SA.JE.RÍ.A s.f. Transportadora.
MEN.SA.JE.RO adj. e s.m. Mensageiro.
MENS.TRUA.CIÓN s.f. Menstruação.
MENS.TRUAR v.int. Menstruar.
MEN.SUAL adj. Mensal.
MEN.SUA.LI.DAD s.f. Mensalidade.
MEN.TA s.f. Menta; hortelã.
MEN.TAL adj. Mental.
MEN.TA.LI.DAD s.f. Mentalidade.
MEN.TA.LI.ZAR v.t. Conscientizar. v.p. Conscientizar-se.
MEN.TE s.f. Mente; inteligência.
MEN.TE.CA.TO adj. e s.m. Mentecapto.
MEN.TIR v.int. Mentir; enganar.
MEN.TI.RA s.f. Mentira; engano.
MEN.TI.RO.SO adj. Mentiroso.
MEN.TÓN s.m. Anat. Queixo.
ME.NÚ s.m. Menu; cardápio.
ME.NU.DE.AR v.t. Amiudar. v.int. Ser frequente.
ME.NU.DEN.CIA s.f. Miudeza.
ME.NU.DEO s.m. Frequência; repetição.
ME.NU.DO adj. Miúdo; pequeno. s.m. menudos pl.: Pequenos; miúdos.
ME.O.LLO s.m. Miolo; cerne; Anat. cérebro.
ME.QUE.TRE.FE s.m. Mequetrefe.
MER.CA.DER s.2g. Mercador.
MER.CA.DE.RÍ.A s.f. Mercadoria.
MER.CA.DO s.m. Mercado.
MER.CAN.CÍ.A s.f. Mercadoria.

MER.CAN.TIL *adj.* Mercantil.
MER.CAR *v.t.* Comprar.
MER.CE.NA.RIO *adj.* e *s.m.* Mercenário.
MER.CE.RÍ.A *s.f.* Armarinho; bazar.
ME.RE.CER *v.t.* Merecer.
ME.RE.CI.DO *adj.* Merecido.
ME.RE.CI.MIEN.TO *s.m.* Merecimento.
ME.REN.DAR *v.t.* e *int.* Merendar; lanchar.
ME.RE.TRIZ *s.f.* Meretriz.
ME.RI.DIA.NO *adj.* Meridiano.
ME.RIEN.DA *s.f.* Merenda; lanche.
MÉ.RI.TO *s.m.* Mérito.
MER.MAR *v.t.* e *int.* Minguar; diminuir.
MER.ME.LA.DA *s.f.* Geleia.
ME.RO *adj.* Mero, simples; comum.
MES *s.m.* Mês.
ME.SA *s.f.* Mesa; *Geog.* planície; planalto.
ME.SA.DA *s.f.* Mesada; ganho mensal.
ME.SE.TA *s.f. Geog.* Meseta; planalto.
ME.SÍ.AS *s.m.* Messias.
ME.SI.LLA *s.f.* Mesinha; criado-mudo.
ME.SÓN *s.m.* Hospedaria; *Fís.* méson.
ME.SO.ZOI.CO *adj.* e *s.m. Geol.* Mesozoico.
MES.TI.ZO *adj.* e *s.m.* Mestiço.
ME.TA *s.f.* Meta; objetivo; fim.
ME.TA.FÍ.SI.CA *s.f.* Metafísica.
ME.TÁ.FO.RA *s.f.* Metáfora.
ME.TAL *s.m.* Metal.
ME.TEO.RO.LO.GÍ.A *s.f.* Meteorologia.
ME.TER *v.t.* e *p.* Meter(-se); colocar(-se); pôr(-se). *v.t.* Envolver.
MI *pron. poss.* Meu; minha (antes de substantivos). *s.m. Mús.* Mi.
MI.CO.SIS *s.f. Med.* Micose.
MI.CRO.BIO *s.m.* Micróbio.
MI.CRO.BÚS *s.m.* Microônibus.
MIE.DO *s.m.* Medo; temor; pavor.
MIEL *s.f.* Mel.
MIEM.BRO *s.m.* Membro.
MIEN.TRAS *adv.* e *conj.* Enquanto; durante; entretanto.
MIE.RA *s.f.* Mera.
MIER.CO.LES *s.m.* Quarta-feira.
MIER.DA *s.f. vulg.* Merda; porcaria.
MI.GA *s.f.* Miolo de pão; migalha.

MI.GA.JA *s.f.* Migalha; fragmento.
MIL *num.* Mil.
MI.LA.GRO *s.m.* Milagre.
MI.LE.NIO *s.m.* Milênio.
MI.LÉ.SI.MA *s.f.* Milésima.
MI.LI.CIA *s.f.* Milícia.
MI.LI.LI.TRO *s.m.* Mililitro.
MI.LÍ.ME.TRO *s.m.* Milímetro.
MI.LI.TAN.CIA *s.f.* Militância.
MI.LI.TAN.TE *adj.* e *s.m.* Militante.
MI.LI.TAR *adj.* e *s.m.* Militar. *v.int.* Militar
MI.LI.TA.RI.ZAR *v.t.* e *p.* Militarizar(-se).
MI.MAR *v.t.* Mimar; agradar; dar carinho.
MI.MO *s.m.* Mimo, agrado.
MI.NA *s.f.* Mina (jazida); nascente; fonte.
MI.NAR *v.t.* Minar; cavar; enfraquecer; sabotar.
MI.NE.RAL *s.m.* Mineral.
MI.NIA.TU.RA *s.f.* Miniatura.
MI.NI.MI.ZAR *v.t.* Minimizar; reduzir.
MI.NIS.TE.RIAL *adj.* Ministerial.
MI.NIS.TE.RIO *s.m.* Ministério.
MI.NIS.TRO *s.m.* Ministro.
MI.NO.RÍ.A *s.f.* Minoria.
MI.NÚS.CU.LO *adj.* e *s.m.* Minúsculo.
MI.NU.TA *s.f.* Minuta; rascunho.
MI.NU.TO *s.m.* Minuto.
MÍ.O *pron. poss.* Meu; minha; meus.
MIO.PE *adj.* e *s.m.* Míope.
MIO.PÍ.A *s.f. Med.* Miopia.
MI.RA *s.f.* Mira; pontaria; alvo.
MI.RAR *v.t.* e *p.* Mirar; olhar; contemplar. *v.int.* Atender; proteger.
MI.RI.LLA *s.f.* Olho mágico (em portas, janelas etc.).
MI.SA *s.f.* Missa.
MIS.CE.LÁ.NEA *s.f.* Miscelânea.
MI.SE.RA.BLE *adj.* Miserável.
MI.SE.RIA *s.f.* Miséria; pobreza; penúria.
MI.SE.RI.COR.DIA *s.f.* Misericórdia.
MI.SIL *s.m.* Míssil.
MI.SIÓN *s.f.* Missão; encargo; obrigação.
MI.SIO.NA.RIO *s.m.* Missionário.
MIS.MO *adj.* Mesmo; igual; idêntico.
MI.SÓ.GI.NO *adj.* e *s.m.* Misógino.

MÍS.TER *s.m.* Mister.
MIS.TE.RIO *s.m.* Mistério; enigma.
MÍS.TI.CO *adj.* e *s.m.* Místico.
MIS.TI.FI.CAR *v.t.* Mistificar.
MI.TAD *s.f.* Metade; meio.
MI.TI.GAR *v.t.* Mitigar. *v.p.* Mitigar-se.
MI.TO *s.m.* Mito.
MI.TO.LO.GÍA *s.f.* Mitologia.
MIX.TO *adj.* Misto.
MIX.TU.RA *s.f.* Mistura.
MO.CE.DAD *s.f.* Mocidade; juventude.
MO.CE.TÓN *s.m.* Rapagão.
MO.CIÓN *s.f.* Moção.
MO.CO *s.m.* Muco; catarro.
MO.CO.SO *adj.* Mucoso.
MO.CHI.LLA *s.f.* Mochila; pasta escolar.
MO.DA *s.f.* Moda; costume; uso.
MO.DE.LAR *v.t.* Modelar; moldar.
MO.DE.LO *s.m.* Modelo; exemplo; molde; manequim.
MO.DE.RAR *v.t.* e *p.* Moderar; atenuar; conter.
MO.DER.NI.ZAR *v.t.* Modernizar; atualizar.
MO.DER.NO *adj.* Moderno.
MO.DES.TIA *s.f.* Modéstia.
MO.DES.TO *adj.* Modesto; humilde.
MO.DI.FI.CAR *v.t.* Modificar.
MO.DIS.TA *s.2g.* Modista.
MO.DO *s.m.* Modo; forma; maneira; jeito.
MO.DU.LAR *v.t.* e *int.* Modular.
MÓ.DU.LO *s.m.* Módulo.
MO.FA *s.f.* Zombaria; gozação.
MO.FLE.TE *s.m.* Bochecha.
MO.HÍN *s.m.* Careta.
MO.HO *s.m.* Mofo; bolor.
MO.JAR *v.t.* Molhar; umedecer. *v.p.* Molhar-se; *fam.* urinar-se.
MO.LAR *adj.* Molar.
MOL.DE *s.m.* Molde; forma; assadeira.
MOL.DE.AR *v.t.* Moldar; configurar; modelar.
MOL.DU.RA *s.f.* Moldura.
MO.LÉ.CU.LA *s.f.* Molécula.
MO.LER *v.t.* Moer; triturar; destruir.
MO.LES.TAR *v.t.* Molestar; aborrecer. *v.p.* Incomodar-se.
MO.LES.TIA *s.f.* Incômodo; aborrecimento.

MO.LES.TO *adj.* Incômodo.
MO.LIEN.DA *s.f.* Moenda; moedura.
MO.LI.NE.RO *adj.* De moinho. *s.m.* Moleiro.
MO.LI.NO *s.m.* Moinho.
MO.LLE.RO *adj.* Fofo; macio.
MO.MEN.TO *s.m.* Momento.
MO.MIA *s.f.* Múmia.
MO.NA.DA *s.f.* Lisonja; beleza.
MO.NAR.CA *s.m.* Monarca; rei.
MON.DA.DIEN.TES *s.f.* Palito de dentes.
MON.DAR *v.t.* Mondar; limpar.
MO.NE.DA *s.f.* Moeda.
MO.NE.DE.RO *s.m.* Moedeiro; porta-níqueis.
MO.NE.TA.RIO *adj.* Monetário.
MO.NI.TOR *s.m.* Monitor; instrutor; chefe de turma.
MON.JA *s.f.* Freira; monja.
MON.JE *s.m.* Monge.
MO.NO *adj.* Adorável; encantador; fofo. *s.m.* Macaco; imitador.
MO.ÑO *s.m.* Coque; laço de fita.
MO.NÓ.LO.GO *s.m.* Monólogo; solilóquio.
MO.NÓ.TO.NO *adj.* Monótono; enfadonho.
MONS.TRUO *s.m.* Monstro.
MON.TA.JE *s.f.* Montagem.
MON.TA.ÑA *s.f.* Montanha.
MON.TAN.TE *s.m.* Montante; quantia; valor.
MON.TAR *v.t.*; *int.* e *p.* Montar; subir; equipar; cavalgar.
MON.TE *s.m.* Monte; montanha.
MON.TÓN *s.m.* Montão; grande quantidade; monte.
MO.NU.MEN.TO *s.m.* Monumento.
MO.RA.DO *adj.* e *s.m.* Roxo (cor).
MO.RAL *s.f.* Moral; ética.
MO.RA.LI.ZAR *v.t.* Moralizar.
MO.RAR *v.int.* Morar; residir.
MO.RA.TO.RIA *s.f.* Moratória.
MOR.CI.LLA *s.f.* Morcela; chouriço.
MOR.DAZ *adj.* Mordaz.
MOR.DA.ZA *s.f.* Mordaça.
MOR.DE.DU.RA *s.f.* Mordida; mordedura.
MOR.DER *v.t.* e *p.* Morder; mastigar; roer.
MO.RE.NO *adj.* e *s.m.* Moreno.
MO.RE.NA *s.f. Zool.* Moreia.

MOR.FI.NA *s.f.* Morfina.
MOR.FO.LO.GÍ.A *s.f.* Morfologia.
MO.RI.BUN.DO *adj.* e *s.m.* Moribundo.
MO.RIR *v.int.* e *p.* Morrer; falecer; sucumbir; acabar.
MO.RO *adj.* e *s.m.* Mouro.
MO.RO.SI.DAD *s.f.* Morosidade; calote.
MO.RO.SO *adj.* Moroso; caloteiro.
MO.RRI.ÑA *s.f.* Tristeza; melancolia; saudade.
MO.RRO *s.m.* Focinho.
MO.RRÓN *adj.* Vermelho (como pimenta). *s.m.* Trombada.
MOR.TA.DE.LA *s.f.* Mortadela.
MOR.TA.JA *s.f.* Mortalha.
MOR.TAL *adj.* Mortal.
MOR.TA.LI.DAD *s.f.* Mortalidade.
MOR.TAN.DAD *s.f.* Mortandade.
MOR.TI.FI.CAR *v.t.* Mortificar.
MOS.CA *s.f. Zool.* Mosca.
MOS.QUE.TE *s.m.* Mosquete.
MOS.QUE.TE.RO *s.m.* Mosqueteiro (soldado real).
MOS.QUI.TE.RO *s.m.* Mosquiteiro.
MOS.QUI.TO *s.m. Zool.* Mosquito.
MOS.TA.CHO *s.m.* Bigode.
MOS.TA.ZA *s.f. Bot.* Mostarda.
MOS.TRA.DOR *s.m.* Mostrador; balcão.
MOS.TRAR *v.t.* Mostrar. *v.p.* Mostrar-se.
MO.TEL *s.m.* Motel.
MO.TÍN *s.m.* Motim; tumulto; revolta.
MO.TI.VAR *v.t.* Motivar.
MO.TI.VO *s.m.* Motivo; causa; fundamento.
MO.TO *s.f.* Moto; motocicleta.
MO.TO.RIS.TA *s.2g.* Motorista.
MO.VE.DI.ZO *adj.* Movediço.
MO.VER *v.t.* e *p.* Mover; mexer.
MÓ.VIL *adj.* Móvel; movediço. *s.m.* Celular; *fig.* motivo.
MO.VI.LI.ZAR *v.t.* e *int.* Mobilizar.
MO.VI.MIEN.TO *s.m.* Movimento.
MU.CHA.CHA.DA *s.f.* Criancice; garotada; molecada.
MU.CHA.CHO *adj.* e *s.m.* Garoto.
MU.CHO *adj.* Muito; grande; bastante. *adv.* Muito; muitíssimo.

MU.DA *s.f.* Muda.
MU.DA.BLE *adj.* Mutável.
MU.DAN.ZA *s.f.* Mudança.
MU.DAR *v.t.* e *int.* Mudar; alterar. *v.t.* Trocar. *v.p.* Mudar-se.
MU.DEZ *s.f.* Mudez.
MU.DO *adj.* e *s.m.* Mudo (que não fala).
MUE.BLE *adj.* Móvel.
MUE.CA *s.f.* Careta.
MUE.LA *s.f.* Dente molar.
MUE.LLE *adj.* Suave; fofo. *s.m.* Mola; cais; doca.
MUER.TE *s.f.* Morte; falecimento.
MUER.TO *adj.* e *s.m.* Morto.
MUES.TRA *s.f.* Mostra; demonstração; exposição.
MUES.TRA.RIO *s.m.* Mostruário.
MUES.TREO *s.m.* Amostra.
MU.GIR *v.int.* Mugir.
MU.GRE *s.f.* Sujeira; imundície; sebo; gordura.
MU.JER *s.f.* Mulher; esposa.
MU.JE.RIE.GO *adj.* Mulherengo.
MU.JE.RIL *adj.* Mulheril.
MU.LAR *adj.* Muar.
MU.LA.TO *adj.* e *s.m.* Mulato.
MU.LE.TA *s.f.* Muleta.
MU.LE.TÓN *s.m.* Moletom (têxtil).
MUL.TA *s.f.* Multa.
MU.LLIR *v.t.* Afofar.
MU.LO *s.m.* Mulo; burro; *mula s.f.*: mula.
MUL.TA *s.f.* Multa.
MUL.TAR *v.t.* Multar.
MUL.TI.NA.CIO.NAL *adj.* e *s.m.* Multinacional.
MUL.TI.PLI.CA.CIÓN *s.f.* Multiplicação
MUL.TI.PLI.CAR *v.t.* Multiplicar. *v.p.* Multiplicar-se.
MUL.TI.TUD *s.f.* Multidão.
MUN.DIAL *adj.* Mundial.
MUN.DO *s.m.* Mundo.
MU.NI.CIÓN *s.f.* Munição.
MU.NI.CI.PAL *adj.* Municipal.
MU.NI.CI.PIO *s.m.* Município.
MU.ÑE.CA *s.f.* Boneca; estopa; *Anat.* pulso; munheca.

MU.ÑE.CO *s.m.* Boneco.
MU.RAL *adj.* e *s.m.* Mural.
MU.RA.LLA *s.f.* Muralha.
MUR.CIÉ.LA.GO *s.m. Zool.* Morcego.
MUR.MU.LLO *s.m.* Murmúrio.
MUR.MU.RAR *v.int.* e *t.* Murmurar; resmungar; mexericar.
MU.RO *s.m.* Muro; parede.
MU.SA *s.f.* Musa.
MUS.CU.LA.CIÓN *s.f.* Musculação.
MUS.CU.LAR *adj.* Muscular.
MUS.CU.LA.TU.RA *s.f.* Musculatura.
MÚS.CU.LO *s.m. Anat.* Músculo.
MU.SEO *s.m.* Museu.

MUS.GO *s.m. Bot.* Musgo; limo.
MU.SI.CAL *adj.* e *s.m.* Musical.
MU.SI.CA.LI.DAD *s.f.* Musicalidade.
MU.SI.CAR *v.t.* Musicar.
MÚ.SI.CO *adj.* Músico.
MUS.LO *s.m.* Coxa.
MUS.TIAR *v.int.* Murchar.
MUS.TIO *adj.* Murcho.
MU.TA.CIÓN *s.f.* Mutação; mudança; transformação.
MU.TI.LAR *v.t.* e *int.* Mutilar; extirpar.
MU.TIS.MO *s.m.* Mutismo.
MU.TUO *adj.* Mútuo.
MUY *adv.* Muito.

N

N *s.m.* Décima quarta letra do alfabeto espanhol.
NA.BO *s.m. Bot.* Nabo.
NA.CER *v.int.* Nascer; surgir; brotar; germinar.
NA.CI.DO *adj.* Nascido.
NA.CIEN.TE *adj.* Nascente. *s.m.* Nascente; leste; este; oriente.
NA.CI.MIEN.TO *s.m.* Nascimento; princípio; início.
NA.CIÓN *s.f.* Nação.
NA.CIO.NA.LI.DAD *s.f.* Nacionalidade.
NA.CIO.NA.LIS.TA *s.2g.* Nacionalista.
NA.CIO.NA.LI.ZA.CIÓN *s.f.* Nacionalização.
NA.CIO.NA.LI.ZAR *v.t.* Nacionalizar.
NA.DA *pron. indef.* Nada; coisa alguma.
NA.DAR *v.int.* Nadar.
NA.DIE *pron. indef.* Ninguém; nenhuma pessoa.
NAI.PE *s.m.* Naipe; *naipes pl.:* baralho.
NAL.GA *s.f. Anat.* Nádegas.
NA.NA *s.f.* Nana; canção de ninar.
NA.NO.TEC.NO.LO.GÍ.A *s.f.* Nanotecnologia.
NA.RAN.JA *s.f. Bot.* Laranja. *adj.* Laranja (cor).
NA.RAN.JA.DA *s.f.* Laranjada.
NA.RAN.JAL *s.m.* Laranjal.
NA.RAN.JO *s.m.* Laranjeira.
NAR.CI.SIS.MO *s.m.* Narcisismo.
NAR.CO *s.2g.* Narcotraficante. *s.m.* Narcotráfico.
NAR.CÓ.TI.CO *adj.* e *s.m.* Narcótico.
NAR.CO.TRA.FI.CAN.TE *s.2g.* Narcotraficante.
NA.RIZ *s.m. Anat.* Nariz.
NA.RRA.CIÓN *s.f.* Narração.
NA.RRAR *v.t.* Narrar; contar, dizer.
NA.RRA.TI.VA *s.f.* Narrativa.
NA.SAL *adj.* Nasal.
NA.SA.LI.ZAR *v.t.* Nasalar. *v.p.* Tornar-se nasal.
NA.TA *s.f.* Nata.
NA.TA.CIÓN *s.f. Esport.* Natação.
NA.TA.LI.DAD *s.f.* Natalidade.
NA.TI.VI.DAD *s.f.* Natividade.
NA.TI.VO *adj.* Nativo.
NA.TO *adj.* Nato.
NA.TU.RAL *adj.* Natural; nativo; espontâneo.
NA.TU.RA.LE.ZA *s.f.* Natureza.
NA.TU.RA.LI.DAD *s.f.* Naturalidade.
NA.TU.RA.LI.ZAR *v.t.* e *p.* Naturalizar(-se).
NA.TU.RA.LIS.TA *s.2g.* Naturalista.
NAU.FRA.GAR *v.int.* Naufragar.
NAU.FRA.GIO *s.m.* Naufrágio.
NÁU.FRA.GO *adj.* e *s.m.* Náufrago.
NÁU.SEA *s.f.* Náusea.
NA.VA.JA *s.f.* Navalha.
NA.VA.JA.DA *s.f.* Navalhada.
NA.VAL *adj.* Naval.
NA.VE *s.f.* Nave; embarcação; nave espacial.
NA.VE.GA.BLE *adj.* Navegável.
NA.VE.GA.CIÓN *s.f.* Navegação.
NA.VE.GAR *v.int.* e *t.* Navegar.
NA.VI.DAD *s.f.* Natal.
NA.VI.DE.ÑO *adj.* Natalino.
NA.VI.O *s.m.* Navio.
NE.BLI.NA *s.f.* Neblina.
NE.BU.LO.SA *s.f. Astron.* Nebulosa.
NE.BU.LO.SO *adj.* Nebuloso.
NE.CE.SA.RIO *adj.* Necessário.
NE.CE.SER *s.m.* Frasqueira.
NE.CE.SI.DAD *s.f.* Necessidade; carência.
NE.CE.SI.TA.DO *adj.* Necessitado; carente.
NE.CE.SI.TAR *v.t.* e *int.* Necessitar; precisar; carecer.

NE.CIO adj. Néscio; tolo.
NE.CRÓ.PO.LIS s.f. Necrópole; cemitério.
NE.CRO.SIS s.f. Med. Necrose.
NE.FAS.TO adj. Nefasto.
NE.GA.CIÓN s.f. Negação.
NE.GAR v.int. Negar; contestar.
NE.GA.TI.VA s.f. Negativa; rejeição; recusa.
NE.GA.TI.VO adj. Negativo. s.m. Negativo (fotografia).
NE.GLI.GEN.CIA s.f. Negligência.
NE.GO.CIA.CIÓN s.f. Negociação.
NE.GO.CIAN.TE s.2g. Negociante.
NE.GO.CIAR v.t. e int. Negociar.
NE.GO.CIO s.m. Negócio.
NE.GRO adj. Negro; preto; escuro. s.m. Negro (cor).
NE.NE s.m. Nenê; criança.
NER.VA.DU.RA s.f. Nervura.
NER.VIO s.m. Anat. Nervo.
NER.VIO.SIS.MO s.m. Nervosismo.
NER.VIO.SO s.m. Nervoso.
NE.TO adj. Preciso; limpo; líquido; *peso neto*: peso líquido.
NEU.MÁ.TI.CO adj. Pneumático; pneu.
NEU.MO.NI.A s.f. Pneumonia.
NEU.RO.LO.GÍ.A s.f. Neurologia.
NEU.RO.SIS s.f. Neurose.
NEU.RÓ.TI.CO adj. Neurótico.
NEU.TRA.LI.DAD s.f. Neutralidade.
NEU.TRA.LI.ZAR v.t. Neutralizar.
NEU.TRO adj. Neutro.
NE.VA.DO adj. Nevado; *nevada s.f.*: nevada.
NE.VAR v.int. Nevar.
NE.VE.RA s.f. Geladeira; frigorífico.
NE.VIS.CAR v.int. Neviscar.
NE.XO s.m. Nexo; ligação.
NI.CHO s.m. Nicho.
NI.DA.DA s.f. Ninhada.
NI.DI.FI.CAR v.int. Nidificar.
NI.DO s.m. Ninho.
NIE.BLA s.f. Névoa.
NIE.TO s.m. Neto.
NIE.VE s.f. Neve; *fig.* brancura; alvura.
NIM.BO s.m. Nimbo (nuvem); auréola.
NI.ÑA s.f. Criança, menina; pupila, menina (dos olhos).
NI.ÑE.RÍA s.f. Criancice; infantilidade.
NI.ÑE.RA s.f. Babá; ama-seca.
NIN.GÚN pron. indef. Ninguém (antes de substantivo masculino singular).
NIN.GU.NO pron. indef. Ninguém.
NI.ÑO s.m. Menino; criança. adj. Pequeno; novo.
NI.QUEL s.m. Quím. Níquel.
NI.TI.DEZ s.f. Nitidez; clareza.
NÍ.TI.DO adj. Nítido.
NI.TRO s.m. Nitro.
NI.VEL s.m. Nível.
NI.VE.LA.CIÓN s.f. Nivelamento; nivelação.
NI.VE.LAR v.t. Nivelar. v.p. Nivelar-se.
NO adv. Não.
NO.BI.LIA.RIO adj. Nobiliário.
NO.BLE adj. e s.m. Nobre.
NO.BLE.ZA s.f. Nobreza.
NO.CHE s.f. Noite.
NO.CHE.BUE.NA s.f. Noite de véspera de Natal.
NO.CHE.VIE.JA s.f. Noite de véspera do primeiro dia de Ano-novo.
NO.CIÓN s.f. Noção; ideia; conhecimento.
NO.CI.VO adj. Nocivo; prejudicial.
NOC.TUR.NO adj. Noturno; *fig.* triste. s.m. *Mús.* Noturno.
NÓ.DU.LO s.m. Nódulo.
NÓ.MA.DA adj. e s.2g. Nômade.
NOM.BRA.DO adj. Nomeado; designado; famoso; renomado.
NOM.BRA.MIEN.TO s.m. Nomeação.
NOM.BRAR v.t. Nomear; designar.
NOM.BRE s.m. Nome.
NÓ.MI.NA s.f. Nominata; relação de nomes.
NO.MI.NA.CIÓN s.f. Nominação; nomeação.
NO.MI.NAL adj. Nominal.
NO.MI.NAR v.t. Nomear.
NON adj. Ímpar.
NO.NO adj. Nono.
NOR.DES.TE s.m. Nordeste.
NÓR.DI.CO adj. e s.m. Nórdico.
NOR.MA s.f. Norma; regra; lei; princípio.

NOR.MAL adj. Normal; habitual; regular.
NOR.MA.LI.DAD s.f. Normalidade.
NOR.MA.LI.ZAR v.t. Normalizar.
NOR.TE s.m. Norte.
NOS pron. pess. Nos.
NO.SO.TROS pron. pess. Nós (sujeito).
NOS.TAL.GIA s.f. Nostalgia; saudade.
NO.TA s.f. Nota; bilhete; anotação; comentário; avaliação; consideração; *Mús*. nota (musical).
NO.TA.BI.LI.DAD s.f. Notabilidade.
NO.TA.BLE adj. Notável.
NO.TA.CIÓN s.f. Notação.
NO.TAR v.t. Notar; reparar; observar. v.p. Notar-se.
NO.TA.RÍ.A s.f. Cartório.
NO.TA.RIAL adj. Cartorial.
NO.TA.RIO s.m. Notário; tabelião.
NO.TI.CIA s.f. Notícia; informação.
NO.TI.CIAR v.t. Noticiar; informar; divulgar.
NO.TI.CIA.RIO s.m. Noticiário; jornal.
NO.TI.CIO.SO adj. Noticioso. s.m. Noticioso; telejornal.
NO.TI.FI.CA.CIÓN s.f. Notificação.
NO.TI.FI.CAR v.t. Notificar; comunicar.
NO.TO.RIE.DAD s.f. Notoriedade.
NO.TO.RIO adj. Notório.
NO.VA s.f. *Astron*. Nova (estrela).
NO.VA.TO adj. e s.m. Novato; calouro.
NO.VE.DAD s.f. Novidade.
NO.VEL adj. e s.2g. Novel; novato.
NO.VE.LA s.f. Novela; romance.
NO.VE.LIS.TA s.2g. Novelista.
NO.VE.NA s.f. *Rel*.. Novena.
NO.VEN.TA num. Noventa.

NO.VIAZ.GO s.m. Namoro; noivado.
NO.VI.CIO s.m. Noviço.
NO.VIEM.BRE s.m. Novembro.
NO.VI.LLA.DA s.f. Novilhada.
NO.VI.LLO s.m. Novilho.
NO.VIO s.m. Namorado; noivo; recém-casado.
NU.BE s.f. Nuvem.
NU.BLA.DO adj. Nublado; nebuloso.
NU.BLAR v.t. Nublar. v.p. Nublar-se.
NU.BO.SO adj. Nebuloso; nublado.
NU.CA s.f. *Anat*. Nuca.
NÚ.CLE.O s.m. Núcleo.
NU.DO s.m. Nó; *nudo ciego:* nó cego.
NU.DO.SO adj. Nodoso.
NUE.RA s.f. Nora.
NUES.TRO pron. poss. Nosso. s.m. Nosso (precedido pelo artigo *lo*).
NUE.VE num. Nove.
NUE.VO adj. Novo.
NUEZ s.f. *Bot*. Noz.
NU.LI.DAD s.f. Nulidade.
NU.LO adj. Nulo.
NU.ME.RA.CIÓN s.f. Numeração.
NU.ME.RAR v.t. Numerar.
NÚ.ME.RO s.m. Número.
NU.ME.RO.SO adj. Numeroso.
NUN.CA adv. Nunca.
NUN.CIO s.m. Núncio.
NUP.CIAL adj. Nupcial.
NUP.CIAS s.f. pl. Núpcias; casamento; bodas.
NU.TRI.CIÓN s.f. Nutrição; alimentação.
NU.TRI.DO adj. Nutrido.
NU.TRIR v.t. Nutrir. v.p. Nutrir-se.
NU.TRI.TI.VO adj. Nutritivo.

Ñ

Ñ *s.m.* Décima quinta letra do alfabeto espanhol.
ÑA.ME *s.m.* Inhame.
ÑA.TO *s.m.* Nariz chato.
ÑAN.DÚ *s.m. Zool.* Ema; avestruz.
ÑO.ÑO *adj.* Bobo; tolo; parvo.
ÑO.QUI *s.m. Cul.* Nhoque.
ÑU *s.m. Zool.* Gnu.

O

O *s.m.* Décima sexta letra do alfabeto espanhol.
O *conj.* Ou.
OA.SIS *s.m.* Oásis.
OB.CE.CA.CIÓN *s.f.* Obcecação.
OB.CE.CAR *v.t.* Obcecar. *v.p.* Obcecar-se.
O.BE.DE.CER *v.t.* e *int.* Obedecer; acatar; sujeitar-se.
O.BE.DIEN.CIA *s.f.* Obediência.
O.BE.DIEN.TE *adj.* Obediente.
O.BE.LIS.CO *s.m.* Obelisco.
O.BER.TU.RA *s.f.* Abertura.
O.BE.SI.DAD *s.f.* Obesidade.
O.BE.SO *adj.* Obeso; gordo.
O.BI.CE *s.m.* Óbice; obstáculo; estorvo.
O.BIS.PA.DO *s.m.* Bispado.
O.BIS.PO *s.m.* Bispo.
Ó.BI.TO *s.m.* Óbito.
O.BI.TUA.RIO *s.m.* Obituário.
OB.JE.CIÓN *s.f.* Objeção.
OB.JE.TI.VAR *v.t.* Objetivar. *v.p.* Objetivar-se.
OB.JE.TI.VI.DAD *s.f.* Objetividade.
OB.JE.TI.VO *adj.* Objetivo.
OB.JE.TO *s.m.* Objeto; coisa; matéria; tema; assunto.

O.BLA.CIÓN s.f. Oblação.
O.BLÍ.CUO adj. Oblíquo.
O.BLI.GA.CIÓN s.f. Obrigação; responsabilidade; dívida.
O.BLI.GAR v.t. Obrigar; constranger; impor. v.p. Obrigar-se.
O.BLI.GA.TO.RIO adj. Obrigatório.
O.BRA s.f. Obra; ação; produto; trabalho; construção; produção artística.
O.BRAR v.t. Obrar; agir; realizar; trabalhar. v.int. Evacuar.
O.BRE.RO adj. e s.m. Obreiro; operário.
OBS.CE.NI.DAD s.f. Obscenidade.
OBS.CE.NO adj. Obsceno.
OBS.CU.RI.DAD s.f. Obscuridade.
OBS.CU.RO adj. Obscuro.
OB.SE.QUIAR v.t. Obsequiar; favorecer; presentear.
OB.SE.QUIO s.m. Obséquio; favor; presente.
OB.SER.VA.CIÓN s.f. Observação; análise; exame; estudo; vigia.
OB.SER.VAR v.t. Observar; examinar; analisar; respeitar; vigiar.
OB.SER.VA.TO.RIO s.m. Observatório.
OB.SE.SIÓN s.f. Obsessão; obstinação; mania.
OB.SO.LE.TO adj. Obsoleto.
OBS.TÁ.CU.LO s.m. Obstáculo; impedimento; entrave.
OBS.TAR v.int. Obstar.
OBS.TI.NA.CIÓN s.f. Obstinação.
OBS.TI.NAR.SE v.p. Obstinar-se.
OBS.TRUC.CIÓN s.f. Obstrução.
OBS.TRU.IR v.t. Obstruir; fechar; impedir. v.p. Obstruir-se; entupir.
OB.TEN.CIÓN s.f. Obtenção.
OB.TE.NER v.t. Obter; atingir; conseguir.
OB.TU.RA.CIÓN s.f. Obturação.
OB.TU.SO adj. Obtuso; rude.
OB.VIO adj. Óbvio; evidente.
O.CA s.f. Zool. Ganso.
O.CA.SIÓN s.f. Ocasião.
O.CA.SIO.NAL adj. Ocasional.
O.CA.SIO.NAR v.t. Ocasionar; causar; motivar.
O.CA.SO s.m. Ocaso; pôr do sol; crepúsculo; fig. decadência.

OC.CI.DEN.TAL adj. e s.2g. Ocidental.
OC.CI.DEN.TE s.m. Ocidente.
O.CEÁ.NI.CO adj. Oceânico.
O.CEÁ.NO s.m. Oceano.
O.CEA.NO.GRA.FÍ.A s.f. Oceanografia.
O.CIO s.m. Ócio; lazer.
O.CIO.SI.DAD s.f. Ociosidade.
O.CIO.SO adj. Ocioso.
O.CHEN.TA num. Oitenta.
O.CHO num. Oito.
O.CHO.CIEN.TOS num. Oitocentos.
O.CLU.SIÓN s.f. Oclusão.
O.CRE adj. e s.m. Ocre (cor).
OC.TÁ.GO.NO adj. e s.m. Geom. Octágono.
OC.TA.VO num. Oitavo.
OC.TU.BRE s.m. Outubro.
ÓC.TU.PLE adj. Óctuplo.
O.CU.LAR adj. Ocular; ótico. s.m. Ópt. Ocular; lente.
O.CU.LIS.TA s.2g. Med. Oculista; oftalmologista.
O.CUL.TAR v.t. Ocultar, esconder. v.p. Ocultar-se.
O.CUL.TO adj. Oculto; escondido.
O.CU.PA.CIÓN s.f. Ocupação; trabalho; emprego.
O.CU.PAR v.t. Ocupar; invadir; residir; habitar. v.p. Ocupar-se; cuidar-se.
O.CU.RREN.CIA s.f. Ocorrência; fato.
O.CU.RRIR v.int. Acontecer; suceder; ocorrer. v.p. Ter ideia.
O.DA.LIS.CA s.f. Odalisca.
O.DIAR v.t. Odiar; detestar.
O.DIO s.m. Ódio; raiva.
O.DIO.SO adj. Odioso.
O.DI.SEA s.f. Odisseia.
O.DON.TO.LO.GÍ.A s.f. Odontologia.
O.DO.RÍ.FE.RO adj. Odorífero.
O.ES.TE s.m. Oeste; poente.
O.FEN.DER v.t. Ofender; destratar; injuriar. v.p. Ofender-se.
O.FEN.SA s.f. Ofensa; injúria.
O.FEN.SI.VA s.f. Ofensiva.
O.FER.TA s.f. Oferta; oferecimento; proposta; convite.

O.FER.TAR *v.t.* Ofertar; oferecer.
O.FI.CIAL *adj. s.2g.* Oficial.
O.FI.CIA.LI.DAD *s.f.* Oficialidade.
O.FI.CIA.LI.ZAR *v.t.* Oficializar.
O.FI.CI.NA *s.f.* Escritório; repartição.
O.FI.CI.NIS.TA *s.2g.* Auxiliar de escritório.
O.FI.CIO *s.m.* Ofício; cargo; profissão; escrita; comunicação.
O.FI.CIO.SO *adj.* Oficioso.
O.FRE.CER *v.t.* Oferecer; ofertar. *v.p.* Oferecer-se; dispor-se.
O.FRE.CI.MIEN.TO *s.m.* Oferecimento; oferta.
O.FREN.DA *s.f.* Oferenda; oferta; presente; contribuição.
OF.TAL.MO.LO.GÍ.A *s.f.* Oftalmologia.
O.FUS.CAR *v.t.* Ofuscar, escurecer; perturbar. *v.p.* Ofuscar-se.
OI.BLE *adj.* Audível.
OÍ.DO *s.m. Anat.* Ouvido; audição.
O.ÍR *v.t.* Ouvir; escutar; atender.
¡O.JA.LÁ! *interj.* Oxalá!; tomara!
O.JEA.DA *s.f.* Olhada.
O.JEAR *v.t.* Olhar; examinar; dar uma olhada.
O.JE.RA *s.f.* Olheira.
O.JE.RI.ZA *s.f.* Ojeriza; antipatia; aversão.
O.JO *s.m. Anat.* Olho.
O.LA *s.f.* Onda.
O.LEA.DA *s.f.* Vaga; leva.
O.LEAR *v.int.* Ondear.
Ó.LEO *s.m.* Óleo.
O.LEO.DUC.TO *s.m.* Oleoduto.
O.LEO.SI.DAD *s.f.* Oleosidade.
O.LER *v.t.* Cheirar; suspeitar; desconfiar. *v.t. e int.* Farejar. *v.int.* Recender.
OL.FA.TE.AR *v.t.* Farejar; cheirar; *fig.* xeretar.
OL.FA.TO *s.m.* Olfato; faro; sagacidade.
O.LI.GAR.QUÍ.A *s.f.* Oligarquia.
O.LIM.PIA.DA *s.f.* Olimpíada.
O.LÍM.PI.CO *adj.* Olímpico.
O.LI.VA *s.f. Bot.* Oliva; azeitona.
O.LI.VO *s.m. Bot.* Oliveira.
O.LOR *s.m.* Cheiro; aroma; olor.
O.LO.RO.SO *adj.* Oloroso; cheiroso.
OL.VI.DAR *v.t.* Olvidar; esquecer.
OL.VI.DO *s.m.* Olvido; esquecimento.
O.LLA *s.f.* Panela; caçarola; *Cul.* cozido; *olla de grillos:* barulheira.
OM.BLI.GO *s.m.* Umbigo.
O.MI.SIÓN *s.f.* Omissão; abstenção; falta.
O.MI.TIR *v.t.* Omitir; abster-se. *v.p.* Silenciar.
ÓM.NI.BUS *s.m.* Ônibus.
OM.NI.PO.TEN.TE *adj.* Onipotente.
ON.CE *num.* Onze.
ON.DA *s.f.* Onda.
ON.DU.LA.CIÓN *s.f.* Ondulação.
ON.DU.LAR *v.t. e int.* Ondular; ondear.
ON.DU.LA.TO.RIO *adj.* Ondulatório.
O.NÍ.RI.CO *adj.* Onírico.
ON.TO.LO.GÍ.A *s.f.* Ontologia.
ON.ZA *s.f. Bot.* Onça.
O.PA.CO *adj.* Opaco.
OP.CIÓN *s.f.* Opção; escolha.
O.PE.RA *s.f.* Ópera.
O.PE.RA.CIÓN *s.f.* Operação; ação.
O.PE.RAR *v.t.* Operar; realizar. *v.int.* Negociar. *v.p.* Operar-se; *Med.* ser operado.
O.PE.RA.RIO *adj. e s.m.* Operário.
O.PI.NAR *v.int. e t.* Opinar; julgar; achar.
O.PI.NIÓN *s.f.* Opinião; juízo.
O.PIO *s.m. Farm.* Ópio.
O.PO.NER *v.t.* Opor. *v.p.* Opor-se.
O.POR.TU.NI.DAD *s.f.* Oportunidade.
O.POR.TU.NO *adj.* Oportuno.
O.PO.SI.CIÓN *s.f.* Oposição.
O.PO.SI.TOR *s.m.* Opositor; contrário.
O.PRE.SIÓN *s.f.* Opressão.
O.PRE.SOR *adj. e s.m.* Opressor.
O.PRI.MIR *v.t.* Oprimir; sufocar; comprimir.
OP.TAR *v.t. e int.* Optar; preferir; escolher.
OP.TA.TI.VO *adj.* Optativo; preferencial.
ÓP.TI.CO *adj.* Óptico; ótico.
OP.TI.MIS.MO *s.m.* Otimismo.
ÓP.TI.MO *adj.* Ótimo.
O.PUES.TO *adj.* Oposto; contrário.
O.PU.LEN.TO *adj.* Opulento.
O.PU.LEN.CIA *s.f.* Opulência.
O.PÚS.CU.LO *s.m.* Opúsculo; livreto.
O.RA *conj.* Ora.

O.RA.CIÓN *s.f.* Oração; prece; *Gram.* período; frase.
O.RÁ.CU.LO *s.m.* Oráculo.
O.RA.DOR *s.m.* Orador.
O.RAL *adj.* Oral; vocal; verbal.
O.RAN.GU.TÁN *s.m. Zool.* Orangotango.
O.RAR *v.int.* Orar; rezar. *v.t.* Pedir; suplicar.
OR.BE *s.m.* Esfera; círculo; orbe; mundo.
ÓR.BI.TA *s.f.* Órbita.
OR.DEN *s.m.* Ordem; ordenação; regra; sequência. *s.f.* Lei; mandato.
OR.DE.NA.CIÓN *s.f.* Ordenação; organização; ordem; mandato.
OR.DE.NAR *v.t.* Ordenar; arranjar; impor; mandar. *Rel.* ordenar-se.
OR.DE.ÑAR *v.t.* Ordenhar.
OR.DI.NAL *adj.* Ordinal.
OR.DI.NA.RIO *adj.* Ordinário; comum.
O.RE.AR *v.t.* Arejar; refrescar. *v.p.* Arejar-se.
O.RE.JA *s.f. Anat.* Orelha; audição.
O.RE.JU.DO *adj.* Orelhudo.
OR.FA.NA.TO *s.m.* Orfanato.
OR.FAN.DAD *s.f.* Orfandade.
OR.FE.LI.NA.TO *s.m.* Orfanato.
OR.GÁ.NI.CO *adj.* Orgânico.
OR.GA.NI.GRA.MA *s.m.* Organograma.
OR.GA.NIS.MO *s.m.* Organismo.
OR.GA.NI.ZA.CIÓN *s.f.* Organização.
OR.GA.NI.ZAR *v.t.* Organizar; ordenar; arrumar. *v.p.* Organizar-se.
ÓR.GA.NO *s.m.* Órgão.
OR.GÍ.A *s.f.* Orgia; devassidão.
OR.GU.LLO *s.m.* Orgulho.
OR.GU.LLO.SO *adj.* Orgulhoso.
O.RIEN.TA.CIÓN *s.f.* Orientação; direcionamento.
O.RIEN.TAR *v.t.* Orientar; direcionar; encaminhar. *v.p.* Orienta-se.
O.RIEN.TE *s.m.* Oriente; leste; este; nascente.
O.RI.FI.CIO *s.m.* Orifício; furo; buraco.
O.RI.GEN *s.f.* Origem; princípio; raiz; fonte.
O.RI.GI.NAL *adj.* Original; modelo; primordial.
O.RI.GI.NAR *v.t.* Originar; causar. *v.p.* Originar-se.
O.RI.LLA *s.f.* Borda; beira; margem; calçada.
O.RI.NA *s.f.* Urina.
O.RI.NAR *v.t.* e *int.* e *p.* Urinar.
O.RIUN.DO *adj.* Oriundo.
OR.LA *s.f.* Orla; borda.
OR.NA.MEN.TA.CIÓN *s.f.* Ornamentação.
OR.NA.MEN.TAR *v.t.* Ornamentar; adornar; enfeitar.
OR.NAR *v.t.* Ornar; enfeitar.
OR.NA.TO *s.m.* Ornato; enfeite.
O.RO *s.m.* Ouro.
O.RON.DO *adj.* Vaidosos; orgulhoso; redondo; bojudo.
OR.QUES.TA *s.f.* Orquestra.
OR.QUES.TAR *v.t.* Orquestrar.
OR.QUÍ.DEA *s.f. Bot.* Orquídea.
OR.TO.GRA.FÍ.A *s.f.* Ortografia.
OR.ZUE.LO *s.m. Med.* Terçol; arapuca; isca.
OS *pron. pess.* Os; as; los; las; nos; nas; lhes.
O.SA.DÍ.A *s.f.* Ousadia; coragem.
O.SA.DO *adj.* Ousado; corajoso; atrevido.
O.SA.MEN.TA *s.f.* Ossada; esqueleto.
O.SAR *v.t.* e *int.* Ousar; atrever-se.
OS.CI.LA.CIÓN *s.f.* Oscilação; variação; balanço.
OS.CI.LAR *v.t.* Oscilar; vacilar; flutuar; balançar.
OS.CU.RE.CER *v.t.* Escurecer; obscurecer; *fig.* ofuscar.
OS.CU.RI.DAD *s.f.* Escuridão; obscuridade; *fig.* incerteza.
OS.CU.RO *adj.* Escuro; *fig.* obscuro.
Ó.SEO *adj.* Ósseo.
O.SO *s.m. Zool.* Urso.
OS.TEN.SI.BLE *adj.* Ostensível; ostensivo; claro.
OS.TEN.TAR *v.t.* Ostentar; alardear; exibir.
OS.TRA *s.f.* Ostra; concha.
O.TO.ÑAL *adj.* Outonal.
O.TO.ÑO *s.m.* Outono.
O.TOR.GA.MIEN.TO *s.m.* Outorga; outorgamento.
O.TOR.GAR *v.t.* Outorgar; conceder.
O.TRO *pron. indef.* Outro. *adj.* Outro; diferente; mais.

O.TRO.RA *adv.* Outrora.
O.TRO.SÍ *adv.* Outrossim.
O.VA.CIÓN *s.f.* Ovação.
O.VA.CIO.NAR *v.t.* Ovacionar.
O.VAL *adj.* Oval.
O.VA.RIO *s.m. Anat.* e *Bot.* Ovário.
O.VE.JA *s.f. Zool.* Ovelha.
O.VI.LLO *s.m.* Novelo; embaraço.
O.VU.LA.CIÓN *s.f. Fisiol.* Ovulação.
O.VU.LAR *adj.* Ovular. *v.int. Fisol.* Ovular.

Ó.VU.LO *s.m.* Óvulo.
O.XI.DA.CIÓN *s.f.* Oxidação.
O.XI.DAR *v.t.* Oxidar. *v.p.* Oxidar-se.
Ó.XI.DO *s.m. Quím.* Óxido.
O.XI.GE.NA.CIÓN *s.f.* Oxigenação.
O.XI.GE.NAR *v.t.* Oxigenar. *v.p.* Oxigenar-se.
O.XÍ.GE.NO *s.m. Quím.* Oxigênio.
O.XÍ.TO.NO *adj. Gram.* Oxítono.
O.YEN.TE *adj.* e *s.2g.* Ouvinte.
O.ZO.NO *s.m. Quím.* Ozônio.

P

P *s.m.* Décima sétima letra do alfabeto espanhol.
PA.BE.LLÓN *s.m.* Pavilhão.
PA.BI.LO *s.m.* Pavio; mecha.
PA.CA *s.f. Zool.* Paca; pacote; fardo.
PA.CA.TO *adj.* e *s.m.* Pacato; retraído.
PA.CER *v.t.* e *int.* Pastar.
PA.CHÁ *s.m.* Paxá.
PA.CHO.RRA *s.f.* Pachorra; moleza; tranquilidade.
PA.CIEN.CIA *s.f.* Paciência; serenidade; calma.
PA.CIEN.TE *adj.* Paciente; calmo; tranquilo.
PA.CI.FI.CA.CIÓN *s.f.* Pacificação.
PA.CI.FI.CAR *v.t.* e *int.* Pacificar; apaziguar. *v.p.* Acalmar-se; sossegar.
PA.CI.FIS.TA *adj.* e *s.2g.* Pacifista.
PAC.TO *s.m.* Pacto; acordo; aliança.
PA.DE.CER *v.t.* e *int.* Padecer; sofrer; penar.
PA.DRAS.TO *s.m.* Padrasto.
PA.DRE *s.m.* Pai; *Rel.* padre; sacerdote.
PA.DRI.NO *s.m.* Padrinho.
PA.GA *s.f.* Pagamento; salário.
PA.GA.NO *adj.* e *s.m.* Pagão.
PA.GAR *v.t.* Pagar; saldar; quitar; retribuir. *v.p.* Gostar; exibir-se.
PA.GA.RÉ *s.m.* Vale; nota promissória.
PÁ.GI.NA *s.f.* Página.
PA.GI.NA.CIÓN *s.f.* Paginação.
PA.GI.NAR *v.t.* Paginar.
PA.GO *s.m.* Pagamento; paga; compensação.
PA.ÍS *s.m.* País; pátria.
PAI.SA.JE *s.f.* Paisagem.
PA.JA *s.f.* Palha.
PÁ.JA.RO *s.m.* Pássaro.
PA.LA *s.f.* Pá; raquete; remo.
PA.LA.BRA *s.f.* Palavra; vocábulo; expressão; promessa.
PA.LA.BRO.TA *s.f.* Palavrão.
PA.LA.CE.TE *s.m.* Palacete.
PA.LA.CIE.GO *adj.* Palaciano.
PA.LA.CIO *s.m.* Palácio.
PA.LA.DA *s.f.* Pazada; remada.
PA.LA.DAR *s.m.* Paladar; *fig.* gosto, sabor; *Anat.* palato.
PA.LAN.CA *s.f.* Alavanca; *fig.* apadrinhamento.
PA.LAN.GA.NA *s.f.* Bacia; tina.
PA.LA.TI.NO *adj.* e *s.m.* Palatino.
PAL.CO *s.m. Teat.* Camarote; balcão.
PA.LEN.QUE *s.f.* Cerca; estaca.
PA.LIA.TI.VO *s.m.* Paliativo.
PA.LI.DE.CER *v.int.* Empalidecer.
PA.LI.DEZ *s.f.* Palidez.
PÁ.LI.DO *adj.* Pálido.
PA.LI.LLE.RO *s.m.* Paliteiro.
PA.LI.LLO *s.m.* Palito.
PA.LI.ZA *s.f.* Surra; sova; banho (no esporte).
PAL.MA *s.f.* Palma (da mão); folha da palmeira.
PAL.MA.DA *s.f.* Palmada.
PAL.MA.TO.RIA *s.f.* Palmatória; castiçal.
PAL.ME.RA *s.f. Bot.* Palmeira.
PAL.MI.TO *s.m. Bot.* Palmito.
PAL.MO *s.m.* Palmo (medida do tamanho de um palmo).
PA.LO *s.m.* Pau; madeira; bastão; mastro; paus (cartas).
PA.LO.MA *s.f. Zool.* Pomba; *palomo s.m.:* pombo.
PA.LO.MAR *s.m.* Pombal.
PA.LO.MI.TA *s.f.* Pipoca.
PAL.PA.BLE *adj.* Palpável.
PAL.PAR *v.t.* Palpar; apalpar; tatear; *fig.* conhecer bem; notar.
PAL.PI.TA.CIÓN *s.f.* Palpitação.

PAL.PI.TAR v.int. Palpitar.
PÁL.PI.TO s.m. Palpite; intuição; pressentimento.
PA.LÚ.DI.CO adj. Med. Palustre.
PA.LUR.DO adj. e s.m. Tosco; bronco; caipira.
PAM.PA s.f. Pampa.
PAN s.m. Pão; alimento; sustento.
PA.NA s.f. Veludo.
PA.NA.CEA s.f. Panaceia.
PA.NA.DE.RÍ.A s.f. Padaria.
PA.NA.DE.RO s.m. Padeiro.
PA.NAL s.m. Colmeia; vespeiro; favo de mel.
PA.ÑAL s.m. Fralda (de bebê).
PAN.CAR.TA s.f. Cartaz; faixa (de protesto).
PAN.CHO adj. fam. Tranquilo.
PÁN.CREAS s.m. Anat. Pâncreas.
PAN.DA s.m. Turma; bando; galera; Zool. panda (urso).
PAN.DE.RO s.m. Mús. Pandeiro.
PAN.DI.LLA s.f. Turma; galera.
PA.NE.CI.LLO s.m. Pãozinho.
PA.NEL s.m. Painel.
PAN.FLE.TO s.m. Panfleto.
PÁ.NI.CO s.m. Pânico.
PA.NI.FI.CA.CIÓN s.f. Panificação.
PA.NI.FI.CA.DO.RA s.f. Panificadora.
PA.NI.FI.CAR v.t. Panificar.
PA.ÑO s.m. Pano; tecido; vela (de barco); tapeçaria.
PA.NO.CHA s.f. Maçaroca; espiga (de milho).
PA.NO.RA.MA s.m. Panorama.
PAN.QUE.QUE s.m. Panqueca.
PAN.TA.LÓN s.m. Calça curta; bermuda; short.
PAN.TA.NO s.m. Pântano.
PAN.TE.IS.MO s.m. Panteísmo.
PAN.TE.RA s.f. Pantera.
PAN.TO.MI.MA s.f. Pantomima.
PAN.TO.RRI.LLA s.m. Anat. Pantorrilha; batata da perna.
PAN.TU.FLA s.f. Chinelo.
PA.ÑUE.LO s.m. Lenço.
PAN.ZA s.f. Pança.
PA.PA s.m. Rel. Papa (sumo pontífice); fam. papa (mingau).

PA.PÁ s.m. fam. Papai.
PA.PA.GA.YO s.m. Zool. Papagaio.
PA.PAR v.t. fam. Comer; papar.
PA.PA.YA s.f. Mamão (fruto).
PA.PA.YO s.m. Mamoeiro.
PA.PEL s.m. Papel; carta; documento; função; representação de um personagem.
PA.PE.LE.RI.A s.f. Papelaria.
PA.PE.LE.TA s.f. Papeleta; bilhete.
PA.PE.LÓN s.m. Papelão; fig. drama.
PA.PE.RAS s.f. Med. Caxumba; Med. bócio.
PA.PI.LA s.f. Anat. Papila.
PA.PI.LLA s.f. fam. Papinha; sopa; mingau.
PA.PI.LLO.TE s.m. Cul. Papel para assar alimento.
PA.PI.SA s.f. Rel. Papisa.
PA.PO s.m. Papo; papada.
PA.QUE.TE s.m. Pacote; embrulho.
PA.QUI.DER.MOS s.m. pl. Zool. Paquidermes.
PAR adj. Par; semelhante; igual. s.m. Par; dupla.
PA.RA prep. Para.
PA.RA.BIÉN s.m. Felicitação; parabéns.
PA.RÁ.BO.LA s.f. Parábola.
PA.RA.BRI.SAS s.m. Para-brisas.
PA.RA.CA.Í.DAS s.m. Paraquedas.
PA.RA.CAI.DIS.TA adj. e s.2g. Paraquedista.
PA.RA.CHO.QUES s.m. Para-choque.
PA.RA.DA s.f. Parada (militar); ponto de ônibus.
PA.RA.DE.RO s.m. Paradeiro.
PA.RA.DIG.MA s.m. Paradigma.
PA.RA.DO adj. Parado; estacionado.
PA.RA.DO.JA s.f. Paradoxo.
PA.RA.FER.NA.LIA s.f. Parafernália.
PA.RÁ.GRA.FO s.m. Parágrafo.
PA.RA.GUAS s.m. Guarda-chuva.
PA.RA.Í.SO s.m. Paraíso; éden.
PA.RA.JE s.m. Paragem.
PA.RA.LE.LO adj. e s.m. Paralelo.
PA.RÁ.LI.SIS s.f. Paralisia.
PA.RA.LÍ.TI.CO adj. e s.m. Paralítico.
PA.RA.LI.ZA.CIÓN s.f. Paralisação.
PA.RA.LI.ZAR v.t. Paralisar. v.p. Paralisar-se.
PA.RA.NOIA s.f. Paranoia.
PA.RA.NOR.MAL adj. Paranormal.
PA.RA.PE.TAR.SE v.p. Proteger-se.

PA.RA.PE.TO s.m. Parapeito.
PA.RA.PLÉ.JI.CO adj. e s.m. Paraplégico.
PA.RAR v.t. Parar; deter. v.int. Deter; hospedar-se. v.int. e p. Interromper(-se); cessar(-se).
PA.RA.RRA.YOS s.m. Para-raios.
PA.RA.SI.TA.RIO adj. Parasitário.
PA.RÁ.SI.TO adj. e s.m. Parasita.
PA.RA.SOL s.m. Guarda-sol.
PAR.CE.LA s.f. Parcela; parte; lote.
PAR.CE.LAR v.t. Parcelar. v.p. Parcelar-se.
PAR.CHE s.m. Remendo.
PAR.CIAL adj. Parcial.
PAR.CIA.LI.DAD s.f. Parcialidade.
PAR.CO adj. Parco.
PAR.DO adj. Pardo.
PA.RE.CER¹ s.m. Parecer; opinião.
PA.RE.CER² v.t. e int. Parecer; assemelhar. v.p. Parecer-se; assemelhar-se.
PA.RE.CI.DO adj. Parecido; semelhante.
PA.RED s.f. Parede.
PA.RE.JA s.f. Casal; cônjuge; namorado; par (de dança); parelha.
PA.RE.JO adj. Parelho; par; semelhante.
PA.REN.TE.LA s.f. Parentela.
PA.REN.TES.CO s.m. Parentesco.
PA.RIA s.f. Pária.
PA.RI.DAD s.f. Paridade.
PA.RIEN.TE(A) s.m./f. Parente.
PA.RIHUE.LA s.f. Padiola; maca.
PA.RIR v.int. Parir; fig. gerar.
PAR.LA.MEN.TAR v.int. Parlamentar.
PAR.LAR v.t. e int. Falar. v.int. Tagarelar.
PAR.NÉ s.m. fam. Grana.
PA.RO s.m. Parada; greve; desemprego.
PA.RO.DIAR v.t. Parodiar.
PA.RO.XIS.MO s.m. Paroxismo.
PAR.PA.DE.AR v.int. Pestanejar; piscar.
PÁR.PA.DO s.m. Anat. Pálpebra.
PAR.QUE s.m. Parque.
PA.RRA s.f. Parreira; videira.
PÁ.RRA.FO s.m. Parágrafo.
PA.RRAL s.m. Parreiral.
PA.RRI.CI.DIO s.m. Parricídio.
PA.RRI.LLA s.f. Grade; grid; grelha; churrasqueira.

PÁ.RRO.CO s.m. Rel. Pároco.
PA.RRO.QUIA s.f. Paróquia.
PAR.TE s.f. Parte; porção; pedaço; parcela; lugar.
PAR.TE.RA s.f. Parteira.
PAR.TE.RRE s.m. Canteiro.
PAR.TI.CIÓN s.f. Partição.
PAR.TI.CI.PA.CIÓN s.f. Participação.
PAR.TI.CI.PAR v.int. Participar; tomar parte; avisar.
PAR.TÍ.CU.LA s.f. Partícula.
PAR.TI.CU.LAR adj. Particular; privativo. s.m. Particularidade; assunto.
PAR.TI.CU.LA.RI.DAD s.f. Particularidade.
PAR.TI.CU.LA.RI.ZAR v.t. Particularizar.
PAR.TI.DA s.f. Jogo; certidão; carregamento; partida; saída.
PAR.TI.DA.RIO adj. e s.m. Partidário.
PAR.TI.DO adj. Partido; dividido. s.m. Partido; associação.
PAR.TIR v.t. Partir; repartir; quebrar. v.int. e p. Sair; ir-se.
PAR.TO s.m. Parto; nascimento.
PA.SA s.f. Passa (fruta seca).
PA.SA.DI.ZO s.m. Passadiço; corredor; passagem.
PA.SA.DO adj. Passado. s.m. Passado; pretérito.
PA.SA.JE s.m. Passagem.
PA.SA.JE.RO adj. e s.m. Passageiro.
PA.SA.MA.NO s.m. Corrimão.
PA.SAN.TÍA s.f. estágio.
PA.SA.POR.TE s.m. Passaporte.
PA.SAR v.int. Passar; entrar; acontecer. v.t. int. e p. Levar; trasladar. v.t. e p. Ultrapassar; exceder.
PA.SA.RE.LA s.f. Passarela.
PA.SA.TIEM.PO s.m. Passatempo; diversão; lazer.
PAS.CUA s.f. Rel. Páscoa.
PA.SE s.m. Passe; permissão; licença.
PA.SE.AR v.t. e int. Passear.
PA.SEO s.m. Passeio; volta.
PA.SI.BLE adj. Passível.
PA.SI.LLO s.m. Corredor.

PA.SIÓN *s.f.* Paixão.
PA.SIO.NAL *adj.* Passional
PA.SI.VO *adj.* Passivo.
PAS.MO *s.m.* Pasmo; assombro; espasmo.
PA.SO *s.m.* Passo; passada.
PAS.QUÍN *s.m.* Pasquim.
PAS.TA *s.f.* Pasta; macarrão; massa; *fig.* grana.
PAS.TAR *v.t.* e *int.* Pastar.
PAS.TEL *s.m.* Bolo; torta; empada; pastel (cor).
PAS.TE.LE.RÍ.A *s.f.* Confeitaria.
PAS.TEU.RI.ZAR *v.t.* Pasteurizar.
PAS.TI.LLA *s.f.* Tablete (chocolate); pedra (sabão); pastilha; comprimido.
PAS.TO *s.m.* Pasto; pastagem.
PAS.TOR *adj.* e *s.m.* Pastor.
PAS.TO.SO *adj.* Pastoso.
PAS.TU.RA *s.f.* Forragem; pastagem.
PA.TA *s.f.* Pata (animais); pé.
PA.TA.DA *s.f.* Patada; chute.
PA.TA.LE.AR *v.int.* Espernear.
PA.TA.LE.TA *s.f.* Ataque; chilique.
PA.TÁN *adj.* e *s.m.* Caipira; matuto; rude.
PA.TA.TA *s.f.* Batata.
PA.TA.TÚN *s.m.* *Coloq.* Chilique.
PA.TÉ *s.m.* Patê.
PA.TE.AR *v.t.* *Coloq.* Chutar.
PA.TEN.TAR *v.t.* Patentear.
PA.TEN.TE *adj.* Patente; evidente; claro. *s.f.* Patente; título.
PA.TE.RA *s.f.* Balsa.
PA.TER.NAL *adj.* Paternal.
PA.TER.NI.DAD *s.f.* Paternidade.
PA.TER.NO *adj.* Paterno.
PA.TÉ.TI.CO *adj.* Patético.
PA.TÍ.BU.LO *s.m.* Patíbulo.
PA.TI.CO.JO *adj.* e *s.m.* Coxo; manco.
PA.TÍN *s.m.* Patim.
PA.TI.NA.JE *s.m.* Patinação.
PA.TI.NAR *v.int.* Patinar; escorregar; deslizar.
PA.TIO *s.m.* Pátio; área; quintal.
PA.TO *s.m.* *Zool.* Pato.
PA.TO.LO.GÍ.A *s.f.* *Med.* Patologia.
PA.TRA.ÑA *s.f.* Patranha; mentira.
PA.TRIA *s.f.* Pátria.
PA.TRIAR.CA *s.f.* Patriarca.

PA.TRI.CIO *adj.* e *s.m.* Patrício.
PA.TRI.MO.NIO *s.m.* Patrimônio.
PA.TRIO *adj.* Pátrio.
PA.TRIO.TA *adj.* e *s.2g.* Patriota.
PA.TRIO.TIS.MO *s.m.* Patriotismo.
PA.TRO.CI.NAR *v.t.* Patrocinar.
PA.TRO.CI.NIO *s.m.* Patrocínio.
PA.TRÓN *s.m.* Patrão; dono; padrão (*patrón monetario:* padrão monetário); patrono; padroeiro.
PA.TRO.NAL *adj.* Patronal.
PA.TRO.NA.TO *s.m.* Patronato.
PA.TRO.NO *s.m.* Patrono; padroeiro.
PA.TRU.LLA *s.f.* Patrulha; vigilância (policial).
PA.TRU.LLAR *v.t.* e *int.* Patrulhar.
PA.TRU.LLE.RO *s.m.* Patrulheiro.
PA.ÚL *s.m.* Pântano; paúl.
PAU.PÉ.RRI.MO *adj.* Paupérrimo.
PAU.SA *s.f.* Pausa; intervalo.
PAU.TA *s.f.* Pauta; linha; norma; guia.
PAU.TAR *v.t.* Pautar.
PA.VA *s.f.* Chaleira (Argentina); *Zool.* Perua.
PA.VI.MEN.TA.CIÓN *s.f.* Pavimentação.
PA.VI.MEN.TAR *v.t.* Pavimentar.
PA.VI.MEN.TO *s.m.* Pavimento.
PA.VO *s.m.* *Zool.* Peru; *pava s.f.:* perua.
PA.VÓN *s.m.* *Zool.* Pavão.
PA.VO.NE.AR *v.int.* Pavonear.
PA.VOR *s.m.* Pavor; terror.
PA.YA.SA.DA *s.f.* Palhaçada.
PA.YA.SO *s.m.* Palhaço.
PAZ *s.f.* Paz; harmonia; tranquilidade; sossego.
PE.A.JE *s.m.* Pedágio.
PEA.TÓN *s.m.* Pedestre.
PE.CA *s.f.* Sarda; pinta.
PE.CA.DO *s.m.* Pecado.
PE.CA.DOR *adj.* e *s.m.* Pecador.
PE.CAR *v.int.* Pecar.
PE.CE.RA *s.f.* Aquário.
PE.CHAR *v.t.* Lograr.
PE.CHO *s.m.* Peito; tórax; *Anat.* seio; *fig.* coragem.
PÉ.CO.RA *s.f.* Rês (Cabeça de gado) *fam.* mulher astuta.
PEC.TO.RAL *adj.* e *s.m.* Peitoral.

PE.CUA.RIO adj. Pecuário.
PE.CU.LIAR adj. Peculiar.
PE.CU.LIA.RI.DAD s.f. Peculiaridade.
PE.DA.GO.GÍ.A s.f. Pedagogia.
PE.DA.GO.GO s.m. Pedagogo.
PE.DAL s.m. Pedal.
PE.DA.LE.AR v.int. Pedalar.
PE.DAN.TE adj. Pedante.
PE.DA.ZO s.m. Pedaço.
PE.DE.RAS.TA s.m. Pederasta.
PE.DES.TAL s.m. Pedestal.
PE.DIA.TRÍ.A s.f. Pediatria.
PE.DI.DO adj. e s.m. Pedido.
PE.DIR v.t. Pedir; solicitar; requerer.
PE.DO s.m. vulg. Peido; porre; bebedeira.
PE.DRA.DA s.f. Pedrada.
PE.DRE.GU.LLO s.m. Pedregulho.
PE.DRE.RA s.f. Pedreira.
PE.DRE.RÍ.A s.f. Pedraria.
PE.DRIS.CO s.m. Granizo.
PE.GA s.f. Cola; grude; fam. problema.
PE.GA.JO.SO adj. Pegajoso; grudento.
PE.GA.MEN.TO s.m. Cola.
PE.GAR v.t. Colar; grudar; surrar; bater. v.t. e p. Contagiar(-se); grudar(-se).
PE.GA.TI.NA s.f. Adesivo.
PE.GO.TE s.m. Grude.
PEI.NAR v.t. Pentear; fig. passar pente fino. v.p. Pentear-se.
PEI.NE s.m. Pente.
PE.LA.DO adj. Careca; pelado; nu; fig. sem dinheiro.
PE.LA.JE s.f. Pelagem.
PE.LAR v.t. Pelar; depenar; descascar. v.p. Pelar-se; depenar-se.
PEL.DA.ÑO s.m. Degrau.
PE.LEA s.f. Briga; luta.
PE.LE.AR v.int. Brigar; lutar; combater.
PE.LÍ.CU.LA s.f. Filme; película.
PE.LI.BLAN.CO adj. Grisalho.
PE.LI.GRAR v.int. Perigar.
PE.LI.GRO s.m. Perigo.
PE.LI.GRO.SI.DAD s.f. Periculosidade.
PE.LI.GRO.SO adj. Perigoso.
PE.LI.RRO.JO adj. Ruivo.

PE.LO s.m. Pelo; cabelo.
PE.LO.TA s.f. Bola.
PE.LO.TA.ZO s.m. Bolada.
PE.LO.TE.AR v.int. Jogar bola.
PE.LO.TÓN s.m. Pelotão.
PE.LU.CA s.f. Peruca.
PE.LU.CHE s.f. Pelúcia.
PE.LU.DO adj. Peludo.
PE.LU.QUE.RÍ.A s.f. Barbearia; salão de beleza.
PE.LU.QUE.RO s.m. Cabeleireiro; barbeiro.
PEL.VIS s.f. Anat. Pelve; bacia.
PE.LLE.JO s.m. Couro; pele; odre.
PE.LLIZ.CAR v.t. Beliscar. v.p. Beliscar-se.
PE.LLIZ.CO s.m. Beliscão.
PE.NA s.f. Pena; castigo; tormento; sofrimento.
PE.NA.CHO s.m. Penacho.
PE.NAL adj. Penal. s.m. Prisão; cadeia.
PE.NA.LI.DAD s.f. Penalidade.
PE.NA.LI.ZAR v.t. Penalizar; castigar.
PE.NAL.TY s.f. Pênalti.
PE.NAR v.t. Penalizar. v.int. Penar; sofrer.
PEN.DER v.int. Pender; pendurar.
PEN.DIEN.TE adj. Pendente; suspenso; dependurado. s.m. Brinco; pingente.
PE.NE s.m. Anat. Pênis.
PE.NE.TRAR v.t., int. e p. Penetrar; introduzir.
PE.NÍN.SU.LA s.f. Península.
PE.NI.TEN.CIA s.f. Penitência.
PE.NI.TEN.CIA.RÍ.A s.f. Penitenciária.
PE.NI.TEN.TE s.2g. Penitente.
PE.NO.SO adj. Penoso.
PEN.SA.MIEN.TO s.m. Pensamento.
PEN.SAR v.t. Pensar; discorrer; examinar.
PEN.SIÓN s.f. Pensão; hospedaria; renda.
PEN.SIO.NIS.TA s.2g. Pensionista.
PEN.TÁ.GO.NO s.m. Geom. Pentágono.
PE.NÚL.TI.MO adj. Penúltimo.
PE.NUM.BRA s.f. Penumbra.
PE.NU.RIA s.f. Penúria.
PE.ÑA s.f. Penha; penhasco; rocha.
PE.ÑAS.CO s.f. Penhasco; rochedo.
PE.ÓN s.m. Peão; trabalhador braçal.
PE.ON.ZA s.f. Pião.
PE.OR adj. Pior.

PE.PI.NI.LLO s.m. Pepino em conserva.
PE.PI.NO s.m. Bot. Pepino (fruto ou planta).
PE.PI.TA s.f. Semente; caroço; pepita.
PE.QUE.ÑEZ s.f. Pequenez.
PE.QUE.ÑO adj. Pequeno.
PE.RA s.f. Bot. Pera.
PE.RAL s.m. Bot. Pereira.
PER.CAN.CE s.m. Percalço.
PER.CA.TAR.SE v.p. Aperceber-se.
PER.CEP.CIÓN s.f. Percepção.
PER.CEP.TI.BLE adj. Perceptível.
PER.CI.BIR v.t. Perceber; notar; receber.
PER.CU.SIÓN s.f. Percussão.
PER.CHA s.f. Cabide.
PER.DER v.t. Perder; quitar; malgastar. v.p. Perverter; corromper.
PER.DI.CIÓN s.f. Perdição.
PÉR.DI.DA s.f. Perda; prejuízo.
PER.DI.DO adj. Perdido; pervertido.
PER.DIZ s.f. Zool. Perdiz.
PER.DÓN s.m. Perdão; desculpa.
PER.DO.NAR v.t. Perdoar; desculpar; absolver.
PER.DU.RAR v.int. Perdurar; durar.
PE.RE.CER v.int. Perecer; sucumbir; morrer; falecer.
PE.RE.GRI.NA.CIÓN s.f. Peregrinação.
PE.RE.GRI.NAR v.int. Peregrinar.
PE.RE.GRI.NO s.m. Peregrino; andarilho.
PE.RE.NNE adj. Perene; contínuo.
PE.RE.ZA s.f. Preguiça; moleza.
PE.RE.ZO.SO adj. Preguiçoso.
PER.FEC.CIÓN s.f. Perfeição.
PER.FEC.TO adj. Perfeito.
PER.FI.DIA s.f. Perfídia; falsidade.
PÉR.FI.DO adj. Pérfido.
PER.FIL s.m. Perfil; silhueta.
PER.FO.RAR v.t. Perfurar; furar.
PER.FU.MAR v.t. Perfumar; aromatizar.
PER.FU.ME s.m. Perfume; aroma.
PER.FU.ME.RÍ.A s.f. Perfumaria.
PE.RI.CIA s.f. Perícia; habilidade.
PE.RI.FE.RIA s.f. Periferia.
PE.RÍ.ME.TRO s.m. Perímetro.
PE.RIÓ.DI.CO adj. Periódico. s.m. Periódico; jornal.

PE.RIO.DIS.MO s.m. Jornalismo.
PE.RIO.DIS.TA s.2g. Jornalista.
PE.RÍ.O.DO s.m. Período; era; época; ciclo; menstruação.
PE.RI.PE.CIA s.f. Peripécia; imprevisto.
PE.RI.QUI.TO s.m. Zool. Periquito.
PE.RI.TO adj. e s.m. Perito.
PER.JU.DI.CAR v.t. e p. Prejudicar; lesar.
PER.JUI.CIO s.m. Prejuízo; dano.
PER.JU.RAR v.t. e int. Perjurar.
PER.JU.RIO s.m. Perjúrio.
PER.LA s.f. Pérola.
PER.MA.NE.CER v.int. Permanecer; ficar; durar.
PER.MA.NEN.TE adj. Permanente.
PER.MI.SO s.m. Permissão; licença.
PER.MI.TIR v.t. Permitir; consentir; assentir. v.p. Permitir-se.
PER.MU.TA s.f. Permuta; troca.
PER.MU.TAR v.t. Permutar; trocar.
PER.NE.AR v.int. Espernear.
PER.NI.CIO.SO adj. Pernicioso.
PER.NIL s.m. Pernil.
PER.NOC.TAR v.int. Pernoitar.
PE.RO conj. Mas; porém.
PER.PE.TRAR v.t. Perpetrar.
PER.PE.TUAR v.t. Perpetuar. v.p. Perpetuar-se.
PER.PE.TUO adj. Perpétuo; eterno.
PER.PLE.JI.DAD s.f. Perplexidade.
PER.PLE.JO adj. Perplexo.
PE.RRE.RI.A s.f. Cachorrada.
PE.RRO s.m. Zool. Cachorro; cão.
PE.RRU.NO adj. Canino.
PER.SE.CU.CIÓN s.f. Perseguição.
PER.SE.GUIR v.t. Perseguir.
PER.SE.VE.RAR v.int. Perseverar.
PER.SIS.TIR v.int. Persistir.
PER.SO.NA s.f. Pessoa.
PER.SO.NA.JE s.f. Personagem.
PER.SO.NAL adj. Pessoal.
PER.SO.NA.LI.DAD s.f. Personalidade.
PER.SO.NA.LI.ZAR v.t. e int. Personalizar.
PER.SO.NI.FI.CAR v.t. Personificar.
PERS.PEC.TI.VA s.f. Perspectiva.
PERS.PI.CA.CIA s.f. Perspicácia.

PER.SUA.DIR *v.t.* Persuadir; convencer. *v.p.* Persuadir-se.
PER.TE.NE.CER *v.int.* Pertencer; fazer parte.
PER.TE.NEN.CIA *s.f.* Pertença; posse.
PER.TI.NAZ *adj.* Pertinaz.
PER.TI.NEN.TE *adj.* Pertinente.
PER.TRE.CHOS *s.m. pl.* Apetrechos.
PER.TUR.BAR *v.t.* Perturbar.
PER.VER.SO *adj.* Perverso.
PER.VER.TIR *v.t.* Perverter. *v.p.* Perverte-se.
PE.SA.DO *adj.* Pesado.
PÉ.SA.ME *s.m.* Pêsames; condolências.
PE.SAR *v.t. e int.* Pesar; sopesar. *s.m.* Pesar; dor; mágoa.
PES.CA *s.f.* Pesca; pescaria.
PES.CA.DE.RI.A *s.f.* Peixaria.
PES.CA.DO *s.m.* Pescado; peixe (alimento).
PES.CAR *v.int.* Pescar; *fig.* contrair doença.
PES.CUE.ZO *s.m.* Pescoço (de animais).
PE.SE.BRE *s.m.* Presépio; manjedoura; estábulo.
PE.SI.MIS.MO *s.m.* Pessimismo.
PE.SI.MIS.TA *adj. e s.2g.* Pessimista.
PÉ.SI.MO *adj.* Péssimo.
PE.SO *s.m.* Peso; massa; ônus; importância.
PES.QUI.SA *s.f.* Pesquisa; averiguação.
PES.TA.ÑA *s.f. Anat.* Pestana; cílio.
PES.TE *s.f.* Peste; praga.
PÉ.TA.LO *s.m. Bot.* Pétala.
PE.TAR.DO *s.m.* Petardo; bomba.
PE.TI.CIÓN *s.f.* Petição; pedido; solicitação.
PE.TRI.FI.CAR *v.t.* Petrificar. *v.p.* Petrificar-se.
PE.TRÓ.LEO *s.m.* Petróleo.
PE.TU.LAN.TE *adj.* Petulante.
PE.YO.RA.TI.VO *adj.* Pejorativo.
PEZ *s.m. Zool.* Peixe. *s.f.* Piche.
PE.ZÓN *s.m. Anat.* Mamilo; bico do seio.
PIA.DO.SO *adj.* Piedoso.
PIA.NIS.TA *s.2g.* Pianista.
PIA.NO *s.m. Mús.* Piano.
PI.CA.DA *s.f.* Trilha.
PI.CA.DU.RA *s.f.* Picada (de inseto).
PI.CA.FLOR *s.m. Zool.* Beija-flor; colibri.
PI.CAN.TE *adj.* Picante; apimentado.
PI.CAR *v.t.* Ferir; espetar; picar (insetos); bicar; estimular. *v.int.* Coçar. *v.p.* Furar-se; espetar-se.
PI.CA.ZÓN *s.f.* Coceira; comichão.
PI.CO *s.m.* Pico; cume; cimo; *Zool.* bico (de ave).
PI.CO.TA.ZO *s.m.* Bicada; picada.
PI.CO.TE.AR *v.t.* Bicar. *v.int.* Tagarelar.
PIE *s.m. Anat.* Pé (pessoa); pata (animal); base; sustentação.
PIE.DAD *s.f.* Piedade.
PIE.DRA *s.f.* Pedra; rocha; granizo.
PIEL *s.f. Anat.* Pele; derme.
PIER.NA *s.f. Anat.* Perna.
PIE.ZA *s.f.* Peça; pedaço; peça teatral; quarto; compartimento.
PIG.MEN.TO *s.m.* Pigmento.
PIG.MEO *s.m.* Pigmeu.
PIG.NO.RAR *v.t.* Penhorar; empenhar.
PI.JA.MA *s.m.* Pijama.
PI.LA *s.f.* Pilha; monte; bateria.
PI.LAR *s.m.* Pilar; coluna; pilastra.
PÍL.DO.RA *s.f.* Pílula; comprimido.
PI.LE.TA *s.f.* Piscina; tanque.
PI.LO.TAR *v.t.* Pilotar.
PI.LO.TO *s.m.* Piloto.
PI.LLA.JE *s.m.* Pilhagem; assalto; furto.
PI.LLAR *v.t.* Pilhar; saquear; furtar.
PI.MIEN.TA *s.f. Bot.* Pimenta.
PI.MIEN.TÓN *s.m. Bot.* Pimentão.
PIM.PO.LLO *s.m.* Pimpolho; broto de pinheiro; botão de rosa.
PI.ÑA *s.f. Bot.* Pinha; ananás; abacaxi.
PI.ÑÓN *s.m. Bot.* Pinhão.
PIN.CEL *s.m.* Pincel.
PIN.CHAR *v.t.* Espetar; furar; estimular; mover; irritar. *v.p.* Furar-se; picar-se.
PING-PONG *s.m. Esport.* Pingue-pongue.
PIN.GÜI.NO *s.m. Bot.* Pinguim.
PIN.TA *s.f.* Pinta; mancha; sinal.
PIN.TA.LA.BIOS *s.m.* Batom.
PIN.TAR *v.t.* Pintar. *v.int.* Significar. *v.p.* Maquiar-se.
PIN.TOR *s.m.* Pintor.
PIN.TO.RES.CO *adj.* Pitoresco.
PIN.TU.RA *s.f.* Pintura; quadro.

PIN.ZA *s.f.* Pinça.
PIO *adj.* Pio; devoto.
PIO.JO *s.m.* Piolho.
PIO.NE.RO *s.m.* Pioneiro.
PI.PA *s.f.* Cachimbo; pipa (de água); tonel.
PI.QUE.TE *s.m.* Piquete; pelotão.
PI.RA *s.f.* Pira; fogueira.
PI.RÁ.MI.DE *s.f.* Pirâmide.
PI.RA.ÑA *s.f.* Piranha.
PI.RA.TA *adj.* e *s.2g.* Pirata.
PI.RO.PO *s.m.* Elogio; galanteio.
PIS *s.m.* Xixi; pipi.
PI.SA.DA *s.f.* Pisada.
PI.SAR *v.t.* Pisar.
PIS.CI.CUL.TU.RA *s.f.* Piscicultura.
PIS.CI.NA *s.f.* Piscina.
PIS.CO.LA.BIS *s.m.* Boquinha; aperitivo.
PI.SO *s.m.* Piso; pavimento.
PI.SO.TE.AR *v.t.* Pisotear.
PIS.TA *s.f.* Pista.
PIS.TO.LA *s.f.* Pistola (arma).
PIS.TO.LE.RO *s.m.* Pistoleiro.
PIS.TÓN *s.m.* Pistão.
PI.TA.DA *s.f.* Assobiada; apitada.
PI.TAR *v.t.* Apitar; assobiar.
PI.TO *s.m.* Apito; buzina; *Zool.* pintinho.
PI.ZA.RRA *s.f.* Lousa; quadro-negro; *Geol.* ardósia.
PIZ.CA *s.f.* Pitada; migalha; farelo.
PLA.CA *s.f.* Placa; chapa.
PLA.CEN.TA *s.f. Fisiol.* Placenta.
PLA.CEN.TE.RO *adj.* Prazeroso; prazenteiro.
PLA.CER *s.m.* Prazer, satisfação; aprazer.
PLÁ.CI.DO *adj.* Plácido; tranquilo.
PLA.GA *s.f.* Praga; peste.
PLA.GIO *s.m.* Plágio.
PLAN *s.m.* Plano; projeto; programa.
PLAN.CHA *s.f.* Ferro de passar roupa.
PLAN.CHAR *v.t.* Passar roupa.
PLA.NE.A.MIEN.TO *s.m.* Planejamento.
PLA.NE.AR *v.int.* Planejar.
PLA.NE.TA *s.m.* Planeta.
PLA.NI.CIE *s.f.* Planície.
PLA.NI.FI.CAR *v.t.* Planificar.

PLA.NO *adj.* Plano; chato; superfície lisa. *s.m.* Plano; plano fotográfico.
PLAN.TA *s.f.* Planta (vegetal); projeto; pavimento; *Anat.* sola do pé.
PLAN.TA.CIÓN *s.f.* Plantação.
PLAN.TAR *v.t.* Plantar; semear; fixar. *v.p.* Plantar-se; fixar-se.
PLAN.TE.AR *v.t.* Apresentar; planejar; conceber.
PLAN.TI.LLA *s.f.* Molde; palmilha (sapato).
PLAN.TÓN *s.m.* Muda (planta); plantão (guarda).
PLÁS.TI.CO *adj.* Plástico.
PLA.TA *s.f. Miner.* Prata; fig. dinheiro.
PLA.TA.FOR.MA *s.f.* Plataforma.
PLÁ.TA.NO *s.m. Bot.* Bananeira; banana.
PLA.TEA *s.f.* Plateia.
PLA.TE.RÍ.A *s.f.* Prataria; ourivesaria.
PLÁ.TI.CA *s.f.* Palestra; sermão; conversa.
PLA.TI.NO *s.m.* Platina (metal).
PLA.TO *s.m.* Prato.
PLA.TÓ.NI.CO *adj.* Platônico.
PLAU.SI.BLE *adj.* Plausível.
PLA.YA *s.f.* Praia.
PLA.ZA *s.f.* Praça.
PLA.ZO *s.m.* Prazo.
PLE.BE *s.f.* Plebe.
PLE.BE.YO *adj.* e *s.m.* Plebeu.
PLE.BIS.CI.TO *s.m.* Plebiscito.
PLE.GAR *v.t.* Dobrar. *v.p.* Dobrar-se.
PLEI.TO *s.m.* Pleito; litígio; disputa.
PLE.NI.TUD *s.f.* Plenitude.
PLE.NO *adj.* Pleno; *en pleno día:* em pleno dia.
PLIE.GO *s.m.* Folha de papel.
PLIE.GUE *s.m.* Prega; dobra; ruga.
PLO.MO *s.m.* Bala; projétil; *Quím.* chumbo.
PLU.MA *s.f.* Pluma; pena; caneta de pena.
PLU.MA.JE *s.m.* Plumagem.
PLU.ME.RO *s.m.* Espanador; penacho.
PLU.RAL *adj.* e *s.m.* Plural; múltiplo.
PLU.RA.LI.DAD *s.f.* Pluralidade.
PLUS.CUAM.PER.FEC.TO *s.m. Gram.* Mais-que-perfeito.
PLU.VIAL *adj.* Pluvial.
PO.BLA.CIÓN *s.f.* Povoação; população.

PO.BLA.DO adj. e s.m. Povoado
PO.BLAR v.t. Povoar. v.p. Povoar-se.
PO.BRE adj. e s.2g. Pobre.
PO.BRE.ZA s.f. Pobreza; miséria; escassez.
PO.CIL.GA s.f. Pocilga; chiqueiro.
PO.CIÓN s.f. Poção.
PO.CO adj. e adv. Pouco.
PO.CHO adj. Estragado (fruta).
PO.DAR v.t. Podar.
PO.DER v.t. Poder; lograr. s.m. Poder; força; mando; governo.
PO.DE.RÍO s.m. Poderio.
PO.DRI.DO adj. Podre.
PO.E.MA s.m. Poema.
POE.SÍ.A s.f. Poesia.
PO.E.TA s.2g. Poeta.
PO.LAR adj. Polar.
PO.LA.RI.ZAR v.t. Polarizar. v.p. Polarizar-se.
PO.LÉ.MI.CA s.f. Polêmica.
PO.LI.CÍ.A s.f. Polícia. s.2g. Policial; tira.
PO.LI.CIAL adj. Policial.
PO.LI.GA.MIA s.f. Poligamia.
PO.LI.LLLA s.f. Traça; mariposa.
PO.LI.NI.ZAR v.t. Polinizar.
PO.LIO.MIE.LI.TIS s.f. Med. Poliomielite.
PO.LÍ.TI.CA s.f. Política.
PO.LÍ.TI.CO adj. e s.m. Político.
PO.LI.ZA s.f. Apólice.
PO.LI.ZÓN s.m. Clandestino.
PO.LO s.m. Polo; extremidade.
POL.VO s.m. Pó; poeira.
PÓL.VO.RA s.f. Pólvora; fig. mau humor.
POL.VO.RIEN.TO adj. Poeirento.
PO.MA.DA s.f. Pomada.
PO.MAR s.m. Pomar.
POM.PA s.f. Pompa; luxo; fausto.
PO.MO s.m. Pomo; maçaneta; cabo.
PÓ.MU.LO s.m. Anat. Maçã do rosto.
PON.CHE s.m. Ponche.
PON.DE.RAR v.t. Ponderar; considerar.
PO.NEN.CIA s.f. Palestra; conferência; comunicação.
PO.NEN.TE s.2g. Palestrante; orador.
PO.NER v.t. Pôr; colocar; estabelecer. v.p. Pôr-se; colocar-se.

PO.NIEN.TE s.m. Poente; ocidente; oeste.
PON.TÍ.FI.CE s.m. Pontífice.
PON.ZO.ÑA s.f. Peçonha; veneno.
PO.PU.LAR adj. Popular.
PO.PU.LA.RI.ZAR v.t. Popularizar. v.p. Popularizar-se.
POR prep. Por.
POR.CE.LA.NA s.f. Porcelana.
POR.CEN.TA.JE s.f. Porcentagem.
POR.CI.NO adj. Porcino; suíno.
POR.CIÓN s.f. Porção; quinhão.
POR.DIO.SE.AR v.int. Esmolar.
POR.FIAR v.int. Porfiar; teimar; insistir.
POR.ME.NOR s.m. Pormenor; detalhe.
POR.NO.GRA.FÍ.A s.f. Pornografia; obscenidade.
PO.RO s.m. Anat. Poro.
PO.RO.SI.DAD s.f. Porosidade.
POR.QUE conj. Porque.
POR.QUÉ s.m. Porquê (causa, motivo, razão).
POR.QUE.RI.A s.f. Porqueira; sujeira.
PO.RRA.ZO s.m. Pancada; cacetada.
POR.TA.VIO.NES s.m. Porta-aviões.
POR.TA.DA s.f. Portada; pórtico; frontispício (livro).
POR.TA.DOR s.m. Portador.
POR.TAL s.m. Portal; entrada; saguão.
POR.TAR v.t. Portar; levar; carregar.
POR.TÁ.TIL adj. Portátil.
POR.TA.VOZ s.m. Porta-voz.
POR.TE s.m. Frete; porte; tamanho; postura; modos.
POR.TEN.TO s.m. Portento; prodígio.
POR.TE.RÍ.A s.f. Portaria; recepção.
POR.TE.RO s.m. Porteiro; Esport. meta, gol.
POR.TU.GUÉS adj. e s.m. Português.
POR.VE.NIR s.m. Porvir; futuro.
PO.SA.DA s.f. Pousada; hospedaria.
PO.SAR v.int. Pousar; hospedar-se. v.t. Posar; colocar. v.p. Colocar-se; pousar.
PO.SE s.f. Pose; postura.
PO.SE.ER v.t. Possuir; ter; dominar.
PO.SE.SIÓN s.f. Possessão; posse.
PO.SE.SI.VO adj. Possessivo.
PO.SI.BLE adj. Possível.

PO.SI.CIÓN *s.f.* Posição.
PO.SI.TI.VO *adj.* Positivo.
POS.TAL *adj.* Postal; cartão-postal.
POS.TE *s.m.* Poste; pilar.
POS.TER.GAR *v.t.* Postergar; adiar.
POS.TE.RI.DAD *s.f.* Posteridade.
POS.TE.RIOR *adj.* Posterior.
POS.TI.ZO *adj.* Postiço. *s.m.* Artifício; aplique.
POS.TRA.CIÓN *s.f.* Prostração.
POS.TRAR *v.t.* Prostrar; enfraquecer. *v.p.* Prostrar-se; ajoelhar-se.
POS.TRE *s.m.* Sobremesa.
POS.TRE.RO *adj.* Último; derradeiro.
POS.TU.LA.DO *s.m.* Postulado; proposição.
PÓS.TU.MO *adj.* Póstumo.
POS.TU.RA *s.f.* Postura.
PO.TA.BLE *adj.* Potável.
PO.TA.SIO *s.m. Quím.* Potássio.
PO.TE *s.m.* Pote; vasilha.
PO.TEN.CIA *s.f.* Potência .
PO.TEN.TE *adj.* Potente; vigoroso.
PO.TRO *s.m.* Potro.
PO.ZA *s.f.* Poça (de água).
PO.ZO *s.m.* Poço; cisterna.
PRÁC.TI.CA *s.f.* Prática; exercício; experiência; perícia.
PRAC.TI.CAR *v.t.* Praticar; treinar; exercitar.
PRÁC.TI.CO *adj.* Prático.
PRA.DO *s.m.* Prado; pradaria; campo; pasto.
PRE.ÁM.BU.LO *s.m.* Preâmbulo; preliminar.
PRE.CA.RIO *adj.* Precário.
PRE.CAU.CIÓN *s.f.* Precaução; cuidado.
PRE.CA.VER *v.t.* Precaver. *v.p.* Precaver-se.
PRE.CE.DEN.TE *adj.* e *s.m.* Precedente.
PRE.CE.DER *v.t.* e *int.* Preceder.
PRE.CEP.TO *s.m.* Preceito; regra; lei; doutrina.
PRE.CEP.TOR *s.m.* Preceptor.
PRE.CES *s.f. pl.* Preces; orações.
PRE.CIAR *v.t.* Apreciar; prezar; estimar; valorizar.
PRE.CIO *s.m.* Preço; valor.
PRE.CIO.SO *adj.* Precioso.
PRE.CI.PI.CIO *s.m.* Precipício.
PRE.CI.PI.TAR *v.t.* Precipitar.
PRE.CI.SAR *v.t.* e *int.* Precisar. *v.p.* Precisar-se.

PRE.CI.SIÓN *s.f.* Precisão.
PRE.CI.SO *adj.* Preciso; exato.
PRE.COZ *adj.* Precoce.
PRE.DE.CIR *v.t.* Predizer; profetizar.
PRE.DES.TI.NAR *v.t.* Predestinar.
PRE.DI.CA *s.f.* Prédica; sermão.
PRE.DI.CAR *v.t.* Predicar; aconselhar.
PRE.DI.LEC.CIÓN *s.f.* Predileção.
PRE.DI.LEC.TO *adj.* Predileto; preferido.
PRE.DO.MI.NAR *v.int.* Predominar.
PRE.DO.MI.NIO *s.m.* Predomínio.
PRE.FA.CIO *s.m.* Prefácio; prólogo.
PRE.FE.REN.CIA *s.f.* Preferência.
PRE.FE.RIR *v.t.* Preferir.
PRE.FI.JAR *v.t.* Prefixar.
PRE.FI.JO *s.m.* Prefixo.
PRE.GÓN *s.m.* Pregão.
PRE.GUN.TA *s.f.* Pergunta.
PRE.GUN.TAR *v.t.* Perguntar; questionar. *v.p.* Perguntar-se.
PRE.HIS.TO.RIA *s.f.* Pré-história.
PRE.JUI.CIO *s.m.* Preconceito.
PRE.JUZ.GAR *v.t.* Prejulgar.
PRE.LI.MI.NAR *adj.* Preliminar. s.*m. pl.* Preliminares.
PRE.MA.TU.RO *adj.* Prematuro.
PRE.ME.DI.TAR *v.t.* Premeditar.
PRE.MIAR *v.t.* Premiar.
PRE.MIO *s.m.* Prêmio; recompensa.
PRE.MI.SA *s.f.* Premissa.
PRE.NA.TAL *adj.* Pré-natal.
PREN.DA *s.f.* Caução; garantia; prenda; vestimenta.
PREN.DER *v.t.* Prender; capturar; aprisionar; agarrar; pegar.
PREN.SA *s.f.* Imprensa; prensa.
PREN.SAR *v.t.* Prensar.
PRE.ÑA.DA *adj.* e *s.f.* Grávida; prenha.
PRE.ÑAR *v.t.* Engravidar; emprenhar.
PRE.ÑEZ *s.f.* Gravidez.
PRE.O.CU.PA.CIÓN *s.f.* Preocupação.
PRE.O.CU.PAR *v.t.* Preocupar.
PRE.PA.RAR *v.t.* Preparar. *v.p.* Preparar-se.
PRE.PO.SI.CIÓN *s.f.* Preposição.
PRE.SA.GIAR *v.t.* Pressagiar.

PRE.SA.GIO *s.m.* Presságio.
PRES.CIN.DIR *v.int.* Prescindir.
PRES.CRIP.CIÓN *s.f.* Prescrição.
PRES.CRI.BIR *v.t.* Prescrever.
PRE.SEN.CIA *s.f.* Presença.
PRE.SEN.CIAR *v.t.* Presenciar.
PRE.SEN.TA.CIÓN *s.f.* Apresentação.
PRE.SEN.TAR *v.t.* Apresentar.
PRE.SEN.TE *adj.* e *s.m.* Presente; não ausente. *s.m.* Tempo presente; oferta.
PRE.SEN.TIR *v.t.* Pressentir.
PRE.SER.VAR *v.t.* Preservar.
PRE.SER.VA.TI.VO *adj* e *s.m.* Preservativo.
PRE.SI.DEN.CIA *s.f.* Presidência.
PRE.SI.DEN.TE *s.2g.* Presidente.
PRE.SI.DIA.RIO *s.m.* Presidiário; preso.
PRE.SI.DIO *s.m.* Presidio.
PRE.SI.DIR *v.t.* e *int.* Presidir.
PRE.SIÓN *s.f.* Pressão.
PRE.SIO.NAR *v.t.* Pressionar.
PRE.SO *adj.* e *s.m.* Preso; prisioneiro.
PRÉS.TA.MO *s.m.* Empréstimo.
PRES.TAR *v.t.* Emprestar; prestar. *v.p.* Prestar-se.
PRES.TE.ZA *s.f.* Presteza.
PRES.TI.GIAR *v.t.* Prestigiar.
PRES.TI.GIO *s.m.* Prestígio.
PRE.SU.MI.DO *adj.* e *s.m.* Vaidoso.
PRE.SUN.CIÓN *s.f.* Presunção.
PRE.SUN.TO *adj.* Suposto; presumido.
PRE.SU.PUES.TO *adj.* Pressuposto. *s.m.* Orçamento.
PRE.TEN.DER *v.t.* Pretender; querer.
PRE.TEN.DIEN.TE *adj.* e *s.2g.* Pretendente.
PRE.TEN.SIÓN *s.f.* Pretensão.
PRE.TE.RI.TO *adj.* Pretérito; passado.
PRE.TEX.TO *s.m.* Pretexto; desculpa.
PRE.VA.LE.CER *v.int.* Prevalecer; predominar.
PRE.VEN.CIÓN *s.f.* Prevenção; precaução.
PRE.VE.NIR *v.t.* Prevenir; prever; preparar; dispor; avisar. *v.p.* Prevenir-se.
PRE.VER *v.t.* Prever.
PRE.VIO *adj.* Prévio.
PRE.VI.SIÓN *s.f.* Previsão.
PRI.MA.CÍ.A *s.f.* Primazia.

PRI.MA.RIO *adj.* Primário.
PRI.MA.VE.RA *s.f.* Primavera.
PRI.ME.RA *s.f.* Primeira.
PRI.ME.RO *adj.* e *s.m.* Primeiro.
PRI.MI.TI.VO *adj.* Primitivo.
PRI.MO *adj.* Primo (número primo); *s.m.* Primo; *fig.* ingênuo.
PRI.MO.GÉ.NI.TO *adj.* e *s.m.* Primogênito.
PRI.MOR *s.m.* Primor.
PRIN.CE.SA *s.f.* Princesa.
PRIN.CI.PAL *adj.* e *s.m.* Principal.
PRÍN.CI.PE *s.m.* Príncipe.
PRIN.CI.PIAR *v.t.* principiar, começar.
PRIN.CI.PIO *s.m.* Princípio; começo.
PRIN.GAR *v.t.* Engordurar. *v.p.* Engordurar-se.
PRIO.RI.DAD *s.f.* Prioridade.
PRI.SA *s.f.* Pressa; urgência.
PRI.SIÓN *s.f.* Prisão.
PRI.SIO.NE.RO *adj.* e *s.m.* Prisioneiro.
PRIS.MA *s.m.* Prisma.
PRI.VA.CIÓN *s.f.* Privação.
PRI.VA.DO *adj.* Privado; particular.
PRI.VAR *v.t.* Privar; tirar; vedar; proibir; tomar; adorar. *v.p.* Privar-se.
PRI.VA.TI.VO *adj.* Privativo.
PRI.VI.LE.GIO *s.m.* Privilégio; vantagem; regalia.
PRO.BA.BI.LI.DAD *s.f.* Probabilidade.
PRO.BA.BLE *adj.* Provável.
PRO.BA.DOR *s.m.* Provador.
PRO.BAR *v.t.* Provar; experimentar; examinar; demonstrar.
PRO.BLE.MA *s.m.* Problema.
PRO.BO *adj.* Probo; honesto.
PRO.CE.DEN.CIA *s.f.* Procedência.
PRO.CE.DER *v.int.* Proceder.
PRO.CE.DI.MIEN.TO *s.m.* Procedimento.
PRO.CE.SAR *v.t.* Processar.
PRO.CE.SIÓN *s.f.* Procissão.
PRO.CE.SO *s.m.* Processo.
PRO.CLA.MAR *v.t.* Proclamar. *v.p.* Proclamar-se.
PRO.CRE.AR *v.t.* Procriar.
PRO.CU.RA.DOR *adj.* e *s.m.* Procurador.
PRO.CU.RAR *v.t.* Procurar; tentar; tratar.

PRÓ.DI.GO adj. e s.m. Pródigo.
PRO.DUC.CIÓN s.f. Produção.
PRO.DU.CIR v.t. Produzir; confeccionar; fabricar. v.p. Manifestar-se.
PRO.DUC.TI.VO adj. Produtivo.
PRO.DUC.TO s.m. Produto; resultado.
PRO.DUC.TOR s.m. Produtor.
PRO.FA.NAR v.t. Profanar.
PRO.FA.NO adj. e s.m. Profano.
PRO.FE.CÍ.A s.f. Profecia.
PRO.FE.RIR v.t. Proferir.
PRO.FE.SAR v.t. Professar; exercer; seguir; aderir.
PRO.FE.SIÓN s.f. Profissão.
PRO.FE.SOR s.m. Professor.
PRO.FE.TA s.m. Profeta.
PRO.FE.TI.ZAR v.t. Profetizar.
PRO.FUN.DI.DAD s.f. Profundidade.
PRO.FUN.DO adj. Profundo.
PRO.FU.SIÓN s.f. Profusão; abundância.
PRO.GE.NI.TOR s.m. Progenitor.
PRO.GRA.MA s.m. Programa.
PRO.GRA.MA.CIÓN s.f. Programação.
PRO.GRA.MAR v.t. Programar.
PRO.GRE.SAR v.t. Progredir; avançar; melhorar.
PRO.GRE.SO s.m. Progresso; avanço.
PRO.HI.BI.CIÓN s.f. Proibição; veto.
PRO.HI.BIR v.t. Proibir; impedir; vetar.
PRÓ.JI.MO s.m. Próximo.
PRO.LE.TA.RIO adj. e s.m. Proletário.
PRÓ.LO.GO s.m. Prólogo.
PRO.LON.GAR v.t. Prolongar. v.p. Prolongar-se.
PRO.ME.SA s.f. Promessa.
PRO.ME.TER v.t. Prometer; jurar; afirmar. v.p. Prometer-se; comprometer-se.
PRO.MIS.CUI.DAD s.f. Promiscuidade.
PRO.MO.CIÓN s.f. Promoção.
PRO.MO.TOR s.m. Promotor.
PRO.MO.VER v.t. Promover; subir de cargo.
PRO.MUL.GAR v.t. Promulgar.
PRO.NOM.BRE s.m. Pronome.
PRO.NOS.TI.CAR v.t. Prognosticar.
PRO.NÓS.TI.CO s.m. Prognóstico.

PRON.TI.TUD s.f. Prontidão.
PRON.TO adv. Rápido; ligeiro; cedo. s.m. Pronto.
PRO.NUN.CIA.MIEN.TO s.m. Pronunciamento.
PRO.NUN.CIAR v.t. Pronunciar.
PRO.PA.GAN.DA s.f. Propaganda.
PRO.PA.GAR v.t. Propagar; espalhar. v.p. Propagar-se.
PRO.PEN.SIÓN s.f. Propensão; inclinação.
PRO.PI.CIAR v.t. Propiciar.
PRO.PI.CIO adj. Propício; favorável.
PRO.PIE.DAD s.f. Propriedade.
PRO.PIE.TA.RIO adj. e s.m. Proprietário.
PRO.PI.NA s.f. Propina.
PRO.PIO adj. e s.m. Próprio.
PRO.PO.NER v.t. Propor; sugerir; oferecer. v.p. Propor-se.
PRO.POR.CIÓN s.f. Proporção; concordância.
PRO.POR.CIO.NAR v.t. Proporcionar; adequar.
PRO.PO.SI.CIÓN s.f. Proposição.
PRO.PÓ.SI.TO s.m. Propósito.
PRO.PUES.TA s.f. Proposta; oferta.
PRO.RRO.GA.CIÓN s.f. Prorrogação.
PRO.RRO.GAR v.t. Prorrogar.
PRO.SA s.f. Lit. Prosa; conversa; papo.
PRO.SAI.CO adj. Prosaico.
PROS.CRI.TO adj. Proscrito.
PRO.SE.GUIR v.t. e int. Prosseguir; continuar.
PROS.PEC.TO s.m. Prospecto; programa.
PROS.PE.RAR v.t. e int. Prosperar; melhorar.
PROS.PE.RI.DAD s.f. Prosperidade.
PRÓS.PE.RO adj. Próspero.
PROS.TI.TUI.CIÓN s.f. Prostituição.
PROS.TI.TUIR v.t. Prostituir. v.p. Prostituir-se.
PRO.TA.GO.NIS.TA adj. e s.2g. Protagonista.
PRO.TA.GO.NI.ZAR v.t. Protagonizar.
PRO.TEC.CIÓN s.f. Proteção.
PRO.TEC.TOR s.m. Protetor.
PRO.TE.GER v.t. Proteger; amparar. v.p. Proteger-se.
PRÓ.TE.SIS s.f. Med. Prótese.
PRO.TES.TA s.f. Protesto; reclamação; queixa.

PRO.TES.TAN.TE s.2g. Protestante.
PRO.TES.TAR v.t Protestar; reclamar; proclamar.
PRO.TES.TO s.m. Protesto.
PRO.TO.CO.LO s.m. Protocolo; cerimônia.
PRO.TU.BE.RAN.CIA s.f. Protuberância.
PRO.VE.CHO s.m. Proveito; vantagem.
PRO.VEER v.t. Prover; abastecer; aparelhar; investir
PRO.VE.NIR v.int. Provir; vir; derivar; proceder.
PRO.VER.BIAL adj. Proverbial.
PRO.VER.BIO s.m. Provérbio; adágio; refrão.
PRO.VI.DEN.CIA s.f. Providencia; diligência.
PRO.VIN.CIA s.f. Província; Estado.
PRO.VIN.CIA.NO adj. Provinciano.
PRO.VI.SIÓN s.f. Provisão.
PRO.VO.CAR v.t. Provocar; instigar; desafiar; irritar.
PRO.YEC.CIÓN s.f. Projeção.
PRO.YEC.TAR v.t. Projetar; arremessar; planejar. v.p. Projetar-se; lançar-se.
PRO.YEC.TIL s.m. Projétil; projetil.
PRO.YEC.TO s.m. Projeto; plano; esboço; ideia.
PRO.YEC.TOR s.m. Projetor.
PRU.DEN.CIA s.f. Prudência; cautela; juízo.
PRUE.BA s.f. Prova; concurso; exame; demonstração; indício.
PU.BER adj. e s.2g. Púbere.
PU.BER.DAD s.f. Puberdade.
PU.BLI.CA.CIÓN s.m. Publicação.
PU.BLI.CAR v.t. Publicar; editar; anunciar.
PU.BLI.CI.DAD s.f. Publicidade.
PÚ.BLI.CO adj. e s.m. Público.
PÚ.DI.CO adj. Pudico.
PU.DIEN.TE adj. e s.2g. Rico; abastado.
PU.DOR s.m. Pudor; recato; decoro; vergonha.
PU.DRIR v.t. Apodrecer; deteriorar; fig. aborrecer. v.p. Corromper-se.
PUE.BLO s.m. Povo; povoado; raça.
PUEN.TE s.m. Ponte.
PUER.CO adj. Porco; imundo. s.m. Zool. Porco.
PUE.RIL adj. Pueril; infantil.
PUER.TA s.f. Porta.

PUER.TO s.m. Porto; cais; fig. segurança.
PUES conj. Pois; visto que; então.
PUES.TO adj. Arrumado; colocado. s.m. Posto; emprego; banca.
PÚ.GIL s.2g. Pugilista.
PU.GI.LIS.MO s.m. Pugilismo.
PUG.NAR v.int. Pugnar; lutar; combater; empenhar-se.
PU.JAN.ZA s.f. Pujança.
PU.JAR v.t. Lutar; pelejar.
PUL.GA s.f. Zool. Pulga.
PUL.GA.DA s.f. Polegada.
PUL.GAR s.m. Polegar.
PU.LIR v.t. Polir; lustrar.
PUL.MÓN s.m. Anat. Pulmão.
PUL.MO.NÍ.A s.f. Med. Pneumonia.
PUL.PA s.f. Polpa.
PÚL.PI.TO s.m. Púlpito.
PUL.SA.CIÓN s.f. Pulsação.
PUL.SAR v.t. Pulsar; pressionar.
PUL.SE.RA s.f. Pulseira; bracelete.
PUL.SO s.m. Pulso; força; vigor.
PU.LU.LAR v.int. Pulular.
PUL.VE.RI.ZAR v.t. Pulverizar.
PU.LLA s.f. Troça; obscenidade; pulha.
PU.MA s.m. Zool. Puma.
PU.NI.BLE adj. Punível.
PU.NIR v.t. Punir.
PUN.TA s.f. Ponta; extremo; extremidade.
PUN.TA.DA s.f. Pontada; agulhada; ponto.
PUN.TA.PIÉ s.m. Pontapé.
PUN.TE.RÍ.A s.f. Pontaria.
PUN.TO s.m. Ponto; sinal (pontuação gráfica); assunto; matéria.
PUN.TUA.CIÓN s.f. Pontuação.
PUN.TUA.LI.DAD s.f. Pontualidade.
PUN.TUAL adj. Pontual; preciso.
PUN.TUA.LI.ZAR v.t. Concretizar.
PUN.TUAR v.t. Dar pontos; Gram. Pontuar. v.int. Marcar; destacar.
PU.ÑA.DO s.m. Punhado; fig. aos montes.
PU.ÑAL s.m. Punhal.
PU.ÑA.LA.DA s.f. Punhalada.
PU.ÑE.TA.ZO s.m. Soco; murro.
PU.ÑO s.m. Anat. Punho; empunhadura.

PU.PI.LA *s.f. Anat.* Pupila.
PU.PI.LO *s.m.* Pupilo; protegido; hóspede.
PU.RÉ *s.m.* Purê.
PU.RE.ZA *s.f.* Pureza.
PUR.GA *s.f.* Purgante.
PUR.GAR *v.t.* Purgar.
PUR.GA.TO.RIO *s.m.* Purgatório.
PU.RI.FI.CA.CIÓN *s.f.* Purificação; limpeza; purgação.
PU.RI.FI.CAR *v.t.* Purificar; limpar; purgar.
PU.RI.TA.NO *adj* e *s.m.* Puritano.
PU.RO *adj.* Puro.
PUS *s.m. Med.* Pus.
PU.TRE.FAC.CIÓN *s.f.* Putrefação; apodrecimento.
PU.YA *s.f.* Aguilhão; ferrão; *fig.* alfinetada.
PUZ.LE *s.m.* Quebra-cabeça; *puzzle*.

Q

Q *s.m.* Décima oitava letra do alfabeto espanhol.
QUÁN.TI.CO *adj.* Quântico.
QUE *pron. relat.* e *conj.* Que.
QUÉ *pron. interr.* Que?; ¿*Qué es eso?:* O que é isso?
QUE.BRA.DI.ZO *adj.* Quebradiço.
QUE.BRAN.TAR *v.t.* Quebrantar; infringir.
QUE.BRAR *v.t.* e *int.* Quebrar.
QUE.DAR *v.t.* e *p.* Ficar; permanecer. *v.int.* Combinar; concordar.
QUE.HA.CER *s.m.* Ocupação; tarefa.
QUE.JA *s.f.* Queixa.
QUE.JARSE *v.p.* Queixar-se.
QUE.JI.DO *s.m.* Lamúria; lamentação.
QUE.JUM.BRE *s.f.* Queixume.
QUE.MA *s.f.* Queima; incêndio.
QUE.MA.DU.RA *s.f.* Queimadura.
QUE.MAR *v.t., int.* e *p.* Queimar.
QUE.MA.ZÓN *s.f.* Queimação.
QUE.PIS *s.m.* Quepe.
QUE.RE.LLA *s.f.* Querela; discórdia.
QUE.RER *s.m.* Querer; amor. *v.t.* Querer; desejar; gostar. *v.p.* Amar-se.
QUE.RI.DO *adj.* Querido.
QUER.MÉS *s.f.* Quermesse.
QUE.RO.SE.NO *s.m. Quím.* Querosene.
QUE.SE.RA *s.f.* Queijeira.
QUE.SE.RÍ.A *s.f.* Queijaria.
QUE.SO *s.m.* Queijo.
QUI.CIO *s.m.* Gonzo; dobradiça.

QUIE.BRA *s.f.* Fenda; fresta; fissura.
QUIEN *pron. relat.* Quem.
QUIÉN *pron. interr.* Quem; ¿*Quién ha venido?:* Quem veio?
QUIEN.QUIE.RA *pron. indef.* Quem quer que.
QUIE.TO *adj.* Quieto.
QUIE.TUD *s.f.* Quietude; calmaria.
QUI.JA.DA *s.f. Anat.* Queixada.
QUI.JO.TES.CO *adj.* Quixotesco.
QUI.LA.TE *s.m.* Quilate.
QUI.LLA *s.f. Náut.* Quilha.
QUI.ME.RA *s.f.* Quimera.
QUÍ.MI.CA *s.f.* Química.
QUIN.CA.LLE.RÍ.A *s.f.* Quinquilharia.
QUIN.CE *num.* Quinze.
QUIN.CE.NAL *adj.* Quinzenal.
QUI.NIEN.TOS *num.* Quinhentos.
QUIN.QUE.NIO *s.m.* Quinquênio.
QUIN.TAL *s.f.* Quinta; sítio; chácara.
QUIN.TE.TO *s.m. Mús.* Quinteto.
QUI.ÑÓN *s.m.* Quinhão.
QUÍN.TU.PLO *num.* Quíntuplo.
QUIOS.CO *s.m.* Quiosque.
QUI.RÚR.GI.CO *adj.* Cirúrgico.
QUIS.QUI.LLA *s.f. Zool.* Camarão; *fig.* ninharia.
QUIS.QUI.LLO.SO *adj.* Sensível; suscetível.
QUI.TA.MAN.CHAS *s.m.* Tira-manchas.
QUI.TAR *v.t.* Tirar; retirar; tomar; roubar. *v.p.* Desviar-se; deixar (de fumar).
QUÓ.RUM *s.m.* Quórum.

R

R *s.m.* Décima nona letra do alfabeto espanhol.
RÁ.BA.NO *s.m. Bot.* Rabanete.
RA.BIA *s.f.* Raiva; hidrofobia.
RA.BIAR *v.int.* Raivar; *fig.* raivejar.
RA.BI.NO *s.m.* Rabino; rabi.
RA.BIO.SO *adj.* Raivoso.
RA.BO *s.m.* Rabo; cauda.
RA.CIAL *adj.* Racial.
RA.CIO.CI.NIO *s.m.* Raciocínio; juízo.
RA.CIÓN *s.f.* Ração.
RA.CIO.NAL *adj.* e *s.2g.* Racional.
RA.CIO.NA.LI.ZAR *v.t.* Racionalizar.
RA.CIO.NA.MIEN.TO *s.m.* Racionamento.
RA.CIO.NAR *v.t.* Racionar.
RA.CIS.MO *s.m.* Racismo.
RA.DAR *s.m.* Radar.
RA.DIA.CIÓN *s.f.* Radiação.
RA.DIA.DOR *s.m.* Radiador.
RA.DIAR *v.t.* Radiar; irradiar.
RA.DI.CAL *adj.* Radical; *fig.* essencial.
RA.DI.CAR *v.int.* Radicar; enraizar; arraigar. *v.p.* Radicar-se.
RA.DIO *s.m.* Rádio (estação); *Quím.* Rádio; *Anat.* Rádio (osso); raio (de círculo); rádio (aparelho).
RA.DIO.AC.TI.VI.DAD *s.f.* Radioatividade.
RA.DIO.GRA.FÍ.A *s.f.* Radiografia.
RA.DIO.LO.GÍ.A *s.f.* Radiologia.
RÁ.FA.GA *s.f.* Rajada (de vento); lufada.
RA.Í.DO *adj.* Rasgado; puído; gasto.
RA.ÍL *s.m.* Trilho (de trem); carril.
RA.ÍZ *s.f. Bot.* Raiz; bens imóveis; origem; causa.
RA.JA *s.f.* Racha; fenda.
RA.JAR *v.t.* Rachar. *v.p.* Rachar-se.
RA.LE.A *s.f.* Espécie; classe social; *deprec.* ralé.
RA.LLA.DOR *s.m.* Ralador.
RA.LLAR *v.t.* Ralar.
RA.LO *adj.* Ralo; escasso.
RA.MA.JE *s.f.* Ramagem; folhagem.
RA.MAL *s.m.* Ramal.
RA.MI.LLE.TE *s.m.* Ramalhete; buquê.
RA.MO *s.m.* Ramo; ramalhete (de flores).
RA.NA *s.f. Zool.* Rã.
RAN.CIO *adj.* Rançoso; *fig.* antigo.
RAN.CHO *s.m.* Rancho; barracão; sítio; refeição.
RA.NU.RA *s.f.* Ranhura; entalhe; fenda.
RA.PAR *v.t.* Rapar; raspar.
RA.PAZ *adj.* e *s.m.* Rapaz.
RA.PI.DEZ *s.f.* Rapidez.
RA.PI.DO *adj.* Rápido; veloz; breve.
RA.PI.ÑA *s.f.* Rapina; roubo.
RA.PI.ÑAR *v.t. fam.* Rapinar, roubar.
RA.PO.SA *s.f. Zool.* Raposa.
RAP.TAR *v.t.* Raptar; sequestrar.
RAP.TO *s.m.* Rapto, sequestro.
RA.QUÍ.TI.CO *adj.* e *s.m.* Raquítico.
RA.QUI.TIS.MO *s.m. Med.* Raquitismo.
RA.RE.ZA *s.f.* Raridade.
RA.RO *adj.* Raro.
RAS.CA.CIE.LOS *s.m.* Arranha-céus.
RAS.CAR *v.t.* Coçar; raspar. *v.p.* Coçar-se.
RAS.GAR *v.t.* Rasgar; romper. *v.p.* Rasgar-se.
RAS.GO *s.m.* Traço; linha; gesto nobre; particularidade; *rasgos pl.*: feições.
RAS.GU.ÑAR *v.t.* Arranhar; esboçar; rascunhar.
RAS.GU.ÑO *s.m.* Arranhão; rascunho.
RA.SO *adj.* e *s.m.* Raso.
RAS.PAR *v.t.* Raspar; roçar.
RAS.TRE.AR *v.t.* Rastrear; sondar; *fig.* inquirir. *v.int.* Dar um rasante (avião).
RAS.TRE.RO *adj.* Rasteiro.
RAS.TRI.LLO *s.m.* Ancinho.

RAS.TRO s.m. Rastro; pista, pegada; rastelo; ancinho.
RA.SU.RAR v.t. Barbear.
RA.TA s.f. Zool. Ratazana. s.m. fam. Larápio; gatuno; tratante.
RA.TE.RI.A s.f. Ladroeira.
RA.TE.RO adj. e s.m. Ladrão.
RA.TI.FI.CAR v.t. Ratificar; aprovar; confirmar. v.p. Ratificar-se.
RA.TO s.m. Tempo; tempinho; momento; instante; Zool. Rato; camundongo.
RA.TÓN s.m. Zool. Rato; Inform. mouse.
RA.TO.NE.RA s.f. Ratoeira.
RAU.DAL s.m. Torrente; caudal.
RAU.DO adj. Rápido; veloz.
RA.YA s.f. Listra; traço; risco; linha; fronteira; limite; raia; Gram. travessão.
RA.YAR v.t. Riscar; traçar; sublinhar.
RA.YO s.m. Relâmpago; faísca; Geom. Raio.
RA.ZA s.f. Raça.
RA.ZÓN s.f. Razão; raciocínio; argumento; motivo.
RA.ZO.NAR v.t. Raciocinar; pensar; argumentar.
RE s.m. Mús. Ré (nota musical).
REAC.CIÓN s.f. Reação.
REAC.CIO.NAR v.t. Reagir.
RE.AL adj. Real; verdadeiro.
RE.AL.CE s.m. Realce; destaque; importância.
REA.LI.DAD s.f. Realidade.
REA.LI.ZAR v.t. Realizar; fazer; efetuar. v.p. Realizar-se.
RE.AL.ZAR v.t. Realçar; salientar; destacar. v.p. Realçar-se.
RE.A.NI.MAR v.t. e p. Reanimar(-se).
RE.BA.JAR v.t. Rebaixar; baixar. v.p. Rebaixar-se; humilhar-se.
RE.BA.NA.DA s.f. Fatia.
RE.BA.NAR v.t. Fatiar.
RE.BA.ÑO s.m. Rebanho.
RE.BA.SAR v.t. Ultrapassar; exceder.
RE.BA.TIR v.t. Rebater; repelir.
RE.BEL.DE adj. Rebelde; indisciplinado.
RE.BE.LIÓN s.f. Rebelião.
RE.BEN.QUE s.m. Chicote.
RE.BO.TAR v.t. Rebater; quicar; dar rebote.
RE.CA.BAR v.t. Arrecadar; obter.
RE.CA.DO s.m. Recado.
RE.CA.ER v.int. Recair.
RE.CA.PI.TU.LAR v.t. Recapitular.
RE.CA.TO s.m. Recato; pudor.
RE.CAU.CHU.TAR v.t. Recauchutar; recapar.
RE.CE.LAR v.t. Recear; desconfiar; suspeitar.
RE.CE.LO s.m. Receio; desconfiança; suspeita.
RE.CEP.CIÓN s.f. Recepção.
RE.CEP.CIO.NIS.TA s.2g. Recepcionista.
RE.CEP.TÁ.CU.LO s.m. Receptáculo.
RE.CE.TA s.f. Receita.
RE.CI.BIR v.t. Receber; aceitar.
RE.CI.BO s.m. Recepção; entrada; sala de visitas; Com. recibo; recebimento.
RE.CI.CLAR v.t. Reciclar; reaproveitar. v.p. Reciclar-se; atualizar-se.
RE.CIÉN adv. Recém; recente; agora mesmo.
RE.CIEN.TE adj. Recente.
RE.CIN.TO s.m. Recinto; ambiente; espaço.
RE.CIO adj. Forte; robusto; encorpado.
RE.CI.PIEN.TE s.m. Recipiente; vasilha.
RE.CI.PRO.CI.DAD s.f. Reciprocidade.
RE.CÍ.PRO.CO adj. Recíproco; mútuo.
RE.CI.TAL s.m. Recital; apresentação.
RE.CI.TAR v.t. Recitar; declamar.
RE.CLA.MAR v.t. Reclamar; pedir; reivindicar.
RE.CLI.NAR v.t. Reclinar; recostar; inclinar.
RE.CLU.SIÓN s.f. Reclusão; clausura; prisão.
RE.CLU.TA s.m. Mil. Recruta.
RE.CLU.TAR v.t. Recrutar.
RE.CO.BRAR v.t. Recobrar; recuperar.
RE.CO.GER v.t. Recolher; apanhar; pegar; colher. v.p. Recolher-se.
RE.CO.MEN.DAR v.t. Recomendar; aconselhar.
RE.COM.PEN.SAR v.t. Recompensar.
RE.CON.CI.LIAR v.t. Reconciliar.
RE.CÓN.DI.TO adj. Recôndito; oculto.
RE.CO.NO.CER v.t. Reconhecer.
RE.CO.NO.CI.MIEN.TO s.m. Reconhecimento.
RE.CON.QUIS.TAR v.t. Reconquistar.
RE.CONS.TI.TUIR v.t. Reconstituir.

RE.COR.DA.CIÓN *s.f.* Recordação.
RE.COR.DAR *v.t.* Recordar; lembrar.
RE.CO.RRER *v.t.* Recorrer; percorrer.
RE.CO.RRI.DO *s.m.* Percurso; itinerário.
RE.COR.TAR *v.t.* Recortar; cortar.
RE.COS.TAR *v.t.* Recostar; reclinar; inclinar. *v.p.* Recostar-se.
RE.CRE.AR *v.t.* Recriar; reproduzir; recrear. *v.p.* Entreter-se.
RE.CREO *s.m.* Recreio; divertimento; intervalo do lanche.
RE.CRI.MI.NAR *v.t.* Recriminar; repreender.
RECT.ÁN.GU.LO *s.m. Geom.* Retângulo.
REC.TI.FI.CAR *v.t.* Retificar; corrigir; reparar.
REC.TO *adj.* Reto (ângulo); correto; literal. *s.m. Anat.* Reto.
REC.TOR *adj.* e *s.m.* Reitor.
REC.TO.RÍ.A *s.f.* Reitoria.
RE.CUA.DRO *s.m.* Enquadramento; moldura.
RE.CU.BRIR *v.t.* Recobrir.
RE.CUER.DO *s.m.* Lembrança; recordação.
RE.CU.LAR *v.int.* Recuar; retroceder.
RE.CU.PE.RAR *v.t.* Recuperar.
RE.CU.RRIR *v.t.* e *int.* Recorrer.
RE.CUR.SO *s.m.* Recurso; meio.
RE.CU.SAR *v.t.* Recusar; rejeitar.
RE.CHA.ZAR *v.t.* Rechaçar; rejeitar; repelir.
RED *s.f.* Rede; armadilha.
RE.DAC.CIÓN *s.f.* Redação.
RE.DAC.TAR *v.t.* Redigir; escrever.
RE.DEN.CIÓN *s.f.* Redenção.
RE.DI.MIR *v.t.* Redimir; liberar.
RÉ.DI.TO *s.m. Com.* Lucro; rendimento; juro.
RE.DO.BLAR *v.t.* Redobrar; duplicar; repetir; insistir. *v.p.* Redobrar-se.
RE.DU.CIR *v.t.* Reduzir.
RE.DUC.TO *s.m.* Reduto.
RE.DUN.DAN.CIA *s.f.* Redundância.
RE.FE.REN.CIA *s.f.* Referência; alusão.
RE.FE.RIR *v.t.* Referir. *v.p.* Referir-se.
RE.FI.NA.DO *adj.* Refinado; refinamento.
RE.FI.NA.MIEN.TO *s.m.* Refinamento; refinação.
RE.FI.NAR *v.t.* Refinar. *v.p.* Refinar-se; aprimorar-se

RE.FI.NE.RÍ.A *s.f.* Refinaria.
RE.FLE.JAR *v.t.* Refletir; espelhar; mostrar. *v.p.* Refletir-se.
RE.FLE.JO *s.m.* Reflexo.
RE.FLE.XIÓN *s.f.* Reflexão.
RE.FLE.XIO.NAR *v.t.* Refletir; meditar; pensar.
RE.FLE.XI.VO *adj.* Reflexivo.
RE.FLU.JO *s.m.* Refluxo.
RE.FOR.MA *s.f.* Reforma.
RE.FOR.MAR *v.t.* Reformar.
RE.FOR.ZAR *v.t.* Reforçar; fortalecer.
RE.FRAC.TA.RIO *adj.* Refratário.
RE.FRÁN *s.m.* Refrão; estribilho.
RE.FRE.GAR *v.t.* Esfregar; friccionar.
RE.FRE.NAR *v.t.* refrear; frear; conter.
RE.FRES.CAR *v.t.* Refrescar; refrigerar; esfriar. *v.p.* Refrescar-se.
RE.FRES.CO *s.m.* Refresco.
RE.FRIE.GA *s.f.* Refrega; briga.
RE.FRI.GE.RAR *v.t.* Refrigerar; resfriar.
RE.FUER.ZO *s.m.* Reforço.
RE.FU.GIAR *v.t.* Refugiar; abrigar; acolher. *v.p.* Refugiar-se.
RE.FU.GIO *s.m.* Refúgio; asilo; abrigo; albergue.
RE.FUL.GEN.TE *adj.* Refulgente; brilhante.
RE.FUL.GIR *v.int.* Refulgir; brilhar; cintilar.
RE.FU.TAR *v.t.* Refutar; contestar; rebater.
RE.GA.DE.RA *s.f.* Regador (de plantas).
RE.GA.LAR *v.t.* Presentear; alegrar. *v.p.* Regalar-se.
RE.GA.LÍ.A *s.f.* Regalia; privilégio.
RE.GA.LO *s.m.* Presente; agrado
RE.GA.ÑAR *v.int.* Rosnar (cão); brigar; discutir.
RE.GAR *v.t.* Regar; molhar.
RE.GA.TA *s.f.* Regata.
RE.GA.TO *s.m.* Regato; riacho.
RE.GA.ZO *s.m.* Regaço; colo; seio; conforto.
RE.GE.NE.RAR *v.t.* Regenerar; reabilitar. *v.p.* Regenerar-se.
RE.GEN.TE *adj.* e *s.2g.* Regente.
RÉ.GI.MEN *s.m.* Regime; dieta; sistema.
RE.GI.MIEN.TO *s.m.* Regimento.

RE.GIO *adj.* Régio; real.
RE.GIÓN *s.f.* Região; área; território; lugar.
RE.GIO.NAL *adj.* Regional.
RE.GIR *v.t.* Reger; dirigir; governar; conduzir; guiar.
RE.GIS.TRAR *v.t.* Examinar; inspecionar; registrar; anotar. *v.p.* Registrar-se.
RE.GIS.TRO *s.m.* Exame; registro; análise.
RE.GLA *s.f.* Régua; regra; norma; lei; preceito.
RE.GLA.MEN.TO *s.m.* Regulamento.
RE.GO.CI.JAR *v.t.* Regozijar; festejar; alegrar.
RE.GO.CI.JO *s.m.* Regozijo; alegria.
RE.GRE.SAR *v.int.* Regressar; retornar; voltar.
RE.GRE.SIÓN *s.f.* Regressão.
RE.GRE.SO *s.m.* Regresso; retorno.
RE.GU.LAR *adj.* Regular; uniforme. *v.t.* Regular; medir; ajustar.
RE.GU.LA.RI.ZAR *v.t.* Regularizar.
RE.GUR.GI.TAR *v.t.* Regurgitar; devolver.
RE.HA.BI.LI.TAR *v.t.* e *p.* Reabilitar(-se); refazer(-se).
RE.HA.CER *v.t.* Refazer; reformar. *v.p.* Refazer-se; repor.
RE.HÉN *s.2g.* Refém.
RE.HO.GAR *v.t. Cul.* Refogar.
RE.HUIR *v.t.* Apartar; afastar; repelir.
RE.HU.SAR *v.t.* Recusar; negar; rejeitar.
REI.NA *s.f.* Rainha.
REI.NAR *v.int.* Reinar; governar; imperar.
RE.IN.CI.DIR *v.int.* Reincidir; recair.
RE.IN.CI.DEN.CIA *s.f.* Reincidência.
REI.NO *s.m.* Reino (política); esfera; âmbito.
RE.IN.TE.GRAR *v.t.* Reintegrar.
RE.ÍR *v.int.* e *t.* Rir; sorrir; divertir; zombar.
REI.TE.RAR *v.t.* Reiterar; repetir.
REI.VIN.DI.CAR *v.t.* Reivindicar; exigir; reclamar.
RE.JU.VE.NE.CER *v.int.* Rejuvenescer.
RE.LA.CIÓN *s.f.* Relação; conexão; relacionamento; listagem.
RE.LA.CIO.NAR *v.t.* Relacionar; referir; listar. *v.p.* Relacionar-se.
RE.LA.JAR *v.t.* Relaxar; descontrair; distrair; distender; abrandar.
RE.LÁM.PA.GO *s.m.* Relâmpago; raio.

RE.LA.TAR *v.t.* Relatar; narrar; contar.
RE.LA.TI.VO *adj.* Relativo.
RE.LA.TO *s.m.* Relato; relatório; narração.
RE.LE.GAR *v.t.* Relegar; afastar.
RE.LE.VAN.TE *adj.* Relevante; importante.
RE.LE.VAR *v.t.* Relevar; destacar; perdoar.
RE.LIE.VE *s.m.* Relevo; elevação.
RE.LI.GIÓN *s.f.* Religião.
RE.LI.GIO.SO *adj.* Religioso.
RE.LI.QUIA *s.f.* Relíquia.
RE.LLE.NAR *v.t.* Encher; preencher; completar; rechear. *v.p.* Encher-se.
RE.LLE.NO *adj.* e *s.m.* Cheio; completo; recheio.
RE.LOJ *s.m.* Relógio.
RE.LO.JE.RO *s.m.* Relojoeiro.
RE.LU.CIR *v.int.* Reluzir.
RE.MAN.SO *s.m.* Remanso; repouso.
RE.MAR *v.int.* Remar; *fig.* dar duro.
RE.MA.TAR *v.t.* Rematar; arrematar.
RE.MA.TE *s.m.* Remate; arremate; acabamento.
RE.ME.DIAR *v.t.* Remediar; consertar.
RE.ME.DIO *s.m.* Remédio.
RE.ME.DO *s.m.* Arremedo; imitação.
RE.ME.MO.RAR *v.t.* Rememorar; recordar.
RE.MEN.DAR *v.t.* Remendar; emendar.
RE.ME.RO *s.m.* Remador.
RE.ME.SA *s.f.* Remessa.
RE.ME.TER *v.t.* Remeter; enfiar. *v.p.* Meter-se; enfiar-se.
RE.MIEN.DO *s.m.* Remendo.
RE.MI.NIS.CEN.CIA *s.f.* Reminiscência; lembrança.
RE.MI.TIR *v.t.* Remeter; encaminhar; enviar; perdoar. *v.p.* Referir-se.
RE.MI.TEN.TE *adj.* e *s.2g.* Remetente.
RE.MO *s.m.* Remo.
RE.MO.LA.CHA *s.f. Bot.* Beterraba.
RE.MOL.CAR *v.t.* Rebocar.
RE.MO.LI.NO *s.m.* Redemoinho.
RE.MOL.QUE *s.m.* Reboque.
RE.MON.TAR *v.t.* Remontar; referir; superar; vencer. *v.p.* Remontar-se.
RE.MOR.DI.MIEN.TO *s.m.* Remorso.

RE.MO.TO *adj.* Remoto; distante; longínquo.
RE.MO.VER *v.t.* Remover; revirar; deslocar; demitir.
RE.MU.NE.RA.CIÓN *s.f.* Remuneração; pagamento.
RE.NA.CER *v.int.* Renascer.
RE.NA.CI.MIEN.TO *s.m.* Renascimento.
RE.NAL *adj.* Renal.
RAN.COR *s.m.* Rancor; raiva.
REN.DI.CIÓN *s.f.* Rendição.
REN.DI.JA *s.f.* Fenda; brecha.
REN.DI.MIEN.TO *s.m.* Rendimento.
REN.DIR *v.t.* Render; prestar; produzir; sujeitar.
RE.NE.GAR *v.t.* Renegar; renunciar; rejeitar.
RE.NOM.BRE *s.m.* Renome; fama.
RE.NO.VA.CIÓN *s.f.* Renovação.
RE.NO.VAR *v.t.* Renovar; reiterar; refazer. *v.p.* Renovar-se.
REN.TA *s.f.* Renda; rendimento.
RE.NUN.CIA *s.f.* Renúncia.
RE.NUN.CIAR *v.t.* Renunciar; abdicar.
RE.ÑIR *v.int.* Discutir; brigar; lutar. *v.t.* Repreender.
REO *s.m.* Réu; *rea s.f.*: ré.
RE.OR.GA.NI.ZA.CIÓN *s.f.* Reorganização.
RE.OR.GA.NI.ZAR *v.t.* e *p.* Reorganizar(-se); reordenar(-se).
RE.PA.RAR *v.t.* Reparar; arrumar; consertar. *v.int.* Notar; reparar.
RE.PA.RO *s.m.* Reparo; conserto.
RE.PAR.TI.CIÓN *s.f.* Repartição; divisão; departamento.
RE.PAR.TIR *v.t.* Repartir; distribuir.
RE.PA.SAR *v.t.* Repassar; revisar.
RE.PA.TRIAR *v.t.* e *int.* Repatriar.
RE.PE.LER *v.t.* Repelir; repudiar; arremessar; lançar.
RE.PEN.TI.NO *adj.* Repentino.
RE.PER.CU.SIÓN *s.f.* Repercussão.
RE.PER.CU.TIR *v.int.* Repercutir.
RE.PE.TIR *v.t.* e *p.* Repetir(-se); reiterar.
RE.PI.SA *s.f.* Estante; prateleira.
RE.PLI.CA *s.f.* Réplica.
RE.PLI.CAR *v.t.* e *int.* Replicar; responder; contestar.

RE.PO.LLO *s.m. Bot.* Repolho.
RE.PO.NER *v.t.* Repor; recolocar; responder.
RE.POR.TA.JE *s.f.* Reportagem.
RE.POR.TAR *v.t.* Representar; informar; reportar. *v.p.* Moderar-se.
RE.POR.TE.RO *s.m.* Repórter.
RE.PO.SAR *v.int.* Repousar; descansar.
RE.POS.TE.RÍA *s.f.* Confeitaria.
RE.POS.TE.RO *s.m.* Confeiteiro.
RE.PRE.SA.LIA *s.f.* Represália.
RE.PRE.SEN.TA.CIÓN *s.f.* Representação.
RE.PRE.SEN.TAR *v.t.* Representar; informar; interpretar. *v.p.* Representar-se.
RE.PRE.SIÓN *s.f.* Repressão.
RE.PRI.MIR *v.t.* Reprimir; conter; oprimir.
RE.PRO.BAR *v.t.* Reprovar; censurar.
RE.PRO.DUC.CIÓN *s.f.* Reprodução.
RE.PRO.DU.CIR *v.t.* Reproduzir.
REP.TIL *adj.* e *s.2g. Zool.* Réptil.
RE.PÚ.BLI.CA *s.f.* República.
RE.PU.DIAR *v.t.* Repudiar; rejeitar.
RE.PU.DIO *s.m.* Repúdio.
RE.PUG.NAN.CIA *s.f.* Repugnância.
RE.PUG.NAR *v.int.* Repugnar; enojar. *v.t.* Rejeitar.
RE.PUL.SIÓN *s.f.* Repulsão.
RE.PUL.SI.VO *adj.* Repulsivo.
RE.PU.TA.CIÓN *s.f.* Reputação; fama.
RE.QUE.RIR *v.t.* Requerer; solicitar.
RE.QUE.SÓN *s.m.* Requeijão.
RE.QUI.SI.TO *s.m.* Requisito.
RES *s.f.* Rês; cabeça de gado.
RE.SA.CA *s.f.* Ressaca.
RE.SAL.TAR *v.t.* Ressaltar; sobressair.
RE.SAR.CIR *v.t.* Ressarcir; indenizar.
RES.BA.LAR *v.int.* Resvalar; deslizar; *fig.* escapar-se.
RES.CA.TAR *v.t.* Resgatar.
RES.CIN.DIR *v.t.* Rescindir.
RES.CI.SIÓN *s.f.* Rescisão.
RE.SE.CAR *v.t.* Ressecar.
RE.SE.ÑA *s.f.* Resenha.
RE.SEN.TI.DO *adj.* e *s.m.* Ressentido.
RE.SEN.TIR.SE *v.p.* Ressentir-se; magoar-se.
RE.SER.VA *s.f.* Reserva. *s.m.* Suplente.

RE.SER.VAR v.t. Reservar; guardar. v.p. reservar-se.
RE.SI.DEN.CIA s.f. Residência; domicílio.
RE.SI.DIR v.int. Residir; morar.
RE.SI.DUO s.m. Resíduo.
RE.SIG.NAR v.t. Resignar; renunciar. v.p. Resignar-se.
RE.SIS.TEN.CIA s.f. Resistência.
RE.SIS.TIR v.t. e int. Resistir.
RE.SO.LLAR v.int. Ofegar; respirar.
RE.SOL.VER v.t. Resolver. v.p. Resolver-se.
RE.SO.NAN.CIA s.f. Ressonância.
RE.SO.NAR v.int. Ressonar; ressoar; ecoar.
RES.PAL.DAR v.t. Respaldar; apoiar. s.m. Encosto (de cadeira).
RES.PE.TA.BLE adj. Respeitável.
RES.PE.TAR v.t. Respeitar; honrar; obedecer.
RES.PE.TO s.m. Respeito.
RES.PIN.GAR v.int. fam. Reclamar; chiar.
RES.PI.RAR v.t. e int. Respirar.
RES.PON.DER v.t. Responder; atender; reagir.
RES.PON.SA.BI.LI.DAD s.f. Responsabilidade.
RES.PON.SA.BI.LI.ZAR v.t. Responsabilizar.
RES.PUES.TA s.f. Resposta.
RES.QUI.CIO s.m. fig. Fresta; brecha.
RE.SU.CI.TA.CIÓN s.f. Ressuscitação.
RE.SUE.LLO s.m. Respiração; fôlego.
RE.SUL.TA.DO s.m. Resultado.
RE.SUL.TAR v.int. Resultar; decorrer.
RE.SU.MEN s.m. Resumo; síntese.
RE.SU.MIR v.t. Resumir; sintetizar.
RE.SUR.GIR v.int. Ressurgir; reaparecer.
RE.SU.REC.CIÓN s.f. Ressurreição.
RE.TA.GUAR.DIA s.f. Retaguarda.
RE.TAL s.m. Retalho; fragmento.
RE.TAR v.t. Desafiar; provocar.
RE.TEN.CIÓN s.f. Retenção.
RE.TE.NER v.t. Reter; deter. v.p. Reter-se; conter-se.
RE.TI.CEN.CIA s.f. Reticência.
RE.TI.NA s.f. Anat. Retina.
RE.TI.RAR v.t. Retirar; separar; tirar; desdizer. v.p. Retirar-se.
RE.TRAC.TAR v.t. e p. Retratar(-se); retirar o que disse.
RE.TRAER v.t. Retrair. v.p. Retrair-se.
RE.TRA.TAR v.t. Retratar; fotografar. v.p. Retratar-se; desdizer-se.
RE.TRI.BUIR v.t. Retribuir.
RE.TRO.CE.DER v.int. Retroceder; recuar.
RE.TRO.CE.SO s.m. Retrocesso.
RE.VAN.CHA s.f. Revanche.
RE.VE.LA.CIÓN s.f. Revelação.
RE.VE.REN.CIA s.f. Reverência; respeito.
RE.VE.REN.CIAR v.int. Reverenciar.
RE.VÉS s.m. Revés.
RE.VES.TIR v.t. Revestir. v.p. revestir-se.
RE.VI.SAR v.t. Revisar.
RE.VI.SIÓN s.f. Revisão.
RE.VIS.TA s.f. Revista; exame; vistoria.
RE.VI.VIR v.t. e int. Reviver.
RE.VO.CAR v.t. Revogar; rescindir.
RE.VO.LU.CIÓN s.f. Revolução.
RE.VOL.VER v.t. Revolver; remexer.
RE.VÓL.VER s.m. Revólver (arma).
RE.VO.QUE s.m. Reboco; argamassa.
RE.VUEL.TA s.f. Revolta; rebelião.
REY s.m. Rei; monarca.
RE.ZAR v.t. Rezar; orar.
RE.ZO s.m. Reza; oração.
RE.ZON.GAR v.int. Resmungar.
RIA.CHUE.LO s.m. Riacho; regato.
RI.CO adj. Rico; abastado; gostoso (comida).
RI.DI.CU.LA.RI.ZAR v.t. Ridicularizar.
RI.DÍ.CU.LO adj. Ridículo.
RIEN.DA s.f. Rédea.
RIEN.DAS s.f. pl. Governo; controle.
RIES.GO s.m. Risco; perigo.
RI.FA s.f. Rifa; sorteio; disputa; briga.
RI.FAR v.t. Rifar, sortear. v.int. Brigar; disputar.
RI.FLE s.m. Rifle; espingarda.
RI.GI.DEZ s.f. Rigidez; dureza.
RI.GI.DO adj. Rígido; duro.
RI.GOR s.m. Rigor; severidade.
RI.GU.RO.SO adj. Rigoroso.
RI.MA s.f. Lit. Rima.
RI.MAR v.t. e int. Rimar.
RIN.CÓN s.m. Rincão; recanto; canto.

RI.NO.CE.RON.TE s.m. Zool. Rinoceronte.
RI.ÑÓN s.m. Anat. Rim.
RÍ.O s.m. Geog. Rio; caudal; abundância.
RI.QUE.ZA s.f. Riqueza.
RI.SA s.f. Riso; risada.
RÍT.MI.CO adj. Rítmico.
RIT.MO s.m. Ritmo.
RI.TO s.m. Rito; culto; cerimonial.
RI.VAL adj. e s.m. Rival.
RI.VA.LI.DAD s.f. Rivalidade.
RI.VA.LI.ZAR v.int. Rivalizar.
RO.BAR v.t. Roubar; comprar (no jogo de cartas).
RO.BO s.m. Roubo; assalto.
RO.BUS.TO adj. Robusto.
RO.CA s.f. Roca; rocha.
RO.CÍ.O s.m. Orvalho.
RO.CO.SO adj. Rochoso.
RO.DA.JA s.f. Rodela.
RO.DA.JE s.f. Rodagem; rolamento.
RO.DA.PIÉ s.m. Rodapé.
RO.DAR v.t. Rodar; girar; filmar. v.int. Rodar.
RO.DE.AR v.t. Rodear; cercar; circundar.
RO.DEO s.m. Rodeio; volta; rotação; subterfúgio; digressão.
RO.DI.LLA s.f. Joelho.
RO.DI.LLE.RA s.f. Joelheira.
RO.ER v.t. Roer; corroer; fig. atormentar.
RO.GAR v.t. Rogar; pedir; suplicar.
RO.GA.TI.VA s.f. Rogativa; oração; súplica.
RO.JEZ s.f. Vermelhidão.
RO.JO adj. e s.m. Vermelho.
ROL s.m. Papel; função; rol; relação; lista.
ROL.DA.NA s.f. Roldana.
RO.LLI.ZO adj. Roliço.
RO.LLO s.m. Rolo; cilindro.
RO.MAN.CE adj. e s.m. Romance.
RO.MA.NO adj. e s.m. Romano.
RO.MÁN.TI.CO adj. Romântico.
RO.ME.RÍ.A s.f. Romaria.
ROM.PE.CA.BE.ZAS s.m. Quebra-cabeças.
ROM.PE.O.LAS s.m. Quebra-mar.
ROM.PER v.t. Romper; quebrar; suspender. v.p. Romper-se; quebrar-se.
RON.CAR v.int. Roncar.

RON.CO adj. Rouco.
RON.DA s.f. Ronda; vigilância.
RON.DAR v.t. e int. Rondar.
RON.QUE.RA s.f. Rouquidão; ronqueira.
RO.PA s.f. Roupa; traje; vestimenta.
RO.PA.JE s.f. Roupagem; fig. aparência.
RO.SA adj. Cor-de-rosa; rosado. s.f. Bot. Rosa.
RO.SA.DO adj. Rosado; cor-de-rosa.
RO.SA.RIO s.m. Rosário.
ROS.CA s.f. Rosca; espiral do parafuso; rosquinha (alimento).
ROS.CAR v.t. Rosquear.
ROS.QUI.LLA s.f. Rosquinha; rosca (alimento).
ROS.TRO s.m. Rosto; face; bico (de ave).
RO.TA.CIÓN s.f. Rotação.
RO.TO adj. Roto; maltrapilho.
RÓ.TU.LA, s.f. Anat. Rótula.
RO.TU.LAR v.t. Anat. Rotular; etiquetar.
RÓ.TU.LO s.m. Rótulo.
RO.TU.RA s.f. Ruptura; rompimento.
RO.ZAR v.t. e int. Roçar; carpir. v.t. Roçar; tocar.
RU.BÍ s.m. Rubi.
RU.BIO adj. e s.m. Louro; loiro.
RU.BOR s.m. Rubor; vergonha.
RU.BO.RI.ZAR v.t. e p. Ruborizar; corar.
RU.BRI.CAR v.t. Rubricar; assinar; firmar.
RU.DI.MEN.TO s.m. Rudimento.
RU.DO adj. Rude; grosseiro.
RUE.DA s.f. Roda.
RUE.DO s.m. Bainha; volta; arena; contorno.
RUE.GO s.m. Rogo.
RU.GIR v.int. Rugir; urrar.
RU.GO.SO adj. Rugoso; enrugado.
RUI.DO s.m. Ruído; barulho; rumor.
RUI.DO.SO adj. Ruidoso; barulhento.
RUIN adj. Ruim; mau; desprezível; mesquinho.
RUI.NA s.f. Ruína; destruição; decadência.
RUIN.DAD s.f. Ruindade.
RUI.SE.ÑOR s.m. Zool. Rouxinol.
RU.LE.TA s.f. Roleta.
RU.LO s.m. Rolo.
RUM.BO s.m. Rumo; direção.

RU.MI.AR *v.int.* Ruminar.
RU.MOR *s.m.* Rumor.
RU.MO.RE.AR.SE *v.t.* e *int.* Rumorejar.
RUP.TU.RA *s.f.* Ruptura; rompimento; separação.
RU.RAL *adj.* Rural; campestre.

RU.SO *adj.* e *s.m.* Russo.
RÚS.TI.CO *adj.* Rústico; campestre; rude.
RU.TA *s.f.* Rota; direção.
RU.TI.NA *s.f.* Rotina; hábito.
RU.TI.NA.RIO *adj.* Rotineiro; costumeiro.

S

S *s.m.* Vigésima letra do alfabeto espanhol.
SÁ.BA.DO *s.m.* Sábado.
SÁ.BA.NA *s.f.* Lençol.
SA.BA.NA *s.f. Geog.* Savana; planície.
SA.BA.ÑÓN *s.m.* Frieira.
SA.BE.DOR *s.m.* Conhecedor; sabedor.
SA.BE.LO.TO.DO *s.2g.* Sabe-tudo; sabichão.
SA.BER *v.t.* e *int.* Saber; conhecer. *s.m.* Saber; sabedoria.
SA.BI.DO *adj.* Conhecido; habitual.
SA.BI.DU.RÍA *s.f.* Sabedoria.
SA.BIO *adj.* e *s.m.* Sábio.
SA.BLE *s.m.* Sabre; adaga.
SA.BOR *s.m.* Sabor; gosto.
SA.BO.RE.AR *v.t.* e *p.* Saborear.
SA.BO.TA.JE *s.f.* Sabotagem.
SA.BRO.SO *adj.* Saboroso.
SA.CA *s.f.* Saca; saco.
SA.CA.COR.CHOS *s.m.* Saca-rolhas.
SA.CA.PUN.TAS *s.m.* Apontador (de lápis).
SA.CAR *v.t.* Tirar; retirar; arrancar; extrair; sacar; excluir; entender; comprar.
SA.CER.DO.TE *s.m.* Sacerdote; *sacerdotisa s.f.*: sacerdotisa.
SA.CIAR *v.t.* Saciar. *v.p.* Saciar-se.
SA.CIE.DAD *s.f.* Saciedade.
SA.CO *s.m.* Saco; paletó; casaco.
SA.CRA.LI.ZAR *v.t.* Sacralizar. *v.p.* Sacralizar-se.
SA.CRI.FI.CAR *v.t.* Sacrificar. *v.p.* Sacrificar-se.
SA.CRI.FI.CIO *s.m.* Sacrifício.
SA.CRIS.TÁN *s.m.* Sacristão.
SA.CRO *adj.* Sacro.
SA.CU.DI.DA *s.f.* Sacudida; descarga (elétrica).
SA.CU.DIR *v.t.* Sacudir; agitar; bater; abanar; *fig.* chocar; comover.
SAE.TA *s.f.* Seta; flecha.
SA.GA *s.f.* Saga.
SA.GA.CI.DAD *s.f.* Sagacidade.
SA.GAZ *adj.* Sagaz.
SA.GRA.DO *adj.* Sagrado; sacro.
SA.HU.MAR *v.t.* Defumar.
SAL *s.f. Quím.* Sal (de cozinha); *fig.* pilhéria; chiste.
SA.LA *s.f.* Sala.
SA.LA.DO *adj.* Salgado.
SA.LA.MI *s.m. Cul.* Salame.
SA.LA.RIO *s.m.* Salário; pagamento.
SAL.CHI.CHA *s.f.* Salsicha.
SAL.DAR *v.t.* Saldar; pagar; liquidar; quitar.
SAL.DO *s.m.* Saldo; liquidação.
SA.LE.RO *s.m.* Saleiro.
SA.LI.DA *s.f.* Saída.
SA.LI.NA *s.f.* Salina; mina de sal.
SA.LIR *v.int.* Sair.
SA.LI.VA *s.f.* Saliva.
SA.LI.VA.ZO *s.m.* Cuspida; cuspe.
SA.LI.VAR *v.int.* Salivar.
SAL.MO *s.m.* Salmo; cântico.
SAL.MÓN *s.m. Zool.* Salmão.
SA.LO.BRE *adj.* Salobre; salobro.
SA.LÓN *s.m.* Salão.
SAL.PI.CAR *v.t.* e *int.* Salpicar; borrifar.
SAL.SA *s.f. Cul.* Molho.
SAL.TA.MON.TES *s.m. Zool.* Grilo.
SAL.TAR *v.t.* e *int.* Saltar; pular.
SAL.TEA.DOR *s.m.* Salteador.
SAL.TE.AR *v.t.* Saltear; *Cul.* refogar.
SAL.TO *s.m.* Salto; pulo.
SA.LUD *s.f.* Saúde.
SA.LU.DA.BLE *adj.* Saudável.
SA.LU.DAR *v.t.* Saudar.
SA.LU.DO *s.m.* Saudação; cumprimento.

SAL.VA s.f. Salva; saudação.
SAL.VA.BA.RROS s.m. Para-lamas.
SAL.VA.CIÓN s.f. Salvação.
SAL.VA.GUAR.DAR v.t. Salvaguardar.
SAL.VA.GUAR.DIA s.f. Salvaguarda.
SAL.VA.JA.DA s.f. Selvageria.
SAL.VA.JE adj. e s.m. Selvagem.
SAL.VA.MEN.TO s.m. Salvamento.
SAL.VAR v.p. Salvar.
SAL.VA.VI.DAS s.m. Salva-vidas.
¡SAL.VE! interj. Salve!.
SAL.VE.DAD s.f. Ressalva; advertência; exceção.
SAL.VO adj. Salvo; livre (de perigo). adv. Salvo; afora; exceto.
SAL.VO.CON.DUC.TO s.m. Salvo-conduto.
SAN s.m. São (santo).
SA.ÑA s.f. Sanha; ira; fúria.
SA.NAR v.t. e int. Sanar; sarar.
SA.NA.TO.RIO s.m. Sanatório; hospital.
SAN.CIÓN s.f. Sanção; aprovação.
SAN.CIO.NAR v.t. Sancionar.
SAN.DA.LIA s.f. Sandália.
SAN.DEZ s.f. Sandice; tolice.
SAN.DÍ.A s.f. Bot. Melancia.
SA.NEA.MIEN.TO s.m. Saneamento.
SA.NE.AR v.t. Sanear; remediar.
SAN.GRAR v.t., int e p. Sangrar.
SAN.GRE s.m. Sangue.
SAN.GRÍ.A s.f. Sangria.
SAN.GUI.NA.RIO adj. Sanguinário.
SA.NI.DAD s.f. Sanidade.
SA.NO adj. São; sadio.
SAN.TA.TE.RE.SA s.f. Zool. Louva-a-deus.
SAN.TI.DAD s.f. Santidade.
SAN.TI.FI.CAR v.t. Santificar.
SAN.TI.SI.MO adj. Santíssimo.
SAN.TO adj. e s.m. Santo.
SAN.TUA.RIO s.m. Santuário.
SA.PO s.m. Bot. Sapo.
SA.QUE s.m. Esport. Saque.
SA.QUE.AR v.t. e int. Saquear; roubar.
SA.QUEO s.m. Saque; assalto.
SA.RAM.PIÓN s.m. Med. Sarampo.
SA.RAO s.m. Sarau.

SAR.CAS.MO s.m. Sarcasmo.
SAR.CÓ.FA.GO s.m. Sarcófago.
SAR.DI.NA s.f. Zool. Sardinha.
SAR.GEN.TO s.m. Sargento.
SAR.MIEN.TO s.m. Bot. Sarmento; ramo de videira.
SAR.NA s.f. Med. Sarna.
SA.RRO s.m. Sarro; tártaro; sedimento.
SAR.TA s.f. Fileira; série; enfiada.
SAS.TRE s.m. Alfaiate.
SAS.TRE.RÍ.A s.f. Alfaiataria.
SA.TÁN s.m. Satã; diabo; demônio.
SA.TA.NÁS s.m. Satanás; satã.
SA.TÉ.LI.TE s.m. Satélite.
SÁ.TI.RA s.f Sátira.
SA.TIS.FAC.CIÓN s.f. Satisfação.
SA.TIS.FA.CER v.t. Satisfazer. v.p. Satisfazer-se.
SA.TIS.FE.CHO adj. Satisfeito.
SA.TU.RAR v.t. Saturar; fartar; encher. v.p. Satura-se.
SAU.NA s.f. Sauna.
SA.VIA s.f. Bot. Seiva.
SA.ZÓN s.f. Sazão; ocasião; oportunidade; gosto; sabor.
SA.ZO.NAR v.t. Sazonar; pôr tempero.
SE pron. pess. Se.
SE.BO s.m. Sebo.
SE.CA.DE.RO s.m. Secador.
SE.CAN.TE adj. e s.m. Secante.
SE.CAR v.t. e int. Secar.
SEC.CIÓN s.f. Seção; repartição.
SEC.CIO.NAR v.t. Secionar.
SE.CO adj. Seco.
SE.CRE.CIÓN s.f. Secreção.
SE.CRE.TA.RÍ.A s.f. Secretaria.
SE.CRE.TA.RIO s.m. Secretário.
SE.CRE.TO adj. secreto. s.m. Segredo.
SEC.TA s.f. Seita.
SEC.TA.RIO adj. e s.m. Sectário.
SEC.TOR s.m. Setor.
SE.CUAZ adj. e s.2g. Sequaz; partidário.
SE.CUE.LA s.f. Sequela.
SE.CUEN.CIA s.f. Sequência; sucessão.

SE.CUES.TRAR v.t. Sequestrar; raptar; penhorar.
SE.CUES.TRO s.m. Sequestro.
SE.CU.LAR adj. Secular.
SE.CUN.DAR v.t. Secundar; auxiliar.
SED s.f. Sede; secura.
SE.DI.CIÓN s.f. Sedição; revolta.
SE.DIEN.TO adj. Sedento.
SE.DI.MEN.TAR v.t. e int. Sedimentar. v.p. Sedimentar-se.
SE.DI.MEN.TO s.m. Sedimento.
SE.DO.SO adj. Sedoso.
SE.DUC.CIÓN s.f. Sedução.
SE.DU.CIR v.t. Seduzir.
SE.DUC.TOR s.m. Sedutor.
SE.GAR v.t. Segar; ceifar; colher.
SEG.MEN.TO s.m. Segmento.
SE.GRE.GA.CIÓN s.f. Segregação.
SE.GRE.GAR v.t. Segregar; separar; marginalizar.
SE.GUI.MIEN.TO s.m. Seguimento.
SE.GUIR v.t. Seguir; acompanhar.
SE.GÚN prep. Segundo; conforme; consoante.
SE.GUN.DO adj. e s.m. Segundo.
SE.GU.RA.MEN.TE adv. Provavelmente.
SE.GU.RI.DAD s.f. Seguridade.
SE.GU.RO adj. Seguro; firme.
SEIS num. Seis.
SE.LEC.CIÓN s.f. Seleção.
SE.LEC.CIO.NAR v.t. Selecionar.
SE.LEC.TO adj. Seleto.
SE.LLAR v.t. Selar; estampar; cerrar; fechar hermeticamente.
SE.LLO s.m. Selo; sinal; cunho.
SEL.VA s.f. Selva; floresta.
SEL.VA.JE adj. e s.m. Selvagem.
SE.MÁ.FO.RO s.m. Semáforo.
SE.MA.NA s.f. Semana.
SE.MÁN.TI.CA s.f. Semântica.
SE.MA.NAL adj. Semanal.
SEM.BLAN.TE s.m. Semblante; feição.
SEM.BLAN.ZA s.f. Esboço.
SEM.BRA.DO adj. Semeado; repleto; cheio.
SEM.BRAR v.t. Semear; plantar.
SE.ME.JAN.TE adj. Semelhante.

SE.ME.JAN.ZA s.f. Semelhança.
SE.ME.JAR v.int. Assemelhar; parecer; lembrar. v.p. Assemelhar-se.
SE.MEN s.m. Fisiol. Sêmen; esperma.
SE.MES.TRAL adj. Semestral.
SE.MES.TRE s.m. Semestre.
SE.MI.CÍR.CU.LO s.m. Geom. Semicírculo.
SE.MI.LLA s.f. Bot. Semente.
SE.MI.NA.RIO s.m. Seminário.
SE.NA.DO s.m. Senado.
SE.NA.DOR s.m. Senador.
SE.ÑA s.f. Senha; sinal; gesto; señas pl.: dados.
SE.ÑAL s.m. Sinal; marca.
SE.ÑA.LAR v.t. Assinalar; sinalizar; marcar; assinar. v.p. Assinalar-se.
SE.ÑA.LA.ZA.CIÓN s.f. Sinalização.
SE.ÑA.LI.ZAR v.t. Sinalizar.
SEN.CI.LLEZ s.f. Simplicidade.
SEN.CI.LLO adj. Simples; singelo; modesto.
SEN.DA s.f. Senda; trilha.
SEN.DE.RO s.m. Senda; caminho; trilha.
SE.NIL adj. Senil; velho; idoso.
SE.NI.LI.DAD s.f. Senilidade.
SE.NO s.m. Seio; Anat. mama; peito; colo.
SE.ÑOR s.m. Senhor; señora s.f.: senhora.
SE.ÑO.RÍ.A s.f. Senhoria.
SE.ÑO.RI.TA s.f. Senhorita.
SEN.SA.CIÓN s.f. Sensação.
SEN.SA.TEZ s.f. Sensatez; juízo.
SEN.SA.TO adj. Sensato; ajuizado.
SEN.SI.BI.LI.DAD s.f. Sensibilidade.
SEN.SI.BI.LI.ZAR v.t. Sensibilizar.
SEN.SUAL adj. Sensual; erótico.
SEN.TA.DO adj. Sentado; assentado; sensato; discreto.
SEN.TAR v.t. Sentar; assentar; considerar.
SEN.TEN.CIA s.f. Sentença; provérbio.
SEN.TEN.CIAR v.int. Sentenciar.
SEN.TI.DO adj. e s.m. Sentido.
SEN.TI.MIEN.TO s.m. Sentimento.
SEN.TIR v.t. e p. Sentir(-se). s.m. Sentir; sentimento; opinião.
SE.PA.RA.CIÓN s.f. Separação.
SE.PA.RAR v.t. Separar. v.p. Separar-se.
SE.PE.LIO s.m. Sepultamento; enterro.

SÉP.TI.MO num. Sétimo.
SE.TE.CIEN.TOS num. Setecentos.
SE.TEN.TA num. Setenta.
SE.TIEM.BRE s.m. Setembro.
SE.PUL.CRO s.m. Sepulcro; túmulo.
SE.PUL.TAR v.t. Sepultar; enterrar.
SE.PUL.TU.RA s.f. Sepultura; sepulcro.
SE.PUL.TU.RE.RO s.m. Coveiro.
SE.QUE.DAD s.f. Secura.
SE.QUÍ.A s.f. Seca; estiagem.
SÉ.QUI.TO s.m. Séquito.
SER v.int. Haver; existir; estar; ficar; tornar-se. s.m. Natureza; essência; ente; indivíduo; criatura.
SE.RE.NAR v.t. e int. Serenar; acalmar; tranquilizar. v.p. Serenar-se.
SE.RE.NO adj. Sereno; céu limpo; calmo; tranquilo. s.m. Sereno; relento.
SE.RIE s.f. Série; sequência; episódios (tevê).
SE.RIE.DAD s.f. Seriedade.
SE.RIO adj. Sério.
SER.MÓN s.m. Sermão.
SER.PEN.TE.AR v.int. Serpentear.
SER.PIEN.TE s.f. Zool. Serpente; cobra.
SE.RRA.NÍ.A s.f. Geog. Serrania; cordilheira.
SE.RRAR s.t. Serrar.
SE.RRE.RÍ.A s.f. Serraria.
SE.RRÍN s.m. Pó de serra; serragem.
SE.RRU.CHO s.m. Serrote.
SER.VI.CIAL adj. Serviçal.
SER.VI.CIO s.m. Serviço.
SER.VI.DOR s.m. Servidor.
SER.VI.LLE.TA s.f. Guardanapo.
SER.VIR v.int. e t. Servir; auxiliar. v.p. Servir-se.
SE.SEN.TA num. Sessenta.
SE.SIÓN s.f. Sessão.
SE.SO s.m. Miolo; cérebro; siso; prudência.
SE.SU.DO adj. Sisudo.
SE.TA s.f. Cogumelo.
SE.TE.CIEN.TOS num. Setecentos.
SE.TEN.TA num. Setenta.
SE.TO s.m. Sebe; *seto vivo:* cerca viva.
SEU.DÓ.NI.MO s.m. Pseudônimo.
SE.VE.RO adj. Severo.
SE.XO s.m. Sexo.
SEX.TO num. Sexto.

SI conj. Se. s.m. Mús. Si.
SÍ adv. Sim. pron. pess. Si.
SI.CA.RIO s.m. Sicário; matador.
SIE.GA s.f. Ceifa; sega.
SIEM.PRE adv. Sempre.
SIEM.PRE.VI.VA s.f. Sempre-viva.
SIEN s.f. Anat. Têmpora; fonte.
SIER.PE s.f. Serpe; serpente.
SIE.RRA s.f. Serra; cordilheira.
SIER.VO s.m. Servo.
SIES.TA s.f. Sesta; cochilo.
SIE.TE num. Sete.
SIE.TE.ME.SI.NO adj. e s.m. Prematuro de sete meses; prematuro.
SÍ.FI.LIS s.f. Med. Sífilis.
SI.GI.LO s.m. Sigilo.
SI.GI.LO.SO adj. Sigiloso.
SI.GLA s.f. Sigla.
SI.GLO s.m. Século.
SIG.NI.FI.CA.CIÓN s.f. Significação.
SIG.NI.FI.CAR v.t. Significar. v.p. Ter importância.
SI.GUIEN.TE adj. Seguinte.
SÍ.LA.BA s.f. Gram. Sílaba.
SIL.BAR v.int. Assobiar; fig. vaiar.
SIL.BA.TO s.m. Apito.
SIL.BI.DO s.m. Assobio; silvo.
SI.LEN.CIAR v.t. Silenciar.
SI.LEN.CIO s.m. Silêncio.
SI.LLA s.f. Cadeira; sela.
SI.LLÓN s.m. Poltrona.
SI.LUE.TA s.f. Silhueta.
SIM.BÓ.LI.CO adj. Simbólico.
SIM.BO.LI.ZAR v.t. Simbolizar.
SÍM.BO.LO s.m. Símbolo.
SI.MIEN.TE s.f. Semente.
SÍ.MIL adj. Símile; semelhança.
SI.MI.LAR adj. Similar; semelhante.
SI.MI.LI.TUD s.f. Similitude; semelhança.
SI.MIO adj. e s.m. Símio; macaco.
SIM.PA.TÍ.A s.f. Simpatia; afeição.
SIM.PÁ.TI.CO adj. Simpático.
SIM.PA.TI.ZAR v.int. Simpatizar.
SIM.PLE adj. Simples.
SIM.PLE.ZA s.f. Simplicidade.

SIM.PLI.FI.CAR *v.t.* Simplificar.
SIM.PLÓN *adj.* Simplório.
SI.MU.LAR *v.t.* Simular.
SI.MUL.TA.NEI.DAD *s.f.* Simultaneidade.
SI.MUL.TÁ.NEO *adj.* Simultâneo.
SIN *prep.* Sem.
SIN.CE.RI.DAD *s.f.* Sinceridade.
SIN.CE.RAR *v.t.* Ser sincero.
SIN.CE.RO *adj.* Sincero.
SIN.DI.CA.TO *s.m.* Sindicato.
SÍN.DI.CO *s.m.* Síndico.
SIN.GU.LAR *adj.* Singular; particular.
SIN.GU.LA.RI.ZAR *v.t.* Singularizar; particularizar.
SI.NIES.TRA *s.f.* Esquerda.
SI.NIES.TRO *adj.* e *s.m.* Esquerdo; sinistro.
SIN.NÚ.ME.RO *s.m.* Sem-número; infinito.
SI.NO *s.m.* Sina; sorte; destino. *conj.* Senão; mas; exceto; salvo; somente.
SIN.RA.ZÓN *s.f.* Sem-razão; sem lógica.
SÍN.TE.SIS *s.f.* Síntese.
SIN.TE.TI.ZAR *v.int.* Sintetizar.
SÍN.TO.MA *s.m.* Sintoma.
SIN.TO.NI.ZAR *v.t.* Sintonizar.
SI.NUO.SI.DAD *s.f.* Sinuosidade; curva.
SIN.VER.GÜEN.ZA *adj.* e *s.2g.* Sem-vergonha.
SI.QUIE.RA *conj.* Ainda que; embora. *adv.* Sequer; pelo menos.
SI.RE.NA *s.f.* Sereia (personagem mitológico); sirene (buzina).
SIR.VIEN.TE *adj.* e *s.2g.* Servente.
SÍS.MI.CO *adj.* Sísmico.
SIS.MO *s.m.* Sismo; terremoto.
SIS.TE.MA *s.m.* Sistema.
SIS.TE.MA.TI.ZAR *v.t.* Sistematizar.
SI.TI.AR *v.t.* Sitiar; cercar.
SÍ.TIO *s.m.* Sítio; terreno.
SI.TO *s.m.* Sito.
SI.TUA.CIÓN *s.f.* Situação.
SI.TU.AR *v.t.* Situar; colocar; estabelecer. *v.p.* Situar-se.
SO *prep.* Sob.
SO.BA.CO *s.m. Anat.* Sovaco; axila.
SO.BAR *v.t.* Sovar; surrar.

SO.BE.RA.NÍ.A *s.f.* Soberania.
SO.BE.RA.NO *adj.* e *s.m.* Soberano.
SO.BER.BIA *s.f.* Soberba; arrogância; orgulho.
SO.BER.BIO *adj.* Soberbo; arrogante.
SO.BOR.NAR *v.t.* Subornar.
SO.BOR.NO *s.m.* Suborno.
SO.BRA *s.f.* Sobra; resto; sobejo.
SO.BRAR *v.int.* Sobrar; restar; exceder.
SO.BRE *prep.* Sobre; acerca de; acima de; além de. *s.m.* Envelope.
SO.BRE.A.LI.MEN.TAR *v.t.* Superalimentar. *v.p.* Superalimentar-se.
SO.BRE.CA.MA *s.f.* Sobrecama; colcha.
SO.BRE.CAR.GAR *v.t.* Sobrecarregar. *v.p.* Sobrecarregar-se.
SO.BRE.CO.GER *v.t.* Sobressaltar; assustar. *v.p.* Sobressaltar-se.
SO.BRE.HU.MA.NO *adj.* Sobre-humano.
SO.BRE.LLE.VAR *v.t.* Suportar, aguentar.
SO.BRE.NOM.BRE *s.m.* Cognome; apelido; alcunha.
SO.BRE.PA.SAR *v.t.* Ultrapassar; exceder.
SO.BRE.PO.NER *v.t.* Sobrepor.
SO.BRE.SA.LIR *v.int.* Sobressair; ressaltar.
SO.BRE.SAL.TO *s.m.* Sobressalto; temor.
SO.BRE.TA.SA *s.f.* Sobretaxa.
SO.BRE.TO.DO *s.m.* Sobretudo (casaco).
SO.BRE.VI.VIR *v.int.* Sobreviver.
SO.BRIE.DAD *s.f.* Sobriedade.
SO.BRI.NO *s.m.* Sobrinho.
SO.BRIO *s.m.* Sóbrio.
SO.CIA.BI.LI.DAD *s.f.* Sociabilidade.
SO.CIAL *adj.* Social.
SO.CIA.LIS.MO *s.m.* Socialismo.
SO.CIA.LI.ZAR *v.t.* Socializar.
SO.CIE.DAD *s.f.* Sociedade.
SO.CIO *s.m.* Sócio; associado; parceiro.
SO.CIO.LO.GÍ.A *s.f.* Sociologia.
SO.CIÓ.LO.GO *s.m.* Sociólogo.
SO.CO.RRER *v.t.* Socorrer; auxiliar.
SO.CO.RRO *s.m.* Socorro; auxílio.
SO.DA *s.f.* Soda (água com gás); soda (cáustica).
SO.EZ *adj.* Soez; vil; desprezível; grosseiro.
SO.FA *s.m.* Sofá.

SO.FIS.TI.CA.CIÓN *s.f.* Sofisticação.
SO.FIS.TI.CAR *v.t.* Sofisticar.
SO.FO.CAR *v.t.* Sufocar. *v.p.* Sufocar-se.
SO.FO.CO *s.m.* Sufoco; sufocação.
SO.GA *s.f.* Corda.
SO.JA *s.f. Bot.* Soja.
SO.JUZ.GAR *v.t.* Subjugar; submeter; sujeitar.
SOL *s.m. Astron.* Sol; *Mús.* sol (nota musical).
SO.LA.MEN.TE *adv.* Somente; só; exclusivamente.
SO.LA.PAR *v.t.* Solapar; dissimular.
SO.LAR *adj.* e *s.m.* Solar.
SO.LA.ZAR *v.t.* Aliviar; distrair; entreter.
SOL.DA.DO *s.m.* Soldado.
SOL.DA.DU.RA *s.f.* Solda; soldadura.
SOL.DAR *v.t.* Soldar.
SO.LE.DAD *s.f.* Solidão.
SO.LEM.NE *adj.* Solene.
SO.LEM.NI.DAD *s.f.* Solenidade.
SO.LEM.NI.ZAR *v.t.* Solenizar.
SO.LER *v.int.* Costumar.
SO.LE.RA *s.f.* Soleira.
SO.LI.CI.TA.CIÓN *s.f.* Solicitação.
SO.LI.CI.TAR *v.t.* Solicitar; pedir.
SO.LÍ.CI.TO *adj.* Solícito.
SO.LI.CI.TUD *s.f.* Solicitude; petição.
SO.LI.DA.RI.DAD *s.f.* Solidariedade.
SO.LI.DI.FI.CAR *v.t.* Solidificar.
SO.LI.DEZ *s.f.* Solidez; dureza.
SÓ.LI.DO *adj.* Sólido.
SO.LI.TA.RIO *adj.* Solitário.
SO.LI.VIAN.TAR *v.t.* Sublevar; inquietar.
SO.LLO *s.m. Zool.* Esturjão (peixe).
SO.LLO.ZAR *v.t.* Soluçar.
SO.LO *adj.* Só; sozinho. *adv.* Só; somente. *s.m.* Solo.
SOL.TAR *v.t.* Soltar; desprender; libertar. *v.p.* Soltar-se.
SOL.TE.RO *adj.* Solteiro.
SOL.TE.RÓN *s.m.* Solteirão.
SOL.TU.RA *s.f.* Soltura.
SO.LU.CIÓN *s.f.* Solução.
SO.LU.CIO.NAR *v.t.* Solucionar.
SOL.VEN.CIA *s.f.* Solvência.
SOL.VEN.TAR *v.t.* Solver; pagar; quitar.

SOL.VEN.TE *adj.* e *s.m.* Solvente.
SOM.BRA *s.f.* Sombra; escuridão.
SOM.BRE.RE.RÍ.A *s.m.* Chapelaria.
SOM.BRE.RO *s.m.* Chapéu.
SOM.BRI.LLA *s.f.* Sombrinha; guarda-sol.
SO.ME.TER *v.t.* Submeter; subjugar.
SO.ME.TI.MIEN.TO *s.m.* Submissão; sujeição.
SOM.NÍ.FE.RO *adj.* Sonífero.
SOM.NO.LEN.CIA *s.f.* Sonolência.
SON *s.m.* Som; ruído.
SO.NÁM.BU.LO *adj.* e *s.m.* Sonâmbulo.
SO.NAR *v.int.* Soar; citar; lembrar.
SO.ÑA.DOR *adj.* e *s.m.* Sonhador.
SO.ÑAR *v.t.* e *int.* Sonhar; fantasiar.
SON.DAR *v.t.* Sondar; examinar.
SON.DE.AR *v.t.* Sondar; averiguar.
SO.NE.TO *s.m.* Soneto.
SO.NI.DO *s.m.* Som.
SO.ÑO.LEN.CIA *adj.* Sonolência.
SO.NO.RI.DAD *s.f.* Sonoridade.
SO.NO.RI.ZAR *v.t.* Sonorizar.
SO.NO.RO *adj.* Sonoro.
SON.RE.ÍR *v.int.* Sorrir; rir.
SON.RIEN.TE *adj.* Sorridente.
SON.RI.SA *s.f.* Sorriso.
SON.RO.JAR *v.t.* Corar; ruborizar. *v.p.* Ruborizar-se.
SON.RO.JO *s.m.* Timidez; rubor.
SON.SA.CAR *v.t.* Surrupiar.
SO.PA *s.f. Cul.* Sopa.
SO.PA.PO *s.m. fam.* Sopapo; tapa; bofetada; murro.
SO.PE.RA *s.f.* Sopeira.
SO.PE.SAR *v.t.* Sopesar.
SO.PLAR *v.t.* e *int.* Soprar; assoprar.
SO.PLE.TE *s.m.* Maçarico.
SO.PLO *s.m.* Sopro; *fig.* instante.
SO.PLÓN *s.m. fam.* Delator; dedo-duro; fofoqueiro.
SO.PON.CIO *s.m. fam.* Desmaio.
SO.POR *s.m.* Torpor; sonolência.
SO.POR.TAL *s.m.* Alpendre; pórtico.
SO.POR.TAR *v.t.* Suportar; tolerar; sofrer.
SO.POR.TE *s.m.* Suporte; apoio.

SOR.s.f. Rel. Sóror.
SOR.BER v.t. Sorver; absorver.
SOR.BO s.m. Sorvo; gole; trago.
SOR.DE.RA s.f. Surdez.
SOR.DI.DEZ s.f. Sordidez.
SOR.DI.DO adj. Sórdido.
SOR.DI.NA s.f. Surdina.
SOR.DO adj. Surdo.
SOR.DO.MU.DO adj. e s.m. Surdo-mudo.
SOR.NA s.f. Zombaria.
SOR.PREN.DEN.TE adj. Surpreendente.
SOR.PREN.DER v.t. Surpreender.
SOR.PRE.SA s.f. Surpresa.
SOR.TE.AR v.t. Sortear; rifar.
SOR.TEO s.m. Sorteio.
SOR.TI.JA s.f. Anel; cacho (de cabelo).
SO.SE.GAR v.t. e p. Sossegar; acalmar. v.int. e p. Descansar.
SO.SIA s.f. Sósia.
SO.SIE.GO s.m. Sossego; quietude; paz.
SOS.LA.YAR v.t. Soslaiar.
SOS.LA.YO s.m. Soslaio.
SO.SO adj. Insosso; insulso.
SOS.PE.CHA s.f. Suspeita.
SOS.PE.CHAR v.t. Suspeitar; desconfiar; recear.
SOS.TÉN s.m. Apoio; sustento; sutiã.
SOS.TE.NER v.t. Sustentar; tolerar; aguentar; sofrer. v.p. Sustentar-se.
SÓ.TA.NO s.m. Porão.
SO.TE.RRAR v.t. Soterrar.
SU pron. poss. Seu (sua).
SUA.VE adj. Suave; delicado; meigo; moderado.
SUA.VI.DAD s.f. Suavidade; delicadeza.
SUA.VI.ZAR v.t. Suavizar. v.p. Suavizar-se.
SU.BAS.TA s.f. Leilão.
SUB.DI.REC.TOR s.m. Subdiretor.
SUB.DI.TO s.m. Súdito.
SU.BIR v.t. e int. Subir; elevar-se; levantar-se. v.t. Subir (preço); aumentar (som).
SÚ.BI.TO adj. Súbito.
SUB.JE.FE s.m. Subchefe.
SUB.JE.TI.VO adj. Subjetivo.
SUB.JUN.TI.VO adj. e s.m. Gram. Subjuntivo.
SU.BLE.VA.CIÓN s.f. Sublevação.
SU.BLE.VAR v.t. e p. Sublevar(-se); revoltar(-se).
SU.BLI.MA.CIÓN s.f. Sublimação.
SU.BLI.MAR v.t. Sublimar. v.p. Sublimar-se.
SU.BLI.ME adj. Sublime.
SUB.MA.RI.NO s.m. Submarino.
SU.BOR.DI.NAR v.t. Subordinar.
SU.BRA.YAR v.t. Sublinhar; grifar.
SUB.RE.PE.TI.CIO adj. Sub-reptício; sorrateiro.
SUB.SA.NAR v.t. Desculpar; fig. corrigir.
SUB.SI.DIAR v.t. Subsidiar; subvencionar.
SUB.SI.GUIEN.TE adj. Subsequente.
SUB.SIS.TEN.CIA s.f. Subsistência.
SUB.SUE.LO s.m. Subsolo.
SUB.TE.RRÁ.NEO adj. e s.m. Subterrâneo.
SUB.VEN.CIO.NAR v.t. Subvencionar.
SUB.VER.SIÓN s.f. Subversão.
SUB.VER.TIR v.int. Subverter; sublevar; destruir.
SUB.YU.GAR v.t. Subjugar; dominar.
SU.CE.DER v.int. e t. Suceder; substitui; acontecer.
SU.CE.SIÓN s.f. Sucessão.
SU.CE.SO s.m. Sucesso; êxito.
SU.CE.SOR s.m. Sucessor.
SU.CIE.DAD s.f. Sujeira; imundície.
SU.CIN.TO adj. Sucinto.
SU.CIO adj. Sujo.
SU.CU.LEN.TO adj. Suculento; sumarento.
SU.CUM.BIR v.int. Sucumbir.
SU.CUR.SAL adj. e s.f. Sucursal; filial.
SU.DAR v.t. e v.int. Suar; transpirar.
SU.DOES.TE s.m. Sudoeste.
SU.DOR s.m. Suor; transpiração.
SUE.GRO s.m. Sogro.
SUE.LA s.f. Sola.
SUEL.DO s.m. Salário; soldo; remuneração.
SUE.LO s.m. Solo; chão; terra.
SUEL.TO adj. Solto; livre; fig. ágil.
SUE.ÑO s.m. Sono; sonho; fig. fantasia.
SUE.RO s.m. Soro.
SUER.TE s.f. Sorte; sina; destino.

SU.FI.CIEN.TE *adj.* Suficiente; bastante; *fig.* pedante.
SU.FI.XO *s.m.* Gram. Sufixo.
SU.FRA.GAR *v.t.* Financiar; favorecer; custear; (América) votar.
SU.FRI.DO *adj.* Sofrido; resignado.
SU.FRI.MIEN.TO *s.m.* Sofrimento.
SU.FRIR *v.t.* Sofrer; sentir dor; suportar. *v.p.* Sacrificar-se.
SU.GE.REN.CIA *s.f.* Sugestão; ideia; proposta.
SU.GE.RIR *v.t.* Sugerir.
SU.GES.TIÓN *s.f.* Sugestão.
SU.GES.TIO.NA.BLE *adj.* Sugestionável.
SU.GES.TI.VO *adj.* Sugestivo.
SUI.CI.DAR.SE *v.p.* Suicidar-se.
SUI.CI.DIO *s.m.* Suicídio.
SUI.ZO *adj.* e *s.m.* Suíço.
SU.JE.TAR *v.t.* Sujeitar; dominar; segurar. *v.p.* Sujeitar-se; segurar-se.
SU.JE.TO *adj.* Seguro. *s.m.* Sujeito; indivíduo; *Gram. sujeto elíptico:* sujeito oculto (indeterminado).
SUL.CO *s.m.* Sulco; ruga.
SU.MA *s.f.* Soma; quantia; *Mat.* adição.
SU.MAR *v.t. Mat.* Somar; adicionar. *v.p.* Somar-se; juntar-se.
SU.MA.RIO *adj.* Sumário. *s.m. Dir.* Sumário.
SU.MER.GI.BLE *adj.* Submergível. *s.m.* Submarino.
SU.MER.GIR *v.t.* Submergir. *v.p.* Submergir-se.
SU.MI.DE.RO *s.m.* Sumidouro; escoadouro; sarjeta.
SU.MIR *v.t.* Sumir; afundar; submergir. *v.p.* Submergir-se; afundar-se.
SU.MI.SIÓN *s.f.* Submissão.
SU.MI.SO *adj.* Submisso.
SUN.TUO.SI.DAD *s.f.* Suntuosidade; pompa.
SUN.TUO.SO *adj.* Suntuoso; luxuoso.
SU.PE.DI.TAR *v.t.* Submeter; sujeitar. *v.p.* Submeter-se.
SU.PE.RA.BLE *adj.* Superável.
SU.PE.RA.CIÓN *s.f.* Superação.
SU.PE.RAR *v.t.* Superar. *v.p.* Superar-se
SU.PER.CHE.RÍ.A *s.f.* Engano; logro; fraude.
SU.PER.FI.CIAL *adj.* Superficial.

SU.PER.FI.CIA.LI.DAD *s.f.* Superficialidade.
SU.PER.FI.CIE *s.f.* Superfície.
SU.PER.FLUO *adj.* Supérfluo.
SU.PE.RIOR *adj.* Superior.
SU.PERS.TI.CIÓN *s.f.* Superstição.
SU.PER.VI.SAR *v.t.* Supervisar; supervisionar.
SU.PER.VI.SIÓN *s.f.* Supervisão.
SU.PER.VI.VIEN.TE *adj.* e *s.m.* Sobrevivente.
SU.PLAN.TA.CIÓN *s.f.* Suplantação.
SU.PLAN.TAR *v.t.* Substituir; suplantar; superar.
SU.PLE.MEN.TO *s.m.* Suplemento.
SÚ.PLI.CA *s.f.* Súplica; apelação.
SU.PLI.CAR *v.t.* Suplicar; pedir; rogar.
SU.PLI.CIO *s.m.* Suplício.
SU.PLIR *v.t.* Suprir; completar; substituir.
SU.PO.NER *v.t.* Supor; conjeturar.
SU.PO.SI.CIÓN *s.f.* Suposição; conjectura.
SU.PRE.MA.CÍ.A *s.f.* Supremacia.
SU.PRE.MO *adj.* Supremo.
SU.PRE.SIÓN *s.f.* Supressão.
SU.PRI.MIR *v.t.* Suprimir.
SU.PU.RAR *v.int.* Supurar.
SUR *s.m.* Sul.
SUR.CAR *v.int.* Sulcar; riscar; fender; *fig.* singrar.
SUR.GIR *v.int.* Surgir.
SUR.TI.DO *adj.* Sortido; variado. *s.m.* Sortimento.
SUR.TIR *v.t.* Sortir; abastecer. *v.int.* Jorrar (água).
SUR.TO *adj.* Surto; jorrado (água).
SUS.CE.TI.BLE *adj.* Suscetível.
SUS.CI.TAR *v.t.* Suscitar.
SUS.CRI.BIR *v.t* Subscrever.
SU.SO.DI.CHO *adj.* e *s.m.* Mencionado; referido; citado.
SUS.PEN.DER *v.t.* Suspender; pendurar; interromper. *v.p.* Suspender-se.
SUS.PEN.SE *s.m.* Suspense.
SUS.PEN.SIÓN *s.f.* Suspensão; elevação; interrupção.
SUS.PEN.SO *adj.* Suspenso. *s.m.* Reprovado; nota vermelha.
SUS.PI.CAZ *adj.* Suspicaz; desconfiado.

SUS.PI.RAR *v.int.* Suspirar.
SUS.PI.RO *s.m.* Suspiro.
SUS.TAN.CIA *s.f.* Substância; essência.
SUS.TAN.CIAL *adj.* Substancial.
SUS.TAN.CIO.SO *adj.* Substancioso.
SUS.TEN.TAR *v.t.* Sustentar. *v.p.* Sustentar-se.
SUS.TEN.TO *s.m.* Sustento; alimento.
SUS.TI.TU.CIÓN *s.f.* Substituição.
SUS.TI.TU.IR *v.t.* Substituir.
SUS.TO *s.m.* Susto; espanto.

SUS.TRA.ER *v.t.* Subtrair; retirar; *Mat.* diminuir; subtrair. *v.p.* Subtrair-se.
SUS.TRA.TO *s.m.* Substrato.
SU.SU.RRAR *v.t.* Sussurrar.
SU.SU.RRO *s.m.* Sussurro.
SU.TIL *adj.* Sutil; fino; tênue; leve; perspicaz.
SU.TI.LE.ZA *s.f.* Sutileza; perspicácia.
SU.TU.RA *s.f.* Sutura.
SU.TU.RAR *v.int.* Suturar.
SU.YO *pron. poss.* Seu; dele; *suya:* sua; dela.

T

T *s.m.* Vigésima primeira letra do alfabeto espanhol.
TA.BA.CO *s.m. Bot.* Tabaco; fumo; charuto.
TA.BA.LE.AR *v.int.* Tamborilar; agitar.
TA.BA.NA.ZO *s.f.* Bofetada; tapa.
TA.BA.QUE.RÍ.A *s.f.* Tabacaria.
TA.BER.NA *s.f.* Taberna; taverna.
TA.BER.NE.RO *s.m.* Taberneiro; taverneiro.
TA.BI.QUE *s.m.* Tabique; tapume; divisória.
TA.BLA *s.f.* Tábua; lâmina; tabuleta; tabela; quadro.
TA.BLA.DO *s.m.* Tablado; cenário; palco.
TA.BLE.RO *s.m.* Tabuleiro; lousa; mural; painel; tampo de mesa.
TA.BLE.TA *s.f.* Tablete.
TA.BLÓN *s.m.* Tábua; prancha.
TA.BÚ *s.m.* Tabu.
TA.BU.LAR *adj.* Tabular. *v.t.* Tabular.
TA.BU.RE.TE *s.m.* Banqueta; tamborete.
TA.CA.ÑO *adj.* Tacanho; avarento.
TA.CHAR *v.t.* Rasurar; riscar; tachar; qualificar.
TA.CHO *s.m.* Tacho; recipiente; vasilha.
TA.CHÓN *s.m.* Rabisco; rebite; tachão.
TA.CI.TO *adj.* Tácito.
TA.CI.TUR.NO *adj.* Taciturno.
TA.CO *s.m.* Taco (de bilhar); *Cul.* Comida mexicana; *fam.* confusão.
TA.CÓN *s.m.* Salto alto.
TA.CO.NE.AR *v.int.* Sapatear.
TAC.TO *s.m.* Tato; toque; cuidado.
TA.HO.NA *s.f.* Padaria.
TAI.MA *s.f.* Malícia; astúcia; teima.
TA.JA.DA *s.f.* Pedaço; fatia; porção; *fam.* bebedeira.
TA.JA.DO *s.m.* Talhado; cortado.
TA.JA.MAR *s.m.* Quebra-mar.
TA.JAR *v.t.* Talhar; cortar.
TA.JO *s.m.* Talho; corte; banqueta; tarefa; ocupação.
TAL *adj.* e *p. dem.* Tal; semelhante; parecido; similar.
TA.LA.DRAR *v.t.* Perfurar; furar.
TA.LA.DRO *s.m.* Broca; perfuração.
TA.LAN.TE *s.m.* Talante; vontade; disposição; desejo.
TA.LAR *v.t.* Derrubar (árvores); abater; devastar; podar.
TAL.CO *s.m.* Talco.
TA.LEN.TO *s.m.* Talento; habilidade.
TA.LIS.MÁN *s.m.* Talismã; amuleto.
TA.LLA *s.f.* Entalhe; escultura; talha; tamanho; manequim.
TA.LLAR *v.t.* Entalhar; talhar; esculpir.
TA.LLE *s.f.* Talhe; feitio; silhueta; *Anat.* cintura.
TA.LLER *s.m.* Oficina; ateliê.
TA.LÓN *s.m.* Calcanhar; talão.
TA.MA.ÑO *adj.* Tamanho; tão grande. *s.m.* Tamanho.
TAM.BIÉN *adv.* Também.
TAM.BOR *s.m. Mús.* Tambor.
TAM.BO.RI.LE.AR *v.int.* Tamborilar.
TA.MIZ *s.m.* Peneira.
TA.MI.ZAR *v.t.* Peneirar.
TAM.PO.CO *adv.* Tampouco; também não.
TAN *adv.* Tão.
TAN.DA *s.f.* Turno; vez; trabalho; camada; porção; monte.
TA.ÑER *v.t.* Tanger; soar; tocar. *v.int.* Tamborilar.
TAN.GEN.TE *adj.* Tangente.
TAN.GI.BLE *adj.* Tangível.
TAN.GO *s.m. Mús.* Tango.

TAN.QUE *s.m.* Açude; reservatório de água; cisterna; *Mil.* tanque.
TAN.TE.AR *v.t.* Comparar; calcular; apurar; tatear.
TAN.TEO *s.m.* Sondagem; exame; verificação.
TAN.TO *adj.* e *adv.* Tanto.
TA.PA *s.f.* Tampa; capa; encadernação; tira-gosto.
TA.PA.DO *adj.* Tampado. *s.m.* Casaco.
TA.PA.CU.BOS *s.f.* Calota (de automóvel).
TA.PA.JUN.TA *s.m.* Mata-junta; guarnição.
TA.PAR *v.t.* Tampar; tapar.
TA.PIA *s.f.* Cerca; sebe; muro.
TA.PIAR *v.t.* Cercar com tapume; tapar.
TA.PI.ZAR *v.t.* Atapetar; forrar. *v.p.* Revestir-se.
TA.PÓN *s.m.* Tampa.
TA.PO.NAR *v.t.* Tamponar.
TA.QUI.CAR.DIA *s.f.* Taquicardia.
TA.QUI.LLA *s.f.* Guichê; bilheteria; fichário.
TA.QUI.LLE.RO *s.m.* Bilheteiro; caixa.
TA.RA *s.f.* Tara.
TA.RA.DO *adj.* Tarado.
TAR.DAN.ZA *s.f.* Tardança; demora.
TAR.DAR *v.int.* Tardar; demorar.
TAR.DE *adv.* Tarde. *s.f.* Tarde (a tarde).
TAR.DÍ.O *adj.* Tardio.
TAR.DO *adj.* Tardo(a); lento.
TA.REA *s.f.* Tarefa; trabalho.
TA.RI.FA *s.f.* Tarifa.
TA.RI.FAR *v.t.* Tarifar.
TAR.JE.TA *s.f.* Cartão.
TA.RRO *s.m.* Pote; vaso; jarro.
TAR.TA *s.f.* Torta; bolo.
TAR.TA.MU.DE.AR *v.int.* Tartamudear; gaguejar.
TAR.TA.MU.DO *adj.* e *s.m.* Gago; tartamudo.
TAR.TE.RA *s.f.* Torteira; marmita.
TA.SA *s.f.* Taxa; tarifa.
TA.SAR *v.t.* Taxar; tarifar.
TA.TA.RA.BUE.LO *s.f.* Tataravô.
TA.TA.RA.NIE.TO *s.m.* Tataraneto.
TA.TUA.JE *s.m.* Tatuagem.
TA.TUAR *v.t.* Tatuar.
TAU.RO *s.m.* Touro.
TA.XA.TI.VO *adj.* Taxativo; inequívoco.
TA.XI *s.m.* Táxi.
TA.XIS.TA *s.2g.* Taxista.
TA.ZA *s.f.* Xícara.
TA.ZÓN *s.m.* Vasilha; pote.
TE *pron. pess.* Te.
TÉ *s.m. Bot.* Chá.
TEA *s.f.* Tocha; facho; bebedeira.
TE.A.TRO *s.m.* Teatro.
TE.BEO *s.m.* Gibi; revista em quadrinhos.
TE.CLE.AR *v.t.* e *int.* Teclar; digitar.
TÉC.NI.CA *s.f.* Técnica; perícia; método.
TÉC.NI.CO *adj.* Técnico; especialista.
TEC.NO.LO.GÍ.A *s.f.* Tecnologia.
TEC.NO.LÓ.GI.CO *adj.* tecnológico.
TE.CHA.DO *adj.* Coberto. *s.m.* Telhado (v. *tejado*).
TE.CHO *s.m.* Teto; telhado; cobertura; moradia; lar.
TE.CHUM.BRE *s.f.* Cobertura.
TE.DIO *s.m.* Tédio; fastio; enfado.
TE.DIO.SO *adj.* Tedioso.
TE.JA *s.f.* Telha.
TE.JA.DI.LLO *s.m.* Toldo.
TE.JA.DO *s.m.* Telhado; cobertura.
TE.JE.DOR *s.m.* Tecelão.
TE.JER *v.t.* Tecer.
TE.JI.DO *s.m.* Tecido.
TE.LA *s.f.* Tecido; pano; rede; tela.
TE.LAR *s.m.* Tear.
TE.LA.RA.ÑA *s.f.* Teia de aranha.
TE.LE *s.f. fam.* Tevê.
TE.LE.CO.MU.NI.CA.CIÓN *s.f.* Telecomunicação.
TE.LE.DIA.RIO *s.m.* Telejornal; noticiário.
TE.LE.FÉ.RI.CO *s.m.* Teleférico.
TE.LE.FO.NE.AR *v.t.* Telefonar.
TE.LE.FO.NÍ.A *s.f.* Telefonia.
TE.LÉ.FO.NO *s.m.* Telefone.
TE.LÉ.GRA.FO *s.m.* Telégrafo.
TE.LE.GRA.MA *s.m.* Telegrama.
TE.LES.PEC.TA.DOR *s.m.* Telespectador.
TE.LE.VI.SIÓN *s.f.* Televisão.
TE.LE.VI.SOR *s.m.* Televisor; televisão.
TE.MA *s.m.* Tema; matéria; assunto.
TEM.BLAR *v.int.* Tremer; sacudir; *fig.* temer.

TEM.BLOR *s.m.* Tremor; estremecimento.
TEM.BLO.RO.SO *adj.* Trêmulo.
TE.MER *v.int.* Temer; recear.
TE.ME.RO.SO *adj.* Temeroso.
TE.ME.RI.DAD *s.f.* Temeridade.
TE.MI.BLE *adj.* Temível.
TE.MOR *s.m.* Temor; receio; medo.
TEM.PE.RA.MEN.TO *s.m.* Temperamento; gênio; índole; caráter.
TEM.PE.RA.TU.RA *s.f.* Temperatura.
TEM.PES.TAD *s.f.* Tempestade.
TEM.PLA.DO *adj.* Morno; temperado; moderado.
TEM.PLAR *v.t.* Temperar; suavizar; moderar.
TEM.PLE *s.m.* Temperatura; têmpera; humor; ânimo; disposição.
TEM.PLE.TE *s.m.* Pavilhão; oratório; coreto.
TEM.PLO *s.m.* Templo.
TEM.PO.RA.DA *s.f.* Temporada.
TEM.PO.RAL *s.m.* Temporal.
TEM.PRA.NO *adj.* Prematuro; precoce. *adv.* Cedo.
TE.NA.CI.DAD *s.f.* Tenacidade.
TE.NAZ *adj.* Tenaz; resistente; firme.
TE.NA.ZA *s.f.* Alicate; torquês; tenaz.
TEN.DEN.CIA *s.f.* Tendência.
TEN.DER *v.t.* Estender; desdobrar; esticar; tender; tombar.
TEN.DE.RE.TE *s.f.* Barraquinha; tendinha.
TEN.DE.RO *s.m.* Tendeiro; lojista.
TE.NE.BRO.SO *adj.* Tenebroso.
TE.NE.DOR *s.m.* Garfo; possuidor; portador.
TE.NEN.CIA *s.f.* Posse; porte.
TE.NER *v.t.* Ter; possuir; suster; segurar; sujeitar; precisar. *v.p.* Segurar-se; manter-se.
TE.ÑI.DO *s.m.* Tintura; tingimento.
TE.NIEN.TE *s.2g. Mil.* Tenente.
TE.ÑIR *v.t.* Tingir; pintar. *v.p.* Tingir-se.
TE.NIS *s.m. Esport.* Tênis; tênis (calçado).
TE.NIS.TA *s.2g.* Tenista.
TE.NOR *s.m.* Teor; conteúdo; *Mús.* tenor.
TEN.SIÓN *s.f.* Tensão; nervosismo; *Fís.* e *Eletr.* tensão.
TEN.SO *adj.* Tenso; nervoso; retesado.
TEN.TA.CIÓN *s.f.* Tentação.
TEN.TÁ.CU.LO *s.m.* Tentáculo.
TEN.TA.DOR *adj.* Tentador.
TEN.TAR *v.t.* Tocar; apalpar; estimular; tentar.
TEN.TEM.PIÉ *s.m.* fam. Lanche; aperitivo; tira-gosto.
TE.NUE *adj.* Tênue.
TEO.LO.GÍA *s.m.* Teologia.
TEO.RÍA *s.f.* Teoria.
TEO.RI.ZAR *v.int.* Teorizar.
TE.QUI.LA *s.f.* Tequila.
TE.RA.PIA *s.f.* Terapia.
TER.CE.RO *adj.* e *s.m.* Terceiro.
TER.CIAR *v.t.* Terçar; dividir em três partes; atravessar; interceder; intervir.
TER.CIA.RIO *adj.* Terciário.
TER.CIO.PE.LO *s.m.* Veludo.
TER.CO Teimoso; cabeça-dura.
TER.GI.VER.SAR *v.t.* Tergiversar; distorcer.
TER.MAS *s.f. pl.* Termas.
TER.MI.NA.CIÓN *s.f.* Terminação.
TER.MI.NAL *adj.* Terminal.
TER.MI.NAR *v.t.* Terminar; acabar; concluir.
TÉR.MI.NO *s.m.* Término; termo; fim.
TER.MI.NO.LO.GÍA *s.f.* Terminologia.
TER.MI.TA *s.f. Zool.* Cupim.
TER.MÓ.ME.TRO *s.m.* Termômetro.
TER.NE.RO *s.m.* Terneiro; bezerro; novilho.
TER.NU.RA *s.f.* Ternura.
TER.QUE.DAD *s.f.* Persistência; teimosia.
TE.RRA.PLÉN *s.m.* Terraplenagem.
TE.RRA.PLE.NAR *v.t.* Terraplenar; fazer terraplenagem.
TE.RRA.QUEO *adj.* e *s.m.* Terráqueo.
TE.RRA.TE.NIEN.TE *s.2g.* Latifundiário.
TE.RRA.ZA *s.f.* Terraço; varanda.
TE.RRE.MO.TO *s.m.* Terremoto.
TE.RRE.NAL *adj.* Terrestre; terreno.
TE.RRE.NO *adj.* e *s.m.* Terreno.
TE.RRES.TRE *adj.* Terrestre.
TE.RRI.BLE *adj.* Terrível; horrível.
TE.RRI.TO.RIO *s.m.* Território.
TE.RRÓN *s.m.* Torrão.
TE.RROR *s.m.* Terror.
TE.RRO.RIS.MO *s.m.* Terrorismo.
TE.RRU.ÑO *s.m. fam.* Terrinha; terra natal.

TER.TU.LIA s.f. Tertúlia; reunião literária.
TE.SIS s.f. Tese (universitária).
TE.SÓN s.f. Firmeza; afinco; decisão.
TE.SO.RE.RO s.m. Tesoureiro.
TE.SO.RO s.m. Tesouro; riqueza; erário; fazenda.
TEST s.m. Teste.
TES.TA s.f. Testa.
TES.TA.MEN.TO s.m. Testamento.
TES.TAR v.int. Testar; experimentar; fazer um testamento.
TES.TA.RA.ZO s.m. Cabeçada.
TES.TA.RU.DO adj. Teimoso.
TES.TÍ.CU.LO s.m. Anat. Testículo.
TES.TI.FI.CAR v.t. Testemunhar.
TES.TI.GO s.2g. Testemunha.
TES.TI.MO.NIAR v.t. e int. Testemunhar.
TES.TI.MO.NIO s.m. Testemunho.
TE.TA s.f. Anat. Teta; mama; peito; *dar la teta*: amamentar.
TÉ.TA.NO s.m. Med. Tétano.
TE.TE.RA s.f. Chaleira; bule.
TÉ.TRI.CO adj. Tétrico.
TEX.TIL adj. Têxtil.
TEX.TO s.m. Texto; escrito.
TEX.TUAL adj. Textual; literal.
TEX.TU.RA s.f. Textura; tecelagem; estrutura.
TEZ s.f. Tez; pele; cútis.
TI pron. pess. Ti.
TI.BIA s.f. Anat. Tíbia.
TI.BU.RÓN s.m. Zool. Tubarão.
TIEM.PO s.m. Tempo; período; época; fase.
TIEN.DA s.f. Tenda; barraca; loja.
TIEN.TO s.m. Toque; contato; apalpadela; tato; prudência; bengala; bofetada.
TIER.NO adj. Terno; suave; tenro; macio (alimento).
TIE.RRA s.f. Terra; solo; região; país; nação.
TIE.SO adj. Teso; esticado.
TI.FÓN s.m. Tufão.
TI.FUS s.m. Med. Tifo.
TI.GRE s.m. Zool. Tigre.
TI.JE.RA s.f. Tesoura.
TIL.DE s.f. Acento gráfico, til (~).
TI.MA.DOR s.m. fraudador; enganador.
TI.MAR v.t. Fraudar; enganar.
TIM.BRAR v.t. Timbrar; carimbar; selar.
TIM.BRE s.m. Campainha; tonalidade do som; selo; chancela.
TI.MI.DEZ s.f. Timidez; embaraço; vergonha.
TI.MI.DO adj. e s.m. Tímido.
TI.MÓN s.m. Timão; leme; *fig.* direção; governo.
TÍM.PA.NO s.m. Anat. Tímpano.
TI.NA s.f. Tina; bacia; cuba.
TIN.GLA.DO s.m. Palanque; tablado; cobertura; *fig.* confusão.
TI.NIE.BLAS s.f. pl. Trevas.
TI.NO s.m. Tino; faro; cuidado; juízo.
TIN.TA s.f. Tinta; tintura; corante.
TIN.TE s.m. Tintura; tinturaria.
TIN.TO adj. Tinto; tingido.
TIN.TO.RE.RÍ.A s.f. Tinturaria; lavanderia.
TIN.TU.RA s.f. Tingimento; tinta.
TÍ.O s.m. Tio.
TI.O.VI.VO s.m. Carrossel.
TÍ.PI.CO adj. Típico; característico; particular.
TI.PI.FI.CAR v.t. Tipificar; caracterizar.
TI.PO s.m. Tipo; modelo; símbolo; classe; pessoa; indivíduo; letra.
TI.PO.GRA.FÍ.A s.f. Tipografia.
TI.RA s.f. Tira; faixa.
TI.RA.DA s.f. Tirada; arremesso; tiragem (de exemplares).
TI.RA.DOR s.m. Atirador; lançador; estilingue; maçaneta.
TI.RA.JE s.f. Tiragem; edição.
TI.RA.NÍ.A s.f. Tirania; opressão; despotismo.
TI.RA.NI.ZAR v.t. Tiranizar; oprimir.
TI.RA.NO adj. e s.m. Tirano.
TI.RAN.TE adj. Estirado; retesado; tenso.
TI.RAN.TEZ s.f. Desavença; tensão.
TI.RAR v.t. Atirar; arremessar; retesar; esticar; puxar. v.int. Tender; inclinar-se.
TI.RI.TAR v.int. Tiritar.
TI.RO s.m. Tiro; disparo.
TI.ROI.DES s.m. Anat. Tireoide.
TI.RÓN s.m. Puxão.
TI.RO.TEO s.m. Tiroteio.
TÍ.TE.RE s.m. Títere; marionete.

TI.TU.BE.AR *v.int.* Titubear.
TI.TU.LAR *adj.* e *s.m.* Titular. *v.t.* Titular; diplomar. *v.p.* Titular-se.
TÍ.TU.LO *s.m.* Título; qualificação.
TI.ZA *s.f.* Giz.
TIZ.NE *s.m.* Fuligem.
TI.ZÓN *s.m.* Tição.
TOA.LLA *s.f.* Toalha.
TOA.LLE.RO *s.m.* Toalheiro.
TO.BI.LLO *s.m.* Tornozelo.
TO.BO.GÁN *s.m.* Tobogã.
TO.CA *s.f.* Touca; gorro.
TO.CA.DIS.COS *s.m.* Toca-discos.
TO.CA.DO *s.m.* Penteado; chapéu.
TO.CA.DOR *s.m.* Tocador; penteadeira.
TO.CA.MIEN.TO *s.m.* Tocamento; tocadura.
TO.CAN.TE *adj.* Tocante; relativo; referente.
TO.CAR *v.t.* Tocar; pentear; mexer; apalpar. *v.int.* Pertencer; soar. *v.p.* Pentear-se.
TO.CA.YO *s.m.* Xará.
TO.CI.NO *s.m.* Toucinho; bacon.
TO.CÓN *s.m.* Toco; coto.
TO.DA.VÍ.A *s.f.* Todavia.
TO.DO *pron. indef.* e *adj.* Todo(as); tudo. Todo; totalidade.
TO.DO.PO.DE.RO.SO *adj.* Todo-poderoso; onipotente.
TOL.DO *s.m.* Toldo; cobertura.
TO.LE.RAN.CIA *s.f.* Tolerância.
TO.LE.RAR *v.t.* Tolerar; suportar; permitir; resistir.
TO.MA *s.f.* Tomada; filmagem; plugue.
TO.MAR *v.t.* Tomar; apanhar; pegar; agarrar; comer; beber; contrair.
TO.MA.TE *s.m. Bot.* Tomate.
TO.MO *s.m.* Tomo; volume.
TO.NA.DA *s.f.* Toada.
TO.NA.LI.DAD *s.f.* Tonalidade.
TO.NEL *s.m.* Tonel; barril.
TO.NE.LA.DA *s.f.* Tonelada.
TO.NE.LA.JE *s.f.* Tonelagem.
TO.NI.FI.CAR *v.t.* Tonificar.
TO.NO *s.m.* Tom; entonação.
TON.TE.AR *v.int.* Ficar bobo; dizer tolice.
TON.TE.RÍ.A *s.f.* Bobagem; tolice.

TON.TO *adj.* Tonto; tolo; bobo.
TO.PAR *v.t.* Topar; bater; aceitar. *v.int.* Encontrar; achar.
TO.PE *s.m.* Topo; extremo; limite; máximo.
TO.PI.CO *adj.* e *s.m.* Tópico.
TO.PO.GRA.FÍ.A *s.f.* Topografia.
TO.QUE *s.m.* Toque; contato.
TO.QUI.LLA *s.f.* Xale; lenço.
TO.RAX *s.m.* Tórax.
TOR.BE.LLI.NO *s.m.* Turbilhão; furacão.
TOR.CER *v.t.* Torcer; dobrar; entortar; distorcer.
TO.RE.RO *s.m.* Toureiro.
TOR.MEN.TA *s.f.* Tormenta.
TOR.MEN.TO *s.m.* Tormento; sofrimento.
TOR.NA.DO *s.m.* Tornado.
TOR.NAR *v.t.* Tornar; voltar, retornar; restituir. *v.int.* Regressar. *v.p.* Tornar-se.
TOR.NE.AR *v.t.* e *int.* Tornear.
TOR.NE.O *s.m.* Torneio; competição; disputa.
TOR.NI.LLO *s.m.* Parafuso.
TOR.NO *s.m.* Volta; *a torno:* em torno de; catraca; *Mec.* torno.
TO.RO *s.m.* Touro; homem forte.
TOR.PE *adj.* Torpe; lerdo; desajeitado; infame; vil; sórdido.
TOR.PE.ZA *s.f.* Torpeza; estupidez; baixeza.
TO.RRE *s.f.* Torre.
TO.RREN.TE *s.f.* Torrente; correnteza; abundância.
TO.RREZ.NO *s.m.* Torresmo; bacon.
TOR.SIÓN *s.f.* Torção.
TOR.SO *s.m. Anat.* Torso; tronco; busto.
TOR.TA *s.f.* Torta.
TOR.TA.ZO *s.m.* Tabefe; bofetão.
TOR.TI.LLA *s.f.* Fritada; panqueca.
TOR.TU.GA *s.f. Zool.* Tartaruga.
TOR.TU.RA *s.f.* Tortura; tormento; suplício; sinuosidade.
TOR.TU.RAR *v.t.* Tortura; atormentar. *v.p.* Torturar-se.
TOS *s.f. Med.* Tosse.
TOS.CO *adj.* Tosco; rústico.
TO.SER *v.int.* Tossir.
TOS.QUE.DAD *s.f.* Rudeza; rusticidade.

TOS.TA.DA *s.f.* Torrada.
TOS.TAR *v.t.* Tostar; torrar; queimar. *v.p.* Bronzear-se.
TO.TAL *adj.* Total; integral; completo.
TO.TA.LI.ZAR *v.t.* Totalizar; somar; completar.
TÓ.XI.CO *adj.* e *s.m.* Tóxico.
TO.ZU.DO *adj.* Teimoso; obstinado; renitente.
TRA.BA *s.f.* Trava; impedimento; empecilho.
TRA.BA.JA.DOR *s.m.* Trabalhador.
TRA.BA.JAR *v.int.* Trabalhar; lidar; laborar; funcionar. *v.p.* Empenhar-se.
TRA.BA.JO *s.m.* Trabalho; ofício; profissão; serviço; funcionamento.
TRA.BA.JO.SO *adj.* Trabalhoso.
TRA.BAR *v.t.* e *int.* Travar; prender. *v.t.* Impedir. *v.p.* Travar-se.
TRA.BA.ZÓN *s.m.* Travamento; conexão; liga.
TRAC.CIÓN *s.f. Fís.* Tração.
TRAC.TOR *s.m.* Trator.
TRA.DI.CIÓN *s.f.* Tradição.
TRA.DU.CIR *v.t.* Traduzir; verter; interpretar.
TRA.DUC.TOR *adj.* e *s.m.* Tradutor.
TRA.ER *v.t.* Trazer; conduzir; ocasionar; conter.
TRA.FI.CAN.TE *s.2g.* Traficante.
TRA.FI.CAR *v.int.* Traficar; contrabandear; trafegar; negociar.
TRÁ.FI.CO *s.m.* Tráfico; tráfego; trânsito.
TRA.GAR *v.t.* e p. Tragar; ingerir; engolir. *v.t.* Comer com voracidade.
TRA.GE.DIA *s.f.* Tragédia; desgraça; catástrofe; *Teat.* tragédia.
TRÁ.GI.CO *adj.* e *s.m.* Trágico.
TRA.GI.CO.ME.DIA *s.f. Teat.* Tragicomédia.
TRA.GO *s.m.* Trago; gole.
TRA.GÓN *s.m. fam.* Comilão.
TRAI.CIÓN *s.f.* Traição.
TRAI.CIO.NAR *v.t.* Atraiçoar; trair.
TRAI.CIO.NE.RO *adj.* e *s.m.* Traiçoeiro.
TRAI.DOR *adj.* e *s.m.* Traidor.
TRA.JE *s.m.* Traje; roupa; vestimenta.
TRA.JÍN *s.m.* Andança; vaivém.
TRA.LLA *s.f.* Chicote; corda de couro.
TRA.MA *s.m.* Trama; argumento.
TRA.MI.TA.CIÓN *s.f.* Tramitação.

TRA.MAR *v.t.* Tramar.
TRA.MO.YA *s.f.* Tramoia.
TRAM.PA *s.f.* Armadilha; trapaça.
TRAM.PE.AR *v.int.* Trapacear; enganar.
TRAM.PI.LLA *s.f.* Alçapão.
TRAM.PO.LÍN *s.m.* Trampolim.
TRAN.CA *s.f.* Tranca; trinco; *fam.* porre.
TRAN.QUI.LI.DAD *s.f.* Tranquilidade; serenidade; calma.
TRAN.QUI.LI.ZAR *v.t.* Tranquilizar; sossegar; acalmar. *v.p.* Tranquilizar-se.
TRAN.QUI.LO *adj.* Tranquilo.
TRANS.CRI.BIR *v.t.* Transcrever; copiar.
TRANS.CU.RRIR *v.int.* Transcorrer; passar; decorrer.
TRANS.CUR.SO *s.m.* Transcurso; decurso.
TRAN.SE.ÚN.TE *adj.* e *s.2g.* Transeunte; pedestre.
TRANS.FE.REN.CIA *s.f.* Transferência.
TRANS.FOR.MA.CIÓN *s.f.* Transformação.
TRANS.FU.SIÓN *s.f.* transfusão.
TRAN.SI.GIR *v.int.* Transigir; tolerar; concordar.
TRAN.SI.TAR *v.int* Transitar.
TRÁN.SI.TO *s.m.* Trânsito; tráfego; passagem.
TRANS.PA.REN.CIA *s.f.* Transparência.
TRANS.PA.REN.TE *adj.* Transparente.
TRANS.PI.RA.CIÓN *s.f.* Transpiração; suor. (*var. traspiración*)
TRANS.PI.RAR *v.int.* Transpirar; suar. (*var. traspirar*)
TRANS.PO.NER *v.t., int.* e *p.* Transpor; ultrapassar. (*var. trasponer*)
TRANS.POR.TAR *v.t.* Transportar; carregar.
TRAN.VÍ.A *s.m.* Trilho; bonde.
TRA.PA.CE.AR *v.int.* Trapacear; enganar.
TRÁ.PA.LA *s.f. fam.* Trapaça.
TRA.PI.CHE.AR *v.t.* Fazer cambalacho.
TRA.PO *s.m.* Trapo; farrapo.
TRÁ.QUEA *s.f. Anat.* Traqueia.
TRAS *prep.* Atrás; detrás; após; depois da.
TRA.SE.RO *adj.* e *s.m.* Traseiro; nádegas.
TRAS.LA.CIÓN *s.f.* Translação; traslação; tradução.

TRAS.LA.DAR v.t. Transladar; traduzir.
TRAS.NO.CHAR v.int. Tresnoitar.
TRAS.PA.SAR v.t. Traspassar; atravessar.
TRAS.PIÉ s.m. Tropeço; escorregão.
TRAS.PLAN.TE s.m. Med. Transplante.
TRAS.QUI.LAR v.t. Tosquiar. v.p. Tosquiar-se.
TRAS.TE s.m. Traste, coisa sem valor.
TRAS.TOR.NAR v.t. Transtornar; perturbar; virar; inverter.
TRAS.TOR.NO s.m. Transtorno; incômodo; perturbação.
TRA.TA.BLE adj. Tratável.
TRA.TA.DO s.m. Tratado; acordo.
TRA.TA.MIEN.TO s.m. Tratamento; cura.
TRA.TAN.TE adj. e s.2g. Negociante.
TRA.TAR v.t. Tratar; cuidar; medicar; lidar; comunicar. v.int. Negociar. v.p. Tratar-se.
TRA.TO s.m. Trato; negócio; tratamento; tratado; pacto.
TRAU.MA s.m. Med. Trauma.
TRAU.MA.TI.ZAR v.int. e p. Traumatizar(-se).
TRA.VER.SA s.f. Travessa.
TRA.VÉS s.m. Través; viés; soslaio; revés; infortúnio.
TRA.VE.SA.ÑO s.m. Travessão; *Esport.* Trave.
TRA.VE.SÍ.A s.f. Travessia.
TRA.VE.SU.RA s.f. Travessura; estrepolia.
TRA.VIE.SO adj. Travesso.
TRA.YEC.TO s.m. Trajeto; percurso.
TRA.YEC.TO.RIA s.f. Trajetória.
TRA.ZA s.f. Projeto; desenho; esboço; vestígio; *trazas pl.*: aparência; ares.
TRA.ZAR v.t. Traçar; desenhar; projetar.
TRA.ZO s.m. Traço; esboço; traçado; linha.
TRE.CE num. Treze.
TRE.CHO s.m. Trecho; intervalo.
TRE.GUA s.f. Trégua.
TREIN.TA num. Trinta.
TRE.MEN.DO adj. Tremendo; terrível; extraordinário.
TRE.MO.LAR v.t. e int. Tremular; agitar.
TRÉ.MU.LO adj. Trêmulo.
TREN s.m. Trem; bonde.
TRE.NA s.f. Trena.
TREN.ZA s.f. Trança.

TREN.ZAR v.int. Trançar.
TRE.PAR v.int. e t. Trepar; escalar; subir; *fam.* subir na vida; furar; verrumar.
TRE.PI.DAR v.int. Trepidar; vibrar; tremer.
TRES num. Três.
TRE.TA s.f. Treta; manha; logro.
TRIÁN.GU.LO s.m. Geom. Triângulo.
TRI.BU.NAL s.m. Tribunal.
TRI.BU.TAR v.t. Tributar; taxar; honrar; devotar.
TRI.BU.TO s.m. Tributo; taxa; imposto; honra; homenagem.
TRI.GAL s.m. Trigal.
TRI.GÉ.SI.MO num. Trigésimo.
TRI.GUE.ÑO adj. Trigueiro.
TRI.LLAR v.t. Trilhar; debulhar; maltratar; *fam.* frequentar.
TRI.LLI.ZO adj. e s.m. Trigêmeo.
TRI.LLO s.m. Trilha; caminho.
TRIN.CA s.f. Trinca; trio.
TRI.NEO s.m. Trenó.
TRI.PA s.f. Anat. Intestino; barriga.
TRI.PLE adj. Triplo. s.m. *Eletr.* Benjamin.
TRI.PLI.CAR v.t. e p. Triplicar(-se).
TRI.PU.DO adj. Barrigudo.
TRI.PU.LA.CIÓN s.f. Tripulação.
TRI.PU.LAN.TE s.2g. Tripulante.
TRI.PU.LAR v.t. Tripular; pilotar; dirigir.
TRIS.TE adj. Triste; infeliz; melancólico.
TRIS.TE.ZA s.f. Tristeza; melancolia.
TRIUN.FAN.TE adj. Triunfante; vitorioso.
TRIUN.FAR v.int. Triunfar; vencer.
TRIUN.FO s.m. Triunfo; vitória; êxito.
TRI.VIAL adj. Trivial; vulgar; comum.
TRI.ZA s.f. Pedacinho; migalha.
TRI.ZAR v.t. Esmigalhar.
TRO.CAR v.t. Trocar; permutar; enganar-se. v.p. Transformar-se.
TRO.FEO s.m. Troféu; taça; copa.
TRO.LA s.f. Engano; mentira; logro.
TRO.LE.BÚS s.m. Trólebus.
TROM.BA s.f. Tromba-d'água.
TROM.PA s.f. Mús. Trompa; trombeta; *Anat.* Trompa (de Falópio); tromba (de elefante).

TROM.PA.DA *s.f.* Soco; murro; encontrão; pancada.
TROM.PA.ZO *s.m.* Trombada; encontrão; pancada.
TROM.PE.TA *s.f. Mús.* Trompete.
TRO.NAR *v.int.* Troar; soar; trovejar.
TRON.CO *s.m.* Tronco; corpo; ramal.
TRON.CHAR *v.t.* Cortar; *fig.* partir.
TRON.CHO *s.m.* Troncho; talo; caule.
TRO.NO *s.m.* Trono.
TRO.PA *s.f. Mil.* Tropa.
TRO.PE.LIA *s.f.* Atropelo; tropelia.
TRO.PE.ZAR *v.int.* Tropeçar.
TRO.PE.ZÓN *s.m.* Tropeção.
TRO.PIE.ZO *s.m.* Tropeço; deslize; impedimento.
TRO.TAR *v.int.* Trotar.
TRO.TE *s.m.* Trote; marcha.
TRO.VA *s.f.* trova; canção.
TRO.VAR *v.int.* Trovar.
TRO.ZO *s.m.* Pedaço; fragmento; parte.
TRU.CO *s.m.* Truque; ardil; macete; truco.
TRU.CHA *s.f. Zool.* Truta.
TRUE.NO *s.m.* Trovão; estrondo.
TRUE.QUE *s.m.* Troca; permuta.
TRUN.CAR *v.t.* Truncar; cortar; frustrar.
TU *pron. poss.* Teu.
TÚ *pron. pess.* Tu.
TU.BO *s.m.* Tubo.
TU.CÁN *s.m. Zool.* Tucano.

TUER.CA *s.f.* Porca (de parafuso).
TUER.TO *adj.* Caolho.
TU.FO *s.m.* Vapor; fumo.
TU.GU.RIO *s.m.* Barraco; choupana; cabana.
TU.LI.PÁN *s.f. Bot.* Tulipa.
TU.LLI.DO *adj.* Tolhido; entrevado.
TUM.BA *s.f.* Tumba; sepultura; túmulo.
TUM.BAR *v.t.* Tombar; cair; *fam.* reprovar.
TU.MOR *s.m. Med.* Tumor; abscesso.
TÚ.MU.LO *s.m.* Túmulo; tumba.
TU.MUL.TO *s.m.* Tumulto.
TU.NEL *s.m.* Túnel.
TÚ.NI.CA *s.f.* Túnica.
TU.PI.DO *adj.* Cerrado; espesso; entupido.
TU.PIR *v.t.* Encher; compactar. *v.p.* Empanturrar-se.
TUR.BA *s.f.* Turba; multidão; turfa.
TUR.BAR *v.t.* Turbar; perturbar; aturdir; turvar. *v.p.* Turbar-se.
TUR.BIO *adj.* Turvo.
TUR.BU.LEN.CIA *s.f.* Turbulência.
TUR.CO *adj.* e *s.m.* Turco.
TU.RIS.MO *s.m.* Turismo.
TU.RIS.TA *s.2g.* Turista.
TUR.NAR *v.int.* Revezar; alternar. *v.p.* Alternar-se.
TUR.NO *s.m.* Turno; vez.
TU.TE.LA *s.f.* Tutela; proteção; amparo.
TU.TOR *s.m.* Tutor; protetor.
TU.YO *pron. poss.* Seu; teu; *tuya*: sua, tua.

U

U *s.m.* Vigésima segunda letra del alfabeto español.
U.BI.CA.CIÓN *s.f.* Localización.
U.BI.CAR *v.int.* Localizar.
U.BI.CUI.DAD *s.f.* Ubiquidade.
U.BI.CUO *adj.* Ubíquo.
U.BRE *s.f. Anat.* Úbere; mama; teta.
U.FA.NAR.SE *v.p.* Ufanar-se; vangloriar-se.
U.FA.NO *adj.* Convencido; orgulhoso; vaidoso.
ÚL.CE.RA *s.f. Med.* Úlcera.
UL.CE.RA.CIÓN *s.f.* Ulceração.
UL.TE.RIOR *adj.* Ulterior; posterior.
UL.TI.MA.MEN.TE *adv.* Ultimamente.
UL.TI.MAR *v.t.* Ultimar; finalizar.
ÚL.TI.MO *adj. e s.m.* Último; final.
UL.TRA.JAR *v.t.* Ultrajar; afrontar; ofender.
UL.TRA.JE *s.m.* Ultraje; ofensa.
UL.TRA.MAR *adj. e s.m.* Ultramar.
UL.TRA.MA.RI.NO *adj.* Ultramarino; *ultramarinos pl.:* mercearia.
UL.TRA.RRO.JO *adj. Fís.* Ultravermelho.
UL.TRA.SO.NI.DO *s.m. Fís.* Ultra-som.
UL.TRA.TUM.BA *adv.* Além-túmulo.
UM.BI.LI.CAL *adj.* Umbilical.
UM.BRAL *s.m.* Umbral; soleira.
UN *art. indef.* Um.
U.ÑA *s.f. Anat.* Unha.
U.ÑA.DA *s.f.* Unhada.
U.NÁ.NI.ME *adj.* Unânime.
U.NA.NI.MI.DAD *s.f.* Unanimidade.
UN.CIÓN *s.f.* Unção.
UN.GIR *v.t.* Ungir.
UN.GÜEN.TO *s.m.* Unguento.
U.NI.CE.LU.LAR *adj. Biol.* Unicelular.
Ú.NI.CO *adj.* Único; peculiar; ímpar.
U.NI.DAD *s.f.* Unidade; elemento; união.
U.NI.DO *adj.* Unido; aliado; conjugado.
U.NI.FI.CA.CIÓN *s.f.* Unificação; união.
U.NI.FI.CAR *v.t.* Unificar. *v.p.* Unificar-se.
U.NI.FOR.MI.DAD *s.f.* Uniformidade.
U.NIÓN *s.f.* União; ligação; fusão.
U.NIR *v.t.* Unir; juntar; ligar; vincular. *vt.* e *p.* Casar(-se). *v.p.* Unir-se; associar-se.
U.NI.SO.NO *s.m.* Uníssono.
U.NI.TA.RIO *adj.* Unitário.
U.NI.VER.SAL *adj.* Universal; geral; global.
U.NI.VER.SI.DAD *s.f.* Universidade.
U.NI.VER.SO *adj.* Universal. *s.m.* Universo; cosmo; Terra.
U.NO *num.* Um. *pron. indef.* Um (algo, alguém).
UN.TAR *v.t.* Untar; besuntar; passar; *fam.* subornar.
UN.TUO.SO *adj.* Untuoso; pegajoso; gorduroso.
U.RA.NIO *s.m. Quím.* Urânio.
UR.BA.NI.DAD *s.f.* Urbanidade.
UR.BA.NI.ZA.CIÓN *s.f.* Urbanização.
UR.BA.NI.ZAR *v.t.* Urbanizar.
UR.BA.NO *adj.* Urbano.
UR.BE *s.f.* Urbe; cidade.
UR.DIR *v.t.* Urdir.
U.REA *s.f. Quím.* Ureia.
U.RÉ.TER *s.m. Anat.* Ureter.
U.RE.TRA *s.f. Anat.* Uretra.
UR.GEN.CIA *s.f.* Urgência.
UR.GEN.TE *adj.* Urgente.
UR.GIR *v.int.* e *t.* Urgir.
Ú.RI.CO *adj. Quím.* Úrico.
UR.NA *s.f.* Urna; ataúde; caixão.
U.RO.LO.GÍ.A *s.f.* Urologia.
U.RU.GUA.YO *adj. e s.m.* Uruguaio.
U.SAN.ZA *s.f.* Usança; costume; uso.

U.SAR *v.t.* Usar; utilizar; vestir. *v.int.* Costumar. *v.p.* Usar-se.
U.SI.NA *s.f.* Usina; fábrica.
U.SO *s.m.* Uso; emprego; aplicação; costume.
US.TED *pron. pess.* Senhor; senhora; você.
U.SU.A.RIO *adj.* e *s.m.* Usuário.
U.SU.FRUC.TO *s.m.* Usufruto.
U.SU.RA *s.f.* Usura.
U.SU.RE.RO *adj.* e *s.m.* Usurário; agiota.
U.SUR.PAR *v.t.* Usurpar.

Ú.TE.RO *s.m. Anat.* Útero.
U.TEN.SI.LIO *s.m.* Utensílio.
U.TIL *adj.* Útil; proveitoso.
U.TI.LI.DAD *s.f.* Utilidade.
U.TI.LI.ZA.BLE *adj.* Utilizável.
U.TI.LI.ZAR *v.t.* Utilizar; usar; empregar. *v.p.* Utilizar-se.
U.TO.PÍ.A *s.f.* Utopia.
U.VA *s.f. Bot.* Uva.
Ú.VU.LA *s.f. Anat.* Úvula; campainha.

V

V *s.m.* Vigésima tercera letra del alfabeto español.
VA.CA *s.f.* Vaca.
VA.CA.CIO.NES *s.f. pl.* Férias.
VA.CAN.TE *adj.* Vacante; vago; desocupado.
VA.CIA.DO *adj.* Esvaziado. *s.m.* Esvaziamento.
VA.CIAR *v.t.* Esvaziar. *v.int.* Desaguar. *v.p.* Esvaziar-se.
VA.CI.LAR *v.int.* Vacilar; hesitar; (Argentina) divertir-se.
VA.CÍ.O *adj. e s.m.* Vazio. *s.m. Fís.* Vácuo.
VA.CUI.DAD *s.f.* Vacuidade.
VA.CU.NA *s.f.* Vacina.
VA.CU.NAR *v.t.* Vacinar.
VA.CU.NO *adj.* Bovino.
VA.CUO *adj.* Vácuo.
VA.DE.AR *v.t.* Vadear (passar a vau ou à parte rasa de um rio ou lago).
VA.DO *s.m.* Entrada de veículos; vau.
VA.GAN.CIA *s.f.* Vacância.
VA.GA.BUN.DE.AR *v.int.* Vagabundear; errar.
VA.GA.BUN.DO *adj. e s.m.* Vagabundo.
VA.GAR *v.int.* Vaguear; perambular; errar. *s.m.* Lentidão; vagar.
VA.GI.DO *s.m.* Vagido (voz de recém-nascido).
VA.GI.NA *s.f. Anat.* Vagina.
VA.GI.NAL *adj.* Vaginal.
VA.GO *adj.* Vago; ocioso; confuso; nebuloso.
VA.GÓN *s.m.* Vagão.
VA.GUE.AR *v.t.* Vaguear; vagabundear; errar.
VA.GUE.DAD *s.f.* Indistinção; imprecisão.
VA.HAR *v.int.* Vaporar; evaporar. (*var. vahear.*)
VA.HÍ.DO *s.m.* Desmaio; vertigem.
VA.HO *s.m.* Bafo; hálito; emanação.
VAI.NA *s.f.* Bainha; casca; forro; *fam.* traste.
VAI.NI.LLA *s.f. Bot.* Baunilha.

VAI.VÉN *s.m.* Vaivém; oscilação; balanço.
VA.JI.LLA *s.f.* Louça; pratos; vasilha.
VA.LE *s.m.* Vale; cupom; garantia.
VA.LEN.TÍ.A *s.f.* Valentia; audácia.
VA.LER *v.t.* Valer; proteger; amparar; custar. *v.p.* Valer-se.
VA.LÍ.A *s.f.* Valia.
VA.LI.DEZ *s.f.* Validade.
VÁ.LI.DO *adj.* Válido; convincente.
VA.LIEN.TE *adj. e s.2g.* Valente.
VA.LI.JA *s.f.* Maleta; valise; malote.
VA.LIO.SO *adj.* Valioso.
VA.LLA.DO *s.m.* Cerca; cercado.
VA.LLE *s.m. Geog.* Vale.
VA.LOR *s.m.* Valor; importância; preço; bravura; coragem.
VA.LO.RA.CIÓN *s.f.* Valoração; valorização; avaliação.
VA.LO.RAR *v.t.* Valorizar; estimar; apreciar.
VA.LO.RI.ZAR *v.t.* Valorizar; estimar.
VAL.SA *s.m.* Valsa.
VAL.SAR *v.int.* Valsar.
VA.LUAR *v.t.* Valorizar; avaliar.
VÁL.VU.LA *s.f.* Válvula.
VA.NA.GLO.RIA *s.f.* Vanglória.
VAN.DA.LIS.MO *s.m.* Vandalismo.
VAN.GUAR.DIA *s.f.* Vanguarda.
VA.NI.DAD *s.f.* Vaidade.
VA.NO *adj.* Vão.
VA.POR *s.m.* Vapor; vertigem.
VA.PO.RI.ZAR *v.t.* Vaporizar; evaporar; borrifar. *v.p.* Vaporizar-se.
VA.QUE.RO *adj. e s.m.* Vaqueiro.
VA.RA *s.f.* Vara; bastão; vareta.
VA.RIA.BLE *adj.* Variável.
VA.RIAN.TE *s.f.* Variante; desvio.
VA.RIAR *v.t. e int.* Variar; modificar; sortir.

VA.RI.LLA *s.f.* Vareta.
VA.RIO *adj.* Vário.
VA.RÓN *s.m.* Varão; homem.
VA.RO.NIL *adj.* Varonil.
VA.SA.LLO *s.m.* Vassalo.
VA.SI.JA *s.f.* Vasilha.
VA.SO *s.m.* Copo; *fam.* taça (vinho); *Anat.* vaso (sanguíneo).
VAS.TA.CIÓN *s.f.* Devastação.
VAS.TO *adj.* Vasto; amplo; espaçoso.
VA.TI.CI.NIO *s.m.* Vaticínio; predição.
VE.CI.NAL *adj.* Vicinal; vizinho.
VE.CIN.DAD *s.f.* Vizinhança; arredores.
VE.CI.NO *adj.* e *s.m.* Vizinho.
VEC.TOR *s.m.* Vetor.
VE.DA *s.f.* Vedação; proibição.
VE.DA.DO *adj.* Vedado; proibido.
VE.DAR *v.t.* Vetar; proibir; interditar; impedir.
VE.GA *s.f.* Veiga; várzea.
VE.GE.TA.CIÓN *s.f.* Vegetação.
VE.GE.TAL *s.m.* Vegetal.
VE.GE.TA.RIA.NO *adj.* e *s.m.* Vegetariano.
VE.HE.MEN.CIA *s.f.* Veemência.
VE.HÍ.CU.LO *s.m.* Veículo.
VEIN.TE *num.* Vinte.
VE.JA.CIÓN *s.f.* Vexação; humilhação.
VE.JAR *v.t.* Vexar; humilhar.
VE.JA.TO.RIO *adj.* Vexatório.
VE.JE.TE *s.m.* Velhote.
VE.JEZ *s.f.* Velhice.
VE.JI.GA *s.f. Anat.* Bexiga.
VE.LA *s.f.* Velada; vigília; vela.
VE.LA.DA *s.f.* Velada; vigília; festa; noitada.
VE.LAR *v.t.* Velar; vigiar; assistir; zelar; ocultar; encobrir; fazer serão.
VE.LEI.DAD *s.f.* Veleidade; inconstância.
VE.LE.RO *adj.* e *s.m.* Veleiro.
VE.LLO *s.m.* Pelo; penugem.
VE.LLU.DO *adj.* Veloso; peludo; felpudo.
VE.LO *s.m.* Véu; desculpa; justificativa.
VE.LO.CI.DAD *s.f.* Velocidade.
VE.LO.CÍ.ME.TRO *s.m.* Velocímetro.
VE.LOZ *adj.* Veloz; rápido; ágil.
VE.NA *s.f. Anat.* Veia; veio; nervura; veio; filão.
VE.NA.DO *s.m. Zool.* Veado; cervo.
VEN.CE.DOR *adj.* e *s.m.* Vencedor.
VEN.CER *v.t.* Vencer; ganhar; superar. *v.int.* Expirar.
VEN.CI.MIEN.TO *s.m.* Vencimento; validade.
VEN.DA *s.f.* Venda; atadura; faixa.
VEN.DAR *v.t.* Vendar.
VEN.DA.VAL *s.m.* Vendaval.
VEN.DE.DOR *adj.* e *s.m.* Vendedor.
VEN.DER *v.t.* Vender; negociar. *v.p.* Vender-se.
VEN.DI.BLE *adj.* Vendável.
VE.NE.NO *s.m.* Veneno; peçonha.
VE.NE.NO.SO *adj.* Venenoso.
VE.NE.RAR *v.t.* Venerar; adorar; idolatrar.
VE.NÉ.REO *adj. Med.* Venéreo.
VEN.GA.DOR *adj.* e *s.m.* Vingador.
VEN.GAN.ZA *s.f.* Vingança.
VEN.GAR *v.t.* Vingar.
VEN.GA.TI.VO *adj.* Vingativo.
VE.NI.DA *s.f.* Vinda; chegada.
VE.NIR *v.int.* Vir; caminhar; andar; convir.
VEN.TA *s.f.* Venda; armazém; hospedaria; albergue.
VEN.TA.JA *s.f.* Vantagem; privilégio; primazia; superioridade.
VEN.TA.JO.SO *adj.* Vantajoso; proveitoso; lucrativo.
VEN.TA.NA *s.f.* Janela; vidro; *Anat.* narina.
VEN.TA.NAL *s.m.* Janelão.
VEN.TA.NI.LLA *s.f.* Bilheteria; recepção; janelinha; vitrina.
VEN.TI.LA.DOR *s.m.* Ventilador.
VEN.TI.LAR *v.t.* Ventilar; arejar; *fig.* anunciar; solucionar; liquidar; matar. *v.p.* Ventilar-se.
VEN.TIS.CA *s.f.* Tormenta; nevasca.
VEN.TO.SA *s.f.* Ventosa.
VEN.TO.SO *adj.* Ventoso.
VEN.TRAL *adj. Anat.* Ventral.
VEN.TRÍ.CU.LO *s.m. Anat.* Ventrículo.
VEN.TRU.DO *adj.* Barrigudo.
VEN.TU.RA *s.f.* Ventura; destino; sorte; perigo.
VER *v.t.* Ver; enxergar; considerar; refletir; examinar; assistir; visitar. *v.p.* Ver-se.
VE.RA *s.f.* Lado; beira.
VE.RA.NEO *s.m.* Veraneio.

VE.RA.NO *s.m.* Verão.
VE.RAS *s.f. pl.* Verdade, realidade; deveras.
VE.RAZ *adj.* Veraz; verdadeiro; exato.
VER.BAL *adj.* Verbal; oral.
VER.BO *s.m.* Gram. Verbo; palavra.
VER.DAD *s.f.* Verdade.
VER.DA.DE.RO *adj.* Verdadeiro.
VER.DE *adj.* e *s.m.* Verde; *fig.* imaturo.
VER.DÍN *s.m.* Limo; lodo.
VER.DOR *s.m.* Verdor; verdura.
VER.DU.GO *s.m.* Verdugo; carrasco.
VER.DU.LE.RÍ.A *s.f.* Quitanda.
VER.DU.LE.RO *adj.* e *s.m.* Verdureiro; quitandeiro.
VER.DU.RA *s.f. Bot.* Verdura, hortaliça; *fig.* Obscenidade.
VE.RE.DA *s.f.* Vereda, trilha; calçada.
VE.RE.DIC.TO *s.m.* Veredito; sentença; decisão.
VER.GON.ZO.SO *adj.* Vergonhoso.
VER.GÜEN.ZA *s.f.* Vergonha; pudor.
VE.RÍ.DI.CO *adj.* Verídico.
VE.RI.FI.CA.CIÓN *s.f.* Verificação; comprovação.
VE.RI.FI.CAR *v.t.* Verificar; constatar. *v.p.* Verificar-se.
VER.JA *s.f.* Grade; cerca.
VE.RO.SÍ.MIL *adj.* Verossímil; verossimilhança.
VE.RO.SI.MI.LI.TUD *s.f.* Verossimilhança.
VER.SAR *v.int.* Versar; tratar; contornar.
VER.SÁ.TIL *adj.* Versátil; volúvel.
VER.SIÓN *s.f.* Tradução; interpretação; versão.
VER.SO *s.m. Lit.* Verso; poesia; poema.
VÉR.TE.BRA *s.f. Anat.* Vértebra.
VÉR.TE.BRA.CIÓN *s.f.* Articulação; estruturação.
VER.TE.DE.RO *s.m.* Vertedouro; desaguadouro; depósito.
VER.TER *v.t.* Verter; espalhar; traduzir.
VER.TI.CAL *adj.* Vertical.
VER.TIEN.TE *s.f.* Vertente; encosta; ladeira.
VER.TI.GI.NO.SO *adj.* Vertiginoso.
VÉR.TI.GO *s.f.* Vertigem.
VES.TÍ.BU.LO *s.m.* Vestíbulo.

VES.TI.DO *adj.* e *s.m.* Vestido; traje; vestimenta.
VES.TI.GIO *s.m.* Vestígio; Rastro; pegada.
VES.TI.MEN.TA *s.f.* Vestimenta; veste.
VES.TIR *v.t.* Vestir; trajar; usar. *v.int.* Vestir. *v.p.* Vestir-se.
VES.TUA.RIO *s.m.* Vestuário; roupa; vestimenta; vestiário; camarim.
VE.TAR *v.t.* Vetar; proibir.
VE.TE.RI.NA.RIO *adj.* e *s.m.* Veterinário.
VE.TO *s.m.* Veto; proibição.
VEZ *s.f.* Vez; ocasião, oportunidade, turno.
VI.A *s.f.* Vía; caminho; rota; rumo; meio; rua; trilho.
VI.A.BLE *adj.* Viável.
VIA.DUC.TO *s.m.* Viaduto.
VIA.JAN.TE *adj.* e *s.2g.* Viajante. *s.2g.* Vendedor.
VIA.JAR *v.int.* Viajar; percorrer; deslocar-se.
VIA.JE *s.m.* Viagem.
VIA.JE.RO *adj.* e *s.m.* Viajante.
VIAN.DAN.TE *s.2g.* Viandante; transeunte.
VI.BO.RA *s.f. Zool.* Víbora; serpente.
VI.BRA.CIÓN *s.f.* Vibração.
VI.BRAR *v.t.* e *int.* Vibrar.
VI.CA.RIO *s.m.* Vigário.
VI.CE.VER.SA *adv.* Vice-versa.
VI.CIAR *v.t.* e *int.* Viciar; corromper; distorcer. *v.p.* Viciar-se.
VI.CIO *s.m.* Vicio; hábito; defeito.
VI.CI.SI.TUD *s.f.* Vicissitud.
VÍC.TI.MA *s.f.* Vítima.
VIC.TO.RIA *s.f.* Vitória.
VID *s.f. Bot.* Videira.
VI.DA *s.f.* Vida. Existência; vitalidade; sustento.
VI.DEN.TE *adj.* e *s.2g.* Vidente.
VI.DEO *s.m.* Vídeo.
VI.DRAR *v.p.* Embaçar.
VI.DRIE.RA *s.f.* Vidraça; vitral.
VI.DRIO *s.m.* Vidro.
VIE.JO *adj.* Velho; ancião.
VIEN.TO *s.m.* Vento; ares; vaidade; *Mús.* Vientos *pl.*: instrumento de sopro.
VIEN.TRE *s.m. Anat.* Ventre.
VIER.NES *s.m.* Sexta-feira.

VI.GA *s.f.* Viga; travessa; trave.
VI.GEN.TE *adj.* Vigente; vigorante.
VI.GÍ.A *s.f.* Vigia; vigilância. *s.2g.* Vigia; sentinela.
VI.GI.LAN.CIA *s.f.* Vigilância; vigia.
VI.GI.LAR *v.t.* e *int.* Vigiar.
VI.GI.LIA *s.f.* Vigília.
VI.GOR *s.m.* Vigor; energia; força; vigência.
VI.GO.RI.ZAR *v.t.* Vigorar; fortalecer.
VIL *adj.* Vil; desprezível.
VI.LE.ZA *s.f.* Vileza; vilania.
VI.LI.PEN.DIO *s.m.* Vilipêndio.
VI.LLA *s.f.* Casa de campo; vila; povoado.
VI.LLA.NÍ.A *s.f.* Vilania; vileza.
VI.LLA.NO *adj.* e *s.m.* Vilão.
VI.ÑA *s.f.* Vinha; vinhedo.
VI.NA.GRE *s.m.* Vinagre.
VIN.CU.LAR *adj.* Vincular. *v.t.* Vincular; ligar. *v.p.* Vincular-se.
VÍN.CU.LO *s.m.* Vínculo.
VI.NO *s.m.* Vinho.
VIO.LA.CIÓN *s.f.* Violação; infração.
VIO.LAR *v.t.* Violar; infringir; desrespeitar.
VIO.LEN.CIA *s.f.* Violência.
VIO.LEN.TAR *v.t.* Violentar.
VIO.LEN.TO *adj.* Violento.
VIO.LÍN *s.m. Mús.* Violino.
VIO.LÓN *s.m. Mús.* Contrabaixo.
VIO.LON.CHE.LO *s.m.* Violoncelo; celo.
VI.RAR *v.t.* Virar.
VI.RA.ZÓN *s.f.* Viração (vento).
VIR.GEN *adj.* e *s.f.* Virgem; puro.
VIR.GI.NI.DAD *s.f.* Virgindade.
VI.RIL *adj.* Viril.
VI.RI.LI.DAD *s.f.* Virilidade.
VIR.TUD *s.f.* Virtude.
VI.RU.LEN.TO *adj.* Virulento.
VI.SA.DO *s.m.* Viso.
VI.SA.JE *s.m.* Careta; trejeito.
VI.SAR *v.t.* Visar; validar; vistar; autenticar; mirar.
VÍS.CE.RA *s.f. Anat.* Víscera.
VI.SI.BI.LI.DAD *s.f.* Visibilidade.
VI.SI.BLE *adj.* Visível.
VI.SIÓN *s.f.* Visão.
VI.SIO.NA.RIO *adj.* e *s.m.* Visionário.
VI.SI.TA *s.f.* Visita.
VI.SI.TAR *s.f.* Visitar. *v.p.* Visitar-se.
VIS.LUM.BRAR *v.t.* Vislumbrar.
VIS.LUM.BRE *s.m.* Vislumbre.
VI.SOR *s.m.* Visor.
VÍS.PE.RA *s.f.* Véspera.
VIS.TA *s.f.* Vista; visão; aparência.
VIS.TA.ZO *s.m.* Olhada; espiada.
VIS.TO.SI.DAD *s.f.* Exibição.
VIS.TO.SO *adj.* Vistoso; visível.
VI.SUAL *adj.* Visual. *s.f.* Visão; vista.
VI.SUA.LI.ZAR *v.t.* Visualizar.
VÍ.TREO *adj.* Vítreo.
VI.TRI.FI.CAR *v.t.* Vitrificar.
VI.TRI.NA *s.f.* Vitrina.
VIU.DEZ *s.f.* Viuvez.
VIU.DO *adj.* Viúvo.
VI.VA.CI.DAD *s.f.* Vivacidade.
VI.VEN.CIA *s.f.* Vivência.
VI.VE.RES *s.m. pl.* Víveres; provisão.
VI.VE.RO *s.m.* Viveiro.
VI.VE.ZA *s.f.* Vivacidade.
VI.VIEN.DA *s.f.* Vivenda; moradia.
VI.VI.FI.CAR *v.t.* Vivificar; avivar.
VI.VIR *v.int.* Viver; existir. *v.t.* e *int.* Morar; residir.
VI.VO *adj.* Vivo; animado; ágil; vívido; *en vivo:* ao vivo.
VO.CA.BLO *s.m.* Vocábulo; palavra.
VO.CA.BU.LA.RIO *s.m.* Vocabulário.
VO.CA.CIÓN *s.f.* Vocação; inclinação.
VO.CAL *adj.* Vocal; *Gram.* vogal. *s.2g.* Membro de conselho.
VO.CA.LI.ZAR *v.t.* e *int.* Vocalizar; pronunciar.
VO.CE.AR *v.t.* Clamar; berrar; aplaudir.
VO.CE.RÍ.O *s.m.* Gritaria; vozerio.
VO.CI.FE.RAR *v.t.* Alardear. *v.int.* Vociferar; gritar.
VO.LA.DOR *adj.* Voador.
VO.LAN.TE *adj.* Volante. *s.m.* Voador; volante; requisição.
VO.LAR *v.int.* Voar; *fig.* correr. *v.t.* Irritar.
VO.LÁ.TIL *adj.* Volátil; voante; volante.
VOL.CÁN *s.m.* Vulcão.

VOL.CAR v.t. e int. Verter; derrubar; entornar.
VOL.TE.AR v.t. Voltear; andar em torno; girar.
VOL.TIO s.m. Volt
VO.LU.BLE adj. Volúvel; inconstante.
VO.LU.MEN s.m. Volume; capacidade; tamanho.
VO.LUN.TAD s.f. Vontade; desejo.
VO.LUN.TA.RIE.DAD s.f. Voluntariedade.
VO.LUP.TUO.SI.DAD s.f. Voluptuosidade.
VOL.VER v.t. Voltar; retornar; retribuir; traduzir; verter. v.int. Virar; voltar. v.p. Voltar-se; virar-se.
VO.MI.TAR v.t. Vomitar.
VO.MI.TO s.m. Vómito.
VO.RA.CI.DAD s.f. Voracidade.
VO.RAZ adj. Voraz.
VOS pron. pess. Vós; você.
VO.SO.TROS pron. pess. Você; vocês.
VO.TA.CIÓN s.f. Votação.

VO.TAR v.t. e int. Votar.
VO.TO s.m. Voto; juramento; desejo.
VOZ s.f. Voz; fala; direito; opinião.
VO.ZA.RRÓN s.m. Vozeirão.
VUE.LA.PLU.MA adv. Rapidamente.
VUEL.CO s.m. Virada; inversão; decadência.
VUE.LO s.m. Voo.
VUEL.TA s.f. Volta; giro; retorno; turno; vez.
VUEL.TO adj. Voltado. s.m. Troco.
VUES.TRO pron. poss. Vosso; de vocês.
VUL.GAR adj. Vulgar; ordinário; comum.
VUL.GA.RI.DAD s.f. Vulgaridade; trivialidade; grosseria.
VUL.GA.RI.ZAR v.t. Vulgarizar.
VUL.GO s.m. Vulgo; povo; o público.
VUL.NE.RA.BI.LI.DAD s.f. Vulnerabilidade.
VUL.NE.RA.BLE adj. Vulnerável.
VUL.TO s.m. Vulto.
VUL.VA s.f. Anat. Vulva.

W

W *s.m.* Vigésima quarta letra do alfabeto espanhol.
WAG.NE.RIA.NO *adj.* e *s.m.* Wagneriano.
WAL.KIE-TAL.KIE *s.m.* Walkie-talkie.
WALK.MAN *s.m.* Walkman.
WÁ.TER *s.m.* Banheiro; W.C.
WA.TER.PO.LO *s.m.* Esport. Polo aquático
WA.TIO *s.m.* Watt.
WEB *s.f. inform.* Web.
WES.TERN *s.m.* Faroeste; Bangue-bangue
WHIS.KY *s.m.* Uísque.
WIND.SUR.FIS.TA *s.2g. Esport.* Windsurfista.
WOL.FRA.MIO *s.m. Quím.* Tungstênio.

X

X *s.m.* Vigésima quinta letra do alfabeto espanhol.
XE.NO.FO.BIA *s.f.* Xenofobia.
XE.NÓ.FO.BO *adj.* e *s.m.* Xenófobo.
XÉ.NON *s.m. Quím.* Xenônio.
XE.RÓ.FI.LO *adj. Bot.* Xerófilo.
XE.RO.GRA.FÍ.A *s.f.* Xerografia; cópia.
XI.LÓ.FA.NO *adj.* e *s.m. Zool.* Xilófago.
XI.LÓ.FA.NIS.TA *s.2g.* Xilofonista.
XI.LÓ.FO.NO *s.m. Mús.* Xilofone.
XI.LO.GRA.FÍ.A *s.f.* Xilografia; xilogravura.

Y

Y *s.m.* Vigésima sexta letra do alfabeto espanhol;

Y *conj.* E.

YA *adv.* Já; agora; *ya mismo:* agora mesmo; *si ya:* desde que; *ya que:* já que; depois; *ya nos veremos:* nos veremos depois.

YA.CA.RÉ *s.m. Zool.* Jacaré.

YA.CEN.TE *adj.* Jacente.

YA.CER *v.int.* Jazer.

YA.CI.JA *s.f.* Leito paupérrimo; jazigo; sepultura.

YA.CI.MIEN.TO *s.m. Geol.* Jazida; sítio arqueológico.

YAM.BO *s.m.* Jambo.

YAN.QUI *adj.* e *s.m.* Ianque; norte-americano.

YAN.TAR *s.m.* Almoçar. *v.int.* Comer ao meio dia.

YAR.DA *s.f.* Jarda.

YA.TE *s.m.* Iate.

YE.DRA *s.f. Bot.* Hera.

YE.GUA *s.f. Zool.* Égua.

YEL.MO *s.m.* Elmo.

YER.BA *s.f. Bot.* Erva; grama; mate.

YER.MO *adj.* Ermo; deserto; solitário.

YER.NO *s.m.* Genro.

YE.RRO *s.m.* Erro; equívoco.

YE.SO *s.m.* Gesso.

YO *pron. pess.* Eu.

YO.DO *s.m. Quím.* Iodo.

YO.GA *s.f.* Ioga.

YO.GUR *s.m.* Iogurte.

YOYÓ *s.m.* Ioiô.

YU.BAR.TA *s.f. Zool.* Baleia (jubarte).

YU.DO *s.m. Esport.* Judô.

YU.GO *s.m.* Jugo; mando.

YU.GU.LAR *adj.* e *s.f. Anat.* Jugular. *v.t.* Degolar.

YUN.QUE *s.m.* Bigorna.

YUN.TA *s.f.* Junta; parelha.

YU.PPIE *s.2g.* Yuppie.

YU.TE *s.m. Bot.* Juta.

Z

Z *s.m.* Vigésima sétima letra do alfabeto espanhol.
ZA.FI.RO *s.m.* Safira.
ZA.GAL *s.m.* Pastor; infante; moleque.
ZA.GUAN *s.m.* Átrio; saguão de entrada; vestíbulo.
ZA.GUE.RO *adj.* e *s.m.* Esport. Zagueiro; defensor.
ZA.LA.ME.RI.A *s.f.* Bajulação; lisonja; adulação.
ZA.LA.ME.RO *adj.* e *s.m.* Bajulador.
ZAM.BOM.BA *s.f.* Zabumba.
ZAM.BU.LLI.DA *s.f.* Mergulho.
ZAM.BU.LLIR *v.t.* Mergulhar. *v.p.* Concentrar-se.
ZA.NA.HO.RIA *s.f.* Bot. Cenoura.
ZAN.CA *s.f.* Perna; canela.
ZAN.CA.DA *s.f.* Passo largo; passada.
ZAN.CU.DO *s.m.* Pernilongo.
ZÁN.GA.NO *s.m.* Besta; burro; Zool. Zangão.
ZAN.JA *s.f.* Fosso; vala; trincheira.
ZA.PA.PI.CO *s.m.* Picareta.
ZA.PA.TA *s.f.* Sapata; sapato.
ZA.PA.TEA.DO *s.m.* Sapateado.
ZA.PA.TE.AR *v.int.* Sapatear.
ZA.PA.TE.RÍ.A *s.f.* Sapataria.
ZA.PA.TE.RO *s.m.* Sapateiro.
ZA.PA.TI.LLA *s.f.* Sapatilha; chinelo; pantufa.
ZA.PA.TO *s.m.* Sapato; calçado.
ZAR *s.m.* Czar.
ZA.RA.GA.TA *s.f.* Algazarra; confusão.
ZA.RAN.DA *s.f.* Peneira.
ZAR.PA *s.f.* Garra (animal).
ZAR.PAR *v.int.* Zarpar; partir (mar).
ZIG.ZAG *s.m.* Ziguezague.
ZINC *s.m.* Quím. Zinco.
ZI.PER *s.m.* Zíper.
ZO.NA *s.f.* Zona; área; bairro; região.
ZOO *s.m.* Zoológico.
ZOO.LO.GÍ.A *s.f.* Zoologia.
ZOO.LÓ.GI.CO *adj.* Zoológico.
ZO.QUE.TE *s.f.* Parvo; cretino; idiota.
ZO.RRE.RÍ.A *s.f.* Maldade; malícia.
ZO.RRO *s.m.* Zool. Raposa. *adj.* Astuto; esperto; velhaco.
ZO.ZO.BRAR *v.int.* Soçobrar; virar; afundar. *v.p.* Equivocar-se.
ZUE.CO *s.m.* Tamanco.
ZUM.BA.DOR *adj.* Zombador; zumbidor.
ZUM.BAR *v.int.* Zumbir; zombar.
ZUM.BI.DO *s.m.* Zumbido.
ZU.MO *s.m.* Sumo; suco.
ZUR.CIR *v.t.* Cerzir; remendar; costurar.
ZUR.DO *adj.* e s.m. Canhoto.
ZU.RRA *s.f.* Surra; pancada; palmada.
ZU.RRAR *v.t.* Curtir (couro; peles); *fam.* surrar; bater.
ZU.RRIA.GO *s.m.* Chicote; couro cru.
ZU.RRIA.GAR *v.t.* Açoitar; chicotear.
ZU.RRÓN *s.m.* Bolsa; mochila.